Arbitrage commercial international et développement

Logiques Juridiques

Collection dirigée par Gérard Marcou

Le droit n'est pas seulement un savoir, il est d'abord un ensemble de rapports et pratiques que l'on rencontre dans presque toutes les formes de sociétés. C'est pourquoi il a toujours donné lieu à la fois à une littérature de juristes professionnels, produisant le savoir juridique, et à une littérature sur le droit, produite par des philosophes, des sociologues ou des économistes notamment.

Parce que le domaine du droit s'étend sans cesse et rend de plus en plus souvent nécessaire le recours au savoir juridique spécialisé, même dans des matières où il n'avait jadis qu'une importance secondaire, les ouvrages juridiques à caractère professionnel ou pédagogique dominent l'édition, et ils tendent à réduire la recherche en droit à sa seule dimension positive. À l'inverse de cette tendance, la collection « Logiques juridiques » des éditions L'Harmattan est ouverte à toutes les approches du droit. Tout en publiant aussi des ouvrages à vocation professionnelle ou pédagogique, elle se fixe avant tout pour but de contribuer à la publication et à la diffusion des recherches en droit, ainsi qu'au dialogue scientifique sur le droit. Comme son nom l'indique, elle se veut plurielle.

Dernières parutions

Daphne AKOUMIANAKI, *Les rapports entre l'ordre juridique constitutionnel et les ordres juridiques européens. Analyse à partir du droit constitutionnel grec*, 2016.
Boris BARRAUD, *La Recherche juridique. Sciences et pensées du droit*, 2016.
Bolleri PYM, *Le statut juridique des établissements de microfinance (EMF) en zone CEMAC, L'encadrement de la « petite finance » du secteur informel vers le secteur formel,* 2016.
Aurore GRANERO, *Les personnes publiques spéciales,* 2016.
Khaled MEJRI, *Le droit international humanitaire dans la jurisprudence internationale*, 2016.
Tiphaine THAUVIN, *Les services sociaux dans le droit de l'Union européenne*, 2016.
Louis-Marie LE ROUZIC, *Le droit à l'instruction dans la jurisprudence de la Cour européenne des droits de l'Homme*, 2015

Franck Nicéphore YOUGONÉ

Arbitrage commercial international et développement

Étude du cas des États de l'OHADA et du Mercosur

L'Harmattan

5-7, rue de l'Ecole-Polytechnique, 75005 Paris

www.harmattan.com
diffusion.harmattan@wanadoo.fr

ISBN : 978-2-343-07293-7
EAN : 9782343072937

SOMMAIRE

PRÉFACE 13

LISTE DES ACRONYMES 15

INTRODUCTION GÉNÉRALE 17

PARTIE I
L'ARBITRAGE UN INSTRUMENT DE DÉVELOPPEMENT DE L'INTÉGRATION AU SEIN DE L'OHADA ET DU MERCOSUR 55

TITRE I
L'ARBITRAGE FACTEUR DE DÉVELOPPEMENT DE L'INTÉGRATION NORMATIVE AU SEIN DE L'OHADA ET DU MERCOSUR 57

CHAPITRE I
L'échec de la volonté initiale d'harmoniser le droit de l'arbitrage 59

CHAPITRE II
Le succès de l'intégration du droit de l'arbitrage au sein de l'OHADA et du Mercosur 95

CONCLUSION DU TITRE I 143

TITRE II
L'ARBITRAGE FACTEUR DE DÉVELOPPEMENT DE L'INTÉGRATION RÉGIONALE AU SEIN DE L'OHADA ET DU MERCOSUR 145

CHAPITRE I
L'émergence de juridictions arbitrales favorables à l'intégration régionale au sein de l'OHADA et du Mercosur 147

CHAPITRE II
La contribution effective des juridictions arbitrales à la consolidation de l'intégration régionale au sein de l'OHADA et du Mercosur 175

CONCLUSION DU TITRE II 203

CONCLUSION DE LA PARTIE I 205

PARTIE II
L'ARBITRAGE UN INSTRUMENT DE DÉVELOPPEMENT DE LA SECURITÉ JUDICIAIRE ET JURIDIQUE AU SEIN L'OHADA ET DU MERCOSUR 207

TITRE I
L'ARBITRAGE UNE SOURCE DE DÉVELOPPEMENT DE LA SÉCURITÉ JUDICIAIRE AU SEIN L'OHADA ET DU MERCOSUR 211

CHAPITRE I
Le recours à l'arbitre un palliatif au manque de confiance dans le juge étatique au sein de l'OHADA et du Mercosur 215

CHAPITRE II
L'arbitrage un facteur de développement de la sécurité judiciaire au sein de l'OHADA et du Mercosur 249

CONCLUSION DU TITRE I 271

TITRE II
L'ARBITRAGE UNE SOURCE DE DÉVELOPPEMENT DE LA SÉCURITÉ JURIDIQUE AU SEIN DE L'OHADA ET DU MERCOSUR 273

CHAPITRE I
L'arbitrage un mécanisme de lutte contre l'insécurité juridique au sein de l'OHADA et du Mercosur 275

CHAPITRE II
L'arbitrage une source de développement de la sécurité juridique au sein de l'OHADA et du Mercosur 347

CONCLUSION DE LA PARTIE II 503

CONCLUSION GÉNÉRALE 505

BIBLIOGRAPHIE GÉNÉRALE 509

INDEX ALPHABÉTHIQUE 545

TABLE DES MATIÈRES 547

REMERCIEMENTS

Mes remerciements iront tout d'abord au Professeur Michel BÉLANGER, qui a su tout le long de ces années me donner un espace de liberté, des conseils avisés et sa disponibilité sans faille.

Je remercie également Mme Marie Christine GOURRIBON, pour son précieux travail de relecture et son soutien.

Un remerciement particulier à ma famille, spécialement à mon père et ma mère qui m'ont soutenu toutes ces années et appris que les études sont avant tout notre unique et seul atout.

Enfin, ces remerciements n'auraient pas été complets sans une pensée pour mon épouse qui a su me soutenir dans les moments parfois difficiles de la vie de doctorant. *Yes we did.*

REMERCIEMENTS

Mes remerciements iront tout d'abord au Professeur Michel BÉLANGER, qui a su tout le long de ces années me donner un espace de liberté, des conseils avisés et sa disponibilité sans faille.

Je remercie également Mme Marie Christine GOURRIBON, pour son précieux travail de relecture et son soutien.

Un remerciement particulier à ma famille, spécialement à mon père et ma mère qui m'ont soutenu toutes ces années et appris que les études sont avant tout notre unique et seul atout.

Enfin, ces remerciements n'auraient pas été complets sans une pensée pour mon épouse qui a su me soutenir dans les moments parfois difficiles de la vie de doctorant. *Yes we did.*

RÉSUMÉ

L'OHADA et le Mercosur sont deux organisations régionales qui ont été créées afin d'accentuer l'intégration et de favoriser la sécurité judiciaire et juridique pour les opérateurs du commerce international. En d'autres mots, leur objectif est d'aider au développement économique des pays membres. Dès le fonctionnement de ces deux organisations, le recours à l'arbitrage a été privilégié comme mode de règlement des différends liés au commerce international. Partant de là, il nous est apparu envisageable d'établir un lien entre la notion de développement et celle arbitrage commercial international. Presque vingt ans après la création de l'OHADA et du Mercosur, cette étude se propose d'évaluer les liens entre l'arbitrage et le développement. Cette évaluation se base sur l'observation de l'influence de l'arbitrage sur le processus d'intégration et sur l'apport de cette technique aux efforts d'amélioration de la sécurité judiciaire et juridique dans le milieu du commerce international.

Subject: INTERNATIONAL COMMERCIAL ARBITRATION AND DEVELOPMENT

Case Study of States of the OHADA and Mercosur

ABSTRACT

OHADA and Mercosur are two regional organizations that were created to enhance the integration and promote judicial and legal certainty for international traders. In other words, their goal is to help the economic development of member countries. From the operation of these two organizations, arbitration was favored as a means of resolving disputes in international trade. From there, it became possible to establish a link between the concept and the development of international commercial arbitration. Almost twenty years after the creation of OHADA and Mercosur, this study aims to assess the relationship between arbitration and development. This assessment is based on the observation of the influence of arbitration on the integration process and the contribution of this technique towards the improvement of judicial and legal certainty in international affairs.

Mots clés : [arbitrage commercial international] [développement] [sécurité juridique] [sécurité judiciaire] [harmonisation] [uniformisation] [intégration][investissement] [dommage] [réparation]

Key words: [International Commercial Arbitration] [Development] [certainty] [judicial security] [alignment] [Uniform] [integration] [Investment] [damage] [repair]

PRÉFACE

Le présent ouvrage est la version commerciale de la thèse de doctorat en droit de Monsieur Franck YOUGONE, qui a été soutenue à l'Université de Bordeaux.

Il s'agit d'une étude faisant preuve d'originalité du fait qu'elle traite de la mise en œuvre de la technique de l'arbitrage commercial international dans le cadre de deux organisations réunissant des Etats du Sud au travers de deux continents.

Le plaidoyer de Monsieur YOUGONE en faveur d'un renforcement de la pratique de l'arbitrage international en matière commerciale est à la fois limpide et cohérent. Cette technique juridique (et aussi politique) constitue certainement un double instrument favorisant le développement économique dans les pays du Sud. La démonstration entreprise par l'auteur est convaincante à propos de l'OHADA et du Mercosur. L'emploi de l'arbitrage favorise en effet aussi bien l'intégration que la sécurité judiciaire et juridique des Etats membres de ces deux organisations internationales.

On l'a compris, la thèse de Monsieur YOUGONE est, à travers son analyse consacrée à l'Afrique francophone et à l'Amérique latine, que les Etats du Sud ont intérêt à élargir la place offerte à l'arbitrage dans leurs relations commerciales internationales, en lui consacrant une place prépondérante dans leur stratégie de développement.

Le juriste ne peut qu'être favorable à l'accroissement du rôle de régulateur qu'assure l'arbitre dans les relations commerciales internationales. Il ne peut qu'approuver les efforts entrepris pour rationaliser l'arbitrage commercial international et son usage. Tout cela ne peut être que positif pour le développement des pays du Sud. Plus largement, l'utilisation la plus large possible de l'arbitrage est utile à la communauté internationale tout entière.

Le travail réalisé par Monsieur YOUGONE est ainsi particulièrement intéressant, non seulement pour les juristes spécialistes de droit international économique, mais aussi pour tous ceux qui, dans leur propre pays ou au sein d'organisations internationales, participent au développement des relations commerciales internationales.

Il reste pourtant un problème de taille à résoudre, qui est celui de la corruption… Une utilisation sérieuse de la technique de l'arbitrage commercial international ne peut assurément que contribuer à lutter elle-même contre la corruption.

Le mouvement en faveur de l'utilisation de l'arbitrage international continue d'ailleurs à s'étendre, comme le montre actuellement l'exemple de la Caraïbe.

L'ouvrage écrit par Monsieur Franck YOUGONE, actuellement assistant à la toute jeune Université ivoirienne Péléforo Gon Coulibaly, apparaît ainsi particulièrement pertinent.

Michel Bélanger
Professeur émérite (de droit public) de l'Université de Bordeaux,
ancien directeur de l'UFR de droit public et de science politique

LISTE DES ACRONYMES

AAA American Arbitration Association
AFDI Annuaire Français de Droit International
AUA Acte Uniforme sur l'Arbitrage
CCI Chambre de Commerce Internationale
C. A. Cour d'Appel
C. Cass. Cour de Cassation
CCJA Cour Commune de Justice et d'Arbitrage
CEMAC Communauté Économique et Monétaire de l'Afrique Centrale
CIAC Commission Interaméricaine d'Arbitrage Commercial
CIJ Cour internationale de justice
CIRDI Centre International pour le Règlement des Différends relatifs à l'Investissement
CJCE Cour de Justice de la Communauté Européenne
CMC Conseil du Marché Commun
CNUDCI Commission des Nations Unies pour le Droit Commercial International
CPJI Cour Permanente de Justice Internationale
CPA Cour Permanente d'Arbitrage
CVIM Convention des Nations Unies sur la Vente Internationale de Marchandises
EDJA Éditions Juridiques Africaines
EPIC Établissement Public Industriel et Commercial
GMC Groupe du Marché Commun
IBA International Bar Association
JCP Jurisclasseur Périodique
LGDJ Librairie Générale de Droit et de jurisprudence
JDI Journal de Droit International
Mercosur Mercado Común del Sur (Marché Commun du Sud)
OEA Organisation des États Américains
OHADA Organisation pour l'Harmonisation en Afrique du Droit des Affaires
ONU Organisation des Nations Unies
OMC Organisation Mondiale du Commerce
PB Protocole de Brasilia
PO Protocole d'Olivos
POP Protocole d'Ouro Preto
RDAI Revue de Droit des Affaires Internationales
RCDIP Revue critique de droit international privé
RIDC Revue Internationale de droit comparé
RGDIP Revue Générale de Droit International Public
SFDI Société française pour le droit international
TPR Tribunal Permanent de Révision
UEMOA Union Économique et Monétaire Ouest-Africaine

INTRODUCTION GÉNÉRALE

1. « *La vie économique de notre temps est devenue inconcevable sans l'arbitrage* »[1]. Ces mots du professeur René DAVID qui datent pourtant d'un peu plus d'une vingtaine d'années reflètent parfaitement les réalités actuelles : l'arbitrage est le mode usuel et privilégié de règlement des différends dans la sphère du commerce international. Pour nous en convaincre, nous pouvons souligner deux faits. D'abord, il existe sur ce point une réelle unanimité doctrinale[2]. De plus, il y a une acceptation, promotion et pratique de l'arbitrage[3] dans des pays de niveau de développement différent, c'est-à-dire dans les pays développés aussi bien que dans les pays en développement[4]. L'arbitrage commercial international

---

[1] V. R. DAVID, *Le droit du commerce international Réflexions d'un comparatiste sur le droit international privé*, Paris, Economica, 1987, p. 110.

[2] En témoignent le nombre important et la variété d'écrits et de travaux sur cette matière v. R. DAVID, *L'arbitrage commercial dans le commerce international*, Paris, Economica, 1981. V. aussi A. REDFERN et M. HUNTER, *Droit et pratique de l'arbitrage commercial international*, Paris, LGDJ, 2ème édition, 1994. V. surtout Ph. FOUCHARD, E. GAILLARD, et B. GOLDMAN, *Traité de l'arbitrage commercial international*, Paris, Litec, 1996. V. aussi J.-F. POUDRET et S. BESSON, *Droit Comparé de l'arbitrage international*, Bruxelles, Bruylant, LGDJ, 2002. V. enfin J.-F. POUDRET, « L'originalité du français de l'arbitrage au regard du droit comparé », *RIDC*, 2004, n°1, p. 139.

[3] En effet, comme le démontre Ph. FOUCHARD, E. GAILLARD, et B. GOLDMAN, *op.cit.*, p. 3, l'arbitrage est devenu le mode *« normal »* de règlement des différends en matière de commerce international. En atteste la modernisation constante des législations nationales sur cette matière dans le monde entier. En atteste aussi, la forte ratification par les États, des conventions internationales multilatérales sur ce domaine. La Convention de New York de 1958 sur la reconnaissance et l'exécution des sentences arbitrales a été ratifiée à ce jour par 149 États (consulter le site de la CNUDCI sur Internet : www.uncitral.org). La Convention de Washington de 1965 CIRDI a été à ce jour ratifiée par 148 États (consulter le site de la banque mondiale sur Internet : www.worldbank.org). En atteste enfin, et ce du fait du manque d'une juridiction internationale pour les litiges d'ordre privé, l'activité croissante et la multiplication (difficilement quantifiable) des centres d'arbitrage dans le monde entier. La Cour internationale d'arbitrage de la Chambre de Commerce Internationale (CCI) qui a été créée en 1923, dont le nombre d'affaires ne cesse de croître chaque année est aujourd'hui considérée comme le géant mondial parmi les institutions permanentes d'arbitrages. V. *Bulletin de la Cour internationale d'arbitrage de la CCI*, 2007, volume 18, n° 1.

[4] V. J. SALMON (dir.), *Dictionnaire de Droit International Public*, Bruxelles, Bruylant/AUF, 2001, p. 814 et 815. Les pays en développement sont une « *catégorie d'États désignés*

est désormais un enjeu de développement. Alain PLANTEY a très justement résumé cette situation lorsqu'il a affirmé que l'arbitrage est devenu « *aujourd'hui dans le monde entier un des éléments essentiels du dispositif juridique des grands projets d'investissement et de développement ...* »[5]. La place qu'occupe ce mécanisme de règlement des différends au niveau mondial n'est pas le fruit du hasard. Elle est le produit de plusieurs facteurs.

§ I. L'arbitrage mode traditionnel de règlement des différends dans les relations commerciales internationales

2. Le premier facteur qui doit être pris en compte est l'enracinement profond de cette institution dans le temps et dans les pratiques de différents groupes humains et civilisations à travers le monde. Effectivement, divers systèmes juridiques anciens connaissaient et recouraient déjà à l'arbitrage. Nous pouvons principalement citer les pratiques arbitrales découvertes chez les Assyriens[6], dans la Grèce antique[7] et surtout dans l'Empire Romain où le *Code Justinien*, à travers le *Digeste*, a donné un cadre juridique à l'arbitrage[8]. L'Arabie préislamique a également connu un système d'arbitrage très élaboré (le *hakam*)[9].

3. Aussi, il faut mettre en exergue le fait que dans les différentes cultures juridiques des peuples de l'Afrique noire[10] et dans celles des peuples de l'Amérique Latine[11], il a toujours existé une certaine forme de

---

officiellement comme tels, le plus souvent par des organisations internationales, par référence à différentes méthodes combinées ou non (recours à divers critères dont le PNB par habitant à titre principal ... ».

[5] V. A. PLANTEY, « L'arbitrage dans le commerce international », *AFDI*, 1990, p. 307.

[6] V. Th. CLAY, *L'arbitre*, Paris, Dalloz, 2001, p. 3 où l'auteur précise que les premières découvertes relatives à l'arbitrage ont été faites chez les Assyriens à la fin du IIIe millénaire avant notre ère. V. aussi A.-F. ZATARRA-GROS, « Arbitrage et procès équitable dans la zone sud-ouest de l'océan indien », *RIDC*, 2007, n°3, p. 597.

[7] V. J. VELISSAROPOULOS-KARAKOSTAS, « L'arbitrage dans la Grèce antique. Époque archaïque et classique », *Revue de l'arbitrage*, 2000, p. 9 et s. A travers cet article l'auteure démontre que les premières traces de l'arbitrage en droit hellénique datent du VIIIe siècle avant J.-C.

[8] *Ibid.*, p. 14.

[9] *Ibid.*, p. 4.

[10] V. E. LE ROY, « Le justiciable africain et la redécouverte d'une voie de règlement des conflits », *Afrique Contemporaine*, n°156, 4/90, p. 111 à 120. V. aussi F. K. CAMARA et A. CISSÉ, « Arbitrage et médiation dans les cultures négro-africaines entre la prédisposition à dénouer et la mission de trancher », *Revue de l'arbitrage*, 2009, n° 2, p. 285 à 316, spéc., p. 287 où les auteurs considèrent que la justice africaine est un outil de paix sociale qui a pour paradigme le *Maât* (un principe divin égyptien de l'équité et de la vérité, source d'ordre et d'harmonie).

[11] V. D. VENTURA, *Les asymétries entre le Mercosur et l'Union Européenne, les enjeux d'une association interrégionale,* Paris, L'Harmattan, 2003, p. 206 où cette auteure précise que l'adage « *mieux vaut un mauvais accord qu'un bon procès* » est très présent et influant dans les pratiques des États de l'Amérique Latine.

« *prédisposition* »[12] à l'arbitrage ou en tout cas à la médiation dans le dénouement des litiges. Prenons l'exemple de la justice en Afrique francophone à l'époque précoloniale[13]. La justice à cette époque, qui était principalement orale (*la palabre*)[14] avait pour fonction la préservation de l'ordre social au sein du groupe ou de l'ethnie. Elle était axée sur l'équilibre entre les membres du groupe plutôt que sur la protection des droits individuels. Le litige était considéré comme un trouble à la cohésion sociale et devait être tranché par la voie de la négociation ou de la conciliation. La justice précoloniale était conciliatoire et surtout perçue comme « *une occasion de réconciliation plutôt qu'un moment de division* »[15]. A côté de l'ancrage de l'arbitrage dans ces systèmes juridiques anciens, des auteurs ont repéré des traces de pratiques arbitrales dans des textes religieux qui ont un connu un très grand rayonnement, comme l'Ancien Testament[16] et le Coran[17].

4. Cette institution a réussi à traverser les âges et va connaître un essor considérable et manifeste au Moyen-Âge grâce au développement du commerce et la naissance de « *ordre économique international* »[18] et du droit du commerce international[19]. Effectivement, à compter du XIIe siècle, l'arbitrage va devenir une pratique courante dans la communauté des marchands et dans les corporations des commerçants à travers toute l'Europe[20]. Par la suite, c'est dans la période du début de la Révolution

---

[12] *Ibid*., p. 290 à 301.

[13] V. E. LE ROY, *Les Africains et l'Institution de la Justice : Entre mimétismes et métissages*, Paris, Dalloz, 2004. Dans cet ouvrage, l'auteur démontre qu'en Afrique francophone, la justice existait bien avant la période coloniale mais qu'il est difficile d'en retracer son fonctionnement avec exactitude. Pour illustrer cette difficulté, l'auteur l'a qualifié cette démarche de « *puzzle* ».

[14] *Ibid*., p. 42 à 48.

[15] V. M. KAMTO, « Une justice entre tradition et modernité », *Afrique Contemporaine*, n° 156, 4/90, p. 58.

[16] V. Th. CLAY, *op.cit*., p. 4 où l'auteur précise que des passages des livres de la *Genèse* (31, 36-37) et de l'*Exode* (18, 15) font référence à l'arbitrage.

[17] V. A.-F. ZATARRA-GROS, *op.cit*., p. 597 où l'auteure souligne qu'on peut relever à deux reprises des références explicites à l'arbitrage dans le Coran notamment dans le : « *verset 35 de la Sourate des Femmes, où il est possible d'y lire : « Si vous craignez la séparation entre des conjoints, envoyez un arbitre de la famille de l'époux, et un arbitre de la famille de l'épouse* ».

[18] V. M. BÉLANGER, *Institutions Économiques Internationales La mondialisation économique et ses limites*, Paris, Economica, 1997, 6ème édition, p. 13.

[19] V. H. KENFACK, *Droit du commerce international*, Paris, Dalloz, 4ème éd., 2012, p. 2 où il est écrit que « *Tous les commercialistes situent au Moyen Âge la naissance d'un corps de règles qualifié de droit du commerce international. A partir du XIe siècle, le commerce renaît. Les grands pôles du commerce européen sont les républiques marchandes de l'Italie du Nord (Venise, Pise, Gêne, et plus tard Florence) et les Flandres (Bruges, Anvers et Amsterdam) ...* ». V. aussi J. RAYNARD, *Droit du commerce international Droit international de l'entreprise*, Paris, LexisNexis, 4ème éd., 2012, p. 1 et s.

[20] V. R. DAVID, « Arbitrage et droit comparé », *RIDC*, 1959, janvier-mars, n°1, volume 11, p. 13 où l'auteur précise que : « *Ainsi s'explique également le développement du droit*

française que l'arbitrage va véritablement s'épanouir avant de retomber brusquement dans une sorte d'oubli provoqué par la revalorisation de la justice étatique[21] (entre 1790 et 1806).

5. Le deuxième facteur qui explique la bonne implantation de l'arbitrage dans les relations commerciales internationales est essentiellement lié aux spécificités de cette technique : la grande part de liberté laissée aux parties à un arbitrage (l'autonomie). Afin de mieux appréhender ce point, il convient au préalable de se pencher sur la question primordiale de la définition de la notion d'arbitrage commercial international. Pour ce faire, il faut d'abord définir la notion d'arbitrage. Dans un sens large, l'arbitrage peut être défini comme un mode de solution d'un litige par le recours à un tiers chargé de le trancher par une décision obligatoire[22]. Le caractère obligatoire de la décision arbitrale a une importance particulière car il permet de distinguer la notion d'arbitrage d'autres modes alternatifs de règlement des conflits comme l'expertise[23], la conciliation ou encore la médiation[24].

6. Dans un sens plus restreint et précis, l'arbitrage est un mode de règlement juridictionnel des différends juridiques internationaux[25] par des arbitres que les parties ont choisis et investis du pouvoir de rendre une décision sur la base du respect du droit[26]. Partant de cette définition, nous pouvons retenir que l'arbitrage commercial international est avant tout un mode juridictionnel de règlement des différends qui a pour principale

---

commercial du Moyen Âge et, apparemment, le nouveau développement de l'arbitrage, administré par des organisations professionnelles, que l'on observe de nos jours. L'arbitrage est le procédé à l'aide duquel on résout les contestations « entre soi », au sein d'un groupement plus ou moins vaste ; il est, qu'on l'avoue ou non, l'instrument de formation d'un droit corporatif, complétant à cette fin l'action des contrats-types et des formulaires qui se substituent, eux, aux règles du droit supplétif. ».

[21] Sur cette période v. J.-J. CLÈRE, « L'arbitrage révolutionnaire : apogée et déclin d'une institution », *Revue de l'arbitrage,* 1981, p. 3 à 38. A travers cet article, l'auteur démontre qu'au début de cette période de l'histoire française, l'arbitrage va carrément se substituer à la justice étatique dont les révolutionnaires se méfient. La Constitution de 1793 va supprimer les juges de profession et les remplacer par des « *arbitres publics* ». L'arbitrage va donc devenir forcé pendant ce laps de temps.

[22] Sur cette définition v. J. SALMON (dir.), *Dictionnaire de Droit International Public, op.cit.*, p. 76.

[23] Sur cette distinction v. R. DAVID, *L'arbitrage commercial dans le commerce international, op.cit*, p. 10 à 11. L'expertise se distingue de l'arbitrage par le fait que l'expert ne rend pas une décision mais exprime seulement une opinion.

[24] Sur cette distinction v. Ph. FOUCHARD, E. GAILLARD, et B. GOLDMAN, *op.cit.*, p. 16 à 20. Les notions de conciliation, de médiation et d'arbitrage sont proches mais s'éloignent sur la question de leur l'effet. Les solutions d'un conciliateur ou d'un médiateur ne sont pas obligatoires alors qu'une sentence arbitrale emporte autorité de la chose jugée et est obligatoire pour les parties au litige.

[25] Sur la définition du différend juridique international v. l'arrêt *Affaire des concessions Mavrommatis en Palestine* du 30 août 1924 rendue par la CPJI, *Série A*, n°2, p. 11. Dans cet arrêt, la cour a retenu que le différend est « *un désaccord sur un point de droit ou de fait, une contradiction, une opposition de thèses juridiques ou d'intérêts entre deux personnes* ».

[26] *Ibid.*, p. 76 à 77.

caractéristique de porter sur des litiges qui ont un élément de commercialité et d'extranéité. Ces deux éléments appellent quelques précisions.

7. De prime abord, la question du caractère international de l'arbitrage semble être dénuée d'intérêt car il suffirait de considérer qu'un arbitrage est international dès qu'il contient un élément d'extranéité. En réalité, la solution n'est pas si évidente parce que raisonner de la sorte équivaudrait à confondre l'*arbitrage international* avec l'arbitrage commercial international. L'*arbitrage international* désigne l'arbitrage consistant à régler un litige entre États par un juge de leur choix et sur la base du droit. Cet arbitrage interétatique a été principalement codifié et organisé par les Conventions de La Haye pour le règlement des conflits internationaux de 1899 et de 1907[27]. Ensuite, raisonner de la sorte reviendrait à ignorer que chaque État est maître de la qualification de l'internationalité d'un acte ou d'une situation[28] et que de ce fait le caractère international d'un arbitrage varie d'un État à l'autre. Partant de là, cette question soulève directement des problématiques de Droit international privé[29] notamment celles relatives au rattachement à un ordre juridique national et au conflit de lois[30]. Ce droit qui peut se définir comme l'ensemble des règles applicables aux relations juridiques affectées par la diversité des droits internes[31] est aux prises avec des problèmes juridiques qui peuvent parfois s'avérer ne pas être simples à dénouer[32].

8. C'est ainsi qu'afin d'obtenir des éclaircissements sur le caractère international d'un arbitrage nous préférons nous référer aux travaux de Pierre LALIVE et du professeur Philippe FOUCHARD. Ce choix est motivé par le fait que le premier auteur a posé une définition de l'arbitrage international. Pour lui un arbitrage est international « *lorsqu'il ne relève pas, à tous les*

---

[27] Sur ces textes v. D. BARDONNET, « L'état de ratification des Conventions de La Haye de 1899 et de 1907 sur le règlement des conflits internationaux », *AFDI*, 1961, volume 7, p. 726 à 741. La Convention de La Haye de 1899 a permis le perfectionnement de la technique de l'arbitrage par la création de la Cour Permanente d'Arbitrage (CPA).

[28] V. J. C. FERNÁNDEZ ROZAS, « Arbitrage interne et international : la réglementation soi-disant unitaire en Espagne », *in Arbitrage interne et international*, actes du colloque de Lausanne du 2 octobre 2009, (éd. A. BONOMI et D. BOCHATAY), Genève, Librairie Droz, 2010, p. 190.

[29] *Ibid.*, p. 47.

[30] Sur la définition du conflit de lois v. G. CORNU, *Vocabulaire juridique*, Paris, QUADRIGE/PUF, 8ème édition, 2007, p. 207. Le conflit de lois est un problème naissant du fait qu'une question de droit présente des liens avec plusieurs États (plus généralement plusieurs systèmes ou ordres juridiques) à résoudre par le choix de la loi qui est applicable.

[31] Sur cette définition v. J. SALMON (dir.), *Dictionnaire de Droit International Public*, *op.cit.*, p. 386.

[32] La célèbre affaire *Patiño* qui s'est étalée sur plus 20 ans de procédure est une preuve tangible de la complexité que peut soulever l'application des règles de Droit international privé. Sur cette affaire v. B. ANCEL et Y. LEQUETTE, *Les grands arrêts de la jurisprudence française de droit international privé*, Paris, Dalloz, 4ème édition, 2001, p. 340 à 358.

points de vue, d'un seul état, par la nature du litige, la personne des parties ou des arbitres, le lieu ou la procédure »[33].

9. Le second auteur, quant à lui, a affiné cette définition en mettant en lumière deux critères[34] permettant d'identifier la nature de l'arbitrage. Le premier critère étant de déduire l'internationalité des différentes étapes de la procédure arbitrale[35]. Selon lui, si en partant de la signature de la convention d'arbitrage en allant jusqu'au prononcé de la sentence arbitrale, les parties ont volontairement intégré des éléments d'extranéité dans les opérations arbitrales, alors l'arbitrage est international. Les éléments fréquents d'extranéité peuvent être le lieu de l'arbitrage, le recours à une institution étrangère d'arbitrage ou encore le choix d'une loi étrangère applicable au différend. Mais dans certaines hypothèses déduire l'internationalité d'un arbitrage de ces éléments procéduraux peut être insuffisant ou peu pertinent[36]. En effet, le choix d'une loi étrangère ou d'un siège étranger n'implique pas systématiquement qu'un arbitrage soit international. C'est à partir de ce constat que cet auteur a également proposé de déduire l'internationalité de l'objet même de l'arbitrage[37]. De ce fait, l'arbitrage peut être également considéré comme international par son objet. Pour étayer son argumentation, Philippe FOUCHARD a précisé[38] que ce critère a été utilisé dans des textes internationaux relatifs à l'arbitrage comme dans la Convention européenne sur l'arbitrage commercial international du 21 avril 1961 (article 1), dite Convention de Genève[39] et dans la Convention de Washington du 18 mars 1965 pour le Règlement des Différends relatifs aux Investissements entre États et ressortissants d'autres États (article 1). Ce critère objectif a été aussi repris dans des législations internes relatives à l'arbitrage comme en France[40].

10. Le caractère de la commercialité de l'arbitrage demande aussi d'apporter quelques précisions. Celles-ci sont nécessaires quant aux actes pouvant être qualifiés d'actes de commerce international et sur la nature des

[33] V. P. LALIVE, « Problèmes relatifs à l'arbitrage international commercial », *Recueil des cours de l'Académie de droit international de La Haye*, Martinus Nijhoff, 1967, Tome 120, p. 569 à 714, spéc. p. 580.

[34] Sur ces critères v. Ph. FOUCHARD, « Quand un arbitrage est-il international ? », *in Ecrits, Droit de l'arbitrage -Droit du commerce international*, Paris, Comité français de l'arbitrage, 2007, p. 254 et s.

[35] *Ibid.*, p. 254.

[36] *Ibid.* p. 254 à 258 où l'auteur démontre que chacun de ces éléments a des limites.

[37] *Ibid.*, p. 258 et s.

[38] *Ibid.*, p. 258 et 259.

[39] Sur ce texte v. L. KOPELMANAS, « La place de la Convention européenne sur l'arbitrage international du 21 avril 1961 dans l'évolution du Droit international de l'arbitrage », *AFDI*, 1961, volume 7, p. 331 à 354.

[40] V. J.-F. POUDRET et S. BESSON, *op.cit.*, p. 31 à 33. Le critère objectif a été régulièrement appliqué dans la jurisprudence française et consacré par l'article 1492 NCPC introduit en 1981 qui dispose qu'est international « *l'arbitrage qui met en cause des intérêts du commerce international* ».

personnes pouvant les effectuer. Un premier constat s'impose d'emblée en matière d'arbitrage international, la notion de commercialité a un sens large[41] : elle désigne « *tous les échanges économiques à travers les frontières* »[42]. L'arbitrage retient donc une conception économique de la notion de commercialité. Cette conception est différente de celle retenue par le droit commercial interne puisque le commerce est assimilé à toute activité économique. Elle a été retenue dans les principaux textes internationaux relatifs à l'arbitrage. Prenons l'exemple de la loi type de la Commission des Nations Unies pour le Droit Commercial International (CNUDCI) du 21 juin 1985 qui porte sur l'arbitrage commercial international[43]. Ce texte qui ne définit le terme « *commercial* » dans aucun de ses articles a pourtant intégré une précieuse note de bas de page qui nous permet d'avoir une liste des actes pouvant bénéficier de cette qualification[44]. La lecture de cette liste nous indique clairement que la conception du commerce est extensive.

11. Cette conception large et extensive du caractère commercial de l'arbitrage a eu un impact direct sur la pratique arbitrale elle-même. Tout d'abord, elle a permis à la pratique de l'arbitrage commercial international de mieux se répandre. Ensuite, elle a permis aux personnes physiques et morales de droit privé mais aussi aux personnes morales de droit public d'utiliser ce mécanisme. Effectivement, il est désormais plus que fréquent de retrouver des personnes morales de droit public comme des États ou leurs

---

[41] V. Ph. FOUCHARD, E. GAILLARD, et B. GOLDMAN, *op.cit.*, p. 38 à 47.

[42] *Ibid.*, p. 38.

[43] Sur la CNUDCI v. *CNUDCI La Commission des Nations Unies pour le Droit Commercial International*, Publications des Nations Unies, New York, 1987. Sur la loi type CNUDCI v. S. JARVIN, « La Loi-type de la C.N.U.D.C.I sur l'arbitrage commercial international », *Revue de l'arbitrage*, 1986, volume 4, p. 509 à 527. V. aussi Ph. FOUCHARD, « La loi type de la CNUDCI sur l'arbitrage commercial international », *JDI*, 1987, n°4, p. 870 à 872. V. enfin R. SORIEUL, « L'œuvre normative de la CNUDCI dans le domaine du règlement des différends », *in L'arbitrage en France et en Amérique Latine à l'aube du XXIe siècle, Aspects de droit comparé* (sous la direction de B. FAUVARQUE-COSSON et A. WALD), Paris, Société de la législation comparée, 2008, p. 61 et s. La CNUDCI est l'organe juridique principal du système des Nations Unies dans le domaine du droit commercial international. Cet organe a été créé en 1966 afin d'encourager « *l'harmonisation et l'unification progressive du droit commercial international* ». Depuis sa création, elle vise à la modernisation des règles de droit matériel du commerce international. C'est dans cette logique qu'en matière de règlement des différends, elle a adopté la loi type sur l'arbitrage commercial international de 1985. Ce texte jouit à ce jour d'un grand rayonnement.

[44] Cette note de bas de page énonce que : « *le terme commercial devrait être interprété au sens large, afin de désigner les questions issues de toute relation de caractère commercial, contractuelle ou non contractuelle. Les relations de nature commerciale comprennent sans y être limitées, les transactions suivantes : toute transaction commerciale portant sur la fourniture ou l'échange de marchandises ou de services ; accord de distribution; représentation commerciale ; affacturage ; crédit-bail ; construction d'usines ; services consultatifs ; ingénierie; licences ; investissement ; financement ; transactions bancaires ; assurance; accords d'exploitation ou de concessions ; coentreprises et autre formes de coopération industrielle et commerciale; transport de marchandises ou de passagers par voie aérienne, maritime, ferroviaire ou routière.* ».

démembrements (collectivités territoriales ou entreprises publiques) dans un arbitrage à caractère commercial et international. C'est la raison pour laquelle des auteurs[45] incluent dans la catégorie de l'arbitrage commercial international, l'arbitrage portant sur un litige né à l'occasion d'une opération économique internationale qui oppose un État ou l'un de ses démembrements à une entreprise privée étrangère. Ainsi, dans une certaine mesure, le contentieux arbitral des contrats d'État et celui des investissements peut être intégré dans la catégorie de l'arbitrage commercial international[46].

12. Sur ce point, il convient de souligner qu'il n'existe pas un consensus au niveau de la doctrine. D'un côté, nous avons des auteurs[47] qui n'accordent la qualification d'arbitrage commercial international, qu'à l'arbitrage dans lequel les parties sont des personnes privées. Ces auteurs fondent leur opinion sur l'existence de la notion d'*arbitrage transnational* qui est défini comme l'arbitrage entre un État et une personne privée étrangère qui peut être souvent un investisseur[48]. Dans la majorité des cas l'investisseur est en réalité une société transnationale[49]. Ils se fondent également sur une définition restrictive de l'arbitrage commercial international qui prévoit que ce mode de règlement des différends commerciaux est réservé aux opérateurs économiques privés[50]. Au contraire, d'autres auteurs semblent admettre que ces définitions sont pour le moins dépassées compte tenu du rôle actif des personnes morales de droit public dans la vie commerciale et économique. Parmi ces auteurs, nous pouvons citer le professeur Geneviève BURDEAU qui a admis que l'arbitrage transnational est une extension de l'arbitrage commercial international « *compte tenu de son objet habituel qui est de résoudre un litige relatif à l'interprétation ou à l'exécution d'un contrat ayant un objet commercial* »[51]. Dans cette même logique, le professeur Brigitte STERN a pu écrire que les rapports entre un État et un investisseur étranger (personne privée) apparaissent aujourd'hui inséparables

---

[45] *Ibid.*, p. 43.
[46] *Ibid.*, p. 43 à 45.
[47] Parmi ces auteurs nous pouvons citer F. LATTY, « Arbitrage transnational et droit international général (2008) », *AFDI*, 2008, p. 471 à 474, spéc., p. 472 où l'auteur parle de « *confusion* » entre les différentes catégories d'arbitrage.
[48] Sur cette définition v. J. SALMON (dir.), *Dictionnaire de Droit International Public*, *op.cit.*, p. 78.
[49] Pour une définition de société transnationale v. P. DAILLIER, M. FORTEAU et A. PELLET, *Droit International Public*, Paris, LGDJ, 8ème édition, 2009, p. 713 où il est écrit que : « *Les sociétés multinationales sont des entreprises qui sont propriétaires d'installations de production ou de service ou les contrôlent en dehors du pays dans lesquels elles sont basées. De telles entreprises ne sont pas toujours des sociétés anonymes ou des sociétés privées, il peut s'agir aussi de coopératives ou d'entités appartenant à l'État* ».
[50] *Ibid.*, p. 77.
[51] V. G. BURDEAU, « Les nouvelles perspectives pour l'arbitrage dans le contentieux économique intéressant les États », *Revue de l'arbitrage*, 1995, n°1, p. 9.

de l'arbitrage commercial international[52]. Elle a aussi souligné que cette réalité a conduit à un « *brouillage* »[53] entre les catégories d'arbitrage. Bien avant cette auteure, Geneviève GUYOMAR avait utilisé le terme « *d'altération* »[54] pour décrire cette situation. Pour nous, ce dernier courant doctrinal qui intègre dans l'arbitrage commercial international des différends qui opposent des personnes morales de droit public aux personnes privées correspond à l'évolution du droit et est nettement plus en phase avec la réalité économique internationale. L'État est devenu un opérateur économique du commerce international à part entière[55] et de ce fait, il utilise l'arbitrage dans ses rapports commerciaux avec les personnes privées et parfois même avec d'autres États. D'ailleurs, il n'est pas rare de voir des centres d'arbitrage créés exclusivement pour des questions commerciales connaître du contentieux touchant des États[56]. L'arbitrage commercial international traverse donc aisément la frontière entre le Droit international public et le Droit international privé.

13. Si ce mécanisme est tant utilisé, c'est parce qu'il présente certaines caractéristiques techniques qui sont perçues comme des avantages. Parmi ces avantages, nous pouvons principalement retenir les quatre qui ont été identifiés par René DAVID[57], à savoir : l'aspiration à une justice mieux administrée, la recherche d'une autre justice, la préoccupation d'harmonie et enfin la volonté de régler des controverses non juridiques. Effectivement, en recourant à l'arbitrage, les parties recherchent une meilleure justice caractérisée par des avantages, comme le gain de temps face à la relative lenteur des juridictions judiciaires étatiques, l'atténuation du formalisme[58] et la discrétion (l'exclusion de la publicité). Surtout, les parties veulent que le

---

[52] V. B. STERN, « Le consentement à l'arbitrage CIRDI en matière d'investissement international : que disent les travaux préparatoires ? », *in Souveraineté étatique et marchés internationaux à la fin du 20ème siècle A propos de 30 ans de recherche du CREDIMI, Mélanges en l'honneur de Philippe Kahn*, Paris, Litec, 2000, p. 244.

[53] *Ibid.*, p. 244.

[54] V. G. GUYOMAR, « L'arbitrage concernant les rapports entre États et particuliers », *AFDI*, 1959, volume 5, p. 335.

[55] Sur cette expression v. J.-M. JACQUET, « L'État, opérateur du commerce international », *JDI*, 1989, n°3, p. 621 à 690.

[56] Sur l'intervention de la CCI comme instance arbitrale pour des différends relatifs aux États V. E. SILVA ROMERO, « Quelques brèves observations du point de vue de la Cour internationale d'arbitrage de la Chambre de commerce internationale », *in Le contentieux arbitral transnational relatif à l'investissement Nouveaux développements*, Paris, Anthemis, LGDJ, 2006, p. 331 à 343, spéc. p. 332 où l'auteur précise que la Cour de la CCI a traditionnellement été l'institution arbitrale qui a administré la plus importante quantité de litiges relatifs aux investissements.

[57] V. R. DAVID, *L'arbitrage commercial dans le commerce international*, *op.cit.*, p. 15 à 35. Cet auteur a qualifié ces facteurs de « *motivations de l'arbitrage* ».

[58] *Ibid.*, p. 17 où l'auteur énonce que « ... *les parties souhaitent le tempérer, éviter tout jargon ésotérique, et régler leur contestation dans une atmosphère plus libre et plus détendue que celle des tribunaux ; l'arbitrage se prête à la chose mieux que la justice des tribunaux, qui est inévitablement plus bureaucratique et plus solennelle* ».

litige soit tranché par un connaisseur, voire un expert des relations commerciales donc en quelque sorte par un « *meilleur juge* ».

14. De même, en recourant à l'arbitrage, les parties visent une autre forme de justice et plus particulièrement une justice adaptée aux réalités des commerçants. Cette justice se singularise d'abord par la promotion des règles de droit, des usages ou des coutumes propres à la corporation des marchands (la *lex mercatoria*). Ensuite, elle se singularise par l'utilisation du droit commercial international, c'est-à-dire au sens propre[59], le droit qui régit les opérations d'importation, d'exportation ou d'échange entre les États ou entre leurs ressortissants selon la définition donnée par l'accord général sur les tarifs douaniers et le commerce (GATT) du 30 octobre 1947. Comme l'a souligné l'auteur cité ci-dessus, l'emploi dans l'arbitrage de la *lex mercatoria*[60] et du droit commercial international se justifie amplement par le fait que les règles nationales et la théorie des conflits de lois qui est leur corollaire, sont très mal adaptées aux échanges internationaux[61]. Partant de là, le souhait légitime des acteurs du commerce international est de disposer de règles harmonisées en matière de règlement des différends. Enfin, le recours à l'arbitrage est motivé pour les controverses qui ne peuvent pas être tranchées par les juridictions étatiques[62] et pour combler des lacunes contractuelles. Pour mieux résumé les raisons qui attirent les opérateurs du commerce international vers l'arbitrage, nous pouvons reprendre les mots du professeur Bruno OPPETIT qui a écrit que : « *L'arbitrage fascine : par l'impression qu'il peut donner d'échapper en grande partie à l'emprise des sociétés organisées, par l'ambigüité, facteur de liberté, que lui confère son faible ancrage spatial, par l'influence qu'il exerce sur le jeu des intérêts et le dénouement des conflits, par son indétermination au regard du droit, qui*

---

[59] Sur cette définition v. G. CORNU, *op.cit.*, p. 176.

[60] *Ibid.*, p. 546. Cette expression est reprise de l'histoire du Moyen Âge pour désigner le droit élaboré par les milieux professionnels du commerce international ou spontanément du commerce suivi par ces milieux indépendants de tout Droit étatique et dont l'application échapperait, pour cette raison, à la méthode du conflit des lois.

[61] *Ibid.*, p. 25 où l'auteur énonce que « ... *la théorie des conflits de lois a été conçue différemment dans les divers États, elle a été l'un des domaines où se sont produits le plus d'affrontements, fondés sur des oppositions de principe ou parfois des rivalités d'écoles, pour ne pas dire de personnes.* ». V. aussi du même auteur, *Le droit du commerce international*, *op.cit.*, p. 130 et 131.

[62] Pour illustrer cette idée nous pouvons citer les mots de G. GUYOMAR, *op.cit.*, p. 334 où elle précise que : « *Estimant insuffisantes les garanties que présentent pour eux les tribunaux internes, les individus ne peuvent, sauf convention internationale contraire, saisir directement une juridiction internationale, car ils ne sont pas sujets du droit international. C'est ainsi que l'accès direct à la C.I.J. leur est explicitement interdit par l'article 34 du Statut. Ne pourrait-on envisager de recourir le cas échéant à des arbitrages entre États et particuliers. Système souple, adaptable à toutes les espèces, c'est là, semble-t-il, le meilleur moyen de résoudre ce genre de difficultés, qu'il s'agisse d'un différend relatif à l'exécution d'un contrat (hypothèse relativement fréquente de nos jours), ou de tout autre litige. Cette solution séduisante a depuis longtemps retenu l'attention des intéressés : des litiges opposant initialement États et particuliers sont souvent déférés à des arbitres ...* ».

en fait un phénomène dont l'existence précède l'essence, il entretient chez l'homme le sentiment, ou tout au moins l'illusion, qu'il peut constituer entre ses mains un instrument au service de sa volonté ... »[63].

15. Au-delà de ces deux facteurs, le troisième point et l'élément fondamental qui a permis la pleine éclosion de l'arbitrage commercial international est l'acceptation progressive de cette institution par les États. En effet, pour que cette institution s'impose, il a fallu que les États acceptent qu'une grande partie du contentieux commercial international échappe à leurs juridictions. Le professeur Jean-Baptiste RACINE a mis en lumière deux raisons pouvant expliquer cette acceptation[64]. Premièrement, le mouvement de déréglementation a été favorable à l'arbitrage car suivant les préceptes du néo-libéralisme, les États vont intervenir moins souvent dans la vie économique et laisser les opérateurs économiques désigner des arbitres pour la résolution de leurs différends. Deuxièmement, le fait économique est difficilement maîtrisable par les États, l'arbitrage est ainsi apparu comme une solution au libre échange et au libéralisme. Alain PLANTEY partage cette vision car selon lui l'arbitrage commercial international s'est ancré grâce aux effets de l'internationalisation de l'économie mondiale[65]: les États ont été amenés progressivement à abandonner la négociation diplomatique pour privilégier les modes de règlement des différends utilisés par les personnes privées.

16. Toutefois, il faut souligner que si aujourd'hui l'arbitrage commercial international (ci-après l'arbitrage) est accepté et promu à travers le monde[66], cela n'a pas toujours été le cas dans certaines régions du globe[67] et notamment dans certains pays en développement. Nous pensons précisément aux États de l'Afrique francophone et de l'Amérique Latine. L'histoire et le cheminement de l'arbitrage dans ces pays en développement n'ont pas été linéaires et lisses, ils ont été émaillés d'embûches. En effet, sur ces continents malgré les « *prédispositions* » évoquées ci-dessus, l'arbitrage a été pendant des décennies accueilli avec la plus grande méfiance et froideur, voire farouchement combattu. Il est donc intéressant de s'attarder sur les raisons qui sont à la base de cette hostilité.

---

[63] V. B. OPPETIT, *Théorie de l'arbitrage*, Paris, PUF, 1998, p. 9.

[64] V. J.-B. RACINE, *L'arbitrage commercial international et l'ordre public*, Paris, LGDJ, 1999, p. 2 à 4.

[65] V. A. PLANTEY, « De la négociation diplomatique à l'arbitrage commercial international », *in La création du droit jurisprudentiel, Mélanges en l'honneur de Jacques Boré*, Paris, Dalloz, 2007, p. 373 à 381.

[66] *Ibid.*, p. 4.

[67] V. R. DAVID, *Le droit du commerce international Réflexions d'un comparatiste sur le droit international privé*, *op.cit.*, p. 110 où l'auteur précise que l'arbitrage était interdit dans les pays marxistes-léninistes.

§ II. La longue période d'hostilité envers l'arbitrage dans les États de l'Amérique Latine et de l'Afrique francophone

17. Ce sont les pays latino-américains qui ont d'abord ouvertement montré leur hostilité envers ce mécanisme. Pourtant, dès leurs indépendances au XIXème siècle, la plupart de ces pays ont continué à appliquer les législations en matière civile et commerciale sur l'arbitrage héritées des puissances coloniales européennes[68] (Espagne, Portugal et France). Par exemple, le Brésil a hérité des dispositions relatives à l'arbitrage prévues par l'Ordonnance du Royaume de Portugal et la Constitution de l'Empire de 1824[69].

18. Pour comprendre cette défiance, il faut prendre comme point de départ « *l'expérience négative* »[70] que ces États ont eue avec l'arbitrage. Premièrement, cette expérience négative provient du fait qu'entre la fin du XIXème siècle et le début du XXème siècle, plusieurs procédures arbitrales ont été déclenchées par des pays développés contre des pays latino-américains[71]. Ces arbitrages avaient pour particularité d'avoir été imposés par les puissances occidentales pour résoudre des différends entre leurs ressortissants et les gouvernements des pays latino-américains. En effet, à cette période les différends économiques et commerciaux (recouvrement de dettes ou litiges liés aux investissements) étaient hautement politisés et faisaient l'objet de règlements diplomatiques qui se terminaient fréquemment par l'usage de la force[72]. Le recours à l'arbitrage était en ce temps-là un moyen de pression très courant pour mettre fin à une intervention armée. A titre d'illustration, nous pouvons citer le Traité d'arbitrage général signé entre l'Argentine et la France le 3 juillet 1914 pour mettre fin aux différends de toute nature.

19. Parmi ces opérations, l'une des plus marquantes a été celle que l'Allemagne, la Grande Bretagne et l'Italie ont menée contre le Venezuela en 1902. Le Gouvernement vénézuélien, confronté à une grave crise financière après une longue période de guerre civile (de 1858 à 1870), avait dû suspendre le remboursement des dettes contractées auprès de ressortissants étrangers. Pour recouvrer ces sommes, ces trois puissances européennes ont décidé conjointement d'exercer un blocus maritime des ports et de

---

[68] V. C. FRUTOS-PETERSON, *L'émergence de l'arbitrage commercial international en Amérique Latine : l'efficacité de son droit*, Paris, L'Harmattan, 2003, p. 19 et 20.

[69] V. I. DE AGUILAR VIEIRA, *L'applicabilité et l'impact de la Convention des Nations Unies sur les contrats de vente internationale de marchandises au Brésil*, Strasbourg, Presses Universitaires de Strasbourg, 2010, p. 153 et 154.

[70] *Ibid.*, p. 15.

[71] *Ibid.*, p. 16 à 21.

[72] Il suffit de se remémorer les interventions armées de la France au Mexique dans la période qui va de 1838 à 1839, les conflits entre les États-Unis et le Mexique entre 1835 et 1861, les interventions armées de la France et de l'Angleterre sur le Rio de Plata entre 1838 et 1850, la seconde intervention armée de la France au Mexique de 1861 à 1867 et enfin l'intervention de l'Allemagne, la France, la Grande Bretagne et autres pays en Chine de 1900 à 1901.

bombarder le littoral vénézuélien[73]. Pour mettre fin à cette situation, le Venezuela a fini par accepter de soumettre les litiges à des Commissions d'arbitrage[74] qui n'ont pas nécessairement rendu des décisions favorables à ce pays. Par exemple, nous pouvons citer la sentence du 22 février 1904 rendue par la Cour Permanente d'Arbitrage, relative à l'*affaire du droit de préférence réclamé par les puissances bloquantes au Venezuela*[75]. Le tribunal arbitral[76] chargé de trancher ce litige a été constitué en vertu des Protocoles signés à Washington le 7 mai 1903 entre l'Allemagne, la Grande-Bretagne et l'Italie d'une part et le Venezuela d'autre part. A travers cette affaire, les demandeurs voulaient obtenir un traitement préférentiel ou séparé pour le paiement de leurs réclamations contre le Venezuela. Le tribunal arbitral a tranché en leur faveur[77] et a par ailleurs refusé sa compétence pour porter un jugement sur le caractère et la nature des opérations militaires entreprises[78].

20. Ce cas démontre bien qu'afin d'éviter ou de suspendre les représailles militaires, les pays latino-américains ont dû accepter le règlement de ces litiges par la voie de l'arbitrage. Le recours à l'arbitrage était donc ouvertement à cette époque un moyen de pression utilisé par les puissances occidentales. A cause de ces expériences pour le moins négatives, cette institution a été assimilée par les pays latino-américains pendant des décennies à une forme de contrainte. A ce sentiment va s'ajouter celui d' « *injustice* » motivé par le fait que peu de sentences rendues leur ont été favorables sur le fond.

21. Comme l'a démontré Claudia FRUTOS-PETERSON, l'autre facteur essentiel qui a renforcé l'image négative de l'arbitrage dans ces pays a été le

---

[73] *Ibid.*, p. 17. V. aussi P. DAILLIER, M. FORTEAU et A. PELLET, *op.cit.*, p. 1032 et s.

[74] *Ibid.*, p. 17. Dix Commissions d'arbitrage ont été constituées par les États-Unis, la Belgique, la Grande-Bretagne, l'Allemagne, l'Italie, le Mexique, les Pays-Bas, l'Espagne, la Suède et la Norvège.

[75] Cette sentence est consultable sur http://www.pca-cpa.org.

[76] Ce tribunal arbitral était composé de trois membres : N. Mourawieff, H. Lammasch et F. De Martens.

[77] V. les motifs de la sentence qui précisent que : « *Le Tribunal d'Arbitrage décide et prononce à l'unanimité ce qui suit : 1. L'Allemagne, la Grande-Bretagne et l'Italie ont droit à un traitement préférentiel pour le paiement de leurs réclamations contre le Venezuela; 2. Le Venezuela ayant consenti à mettre de côté 30 pour cent du revenu des douanes de La Guayra et de Puerto Cabello pour le paiement des réclamations de toutes les nations contre le Venezuela, les trois Puissances susmentionnées ont un droit de préférence au paiement de leurs réclamations au moyen de ces 30 pour cent des recettes des deux ports vénézuéliens sus-indiqués ; 3. Chaque Partie en litige supporte ses propres frais et une part égale des frais du Tribunal.* ».

[78] V. page 3 de la sentence qui précise que : « *Considérant que le Tribunal ne se reconnait absolument aucune compétence pour porter un jugement sur le caractère ou la nature des opérations militaires entreprises par l'Allemagne, la Grande-Bretagne et l'Italie contre le Venezuela ; Considérant que le Tribunal d'Arbitrage n'était non plus appelé à décider si les trois Puissances bloquantes avaient épuisé dans leur conflit avec le Venezuela tous les moyens pacifiques, afin de prévenir de la force ;* ».

recours « *abusif* » à la protection diplomatique par les puissances étrangères[79]. La protection diplomatique[80] est l'action par laquelle un gouvernement, qui par ses agents diplomatiques ou éventuellement par voie judicaire internationale, s'efforce d'obtenir, à l'égard de ses ressortissants, le respect du droit international par un autre État, la réparation des dommages causés en violation de ce droit, ou éventuellement, certains avantages à leur profit[81]. L'application de la protection diplomatique va prendre une certaine importance à partir de la seconde moitié du XIXème siècle. A cet effet, l'arrêt de la Cour Permanente de Justice Internationale (CPJI) rendu le 30 août 1924 sur l'affaire *des concessions Mavrommatis en Palestine* a posé un *obiter dictum*[82] pour encadrer cette pratique.

22. A partir de la fin XIXème siècle, la protection diplomatique va être appliquée dans les différends relatifs aux investissements des particuliers à l'étranger et notamment en Amérique Latine[83]. Lorsque les investisseurs étrangers étaient insatisfaits de la solution apportée par une juridiction interne d'un pays latino-américain et qu'ils considéraient avoir été lésés, ils demandaient l'intervention de leurs gouvernements. Dans la majorité des cas, ces derniers endossaient la réclamation de leur ressortissant et concluaient avec l'État hôte des conventions d'arbitrage. Au début du XXème siècle, ce système va donner lieu à des abus car les investisseurs étrangers vont saisir directement leur représentation diplomatique sans recourir préalablement aux juridictions nationales de l'État d'accueil[84]. Or, la pratique de la protection diplomatique a toujours imposé l'épuisement des voies de recours internes. Cette condition à valeur coutumière[85] s'explique

---

[79] V. C. FRUTOS-PETERSON, *op.cit*, p. 22 à 27.

[80] V. G. CORNU, *op.cit.*, p. 736 où cette « *La protection diplomatique est l'action par laquelle un État décide d'endosser, de prendre à son compte la réclamation d'un de ses nationaux contre un autre État et de porter le litige sur le plan international, par voie diplomatique ou juridictionnelle* ».

[81] Sur cette définition v. J. BASDEVANT, *Dictionnaire de terminologie du droit international*, Sirey, 1960, p. 484. Pour une étude plus approfondie v. S. TOUZÉ, *La protection des droits des nationaux à l'étranger : recherches sur la protection diplomatique*, Paris, Pedone, 2007.

[82] V. *Série A*, n°2, p. 12 où la cour a énoncé que : « *C'est un principe élémentaire du droit international que celui qui autorise l'État à protéger ses nationaux lésés par des actes contraires au droit international commis par un autre État, dont ils n'ont pu obtenir satisfaction par les voies ordinaires. En prenant fait et cause pour l'un des siens, en mettant en mouvement, en sa faveur, l'action diplomatique ou l'action judiciaire internationale, cet État fait, à vrai dire, valoir son droit propre, le droit qu'il a de faire respecter en la personne de ses ressortissants, le droit international.* ». Ce *dictum* a été appliqué par la CPJI dans l'affaire du *Chemin de fer Panevezyś-Saldutiskis* (Estonie c/ Lituanie), du 28 février 1939, *Série A/B*, n° 76, p. 16.

[83] *Ibid.*, p. 23.

[84] *Ibid.*, p. 24.

[85] Sur le caractère coutumier de cette condition v. l'arrêt de la CIJ du 21 mars 1959 *Affaire de l'Interhandel* (Suisse c/ États-Unis), *Recueil des arrêts, avis consultatifs et ordonnances*, 1959, p. 27 où la cour a énoncé que : « *La règle selon laquelle les recours internes doivent*

par la confiance interétatique : admettre une action en protection diplomatique avant que les recours internes ne soient épuisés équivaudrait à remettre en cause l'organisation interne de l'État auteur du dommage.

23. En réaction à toutes ces opérations coercitives et ces excès, deux doctrines juridiques vont se développer en Amérique Latine : les doctrines *Drago* et *Calvo*. Elles vont constituer le point de départ et les premières manifestations d'une tradition juridique régionale ouvertement hostile à l'arbitrage. Toutes les deux sont guidées par la défense, parfois à outrance, des prérogatives territoriales et de la souveraineté d'un État[86].

24. La doctrine *Drago*[87] porte le nom du ministre des affaires étrangères Luis DRAGO. Cette doctrine a été dégagée de la note qu'il a adressée le 29 décembre 1902 au Président des États-Unis suite à l'intervention armée des trois puissances européennes contre le Venezuela décrite ci-dessus. Dans ce courrier, Luis DRAGO a d'abord soutenu que le recouvrement compulsif et immédiat d'une dette au moyen de la force, « *entraînerait la ruine des nations les plus faibles et l'absorption d'un gouvernement, avec toutes les facultés qui lui sont inhérentes, par les puissants de la terre* »[88]. Par la suite, il a considéré que ces actions de représailles étaient contraires à la doctrine *Monroe*[89]. Enfin, il a invité les États-Unis à reconnaître le principe selon lequel une dette publique ne devait pas provoquer une intervention armée, ni encore moins une occupation matérielle du sol des nations américaines, de la part d'une puissance européenne[90]. Ces idées ont été formellement traduites et consacrées lors de la seconde Conférence internationale de paix qui s'est tenue à La Haye en 1907. A l'issue de cette conférence, la Convention Porter aussi connue comme la Convention Drago-Porter a été adoptée. Ce texte condamnait explicitement l'utilisation de la force pour le recouvrement d'une dette publique. Mais, il disposait aussi que cette interdiction serait levée lorsque le pays débiteur refuserait de soumettre le règlement du litige à

être épuisés avant qu'une procédure internationale puisse être engagée est une règle bien établie du droit international coutumier; elle a été généralement observée dans les cas où un État prend fait et cause pour son ressortissant dont les droits auraient été lésés dans un autre État en violation du droit international. Avant de recourir à la juridiction internationale, il a été considéré en pareil cas nécessaire que 1 'État où la lésion a été commise puisse y remédier par ses propres moyens, dans le cadre de son ordre juridique interne. ».

[86] Pour une étude comparée de ces deux doctrines v. A. S. HERSHEY, « Les doctrines de Calvo et de Drago » *in La Doctrine de Drago*, Paris, A. Pedone, 1908, p. 173 et s.

[87] Sur cette doctrine v. H.-A. MOULIN, *La Doctrine de Drago*, Paris, A. Pedone, 1908. V. aussi P. DAILLIER, M. FORTEAU et A. PELLET, *op.cit.*, p. 1032 et s.

[88] *Ibid.*, p. 3.

[89] *Ibid.*, p. 6. La doctrine *Monroe* porte le nom du président américain James Monroe. En 1823, dans un discours à l'intention des puissances européennes, il a fixé les directives de la diplomatie américaine durant le XIXème siècle et le XXème siècle. De ce discours a été dégagée (à partir de 1854) la doctrine de *Monroe* qui a visé à interdire toute forme d'intervention européenne sur le sol américain.

[90] *Ibid.*, p. 8.

un arbitrage ou quand la sentence arbitrale ne serait pas respectée[91]. Cette dernière disposition a freiné l'enthousiasme des États latino-américains qui ont émis des réserves lors de la signature de cette convention[92].

25. La doctrine *Calvo*[93], quant à elle, a pour origine l'ouvrage[94] du diplomate et juriste argentin Carlos CALVO. Préoccupé par les excès de la protection diplomatique exercée par les États étrangers, Carlos CALVO va soutenir trois principes[95]. Tout d'abord, le principe d'égalité en vertu duquel un État indépendant ne doit pas être soumis à l'ingérence des autres États. Comme second principe, il va soutenir que les étrangers ne doivent pas jouir de droits et privilèges plus importants que les nationaux. Enfin, selon lui, les étrangers comme les nationaux doivent régler les différends devant les tribunaux internes. Afin de rendre cette doctrine effective, plusieurs pays latino-américains vont principalement insérer des *clauses Calvo*[96] dans les accords contractuels avec les investisseurs étrangers mais aussi dans des textes législatifs[97] et constitutionnels[98]. Ces démarches avaient pour but d'obliger les commerçants et les investisseurs étrangers à renoncer à la protection diplomatique pour la réparation d'un quelconque préjudice contractuel tout en leur permettant d'accéder uniquement aux tribunaux locaux et à la législation locale. La *clause Calvo* défendait donc l'idée de souveraineté judiciaire d'un État. Dans un tel contexte, le recours à l'arbitrage qui offre la possibilité d'appliquer une législation étrangère ou de faire appel à un arbitre étranger, va apparaître aux yeux de ces États comme un moyen de soustraire le règlement des différends commerciaux aux tribunaux et aux droits locaux. Pendant des décennies, ils vont être ouvertement hostiles à l'arbitrage, surtout lorsque celui-ci est relatif aux différends impliquant des personnes morales de droit public[99]. Ces États vont

---

[91] *Ibid.*, p. 25.

[92] *Ibid.*

[93] *Ibid.*, p. 25 à 40.

[94] L'ouvrage *Droit international théorique et pratique* paru en plusieurs tomes entre 1868 et 1896.

[95] V. B. M. CREMADES, « State Participation In International Arbitration », *in Liber Amicorum en l'honneur de Serge LAZAREFF*, Paris, A. Pedone, 2011, p. 131.

[96] V. J. SALMON (dir.), *Dictionnaire de Droit International Public*, *op.cit.*, p. 176. La *clause Calvo* est une clause de renonciation au recours à la protection diplomatique et à l'arbitrage international qui aura un grand écho en Amérique Latine. L'opposabilité de telles clauses a été contestée lors de la Conférence pour la codification du droit international.

[97] V. G. FEUER et H. CASSAN, *Droit international du développement*, Paris, Dalloz, 1991, p. 188 où il est précisé que le Venezuela a adopté en 1955 une loi qui disposait que les litiges entre les sociétés pétrolières et l'État seraient portés devant la Cour fédérales de cassation et jugés d'après les lois vénézuéliennes.

[98] Par exemple, l'article 126 de Constitution du Pérou de 1979 et l'article 33 de la Constitution du Honduras de 1982 interdisaient explicitement aux étrangers de recourir à la protection diplomatique en cas de différend.

[99] V. P. MAYER, « La neutralisation du pouvoir normatif de l'État en matière de contrats d'État », *JDI*, 1986, p. 53 où l'auteur cite une Décision du Pacte andin (Pacte signé en 1969 par la Bolivie, la Colombie, l'Équateur, le Pérou et le Venezuela). Il s'agit de la Décision

décider de s'exclure de toute participation aux instruments multilatéraux sur l'arbitrage commercial international[100]. D'ailleurs, jusqu'à ce jour un pays comme Brésil se montre toujours assez réticent à participer à ce type de d'instruments[101].

26. Cette hostilité va se poursuivre jusqu'aux années soixante avec l'émergence sur la scène internationale de nouveaux pays en voie de développement. Effectivement, c'est à cette période que les revendications et les préoccupations des États de l'Amérique Latine vont croiser celles des États de l'Afrique francophone nouvellement indépendants. Tous ces États ont eu la volonté commune de mettre en place et de consacrer le droit international du développement. Ce droit a eu une relative influence sur l'évolution et la perception de l'arbitrage.

27. Le professeur Gérard BLANC a défini à juste titre le droit international du développement comme « *le droit qui a pour objet l'infléchissement des comportements économiques, sociaux et culturels dans le sens du développement* »[102]. Ce droit a connu son apogée entre les années soixante et la première moitié des années soixante-dix mais il n'a pas exactement vu le jour à cette période[103]. Le droit du développement va commencer à s'affirmer à l'échelle internationale à partir de 1960, avec la décolonisation. Ce phénomène trouve son explication dans le fait qu'avec l'accession de nouveaux États à l'indépendance et après leur admission à l'Organisation des Nations Unies (ONU), les pays en développement (désignés en ce temps comme les pays en voie de développement ou pays du *Tiers Monde*) vont devenir majoritaires à l'Assemblée générale[104]. Ces pays vont jouer de leur nombre pour imposer une idéologie liant de manière indéfectible la décolonisation au développement[105]. Nous retrouvons ainsi des traces de cette idéologie dans deux importantes résolutions de

---

n°24, article 25 qui précise que : « *dans aucun instrument relatif aux investissements ou aux transferts de technologie ne pourront figurer des clauses qui soustrairaient d'éventuels conflits ou controverses à la juridiction nationale et à la compétence du pays récepteur ...* ».

[100] En témoigne la lenteur avec laquelle ces États vont ratifier la Convention de Washington de 1965 : cette convention n'est entrée en vigueur en Argentine que le 18 novembre 1994. Au Paraguay le 6 février 1983 et en Uruguay que le 8 septembre 2000.

[101] V. J. KLEINHEISTERKAMP, « Le Brésil et la doctrine Calvo », *in Gouverner l'intégration : les politiques nationale et internationale du Brésil de Lula*, S. MONCLAIRE et J.-F. DELUCHEY (dir.), Paris, éditions Pepper, 2006, chapitre 7.

[102] V. G. BLANC, « Peut-on encore parler d'un droit du développement », *JDI*, 1991, p. 906.

[103] V. G. FEUER et H. CASSAN, *op.cit.*, p. 3 à 7 où les auteurs démontrent qu'on peut faire remonter les prémices de ce droit à l'action des premières organisations internationales comme la Société des Nations (SDN).

[104] *Ibid.*, p. 9. Avant ces événements, la majorité à l'Assemblée générale était détenue par les pays développés qui étaient désignés à cette époque comme l'*Occident*.

[105] *Ibid.*, v. aussi M. SAHOVIC, « L'influence des États nouveaux sur la conception du Droit-inventaire des positions et des problèmes », *AFDI*, 1966, volume 12, p. 30 à 49. A travers cet article, l'auteur retrace l'influence que les États issus de la décolonisation on eu dans le processus du de développement du droit international.

l'Assemblée générale : la 1514 (XV) du 14 décembre 1960[106] (Déclaration *sur l'octroi de l'indépendance aux pays et peuples coloniaux*) et la 1803 (XVII) du 14 décembre 1962 (*Souveraineté permanente sur les ressources naturelles*).

28. A partir de ces résolutions une solidarité va naître entre les pays en développement des différents continents. Cette dernière va dans un premier temps se traduire par le *Mouvement des pays Non-alignés*[107]. En 1964 à Genève lors de la première Conférence des Nations Unies sur le Commerce et le Développement (CNUCED) cette solidarité va s'accentuer et se matérialiser par la constitution du *Groupe des « 77 »*[108] qui va réunir des pays en développement de trois continents : Amérique Latine, Afrique et Asie[109] . Le *Groupe des « 77 »* a eu un rôle précurseur car il a servi à ces pays de laboratoire pour des idées et des propositions relatives aux relations économiques internationales[110]. C'est dans ce sens que le professeur Michel BÉLANGER a décrit le *Groupe des « 77 »* comme un *groupement*

---

[106] *Ibid.* Ce texte dispose que : « *Convaincue que le maintien du colonialisme empêche le développement de la coopération économique internationale, entrave le développement social, culturel et économique des peuples dépendants et va à l'encontre de l'idéal de paix universelle des Nations Unies.* ».

[107] Le *Mouvement des pays Non-alignés* est né des suites de la Conférence de Bandoeng qui s'est tenue du 18 au 24 avril 1955. Lors de cette conférence qui a regroupé des États africains et asiatiques, les chefs d'États participants (Nasser et Nehru entre autres) ont décidé d'être neutres et autonomes dans le conflit qui opposait les États-Unis et l'URSS. Cette idéologie du non-alignement va être réaffirmée lors des conférences de Belgrade (1961), du Caire (1964), de Lusaka (1970), d'Alger (1973). Cette dernière conférence va être particulièrement importante car elle va lancer les bases du nouvel ordre économique international.

[108] V. J.-P. COLSON, « Le « groupe de 77 » et le problème de l'unité des pays du Tiers Monde », *Revue Tiers-Monde*, 1972, octobre-décembre, Tome XIII, n°52, Le capitalisme périphérique, p. 813 à 830. La genèse de ce groupe est à situer dans une déclaration commune signée en 1963 par plusieurs pays en voie de développement. Le *Groupe des 77* va prospérer grâce à l'essoufflement progressif du *Mouvement des pays non-alignés* et va permettre aux pays de l'Amérique Latine de sortir de leur isolement.

[109] *Ibid.*, p. 819 où il est précisé qu'en 1964 le *Groupe des 77* était composé de : l'Afghanistan, l'Algérie, l'Arabie Saoudite, l'Argentine, la Birmanie, la Bolivie, le Brésil, le Burundi, le Cameroun, le Ceylan, le Chili, Chypre, la Colombie, le Costa Rica, le Dahomey (devenu le Bénin), l'Egypte, El Salvador, l'Équateur, l'Éthiopie, le Gabon, le Ghana, le Guatemala, la Guinée, Haïti, la Haute-Volta (devenu le Burkina Faso), le Honduras, l'Inde, l'Indonésie, l'Irak, l'Iran, la Jamaïque, la Jordanie, le Kenya, le Koweït, le Laos, le Liban, le Libéria, la Libye, Madagascar, la Malaisie, le Mali, le Maroc, la Mauritanie, le Mexique, le Népal, le Nicaragua, le Niger, le Nigeria, l'Ouganda, le Pakistan, Panama, le Paraguay, le Pérou, les Philippines, la République Arabe syrienne, la République centre-africaine, la République de Corée, la République démocratique du Yémen, la République Dominicaine, la République khmère (devenue le Cambodge), la République populaire du Congo, République du Vietnam, le Rwanda, le Sénégal, la Sierra Leone, la Somalie, le Soudan, la Tanzanie, le Tchad, la Thaïlande, le Togo, Trinité et Tobago, la Tunisie, l'Uruguay, le Venezuela, la Yougoslavie et le Zaïre. Ce groupe va progressivement s'étendre mais il va garder la même dénomination. En 1972 des pays comme la Côte d'Ivoire et la Guinée Équatoriale vont l'intégrer.

[110] *Ibid.*, p. 14.

interétatique interrégional de défense des intérêts du tiers monde[111]. Il a ainsi précisé que ce groupe a été un cadre de négociation entre les pays membres et ensuite un triple instrument de négociation pour les pays en développement en matière diplomatique, de coopération Sud-Sud et de revendication[112].

29. Par ailleurs, l'année 1964 est particulièrement importante pour l'évolution du droit international du développement parce qu'elle a justement vu la création de la CNUCED qui est l'organe subsidiaire du système onusien spécialisé dans la promotion de la coopération intergouvernementale afin de modifier le système commercial et financier mondial pour favoriser les pays en développement et compenser les inégalités existantes[113]. Des auteurs[114] s'accordent pour dire que c'est à partir des travaux de la CNUCED que le professeur Michel VIRALLY a dégagé et utilisé pour la première fois dans la doctrine de langue française le concept de « *droit international du développement* ». En effet, ce concept a été employé par cet auteur dès 1965 dans un article[115]. Dans ce même texte, il a émis les idées que ce droit devrait favoriser la coopération internationale à tous les niveaux comme la coopération technique et les investissements à l'étranger et que ce droit devait intégrer les relations des États avec les entreprises privées étrangères[116].

30. Ces idées ont trouvé un certain écho dans la volonté et la revendication[117] des pays en développement d'instaurer un *nouvel ordre économique international*[118] par opposition au *vieil ordre économique*

---

[111] V. M. BÉLANGER, *op.cit.*, p. 91.

[112] *Ibid.*, p. 92.

[113] Sur la CNUCED v. J. DUTHEIL de la ROCHÈRE, « Étude de la composition de certains organes subsidiaires créés par l'Assemblée générale des Nations Unies dans le domaine économique », *AFDI*, 1967, volume 13, p. 307 à 325, spéc., 308 à 314. V. aussi H. W. SINGER, « La création de la CNUCED et l'évolution de la pensée contemporaine sur le développement », *Revue du Tiers-Monde*, 1994, juillet-septembre, Tome XXXV, n°139, p. 489 à 498.

[114] V. G. FEUER et H. CASSAN, *op.cit.*, p. 15 et G. BLANC, *op.cit.*, p. 903.

[115] V. M. VIRALLY, « Vers un droit international du développement », *AFDI*, 1965, volume 11, p. 3 à 12, spéc., p. 7 où l'auteur a pu écrire que : « *Le temps paraît donc venu, au moment où les problèmes du développement sont attaqués dans toute leur ampleur par l'Organisation des Nations Unies, de mettre un peu d'ordre dans les créations de la pratique, de prendre un peu de hauteur pour en faire la synthèse et la critique, de les raccrocher aux principes dont ils devraient constituer l'application, de jeter enfin les bases d'un véritable droit international du développement.* ».

[116] *Ibid.*, p. 11.

[117] V. P.-M. DUPUY, *Droit international public*, Paris, Dalloz, 7ème édition, 2004, p. 675 où l'auteur écrit : « *inspiré d'une certaine idéologie des relations sociales entre les membres de la communauté internationale, le droit international du développement apparaît comme un droit de revendication très marqué par le contexte politique et économique dans lequel il s'est progressivement affirmé (1960-1980).* ».

[118] Sur cette notion v. M. DUMAS, « Qu'est-ce que le nouvel ordre économique international ? », *Revue Tiers-Monde*, 1976, avril-juin, Tome XVII, n°66, p. 265 à 288. V.

international dont les pays en développement étaient exclus[119]. Plus précisément, la revendication d'un *nouvel ordre économique international* a été exprimée lors de la IV Conférence des *pays Non-alignés* qui s'est tenue à Alger en 1973. L'idée centrale que défendaient ces pays était d'instituer un droit dérogatoire et un ordre économique basé sur les hausses de prix des matières premières et la reconnaissance de la souveraineté permanente sur les ressources naturelles[120]. La raison de cette volonté de changement d'orientation économique est qu'à partir des années soixante-dix, le monde va connaître ce que les professeurs Guy FEUER et Hervé CASSAN ont qualifié d'« *ère des crises* »[121] : la crise monétaire de 1971, la crise alimentaire (la sous-alimentation ou la malnutrition dans les pays en développement) et enfin la crise de l'énergie en 1973 (forte hausse du prix du pétrole). Les pays en développement vont se servir du modèle de l'augmentation du prix du pétrole[122] pour chercher à transformer le commerce international et l'ordre économique mondial en un ordre plus équitable. Au sein de l'ONU, ce discours a conduit l'Assemblée générale à adopter le 1er mai 1974 la *Déclaration et le Programme d'action concernant l'instauration d'un nouvel ordre économique international* et le 12 décembre 1974 la *Charte des droits économiques des États*[123] (la résolution 3281 XXIX).

31. Dans la pratique, ce nouvel ordre économique favorable aux pays en développement ne verra pas le jour car les pays développés vont fortement le contester. D'ailleurs, ces derniers vont presque tous voter contre cette *Charte*. Et pour cause, les pays développés vont être réticents envers l'ensemble du droit international du développement parce qu'ils sont très attachés au *libéralisme économique*, alors que les pays en développement

---

aussi P. MAYER et J.-J. SUBRENAT, « Vers un nouvel ordre économique international », *Politique étrangère*, 1977, n°1, p. 63 à 77.

119 Sur le *vieil ordre économique international* v. M. BÉLANGER, *op.cit.*, p. 13 et 14. Selon cet auteur, le vieil ordre économique international était dominé par les pays industrialisés et les sociétés transnationales. Cet ordre a émergé au Moyen Âge mais il s'est officialisé avec le Congrès de Vienne de 1815. Il est possible de distinguer trois étapes d'évolution de cet ordre économique à savoir : premièrement de 1815 à 1914 (l'unification du marché mondial et la liberté du commerce), deuxièmement de 1914 à 1944 (désordre économique, restrictions d'échanges internationaux), troisièmement à partir de 1945 (tentatives de reconstruction conventionnelle d'un ordre économique international néo-libéral, système de *Bretton Woods*, GATT et OMC).

120 *Ibid.*, p. 267.

121 *Ibid.*, p. 16 et 17.

122 Sur les effets de la crise pétrolière d'octobre 1973 v. P. MAYER et J.-J. SUBRENAT, *op.cit.*, p. 66 et 67 où les auteurs expliquent que le prix du baril de pétrole est passé de 2 dollars en 1960 à 8 dollars en 1973. C'est sous l'influence de l'Organisation des Pays Exportateurs de Pétrole (OPEP) que ce prix va augmenter.

123 Sur ce texte v. M. VIRALLY, « La Charte des droits et devoirs économiques des États. Note de lecture », *AFDI*, 1974, volume 20, p. 57 à 77.

auront une vision *interventionniste* de l'économie internationale[124]. Au-delà de l'opposition Nord-Sud, d'autres facteurs ont joué en défaveur de l'éclosion du droit du développement. Premièrement, ce droit a été composé de divers éléments relevant d'ordres juridiques différents[125] comme des règles de droit international public, des règles de droit transnational et enfin des règles de droit interne. Concrètement, il y avait un manque d'homogénéité dans les sources de ce droit. Ce manque d'homogénéité a pu parfois conduire à une mauvaise lisibilité du droit international du développement. Deuxièmement, la complexité même de la notion de développement a pu entraîner des divergences de positions entre les pays en développement[126]. Troisièmement, comme l'a démontré avec une grande justesse Gérard BLANC, les théoriciens de ce droit ont oublié de l'assortir d'instruments et de mécanismes de sanctions, ce qui a conduit à considérer ce droit comme un « *droit mou* »[127] (*soft law*). Finalement, l'efficacité même du droit du développement a été jugée comme douteuse[128].

32. Avec la crise économique mondiale des années soixante-dix, tout le discours sur le droit international du développement va inévitablement déboucher sur les questions portant sur le droit de l'arbitrage relatif aux relations commerciales internationales. Effectivement comme vont le souligner Philippe FOUCHARD[129] et Philippe LEBOULANGER[130], l'arbitrage international dans les échanges entre les pays développés et les pays en développement va devenir la scène privilégiée d'affrontements et d'oppositions sur les intérêts politiques, économiques et même culturels. Certains pays en développement ont tenté d'utiliser dans des arbitrages des éléments du droit du développement tels que la souveraineté permanente sur les ressources naturelles sans grand succès. Il s'agit principalement d'arbitrages qui ont concerné la Libye après la révolution de 1969[131]. A la suite de ces événements, les autorités libyennes se sont lancées dans un

---

124 V. G. FEUER et H. CASSAN, *op.cit.*, p. 26 à 28.

125 *Ibid.*, p. 25. V. aussi G. BLANC, *op.cit.*, p. 908.

126 *Ibid.*, p. 24.

127 *Ibid.*, p. 929.

128 *Ibid.*, p. 930 à 944.

129 V. Ph. FOUCHARD, « Où va l'arbitrage international », *Revue de droit de McGill*, 1989, volume 34, p. 447 à 453, spéc., p. 448 où l'auteur écrit que : «*... la crise économique mondiale, apparue dans les années 70, a exacerbé la concurrence et les antagonismes. Les grands contrats internationaux (notamment les marchés publics) sont conclus à des prix extrêmement tirés. Les entreprises, aussitôt après leur signature, sollicitent le maître de l'ouvrage pour obtenir des avenants d'augmentation, et à défaut ou en même temps, elles organisent déjà le contentieux ultérieur, en prenant acte de tout manquement du cocontractant, en systématisant les réclamations, etc. Le climat de l'exécution du contrat s'en trouve vite détérioré, et les abandons de chantier, justifiés ou non, ne sont pas rares...* ».

130 V. Ph. LEBOULANGER, « L'arbitrage international Nord-Sud », *in Etudes offertes à Pierre Bellet*, Paris, Litec, 1991, p. 324.

131 Sur ces cas et les condamnations libyennes v. J. PAULSSON, « Le Tiers Monde dans l'arbitrage commercial international », *Revue de l'arbitrage*, 1983, p. 28 et 32.

programme de nationalisation des sociétés pétrolières. Les groupes étrangers propriétaires de ces sociétés se sont sentis lésés et ont déclenché des procédures d'arbitrage. Dans la première sentence du 10 octobre 1973[132], l'arbitre (le juge Gunnar LAGERGREN) a décidé que la mesure de nationalisation de la société *Bristish Petroleum* (*BP*) constituait un manquement aux engagements contractuels du Gouvernement libyen. Ce dernier a finalement accepté de verser une indemnité de dix-sept millions de livres à *BP*[133].

33. Dans le deuxième cas, le Gouvernement libyen était opposé aux sociétés *Texaco* et *Calasiatic* en 1977[134]. Les autorités libyennes ont utilisé la nature du contrat (contrat de développement) et la *Charte des droits économiques des États* pour justifier leur action (la souveraineté sur les ressources naturelles). L'arbitre (le professeur René-Jean DUPUY) chargé de trancher ce litige s'est livré à une démonstration du défaut de valeur juridique de ce texte dans cette affaire[135]. Pour ce faire, il s'est basé sur le nombre de votes de la *Charte* et l'hostilité des pays développés, pour déduire qu'elle n'était pas représentative d'un consensus international sur la nationalisation. Le tribunal arbitral a refusé de reconnaître, au principe de la souveraineté permanente sur les ressources naturelles le caractère de règle de *jus cogens*[136]. Partant de là, c'est la notion même de contrat de développement telle qu'interprétée par les pays en développement qui a connu une « *défaite* »[137]. A travers la sentence du 19 janvier 1977, l'arbitre a fini par considérer cette mesure de nationalisation nulle. Par une transaction intervenue en 1977, la Libye indemnisa les demanderesses en pétrole brut d'une valeur de cent cinquante-deux millions de dollars[138]. Toujours en 1977 et pour des faits similaires, le Gouvernement libyen a été condamné à indemniser la société *Libyan American Oil Company*[139] (*Liamco*). Dans sa

---

132 Sur cette sentence v. P. RAMBAUD, « Arbitrage, concession de nationalisation – quelques observations sur la sentence BP », *AFDI*, 1981, volume 27, p. 222 à 230.

133 *Ibid.*, 28.

134 Sur cette affaire v. G. COHEN-JONATHAN, « L'arbitrage Texaco-Calasiatic contre Gouvernement Libyen ; décision au fond 19 janvier 1977 », *AFDI*, 1977, volume 23, p. 452 à 479. V. aussi J. F. LALIVE, « Un grand arbitrage pétrolier entre un Gouvernement et deux sociétés privées (Arbitrage Texaco-Calasiatic contre Gouvernement Libyen) », *JDI*, 1977, p. 319 et s.

135 *Ibid.*, p. 478 où l'auteur énonce que : « *D'autres dispositions introduisent des principes nouveaux rejetés par certains groupes représentatifs d'États : elles ont une valeur de « lege ferenda » aux yeux des États qui les ont adoptés; pour les autres le projet de ces mêmes principes implique qu'ils les considèrent comme allant « contra legem* ».

136 V. G. BURDEAU, « Droit international des contrats d'États-la sentence Aminoil contre Koweït du 24 mars 1982 », *AFDI*, 1982, volume 28, p. 466.

137 *Ibid.*, p. 335.

138 *Ibid.*, p. 29.

139 V. P. RAMBAUD, « Un arbitrage pétrolier : l'affaire Liamco », *AFDI*, 1980, volume 26, p. 274 à 282. V. aussi B. STERN, « Trois arbitrages, un même problème, trois solutions : les

sentence du 12 avril 1977, l'arbitre unique (le professeur S. MAHMASSI) a décidé que la nationalisation irrégulière donnait droit à une indemnisation d'une somme d'un peu plus de quatre-vingts millions de dollars[140].

34. Enfin, nous pouvons aussi retenir une affaire rendue par un tribunal arbitral CIRDI dans l'affaire *Klöckner c/ Cameroun* en 1983[141]. Dans cette affaire, le Cameroun a explicitement demandé au tribunal arbitral d'appliquer le droit international du développement pour un contrat clé en main. A travers la sentence, les arbitres ont explicitement déclaré : « *Nous n'avons pas établi qu'il y a un droit qui s'applique à de tels contrats. Nous n'avons pas l'intention d'appliquer des principes juridiques nouveaux ou exceptionnels à des opérations clés en mains uniquement parce qu'ils concernent des projets qui affectent le développement économique et social d'un pays déterminé* ».

35. Il ressort de l'ensemble de ces cas que les idéaux du droit international du développement n'ont pas connu un écho favorable auprès des arbitres du commerce international. L'arbitrage a été complètement imperméable aux revendications d'un nouvel ordre économique favorable aux pays en développement. Ali MEZGHANI a très bien résumé cette idée à travers ces mots : « ... *il n'y a aucune prise de considération de la spécificité des pays du tiers-monde. L'arbitrage est essentiellement un instrument de normalisation voire de banalisation des rapports Nord-Sud* »[142]. Cette donne a accentué et a continué d'alimenter la méfiance de l'ensemble des pays en développement envers l'arbitrage. Cette « *jurisprudence* » va également provoquer pendant des décennies une réelle distorsion dans la perception de la pratique arbitrale dans ces pays : l'arbitrage va être définitivement assimilé à une « *invention de l'Occident* »[143] servant uniquement les intérêts des pays développés. A ce propos, René DAVID a admirablement trouvé les mots justes pour décrire le sentiment, ou plutôt le ressentiment, des pays en développement (Afrique noire, Amérique Latine, les pays du Proche et du Moyen-Orient) envers l'arbitrage. Ces propos méritent d'être reproduits dans leur intégralité car selon cet auteur : « *L'arbitrage est pour ces pays une justice qui trop souvent est rendue à l'étranger, par des étrangers, et ceux-ci risquent en bien des cas de faire application « d'usages du commerce international » qui aux yeux d'un Arabe ou d'un Iranien ne sont pas conformes à leur sentiment de justice. L'arbitrage est rarement « librement*

---

nationalisations pétrolières libyenne devant l'arbitrage international », *Revue de l'arbitrage*, 1980, n° 1, p. 3 à 44.

[140] V. J. PAULSSON, *op.cit.*, p. 29.

[141] *Ibid.* 333 et 334 et G. BLANC, *op.cit.*, p. 925.

[142] V. A. MEZGHANI, « L'arbitrage commercial et les impératifs du développement », *in Les entreprises tunisiennes et l'arbitrage commercial international*, actes du colloque du 3 et 4 novembre 1981, CERP, Bibliothèque de droit de sciences politiques et économiques, Tunis, Tome VIII, 1983, p. 60.

[143] Sur cette expression v. Ph. LEBOULANGER, *op.cit.*, p. 325.

consenti » ; il est imposé par des contractants économiquement plus puissants ; la sentence qui le conclut apparaît souvent comme injuste, parce qu'elle ne tient pas compte des données de fait et de manières de voir qui, selon la partie qu'elle condamne, auraient dû être prises en ligne de compte. Dès que l'on pourra le faire, on répudiera des accords, prévoyant l'arbitrage, que l'on regarde comme une véritable limitation à la souveraineté de l'État »[144].

L'attitude hostile des pays en développement envers l'arbitrage s'est graduellement s'inclinée devant la réalité économique.

§ III. Vers l'acceptation de l'arbitrage en Amérique Latine et en Afrique francophone

36. Avec les besoins d'attirer des capitaux et de faire des échanges, cette méfiance a progressivement laissé la place à une participation de ces pays à l'arbitrage commercial international[145]. Jan PAULSSON a expliqué cette progression par l'émergence dans les années quatre-vingt d'une nouvelle génération de responsables des pays en développement qui ont appris à utiliser les outils de l'arbitrage[146]. Toujours selon lui, cette génération pragmatique a fini par comprendre le caractère inévitable et indispensable de cette technique dans les rapports commerciaux internationaux[147]. La preuve de cette évolution est la participation graduelle de ces États à divers arbitrages de la Chambre de Commerce Internationale (CCI) en tant que demandeurs[148], ou encore la désignation de certaines villes africaines comme Abidjan (Côte d'Ivoire) comme siège pour des arbitrages[149]. Une autre preuve concrète de ce changement de mentalité a été la sentence *American Independant Oil Company* (*Aminoil*) c/ *Koweït* du 24 mars 1982[150]. Dans cette affaire qui était encore une fois relative à une mesure de nationalisation, dès le début les parties ont coopéré activement à l'instance

---

[144] V. R. DAVID, *L'arbitrage commercial dans le commerce international*, *op.cit.*, p. 178 et 179.

[145] V. J. PAULSSON, *op.cit.*, p. 3 à 45. V. aussi du même auteur, « Sentences arbitrales et pratique des contrats Nord-Sud », *in La formation des normes en droit international du développement,* Table ronde franco-maghrébine Aix-en-Provence, 7 et 8 octobre 1982, Paris, CNRS, 1984, p. 333 à 349. V. enfin J. EL-HAKIM, « Arbitre et Tiers monde », *in Aspects du droit privé en fin du 20e siècle, Étude réunies en l'honneur de Michel Juglart,* Paris, Montchrestien, 1991, p. 141 à 153.

[146] *Ibid.*, p. 4.

[147] *Ibid.*, p. 5 où l'auteur a écrit que : « *Ayant compris qu'à défaut de saisir les mécanismes de l'arbitrage, l'on se condamne à être dépassé par son déroulement* ... ».

[148] *Ibid.*, p. 9 à 20.

[149] *Ibid.*, p. 6.

[150] Sur cette sentence v. G. BURDEAU, « Droit international des contrats d'États-la sentence Aminoil contre Koweït du 24 mars 1982 », *op.cit.*

arbitrale. De plus, le tribunal arbitral a validé la mesure de nationalisation[151] et a refusé d'indemniser dans son intégralité le préjudice subi par *Aminoil*[152].

37. A compter des années quatre-vingt-dix, ce mouvement favorable à l'arbitrage s'accentue particulièrement en Afrique francophone et en Amérique Latine grâce à la création de deux organisations régionales ayant pour but le développement économique : le Marché Commun du Sud ou *Mercado Común del Sur* (ci-après Mercosur) et l'Organisation pour l'Harmonisation en Afrique du Droit des Affaires (ci-après OHADA).

38. Le Mercosur[153] est une organisation internationale d'intégration économique qui a institué une zone de libre échange. Il est né de la signature du Traité d'Asunción du 26 mars 1991[154] par l'Argentine, le Brésil, le Paraguay[155] et l'Uruguay. Depuis le 30 juillet 2012 le Venezuela est également devenu membre à part entière de cette organisation[156]. Le Mercosur est l'une des plus importantes communautés économiques au monde derrière le modèle de l'Union Européenne[157], dont elle s'est fortement inspirée[158].

---

[151] *Ibid.*, p. 466 à 469.

[152] *Ibid.*, p. 469 où l'auteure a écrit que : « *Dans l'esprit du Tribunal, il semble que ces pratiques ont correspondu à une certaine phase historique immédiatement postérieure à la décolonisation, caractérisée par les oppositions d'intérêts entre les vieux pays investisseurs et les États nouveaux. Cette phase est, pour beaucoup d'États, aujourd'hui dépassée, car ceux-ci tour à tour accueillent des investissements étrangers et investissent eux-mêmes à l'étranger. Dès lors, dans l'intérêt même des États qui nationalisent, l'application des règles de compensation ne devrait pas aboutir à priver l'investissement international de son sens, qui est de fournir un certain profit à l'investisseur. Mais en revanche, il n'y a pas lieu de permettre que l'indemnité de nationalisation soit l'occasion pour l'investisseur de percevoir des sommes supérieures à ce qu'il pouvait espérer retirer de son investissement, ce qui conduit le Tribunal à rejeter la prétention de la société à la restitutio in integrum des profits qu'elle aurait pu recevoir jusqu'à l'expiration de la concession en application de l'accord de 1961* ».

[153] Pour une étude détaillée de cette organisation v. L. O. BAPTISTA, *Le Mercosul, ses institutions et son ordonnancement juridique*, Paris, Montchrestien, 2001.

[154] Sur ce traité v. L. O. BAPTISTA, « Le Traité d'Asunción établissant le Marché commun du Sud (Mercosul) », *RDAI*, 1992, p. 567 à 588.

[155] Présentement ce pays fait l'objet d'une suspension des instances du Mercosur. Sur ce point v. la sentence arbitrale du TPR n°01/2012 du 21 juillet 2012 et la décision du CMC n°28/12 du 30 juillet 2012

[156] V. la sentence arbitrale du TPR n°01/2012 du 21 juillet 2012. Le Mercosur a aussi des membres associés : la Bolivie, le Chili, la Colombie, l'Équateur et le Pérou. Il convient de signaler que la Bolivie est en train de quitter son statut de membre associé pour devenir un membre à part entière. En effet, le 7 décembre 2012 ce pays a signé un protocole d'adhésion au Mercosur.

[157] Pour une étude comparée entre ces deux organisations v. aussi D. VENTURA, *op.cit.*

[158] Sur ce point v. S. SANTANDER « Entre globalisation et régionalisme : la stratégie de coopération inter-régionale Union Européenne-Mercosur », *in Annuaire français des relations internationales*, 2001, Bruxelles, Bruylant, p. 524 à 535, spéc., p. 528 où l'auteur à écrit que : « *Face à cette offensive américaine, l'UE et le Mercosur décident, en mai 1992, d'institutionnaliser leurs liens en signant l'Accord bilatéral de coopération institutionnelle dont l'objectif principal consiste à « permettre au Mercosur de bénéficier de l'expérience*

39. Cette organisation internationale est le fruit d'un processus d'intégration qui s'est déroulé en deux phases[159]. La première étape va de 1974 à 1990. Cette étape est caractérisée par la multiplication d'accords bilatéraux de coopération et d'intégration économique entre les quatre pays cités ci-dessus. Par exemple, dès 1974 l'Argentine et l'Uruguay vont signer un accord de coopération économique connu comme le CAUCE[160]. En 1975 le Brésil et l'Uruguay ont signé le Protocole d'Expansion Commerciale (PEC). Ce mouvement va s'intensifier à partir des années quatre-vingt avec la création de l'Association Latino Américaine d'Intégration (ALADI). En 1985, le Brésil et l'Argentine ont signé la *Déclaration de Foz d'Iguaçu* (Brésil) qui a jeté les bases du processus d'intégration entre ces deux pays. En 1986, à la suite de la signature de l'*Acte pour l'intégration Argentine-Brésil*, le Programme d'Intégration et Coopération Économique (PICE) est instauré. Le PICE qui avait pour but d'encourager le commerce entre ces États a connu des limites dans sa pratique[161] : le manque de calendrier explicite, la grande flexibilité et la gradualité avec laquelle il devait être appliqué.

40. Conscients de ces défauts, dès mars 1991, ces pays vont élargir les perspectives d'intégration et vont passer à la deuxième phase : la signature du Traité d'Asunción qui fixe des objectifs clairs et un calendrier précis. En effet, les signataires de ce texte se sont donné pour objectif la création d'un marché commun avant le 1er janvier 1995[162]. Pour y parvenir, ils se sont également engagés premièrement à créer une zone de libre-échange avec le démantèlement des barrières tarifaires et non tarifaires entre les quatre pays.

---

européenne en matière d'intégration régionale ». Ainsi une assistance technique est offerte au Mercosur dans le domaine des normes techniques, des douanes et de l'agriculture. Cette assistance technique ainsi que le dialogue politique et institutionnel qui l'accompagne se révèlent d'ailleurs très efficaces durant la période d'incertitude (1992-1993) que traverse le Mercosur. Au cours des années qui suivront, l'appui européen au développement de l'intégration « mercosurienne » ne va cesser de croître ... ».

[159] Sur les deux étapes du processus d'intégration qui ont conduit à la création du Mercosur v. Y. CHALOULT et G. HILLCOAT, « Intégration et compétitivité dans le Mercosur. Vers une introversion des échanges agro-alimentaires », *Revue Tiers-Monde*, 1996, avril-juin, Tome XXXVII, n°146, p. 408 à 410. V. aussi C. JEDLIKI, « Le Mercosur dans la politique extérieure brésilienne de ces dernières décennies », *Revue Tiers-Monde*, 2001, octobre-décembre, Tome XLII, n°168, p. 821 à 826.

[160] *Ibid.*, p. 25 où l'auteur décrit la teneur de cet accord : il est prévu de construire divers ponts sur le fleuve de l'Uruguay et la construction d'une digue binationale de *Salto Grande.*

[161] *Ibid.*, p. 822 où l'auteur précise que : « *Le PICE avait été lancé en 1986, année plutôt exceptionnelle dans la décennie, où la croissance du PIB et la maîtrise de l'inflation étaient simultanément au rendez-vous dans les deux pays. Le retour à la fin des années 1980 à une situation « normale », c'est-à-dire la quasi-stagnation, concomitante avec un fort taux d'inflation, ainsi qu'un certain manque de coordination dans l'application du PICE, provoquent assez rapidement l'essoufflement du processus d'intégration.* ».

[162] V. l'article 1 du Traité d'Asunción. Cet article prévoit que le marché commun doit être effectif le 31 décembre 1994. Il précise aussi que les parties s'engagent à respecter la libre circulation des biens, des services et les facteurs de production.

Deuxièmement, les États membres ont défini une politique commerciale commune, établissant un tarif extérieur commun vis-à-vis du reste du monde. Troisièmement, ils ont décidé de se doter de mécanismes et de règles pour rendre efficace la coordination et l'harmonisation des politiques économiques. Parmi ces mécanismes, en dépit de leur expérience négative, les États membres du Mercosur ont décidé d'accorder à l'arbitrage un rôle important, puisque c'est essentiellement par ce mode de règlement que les litiges intracommunautaires et les questions majeures de portée économique et commerciale sont réglés. Les organes principaux de cette organisation sont le Conseil du Marché Commun (CMC) et le Groupe de Marché Commun (GMC). Ces organes ont des attributions en matière normative et décisionnelle. Le Mercosur s'est doté d'une juridiction compétente en matière d'arbitrage : le Tribunal Permanent de Révision (TPR). Tous ces organes sont assistés par le secrétariat administratif du Mercosur.

41. De l'autre côté de l'océan Atlantique et presque à la même période, des États africains se sont organisés au sein de l'OHADA et ont accordé une place primordiale à l'arbitrage. Cette organisation a vu le jour en 1993 mais les travaux qui ont conduit à sa création ont débuté en 1991. Effectivement, c'est lors de la réunion des ministres des finances de seize pays africains qui s'est tenue à Ouagadougou (Burkina Faso) en avril 1991[163] que va naître une prise de conscience de la nécessité d'assainir l'environnement des affaires et du commerce en général. De cette réunion a émergé l'idée d'organiser et de mettre en place progressivement une réflexion sur la faisabilité d'un projet de droit harmonisé des affaires afin de rationaliser et d'améliorer l'environnement juridique des entreprises.

42. Cette mission a été principalement confiée au juge Kéba MBAYE, ancien vice-président de la Cour internationale de justice (CIJ). Le choix s'est certainement porté sur cet éminent juriste car il avait déjà joué un rôle important dans l'effort de modernisation et d'harmonisation du droit sur le continent africain à travers la création, en 1975, du Bureau Africain et Malgache de Recherche et des Études Législatives[164] (BAMREL) qui s'inscrivait dans le cadre de l'Organisation Commune Africaine et Malgache (OCAM). Le BAMREL avait pour mission d'élaborer des « lois uniformes » qui devaient s'appliquer de manière identique dans les pays membres[165]. Dans la pratique, cette organisation a échoué, faute de moyens.

43. C'est fort de cette expérience que Kéba MBAYE a rendu son rapport lors de la Conférence des Chefs d'États de France et d'Afrique du 5 et 6 octobre 1992 à Libreville (Gabon). Son rapport a été approuvé par la

---

[163] Sur cette réunion v. M. KIRSCH, « Historique de l'Organisation pour l'Harmonisation en Afrique du Droit des Affaires (OHADA) », *Penant*, n° 827, 1998, p. 129 et s.

[164] Le BAMREL est issu de la signature de la Convention du 5 juillet 1975 à Port-Louis (Île Maurice).

[165] V. H. TCHANTCHOU, *La supranationalité judiciaire dans le cadre de l'OHADA, Étude à la lumière du système des Communautés européennes*, Paris, L'Harmattan, 2009, p. 20 et 21.

Conférence des Chefs d'États qui a décidé de mettre en place un Directoire[166] chargé de réfléchir à l'harmonisation du droit des affaires en Afrique. Les travaux du Directoire ont mis l'accent sur l'insécurité juridique et judiciaire[167] et la nécessité d'harmoniser des pans de législation relatifs aux relations commerciales internes et internationales, comme le droit des sociétés, le statut juridique du commerçant et le droit de l'arbitrage[168]. Ces travaux ont concrètement débouché sur la signature à Port-Louis (Île Maurice) du Traité relatif à l'harmonisation du droit des affaires en Afrique le 17 octobre 1993[169] par seize pays africains[170]. La spécificité et la particularité[171] de ce traité réside dans la création de l'OHADA, une organisation qui a pour but l'intégration juridique communautaire. L'OHADA s'inscrit dans un paysage bien chargé d'organisations[172] qui ont pour but de promouvoir la coopération et l'intégration économiques régionales comme l'Union Économique et Monétaire Ouest-Africaine (UEMOA) et la Communauté Économique et Monétaire de l'Afrique Centrale (CEMAC). Mais l'OHADA se démarque par la réalisation du projet d'harmonisation de nombreux domaines juridiques essentiels à la vie économique[173], dont le droit de l'arbitrage. Cette organisation a mis en place un Conseil des ministres, qui est une institution supranationale qui a un

---

166 Ce Directoire était composé de Kéba MBAYE, de Martin KIRSCH (conseiller honoraire à la Cour de Cassation) et de Michel GENTOT (conseiller d'État).

167 *Ibid.*, p. 130.

168 *Ibid.*, p. 131.

169 Sur ce traité v. L. SAVADOGO, « Le traité relatif à l'harmonisation du droit des affaires en Afrique », *AFDI*, 1994, volume 40, p. 823 à 847. V. aussi J. LOHOUES-OBLE, « L'application d'un droit international des affaires en Afrique », *RIDC*, 1999, n°3, p. 543 et s.

170 A l'origine ce traité a été signé par 16 États : le Bénin (entrée en vigueur le 18 décembre 1995), le Burkina Faso (entrée en vigueur le 18 décembre 1995), le Cameroun (entrée en vigueur le 3 décembre 1996), la Centrafrique (entrée en vigueur le 18 décembre 1995), Les Comores, le Congo (entrée en vigueur le 17 juillet 1999), la Côte d'Ivoire (entrée en vigueur le 11 février 1996), le Gabon (entrée en vigueur le 5 avril 1998), la Guinée (le 21 novembre 2000), la Guinée Bissau (entrée en vigueur le 20 février 1996), la Guinée Équatoriale (entrée en vigueur le 13 août 1999), le Mali (entrée en vigueur le 18 décembre 1995), le Niger (entrée en vigueur le 18 décembre 1995), le Sénégal (entrée en vigueur le 18 décembre 1995), le Tchad (entrée en vigueur le 2 juillet 1996) et le Togo (entrée en vigueur le 19 janvier 1996). Le 13 juillet 2012, la République Démocratique du Congo a signé ce traité, ce qui porte à 17 le nombre de pays membres de l'OHADA.

171 *Ibid.*, p. 546.

172 *Ibid.*, p. 545 où l'auteure cite des organisations comme l': « ... *Union du Maghreb Arabe (UMA) pour l'Afrique septentrionale, la CEDEAO et l'UEMOA pour l'Afrique de l'Ouest, la CEEAC, la GEPGL (Communauté économique des Pays du grand Lac) et la CEMAC pour l'Afrique Centrale, le COMESA pour l'Afrique Orientale et l'Afrique Australe et l'Océan indien. D'autres par l'intermédiaire d'organisations spécialisées telles que des organisations monétaires (UDEAC, UMOA), des institutions financières (BAD, BOAD), des assurances (CIMA) de la prévoyance sociale (CIPRES), de la propriété intellectuelle (OAPI)* ».

173 Par exemple, l'OHADA a aussi harmonisé le droit du commerce général, le droit des sociétés commerciales.

pouvoir normatif général. L'OHADA a également une institution judiciaire compétente en matière d'arbitrage : la Cour Commune de Justice et d'Arbitrage (CCJA).

Si l'accent a été mis sur ce mode de règlement des différends c'est également parce que la justice dans les États membres du Mercosur et de l'OHADA, n'était pas complètement en mesure d'assurer la transparence et la célérité nécessaire au commerce international. Il existe une multitude de facteurs qui peuvent expliquer l'état dans lequel l'institution judiciaire se trouve dans ces pays. Nous n'en retenons que les deux qui semblent particulièrement pertinents en fonction de leur acuité.

44. Premièrement, la justice de ces États manque de moyens matériels pour faire face aux défis du commerce international. Les États de l'Afrique francophone connaissent cette conjoncture depuis le lendemain des indépendances. L'obligation qui pesait sur ces États de reconstruire ou de construire entièrement un appareil judiciaire national a vite révélé les besoins financiers de l'institution judiciaire. Cependant, ces jeunes États n'étaient pas en mesure de faire face à ces besoins. Michel JEOL, a présenté ce contexte à travers ces propos : « *Les moyens matériels, si indispensables à la distribution de la justice dans un continent où les populations sont souvent éparpillées sur d'immenses étendues et où les conditions géographiques sont particulièrement défavorables, restent liés à des stricts impératifs budgétaires que les Gouvernements ne peuvent transgresser. Le sous-développement actuel de l'Afrique ne lui permet pas de gonfler déraisonnablement le budget de sa justice* »[174]. Cette situation n'a que sensiblement évolué au début des années quatre-vingt-dix. Nous en voulons pour preuve les données chiffrées sur la part du budget national alloué à la justice en 1993 dans plusieurs États africains membres de l'OHADA[175].

45. Un tel état de fait a poussé des auteurs à employer, à juste titre d'ailleurs, des termes comme « *institution marginale et délabrée* »[176] ou encore « *service public en crises* »[177] pour parler de l'institution judiciaire. Certains États d'Amérique Latine souffrent de ce même mal mais dans de moindre proportions. Effectivement, si nous pouvons classer tous les États objet de notre réflexion dans la catégorie de pays en développement, force est de constater que leur niveau de développement est loin d'être homogène.

---

[174] V. M. JEOL, *La réforme de la justice en Afrique noire*, Paris, Editions A. Pedone, 1963, p. 28.

[175] V. *La justice dans les pays francophones (Organisation et Gestion),* Paris, 1995, p. 2 à 5. Ces pages contiennent des tableaux qui nous montrent qu'en 1993 le Bénin a alloué 4,37% de son budget global à la justice. Le Burkina Faso 3%, le Cameroun 0,24%, la Centrafrique 2,88%, le Gabon 1,22% et le Mali 4,6%.

[176] *Ibid.*, p. 198.

[177] Selon les termes employés par le professeur J. DU BOIS de GAUDUSSON, « Le Statut de la justice dans les États d'Afrique Francophone », *Afrique Contemporaine*, n° 156, 4/90, p. 10. Le mot « crises » a été sciemment utilisé au pluriel par l'auteur pour mettre l'accent sur les nombreux problèmes dont souffre l'institution judiciaire en Afrique francophone.

L'histoire et l'économie de ces pays sont fort différentes et la justice en Amérique Latine bénéficie d'une plus longue histoire et de plus de moyens que celle de l'Afrique francophone[178]. Pourtant, la question de la faiblesse des moyens de la justice se pose dans les mêmes termes. En prenant l'exemple d'un État membre du Mercosur tel que le Brésil, nous constatons qu'entre 1996 et 2004 cet État a alloué en moyenne 1,17% de son budget national aux dépenses en faveur de la justice[179] malgré son statut de *pays émergent*. Ce taux nous semble être relativement faible par rapport à la très forte population de ce pays. Au défaut de moyens matériels dont souffre la justice dans ce pays, Arnoldo WALD a souligné qu'il fallait ajouter le poids considérable de l'engorgement des tribunaux brésiliens[180]. Toujours selon cet auteur, en 2006 le Brésil a occupé la 119ème place au rang des pays quant à la facilitation des opérations commerciales[181]. L'ensemble des difficultés de la justice en Amérique Latine ont fait dire à Claudia FRUTOS-PETERSON que « *les tribunaux latino-américains sont en général inefficaces, lents et désorganisés, ce qui a pour conséquence la méfiance du public en général à l'égard de ce système qui semble peu apte à rendre justice* »[182].

46. Le deuxièmement problème que rencontre la justice dans le pays en développement est l'ampleur de la corruption. Son ampleur est telle qu'elle n'est pas de nature à rassurer et attirer les investisseurs étrangers. Il est vrai que dans certains pays en développement, la corruption atteint un seuil endémique. A ce sujet un auteur considère qu'elle est même devenue un

---

[178] Par exemple, l'histoire de l'institution judiciaire en Argentine du XVII au XVIII siècle v. *Nueva Historia de la Nación Argentina*, Buenos Aires, PLANETA, 2001, Tome II, p. 283 à 316. De 1914 à 1983 v. *Nueva Historia de la Nación Argentina*, Buenos Aires, PLANETA, 2001, Tome VIII, p. 445 à 496.

[179] Cette donnée est consultable sur www.population-of.com. Au fil des années ce budget a varié légèrement à la hausse comme à la baisse. A titre d'exemple, entre 1999 et 2000, nous pouvons constater une chute de ce budget (il est passé de 1,15% à 0,70%). En 2002 et en 2003 ce budget est resté constant à 1,51% pour ensuite chuter à 0,97% en 2004. De manière générale, ces sommes nous paraissent relativement insuffisantes par rapport au fort taux de la population brésilienne.

[180] V. A. WALD, « La résolution, par l'arbitrage, des conflits entre l'administration publique et les entreprises privées en droit brésilien », *Gazette du Palais, Les cahiers de l'arbitrage*, 13 au 17 juillet 2007, n°194 à 198, p. 10 où l'auteur a pu écrire que : « *La justice brésilienne souffre, depuis quelques années, d'une vraie congestion, qui a rendu encore plus lent le rythme de ses décisions. Plus de 50 millions de procédures sont en cours devant 13.000 juges et de trop nombreux recours permettent la perpétuation de procès souvent provoqués par des défendeurs qui veulent gagner du temps. Il suffit de rappeler que plus de cent mille recours surchargent la Cour suprême chaque année, tandis que son homologue américaine n'en examine que quelques centaines.* ».

[181] *Ibid*., p. 10 où l'auteur a écrit que : « *La publication Doing Business in 2006 de la Banque mondiale estime que la durée moyenne d'un procès au Brésil est de 546 jours, et son coût de l'ordre de 15 % du montant des créances litigieuses. Tant en ce qui concerne la protection de l'investissement et l'exécution forcée des contrats, cette publication donne au Brésil la note moyenne, le classant au 119e rang des pays quant à la facilité des opérations commerciales.* ».

[182] V. C. FRUTOS-PETERSON, *op.cit.*, p. 172.

phénomène banal[183]. Telle une pieuvre géante, elle est présente au quotidien dans tous les secteurs d'activités économiques et dans la gestion de la chose publique. L'institution judiciaire des pays de l'Afrique francophone et de l'Amérique Latine n'a malheureusement pas réussi à échapper à ses tentacules[184].

47. Le *Baromètre mondial de la corruption* en 2009 établi par Transparency International[185] nous offre une parfaite illustration de cet état de fait[186]. L'une des principales méthodes de travail de cette organisation consiste à établir des rapports dénommés *Baromètres* sur le niveau de la corruption des principaux secteurs publics dans de nombreux États du monde. Pour établir ce *Baromètre*, Transparency International utilise des sondages d'opinion et des questionnaires qu'elle adresse aux populations locales. Dans son rapport de 2009[187] la question fut posée de savoir, sur une échelle de 1 à 5[188], dans quelle mesure les populations estimaient que les institutions de leurs pays sont affectées par la corruption. Ces institutions désignées étaient les partis politiques, le pouvoir législatif, le secteur privé, les médias, les agents publics et enfin, la justice. En Argentine, au Cameroun

---

[183] V. C. A. BABOU, « Mécanismes de lutte contre la corruption en Mauritanie », *Penant,* n° 868, 2009, p. 371, où l'auteur a pu écrire que dans la plupart des pays en développement la corruption : « *(...) relève du quotidien de la population et des entrepreneurs, qui vivent avec, et vont jusqu'à la considérer avec fatalisme comme partie intégrante de leur culture* ».

[184] Pour le cas des pays de l'Afrique francophone, V. H. C. SARASSORO, « Justice, morale et droits de l'homme, la corruption et l'enrichissement sans cause en Afrique aujourd'hui », *Afrique Contemporaine*, n° 156, 4/90, p. 195 à 206. Pour le cas de l'Amérique Latine nous prenons l'exemple du système judiciaire du Venezuela v. W. OJEDA, *Cuánto vale un juez,* Caracas, Vadel Hermanos editores, 4ème édition, 1995.

[185] Transparency International est une organisation non Gouvernementale à but non lucratif créée en 1993 qui s'est donné pour mission de lutter contre la corruption dans le monde et dans les transactions commerciales internationales. Son objectif est d'aider et d'accompagner les réformes législatives et réglementaires des États, afin d'assurer une plus grande transparence institutionnelle. Elle s'engage aussi à aider la mise en œuvre d'instruments multilatéraux de lutte contre la corruption notamment l'ensemble des conventions internationales élaborées. Pour atteindre ces objectifs, elle compte sur ses quatre-vingt-six sections nationales implantées dans le monde et sur son secrétariat international qui se trouve à Berlin en Allemagne. En l'absence de données officielles sur la corruption, elle travaille de concert avec les Gouvernements et le secteur privé dans divers États.

[186] V. www.transparency.org.

[187] V. les données du *Baromètre mondial* de la corruption 2009 de Transparency International consultable sur www.transparency.org. L'ensemble de ces chiffres nous montre clairement que la justice dans certains États du Mercosur et de l'OHADA est perçue par les citoyens comme étant corrompue, voire très corrompue, comme c'est le cas au Cameroun et en Argentine où la mesure de la corruption de la justice recueille respectivement les très inquiétantes notes de 4,5 et 4,2 sur 5. La note de 5 étant attribuée au cas où le secteur est perçu comme extrêmement corrompu. D'ailleurs au Cameroun, le secteur de la justice avec 34% est désigné comme le deuxième secteur le plus touché par la corruption tout juste après celui des agents publics /fonctionnaires qui représente 35%. Au Sénégal, ce même secteur est désigné comme étant aussi corrompu que celui des agents publics/fonctionnaires car il recueille le même taux de 27%.

[188] Plus la note est élevée plus il y a de la corruption.

et au Sénégal nous observons que les notes attribuées à la justice oscillent autour de 4. Ce qui signifie que les populations interrogées considèrent que la justice de leur propre pays est très corrompue. D'ailleurs, dans ce rapport au Cameroun et au Sénégal ce secteur est désigné comme étant l'un des plus touchés par la corruption. Un tel contexte a pour conséquence immédiate de décrédibiliser considérablement l'institution judiciaire et d'accentuer l'insécurité judiciaire. L'image qui ressort du portrait dressé de la justice dans ces États est plus que repoussante et est très loin d'inspirer la confiance aux opérateurs du commerce international et aux investisseurs étrangers. Personne ne peut accepter de mettre en péril ses investissements dans des États où la justice dépend du plus offrant, dans des États où les délais de traitement des affaires et les décisions peuvent être fortement orientés par la corruption. Selon nous, ce contexte d'insécurité judiciaire observée au sein des États de l'OHADA et du Mercosur a fortement contribué à la recherche de moyens de contournement de la justice étatique dans le domaine économique. Ces deux organisations ayant pour but d'améliorer le climat du commerce et des investissements dans ces régions, vont chercher une solution en se tournant vers une *« justice alternative »* parfaitement adaptée au contentieux commercial international : l'arbitrage.

48. Il ressort de ce qui précède que les États de l'OHADA comme ceux du Mercosur ont fini par accorder à l'arbitrage une place prépondérante dans leur stratégie respective de développement. Vingt ans après la création de ces organisations, l'évaluation du résultat de ces démarches suscite un vif intérêt. Ainsi, il nous apparaît justifié de nous interroger de manière générale sur la pertinence du lien entre la notion de développement et l'arbitrage commercial international. De même, nous devons chercher à savoir si l'arbitrage commercial international contribue au développement dans le Mercosur mais aussi dans l'OHADA.

49. Les réponses à ces interrogations ne sont pas faciles à donner car elles soulèvent elles-mêmes plusieurs problématiques. La première problématique est celle de la définition de la notion de développement. Et pour cause, il n'est guère aisé de cerner et étudier[189] cette notion parce qu'elle connaît plusieurs définitions et formes. Effectivement, le développement est polysémique et protéiforme : il peut être économique[190], social ou encore

---

[189] V. G. FEUER et H. CASSAN, *op.cit.*, p. 23 et 24 où il est écrit que : « ... *le développement n'est pas un donné qu'il s'agit simplement de réglementer dans la société présente, c'est une visée qui concerne le devenir de l'humanité. Une réflexion sur le développement débouche nécessairement sur un projet de société. Un tel projet implique à l'évidence des choix en de multiples domaines (économique, social, politique, culturel, etc.)* ».

[190] Sur la notion de développement économique v. *Dictionnaire de l'Économie*, Paris, Albin Michel, 2007, p. 337 à 351. La notion de développement économique a pris de l'importance à partir de la Seconde Guerre Mondiale avec l'émergence de nouvelles nations issues de la décolonisation et la mise en place de l'ONU.

culturel. Il peut aussi s'agir du développement durable[191]. Le professeur Ferhat HORCHANI a parfaitement traduit cette réalité lorsqu'il a écrit que le contenu du développement est « *variable, sa dimension est multidimensionnelle, ses contours incertains* »[192].

50. Pour autant, il est tout à fait possible de s'accorder sur un point : la notion de développement est intimement liée à la croissance et au progrès. Cela ressort de la définition courante[193] de ce terme mais aussi de celle proposée par des juristes comme Jean SALMON. Selon cet auteur, le développement correspond à un « *processus de transformation des structures d'une société lié à la croissance* »[194]. Cette définition est elle-même fortement inspirée des travaux des économistes qui ont été les premiers à avoir étudié cette notion. Pour eux, le développement désigne « *un processus qualitatif de transformation des structures économiques, sociales et mentales qui accompagne et favorise la croissance économique d'un pays ; le développement s'inscrit dans la longue durée.* »[195]. Il se dégage de l'ensemble de ces définitions que le développement conduit nécessairement à l'amélioration des conditions de vie des populations[196], à la croissance et au progrès.

51. Partant de là, pour nous, le développement est assimilable à l'amélioration du climat des échanges commerciaux internationaux qui passe par le progrès en matière de l'intégration régionale et en matière de sécurité juridique et judiciaire. Il s'agit là justement des missions que le Mercosur et l'OHADA se sont données avec, comme outil pour y parvenir, le recours à l'arbitrage. A ce propos, le professeur José Carlos FERNÁNDEZ ROZAS, dans son cours donné à l'Académie de droit international de La Haye, s'était ouvertement posé la question de savoir si l'arbitrage favorise le processus

---

[191] V. J. SALMON (dir.), *Dictionnaire de Droit International Public*, *op.cit.*, p. 336 qui définit le développement durable comme « *un de mode développement qui vise à satisfaire les besoins de développement des générations présentes sans compromettre les capacités des générations futures à répondre aux leurs* ».

[192] V. F. HORCHANI, « Le développement au cœur de la définition de la notion d'investissement ? », *in Le droit international économique à l'aube du XXIème, En Hommage aux Professeurs Dominique Carreau et Patrick Juillard*, Paris, Pedone, 2009, p. 50.

[193] V. *Le Robert*, Paris, 2012, p. 546 où le développement est définit comme l'« *action de développer, de donner toute son étendue à quelque chose (...).Croissance (...). Progrès, en extension ou en qualité ...* ».

[194] *Ibid.*, p. 336.

[195] V. Ph. DEUBEL et M. MONTOUSSE (Dir.), *Dictionnaire de Sciences Économiques et Sociales*, Rosny, éd. Bréal, 2008, p. 129.

[196] V. F. TEULON (Dir.), *Dictionnaire d'histoire, économie, finance, géographie*, Paris, PUF, 2004, p. 214 où il est écrit que le « *développement implique l'idée d'une amélioration du bien-être de toute population se traduisant par une hausse du revenu par tête, un accroissement de la ration alimentaire et un meilleur accès aux services de santé et d'éducation* ».

d'intégration économique à échelle régionale[197]. Cet auteur n'a pourtant pas apporté de réponse directe et définitive à sa propre interrogation[198]. Il est donc fort intéressant pour nous de chercher à savoir précisément comment l'arbitrage contribue à l'amélioration des échanges commerciaux et à la progression de l'intégration économique dans les États de Mercosur et de l'OHADA.

52. La deuxième problématique que ce sujet soulève est liée au refus des arbitres d'épouser les thèses du droit international du développement comme nous l'avons noté ci-dessus. *A priori*, il peut paraître paradoxal, voire futile, d'essayer d'établir un lien entre arbitrage et développement, alors même que cette institution a refusé à plusieurs reprises de consacrer le droit dérogatoire et spécifique aux besoins des pays en développement. Cette question a été débattue au sein de la doctrine. D'un côté, des auteurs comme Ali MEZGHANI ont pensé que l'arbitrage pouvait servir à l'élaboration des normes du droit international du développement[199]. Selon cet auteur, compte tenu des caractéristiques de l'arbitrage (la liberté laissée aux parties et la non soumission des arbitres aux autorités étatiques), ce mécanisme de règlement des différends était le moyen propice de faire émerger des règles juridiques dérogatoires et spécifiques aux pays en développement. En somme, il concevait l'arbitrage comme « *un instrument de lutte contre le sous-développement et non un facteur de stabilisation voire de perpétuation* ... »[200].

53. D'un autre côté, d'autres auteurs ont mis en avant le contenu variable du droit international du développement pour démontrer que son application dans l'arbitrage pouvait être contreproductive pour les pays en développement. Parmi ces auteurs nous retrouvons Jan PAULSSON qui a souligné que l'introduction des normes du droit du développement dans l'arbitrage commercial international serait néfaste pour la sécurité juridique dans le domaine du commerce international[201]. Toujours selon cet auteur, la

---

197 V. J. C. FERNÁNDEZ ROZAS, « Le rôle des juridictions étatiques devant l'arbitrage commercial international », *Recueil des cours de l'Académie de droit international de La Haye*, Martinus Nijhoff, 2001, Tome 290, p. 61 où l'auteur a écrit que : « *Il convient de se demander si les processus régionaux d'intégration économique favorisent ou non le développement de l'arbitrage dans les États membres. En d'autres termes, la réglementation de l'arbitrage commercial international favorise-t-elle cette intégration ou l'arbitrage demeure-t-il au contraire en marge de ces processus d'intégration, restant lié au mouvement général de codification régionale ou universelle du droit international privé ?* ».

198 *Ibid.* où l'auteur a pu écrire que : « *Peut-être n'est-ce pas « pure coïncidence » si les processus d'intégration économique qu'a connus l'Amérique latine dans les années quatre-vingt dix se sont accompagnés d'une réforme générale des lois d'arbitrage dans les pays concernés. Au sein du phénomène d'intégration économique régionale, le Mercosur met en place un système commun pour le règlement des litiges dans lequel un rôle fondamental est confié à l'arbitrage à travers le Traité d'arbitrage commercial Mercosur de 1998* ».

199 V. A. MEZGHANI, *op.cit.*, p. 61 et s.

200 *Ibid.*, p. 62.

201 V. J. PAULSSON, *op.cit.*, p. 34.

pratique arbitrale n'est pas incompatible avec les objectifs de développement[202] car elle permet aux pays en développement d'utiliser des règles juridiques « *traditionnelles* »[203] bien établies qui ont déjà fait leurs preuves. Nous partageons entièrement cette dernière vision car l'arbitrage joue un rôle non négligeable pour le développement, en contribuant à la régulation des transactions commerciales internationales. Par son caractère incontournable et par l'application de normes telles que l'ordre public international, l'arbitrage est « une *police du commerce international* »[204]. Cette technique contribue également à la vulgarisation de règles et pratiques adaptées au milieu du commerce international. Pour nous, il existe un lien objectif entre l'arbitrage commercial international et le développement. Mais concrètement comment cela se manifeste-t-il dans les États de l'OHADA et du Mercosur ? En d'autres termes, quelles sont les corrélations entre l'arbitrage et le développement des États de l'OHADA et du Mercosur ?

54. Pour apporter des réponses à ces interrogations, il convient de se livrer à une étude originale[205] mais à la fois modeste qui n'a aucunement la prétention de « *réanimer* » le droit international du développement. Notre étude doit s'orienter vers les aspects de l'arbitrage qui sont bénéfiques aux efforts de développement de ces États. Ce travail exige d'effectuer une analyse détaillée des normes relatives à l'arbitrage de ces pays, des ordres juridiques et des institutions mises en place par l'OHADA et le Mercosur. Cette analyse doit permettre d'identifier les similitudes et les différences entre ces deux organisations mais aussi de mettre en avant les particularités régionales, les réussites, les échecs et dans certains cas d'essayer d'apporter des solutions pour combler les lacunes. De ce fait, cette thèse doit s'inscrire dans une logique de Droit comparé[206]. L'éminent spécialiste du Droit comparé et du Droit du commerce international, le professeur René DAVID avait très tôt souligné tout l'intérêt de réaliser une recherche comparée en matière d'arbitrage[207]. Bien après cet auteur, Bernardo CREMADES a pu même affirmer que le droit de l'arbitrage a pris ses racines dans le Droit

---

[202] *Ibid.*, p. 40.

[203] *Ibid.*

[204] Sur cette expression v. Ph. LEBOULANGER, *op.cit.*, p. 340.

[205] A notre connaissance peu d'études juridiques sont consacrées à une analyse comparée du droit de l'OHADA et du Mercosur.

[206] V. G. CORNU, *Vocabulaire juridique*, Paris, QUADRIGE/PUF, 11ème éd., 2011, p. 371 qui définit le Droit comparé comme une « *Étude comparative de deux ou plusieurs droits émanant de souverainetés différentes, ...* ».

[207] V. R. DAVID, « Arbitrage et droit comparé », *op.cit.*, p. 10 où l'auteur énonce que : « *L'intérêt du droit comparé, cependant, n'est pas et ne doit pas être exclusivement un intérêt pratique. De même que les études historiques, dont elles sont le complément naturel, les études comparatives peuvent nous servir à mieux comprendre nos propres institutions, à découvrir l'esprit qui les inspire, et à suggérer, grâce à la meilleure connaissance qu'elles nous donnent de nous-mêmes, une amélioration et une meilleure adaptation des règles de droit qui nous gouvernent. Cet intérêt du droit comparé nous paraît être particulièrement notable lorsque nous considérons l'arbitrage.* ».

comparé[208]. Pour nous, cet intérêt est toujours d'actualité parce que le Droit comparé peut avoir deux fonctions : une fonction instrumentale et une fonction d'évaluation[209]. La fonction instrumentale, nous permet de mieux appréhender et connaître les objets de la comparaison. La fonction d'évaluation, quant à elle, permet d'avoir une approche critique des objets de comparaison. De la sorte, une approche comparée du droit de l'arbitrage de l'OHADA et du Mercosur a pour but d'approfondir les connaissances sur l'arbitrage et d'évaluer les ordres juridiques mis en place par ces organisations.

55. Compte tenu de la particularité de la notion d'arbitrage commercial international qui veut que cette technique transcende la distinction entre le Droit international public et le Droit international privé, notre thèse doit pouvoir refléter la capacité de l'arbitrage à utiliser des normes nationales, des normes internationales et surtout des normes transnationales économiques[210] telles que la *lex mercatoria*. Ce dernier type de normes est principalement destiné à pallier l'absence ou le déficit de règles juridiques internationales ou nationales en matière de commerce international.

56. Enfin, pour être complète, il est tout aussi indispensable que cette étude laisse une place à l'empirisme et qu'elle s'appuie sur les sentences arbitrales qui concernent les États membres de ces organisations. Effectivement, comme l'a énoncé à juste titre Alain PLANTEY « *l'arbitrage commercial international est le fruit de l'empirisme et de la nécessité* »[211], il est essentiel, dans cette étude consacrée à l'arbitrage, de pouvoir se fonder sur des sentences et des décisions rendues par les instances créées par les États de l'OHADA et le Mercosur. Il est tout aussi important, compte tenu de l'influence et du poids considérable d'autres juridictions arbitrales dans le paysage du commerce international comme la CCI et le CIRDI, d'observer la participation de ces États à ce type d'arbitrage. Une telle démarche est non seulement conforme à la définition de l'arbitrage commercial international

---

[208] Sur cette affirmation v. B. M. CREMADES, « Arbitraje internacional : del arbitraje comercial al arbitraje de protección de inversiones » *in L'arbitrage en France et en Amérique Latine à l'aube du XXIe siècle, Aspects de droit comparé* (sous la direction de B. FAUVARQUE-COSSON et A. WALD), Paris, Société de la législation comparée, 2008, p. 94.

[209] Sur les fonctions du Droit comparé v. P. DIMA EHONGO et C. MIALOT, « De l'intégration normative à géométrie et à géométrie variables », *in M. DELMAS-MARTY (sous la direction)*, *Critique de l'intégration normative*, Paris, PUF, 2004, p. 28 et 29.

[210] Pour une définition de ces normes v. F. LATTY, « Le Droit transnational économique », *in Droit de l'économie internationale* (sous la direction de P. DAILLIER, G. de la PRADELLE et H. GHÉRABI), Paris, A. Pedone, 2004, p. 109. Selon cet auteur, ces normes « *naissent de l'action juridique concertée des acteurs économiques privés (sociétés transnationales, organisations professionnelles, etc.), qui peuvent être amenés à sécréter de façon spontanée un droit applicable à leurs relations. Ce « tiers droit » ignorant les frontières, ni étatique, ni interétatique mais d'origine privée, est généralement qualifié de « droit transnational » ou - plus rarement - de « droit anational ».* ».

[211] V. A. PLANTEY, « L'arbitrage dans le commerce international », *op.cit.*, p. 307.

que nous avons retenue mais elle se justifie car il est indispensable dans une réflexion comparative d'avoir des modèles de référence.

57. Ce cheminement nous conduit à affirmer que l'arbitrage est un double instrument de développement dans les États du Mercosur et de l'OHADA. En effet, l'arbitrage participe activement aux objectifs d'intégration régionale et de sécurité juridique et judiciaire que ces organisations se sont assignés. Ainsi, dans une première partie, nous étudierons le lien entre l'arbitrage et l'intégration. L'arbitrage est un instrument de développement de l'intégration au sein de l'OHADA et du Mercosur (**Partie I**). Cette étape va passer par l'analyse des mécanismes d'arbitrage mis en place par ces organisations et leur influence sur le processus d'intégration.

58. La deuxième partie est consacrée aux liens entre l'arbitrage et la sécurité juridique et judiciaire des États de l'OHADA et du Mercosur. Elle passe par une analyse des mécanismes arbitraux favorables à la sécurité juridique et judiciaire (la notion d'ordre public ou encore le recours à la *lex mercatoria*) et par un regard attentif sur la participation des États à l'arbitrage commercial international. L'arbitrage est aussi un instrument de développement de la sécurité juridique et judiciaire au sein de l'OHADA et du Mercosur (**Partie II**).

PARTIE I

L'ARBITRAGE UN INSTRUMENT DE DÉVELOPPEMENT DE L'INTÉGRATION AU SEIN DE L'OHADA ET DU MERCOSUR

59. Dans un processus d'intégration régional, comme c'est le cas des États membres du Mercosur et de l'OHADA, les buts poursuivis sont la croissance et le développement économique. Pour réussir à atteindre ces objectifs, le processus d'intégration doit impérativement accorder une place centrale au droit. Le droit étant le ciment qui va permettre de consolider toutes les étapes d'un tel processus. C'est dans ce sens qu'Etienne CEREXHE, a rappelé que dans une entreprise d'intégration « *la fonction essentielle du droit est de faire rentrer ce phénomène dans une formule juridique suffisamment précise et adéquate pour en assurer le bon fonctionnement* »[212].

60. En vue d'aller plus vite et plus loin dans l'approfondissement de l'intégration régionale le droit doit être aussi intégré. En d'autres termes, l'intégration régionale doit s'accompagner d'une intégration normative. En effet, l'intégration normative permet de parvenir à la mise en commun de solutions aussi diverses que celles qui touchent à la circulation des personnes, des capitaux, des services et des biens. Elle permet également la mise en commun des règles et mécanismes visant à la résolution des différends, de telle sorte que dans un processus d'intégration régionale, l'intégration normative est un outil de régulation et d'anticipation des échanges commerciaux mais aussi et surtout, pour ce qui nous intéresse ici, un moyen d'obtenir la cohésion et la cohérence entre les modes de réglementation et de résolution des litiges découlant inévitablement des échanges économiques et commerciaux. L'objectif final est bien sûr d'assurer la sécurité juridique et judiciaire pour les opérateurs économiques nationaux et internationaux et que ces derniers ne courent pas le risque de

---

[212] V. E. CEREXHE, « l'intégration juridique comme facteur d'intégration régionale », *in Mélanges offerts à Silvio Marcus Helmons*, Bruxelles, Bruylant, 2003, p.33.

voir les règles changer d'un pays à l'autre. En somme, l'intégration normative est un élément indispensable au bon déroulement de toute entreprise d'intégration et favorise le développement économique.

61. Cette nécessité d'intégration normative combinée au caractère incontournable du recours à l'arbitrage dans le commerce international va nous conduire à une intégration du droit de l'arbitrage dans le Mercosur et dans l'OHADA (**Titre I**). L'étude consacrée à l'intégration normative du droit de l'arbitrage dans ces deux organisations nous a permis de mettre en lumière les retombées bénéfiques que l'arbitrage peut avoir sur l'ensemble du processus d'intégration car il constitue un élément d'approfondissement et de renforcement de l'intégration régionale (**Titre II**).

TITRE I

L'ARBITRAGE FACTEUR DE DÉVELOPPEMENT DE L'INTÉGRATION NORMATIVE AU SEIN DE L'OHADA ET DU MERCOSUR

62. Le phénomène d'intégration normative dont nous venons de décrire toute l'importance pour le développement d'un pays peut essentiellement s'effectuer par voie d'harmonisation, d'unification ou d'uniformisation. L'harmonisation est une opération législative consistant à mettre en accord des dispositions d'origine (et souvent de date) différente, plus spécialement à modifier des dispositions existantes afin de les mettre en cohérence avec une réforme nouvelle[213]. L'unification est une opération consistant en l'adoption d'un texte unique, directement applicable dans les États membres d'une organisation et ne souffrant d'aucune altération dans l'ordre juridique interne[214]. L'uniformisation[215] du droit est selon les termes de Joseph ISSA-SAYEGH, « *une méthode plus radicale de l'intégration juridique puisqu'elle consiste à effacer les différences entre les législations nationales en leur substituant un texte unique, rédigé en des termes identiques pour tous les États concernés* »[216].

63. Si dans la théorie ces termes désignent des concepts différents, dans la pratique, les mots intégration, harmonisation, unification, et uniformisation peuvent être employés comme synonymes. Une situation qu'Antoine JEAMMAUD, a qualifiée d' « *inconstance terminologique* »[217].

---

[213] V. G. CORNU, *op.cit.*, p. 455.

[214] *Ibid.*, p. 942. L'unification est l'action d'établir (ou de rétablir, réunification) l'unité de législation dans un pays (un territoire) donné; d'où les termes d'unité législative ou territoriale.

[215] *Ibid.*, p. 942. L'uniformisation est une modification de la législation de deux ou plusieurs pays tendant à instaurer dans une matière juridique donnée une réglementation identique.

[216] V. J. ISSA-SAYEGH, « Quelques aspects techniques de l'intégration juridique : l'exemple des actes uniformes OHADA », *Revue de droit uniforme, Institut international de droit privé,* janvier 1999, p. 6.

[217] V. A. JEAMMAUD, « Unification, uniformisation, harmonisation : de quoi s'agit-il », *in Vers un code européen de la consommation*, Bruxelles, Bruylant, 1998, p. 48.

Pour distinguer ces concepts qui sont très proches dans leur régime nous pouvons nous référer aux mécanismes qu'ils utilisent. A ce propos, Raymond VANDER ELST[218] a pu dire que la « *coordination viserait à un équilibre que l'on institue entre les normes ou systèmes juridiques qui peuvent rester complètement différents; l'harmonisation impliquerait certains changements de ces normes et systèmes pour créer entre eux des similitudes nécessaires au résultat que l'on s'est fixé; quant à l'unification, elle comporte une identité de normes devenant commune aux divers systèmes juridiques envisagés* ».

64. L'intégration normative du droit de l'arbitrage dans les régions étudiées va épouser ces diverses formes au fil du temps. Cet aspect nous impose une analyse chronologique ou progressive de ce processus. Effectivement, avant la formation des ensembles du Mercosur et de l'OHADA, nous pouvons témoigner d'une volonté d'harmonisation du droit de l'arbitrage en Amérique Latine et dans les États de l'Afrique francophone. Il existait dans ces régions une volonté initiale d'harmoniser le droit de l'arbitrage. Cette volonté va déboucher sur des résultats peu satisfaisants voire un échec (**Chapitre I**). Pour autant, ces efforts vont constituer la base de travail de l'intégration normative du droit de l'arbitrage. L'intégration normative du droit de l'arbitrage dans le Mercosur et dans l'espace OHADA ne va devenir une réalité effective qu'à travers le choix d'un mécanisme d'intégration plus radical dans ses effets : l'uniformisation (**Chapitre II**).

---

[218] V. R. VANDER ELST, *Les instruments du rapprochement des législations dans la Communauté Économique Européenne*, Bruxelles, Édition de l'Université de Bruxelles, 1976, p. 14.

CHAPITRE I

L'échec de la volonté initiale d'harmoniser le droit de l'arbitrage

65. Pour Antoine JEAMMAUD, l'harmonisation est la « *réalisation, dans le respect de la pluralité des droits étatiques, d'une équivalence des règles nationales, ou plus précisément d'une équivalence des coûts et avantages socio-économiques ou des situations juridiques* »[219]. L'harmonisation, cherche de la sorte à établir une équivalence entre des règles différentes. Cette idée est partagée par le professeur Mireille DELMAS-MARTY, qui précise que le propos de l'harmonisation est de « *rapprocher des règles qui peuvent néanmoins rester différentes. D'où le risque de fragmentation ou d'éclatement, s'il ne s'agit pas de tendre vers l'harmonie, c'est-à-dire la mise en comptabilité des différences* »[220]. Elle relève aussi que ce mode d'intégration normative relève « *d'une fuzzy logic* (expression généralement traduite par *logique floue*), *qui repose sur une obligation de proximité et non d'identité* ». Il existe diverses formes d'harmonisation. Par exemple, par le passé, les anciennes colonies ont harmonisé leur droit autour du droit de l'ancien colon.

66. Aujourd'hui, la forme que l'on rencontre le plus souvent est l'*harmonisation conventionnelle*. Elle consiste pour des États à conclure une convention, élaborée dans le cadre d'une organisation internationale, qui va servir d'élément d'harmonisation. Les législateurs de tous les États signataires ont l'obligation de s'inspirer des grandes lignes directrices édictées par la convention en question. Toutes ces caractéristiques font, en général, de l'opération d'harmonisation, une opération difficile à mener à son terme. Comme l'a rappelé Mireille DELMAS-MARTY, « *politiquement*

---

[219] V. A JEAMMAUD, *op.cit.*, p. 43.

[220] V. M. DELMAS-MARTY, « Harmonisation- l'expérience contemporaine », *in Pensée juridique française et harmonisation européenne du droit*, Paris, Société de législation comparée, 2003, p. 47.

plus modeste, l'harmonisation est juridiquement plus difficile car les moyens sont plus complexes »[221].

67. Avant la création du Mercosur et de l'OHADA, en Amérique Latine comme en Afrique francophone, il existait une réelle opportunité de développement économique à harmoniser le droit de l'arbitrage. Cette solution permettait non seulement à ces États de se doter du mécanisme de règlement des différends du commerce international le plus efficace, mais aussi pour la plupart d'entre eux, dont les économies sont toujours celles de pays en voie de développement, d'avoir des outils communs facilitant les échanges interrégionaux et internationaux. Ainsi, des efforts dans la perspective de l'harmonisation du droit de l'arbitrage vont voir le jour (**Section I**). Dans la pratique, ces tentatives ne vont pas véritablement aboutir aux résultats escomptés faute d'une réelle harmonisation de ce droit. Nous pouvons ainsi dire que ces efforts vont se solder par un échec (**Section II**). Il est particulièrement important de retracer cette étape car certaines des dispositions législatives ou conventionnelles dégagées à cette période existent toujours et servent dans certains cas de support au droit issu du Mercosur et de l'OHADA. Cette période permet aussi d'expliquer certaines des difficultés que la pratique arbitrale rencontre encore aujourd'hui dans certains de ces pays.

Section I. Les efforts d'harmonisation du droit de l'arbitrage avant la création du Mercosur et de l'OHADA

68. Avant la création de l'OHADA et du Mercosur, des efforts vont être entrepris pour intégrer le droit de l'arbitrage. Les États de l'Amérique Latine vont se tourner vers l'*harmonisation conventionnelle*. Effectivement, la plupart de ces États, dont ceux, aujourd'hui membres ou associés du Mercosur, vont adhérer à tout un réseau de conventions multilatérales, le but final étant d'obtenir une harmonisation de leur droit de l'arbitrage commercial. Quant aux États de l'Afrique francophone, aujourd'hui membres de l'OHADA et anciennement colonies françaises, ils vont se tourner vers le droit français pour combler leurs lacunes en matière de droit de l'arbitrage. Nous avons pu assister à une harmonisation autour du droit hérité de l'ancienne puissance coloniale. Dans les faits, le droit français a servi de modèle pour l'édification de leurs législations. Il nous faut donc dans un premier temps analyser ces premières tentatives d'harmonisation (**§ I**) et dans deuxième temps présenter leurs résultats (**§ II**).

[221] *Ibid.*, p. 47.

§ I. Les premières tentatives d'harmonisation du droit de l'arbitrage

69. S'il est vrai qu'il y a eu en Amérique Latine comme en Afrique francophone des initiatives tendant à harmoniser le droit de l'arbitrage, ces initiatives se distinguent au niveau de leur contenu et de leur portée. Les États latino-américains vont se lancer dans une réelle démarche volontariste d'harmonisation à travers la signature de diverses conventions (**A**). Parmi ces conventions nous pouvons citer la Convention interaméricaine sur l'arbitrage commercial international, dite Convention de Panama signée le 30 janvier 1975 et la Convention interaméricaine sur l'efficacité extraterritoriale des jugements et des sentences étrangères dite Convention de Montevideo de 1979. Ces conventions constituent le système interaméricain d'arbitrage. Cette réelle volonté d'harmoniser contraste avec l'harmonisation du droit de l'arbitrage qui s'est produite dans les États africains francophones. Cette harmonisation s'est produite de façon involontaire car ces derniers pendant et après la période coloniale vont utiliser le modèle de droit l'arbitrage offert par le droit français (**B**).

A. L'harmonisation volontaire du droit de l'arbitrage en Amérique Latine

70. Le système interaméricain d'arbitrage qui a été conçu comme un instrument d'harmonisation du droit de l'arbitrage en Amérique Latine a été lancé par la conclusion de la Convention de Panama **(2)**. Il convient d'accorder à ce texte une attention particulière mais avant, nous devons resituer le contexte dans lequel ce système a été créé **(1)**.

1. Vers la création du système interaméricain d'arbitrage

71. L'histoire et l'approche du droit de l'arbitrage sur le continent latino-américain sont marquées par la forte hostilité de ces pays, à l'égard de ce mode de règlement des différends. Avec la nécessité de développement qui passe par l'ouverture et l'adoption des pratiques modernes du commerce international[222], cette tradition de méfiance vis-à-vis de l'arbitrage va s'atténuer sur le continent Sud-américain. Par conséquent, nous allons être

---

[222] Dans les pays du Nord, on a aussi assisté à une modernisation du droit de l'arbitrage. En France, par exemple, le mouvement de modernisation a démarré en 1980. Avant 1981, il n'existait en droit français aucune règle écrite propre à l'arbitrage international car l'origine de ce droit était essentiellement jurisprudentielle. L'aboutissement du processus de modernisation a été l'adoption du décret du 12 mai 1981.V. F. Ch. JEANTET, « La réforme de l'arbitrage international en France - L'accueil des sentences étrangères ou internationales dans l'ordre juridique français », *Revue de l'arbitrage*, 1981, p. 503. V. aussi Ph. FOUCHARD, « L'arbitrage international en France après le décret du 12 mai 1981 », *JDI*, 1982, p. 374. Sur la modernisation de l'arbitrage dans les autres pays du Nord v. Ph. FOUCHARD, E. GAILLARD, et B. GOLDMAN, *op.cit*, p. 83.

en présence progressivement de l'instauration du système interaméricain d'arbitrage commercial international. Le système de l'arbitrage commercial en Amérique Latine tel qu'on le connaît aujourd'hui est le fruit du travail combiné de l'Union Panaméricaine (qui plus tard va devenir l'Organisation des États Américains) et de l'American Arbitration Association[223] (AAA). Ces organisations vont mettre en œuvre des conférences commerciales dont le but va être de répandre l'utilisation de l'arbitrage comme mode de règlement des différends[224]. Ainsi, lors de la première Conférence panaméricaine de commerce, qui aura lieu à Washington en 1915, la recommandation de l'instauration d'un système d'arbitrage est faite. Son propos est de résoudre les conflits de nature commerciale liés aux échanges commerciaux entre les pays du continent américain.

72. L'aboutissement du processus intervient en 1933, lors de la Septième Conférence internationale des États américains. La Septième Conférence avec l'adoption de la Résolution XLI a mis en place les principes et les règles qui régissent le système actuel d'arbitrage. La Résolution XLI, avait pour but d'améliorer[225] et d'unifier[226] les législations en la matière. Cette résolution a amorcé la création en 1934 de la Commission Interaméricaine d'Arbitrage Commercial (CIAC), cette dernière est une institution à

---

[223] Sur l'historique, l'organisation et le Règlement d'arbitrage de l'AAA v. F. JOLY, « le Règlement d'arbitrage international de l'Association Américaine d'Arbitrage », *Revue de l'arbitrage*, 1993, n° 3, p. 401.

[224] Sur l'ensemble de ces conférences commerciales v. C. FRUTOS-PETERSON, *op.cit.*, p. 43 et s.

[225] *Ibid.*, p. 45. La volonté d'amélioration des législations va passer par l'adoption de trois recommandations : 1) l'adoption d'accords sur l'arbitrage international entre les Chambres de commerce des pays américains. 2) l'adoption de mesures en matière de normes d'arbitrage. 3) la création d'une agence commerciale interaméricaine et l'élaboration de ses règles de procédure. A cet effet en 1934, on aura la création de la Commission Interaméricaine d'Arbitrage Commercial (CIAC).

[226] V. L. KOS-RABCEWICZ-ZUBKOWSKI, « Les Conventions interaméricaines sur l'arbitrage commercial et la Commission interaméricaine de l'arbitrage commercial », *Revue de l'arbitrage*, 1983, p. 418. Conscient, du fait que la disparité des règles était un frein au recours à l'arbitrage, la Septième Conférence va aussi proposer des mesures ayant pour but une plus grande uniformité de cette matière : a) L'engagement de recourir à l'arbitrage pour les litiges existants ou à venir. b) Les parties doivent avoir la faculté de désigner des arbitres. c) La procédure à laquelle devront se soumettre les arbitres *ad hoc* doit être définie avec précision par les parties ou par l'association qui organisera la procédure d'arbitrage. d) L'impartialité absolue de l'arbitre et les droits de récusations ou de destitution doivent être assurés par l'association qui dirigera la procédure de la façon prescrite par les règles ou les règlements qui sont en vigueur pour la procédure. e) Les règles doivent stipuler un nombre impair d'arbitres. f) Les sentences arbitrales, dans tous les cas, doivent être rendues à l'unanimité ou à la majorité des voix. g) Les règles doivent stipuler la renonciation au droit d'appel; cette renonciation doit être obligatoire pour les parties et limitera les clauses d'appel pour des questions de procédures ou des questions de droit que les deux parties s'engagent à soumettre aux tribunaux. h) Dans le cas où la loi serait insuffisante pour assurer l'exécution de la sentence arbitrale, obligation est faite de renforcer les mesures disciplinaires contre ceux de leurs membres qui refusent de se soumettre aux termes de la sentence.

caractère privé qui a pour objet d'établir et de maintenir un système interaméricain de conciliation et d'arbitrage en matière de différends commerciaux[227]. La structure juridique de la CIAC a été conçue pour permettre une plus grande représentativité des États membres. Son organe principal est le Conseil de la Commission composé d'un délégué et de son suppléant, d'un président et de trois vice-présidents (généralement issus des différentes zones géographiques de l'Amérique). Ce Conseil avait pour tâche l'administration de la CIAC. Cette volonté en matière institutionnelle et procédurale avait pour vocation de mettre fin aux réticences de certains pays vis-à-vis de l'institution arbitrale. En dépit de ces efforts, les réticences ont persisté et très peu de pays ont adopté ces recommandations.

73. De ce fait, la disparité des législations en la matière ne fut pas atténuée. En 1956, afin de remédier à ce contexte de disparité des législations arbitrales sur le continent américain, une loi uniforme (dite *projet de Mexico*) fut élaborée et proposée par le Comité Juridique International (CJI) de l'Organisation des États Américains (OEA). Le *projet de Mexico* venait pallier les nombreuses difficultés persistantes, notamment celles sur la loi applicable, sur la nationalité de l'arbitre, et sur l'exécution des sentences. Ce projet fut refusé par la plupart des pays américains à cause de sa trop grande modernité. Aussi, ils considéraient le recours à une loi comme une atteinte à leur souveraineté. Au final, ce projet n'a eu d'impact que sur la loi équatorienne sur l'arbitrage de 1963. L'idée d'une *harmonisation conventionnelle* plutôt qu'une loi d'uniformisation, a de par ce fait, germé. C'est sur cette base que les Conventions Interaméricaines de Droit international Privé (CIDIP I et II) vont constituer le système interaméricain d'arbitrage à travers la Convention de Panama (CIDIP I) et la Convention de Montevideo (CIDIP II). Un système qui a représenté un réel progrès dans la volonté de rapprochement des législations latino-américaines relatives à l'arbitrage. Même si à terme dans la pratique, les objectifs n'ont pas été totalement atteints, la Convention de Panama (CIDIP I) avait été conçue comme un instrument d'harmonisation des règles de l'arbitrage dans cette zone.

2. La Convention de Panama et l'harmonisation des règles sur l'arbitrage

74. Suite à l'échec du projet de loi uniforme sur l'arbitrage, le Comité Juridique International de l'OEA proposa d'élaborer une convention interaméricaine sur l'arbitrage commercial international. Le 6 août 1973, le

---

[227] L'activité de la CIAC s'est considérablement développée avec l'implantation de Sections Nationales dans la plupart des pays signataires de la Convention de Panama en Espagne et au Portugal. Avec la collaboration de la CIAC et des Chambres de commerce locales, à ce jour il existe dix-neuf Sections Nationales destinées à promouvoir et développer l'arbitrage commercial tant au niveau interne qu'au niveau international. Sur les Sections Nationales, consulter sur internet : www.ftaa-alca.org.

Comité Juridique de l'OEA approuva un projet de convention. Ce projet fut présenté à la Commission[228] de la CIDIP I le 14 janvier 1975. Le 20 janvier 1975, la CIDIP I approuva la Convention interaméricaine sur l'arbitrage commercial international[229] (ci-après Convention de Panama). Cette convention a été signée le 30 janvier 1975 à Panama et est entrée en vigueur le 1er juin 1976. Elle a été ratifiée par dix-huit pays américains[230]. Il s'agit de l'Argentine, la Bolivie, le Brésil, le Chili, la Colombie, le Costa Rica, l'Équateur, El Salvador, les États-Unis, le Guatemala, le Honduras, le Mexique, le Panama, le Paraguay, le Pérou, l'Uruguay et le Venezuela.

75. Cette convention est une réelle avancée sur de nombreux points. Tout d'abord, elle vient trancher définitivement avec la position de refus de recours à l'arbitrage très longtemps observée dans cette région. Elle se présente par conséquent comme une marque d'ouverture, d'innovation mais aussi à plusieurs égards comme une garantie pour les investisseurs étrangers. La Convention de Panama est un mélange de pratiques internationales modernes en matière d'arbitrage et de particularismes locaux. Au départ, loin d'être considérée comme une avancée, l'élaboration de ce texte avait été dénoncée (en raison de son champ d'application) comme une source de disparité supplémentaire. Une grande partie de la doctrine latino-américaine avait été extrêmement critique à son égard au moment des négociations[231]. Ces auteurs estimaient que l'arsenal législatif existant en la matière était suffisant du fait de la présence des Traités de Montevideo sur le droit procédural international de 1889 et 1940[232], du Code *Bustamante* de 1928[233]

---

[228] Les travaux préparatoires de la CIDIP I furent divisés en deux commissions. Le Président de la commission chargé de l'arbitrage, constitua à son tour un groupe de travail afin d'élaborer un contre-projet. Ce groupe de travail était constitué des délégués du Brésil, des États-Unis et du Mexique sur ce point v. L. KOS-RABCEWICZ-ZUBKOWSKI, *op.cit*, p. 415.

[229] V. aussi Ph. FOUCHARD, « La Convention interaméricaine sur l'arbitrage international », *Revue de l'arbitrage*, 1977, p. 203 à 207. V. enfin C. FRUTOS-PETERSON, *op.cit.,* p. 51.

[230] La République Dominicaine l'a signée le 18 avril 1977, mais ne l'a toujours pas ratifiée. Pour le texte complet en français de la Convention de Panama v. *Revue de l'arbitrage*, 1977, p. 209 et s.

[231] *Ibid.*, p. 204. V. aussi L. DA GAMA E SOUZA Jr, « A Convençao Interamericana sobre Arbitragem Comercial International », *Integraçao juridica interamericana*, Sao Paolo, édition LTR, 1998, p. 386.

[232] Les Traités sur le droit procédural international ont été signés à Montevideo le 11 janvier 1889 et le 19 mars 1940.

[233] L'Union Panaméricaine, prédécesseur de l'OEA, a organisé six Conférences panaméricaines entre 1889 et 1928, en vue de l'unification et de la codification du droit international privé en Amérique. Lors, de la sixième Conférence panaméricaine, qui s'est tenue en 1928 à La Havane, Cuba, la Convention sur le droit international privé a été adoptée par un nombre significatif d'États américains. Cette Convention, composée de neuf articles, donne effet aux 437 articles du Code de droit international privé rédigé par Antonio Sánchez de Bustamante y Sirvén, connu sous le nom du Code *Bustamante*. Ce Code est considéré comme le plus important document législatif de droit international privé panaméricain du vingtième siècle. La Convention a été signée par vingt États ; la Bolivie, le Brésil, le Chili, le

et de la ratification par plusieurs États américains de la Convention de New York de 1958 sur la reconnaissance et l'exécution des sentences arbitrales étrangères[234]. Les critiques visaient surtout le fait que les auteurs de la Convention de Panama se sont fortement inspirés de la Convention de New York. Aujourd'hui, les craintes de disparité sont complètement dissipées, compte tenu du fort taux de ratification et de l'importance communément admise de ce texte[235] et parce que la Convention de New York ne régit que certains aspects du droit de l'arbitrage, à savoir la reconnaissance et l'exécution des sentences arbitrales.

76. Au contraire, la Convention de Panama se veut être un vecteur d'harmonisation du droit de l'arbitrage commercial international des pays américains. L'analyse ultérieure de cette convention nous permettra de mieux appréhender dans quelle mesure elle a été un élément d'harmonisation de l'arbitrage dans le champ latino-américain et les lacunes persistantes malgré le travail entrepris. Mais avant nous devons présenter la première forme d'harmonisation du droit de l'arbitrage dans les pays qui composent aujourd'hui l'OHADA. Elle s'est déroulée pendant la période coloniale.

B. L'harmonisation involontaire du droit de l'arbitrage en Afrique francophone pendant la période coloniale

77. La période coloniale en Afrique francophone est marquée par le principe de la « *spécialité législative* »[236]. Ce principe posait comme règle que seuls devaient recevoir application dans les territoires d'Outre-mer et les colonies, les textes promulgués en métropole et que le législateur avait déclarés expressément applicables. L'histoire de la *spécialité législative* remonte à l'Ancien Régime, où « *les colonies étaient faites pour la*

Costa Rica, Cuba, la République Dominicaine, l'Equateur, El Salvador, le Guatemala, Haïti, le Honduras, le Nicaragua, le Panama, le Pérou et le Venezuela ont déposé leurs instruments de ratification et sont parties à la Convention. Elle est entrée en vigueur en novembre 1928, trente jours après le dépôt du deuxième instrument de ratification (article 4), et par la suite pour chaque État trente jours après le dépôt de l'instrument de ratification respectif. Tous les dépôts ont eu lieu entre 1928 et 1933.

[234] V. J. D. BREDIN, « La Convention de New York du 10 juin 1958 pour la reconnaissance et l' exécution des sentences étrangères », *JDI*, 1960, p. 1002.

[235] V. A. REDFERN et M. HUNTER, *op.cit.*, p. 380 où les auteurs démontrent son importance en citant C. R. NORBERG qui a pu énoncer que « *son importance est considérable et vitale ... parce que pour la première fois ... les États membres de l'OEA disposent d'une convention prévoyant le règlement uniforme des différends du commerce international par voie d'arbitrage ...* ». V. aussi C. FRUTOS-PETERSON, *op.cit*, p. 51 où l'auteure l'a qualifié de « *pierre angulaire du système interaméricain d'arbitrage* ».

[236] Sur ce principe v. C. LUSSAN, *Législation des sociétés dans les territoires d'outre-mer et dans les territoires associés (A.O.F – A.E.F-Madagascar- Togo-Cameroun)*, Paris, A.I.D.E, 1953, p. 19 à 21. V. aussi R. AMOUSSOU-GUENOU, *Le droit et la pratique de l'arbitrage commercial international en Afrique francophone*, Thèse de Doctorat, Paris II, 1995, p. 33 et s. V. aussi du même auteur, « Droit de l'arbitrage en Afrique avant l'OHADA », *in OHADA et les perspectives de l'arbitrage en Afrique*, Bruxelles, Bruylant, 2000, p. 17 et s.

Métropole »[237]. Une autre justification à ce principe est à rechercher dans les différences des conditions de vie et de besoins économiques entre les colonies, les territoires d'Outre-mer et la métropole[238]. Les ordonnances royales n'étaient applicables aux colonies que si le roi en avait expressément décidé et si le Gouvernement et les assemblées coloniales acceptaient de les enregistrer (à partir de 1787). La *spécialité législative* a été maintenue de façon ininterrompue jusqu'à la veille de la décolonisation. La jurisprudence française nous en donne une illustration à travers deux affaires qui ont soulevé la question de l'application de dispositions de la loi française, ne faisant pas l'objet d'une extension au Cameroun[239]. Par deux arrêts de rejet rendus en chambres réunies, le 29 avril 1959, la Cour de Cassation a jugé que *« la loi française, lorsqu'elle ne renferme aucune disposition la déclarant applicable audit territoire ne peut être exécutoire que par un acte spécial de promulgation »* (dans le premier arrêt). Dans le deuxième arrêt la Cour de Cassation a rappelé que « *l'application à un territoire d'Outre-mer d'un texte légal ne peut résulter que d'une disposition législative expresse* ». Ce système d'extension législative a été appliqué au droit de l'arbitrage. Il a permis d'obtenir une sorte d'*harmonisation* du droit de l'arbitrage en Afrique francophone avant la période de la décolonisation. Les règles sur l'arbitrage contenues dans le livre III du Code de Procédure Civile français de 1806, n'avaient pas été étendues aux colonies du fait même du contexte politique, le législateur français ne souhaitait pas étendre aux colonies une méthode de règlement des litiges basée essentiellement sur l'autonomie des parties. En revanche, le Code de commerce français, dans sa rédaction de l'époque, a progressivement été déclaré applicable dans l'ensemble des territoires d'Outre-mer et aux colonies[240].

78. Plus tard, la loi du 31 décembre 1925[241] complétant les dispositions du Code de commerce et autorisant les clauses compromissoires en matière commerciale a été étendue à tous ces territoires. Cette loi, n'autorisait les clauses compromissoires que s'il s'agissait d'un cas visé à l'article 631 du Code de commerce[242], c'est-à-dire aux contestations relatives aux engagements entre négociants, entre marchands et banquiers et aux contestations nées d'actes de commerce. Cet article énonçait que « *Les Tribunaux de commerce connaîtront : 1 des contestations relatives aux engagements et transactions entre négociants, marchands et banquiers ; 2*

---

237 *Ibid.*, p. 20.

238 *Ibid.*, p. 19.

239 *Ibid.*, p. 28.

240 Par un décret du 6 août 1907 pour l'Afrique Occidentale Française (AOF) et par un décret du 15 janvier 1910 pour l'Afrique Equatoriale Française (AEF).

241 Sur cette loi v. G. GRECH, *Les chambres arbitrales et l'arbitrage commercial : la loi du 31 décembre 1925*, Paris, Librairie générale de droit et de jurisprudence, 1952. Selon cet auteur cette loi a « *posé et résolu le principe de légalité de l'arbitrage commercial* ».

242 V. R. AMOUSSOU-GUENOU, « Droit de l'arbitrage en Afrique avant l'OHADA », *op.cit*, p. 28.

des contestations entres associés, pour raison d'une société de commerce ; 3 de celles relatives aux actes de commerce entre toutes personnes. Toutefois, les parties pourront, au moment où elles contractent, convenir de soumettre à des arbitres les contestations ... lorsqu'elles viendront à se produire ». Le droit administratif français a également permis à ces territoires de se doter de dispositions sur l'arbitrage. En effet, dans le domaine du droit administratif, qui en principe proscrit le recours à l'arbitrage pour les personnes morales de droit public, une exception a été instituée par la loi française du 17 avril 1906. Cette loi est venue autoriser, dans les colonies, le recours à l'arbitrage pour régler les litiges relatifs aux marchés de fourniture et de travaux publics.

79. En somme, tout en reprenant les termes de Roland AMOUSSOU-GUENOU, nous pouvons convenir que ce système a été *« un système efficace d'harmonisation du droit en Afrique dans le contexte particulier de l'époque coloniale »*[243]. Il a permis aux anciennes colonies de se doter de dispositions communes en matière d'arbitrage. Nous pouvons qualifier cette phase d'« *harmonisation involontaire* », car, à la base, non souhaitée par les colonies. A dire vrai, plutôt qu'à une simple harmonisation nous nous trouvions face à une réelle unification. En effet, nous sommes en présence d'une règle unique pour l'ensemble de ces territoires. Par cette technique, la métropole étendait son droit à ses territoires éloignés. Il ne faut cependant pas occulter le fait que l'application de la *spécialité législative* a été sélective de telle sorte que lors de la période de la décolonisation, les anciennes colonies n'ont pas eu les mêmes attitudes vis-à-vis de la matière arbitrale. Lors de la décolonisation, nous avons pu assister à une disparité en matière de législation arbitrale. C'est dans ce sens que nous pouvons parler d'un résultat mitigé des premières tentatives d'harmonisation.

§ II. Le résultat des premières tentatives d'harmonisation

80. Le résultat le plus palpable et encourageant a été celui des États de l'Amérique Latine. A travers la signature des diverses conventions dont la Convention de Panama, ils ont mis en place un système interaméricain d'arbitrage (**A**). En Afrique francophone le résultat a été plus mitigé car seulement quelques-uns d'entre eux après la colonisation ont utilisé comme modèle le droit français en matière de l'arbitrage (**B**).

A. Un résultat encourageant en Amérique Latine : le système interaméricain d'arbitrage

81. Le but de la Convention de Panama était de créer et d'améliorer le système d'arbitrage sur tout le continent Américain et plus particulièrement

[243] *Ibid.*, p. 32.

en Amérique Latine. Le but ultime étant d'atteindre une harmonisation du droit de l'arbitrage. Elle comptait y parvenir par son large champ d'application (**1**). Ce texte devait également répondre aux questions relatives à la convention d'arbitrage. Du fait des divergences sur cet aspect un consensus a dû être trouvé. La Convention de Panama fait preuve aussi d'ouverture en matière de règles relatives à la procédure (**2**). Enfin, cette dernière, devait répondre à l'impératif d'amélioration du champ d'application de la reconnaissance et de l'exécution des sentences arbitrales étrangères en général (**3**).

1. Le champ d'application de la convention de Panama favorable à l'harmonisation : un champ d'application très étendu

82. Le champ d'application désigne les limites territoriales, l'ensemble des matières ou les personnes auxquelles une règle s'applique. Sans hésitation, nous pouvons affirmer que la Convention de Panama a un large champ d'application (**a**). En effet, tout en entretenant le flou sur son champ d'application territorial, elle fait preuve d'une grande ouverture sur son champ d'application matériel (**b**) et sur les personnes (**c**) et l'engagement arbitral (**d**). Tous ces éléments concourent à l'harmonisation du droit de l'arbitrage.

<u>a. Le large champ d'application territorial de la Convention de Panama</u>

83. Il existe un flou sur cette question car rien n'est prévu dans le corpus de la Convention. Par ailleurs, son article 9 sème une grande confusion. Ce dernier énonce que « *Tout État peut adhérer à la Convention ...* ». Si on s'en tient à une interprétation littérale de ces termes, il en ressort que la ratification de cette convention est ouverte à des États non américains. Certains auteurs ont voulu voir en cela une vocation « *universelle* » à la Convention de Panama[244]. Pour une convention multilatérale sur l'arbitrage, cela ne constituerait pas une nouveauté. Il existe en effet des précédents en la matière, telle que la Convention Européenne sur l'arbitrage commercial international du 21 avril 1961, dite Convention de Genève. Ce texte qui représente selon les mots de Lazare KOPELMANAS « *l'aboutissement d'une série d'efforts tendant à donner à l'arbitrage le maximum de stabilité dans les relations économiques entre les pays de l'Europe* »[245] a été

[244] V. J.-B. LEE, « A aplicabilidade a Convençao do Panama sobre arbitragem comercial international de 1975 no sistema interamericano de arbitrage comercial international », *DeCITA Arbitraje*, Edition Zavalia, 2004, 02, p. 202. Dans cet article, l'auteur évoque la vocation « universelle » de la Convention de Panama.

[245] V. L. KOPELMANAS, *op.cit.*, p. 331. En 1961 ce texte a été signé par l'Autriche, la Belgique, la Bulgarie, le Danemark, L'Espagne, la Finlande, la France, la Hongrie, l'Italie, la Pologne, la République fédérale d'Allemagne, la République socialiste soviétique de Biélorussie, la République socialiste soviétique d'Ukraine, la Roumanie, la Tchécoslovaquie,

curieusement ratifié par deux États non européens, à savoir, le Burkina Faso et Cuba[246].

84. En réalité, si la ratification reste ouverte à tous les États, en pratique, elle est purement interaméricaine, ne serait-ce que déjà par son titre. D'ailleurs, elle n'a été ratifiée que par des États du continent américain. Mais cela lui confère tout de même un large champ d'application puisqu'elle couvre l'Amérique du Nord, l'Amérique centrale, l'Amérique du Sud et les Caraïbes. A ce jour, ce texte s'applique sur l'ensemble du territoire de l'actuel Mercosur. Effectivement, tous les États membres et associés de cette organisation ont adhéré à la Convention de Panama[247]. En signant et ratifiant ce texte, ils ont voulu harmoniser leurs législations relatives à l'arbitrage conformément à l'un des objectifs primordiaux posé par ce dernier. Ils ont donc tenté de prendre en compte l'ensemble des règles et directives édictées par ce texte de référence.

Les États adhérents à la Convention de Panama

États	Signature	Ratification, adhésion,	Entrée en vigueur
Argentine*	15/03/91	11/03/94	01/05/95
Bolivie*	02/08/83	08/10/98	29/04/99
Brésil*	30/01/75	31/08/95	27/11/95
Chili*	30/01/75	08/04/76	17/05/76
Colombie*	30/01/75	18/11/86	29/12/86
Costa Rica	30/01/75	02/01/78	20/01/78
Équateur*	30/01/75	06/08/91	23/10/91
El Salvador	30/01/75	27/06/80	11/08/80
États-Unis	09/06/78	10/11/86	27/09/90
Guatemala	30/01/75	07/07/86	20/08/86
Honduras	30/01/75	08/01/79	22/03/79
Mexique	27/10/77	15/02/78	27/0378
Nicaragua	30/01/75	15/07/03	02/10/03
Panama	30/01/75	11/11/75	17/12/75
Paraguay*	26/08/75	02/12/76	15/12/76
Pérou*	21/04/88	02/05/89	22/05/89
Uruguay*	30/01/75	29/03/79	25/04/77
Venezuela*	30/01/75	22/03/85	16/05/86

* : Pays membres, associés et observateurs du Mercosur
Source : www.oas.org

---

la Turquie, l'Union des Républiques socialistes soviétiques et par la Yougoslavie. La Convention de Genève de 1961 compte à ce jour 28 pays adhérents (consulter la liste des pays parties sur internet : www.jurisint.org).

[246] Le Burkina Faso a ratifié cette convention le 26 janvier 1965. Cuba l'a ratifiée le 1er septembre 1965. Ces deux États ont adhéré à ce texte pour des raisons idéologiques parce que la Convention européenne sur l'arbitrage commercial international a visé à régler les problèmes du commerce entre pays à structures économiques différentes notamment entre les États du bloc de l'Est et ceux de l'Ouest.

[247] V. Tableau.

b. Les éléments favorisant l'harmonisation dans le champ d'application matériel de la Convention de Panama

85. L'article 1 de la Convention de Panama dispose qu' « *est valide l'accord par lequel les parties s'engagent à soumettre à l'arbitrage les différends qui pourront s'élever ou qui se sont élevés entre elles à propos d'une affaire commerciale* ». Nous pouvons regretter l'absence de définition précise des termes « *affaire commerciale* ». Car ce défaut de définition est propice à entretenir des divergences d'opinions entre les pays parties à l'accord. Il faut s'en remettre à chaque loi nationale applicable pour déterminer le caractère commercial d'une situation. On peut aisément imaginer le cas où une même situation pourra être considérée comme commerciale selon le droit d'un État-partie et être considérée comme non commerciale dans un autre État-partie. D'un autre côté, on peut se réjouir de l'utilisation de ces termes, car cela permet d'englober de très nombreuses situations. Nous pensons d'abord à l'arbitrage commercial international car les termes « *d'affaire commerciale* », englobent également les affaires commerciales contenant un élément d'extranéité. Ensuite, le défaut de définition précise favorise l'harmonisation des législations en matière d'arbitrage. Effectivement, une définition large des termes « *d'affaire commerciale* », permet d'obtenir une équivalence entre des législations distinctes. Ce qui est le but principal du mécanisme d'harmonisation. Il faut souligner que ni la Convention de Genève de 1961, ni la loi type de la CNUDCI du 21 juin 1985 qui porte sur l'arbitrage commercial international ne définissent la notion de commercialité.

86. Cependant, si la loi type ne définit pas le caractère de commercialité dans le corps même de ses dispositions, elle le fait à travers le renvoi à une note de bas de page. Nous pouvons penser que les auteurs de la Convention de Panama n'ont pas voulu restreindre le texte qu'à certains cas de figure. Mais ils pourraient s'inspirer de la loi type et se doter d'une liste non exhaustive de situations considérées comme commerciales.

c. Le champ d'application rationae personae ouvert de la Convention de Panama

87. En ce qui concerne les utilisateurs de la Convention, c'est-à-dire son champ d'application *rationae personae*, aucune indication n'est donnée. Il semble de ce fait, qu'il n'existe aucune restriction. De la sorte, les personnes physiques, les opérateurs économiques de toute nationalité mais aussi les personnes morales tels que l'État et ses démembrements (collectivités locales ou établissements publics) peuvent être partie à un arbitrage régi par le système interaméricain d'arbitrage. Cette disposition favorise clairement les échanges commerciaux Sud-Sud et Nord-Sud dans toute la région. L'objectif final de l'harmonisation est de permettre à des États de tendre vers le développement. Le champ d'application *rationae personae* de la

Convention de Panama est tout à fait conforme à cet objectif car il permet, l'intensification des échanges commerciaux et humains entre les États de cette même région, et d'autre part avec des États étrangers. Il représente tout aussi une avancée remarquable car il ne faut pas oublier que dans cette région, le recours à l'arbitrage a longtemps été perçu comme un moyen détourné de porter atteinte à la souveraineté de l'État. La possibilité implicite qui est offerte aux États ou à une autre personne morale de droit public de recourir à l'arbitrage en Amérique Latine est une forme de « *normalisation* ». Aujourd'hui, dans la pratique et les usages du commerce international, il est fréquent, voire banal, que des États ou leurs démembrements contractent avec des entreprises étrangères[248]. Dans ces situations, ces personnes morales de droit public se comportent comme de simples opérateurs économiques du commerce international et peuvent insérer des conventions d'arbitrage dans leurs contrats. Dans ce cas de figure, elles ne jouissent pas de la plupart des prérogatives dont elles bénéficient dans leur ordre interne, ce qui représente un gage de sécurité considérable pour le cocontractant.

d. Le consensus trouvé en matière d'engagement arbitral

88. L'engagement arbitral naît de deux types d'actes : le compromis et la clause compromissoire.[249] En matière arbitrale, la différence terminologique est sans importance puisque les deux formes que peut prendre la convention d'arbitrage sont soumises au même régime juridique et entrainent les mêmes effets[250].

89. En revanche, en Amérique Latine, cette distinction révèle une certaine importance car les législations nationales opéraient une distinction entre la clause compromissoire et le compromis[251] et surtout leur fixaient un régime différent. Le compromis était reconnu valable et exécutoire dans tous les pays d'Amérique Latine, sous le respect de conditions de forme. Le cas de la clause compromissoire était plus complexe puisque les pays pouvaient être divisés en trois groupes. Le premier groupe de pays ne reconnaissait pas du tout la validité de cette clause (le Brésil, l'Équateur et le Venezuela). Le deuxième considérait la clause compromissoire comme un accord en vue de

[248] A titre d'exemple, en droit français la règle qui autorise explicitement les personnes morales de droit public à recourir à l'arbitrage dans des contrats internationaux, a été consacrée par la Cour de Cassation dans l'affaire *Galakis* depuis le 2 mai 1966. Sur cette affaire v. B. ANCEL et Y. LEQUETTE, *op.cit.*, p. 401.

[249] V. G. CORNU, *op.cit.* p. 159 et 191. La clause compromissoire est la stipulation par laquelle les parties à un contrat s'engagent à soumettre à l'arbitrage les contestations qui pourraient s'élever entre elles. Le compromis est la convention par laquelle des parties décident de soumettre un différend déjà né à l'arbitrage.

[250] *Ibid.* p. 208 et s.

[251] V. A. J. VAN DEN BERG « l'arbitrage commercial en Amérique Latine », *Revue de l'arbitrage*, 1979, p. 135.

conclure un compromis (l'Argentine et l'Uruguay). Le troisième, lui en revanche, suivait la tendance législative moderne en considérant la clause compromissoire, valable et exécutoire sans exiger la conclusion d'un compromis une fois le différend né (le Mexique et le Paraguay). Du fait de ces divergences, une longue discussion est née au sein du groupe de travail chargé d'élaborer la Convention de Panama. Les délégations se sont opposées sur la présence ou non des termes compromis et clause compromissoire[252].

90. Le résultat final est apparu comme un véritable consensus, puisque le groupe de travail a opté pour les termes *« accord par lequel les parties... »* qui désignent ici tant la clause compromissoire que le compromis. Cette disposition a permis d'atteindre une équivalence entre les différentes législations relatives à l'arbitrage en gommant ce particularisme local qui peut être un frein au recours à l'arbitrage. Les conceptions sont restées divergentes mais elles ont fait l'objet d'un rapprochement. Partant de là, cette disposition s'inscrit dans la droite ligne de la finalité de l'harmonisation souhaitée par ces États. Sur ce point la Convention de Panama est en conformité avec d'autres conventions multilatérales relatives à l'arbitrage international car la Convention de New York du 10 juin 1958 (article II, § 2) ou la Convention de Genève de 1961 (article 1er, § 2), regroupent les notions de compromis et de clause compromissoire sous la notion de convention d'arbitrage.

2. L'ouverture en matière de règles procédurales

91. L'instance arbitrale est la procédure engagée devant une juridiction arbitrale. Elle désigne l'ensemble des règles à suivre pour le déroulement régulier d'un procès depuis la demande introduisant l'instance jusqu'à la décision. La constitution du tribunal arbitral est le *« prologue »*[253] de l'instance. C'est la première étape de la procédure arbitrale. Cette étape est dominée par la liberté laissée aux parties de désigner les membres du tribunal arbitral. Cette liberté est assurée par le principe de la primauté de la convention des parties. Une fois que le tribunal arbitral est constitué, la procédure arbitrale à proprement parler commence. Les règles sur la nomination des arbitres de la Convention de Panama montrent une certaine ouverture. En ce qui concerne l'instance arbitrale, c'est-à-dire le déroulement de la procédure, il faut signaler que rien n'a été prévu dans le texte, le Règlement d'arbitrage de la CIAC occupe de ce fait une place prépondérante. Ce texte joue, également, un rôle important pour l'harmonisation du droit de l'arbitrage dans cette région.

---

[252] V. J.-B. LEE, *L'arbitrage commercial international dans les pays du MERCOSUD*, Thèse Paris II, 2000, p. 292 et s.

[253] V. A. REDFERN et M. HUNTER, *op.cit.*, p. 80 et s.

a. L'ouverture en matière de désignation des arbitres

92. La Convention de Panama reconnaît l'autonomie de la volonté des parties[254]. Ce principe du droit de l'arbitrage, désigne la possibilité laissée aux parties à un arbitrage de choisir les règles qui vont régir l'instance arbitrale, le droit applicable et le choix du ou des arbitres. En effet, l'article 2 de la Convention autorise les parties à désigner elles-mêmes les arbitres *« La désignation des arbitres doit être faite dans la forme convenue par les parties. Elle peut être déléguée à un tiers qui pourra être une personne physique ou une personne juridique. Les arbitres peuvent être des nationaux ou des étrangers »*. Il ressort également de ce texte que la Convention autorise expressément les parties à déléguer à un tiers la mission de désigner les arbitres, ce tiers peut être une « *personne juridique* ». De ce fait, les seize Sections Nationales de la CIAC, implantées dans chaque État-partie, pourront être appelées à jouer un rôle prépondérant à ce stade de l'arbitrage. La plupart des Sections Nationales de la CIAC sont en réalité les Chambres de commerce nationales[255]. Les États-Unis, ont eux recours à l'AAA comme Section Nationale. Le deuxième alinéa de cet article autorise explicitement la désignation d'arbitres étrangers. Cette mesure représente également une autre marque d'ouverture car certains États de la région, comme la Colombie ou encore l'Équateur, interdisaient aux étrangers la possibilité d'être arbitres[256]. Cette interdiction représentait un frein considérable au développement de l'arbitrage dans la région. Les arbitres étrangers étaient écartés du fait de la présence dans cette région de la Doctrine *Calvo*. L'admission d'un arbitre étranger était perçue comme une menace pour la souveraineté de l'État. L'accepter à travers cet article, est une preuve du changement des mentalités. Ainsi, grâce à la Convention de Panama, les juristes originaires des pays de la région peuvent exercer sur un très vaste territoire. De plus, il existe la possibilité de désigner des arbitres d'autres continents tels que ceux de l'espace OHADA. Nous pouvons par conséquent envisager une étroite collaboration et des échanges entre ces deux régions du globe.

93. La Convention de Panama ne comprend, cependant, aucune règle sur les devoirs et les obligations des arbitres[257]. Or, pour juger, l'arbitre doit être

---

[254] *Ibid.*, p. 80.

[255] Sur les Sections Nationales, consulter sur internet : www.ftaa-alca.org.

[256] V. A. J. VAN DEN BERG, *op.cit*, p. 153 où l'auteur souligne que *« l'interdiction pour les étrangers d'être arbitres constitue un sérieux obstacle à l'arbitrage commercial international »*. En outre, il faut souligner que cette interdiction n'était pas circonscrite qu'aux États de l'Amérique Latine car le droit de l'arbitrage de l'Italie a longtemps interdit aux étrangers la possibilité d'être arbitres. V. aussi G. RECCHIA, « La nouvelle loi italienne sur l'arbitrage », *Revue de l'arbitrage*, 1984, p. 65.

[257] Sur les droits et devoirs de l'arbitre, v. J.-F. POUDRET et S. BESSON, *op .cit.*, p. 388 et s.

indépendant[258] et impartial[259]. Ces deux conditions pèsent sur l'arbitre tout le long de la procédure, c'est-à-dire jusqu'au prononcé de la sentence. L'indépendance apparaît comme une situation de droit ou de fait que l'on peut apprécier objectivement, tandis que l'impartialité apparaît comme un état psychologique, que l'on ne peut apprécier que subjectivement. Dans le cas de figure où les parties laissent le choix de la désignation du ou des arbitres à une personne juridique, il reviendra à celle-ci de contrôler le respect des conditions d'impartialité et d'indépendance. Dans le cas de figure où les parties choisissent elles-mêmes de désigner le ou les arbitres, il serait souhaitable que la CIAC, à l'instar de plusieurs centres d'arbitrage[260] dresse une liste préétablie d'arbitres, cela afin de désigner des juristes expérimentés ou des professionnels de la branche dans laquelle le litige va être soulevé.

b. L'importance de la CIAC dans la procédure arbitrale

94. En ce qui concerne les règles applicables à la procédure, il faut mettre en relief l'importance de l'article 3 de la Convention de Panama à défaut de choix des parties. Cet article énonce qu' *« à défaut d'un accord exprès entre les parties, l'arbitrage sera effectué conformément aux règles de procédure de la Commission interaméricaine d'arbitrage commercial. »*. Cet article prévoit clairement que si les parties ne se mettent pas d'accord sur les règles applicables à la procédure arbitrale, l'arbitrage se déroulera conformément au Règlement d'arbitrage de la CIAC.

95. Par conséquent se trouvent réglées, de manière simple, les questions que doivent affronter les parties mais aussi les arbitres. À propos de l'article 3, Philippe FOUCHARD a soutenu que *« c'est la disposition la plus originale de la Convention »*[261]. En effet, il s'agit du premier cas d'incorporation des règles d'une institution permanente d'arbitrage à défaut d'un accord des parties. Cet article contribue totalement à l'objectif d'harmonisation des règles sur l'instance arbitrale dans la région car sa formulation permet d'éviter tout blocage qui aurait pu exister du fait des velléités nationalistes des parties à l'arbitrage. Selon le professeur Hugo

---

[258] V. G. CORNU, *op.cit.*, p. 482 où l'indépendance est définit comme une « *situation d'un organe public auquel son statut assure la possibilité de prendre ses décisions en toute liberté et à l'abri de toutes instructions et pressions ...* ».

[259] *Ibid.*, p. 468, qui définit l'impartialité comme « *l'abstention de tout favoritisme ; obligation rigoureuse de n'avantager aucun plaideur, de ne jamais statuer au profit de l'un d'eux pour d'autres raisons que celles qui tiennent au bien fondé de ses prétentions ...* ».

[260] A titre d'exemple la CCJA par une décision n° 02/2002 du 10 mars 2002, a établie une liste de 72 arbitres. Cette liste est composée d'arbitres de diverses nationalités dont 6 brésiliens. Sur cette liste v. *Penant,* n° 843, 2003. Pour la liste des arbitres désigner par l'AAA v. www.adr.org.

[261] V. Ph. FOUCHARD, *op.cit.,* p. 206. V. aussi L. KOS-RABCEWICZ-ZUBKOWSKI, *op.cit*, p. 417.

CAMINOS, « *la formule adoptée contribue à l'unification des règles de procédure arbitrale dans l'hémisphère et augmente la probabilité que l'accord d'arbitrage soit légalement exécuté et que l'arbitrage se déroule selon les mêmes règles sans tenir compte du lieu d'arbitrage* »[262]. Ces aspects ne doivent cependant pas occulter les difficultés que soulève cette disposition.

96. La première réside dans le fait que les règles d'un règlement peuvent être modifiées dans le temps et poser des interrogations sur la norme à appliquer dans un différend. En l'espèce, les règles de la CIAC, ont été remplacées à trois reprises. Elles l'ont été une première fois le 6 mai 1977, par celles du Règlement d'arbitrage de la Commission des Nations Unies pour le Droit Commercial International (CNUDCI) de 1976. Ces règles sont rentrées en vigueur le 1er janvier 1978. Par la suite, Règlement d'arbitrage de la CIAC a été modifié le 1er juillet 1988 et le 1er novembre 1996. Ce texte apparaît de la sorte comme assez instable. João-Bosco LEE va jusqu'à le traiter de « *précaire* » et propose comme solution l'incorporation dans le corps du texte de règles matérielles permanentes et d'application directe[263]. Dans la pratique, la CIAC et les Sections Nationales tendent à appliquer le règlement en vigueur, excepté pour les différends nés avant la date d'entrée en vigueur du Règlement le plus récent. Cet article constitue aussi, en quelque sorte une « d'entorse » au principe de l'autonomie de la volonté des parties, puisqu'il leur ôte la possibilité de choisir d'autres règles de procédure. En effet, le principe de l'autonomie de la volonté des parties en matière arbitrale veut que les parties à un arbitrage aient le libre choix de nomination des arbitres mais aussi des règles de procédure[264].

97. En réalité, le risque d'entorse à ce principe est atténué par le fait que cet article a essentiellement un caractère subsidiaire. Il ne s'applique que si les parties n'arrivent pas à se mettre d'accord sur les règles de procédure. Enfin la troisième difficulté réside dans le fait que l'article 3 de la Convention de Panama, confie explicitement à une organisation privée le pouvoir de créer du droit. En effet, il faut rappeler que la CIAC depuis sa création a conservé le caractère d'une institution arbitrale de droit privé qui ne peut être contrôlée par un État, ce qui constitue un danger selon certains auteurs[265]. De plus, la CIAC n'est pas un centre d'arbitrage mais un centre administratif qui a pour rôle la promotion du recours à l'arbitrage[266]. Dans la

---

262 V. H. CAMINOS, « The Inter-American Convention on International Commercial Arbitration », *ICSID Review,* 1988, n°3, p. 107.

263 V. J.-B. LEE, *L'arbitrage commercial international dans les pays du MERCOSUD*, *op.cit.*, p. 332.

264 V. A. REDFERN et M. HUNTER, *op.cit.* p. 80.

265 Parmi ces auteurs nous pouvons citer J.-B. LEE, « A aplicabilidade a Convençao do Panama sobre arbitragem comercial international de 1975 no sistema interamericano de arbitraje comercial internacional », *op.cit.,* p. 213.

266 V. C. E. JORQUIERA, *« Séminaire sur les Mécanismes Alternatifs de Règlement des Différends commerciaux dans le XXIème siècle ».* Consultable sur internet : www.iadb.org.

pratique, ce sont ses Sections Nationales qui servent de centre d'arbitrage aux parties. En clair, il n'existe pas en Amérique Latine une juridiction unique pour connaître des différends liés à l'arbitrage. Cela représente une grande lacune qu'il faut combler si on veut parvenir à une harmonisation, voire une uniformisation du droit de l'arbitrage dans cette région. Il serait souhaitable, d'envisager une réforme du statut de la CIAC pour en faire une véritable juridiction arbitrale. Les États de l'Amérique Latine, et plus particulièrement ceux du Mercosur, pourraient s'inspirer du modèle qu'offre l'OHADA à travers la Cour Commune de Justice et d'Arbitrage (CCJA) de l'OHADA. Parmi les objectifs de la Convention de Panama résidait celui d'harmoniser les règles en matière de reconnaissance et d'exécution des sentences arbitrales étrangères.

3. La reconnaissance et l'exécution des sentences étrangères facilitées par la Convention de Panama

98. Parce que la sentence arbitrale est une décision juridictionnelle dès son prononcé, elle est revêtue de l'autorité de la chose jugée relativement à la contestation qu'elle a tranchée. Dès lors qu'elle est rendue, la sentence acquiert force de chose jugée. La reconnaissance[267] et l'*exequatur*[268] de la sentence peuvent, cependant, être demandés. Ces deux notions sont liées mais différentes. La reconnaissance vise la circulation internationale de la sentence arbitrale, l'*exequatur* cherche à la rendre exécutoire dans un État[269]. Justement, l'un des objectifs de la Convention de Panama était d'atteindre l'harmonisation des règles en matière de reconnaissance et d'exécution des sentences arbitrales étrangères en Amérique Latine, dans le but final de favoriser la circulation des sentences de toute origine (nationale comme étrangère). Pour ce faire, l'article 4 de la Convention de Panama énonce que : « *Les sentences arbitrales qui, aux termes de la loi ou selon la procédure en vigueur, sont sans appel, ont force de chose définitivement jugée. L'exécution ou la reconnaissance peut en être exigée de la même manière que pour les décisions rendues par les tribunaux ordinaires, nationaux ou étrangers, conformément à la procédure de l'État où elles doivent être exécutées et aux dispositions des traités internationaux* ». Il ressort de la lecture de cet article que la sentence étrangère est assimilée à un jugement national ou étranger. Cela est très positif pour la bonne circulation

[267] V. G. CORNU, *op.cit.,* p. 772. La reconnaissance désigne l'admission à la suite ou non d'une procédure particulière, des effets de jugements autres que ceux qui entraîneraient des mesures d'exécution.

[268] *Ibid.*, p. 386. L'exequatur désigne l'injonction émanant d'une autorité d'un État qui a pour vertu d'incorporer à l'ordre juridique étatique qu'elle représente un élément extérieur à celui-ci.

[269] Pour justifier l'existence de la notion de reconnaissance distincte de celle de l'exequatur, on peut évoquer l'hypothèse dans laquelle une partie peut avoir intérêt à l'introduction d'une sentence dans un ordre interne tout en ne souhaitant pas procéder à son exécution.

des sentences arbitrales dans la région. L'article 5 relatif aux conditions de reconnaissance et d'exécution des sentences arbitrales, est le fruit d'une longue discussion entre le Comité Juridique International et le groupe de travail[270]. La solution qui a fait l'unanimité a été apportée par le délégué de l'Équateur. Ce dernier a proposé par une motion, l'incorporation pure et simple de l'article V de la Convention de New York de 1958 relative à la reconnaissance et l'exécution des sentences arbitrales étrangères. Il s'est fondé sur le fait que de nombreux États américains avaient déjà ratifié la Convention de New York de 1958 et qu'elle restait ouverte à de nouvelles adhésions[271].

99. De ce qui précède, il est donc fort logique que l'article 5 de la Convention de Panama soit une fidèle copie de l'article V de la Convention de New York[272]. L'incorporation de cet article dans la Convention de Panama est un formidable compromis qui participe aux efforts d'harmonisation du droit de l'arbitrage voulus lors de l'adoption du système interaméricain d'arbitrage. Ce même article prévoit par la suite, que la reconnaissance et l'exécution d'une sentence arbitrale peuvent être refusées par l'autorité compétente de l'État où la reconnaissance et l'exécution sont demandées, si le différend n'est pas arbitrable dans ce même État ou si la reconnaissance et l'exécution sont contraires à son ordre public. L'incorporation de l'article VI de la Convention de New York apparaissait comme indispensable, puisqu'il s'agit du complément de l'article V. Il a été

270 V. L. KOS-RABCEWICZ-ZUBKOWSKI, *op.cit*, p. 419. Le groupe de travail et le Comité Juridique International avaient chacun élaborés des projets sur cette question. Le groupe de travail avait soumis à la Conférence de Panama en 1975 un texte qui disposait que la reconnaissance ou l'exécution n'aura pas lieu quand la procédure employée ou la sentence seront contraires à l'ordre public. Le projet du Comité Juridique International proposait dans ce cas une action en nullité contre la sentence arbitrale. Ces deux projets furent écartés au profit de la proposition du délégué de l'Équateur.

271 Le Brésil ne l'a ratifiée que le 7 juin 2002 (à travers le Décret n°4.311/2002), v.www.uncitral.org.

272 L'article 5 de la Convention de Panama précise que : « *a) Que si les parties au compromis arbitral étaient atteintes d'une incapacité quelconque en vertu de la loi qui leur est applicable ou que ledit compromis n'est pas valide selon la loi à laquelle les parties l'ont soumis, ou si aucune stipulation n'est faite à cet égard, selon la loi de l'État où la sentence a été rendue ; ou b) Que la partie contre laquelle l'exécution de la sentence arbitrale est demandée n'a pas dûment été notifiée de la désignation de l'arbitre ou la procédure d'arbitrage, ou n'a pu, pour toute autre raison, faire valoir ses moyens de défense ; ou c) Que la sentence se réfère à un différend non visé dans l'accord aux termes duquel les parties sont convenues de recourir à l'arbitrage. Toutefois, si les parties du dispositif de la sentence qui se réfèrent aux questions soumises à l'arbitrage peuvent être dissociées des autres parties, la reconnaissance et l'exécution pourront être accordées aux premiers ; ou d) Que la constitution du tribunal arbitral ou la procédure arbitrale n'est pas conforme au compromis signé par les parties ou, si aucun compromis n'est intervenu, que la constitution du tribunal arbitral ou la procédure arbitrale n'est pas conforme à la loi de l'État où a eu lieu l'arbitrage ; ou e) Que la sentence n'est pas encore obligatoire pour les parties, ou qu'elle a été annulée ou suspendue par une autorité compétente de l'État dans lequel, ou selon la loi duquel, elle a été rendue* ... ».

prévu à cet effet que l'article 6 de la Convention de Panama reprenne en partie l'article VI de la Convention de New York.

100. Si cette technique d'incorporation manque d'originalité, elle n'est pas tout à fait critiquable car elle a permis aux États de l'Amérique Latine parties à la Convention de Panama de se doter d'un des meilleurs systèmes juridiques en matière de circulation des sentences étrangères. En effet, la Convention de New York de 1958 jouit d'une très large approbation dans le monde. A ce jour elle a été ratifiée par 149 États[273]. L'incorporation de ces règles a été présentée par une partie de la doctrine comme un « *gage de sécurité* »[274] puisqu'elle permet une meilleure fluidité dans la circulation des sentences arbitrales en Amérique Latine[275]. La Convention de Panama n'impose aucune condition de réciprocité, ni aucune condition de nationalité ou d'origine à la sentence arbitrale susceptible d'être reconnue ou exécutée. Seuls les États-Unis ont émis une réserve d'application à propos du principe de réciprocité[276]. Ils n'appliquent la Convention de Panama qu'avec un autre pays signataire.

101. Tous les éléments de la Convention de Panama précités devaient contribuer à atteindre une harmonisation des lois nationales sur l'arbitrage. Ce texte dans son ensemble constitue un grand effort de la part des États latino-américains, afin d'atteindre cet objectif. Après la période coloniale, en Afrique francophone, le procédé a été tout autre car certaines des anciennes colonies françaises vont volontairement se tourner vers le droit de l'arbitrage français alors que d'autres vont avoir une attitude passive.

B. Le résultat mitigé de l'harmonisation du droit de l'arbitrage en Afrique francophone après la période coloniale

102. Sur le plan juridique, la période postcoloniale se caractérise par un esprit de *mimétisme juridique* et par le principe de « *continuité législative* ». Les anciennes colonies vont, en effet, s'inscrire dans une logique visant à transposer volontairement dans leurs systèmes juridiques internes, l'essentiel des normes et pratiques juridiques de l'ancienne métropole. Ainsi, au lendemain des indépendances, le principe de continuité législative a été consacré dans plusieurs États de l'Afrique francophone : au Cameroun à travers l'article 51 de la constitution du 4 mars 1960, en Centrafrique au travers de l'article 50 de la constitution du 26 novembre 1964, en Côte

---

[273] Sur ce chiffre v. http://www.uncitral.org.

[274] Dans ce sens v. J.-B. LEE, *L'arbitrage commercial international dans les pays du MERCOSUD*, *op.cit.*, p. 302. L'auteur relève que l'incorporation de ces règles permet la suppression du double *exequatur*, l'inversion de la charge de la preuve qui n'incombe plus à la demanderesse, Enfin, la limitation des motifs de refus.

[275] V. A. J. VAN DEN BERG, *The New York Convention 1958 and Panama Convention: Redundancy or Compatibility?* Article consultable sur http://www.newyorkconvention.org/.

[276] Sur la réserve des États-Unis et son interprétation, v. affaire *Prome c/ Fabergé*, *Revue de l'arbitrage*, 1996, p. 553 et s. avec une note de J.-B. LEE.

d'Ivoire par l'article 76 de la constitution du 3 novembre 1960, au Gabon par l'article 72 de la constitution du 21 février 1961. Au Sénégal, l'article 93 de la constitution du 26 août 1960 disposait explicitement que « *les lois, et règlements actuellement en vigueur, lorsqu'ils ne sont pas contraires à la présente Constitution resteront en vigueur tant qu'ils n'auront pas été modifiés ou abrogés* »[277]. Enfin, au Togo, l'article 88 de la constitution du 11 mai 1963 a consacré aussi ce principe. La continuité législative a pu s'opérer de façon « *active* » comme de façon « *passive* ». La *continuité passive* supposait, le fait pour les nouveaux États indépendants de continuer à se référer au droit de l'ancienne métropole, sans créer de règles nouvelles. La *continuité active, a contrario*, supposait la création par ces États de règles nouvelles directement inspirées du droit de l'ancienne métropole. Ce phénomène de *mimétisme juridique*, observé dans les anciennes colonies de la France, a eu pour conséquence de conduire, également, à une harmonisation autour du droit français. Le droit français a été appliqué, sous ses deux formes, en matière d'arbitrage, c'est-à-dire, par la voie de la continuité passive **(1)** et par la voie de la continuité active **(2)**.

1. La continuité passive du droit de l'arbitrage en Afrique francophone

103. La *continuité passive* du droit de l'arbitrage a concerné, lors des indépendances, tous les États qui n'avaient pas adopté de règles propres relatives à l'arbitrage. Ces États n'avaient pas introduit dans leur droit les dispositions du Livre III du Code de procédure civile français de 1807 organisant l'arbitrage. Cependant, les dispositions de la loi du 31 décembre 1925 leur étaient applicables. Cette situation a créé une étrangeté au sein de ces systèmes juridiques dans la mesure où il existait des dispositions validant la clause compromissoire (article 631 Code de commerce) mais il n'existait aucune règle procédurale permettant à l'arbitrage de fonctionner. Pour se sortir de cette situation, très certainement par commodité, dans certains États nouvellement indépendants, les juges se sont directement référés aux normes du droit français.

104. Parmi ces États, nous pouvons citer l'exemple du Burkina Faso. En effet, dans ce pays, l'article 631 alinéa 2 du Code de commerce français est resté, pendant de longues décennies, la seule source de droit de l'arbitrage interne[278]. Dans ce même cas de figure, nous pouvons aussi citer le Bénin[279],

---

[277] V. I. M. FALL, *Les textes constitutionnels du Sénégal : de 1959 à 2007*, Dakar, CREDILA, 2007.

[278] V. J. BOUGOUMA, « Les sources de l'arbitrage commercial international au Burkina Faso », *in Justice et Développement, le rôle de l'arbitrage commercial international*, Actes du séminaire de perfectionnement le Caire, 14-21 décembre 1996, Paris, Agence de la Francophonie, 1997, p. 133.

[279] V. la loi 81-004 du 23 mars 1981 au J.O.R.P.B., n° 7 du 1er avril 1981.

la Centre Afrique, le Gabon[280], la Guinée et le Mali. Au Bénin par exemple, la loi 81-004 du 23 mars 1981 portant organisation judiciaire, qui a fait office de Code de procédure civile pendant de longues années, ne comportait aucune disposition relative à l'arbitrage. Il fallait se référer à l'article 631 du Code de Commerce français. De même, au Mali le Code de procédure civile commerciale et sociale (loi n° 101 du 18 août 1961), ne comportait pas non plus de dispositions relatives à l'arbitrage et il fallait se référer à ce même article.

2. La continuité active du droit de l'arbitrage en Afrique francophone

105. Après les indépendances, la *continuité active* du droit de l'arbitrage a concerné les États de l'Afrique francophone, qui ont choisi d'adopter leurs propres législations relatives à l'arbitrage. Des législations, qui vont directement s'inspirer du droit français de l'arbitrage notamment de la réforme de 1980-1981 (**a**). Cette réforme a constitué une véritable source d'inspiration dans de nombreux États africains (**b**).

a. La réforme du droit de l'arbitrage français de 1980-1981

106. Cette réforme est intervenue dans le contexte de la refonte du Code de procédure civile. Un premier décret, en date du 14 mai 1980 était venu règlementer en cinquante articles le droit de l'arbitrage interne. A l'époque, le pouvoir réglementaire français pensait que l'arbitrage international devait relever soit de la jurisprudence, soit des conventions internationales ratifiées par la France. Cette dualité de sources a révélé assez rapidement de nombreuses difficultés[281], parmi lesquelles en particulier le caractère trop contraignant pour l'arbitrage international. S'ajoute aussi, le fait que le contrôle judiciaire des sentences n'était organisé qu'en considération de sentences arbitrales internes, rendues en France. Il a fallu attendre le décret du 12 mai 1981 pour pallier ces inconvénients. En effet, ce décret, qui est venu compléter le nouveau Code de procédure civile, a remédié aux difficultés relatives au droit de l'arbitrage international, tout d'abord, en intégrant des modifications à certains articles du décret de 1980 et en intégrant des règles relatives à l'arbitrage international, dans un titre V dénommé « l'arbitrage international » (articles 1492 à 1497) et dans son titre IV dénommé « la reconnaissance, l'exécution forcée et les voies de recours à l'égard des sentences arbitrales rendues à l'étranger ou en matière d'arbitrage international » (articles 1498 à 1507). Une grande partie de la

[280] V. la loi n° 78 du 1er juin 1978 portant organisation de la justice au J.O.R.G. du 23 juin 1978.

[281] Des difficultés soulignées par Ph. FOUCHARD, E. GAILLARD, et B. GOLDMAN, *op.cit.,* p. 75.

doctrine a reconnu l'importance de la réforme du 12 mai 1981[282] car elle a apporté une définition de l'arbitrage international (article 1492), l'autonomie de la volonté des parties (articles 1493 et s.), et elle supprime certaines voies de recours contre les sentences et en simplifie d'autres (article 1498 et s.). Cette réforme a été un véritable modèle dans certains États de l'Afrique francophone.

b. La réforme française du droit de l'arbitrage de 1980-1981 : un véritable modèle pour les législations africaines

107. Pour faire face aux exigences du commerce international, certains États de l'Afrique francophone ont intégré dans leur corpus législatif des dispositions sur l'arbitrage fortement inspirées de la réforme française de 1980-1981. Par exemple, la Côte d'Ivoire, à travers sa loi relative à l'arbitrage de 1993[283]. Cette loi est intervenue suite à une importante controverse jurisprudentielle[284]. Il faut savoir que dans ce pays avant 1993, seul l'article 631 alinéa 2 du Code de commerce s'appliquait à l'arbitrage. Cet article validait la clause compromissoire mais il n'existait aucune autre règle permettant le bon fonctionnement d'une procédure arbitrale. La jurisprudence ivoirienne, du fait de l'insuffisance des dispositions législatives, éprouva de sérieuses difficultés à répondre à la question de savoir si l'arbitrage constituait un mode licite de règlement des différends à caractère commercial. L'affaire *Talal Massi c / Omais*[285] est considérée comme l'illustration la plus éclatante de ces hésitations jurisprudentielles. La Cour d'appel d'Abidjan, saisie des incidents relatifs à l'*exequatur* d'une sentence arbitrale, avait conclu à la régularité de cette décision par un arrêt en date du 17 mai 1985. Elle avait déclaré qu' « *il est clair que l'article 631 du Code de commerce autorise la clause compromissoire voulue et acceptée par les parties en cause, celles-ci ont même expressément renoncé à tout recours aux tribunaux pour connaître de leurs litiges éventuels (...). Les clauses compromissoires insérées dans les protocoles d'accord ne sont nullement contraires à l'ordre public ivoirien (...). Il s'ensuit que la sentence présentement attaquée est valable* ». Mais la Cour suprême fut d'un

---

282 V. P. BELLET et E. MEZGER, « L'arbitrage international dans le nouveau Code de procédure civile », *Revue Critique de DIP*, 1981, p. 611. V. aussi Ph FOUCHARD, « La réforme de l'arbitrage international en France – Introduction : spécificité de l'arbitrage international », *Revue de l'arbitrage*, 1981, p. 449. V. enfin F.- Ch. JEANTET, « La réforme de l'arbitrage international en France – L'accueil des sentences étrangères ou internationales dans l'ordre juridique français », *Revue de l'arbitrage*, 1981, p. 503.

283 V. la loi n ° 93-671 du 9 aout 1993, J.O.R.C.I. du 14 septembre 1993. Pour le texte et le commentaire de cette loi v. *Revue de l'arbitrage*, 1994, p. 783 avec une note de L. IDOT.

284 Sur cette controverse jurisprudentielle v. N. AKA, « L'arbitrage commercial en Côte d'Ivoire », *in Justice et Développement, le rôle de l'arbitrage commercial international*, actes du séminaire de perfectionnement le Caire, 14-21 décembre 1996, Paris, Agence de la Francophonie, 1997, p. 144.

285 Sur l'affaire *TALAL MASSI c/ OMAIS* v. *Revue de l'arbitrage*, 1989, p. 530.

avis différent. Par un arrêt en date du 29 avril 1986, la Cour suprême a cassé la décision de la Cour d'Appel Abidjan, aux motifs que « *Les parties peuvent insérer dans un acte qui les lie, une clause compromissoire visant à une procédure d'arbitrage, il n'en reste pas moins vrai que les conditions et les modalités de cet arbitrage doivent être prévues par le législateur.* ». La Cour suprême reconnaissait la validité des clauses compromissoires. Elle estimait, toutefois, qu'à défaut de réglementation étatique en la matière, la sentence arbitrale ne pouvait être validée. La Cour d'appel de Bouaké (Cour d'appel de renvoi), dans un arrêt du 25 novembre 1987, refusait de se plier à cette interprétation. Elle soutenait que « *la sentence arbitrale ne contenant rien de contraire à l'ordre public, c'est à tort que l'ordonnance accordant l'exequatur à ladite sentence a été rétractée* ». Devant cette résistance des juges du fond, la Cour suprême dut se réunir en assemblée plénière pour adopter une position définitive. Par un arrêt du 4 avril 1989, la Cour suprême consacrait la licéité et la validité de la sentence arbitrale. Elle s'est fondée sur les motifs suivants : « *Après avoir énuméré les contestations qui sont de la compétence des tribunaux de commerce, l'article 631 du Code de commerce dispose en son alinéa 2 que toutefois, les parties pourront au moment où elles contractent, convenir de soumettre à des arbitres les contestions ci-dessus énumérées lorsqu'elles viendront à se produire. Qu'il s'induit de ce texte que le principe du recours à l'arbitrage est admis en Côte d'Ivoire ; Que s'il est constant que le code de procédure civile, commerciale et administrative n'a ni prévu, ni organisé l'arbitrage, il est non moins constant que pour l'application dudit texte, les juridictions ivoiriennes ont recours soit aux principes généraux du droit, soit aux dispositions du livre III du code de procédure civile français à titre de raison écrite ; Qu'il s'ensuit que la Cour d'appel, en déclarant valables la clause compromissoire et la sentence qui en résulte n'a aucunement violé les textes au moyen* ».

108. Face à toutes ces hésitations jurisprudentielles, le législateur ivoirien a réagi en adoptant la loi n ° 93.671 du 3 août 1993 relative à l'arbitrage. Il existe une filiation directe entre la loi ivoirienne de l'arbitrage et les réformes opérées en France au début des années quatre-vingt. Ce texte a repris la majorité des dispositions des décrets de 1980 et 1981. Sa structure est quasiment la même que celle du décret français du 12 mai 1981. En effet, son titre V est entièrement, comme la loi française, dédié à l'arbitrage international (articles 50 à 65). C'est dans ce sens que Laurence IDOT a affirmé que la nouvelle loi ivoirienne est : « *à quelques réserves près, la copie du décret 81-500 du 12 mai 1981 devenu le livre IV du NCPC, dont elle adopte exactement la structure, si ce n'est que tous les articles sur l'arbitrage international ont été réunis dans un seul titre V. Sur le plan formel, on retrouve par conséquent dans ses 65 articles le contenu des articles 1442 à 1507 NCPC dans le même ordre qu'en droit français, en* *dehors d'une très mineure inversion ...* »[286]. Allant dans le même sens, Roland AMOUSSOU-GUENOU, a pu écrire que dans cette loi nous retrouvons « *toute la philosophie qui imprègne en France le fonctionnement de l'arbitrage et les voies de recours contre la sentence arbitrale ou l'ordonnance accordant l'exequatur* »[287]. Le droit ivoirien n'a pas été le seul à s'être ouvertement inspiré du droit français de l'arbitrage, pour mettre en place une législation arbitrale. Le Mali, par un décret n° 94-226/P-RM du 28 juin 1994[288], portant promulgation d'un Code de procédure civile commerciale et sociale a consacré un titre à l'arbitrage interne et international à travers ses articles 879 à 942. L'adoption de ce texte s'inscrivait dans le cadre de la libération de l'économie entreprise par les autorités maliennes. Ces dernières estimaient, de ce fait, qu'il était préférable d'adopter une législation arbitrale très proche du système français. Il en a été de même au Togo à travers l'ordonnance n° 82.50 du 15 mars 1982[289]. Ce texte a introduit les articles 275 et suivants du Code de procédure civile, des articles qui s'inspirent fortement du droit français de l'arbitrage de 1981 en matière d'arbitrage interne. En ce qui concerne l'arbitrage international, il a fallu attendre une loi de 1989, plus précisément, la loi n° 89-31 du 28 novembre 1989 instituant une Cour d'Arbitrage. Cette loi est venue en renfort à la création d'une Zone Franche susceptible de favoriser les investissements étrangers. Elle adopte également ouvertement le modèle français de l'arbitrage en matière international. Les législations ivoirienne, malienne et togolaise ont été des reproductions quasi littérales du droit français de l'arbitrage des années quatre-vingt, même dans ses dispositions contestables ou désuètes, telles que la prohibition des clauses compromissoires sauf en matière commerciale et l'interdiction pour l'État de compromettre en matière interne. En définitive, que cela ait été fait par voie active ou par voie passive, le droit français a constitué en Afrique francophone, un réel facteur de rapprochement des textes en matière d'arbitrage. Nous venons de le voir tant en Amérique Latine qu'en Afrique francophone, des efforts ont bien été entrepris afin d'aboutir à l'harmonisation du droit de l'arbitrage. Pourtant, dans la pratique, ces efforts n'ont pas atteint cet objectif. Nous pouvons de ce fait parler d'un échec.

---

[286] V. L. IDOT, *op.cit.,* p. 784.

[287] V. R. AMOUSSOU-GUENOU, *Le droit et la pratique de l'arbitrage commercial international en Afrique francophone*, *op.cit.,* p. 71.

[288] Sur ce décret v. A. MALLE, « La loi malienne sur l'arbitrage international », *in Justice et Développement, le rôle de l'arbitrage commercial international*, actes du séminaire de perfectionnement le Caire, 14-21 décembre 1996, Paris, Agence de la Francophonie,1997, p.159.

[289] V. J.O.R.T du 15 mars 1982.

SECTION II. L'ÉCHEC DES EFFORTS D'HARMONISATION DU DROIT DE L'ARBITRAGE PRÉCÉDANT LA CRÉATION DU MERCOSUR ET DE L'OHADA

109. Avant la création effective des ensembles soumis à notre étude, dans ces régions, il existait déjà une prise de conscience de l'utilité d'avoir un droit intégré de l'arbitrage. Des efforts ont été entrepris en ce sens. Dès le départ, la voie choisie par ces États a été l'harmonisation. Ce mode d'intégration normative cherche à établir une équivalence entre des normes internes distinctes. De ce fait, cette opération reste toujours difficile à mener à son terme. Il existe des difficultés inhérentes à cette entreprise parce que ce procédé respecte en principe la souveraineté législative et réglementaire nationale. Dans le cadre d'une harmonisation conventionnelle, il est tout à fait possible de se heurter à des refus de transposition pour cause de velléité nationaliste. C'est dans ce sens que le professeur Bruno DEFFAINS a pu soutenir que « *l'harmonisation d'un domaine particulier du droit n'est pas nécessairement une solution appropriée pour assurer l'intégration* »[290]. Dans les régions que nous étudions, les opérations visant à harmoniser le droit de l'arbitrage n'ont pas réellement débouché sur un succès. En effet, le système interaméricain d'arbitrage n'a pas été dans la plupart des cas la source de référence en matière de législation arbitrale internationale dans les États qui constituent aujourd'hui le Mercosur. En Afrique francophone, en dépit de la volonté de la plupart des États qui constituent l'actuelle OHADA, de continuer avec l'héritage législatif laissé par l'ancienne puissance coloniale, on n'a pas réellement été en présence d'un droit harmonisé de l'arbitrage international. L'échec de ces politiques d'harmonisation est à mettre sur le compte de deux facteurs : le premier étant l'absence de coordination (**§ I**) et le deuxième étant le maintien de pratiques contraires à l'émergence d'un droit de l'arbitrage viable (**§ II**).

§ I. L'absence de coordination dans les efforts d'harmonisation du droit de l'arbitrage

110. Si la politique d'harmonisation du droit de l'arbitrage a échoué dans les États de l'Amérique et dans les ceux de l'Afrique francophone, cela est principalement dû à une absence totale de coordination dans les actes posés par les États. Chaque État s'est senti libre d'adopter la posture qui lui paraissait convenable en matière d'arbitrage. Cet état de fait a matériellement conduit à l'échec du système interaméricain en matière

[290] V. B. DEFFAINS, « Nécessité économique d'une harmonisation du droit des contrats en Europe », *in Le contrat en Europe aujourd'hui et demain (sous la direction de R. CABRILLAC, D. MAZEAUD et A. PRÜM)*, Colloque du 22 juin 2007, Paris, Société de Législation Comparée, 2007, p. 94.

d'harmonisation (**A**) et au défaut d'harmonisation du droit de l'arbitrage en Afrique francophone avant la création de l'OHADA (**B**).

A. L'échec du système interaméricain en matière d'harmonisation du droit de l'arbitrage

111. L'un des principaux objectifs du système interaméricain d'arbitrage était de conduire à une harmonisation des législations latino-américaines en matière d'arbitrage. Ce système a été adopté par la totalité des États aujourd'hui membres et associés du Mercosur. La pratique a pu démontrer que l'objectif d'harmonisation n'a pas été complètement atteint puisque des États comme l'Argentine et l'Uruguay ont conservé des législations et des pratiques défavorables à l'arbitrage sur une multitude de points et surtout le rapprochement du droit de l'arbitrage commercial international, dans cette zone, s'est plutôt opérée grâce à la loi type de la CNUDCI sur l'arbitrage commercial international.

112. Dans les pays latino-américains qui constituent le Mercosur, il n'y a pas eu une évolution harmonisée des dispositions nationales en matière d'arbitrage commercial international. Ces pays, dans leur grande majorité, ont remplacé leurs anciennes dispositions sur l'arbitrage, réputées hostiles à ce mode de règlement des différends. Ces dispositions ont été remplacées par des législations spéciales sur l'arbitrage[291]. Ces législations, qui comme l'affirme Fernando MANTILLA SERRANO, « *se réclament d'inspiration de la loi type de la CNUDCI du 21 juin 1985* »[292]. Même si ces textes restent pour la plupart lacunaires sur de nombreux aspects, ce mouvement de modernisation des législations a été opéré dans le but d'offrir un cadre juridique plus sûr et plus fiable aux investissements étrangers, au commerce international, à la coopération économique et au développement.

113. L'utilisation de la loi type s'est faite de diverses façons. Nous pouvons observer que les États associés ou observateurs du Mercosur ont repris la loi type sans apporter de grandes modifications. A titre d'exemples, le Chili, à travers sa loi du 10 septembre 2004 (loi 199771) et le Mexique par le décret du 22 juillet 1993 portant modification des articles 1415 à 1463 du Code de Commerce[293]. La loi chilienne a introduit (art 2) la notion de commercialité contenue dans la note de bas de page de la loi type. La loi mexicaine, quant à elle, est un texte très proche du texte original mais contrairement à la loi type, elle introduit la notion du coût de l'arbitrage. Le Pérou, à travers la loi 26572 de 1996, a tenté de ne pas trop se départir du

---

[291] L'ensemble de ces lois et décrets sont consultables sur www.servilex.com.

[292] V. F. MANTILLA SERRANO, « Nouvelles de l'arbitrage en Amérique Latine », *Revue de l'arbitrage* 1995, p. 552 V. du même auteur « Le traitement législatif de l'arbitrage en Amérique Latine (quelques réformes récentes) », *Revue d'arbitrage,* 2005 n° 3, p. 561 et s.

[293] Sur la loi mexicaine de l'arbitrage v. *Revue de l'arbitrage*, 1994, p. 40 avec un commentaire d'I. ZIVY.

texte original tout en apportant des modifications. Les États membres de plein droit du Mercosur tels que le Brésil et le Paraguay, ont eux aussi pris comme référence en grande partie la loi type. Au Brésil, le processus a été déclenché par la loi brésilienne de 1996[294] (loi n° 9.307). Cette loi est entrée en vigueur le 23 novembre 1996. Elle a souscrit au principe de l'autonomie de la volonté qui sous-tend l'arbitrage moderne. Elle a émis des restrictions quant au rôle des tribunaux avant et pendant la procédure arbitrale et après le prononcé de la sentence arbitrale. Cette loi a gommé les défauts de l'ancienne législation : tout d'abord, la clause compromissoire se voit reconnaître la force exécutoire. Avant cette loi, le compromis était considéré dans ce pays comme l'unique instrument valable pour le commencement d'un arbitrage parce que signé après la survenance du différend[295]. Ainsi, les parties devaient à chaque fois conclure un compris et ce même en présence d'une clause compromissoire. Désormais, face à une clause compromissoire écrite et signée, les parties ne doivent plus obligatoirement conclure un compromis[296].

114. Ensuite, les sentences arbitrales rendues au Brésil sont maintenant dotées du même effet que les décisions de justice, ce qui signifie qu'il n'est plus nécessaire de faire homologuer les sentences avant leur exécution afin d'en vérifier la conformité avec le droit. Enfin, la loi de 1996 a abandonné la disposition selon laquelle une sentence arbitrale étrangère devait d'abord être homologuée par les tribunaux du pays où elle avait été rendue puis par le Tribunal Suprême Fédéral brésilien (*Supremo Tribunal Federal*) avant d'être exécutée au Brésil[297]. De telle sorte que « *la double homologation* » ou le « *double exequatur* » sont désormais supprimés. A titre d'illustration, le 12 décembre 2001, cette juridiction a rejeté une allégation d'inconstitutionnalité de la loi de 1996 dans l'affaire *MBV commercial and Export Management*

---

[294] Sur cette loi v. J.-B. LEE, « Le nouveau régime de l'arbitrage au Brésil », *Revue de l'arbitrage*, 1997, p. 199. V. aussi C. CONEJERO ROOS et R. S. GRION, « L'arbitrage au Brésil : droit et pratique dans une optique CCI », *Bulletin de la Cour internationale d'arbitrage de la CCI*, 2006, volume 17, n ° 2, p. 11. V. enfin C. TIBURCIO, « Panorama sur l'arbitrage au Brésil », *in L'arbitrage en France et en Amérique Latine à l'aube du XXIe siècle, Aspects de droit comparé* (sous la direction de B. FAUVARQUE-COSSON et A. WALD), Paris, Société de Législation Comparée, 2008, p. 305 à 312.

[295] *Ibid.*, p. 306.

[296] V. A. WALD et P. SHELLENBERG, « L'efficacité de la clause compromissoire au Brésil », *Revue d'arbitrage,* 2000, p. 429. V. aussi *Gazette du palais*, 17 juillet 2007, n°198, p. 51 et s. V. enfin C. IMHOOS, *RDAI*, 2008, n°4, p. 596 et s.

[297] *Ibid.* Cette exigence s'expliquait du fait que les décisions arbitrales n'étaient pas considérées, par le droit brésilien, comme des sentences, jusqu'en 1996, et que selon la constitution brésilienne, seules les décisions judiciaires pouvaient être homologuées par la Cour Suprême (*Supremo Tribunal Federal*). Sur ce thème v. aussi L. O. BAPTISTA, « l'homologation des sentences arbitrales étrangères au Brésil », *Cahiers juridiques et fiscaux de l'exportation*, 1987, p. 699.

Establishement c/ Resil indùstria e Comércio Ltda[298]. Elle a rappelé qu' « *il n'existe pas d'obstacle constitutionnel à ce que des parties capables soumettent des différends concernant des relations juridiques nées d'un contrat particulier au mécanisme de l'arbitrage* » et que la « *clause compromissoire qui comporte un accord sur les modalités d'instauration de l'arbitrage, conformément à la loi, dispense de la conclusion d'un compromis* ». Au Paraguay, la loi n° 1879 /02 sur l'arbitrage et la médiation promulguée du 24 avril 2002, a littéralement suivi le modèle de la loi type[299]. Les instances du Mercosur se sont également inspirées de la loi type dans leur volonté d'harmoniser le droit de l'arbitrage. En effet, l'Accord du Mercosur sur l'arbitrage Accord de Buenos Aires de 1998, s'inspire directement de la loi type[300].

115. L'explication de l'influence de la loi type dans cette région, est certainement à rechercher dans le fait que lorsque la CNUDCI a adopté le 21 juin 1985 ce texte, elle a invité l'Assemblée Générale des Nations Unies « *à recommander aux États de prendre en considération la loi type lorsqu'ils promulgueront ou réviseront leur législation pour répondre aux besoins actuels de l'arbitrage commercial international* »[301] . Ce que l'Assemblée Générale des Nations Unies a fait à travers sa résolution 40/72 du 11 décembre 1995[302]. Cette Résolution qui a recommandé explicitement, que « *les États prennent dûment en considération la loi type sur l'arbitrage commercial international en raison de l'intérêt que présente l'uniformité du*

[298] V. *Revue de l'arbitrage*, 2003, n° 2, p. 529 et s. avec une note de J.-B. LEE et C. VALENÇA FILHO. En l'espèce, la société de droit suisse *MBV commercial and Export Management Establishement* avait demandé l'homologation d'une sentence arbitrale rendue en Espagne en mai 1995, condamnant la société brésilienne *Resil indùstria e Comércio Ltda* au versement d'une indemnité à la société suisse. La défenderesse brésilienne ne s'était pas opposée à la demande d'homologation. Cependant, par une première décision du 10 octobre 1996, la Cour Suprême rejeta la demande d'homologation au motif que la sentence arbitrale n'avait pas reçu l'*exequatur* des tribunaux espagnols, conformément aux conditions requises par le droit brésilien en vigueur à l'époque. Reconventionnellement, la demanderesse objecta que l'*exequatur* de la sentence dans son pays d'origine n'était plus une condition préalable d'homologation de la sentence, depuis l'entrée en vigueur de la loi 9.307. Avant le jugement définitif, un des membres de la Cour Suprême du Brésil, demanda un avis au Procureur général de la République sur la constitutionnalité de la loi de 1996. Celui-ci s'est prononcé en faveur de la constitutionnalité de la loi. Le 12 décembre 2001, la Cour Suprême brésilienne a définitivement écarté l'idée d'inconstitutionnalité de cette loi et par la même consacré la constitutionnalité et l'efficacité de la clause compromissoire au Brésil.

[299] Sur cette loi v. R. RUIZ DIAZ LABRANO, « El arbitraje comercial internacional y su recepción por el ordenamiento jurídico paraguayo y mercosureño », *Derecho del comercio international. Temas y actualidades –Arbitraje* (DeCITA), 2004, n° 2, p. 395.

[300] V. J.-B. LEE, « L'arbitrage commercial international dans le Mercosur : l'Accord de Buenos Aires de 1998 », *Revue de l'arbitrage,* 2004 n° 3, p. 569.

[301] V. Ph. FOUCHARD, E. GAILLARD et B. GOLDMAN, *op.cit.*, p. 118.

[302] Pour le texte de la Résolution 40/72 v. *CNUDCI, La Commission des Nations Unies pour le Droit Commercial International sur l'arbitrage Commercial International*, *op.cit.*, p. 174.

droit relatif aux procédures arbitrales et des besoins spécifiques de la pratique de l'arbitrage commercial international. ».

116. Aujourd'hui, la loi type à travers le monde est devenue le modèle d'inspiration pour les législateurs désireux de se doter d'une législation moderne sur l'arbitrage commercial international. Nous assistons de la sorte à une « *harmonisation douce* »[303] des législations des États de l'Amérique Latine grâce à la loi type. Le mouvement de modernisation des législations sur l'arbitrage en Amérique Latine a permis aux États de se familiariser avec cette pratique de telle sorte qu'on a pu assister à une utilisation grandissante d'arbitrage institutionnel comme l'arbitrage CCI[304]. Cependant, certains États sont restés en marge de ce mouvement.

B. L'absence de coordination dans les efforts d'harmonisation du droit en Afrique francophone avant l'avènement de l'OHADA

117. Certains États, actuellement membres de l'OHADA, lorsqu'ils ont adopté des dispositions ou des législations en matière d'arbitrage international, plutôt que de se tourner vers le modèle français, ont préféré utiliser d'autres sources. C'est le cas du Burkina Faso, qui depuis 1965 a ratifié la Convention Européenne sur l'arbitrage commercial international du 21 avril 1961. Depuis cette date, ce texte a fait office de principale réglementation burkinabaise en matière d'arbitrage international. Il s'applique aux conventions d'arbitrage conclues pour le règlement des litiges

---

303 *Ibid.*, p. 118 où les auteurs ont décrit le mouvement qui tend à faire de la loi type le modèle de référence mondiale en matière d'arbitrage comme une « *harmonisation douce* ». Nous en voulons pour preuve la longue liste d'États dont la législation sur l'arbitrage se fonde consultable sur la loi type sur www.uncitral.org. Il s'agit de : l'Allemagne, l'Australie, l'Autriche (2005), l'Azerbaïdjan, le Bahreïn, le Bangladesh, le Bélarusse, la Bulgarie, le Cambodge (2006), le Canada, le Chili, Chypre, la Croatie, le Danemark (2005), l'Égypte, l'Espagne, l'Estonie (2006), les États-Unis d'Amérique (la Californie, le Connecticut, l'Illinois, la Louisiane, l'Oregon et le Texas), la Fédération de Russie, la Grèce, le Guatemala, la Hongrie, l'Inde, l'Iran (République islamique d'Iran), l'Irlande, le Japon, la Jordanie, le Kenya, la Lituanie, Madagascar, Malte, le Mexique, le Nicaragua (2005), le Nigéria, la Norvège (2004), la Nouvelle-Zélande, l'Oman, l'Ouganda, le Paraguay, le Pérou, les Philippines, la Pologne (2005), la Région administrative spéciale de Hong Kong (Chine), la Région administrative spéciale de Macao (Chine), la République de Corée, le Royaume-Uni de Grande-Bretagne et d'Irlande du Nord (l'Écosse), les Bermudes, le territoire d'outre-mer du Royaume-Uni de Grande-Bretagne et d'Irlande du Nord, Singapour, le Sri Lanka, la Thaïlande, la Tunisie, la Turquie (2001), l'Ukraine, la Zambie et le Zimbabwe.

304 V. *Bulletin de la Cour internationale d'arbitrage de la CCI*, mai 1997, volume 8, n° 1, p. 6 et s. V. aussi *Bulletin de la Cour internationale d'arbitrage de la CCI,* 2007, volume 18, n° 1, p. 6 et s. Si l'on analyse les rapports statistiques contenus dans le *Bulletin de la Cour internationale d'arbitrage de la CCI*, on se rend compte que l'arbitrage CCI a gagné du terrain en Amérique Latine. En 1996 l'Amérique Latine et les Caraïbes représentaient 11,5 %. Ce chiffre a sensiblement varié en une décennie puisqu'il est passé à 12,59 % en 2006 mais les parties originaires d'Amérique Latine et centrale ont été pour la première fois plus nombreuses que celles de l'Amérique du Nord avec 11,90 %. En 2006 le Brésil est devenu le quatrième pays dans la liste des pays d'origine des parties à un arbitrage CCI avec 4,15 %.

nés ou à naître d'opérations du commerce international, entre des personnes physiques ou morales ayant, au moment de la conclusion de la convention, leur résidence habituelle ou leur siège dans l'un des États contractants. En plus de cette convention, ce pays a adhéré le 23 mars 1987 à la Convention de New York du 10 juin 1958 sur la reconnaissance et l'exécution des sentences arbitrales étrangères. Depuis cette date donc, l'efficacité de l'arbitrage international est assurée grâce aux règles de ce texte. C'est également le cas du Sénégal. En effet, le législateur sénégalais par la loi n° 98-30 du 14 avril 1998[305] a procédé à une réforme du droit de l'arbitrage. Cette loi a ajouté un livre septième à la deuxième partie du Code des obligations civiles et commerciales. Le décret n° 98-492 du 5 juin 1998 est venu abroger le Livre VI de la deuxième partie du Code de procédure civile pour le remplacer par les articles 795 à 819-95 relatifs à l'arbitrage. Selon Fatou CAMARA, en matière d'arbitrage interne, ces nouvelles dispositions ont été une « *reprise textuelle* » de celles du nouveau Code de procédure civile français. Par contre, en matière d'arbitrage international, ce texte s'est directement inspiré de la loi type de la CNUDCI. Sur ce point, le Sénégal a procédé comme la plupart des États. L'adoption de la loi type de la CNUDCI dans plusieurs États n'a pas complètement évité la persistance de pratiques juridiques défavorables à l'arbitrage.

§ II. La persistance de pratiques défavorables à l'arbitrage

118. Les pratiques défavorables à l'arbitrage en Amérique Latine se sont manifestées par un maintien de législations ouvertement hostiles à ce mode de règlement des différends (**A**). En Afrique francophone, cette situation s'est traduite dans certains pays par un vide législatif en matière d'arbitrage (**B**).

A. Le maintien de législations et pratiques défavorables à l'arbitrage en Amérique Latine

119. Malgré le mouvement de modernisation des lois sur l'arbitrage, l'Argentine et l'Uruguay, pays membres à part entière du Mercosur, ont conservé leurs anciennes législations. Le droit argentin de l'arbitrage est toujours règlementé par les articles 736 à 773 du Code de procédure civile et commerciale fédéral. Le droit uruguayen de l'arbitrage est contenu dans le Code de procédure civile de 1988 aux articles 472 à 507[306]. Certes, ces textes reconnaissent des principes généraux de l'arbitrage comme l'autonomie de la volonté des parties et la force obligatoire des contrats, mais sur certains aspects leurs mesures sont défavorables au recours à l'arbitrage. A titre

[305] Sur cette loi v. F. CAMARA, « Le nouveau droit de l'arbitrage au Sénégal : du libéral et de l'éphémère », *Revue de l'arbitrage*, 1999, n° 1, p. 45 et s.
[306] Sur ces textes v. www.servilex.com.

d'exemple, dans ces législations la clause compromissoire n'est valable que si un compromis vient l'officialiser. La clause compromissoire n'a par conséquent pas de caractère exécutoire. Il revient au juge d'obliger la partie réticente de conclure un compromis. Cette disposition tend à rallonger considérablement la procédure arbitrale.

120. Au niveau du régime des recours contre la sentence arbitrale, le droit argentin, en plus des voies de recours classiques que sont l'annulation[307] ou la révision, opère un contrôle de constitutionnalité des sentences arbitrales[308]. En effet, la Cour Suprême argentine exerce un contrôle de constitutionnalité des sentences dans des cas exceptionnels, à savoir la violation de la constitution ou des traités internationaux. Dans l'affaire *José Cartellone Construcciones Civiles S.A. c/ Hidronor S.A.* de 2004[309], en dépit du fait que la clause compromissoire disposait que la sentence ne pouvait pas être attaquée, la Cour Suprême a déclaré la nullité de celle-ci au motif qu'elle contenait des mesures inconstitutionnelles. A ce jour, l'Argentine n'est pas le seul État de l'Amérique Latine dans lequel on est en présence du phénomène de « *constitutionnalisation du droit de l'arbitrage* »[310]. Ce phénomène s'est manifesté de deux manières différentes, soit par l'incorporation de dispositions spécifiques à l'arbitrage dans les constitutions nationales[311], soit par la reconnaissance constitutionnelle du recours à l'arbitrage[312]. Initialement, ce phénomène a été interprété comme une démarche souhaitable parce qu'il confirmait le recours à l'arbitrage au rang de politique publique. Mais aujourd'hui, la constitutionnalisation du droit de l'arbitrage est l'une des principales causes de la renaissance de l'hostilité à l'égard de l'arbitrage international en Amérique Latine. Cette nouvelle forme d'hostilité se manifeste, d'abord, à travers la thèse selon laquelle les

---

[307] Pour un exemple récent d'annulation tiré de la jurisprudence argentine v. Tribunal Administrativo de Apelación, Sala 2, 18 juillet 2006, *République Argentine c/ Propyme Argentina UTE, Euroinvest SA et autres*, *Gazette du Palais, Les cahiers de l'arbitrage*, n° 2007/2, p. 50.

[308] Sur cette tendance v. M.U. SALERNO, « L'actualité de l'arbitrage en Argentine », *in L'arbitrage en France et en Amérique Latine à l'aube du XXIe siècle, Aspects de droit comparé* (sous la direction de B. FAUVARQUE-COSSON et A. WALD), Paris, Société de Législation Comparée, 2008, p. 233 à 241, spéc., p. 239 et s. Dans cet article l'auteur cite des affaires dans lesquelles la Cour Suprême de l'Argentine a procédé à un contrôle de constitutionnalité de sentences arbitrales.

[309] *Ibid.*, p. 240.

[310] Sur ce phénomène v. E. SILVA ROMERO, « A propos de l'inexorable collision de philosophies dans la constitutionnalisation de l'arbitrage en Amérique Latine », *in L'arbitrage en France et en Amérique Latine à l'aube du XXIe siècle*, *Aspects de droit comparé*, Paris, Société de Législation Comparée, 2008, p. 269. V. aussi A. de JESÚS O., *op.cit.*, p. 243.

[311] Par exemple en Colombie à travers l'article 116. Au Costa Rica à travers l'article 43. L'Équateur à travers l'article 191. À l'El Salvador par l'article 23. Au Honduras par l'article 110. Au Panama par les articles 195 et 316. Au Paraguay par l'article 248. Au Pérou par les articles 62, 63 et 139.11 et au Venezuela à travers les articles 253 et 258.

[312] Par exemple, au Brésil à travers l'affaire *MBV commercial and Export Management Establishement c/ Resil indùstria e Comércio Ltda*, *op.cit.*, p. 42.

constitutions nationales contiennent des lois de police[313] qui doivent être appliquées impérativement par les arbitres ensuite par la proclamation du pouvoir du juge constitutionnel de se prononcer sur la constitutionnalité des sentences arbitrales[314]. Elle se manifeste aussi à travers des actes de nature constitutionnelle contre le recours à l'arbitrage (*anti-arbitration injunctions*). Ces actes sont issus de procédures telles que *l'amparo constitucional*[315], qui est une procédure spécifique pour la protection des droits constitutionnels et fondamentaux. A titre d'illustration, au Venezuela en 2000, la Chambre constitutionnelle est intervenue pour la première fois dans un arbitrage international, dans l'affaire *Elettronica Industriale c/ Venezolana de Televisión*[316]. A travers, cette intervention la Chambre constitutionnelle a établi par un *obiter dicta*, que les arbitres sont censés appliquer la Constitution vénézuélienne à titre de loi de police lorsqu'un intérêt public est en jeu. Elle a ajouté que pour qu'une sentence arbitrale puisse être exécutée au Venezuela elle doit être conforme au texte constitutionnel et aux principes du droit constitutionnel vénézuélien. Enfin, elle a fait observer que les sentences arbitrales peuvent faire l'objet d'un *amparo constitucional.* Cette solution va ouvertement à l'encontre des dispositions de la Convention de Panama qui n'admet que le recours en annulation contre une sentence arbitrale. En 2006, la Chambre constitutionnelle du Venezuela a confirmé sa position dans l'affaire *Concorcio Barr SA. c/ Four Seasons*[317]. Saisie d'un

---

[313] Les lois de police au sens extensif sont des lois dont l'observation est nécessaire pour la sauvegarde de l'organisation politique, sociale et économique et qui excluent l'application des lois étrangères. V. G. CORNU, *op.cit.,* p. 561.

[314] Exemple de l'Argentine à travers l'affaire *José Cartellone Construcciones Civiles S.A. c/ Hidronor S.A.*

[315] Sur l'*amparo* v. *Dictionnaire de droit constitutionnel*, Ellipses, 2ème édition, 2007, p. 20. V. aussi C. RUIZ MIGUEL, « L'amparo constitutionnel en Espagne : droit et politique », *Cahiers du Conseil constitutionnel*, n°10, 2001. Le recours d'*amparo* permet à toute personne physique ou morale alléguant un intérêt légitime, d'invoquer la non-conformité d'actes administratifs ou de décisions juridictionnelles aux articles 14 à 30 de la constitution espagnole de 1978.Il s'agit donc d'un recours direct contre un acte. Ce recours est largement présent dans le droit constitutionnel des États de l'Amérique Latine.

[316] V. A. de JESÚS O., « Le traitement constitutionnel de l'arbitrage au Venezuela », *op.cit.,* p. 250 et s.

Dans cette affaire *Elettronica Industriale*, avait initié une procédure arbitrale CCI à Caracas contre *Venezolana de Televisión*, une société de l'État vénézuélien, concernant un différend relatif à l'exécution d'une concession. La *Venezolana de Televisión*, saisit la Chambre constitutionnelle par voie d'*amparo constitucional* (contre l'acte de mission) afin d'obtenir une *anti-arbitration injuction.* La *Venezolana de Televisión* faisait valoir que le tribunal arbitral était incompétent et que cela constituait une violation au droit constitutionnel. Selon elle cette question devait être jugée par le juge constitutionnel. Cette action a été écartée par une décision du 16 octobre 2001, au motif qu'avant que la Chambre constitutionnelle ait pu rendre sa décision sur le fond, la sentence arbitrale avait déjà été rendue et que la *Venezolana de Televisión* avait déjà saisi une Chambre du Tribunal suprême de justice pour un recours en annulation.

[317] Sur cette affaire v. A. de JESÚS O., *op.cit.*, p. 252. Dans ce litige, il s'agissait d'un arbitrage international sous l'égide de l'AAA initié par la société *Four Seasons*. Durant cet

amparo constitucional, la Chambre constitutionnelle a décidé que la procédure arbitrale en cours n'empêchait pas la société *Concorcio Barr* de saisir des tribunaux étatiques afin d'obtenir une décision sur la validité de la convention d'arbitrage. Cette décision va à l'encontre de l'essence même de l'institution arbitrale et du principe de « *compétence-compétence* »[318].

121. Le phénomène de constitutionnalisation de l'arbitrage risque de faire échec aux efforts faits dans la perspective du développement et du rapprochement du droit de l'arbitrage en Amérique Latine et plus précisément au sein du Mercosur. Cet état de fait a permis à des auteurs comme Claudia FRUTOS-PETERSON ou encore João-Bosco LEE de pointer l'échec et l'inadaptation du système interaméricain. Toujours est-il, que même si la question de la réforme du système interaméricain d'arbitrage se pose avec acuité, il ne faut pas occulter le fait qu'il s'agit d'une étape considérable dans le rapprochement du droit de l'arbitrage en Amérique Latine. En matière d'arbitrage commercial international, les États de l'Amérique Latine se sont dotés d'un outil commun. Un arbitrage comportant un élément d'extranéité et se déroulant dans l'un des États adhérents à cette convention, a de fortes chances d'être règlementé par celle-ci. De plus, tous les États membres et associés du Mercosur se sont adossés à ce système en y adhérant. En Afrique francophone, nous avons pu établir le même constat d'échec de l'entreprise d'harmonisation.

B. La persistance du vide législatif en matière d'arbitrage commercial international

122. Dans la pratique, malgré l'application de la continuité passive et active en matière d'arbitrage par les États de l'Afrique francophone, nous n'avons pas pu être en présence d'un véritable droit harmonisé de l'arbitrage international. En effet, ces techniques d'extension législative n'ont pas suffi pour combler le vide législatif en matière d'arbitrage commercial international dans cette région. Avant l'avènement de l'OHADA, de très nombreux États de cette région sont restés sans se munir de textes sur l'arbitrage international. Ce cas de figure concerne tous les États qui n'ont pas introduit les dispositions du Livre III du Code de procédure civile français de 1807, dans leurs corpus législatifs. Il s'agit des États, qui au

---

arbitrage, *Concorcio Barra* a engagé plusieurs procédures parallèles devant les tribunaux étatiques vénézuéliens. Ces procédures avaient pour objet de faire obstacle à la procédure arbitrale.

318 V. A. DIMOLITSA, « Autonomie et kompetenz-kompetenz », *Revue de l'arbitrage*, 1998, n° 2, p. 305 et s. Ce principe est la transposition en droit de l'arbitrage sous forme atténuée du principe procédural selon lequel il appartient au juge de statuer sur sa propre compétence. Cette règle juridique implique que seul l'arbitre est compétent pour statuer sur sa propre compétence et sur la validité de la convention d'arbitrage. Ainsi, en présence d'une convention d'arbitrage le juge étatique doit se déclarer incompétent. Sur ce principe et ses implications.

lendemain des indépendances, ne s'étaient munis d'aucune réglementation propre relative à l'arbitrage, ni de textes relatifs à l'arbitrage interne et encore moins d'une réglementation sur l'arbitrage commercial international. Ces États sont le Bénin, le Burkina Faso, la Centre Afrique, le Gabon et la Guinée. Dans ces pays, il existait une « *anomalie* »[319] car l'article 631 du Code de commerce français, qui était applicable sur leur territoire, admettait la clause compromissoire mais il n'existait aucune autre disposition pratique pour permettre à l'institution arbitrale de fonctionner. Ainsi, nous partageons la pensée de Laurence IDOT, lorsqu'elle a affirmé que le droit de l'arbitrage constitue « *un exemple particulièrement significatif des vides juridiques que connaissent certains pays africains francophones en raison de l'insuffisance de transposition avant les indépendances de texte de la métropole* »[320]. Roland AMOUSSOU-GUENOU a expliqué ce vide législatif par le « *manque de volonté politique des États concernés. Aux lendemains des indépendances la réglementation de l'arbitrage dans les codes de procédure n'était sans doute pas une priorité. Le principal souci était d'asseoir les structures politiques et administratives des nouveaux États* »[321]. Enfin nous pouvons citer Jérôme BOUGOUMA qui partage cet avis, car il a dénoncé « *l'absence d'effort législatif substantiel* » en matière d'arbitrage[322].

CONCLUSION DU CHAPITRE I

123. En dépit des nombreux et louables efforts en vue d'atteindre l'intégration du droit de l'arbitrage par la voie de l'harmonisation, observés ci-dessus, en Afrique francophone et en Amérique Latine, un constat d'échec s'impose. Et pour cause : l'opération d'harmonisation du droit reste en elle-même difficile à mener à son terme. Cette opération cherche uniquement à établir des rapprochements entre des législations. De ce fait, l'hypothétique résultat d'une telle opération relève plus d'une obligation de moyen que d'une obligation de résultat. Effectivement, des législations peuvent se rapprocher sur certains points et s'en écarter complètement sur d'autres. De plus, l'harmonisation est entièrement dépendante de la volonté politique des États. Comme l'ont si bien dit des auteurs en recourant à l'harmonisation « *l'écueil de la fragmentation juridique est proche* »[323].

En Afrique francophone et en Amérique Latine, aux difficultés inhérentes à cette technique d'intégration normative se sont ajouté la méfiance, quelques maladresses et parfois l'absence pure et simple de règles sur l'arbitrage commercial international. Néanmoins, une forme d'harmonisation du droit de l'arbitrage a émergé grâce à la l'adoption de loi type de la

---

[319] Selon le terme employé par R. AMOUSSOU-GUENOU, *op.cit.,* p. 45.
[320] V. L. IDOT, *op.cit*, p. 783.
[321] V. R. AMOUSSOU-GUENOU, p. 46.
[322] V. J. BOUGOUMA, *op.cit.,* p. 135.
[323] V. P. DIMA EHONGO et C. MIALOT, *op.cit.*, p. 28.

CNUDCI par certains des États objets de notre étude. Ce texte a effectivement permis un rapprochement à travers le monde de nombreuses législations en matière d'arbitrage. La loi type a donc en quelque sorte participé à l'intégration normative dans pays les pays latino-américains et africains. Mais l'objectif d'intégration de ce droit ne va devenir une réalité qu'avec la création de l'OHADA et du Mercosur.

CHAPITRE II

Le succès de l'intégration du droit de l'arbitrage au sein de l'OHADA et du Mercosur

124. Afin d'obtenir l'intégration normative du droit de l'arbitrage en Afrique francophone et en Amérique Latine, les législateurs de l'OHADA et du Mercosur vont se tourner vers la voie de l'uniformisation (**Section I**). Cette technique est considérée par certains auteurs comme plus efficace voire plus « *radicale* » que la voie de l'harmonisation. Parmi ces auteurs nous retrouvons le professeur Joseph ISSA-SAYEGH. Selon lui « *l'uniformisation ou unification du droit est, a priori, une forme plus brutale mais aussi plus radicale d'intégration juridique. Elle consiste à instaurer, dans une matière juridique donnée, une réglementation unique, identique en tous les États membres, dans laquelle il n'y a pas de place, en principe, pour des différences* »[324]. Nous partageons cette vision car le recours à cette technique a permis d'obtenir de véritables droits communs de l'arbitrage au sein de l'espace OHADA et du Mercosur (**Section II**).

SECTION I. L'UNIFORMISATION : LA TECHNIQUE D'INTÉGRATION DU DROIT DE L'ARBITRAGE CHOISIE AU SEIN DE L'OHADA ET DU MERCOSUR

125. L'intégration normative du droit de l'arbitrage au sein du Mercosur et de l'espace OHADA a été réalisée par la voie de l'uniformisation. Le but de cette technique d'intégration normative consiste à instaurer dans une matière juridique donnée une réglementation unique pour plusieurs États. Pour ce faire, l'uniformisation du droit peut emprunter diverses formes. Elle peut s'effectuer par la voie de modifications des règles internes (lois et /ou règlements) de plusieurs États en vue de les rendre identiques dans leur contenu. Ce procédé a été choisi dans la cadre de l'OHADA à travers

---

[324] V. J. ISSA-SAYEGH, « L'intégration juridique des États africains de la zone Franc », *Penant*, n° 823, janvier-avril 1997, p. 5 et s. (soulignement ajouté).

l'adoption de l'Acte Uniforme sur l'Arbitrage (AUA). L'uniformisation du droit peut aussi s'effectuer à travers l'adoption d'un texte unique, directement applicable dans les États membres et ne souffrant aucune altération dans l'ordre juridique interne. A défaut d'application directe, les États doivent se conformer de manière identique aux règles unifiées[325]. Ce procédé implique l'adoption d'une ou de plusieurs règles uniques directement applicables dans les ordres internes de divers États et qui leur imposent un comportement identique. Il a été choisi dans les pays du Mercosur à travers l'adoption de diverses conventions internationales. Il convient donc d'observer de plus près ces deux techniques d'uniformisation (**§ I**) et leurs effets juridiques (**§ II**).

§ I. Les techniques différentes d'uniformisation du droit de l'arbitrage choisies au sein de l'OHADA et du Mercosur

126. Comme nous venons de le préciser les États de l'OHADA et du Mercosur ont eu recourir à l'uniformisation afin d'atteindre l'objectif d'intégration normative du droit de l'arbitrage. Mais les techniques employées ont été distinctes. D'un côté, les États du Mercosur ont opté pour la voie de l'unification conventionnelle (**A**) et de l'autre côté, les États de l'OHADA ont procédé à une uniformisation par la voie d'une « loi uniforme » (**B**).

A. La technique conventionnelle d'unification du droit de l'arbitrage au sein du Mercosur

127. Le droit unifié ou uniforme de l'arbitrage au sein du Mercosur est le fruit de la signature par les États membres de divers Protocoles et accords successifs en matière de règlement des différends. Le premier de ces textes fut le Protocole de Brasilia (PB) adopté le 17 décembre 1991[326]. Ce texte instituait un système pour le règlement des différends entre États, fondé sur les négociations préalables et le recours à l'arbitrage en dernier ressort. Compte tenu des lacunes de ce texte en matière de procédure, un Règlement de procédure du PB a dû être adopté[327]. Prévu pour n'être que transitoire ce système est devenu pendant une décennie le système permanent de règlement des différends étatiques du Mercosur[328].

---

[325] V. *M. DELMAS-MARTY (sous la direction), Critique de l'intégration normative, op.cit.*, p. 186.

[326] Ce texte est entré en vigueur le 22 avril 1993.

[327] V. la décision CMC n°17/98 consultable sur www.mercosur.org.

[328] En effet, le Traité d'Asunción ainsi que ses Protocoles n'étaient prévu que pour une période transitoire qui devait s'étendre de la date de signature du Traité d'Asunción (26 mars 1991) au Protocole d'Ouro Preto (31 décembre 1994). Cette période transitoire devait faciliter l'instauration de la zone de libre-échange.

128. Par la suite, le Protocole d'Ouro Preto (POP) du 17 décembre 1994, sur les institutions du Mercosur est venu confirmer et légèrement modifier le mécanisme du PB. Le principal apport du POP au mécanisme du Mercosur a été de conférer à la Commission du Commerce du Mercosur (CCM), la compétence pour connaître des plaintes des États-parties en leur propre nom ou pour le compte des particuliers, sur les questions commerciales et douanières. Depuis janvier 2004, le système de règlement des différends du Mercosur est régi par le Protocole d'Olivos (PO) sur le règlement des différends[329]. Ce protocole a été signé le 18 février 2002 et est entré en vigueur le 1er janvier 2004. Il conserve un système basé sur des négociations directes préalables et en cas d'échec de celles-ci, le recours à l'arbitrage. Sur une multitude de points, le recours au Protocole de Brasilia reste d'actualité. Le Protocole de Olivos innove, cependant, en créant le Tribunal Permanent de Révision (TPR). Le TPR est une juridiction arbitrale habilitée à réviser les sentences arbitrales à la demande des parties (articles 16 à 18 PO) et à prononcer des avis consultatifs. Pour les États de cette organisation, tous ces textes, représentent les règles unifiées en matière d'arbitrage interétatique. Pour les différends entre particuliers, la voie de l'unification conventionnelle a été également choisie à travers l'adoption de l'Accord de Buenos Aires de 1998. Toutes ces règles se sont insérées dans le droit interne des pays membres de cette organisation parce qu'elles constituent des règles de Droit international public. En vertu du principe *pacta sunt servanda,* qui les lie, les États membres du Mercosur sont tenus de les respecter et de se comporter de façon identique conformément aux exigences contenues dans les différents textes cités plus-haut. Cela a pour effet d'unifier le droit de l'arbitrage commercial international entre ces États. De la sorte, nous assistons à une uniformisation par la voie conventionnelle du droit de l'arbitrage dans cette organisation. Les législateurs du droit de l'OHADA ont plutôt opté pour la voie de l'unification du droit de l'arbitrage à travers une « loi uniforme » : l'Acte Uniforme d'Arbitrage

B. La technique d'uniformisation du droit de l'arbitrage au sein de l'espace OHADA : l'Acte Uniforme d'arbitrage

129. Avant l'aboutissement de l'entreprise d'uniformisation du droit de l'arbitrage dans l'espace OHADA, ce droit brillait par son absence ou par sa disparité dans l'ensemble de l'espace francophone. La principale raison de cette absence était à rechercher dans le passé colonial des États présentement membres de l'OHADA. Le vide législatif a été entretenu pendant de longues décennies car les réformes de la procédure civile entreprises par certains de ces États après les indépendances, avaient largement ignoré le droit de l'arbitrage interne comme international. Il a fallu attendre les années quatre-

[329] Ce protocole reconnaît la valeur juridique des précédents protocoles.

vingt-dix[330] avec le besoin croissant d'investissements pour constater une prise en compte de l'arbitrage commercial international dans certains États africains[331] . Ce vide législatif a été en grande partie comblé par le droit uniformisé de l'arbitrage élaboré au sein de l'OHADA. En effet, le procédé de l'uniformisation peut imposer aussi l'insertion de règles dans les droits internes, afin de rendre les législations qui en principe restent distinctes, identiques dans leur contenu. Comme l'a souligné Antoine JEAMMAUD, l'uniformisation est « *l'insertion dans des droits nationaux qui demeurent distincts sur la matière concernée et dont la compétence ne subit aucun retranchement, de règles identiques et non uniques puisqu'elles sont incorporées à chacun de ces droits* »[332]. L'OHADA a procédé à une réelle uniformisation du droit de l'arbitrage dans l'espace qu'elle a créé. Une uniformisation *« totale et définitive »*[333]. En effet, elle s'est dotée de l'Acte Uniforme sur l'Arbitrage le 11mars 1999.

130. L'Acte Uniforme sur l'Arbitrage[334] (AUA) a été introduit dans tous les États membres en des termes identiques. Peu de marge de manœuvre leur a été laissée. Cette technique a été qualifiée de « *radicale* »[335] mais elle présente, indiscutablement l'avantage d'éviter *« les dérives ou les distorsions entre les lois nationales issues d'une même norme indicative (directive) et entre les textes réglementaires nationaux d'application d'une même norme internationale de portée générale »*[336]. L'AUA a été adopté par le Conseil des ministres de l'OHADA le 11 mars 1999 à Ouagadougou. Il fait écho au Traité OHADA dont le Préambule met l'accent sur le recours à l'arbitrage : « *les parties doivent promouvoir l'arbitrage comme instrument de règlement des différends contractuels* ». Cet Acte s'inscrit dans la logique de l'action de l'OHADA. Selon les articles 5 et 12 du Traité OHADA, « *l'harmonisation* » du droit des affaires est préparée par le Secrétariat permanent en concertation avec les Gouvernements des États-parties qui disposent d'un délai de quatre-vingt jours pour faire leurs observations écrites. Le projet d'Acte Uniforme est ensuite délibéré et éventuellement, adopté à l'unanimité, par le Conseil des Ministres, après un avis de la Cour Commune de Justice et d'Arbitrage (CCJA), avis, qui doit être émis dans un délai de trente jours. L'Acte Uniforme entre en vigueur quatre-vingts jours

[330] Le début des années quatre-vingt-dix marque un tournant en Afrique francophone on assiste à la dévaluation du CFA, l'application des Plans d'Ajustement Structurel (PAS) préconisés par le FMI et à des privatisations massives.

[331] Les exemples de la Côte d'Ivoire, du Mali et du Togo.

[332] V. A. JEAMMAUD, *op.cit.,* p. 41.

[333] V. Ph. FOUCHARD, « Le système d'arbitrage de l'OHADA : le démarrage », *Petites affiches*, 13 octobre 2004, n° 205, p. 52.

[334] Sur l'Acte Uniforme sur l'Arbitrage et son commentaire v. P. MEYER, *OHADA Traités et Actes Uniformes commentés et annotés*, Bruxelles, Bruylant, Juriscope, 2ème édition, 2002.

[335] V. J. ISSA-SAYEGH, « l'OHADA, instrument d'intégration juridique des pays africains de la zone Franc », *Revue de jurisprudence commerciale*, juin 1999, p. 237.

[336] *Ibid.*

après son adoption sauf disposition contraire. Ce texte est directement applicable et obligatoire dans le droit interne des États membres, ce qui est la manifestation incontestable de la supranationalité du droit OHADA. L'AUA n'est guère très différent des législations contemporaines sur l'arbitrage, cependant, il se caractérise par le fait qu'il vient abroger les dispositions préexistantes en matière d'arbitrage, car il est muni d'une portée abrogatoire. Ce point constitue l'une des principales distinctions entre le modèle d'uniformisation choisie par l'OHADA et celui choisie par le Mercosur. Les effets de ces techniques juridiques d'uniformisation ne sont pas les mêmes.

§ II. Les effets juridiques des techniques d'uniformisation choisies au sein de l'OHADA et du Mercosur

131. Le premier effet du processus d'uniformisation du droit de l'arbitrage effectué par les États du Mercosur de l'OHADA est de conduire à une primauté des nouvelles normes uniformes en matière d'arbitrage sur les anciennes (**A**). Le deuxième effet est surtout notable dans le cadre de l'OHADA : il s'agit de la portée abrogatoire de ce droit uniforme (**B**).

A. La primauté du droit uniforme de l'arbitrage au sein de l'OHADA et du Mercosur

132. Dans l'ordre juridique créé par le Mercosur, il existe des sources originelles de droit[337]. Ces sources sont principalement au nombre de quatre : il s'agit du Traité d'Asunción du 26 mars 1991, le Protocole de Brasilia du 17 décembre 1991, le Protocole d'Ouro Preto du 17 décembre 1994 et le Protocole d'Olivos du 18 février 2002. Ces textes sont des normes de Droit international public qui ont pour vocation de s'insérer dans le droit interne des pays membres à travers les voies de l'approbation ou de la ratification. Les effets de ces normes internationales ou traités, si l'on préfère, sont classiques en ce sens qu'ils obligent les parties signataires à les respecter de bonne foi[338]. Ainsi, les cinq pays membres du Mercosur ont l'obligation de respecter de façon réciproque et de manière coopérative[339] les obligations découlant de l'ordre juridique du Mercosur.

133. A côté de ces sources originelles, il existe des sources de droit dérivé qui émanent des organes du Mercosur. Les sources dérivées du droit du Mercosur sont unilatérales et s'adressent à l'organisation et aux États membres[340]. L'ensemble de ces sources a une primauté sur les normes de droit interne comme l'a précisé le TPR à travers deux avis consultatifs. Dans

---

[337] V. L. O. BAPTISTA, *Le Mercosul ses institutions et son ordonnancement juridique*, *op.cit.*, p. 122.
[338] V. l'article 26 de la Convention de Vienne sur le droit des traités.
[339] *Ibid.*, p. 69.
[340] *Ibid.*, p. 122.

son premier avis consultatif n°1/2007 du 3 avril 2007[341], les arbitres du TPR ont rappelé la primauté des traités internationaux sur le droit interne. Cette juridiction a confirmé cela à travers l'avis consultatif n°1/2008 émis le 24 avril 2009[342]. Les questions qui étaient posées au TPR par la Cour suprême de l'Uruguay portaient sur une affaire en matière fiscale. Premièrement, la Cour suprême de l'Uruguay voulait savoir si le droit du Mercosur prime sur les dispositions internes d'un État-partie. Deuxièmement, si la disposition du droit uruguayen établissant la mesure fiscale litigieuse était compatible avec le Traité d'Asunción (notamment avec son article 1er, qui est relatif à la libre circulation dans le marché commun). Le TPR a réaffirmé la primauté d'une disposition du Mercosur sur le droit interne, dès que celle-ci est ratifiée et qu'elle relève de la compétence des instances communautaires. Le droit uniforme sur l'arbitrage du Mercosur prime donc sur les législations internes.

134. Dans le droit de l'OHADA, la question de la primauté a été tranchée dans des termes assez explicites par l'article 10 du Traité OHADA. Cet article dispose que les « *actes uniformes sont directement applicables et obligatoires dans les Etats-Parties, nonobstant toute disposition contraire de droit interne, antérieure ou postérieure* ». Par conséquent, l'AUA est doté d'une primauté dans l'ensemble des États qui composent l'OHADA. Sur cette matière, le droit OHADA va plus loin que le droit du Mercosur car il a également octroyé à ses actes uniformes une portée abrogatoire.

B. La portée abrogatoire du droit uniforme de l'arbitrage dans l'OHADA

135. Nous sommes bien là face à une des principales différences entre l'OHADA et le Mercosur. En effet, le droit du Mercosur ne prévoit pas de mesures visant à abroger des dispositions du droit internes des pays membres. Il convient donc d'accorder quelques développements à cette particularité du droit OHADA en prenant comme référence le droit de l'arbitrage issu de l'AUA. La portée abrogatoire du droit de l'arbitrage uniforme de l'OHADA est le résultat de l'article 35 AUA qui précise que l'AUA tient « *lieu de loi relative à l'arbitrage* » et de l'article 10 du Traité OHADA.

136. Dans l'esprit des rédacteurs de l'AUA, ce texte était clairement doté de la portée abrogatoire dont jouissent tous les Actes uniformes adoptés par l'OHADA. Dans la pratique, cette portée abrogatoire a soulevé des nombreuses interrogations (**1**). Ces interrogations sont nées de la formulation des articles 10 Traité OHADA et 35 de l'AUA. Car si la lecture combinée de ces articles induit que l'AUA devient le droit de l'arbitrage des États membres de cet ensemble, elle ne nous donne aucune indication précise sur

---

[341] Sur cet avis consultatif v. www.curia.europa.eu (*Reflets*, n°1/2008, p. 11 à 13).
[342] Sur cet avis consultatif v. www.curia.europa.eu (*Reflets* n°1/2010, p. 4).

les textes antérieurs à l'entrée en vigueur de l'AUA. Que deviennent les textes relatifs à l'arbitrage qui précédaient l'AUA ? Pour la sécurité juridique dans l'espace OHADA et pour donner plein effet à ce droit, une demande d'avis, en ce sens, a été adressée à la CCJA. Les réponses à cette demande sont très importantes (**2**).

1. Les incertitudes liées à la portée abrogatoire de l'AUA

137. Dans les États membres de l'OHADA qui n'avaient jusque-là aucune législation sur l'arbitrage, l'entrée en vigueur de l'AUA a été considérée comme une grande avancée. En revanche, dans les États qui s'étaient déjà munis de législations dans ce domaine, elle a été une source de nombreuses incertitudes. La question de savoir ce qu'allaient devenir leurs législations (souvent récentes) s'est vite posée[343]. L'AUA venait-il abroger purement et simplement les lois nationales relatives à l'arbitrage ?

138. Ces interrogations sont nées de l'interprétation des articles 10 Traité OHADA et de l'article 35 AUA. L'article 10 Traité OHADA, énonce que « *Les actes uniformes sont directement applicables et obligatoires dans les États-parties, nonobstant toute disposition contraire de droit interne, antérieure ou postérieure* ». Comme l'a souligné Joseph ISSA-SAYEGH[344], cet article peut être interprété de trois manières.

139. La première interprétation consiste à considérer que cet article consacre le principe de la supranationalité en interdisant à tout État -partie d'adopter une disposition de droit interne s'opposant à l'application directe et obligatoire des Actes uniformes au plan national. Dans la pratique, cette supranationalité a conduit au transfert de certaines compétences législatives et judiciaires au profit des instances communautaires de l'OHADA[345].

140. La seconde, corolaire de la première, consiste à considérer qu'en raison du principe de supranationalité, les Actes uniformes sont directement et obligatoirement applicables sur le plan national sans passer par le biais d'une quelconque norme juridique interne. La confirmation de cette interprétation réside dans le fait que dans certaines dispositions finales ou liminaires des Actes uniformes nous retrouvons la formule *« nonobstant toutes dispositions contraires de droit interne »*.

150. La troisième interprétation, consiste à dire que les Actes uniformes abrogent purement et simplement le droit interne antérieur ou postérieur en ses dispositions contraires. D'un côté, cette interprétation fait courir le risque de mettre à mal l'uniformisation du droit car chaque État-partie va conserver

---

343 V. F. CAMARA, « Le nouveau droit de l'arbitrage au Sénégal : du libéral et de l'éphémère », *op.cit.*

344 V. J. ISSA-SAYEGH, « Réflexions dubitatives sur le droit de l'arbitrage de l'OHADA », *Revue Camerounaise de l'arbitrage*, numéro spécial, octobre 2001, p. 22.

345 V. G. KENFACK DOUAJNI, « L'abandon de souveraineté dans le traité OHADA », *Penant*, n° 832, 2000, p. 125 et s.

les dispositions de son droit compatibles avec le droit OHADA. Cependant, d'un autre côté, elle a l'avantage de conduire au maintien de dispositions utiles et pertinentes du droit interne. L'article 35 AUA énonce que l'AUA *« tient lieu de loi relative à l'arbitrage »*. Il signifie que ce texte devient partie intégrante du droit national des États-parties mais ne donne aucune indication sur les législations qui le précèdent. A notre avis, cet article doit être interprété comme habilitant l'AUA à se substituer purement et simplement au droit interne sur l'arbitrage dans toutes ses dispositions contraires comme conformes. Il peut être également interprété comme ne se substituant qu'aux dispositions contraires. C'est l'interprétation de Joseph ISSA-SAYEGH. Cette dernière interprétation a l'avantage de permettre au droit interne de combler les lacunes du droit uniforme. Face à toutes ces incertitudes et interprétations possibles, susceptibles de décrédibiliser l'action de l'OHADA en faveur du rapprochement du droit, la CCJA a été saisie en vue de donner un avis consultatif sur la définition précise à donner à la portée abrogatoire de l'AUA.

2. L'importance de la demande d'avis n° 002 / 2000/ EP

151. Le 19 octobre 2000, la Côte d'Ivoire a adressé une demande d'avis consultatif (n° 002/2000/EP) à la CCJA, en vertu de l'article 13 Traité OHADA. Cet article habilite les États-parties à saisir la CCJA afin qu'elle rende un avis. Il énonce que la « *Cour Commune de Justice et d'Arbitrage peut être consultée sur toutes questions entrant dans le champ de l'article 13 du Traité OHADA en dehors de tout contentieux déjà né entre les parties. A cet effet, elle peut être saisie par un État -partie ou par le Conseil des Ministres conformément aux articles 14 alinéa 2 du Traité et 53 et suivants du Règlement de procédure de la CCJA* ».[346] La demande de la Côte d'Ivoire comportait quatre questions divisées en branches. Les questions de la demande étaient relatives à l'article 10 Traité OHADA et à l'interprétation de l'article 35 AUA.

[346] L'article 14 AUA énonce que « *La Cour Commune de Justice et d'Arbitrage assure dans les États-parties l'interprétation et l'application communes du présent Traité, des règlements pris pour son application et des actes uniformes. La Cour peut être consultée par tout État -partie ou par le Conseil des ministres sur toute question entrant dans le champ de l'alinéa précédent. La même faculté de solliciter l'avis consultatif de la Cour est reconnue aux juridictions nationales saisies en application de l'article 13 ci-dessus. Saisie par la voie du recours en cassation, la Cour se prononce sur les décisions rendues par les juridictions d'Appel des États-parties dans toutes les affaires soulevant des questions relatives à l'application des actes uniformes et des règlements prévus au présent Traité à l'exception des décisions appliquant des sanctions pénales .Elle se prononce dans les mêmes conditions sur les décisions non susceptibles d'appel rendues par toute juridiction des États-parties dans les mêmes contentieux. En cas de cassation, elle évoque et statue sur le fond* ».

a. Les interrogations relatives à l'article 10 Traité OHADA

152. La première série de questions était relative à l'article 10 Traité OHADA. Tout d'abord, la Côte d'Ivoire voulait savoir si cette disposition contenait une règle de supranationalité et une règle relative à l'abrogation du droit interne par les Actes uniformes.

153. La seconde question s'inscrivait dans la suite logique des précédentes : si cet article contenait une règle relative à l'effet abrogatoire des Actes Uniformes du droit interne, comment fallait-il l'interpréter ? Comme abrogeant tout texte législatif ou réglementaire de droit interne ayant le même objet que les Actes Uniformes ? Ou comme abrogeant uniquement les dispositions d'un texte législatif ou réglementaire de droit interne ayant le même objet que celle d'un Acte Uniforme et étant contraire à celles-ci ? Dans ce dernier cas, que fallait-il entendre par disposition : un article d'un texte, un alinéa de cet article ou une phrase de cet article ? Cette série d'interrogations révèle à nos yeux une grande importance pour la compréhension du système juridique de l'OHADA. La demande d'avis visait aussi à déterminer si les dispositions abrogatoires contenues dans les Actes uniformes étaient conformes à l'article 10 du Traité.

154. A travers la troisième question, la Côte d'Ivoire voulait savoir si le fait que l'article 10 Traité OHADA ne contienne pas une disposition relative à l'abrogation du droit interne par les Actes Uniformes, ne signifiait pas que les Actes uniformes avaient seuls compétence pour déterminer leur effet abrogatoire sur le droit interne. La question de savoir si les États pouvaient prendre des textes d'abrogation expresse a été aussi posée.

155. Enfin, que devait-on entendre par loi contraire ? Une loi ou un règlement ayant le même objet que l'Acte Uniforme et dont les dispositions seraient contraires à cet Acte, ou une loi ou un règlement dont seulement l'une de ces dispositions ou quelques-unes de celles-ci seraient contraires ? Une autre série d'interrogations a été soulevée à propos de l'article 35 AUA.

b. Les interrogations relatives à l'interprétation de l'article 35 AUA

156. L'interrogation sur l'article 35 AUA portait sur la manière de l'interpréter. La demande visait à savoir si ce texte devait être interprété comme abrogeant complètement tout texte relatif à l'arbitrage antérieur à cet Acte Uniforme dans un État-partie et rendant totalement impossible l'adoption de tel texte pour l'avenir, ou bien devait-il être interprété comme se substituant aux lois nationales existant déjà en la matière sous réserve des dispositions non contraires susceptibles d'exister en droit interne ? L'avis de la CCJA a répondu de manière très détaillée et opportune à toutes ces interrogations.

c. Les réponses apportées par l'avis n ° 001/2001/EP de la CCJA

157. Cet avis a été rendu lors de la séance du 30 avril 2001. Au moment où il a été prononcé, une partie de la doctrine a qualifié cet avis comme *« l'avis le plus important »* de l'OHADA[347]. En règle générale, un avis consultatif n'est qu'une « *opinion* » destinée à éclairer l'organe qui l'a consulté[348]. Un acte qui, de part ce fait, ne recèle pas la force obligatoire d'une décision juridictionnelle. Le Traité OHADA reste muet sur les effets juridiques des avis consultatifs de la CCJA. Pourtant, l'avis n° 001/2001/EP s'est révélé primordial pour le bon fonctionnement de l'entreprise d'uniformisation de l'arbitrage OHADA. Il a permis de donner une position communautaire, claire et précise sur la portée abrogatoire de l'AUA. La CCJA a répondu aux interrogations sur l'article 10 Traité OHADA et à celles sur l'article 35 AUA.

c.1. Les réponses de la CCJA aux interrogations relatives à l'article 10 Traité OHADA

158. A propos de la première question sur la supranationalité de l'article 10, la CCJA a répondu que cet article contient une règle de supranationalité, parce qu'il prévoit l'application directe et obligatoire dans les États-parties des Actes uniformes et institue par ailleurs, leur suprématie sur les dispositions de droit interne antérieures comme postérieures. En vertu du principe de supranationalité qu'il consacre, il contient bien une règle relative à l'abrogation du droit interne par les Actes Uniformes. Cette réponse est conforme à la logique intégrative de l'OHADA et ne mérite pas plus de commentaires. A propos de la deuxième question, la CCJA a répondu que « *sauf dérogation prévue par les Actes Uniformes eux-mêmes, l'effet abrogatoire de l'article 10 du Traité ... concerne l'abrogation et l'interdiction de l'adoption de toute disposition d'un texte législatif ou réglementaire de droit interne présent ou à venir ayant le même objet que les dispositions des Actes Uniformes et étant contraires à celles-ci. Il y a lieu d'ajouter que cette abrogation concerne également les dispositions du droit interne identiques à celles des Actes Uniformes* »[349]. Par conséquent, les États membres vont devoir abroger les dispositions de leurs législations **identiques et contraires** à l'AUA. Ces États se voient par la même interdire

[347] Sur les textes de la demande d'avis et l'avis lui-même v. T.M. LAURIOL, « l'OHADA : l'intensification du processus d'harmonisation », *RDAI*, 2001, p.752 à 756.

[348] Sur la valeur juridique d'un avis consultatif v. P. DAILLIER, M. FORTEAU et A. PELLET, *op.cit.*, p. 1009. A propos des avis consultatifs de la Cour Internationale de Justice (article 68 de son statut) les auteurs ont mis l'accent sur le fait que l'avis consultatif n'est pas un acte juridictionnel. De ce fait, il ne possède pas la force obligatoire d'un arrêt et il doit s'analyser non pas comme une décision mais comme une opinion de la Cour, destinée à éclairer l'organe qui l'a consulté. Nous opérons ici un parallèle avec les avis consultatifs de la CCJA.

[349] V. *RDAI*, 2001, p. 756.

la possibilité d'adopter pour l'avenir des dispositions ayant le même objet ou étant contraires à l'AUA. Seules doivent être maintenues les dispositions de droit interne qui complètent ou qui sont compatibles avec l'AUA. De ce fait, nous sommes bien en présence d'une logique d'uniformisation car les législations des États membres vont rester distinctes mais identiques dans leur contenu.

159. La réponse de la CCJA à cette question a été opportune car elle a permis le maintien des dispositions de droit interne utiles et pertinentes pour l'arbitrage. Cependant, elle laisse planer le risque de maintien d'incertitudes sur la définition à donner à une disposition compatible avec l'AUA. De ce fait, Philippe FOUCHARD a pu suggérer l'abrogation expresse par les législateurs nationaux des textes nationaux relatifs à l'arbitrage[350]. Même si pour une meilleure visibilité on peut être tenté de partager le point de vue de l'auteur plus haut cité, dans la pratique en appliquant cette solution, on risque d'être confronté à un vide juridique sur certains aspects. Le maintien du droit interne non contraire aux Actes Uniformes permet de combler les lacunes du droit OHADA. Ce qui est tout à fait bénéfique aux opérateurs économiques. La CCJA a ajouté que les dispositions abrogatoires contenues dans les Actes uniformes sont conformes à l'article 10 du Traité.

160. Sur la troisième question, la CCJA a pu dire que l'effet abrogatoire découle non seulement des Actes uniformes mais aussi et surtout du Traité OHADA. Elle a pu également dire qu' « *au regard des dispositions impératives et suffisantes des articles 9 et 10 du Traité ..., sont superfétatoires les textes d'abrogation expresse du droit interne que pourraient prendre les États-parties en application des Actes Uniformes.* »[351]. Il est, de ce fait, inutile que les États-parties prennent des mesures internes pour abroger leurs législations arbitrales contraires ou identiques à l'AUA.

161. En réponse aux interrogations soulevées par la quatrième question, la CCJA a pu donner sa définition de « *loi contraire* ». Pour la CCJA, « *l'appréciation du caractère contraire d'une loi étant tributaire de la contexture juridique des cas d'espèce, il s'ensuit qu'une loi contraire peut s'entendre aussi bien d'une loi ou d'un règlement de droit interne ayant le même objet qu'un Acte Uniforme et dont toutes les dispositions sont contraires à cet Acte Uniforme que d'une loi ou d'un règlement dont seulement l'une des dispositions ou quelques-unes de celles-ci sont contraires. Dans ce dernier cas, les dispositions non contraires à celles de l'Acte Uniforme demeurent applicables.* ».[352] Cette réponse se passe de commentaires tant elle est claire. La CCJA a été aussi amenée à se prononcer sur l'interprétation à donner à l'article 35 AUA.

---

[350] V. Ph. FOUCHARD, « Le système d'arbitrage de l'OHADA : le démarrage », *op.cit*, p. 55.

[351] *Ibid.*, p. 758.

[352] *Ibid.*

c.2. La réponse de la CCJA relative à l'interprétation de l'article 35 AUA

162. L'article 35 AUA prévoit que « *le présent Acte Uniforme tient lieu de loi relative à l'arbitrage dans tous les États-parties* », à propos de cet article, la CCJA a pu dire que « *ce texte doit être interprété comme se substituant aux lois nationales existantes en la matière sous réserve des dispositions non contraires susceptibles d'exister en droit interne* ».[353] En d'autres termes, le droit de l'arbitrage institué par l'AUA doit être inséré dans les législations internes identiques ou contraires en la matière. Seules doivent subsister les dispositions des législations internes qui sont compatibles avec l'AUA. Par conséquent, les règlements d'arbitrage des centres d'arbitrage qui opèrent dans l'espace OHADA doivent également être en harmonie avec l'AUA[354].

163. L'avis de la CCJA a permis de lever les incertitudes qui planaient sur la portée abrogatoire de l'AUA. Il a permis aussi de donner plein effet au droit de l'arbitrage OHADA. Tous les doutes étant levés, l'AUA s'est affirmé comme le droit commun de l'arbitrage des dix-sept États membres qui constituent l'OHADA. De même, l'entreprise d'unification conventionnelle observée plus-haut dans la cadre du Mercosur avait également débouché sur un droit commun de l'arbitrage. Pourtant, certains auteurs se sont montrés critiques face à la portée abrogatoire des Actes Uniformes de l'OHADA[355]. Ils ont pu qualifier toute cette technique de « *parfaite et hégémonique* »[356] ou encore de « *droit uniforme hégémonique* »[357] car selon eux elle laisse peu ou pas de place au droit du pays d'origine. Si d'un côté, nous pouvons partager cette vision face à la méthode employée par l'OHADA, car en réalité le droit uniforme phagocyte les législations nationales préexistantes, d'un autre côté, nous ne pouvons que saluer le pragmatisme qui a permis a de nombreux États africains de se doter d'un droit leur permettant de faire face aux défis du développement. Grâce à l'adoption de la méthode de l'uniformisation, l'OHADA se démarque par son efficacité dans le paysage des organisations internationales régionales africaines. Ainsi, nous pouvons nous demander si les États du Mercosur ne devraient pas s'orienter sur la voie de l'abrogation des normes internes en vue de donner plus d'effectivité aux normes communautaires. La

---

353 *Ibid.*, p.758.

354 Par exemple, la Côte d'Ivoire a la Cour d'Arbitrage de Côte-d'Ivoire (CACI).

355 Parmi ces auteurs nous retrouvons P. DIMA EHONGO, « L'intégration juridique des économies africaines à l'échelle régionale et mondiale », *in M. DELMAS-MARTY (sous la direction), Critique de l'intégration normative*, *op.cit.*, p. 179 à 225. V. aussi du même auteur « Les pièges d'un droit uniforme hégémonique dans le traité OHADA », *Cahiers d'Anthropologie juridique*, Paris, 2005, p. 137 à 144. Pour cet auteur la méthode de l'unification est hégémonique car elle ne laisse aucune marge nationale aux États contrairement à la méthode de l'harmonisation.

356 Sur cette expression v. M. DELMAS-MARTY, *Critique de l'intégration normative*, *op.cit.*, p. 21.

357 *Ibid.*, p. 185 et s.

primauté des normes issues du Mercosur et de l'OHADA a permis de dégager un droit commun de l'arbitrage commercial international pour les pays membres qu'il convient de présenter de manière plus détaillée.

SECTION II. L'ABOUTISSEMENT AU DROIT COMMUN DE L'ARBITRAGE COMMERCIAL INTERNATIONAL DU MERCOSUR ET DE L'OHADA

164. Les mouvements visant à intégrer les réglementations relatives à l'arbitrage, tant dans le Mercosur que dans l'espace OHADA, ont débouché sur l'unification de ce droit. Cette technique d'intégration normative a permis d'instaurer dans les ensembles étudiés, de véritables droits communs de l'arbitrage pour l'ensemble des pays membres. Ces règles communes sont accessibles aux personnes morales de droit privé (**§ II**). Ces règles communes se singularisent surtout parce qu'elles ouvrent l'arbitrage aux personnes morales de droit public (**§ I**).

§ I. Les droits communs de l'arbitrage du Mercosur et de l'OHADA accessibles aux personnes morales de droit public

165. L'OHADA et le Mercosur ont ouvert la procédure arbitrale aux personnes morales de droit public. Dans le Mercosur, l'ensemble des Protocoles précités, ont instauré un bloc de règles relatives à la résolution des controverses commerciales qui peuvent naître entre les États membres (**A**). Dans le droit de l'arbitrage OHADA, le législateur a assimilé les personnes publiques et les personnes privées (**B**).

A. Le droit commun de l'arbitrage du Mercosur pour les différends interétatiques de nature commerciale

166. Le droit de l'arbitrage mis en place dans le Mercosur pour les États membres est en réalité un arbitrage international. Cependant, étant donné qu'il porte essentiellement sur des questions économiques (échanges de marchandises et de produits), il se rapproche fortement de la notion d'arbitrage commercial international. Ce droit est très accessible aux États-parties dans les différends interétatiques (**1**) par contre, il l'est beaucoup moins en faveur des particuliers lorsque ceux-ci sont dans un litige qui les oppose à un État (**2**).

1. Un droit de l'arbitrage accessible aux États-parties à un différend de nature commerciale

167. Le droit de l'arbitrage interétatique du Mercosur est un droit conforme à la pratique arbitrale en matière de commerce internationale contemporaine. Ce progrès est en grande partie dû au travail du secrétariat administratif du Mercosur lors de la phase de l'engagement arbitral (**a**). L'intervention de cet organe permet à l'instance arbitrale de se dérouler dans de bonnes conditions (**b**) en application du droit (**c**) et enfin, à la sentence arbitrale interétatique d'être rendue (**d**). Ce droit se caractérise par la procédure de révision des sentences arbitrales devant le TPR (**e**).

a. L'important rôle du secrétariat administratif du Mercosur dans l'engagement arbitral

168. Le secrétariat administratif du Mercosur se voit reconnaître une place importante dans l'arbitrage interétatique en ce sens que c'est à lui que les États doivent adresser leur demande d'arbitrage et qu'il participe à la constitution du tribunal arbitral.

a.1. Le rôle du secrétariat administratif du Mercosur dans la demande d'arbitrage

169. Lorsque les parties au litige ne trouvent pas de solution par la voie des négociations directes ou après à l'intervention du GMC, l'une d'entre elle peut adresser au secrétariat administratif du Mercosur une demande d'arbitrage. Il revient à celui-ci d'informer le ou les autres États, ainsi que le GMC, de la demande d'arbitrage (article 9 alinéa 2 PO). La demande d'arbitrage doit logiquement concerner les prétentions soulevées lors des phases précédentes[358]. Cependant, en cours de procédure arbitrale, les parties se sont vu reconnaître, par la première sentence arbitrale Mercosur[359] (à propos de l'affaire *DECEX*), la possibilité d'apporter de nouveaux éléments de fait et de droit, à condition qu'ils soient relatifs à la matière litigieuse. En réalité, il n'y a pas de contradiction car la demande d'arbitrage se situe avant que la procédure arbitrale ne commence. Une fois que la demande d'arbitrage est effectuée, l'engagement de l'autre partie devient obligatoire selon l'article 8 PB. Cet article prévoit que : « *Les États-Parties reconnaissent comme, obligatoire, ipso facto et sans nécessité d'un accord spécial, la juridiction du Tribunal Arbitral qui sera constituée pour chaque cas et tranchera toutes les controverses relatives au présent Protocole* ». Par conséquent, la saisine du Secrétariat administratif vaut convention d'arbitrage. Cette formule qualifiée par João-Bosco LEE de « *convention d'arbitrage unilatérale* »[360], est fort opportune, dans cette région, compte tenu des difficultés qu'entraînent la distinction opérée entre le régime et les effets d'un compromis et d'une clause compromissoire. Cette solution permet d'éviter les écueils dus aux particularismes locaux et d'accéder plus

---

[358] C'est-à-dire les phases de négociation.

[359] Sur cette affaire v. L. O. BAPTISTA et M. J. GOMES, « Mercosur : Décision du premier tribunal arbitral », *RDAI*, 2000, n° 3, p. 353.

[360] V. J.-B. LEE, *op.cit*, p. 367.

facilement à l'arbitrage. Le secrétariat administratif contribue aussi à la constitution du tribunal arbitral.

a.2. Le rôle du secrétariat administratif du Mercosur dans la constitution du tribunal arbitral

170. La procédure arbitrale se déroule devant un tribunal *ad hoc*, composé de trois arbitres. Conformément à la pratique arbitrale, chaque État-partie désigne un arbitre. Ces deux arbitres sont désignés dans une liste préétablie auprès du secrétariat administratif (article 11 PO). Le troisième arbitre est désigné par les États dans une liste préétablie auprès du secrétariat. Le troisième arbitre préside le tribunal arbitral. Il doit être d'une nationalité différente de celle des États-parties au litige. En plus des arbitres, les parties doivent désigner un représentant devant le tribunal arbitral. En cas de défaut de désignation d'un ou des arbitres par les parties et (ou) de désaccord sur la désignation du troisième arbitre, il revient au secrétariat administratif de procéder aux désignations. Il revient de même à cet organe de notifier aux arbitres leur nomination. Même si le texte ne le mentionne pas, tous ces arbitres sont soumis aux devoirs d'impartialité et d'indépendance. Il s'agit là d'un principe général qui gouverne l'arbitrage. Le rôle dévolu au secrétariat administratif est capital face à l'absence tant dénoncée par la doctrine, d'une juridiction dans ce processus d'intégration[361]. En définitive, cet organe agit comme autorité de nominations des arbitres, il centralise et organise l'arbitrage en adoptant les mesures administratives nécessaires pour le bon déroulement de l'instance arbitrale.

b. Le déroulement de l'instance arbitrale pour les différends interétatiques de nature commerciale

171. Une fois que le tribunal arbitral est constitué on entre dans la phase de l'instance arbitrale. Les règles relatives à la procédure arbitrale et au droit applicable au fond du litige sont présentes dans le Protocole de Brasilia (PB). Le Protocole d'Olivos (PO) a apporté de nouvelles règles relatives à la sentence arbitrale, notamment en ce qui concerne la procédure de révision. Il appartient aux arbitres d'adopter les règles de procédure du tribunal arbitral. Cela est logique, compte tenu du fait qu'on est dans le cadre de litiges

[361] L'absence d'une juridiction communautaire au sein du Mercosur est fortement critiquée par de nombreux auteurs comme R. J. STERSI DOS SANTOS, *Mercosul e arbitragem internacional comercial*, Belo Horizonte, Del Rey, 1988, p. 182. V. aussi R. BARROS CHARLIN, *Chile y el Mercosur en América Latina, VI Encuentro Internacional de Derecho de América del Sur,* Tome I, Santiago de Chile, Editorial Jurídica de Chile, 1999, p. 21. V. enfin M. ZAPIOLA PEREZ, lors de son intervention pendant du séminaire sur *les Mécanismes Alternatifs de Règlement des Différends et l'intégration : l'exemple du Mercosur* consultable sur www.iadb.org.

interétatiques et que chaque État peut être tenté de préférer l'application de son droit national au fond du litige. Les règles de procédure doivent garantir, pour toute controverse, la célérité, le droit d'être entendu et la possibilité de présenter des preuves et arguments. En d'autres termes, la procédure doit respecter le principe du *contradictoire* (article 15 PB). L'article 15 du PB précise également que le tribunal arbitral a la possibilité d'établir son siège dans l'un des États membre du Mercosur.

172. Cependant, trois ans plus tard le CMC par la décision n° 28/94[362], est venu imposer la ville d'Asunción (Paraguay) comme lieu de siège des arbitrages Mercosur. En imposant cela, les membres du CMC poursuivaient le but de concentrer les arbitrages dans l'espace de l'organisation en vue de les soumettre aux règles du Mercosur. Car comme l'a souligné le professeur Gabrielle KAUFMANN-KOHLER, dans la plupart des cas, le siège a une incidence sur le droit applicable au fond du litige[363]. Dans la pratique, cette décision a eu peu d'influence sur la désignation des sièges des tribunaux arbitraux[364]. Le premier tribunal arbitral dans l'affaire *DECEX,* a statué à Montevideo (Uruguay), siège du secrétariat du Mercosur. Le troisième à Colonia, en Uruguay. Le quatrième à Montevideo. Il n'y a que le second tribunal arbitral, dans l'affaire de la *viande porcine* qui a choisi la ville d'Asunción comme siège.

c. Le droit applicable au fond des différends interétatiques de nature commerciale

173. L'ordre juridique du Mercosur s'inspire fortement du modèle communautaire européen[365]. Cependant, il s'en inspire seulement car contrairement à l'UE, des auteurs ont démontré que l'ordre juridique du

---

362 V. la décision n ° 28/94, son article 1 dispose que : « *Los Tribunales Arbitrales Ad hoc, a que se refiere el artículo 8º del Protocolo de Brasilia, tendrán como sede la ciudad de Asunción* ». Consultable sur www.mercosur.org.

363 V. G. KAUFMANN-KOHLER, « Le lieu de l'arbitrage à l'aune de la mondialisation, réflexions à propos de deux formes récentes d'arbitrage », *Revue d'arbitrage*, 1998, n° 3, p. 517 et s. Dans cet article, par des exemples, l'auteur démontre l'incidence du siège sur le droit applicable au fond du litige. Cependant, elle insiste sur le fait que la notion de siège tend à devenir une fiction avec les formes d'arbitrage tel que l'arbitrage en ligne et l'arbitrage sportif. Dans ces cas le siège n'a aucune incidence sur le droit applicable.

364 Sur les toutes les sentences Mercosur v. www.mercosur.int.

365 Le modèle du Mercosur reste l'UE, à cet effet, le traité d'Asunción comprend une mention sur le devoir de coopérer avec la CEE. La doctrine latino-américaine cherche régulièrement à établir les points de convergence et de divergence entre ces deux ensembles. Par exemple, D. VENTURA à travers son ouvrage *Les asymétries entre le Mercosur et l'Union Européenne, les enjeux d'une association interrégionale, op.cit*. V. aussi R. C. BARRA et J. IRIGOIN BARENNE « Fuentes del ordenamiento de la integración » *in Chile y el Mercosur en América Latina, VI Encuentro Internacional de Derecho de América del Sur,* Tome I, Santiago de Chile, Editorial Jurídica, 1999, p. 75.

Mercosur n'est pas communautaire[366]. Pour ces auteurs, il y a une absence de supranationalité du droit de l'intégration qui se manifeste par le caractère peu contraignant des normes du Mercosur. Dans ce sens, ils mettent l'accent sur le fait que le Protocole d'Ouro Preto n'est pas clair et encore moins contraignant lorsqu'il prévoit dans son article 38 que « *Les États Parties s'engagent à adopter toutes les mesures nécessaires pour garantir, dans leurs territoires respectifs, le respect des règles arrêtées par les organes du Mercosur* ». La porte est ainsi laissée à une transposition des normes « à la carte », voire à des pratiques pouvant mettre en lumière la mauvaise foi des États contractants. Au final, en suivant le raisonnement de ces auteurs, on peut considérer que l'ordre juridique communautaire du Mercosur est à un stade « *embryonnaire* »[367].

174. Pour autant, nous pouvons tout de même retenir que le droit du Mercosur est constitué d'un droit originaire et d'un droit dérivé. A notre avis, à cette dernière liste, il faut ajouter les sentences arbitrales du Mercosur, étant donné qu'il s'agit de décisions qui ont autorité de la chose jugée et qu'elles émanent d'instances du Mercosur. Les arbitres disposent de tout cet éventail de normes pour régler les différends (article 19 PB). Ils disposent aussi « *des principes et dispositions du droit international applicables en la matière* ». Cette formulation autorise explicitement les arbitres à utiliser les principes généraux de droit international prévu par le Statut de la Cour internationale de justice (CIJ)[368] mais aussi les principes généraux du droit du commerce international. Le droit du Mercosur autorise également l'utilisation des normes de l'Organisation Mondiale du Commerce[369] (OMC). C'est ainsi que le tribunal arbitral dans l'affaire de la *viande porcine* a utilisé les règles de l'OMC pour définir la notion de subvention[370]. Selon l'article 1.2 de l'*Accord sur les subventions et les*

---

[366] *Ibid.*, p. 113 à 174. V. aussi L. O. BAPTISTA, *op.cit.*, p. 122 et s. V. enfin N. SUSANI, *Le règlement des différends dans le Mercosur*, Paris, L'Harmattan, 2008, p. 4 à 11.

[367] V. L. O. BAPTISTA, *Le Mercosul ses institutions et son ordonnancement juridique*, *op.cit.*, p. 122 a pu écrire que : « *Au contraire de ce qui se passe dans l'Union européenne, nous n'avons pas dans le MERCOSUL de principes généraux du droit communautaire, ni de jurisprudence communautaire. Tout cela pour la bonne raison qu'il n'existe pas encore de communauté.* ».

[368] V. P.-M. DUPUY, *Les grands textes de droit international public*, Paris, Dalloz, 5ème édition, 2006, p. 311.L'article 38 du Statut de la CIJ qui précise que : « *1. La Cour, dont la mission est de régler conformément au droit international les différends qui lui sont soumis, applique : a. les conventions internationales, soit générales, soit spéciales, établissant des règles expressément reconnues par les Etats en litige; b. la coutume internationale comme preuve d'une pratique générale acceptée comme étant le droit c. les principes généraux de droit reconnus par les nations civilisées ...* ».

[369] V. l'article 1 alinéa 2 du Protocole d'Olivos. De nombreux auteurs s'accordent pour établir une filiation entre le système de règlement des différends de l'OMC et celui du Mercosur v. par exemple D. VENTURA, *op.cit*, p. 182 et s. et N. SUSANI, *op.cit.*, p. 25 à 45.

[370] Sur la notion de subvention dégagée par l'OMC v. D. CARREAU et P. JUILLARD, *Droit international économique,* 4ème éd., Paris, Dalloz, 2010, p. 233 et s.

mesures compensatoires, une subvention est prohibée dès lors qu'elle ne constitue pas une subvention spécifique. Les critères de spécificité sont définis à l'article 2 du même accord, d'après lequel, en substance, une subvention peut être réputée spécifique lorsqu'elle ne vise qu'un nombre limité d'entreprises ou qu'une branche de la production. En l'espèce, le tribunal arbitral *ad hoc*, dans cette affaire qui opposait l'Argentine au Brésil, a conclu que le système brésilien de stockage du maïs ne constituait pas une subvention spécifique puisqu'il ne visait pas spécialement les producteurs de viande porcine. Nous pensons que si le jeune droit du Mercosur a effectivement besoin de faire référence à d'autres normes plus anciennes et établies, telles que celles de l'OMC, il ne doit cependant pas perdre son originalité et sa portée. Il doit pouvoir apporter des solutions innovantes et adaptées aux réalités du Mercosur, au risque de perdre son utilité et son originalité. C'est pour cette raison que nous saluons la décision du troisième tribunal arbitral *ad hoc* qui a dégagé le principe selon lequel les États membres du Mercosur ne peuvent faire appel à d'autres sources qu'en l'absence de normes du Mercosur applicables (générale ou spéciale)[371]. Enfin, si les parties se mettent d'accord en ce sens, le tribunal arbitral peut régler la controverse *ex aequo et bono,* c'est-à-dire qu'il est habilité à juger le litige en équité. Cette procédure arbitrale doit déboucher sur le prononcé d'une sentence arbitrale.

d. La sentence arbitrale interétatique au sein du Mercosur

175. Elle doit être rendue dans un délai de soixante jours à partir de la date à laquelle le secrétariat administratif a informé les parties et les autres arbitres que le président du tribunal arbitral a accepté sa désignation (article 16 PO). Une fois que la sentence est notifiée, elle devient obligatoire, c'est-à-dire qu'elle n'a de force exécutoire que pour les États-parties au litige (article 26 PO). La sentence arbitrale a ici un effet *inter partes*. Selon nous étant dans le cadre d'une organisation régionale, il aurait été fort souhaitable que les sentences arbitrales aient un caractère obligatoire pour tous les États membres. Nous plaidons pour que les sentences du Mercosur soient dotées d'un effet *erga omnes*. Cela permettrait d'établir une véritable jurisprudence solide et constante au sein de cette organisation. Le caractère obligatoire de la sentence Mercosur a soulevé des divergences d'opinions au sein de la doctrine. Des auteurs, comme Daisy VENTURA[372], ont soutenu que la force exécutoire de la sentence est déterminée par le système constitutionnel de chaque État membre. D'autres auteurs, comme João-Bosco LEE[373] ont estimé que les sentences Mercosur n'ont pas besoin de procédures

---

[371] V. l'affaire sur *l'Application des mesures de sauvegarde sur les produits textiles* du 10 mars 2000 consultable sur www.mercosur.org.
[372] V. D. VENTURA, *op.cit*, p. 204
[373] V. J.-B. LEE, *op.cit*, p. 375.

d'homologation et qu'elles sont d'application directe dans les droits internes des pays parties au litige. Cette dernière interprétation nous semble erronée car même si la sentence Mercosur est une sentence internationale (puisqu'elle est interétatique), elle doit pouvoir faire l'objet d'un *exequatur* pour être appliquée (article 27 PO sur le devoir d'application des décisions). De ce fait, elle doit subir les règles d'incorporation prescrites par chaque droit national. Le droit OHADA peut apporter une solution à cette controverse. En effet, une sentence arbitrale rendue sous l'égide de la Cour Commune de Justice et d'Arbitrage (CCJA) est *exequaturée* d'office dans tous les États membres de l'OHADA. De la sorte, elle entre dans l'ordre interne de chaque État membre comme une décision de justice des tribunaux locaux. De ce fait, nous préconisons que l'exemple à suivre en matière d'arbitrage pour le Mercosur devienne l'OHADA. Selon nous, le droit communautaire européen se montre très lacunaire en la matière pour constituer une référence solide[374]. Dans ce sens, Pierre BONASSIES a pu affirmer à juste titre que « *le droit communautaire, il faut le reconnaître, ignore assez largement l'arbitrage* »[375]. Il faut mettre en relief le fait que les États des Caraïbes suivent déjà le modèle OHADA à travers la création de l'Organisation pour l'Harmonisation du Droit des Affaires dans les Caraïbes (OHADAC)[376].

176. Avant le prononcé de la sentence, à la demande de la partie intéressée ou s'il y a lieu de croire en des dommages sévères et irréparables pour l'une des parties au différend, les arbitres peuvent être amenés à prononcer des mesures provisoires (article 15). Dans les quinze jours qui suivent le prononcé de la sentence, les États-parties au litige peuvent adresser une demande de clarification. La demande de clarification de la sentence, nous paraît être un outil fort utile. Elle permet aux parties d'obtenir des informations supplémentaires sur la décision du tribunal arbitral, de se familiariser avec cette technique et le raisonnement des arbitres. La grande innovation du Protocole de Olivos est la procédure de révision des sentences arbitrales.

---

374 Sur la place de l'arbitrage dans le droit communautaire européen v. B. AUDIT, « L'arbitre, le juge et la Convention de Bruxelles », *in L'internationalisation du droit, Mélanges en l'honneur de Yvon Loussouarn*, Paris, Dalloz, 1994, p. 15. V. aussi R. BRINER, « L'arbitrage international et l'Europe », *in L'arbitrage et le Droit européen*, actes du Colloque International du CEPANI du 25 avril 1997, Bruxelles, Bruylant, 1997, p. 25 où cet auteur soulève le paradoxe européen en matière d'arbitrage à travers ces mots : « *Devant l'intérêt des sociétés, des avocats et des arbitres pour le développement de l'arbitrage en Europe, on aurait pu penser que le droit européen se serait préoccupé de la règlementation de ce secteur important du droit des affaires à un niveau régional, (...), L'Union européenne a très peu agi en la matière ...* ».

375 V. P. BONASSIES, « Arbitrage et droit communautaire », *in L'Europe et le droit, Mélanges en hommage à Jean Boulouis*, Paris, Dalloz, 1991, p. 22.

376 Sur l'arbitrage au sein de cette organisation v. notre article, « L'OHADAC une opportunité à saisir pour l'arbitrage en Amérique Latine ? », *Revue de la Recherche Juridique Droit Prospectif*, Aix-Marseille, PUAM, 2010-2 p. 1011 à 1021.

e. La procédure de révision pour les sentences interétatiques devant le TPR

177. Le Tribunal Permanent de Révision (TPR) a été créé par le Protocole de Olivos (PO) du 18 février 2002. Sa création présente les avantages d'œuvrer dans le sens de l'unification de la jurisprudence arbitrale et dans le sens d'une interprétation commune des règles du Mercosur. Elle présente principalement l'avantage de permettre aux parties au litige non satisfaites de la décision d'un tribunal arbitral *ad hoc* ou après l'échec des négociations préalables[377], d'adresser une motion de révision. Celle-ci doit se limiter aux questions juridiques relatives aux différends et à l'argumentation juridique sur laquelle la décision du tribunal arbitral *ad hoc* est basée (article 17 PO). Ce qui la rapproche considérablement d'une juridiction de cassation et notamment de la CCJA, dans ses attributions juridictionnelles.

178. Le TPR est composé de cinq arbitres, dont quatre nommés par chaque État membre pour un mandat de deux ans renouvelable. Le cinquième arbitre est choisi à l'unanimité par les États membres. Il a un mandat de trois ans non- renouvelables à moins qu'il ne soit décidé autrement. S'il n'y a pas d'unanimité sur la nomination du cinquième arbitre, il revient au secrétariat administratif de procéder à cette nomination par tirage au sort d'un nom sur une liste. Le cinquième arbitre est forcément un arbitre ressortissant d'un État membre du Mercosur (article 18 PO). Il a un caractère permanent car lorsque les arbitres acceptent leur nomination, ils ont l'obligation d'être disponibles de façon permanente pour régler les motions de révision. La composition du tribunal arbitral peut varier en fonction du nombre de parties au différend. Si le différend oppose deux États, le tribunal arbitral doit être composé de trois arbitres. Lorsque le différend oppose plus de deux États, le tribunal arbitral doit être composé de cinq arbitres. Après examen du litige, le TPR peut confirmer, modifier ou révoquer la base juridique de la décision du tribunal arbitral *ad hoc*. Cette décision est définitive. A ce jour, le Tribunal Permanent de Révision a prononcé au moins quatre sentences de révision. La première sentence de révision a été rendue à propos de l'affaire de l'*Interdiction d'importation des pneus remoulés*[378]. Cette affaire opposait l'Argentine (défendeur) à l'Uruguay (demandeur) à propos de la vente par ce dernier de pneus ayant subi une opération de remoulage (rechapage). L'Argentine avait interdit par une loi (la loi n° 25.626 du 9 août 2002) la circulation de ce type de pneus sur son territoire (ceux-ci étant jugés dangereux pour les personnes et l'environnement). L'Uruguay décida de porter l'affaire devant un tribunal

---

[377] V. l'article 23 Protocole d'Olivos. L'accès au TPR peut être direct comme s'il s'agissait d'un tribunal arbitral *ad hoc*. Dans un tel cas, les décisions du Tribunal Permanent de Révision seront obligatoires pour les États impliqués dans le différend à partir de la date de réception de la notification permanente, ne pourront faire l'objet d'un appel et auront pour les parties l'effet de la chose jugée.

[378] V. www.mercosur.org.

arbitral *ad hoc*. Ce tribunal arbitral *ad hoc* décida par la sentence du 25 octobre 2005 que la loi argentine était compatible avec le droit du Mercosur. Par la suite, l'Uruguay adressa une motion de révision au TPR. A travers la sentence de révision du 20 décembre 2005, le TPR décida de révoquer la sentence du tribunal arbitral *ad hoc* tout en enjoignant à l'Argentine de procéder à des modifications législatives (par les voies institutionnelles appropriées) dans un délai de cent vingt jours à compter de la date de sa sentence de révision. Le caractère accessible pour les États de la procédure contraste avec les difficultés que les personnes privées ou les particuliers rencontrent lorsqu'ils sont dans un différend qui les opposent à un État.

2. Le difficile accès des particuliers à l'arbitrage État-particulier

179. La possibilité pour un particulier[379] de recourir directement à l'arbitrage quand il s'estime lésé par un acte d'un État membre, est pour être clair, impossible. Il dispose cependant de procédures pour faire entendre sa cause **(b).** Il doit d'abord remplir une série de conditions de recevabilité, que l'on peut d'ores et déjà qualifier de restrictives **(a).**

a. Les conditions restrictives de recevabilité pour le particulier

180. Pour trouver une définition du terme « *particulier* », il faut se référer au Protocole de Brasilia (Chapitre V Recours des particuliers). Au sens de l'article 25 du Protocole de Brasilia, on entend par particulier les personnes physiques et morales de droit privé. Lorsqu'un particulier s'estime lésé, sa réclamation doit porter sur « *l'adoption ou l'application par tout État-partie de mesures d'ordre juridique ou administratif ayant pour effet d'exercer une restriction, une discrimination ou une concurrence déloyale en violation du Traité d'Asunción, des accords conclus dudit Traité, des décisions du Conseil du Marché Commun ou des résolutions du Groupe du Marché Commun* » (article 25 PB). Il ressort de cet article que les possibilités pour le particulier de faire un recours sont plus restreintes que celles d'un État. En effet, les États, qui ne sont soumis à aucune condition de recevabilité, peuvent faire un recours pour tout différend portant sur « *l'interprétation, l'application et la rupture du Traité d'Asunción, le Protocole d'Ouro Preto, les protocoles et les accords mis en œuvre dans le cadre du Traité d'Asunción, les décisions du Conseil du Marche Commun ...* » (article 1 PO). Les actes donnant droit aux États membres pour agir peuvent être des actes positifs (législatifs, administratifs ou juridictionnels) mais aussi des actes négatifs comme des abstentions ou des omissions. En revanche, les actes donnant droit au particulier pour agir, doivent non seulement être des actes positifs mais également produire un effet « *restrictif, discriminatoire*

[379] Le particulier est une personne privée considérée dans ses intérêts privés v. G. CORNU, *Vocabulaire juridique*, *op.cit.*, p.734.

ou de concurrence déloyale ». Ce qui peut être difficile à démontrer pour un particulier. D'autant plus que l'article 26 alinéas 2 prévoit qu'il revient au particulier d'apporter les éléments de preuve de la violation dont il prétend être victime. Le particulier doit former son recours auprès de la Section nationale du GMC de l'État -partie où il a sa résidence habituelle (pour une personne physique) ou le siège de ses affaires (pour une personne morale). Il revient à la Section nationale de contrôler que les conditions de recevabilité sont remplies et de donner suite à la procédure.

b. Les procédures offertes au particulier

181. Une fois que les conditions de recevabilité sont remplies, la réclamation des particuliers peut être endossée par la Section nationale du GMC de leur pays ou portée directement devant le GMC.

b.1. La procédure devant la Section nationale du GMC

182. La Section nationale du GMC est l'organe de réception des plaintes des particuliers. Si celle-ci concerne des aspects liés à la politique commerciale du Mercosur, la Section nationale du CCM est l'organe compétent pour la réception de la plainte (article 1er Annexe du Protocole d'Ouro Preto). Une fois que la plainte est déposée, la Section nationale du GMC procède à l'examen de sa recevabilité. Si elle estime que les conditions ne sont pas remplies, elle peut rejeter la demande du particulier et mettre fin à la procédure. Aucun recours n'est prévu dans les protocoles contre ce type de décision. Ce défaut de recours démontre encore une fois que le particulier est largement défavorisé dans les litiges qui peuvent l'opposer à un État. Si la Section nationale estime que la demande est recevable, elle doit consulter le particulier pour opérer un choix entre la possibilité d'entamer des consultations directes avec la Section nationale du GMC de l'État membre qui a commis la violation, et la possibilité de saisir directement le GMC (article 27 PB). Lorsque le particulier opte pour le choix des consultations directes, il revient à sa Section nationale de le représenter dans les négociations. Cela comporte un avantage considérable pour le particulier car il est représenté par des fonctionnaires Gouvernementaux. Il peut bénéficier de leur expertise et compétence dans les négociations directes. Ce système est très proche de la protection diplomatique. A travers ce procédé, l'État prend « *fait et cause, en son nom propre, pour l'un de ces nationaux* »[380]. Les négociations directes doivent se dérouler en quinze jours (article 28 PB).

[380] V. l'arrêt de la CPJI du 30 août 1924 *Concessions Mavrommatis en Palestine,* Grèce c/ Royaume-Uni, *Série A*, n°2, p. 12, où la Cour a pu rappeler que « *en prenant fait et cause pour l'un des siens, en mettant en mouvement, en sa faveur, l'action diplomatique ou l'action judiciaire internationale, cet État fait, à vrai dire, valoir son propre droit, le droit qu'il a de faire respecter en la personne de ses ressortissants le droit international* ».

Une fois que ce délai est dépassé et que la solution ne satisfait pas le particulier, il peut demander à sa Section nationale de porter le litige devant le GMC. Cette procédure présente des avantages mais le particulier ne peut à aucun moment agir sur le cours de la procédure. Toutefois, pour être plus présent dans la procédure, le particulier peut décider de porter sa réclamation directement devant le GMC.

b.2. La procédure directe devant le GMC

183. Lorsque le particulier décide de porter sa réclamation devant le Groupe du Marché Commun, sa réclamation subit un autre examen de recevabilité. On assiste donc à un double contrôle de la recevabilité de la demande du particulier : un contrôle de recevabilité opéré par la Section nationale et un autre par le GMC. Cette lourdeur procédurale est susceptible de repousser les particuliers. D'autant plus que si le GMC estime que la réclamation ne présente pas les conditions nécessaires, il peut mettre fin à la procédure, sans que le particulier puisse intenter un recours contre cette décision. Si le GMC estime que la demande est recevable, la décision de recevabilité est adoptée par voie de consensus afin d'empêcher l'État contre lequel la réclamation est faite, ou tout autre État intéressé de bloquer la procédure. Le GMC doit convoquer un groupe de trois experts pour donner un avis sur le litige (article 30 PB)[381]. Cette procédure présente l'avantage de permettre au particulier d'être entendu et d'apporter les preuves de ses prétentions (article 29 alinéa 3 PB). Il s'agit d'une véritable procédure contradictoire très proche de l'arbitrage. Si l'avis des experts va dans le sens de la demande du particulier, tout État intéressé au litige peut réclamer à l'État défendeur d'annuler l'acte à l'origine du litige ou de prendre des mesures en vue que la violation prenne fin.

184. Cependant, le recours devant le GMC peut présenter le désavantage de faire peser sur le particulier la moitié des frais engendrés par le groupe d'experts. En effet, ces dépenses sont réparties en parts égales entre les parties directement concernées au litige, si elles n'arrivent pas à se mettre d'accord sur la répartition établie par le GMC (article 31 PB). Cette mesure peut être un élément dissuasif pour le particulier.

185. Si dans un délai de quinze jours, l'avis du groupe d'experts n'est pas suivi par l'État défendeur, l'État dont le particulier est ressortissant peut engager la procédure arbitrale. Nous venons de le voir dans les litiges qui les opposent à un État membre, à aucun moment le particulier est habilité à recourir à l'arbitrage. Pour que sa demande soit réglée par voie d'arbitrage, un État membre doit faire sienne une telle réclamation. L'individu ou la personne physique reste le *« parent pauvre »* dans ce type contentieux. Cette

[381] Ces experts sont choisis dans une liste déposée auprès du Secrétariat administratif du Mercosur. Un de ces trois experts ne doit pas avoir la même nationalité que les parties au litige.

situation s'explique par le fait l'individu ne peut pas accéder à l'ordre juridique international sans la médiation d'un État. Pour reprendre les mots de Pierre-Marie DUPUY « *l'individu n'a de place que dans l'étroite dépendance de l'État* »[382]. Ces procédures sont loin de garantir toute la sécurité juridique aux opérateurs du commerce international du secteur privé. Fort heureusement, avec l'Accord de Buenos Aires de 1998, qui est venu unifier conventionnellement le droit de l'arbitrage commercial international dans l'espace du Mercosur, les particuliers bénéficient de la possibilité de recourir à l'arbitrage dans les litiges qui peuvent l'opposer à d'autres particuliers.

B. Le droit commun de l'arbitrage accessible aux personnes morales de droit public dans l'OHADA

186. L'article 2 AUA dispose que « *Toute personne physique ou morale peut recourir à l'arbitrage sur les droits dont elle a la libre disposition.*

Les États et les autres collectivités publiques territoriales ainsi que les Etablissements publics peuvent également être parties à un arbitrage, sans pouvoir invoquer leur propre droit pour contester l'arbitrabilité d'un litige, leur capacité à compromettre ou la validité de la convention d'arbitrage ». Cet article a été qualifié de « *révolutionnaire* » par de nombreux auteurs, dont le professeur Maurice KAMTO[383], parce qu'il semble admettre l'aptitude des personnes morales à compromettre même dans des matières internes (**2**), ce qui constitue une grande innovation au vu de la pratique arbitrale interne et des principes qui la gouvernent (**1**).

1. Les principes sur l'aptitude des personnes morales de droit public à compromettre en droit interne

187. En droit interne de l'arbitrage, la règle est l'interdiction de compromettre pour les personnes morales de droit public. Cette interdiction est levée pour l'arbitrage international (**b**). Cette règle a été dégagée par la jurisprudence française en posant des règles matérielles (**a**)[384] qui ont été consacrées dans des traités internationaux relatifs à l'arbitrage et dans le droit comparé.

---

[382] V. P.-M. DUPUY, « L'individu et le droit international », *Archives de Philosophie du Droit*, Tome 32, 1987, p. 119.

[383] V. M. KAMTO, « La participation des personnes morales africaines de droit public à l'arbitrage OHADA », *in OHADA et les perspectives de l'arbitrage en Afrique*, Bruxelles, Bruylant, 2000, p. 89 et s. V. aussi O. FILLE-LAMBIE et J.-M. LONCLE, « L'arbitrage dans les grands projets en concessions de service public, Aspects de droit français et de droit OHADA », *RDAI*, 2003, n° 1, p. 3.

[384] En droit international privé, la règle matérielle, par opposition à la règle conflictuelle est la règle ou la norme dans laquelle la situation internationale trouve directement sa réglementation, V. G. CORNU, *op.cit.*, p. 580.

a. Le principe dégagé par la jurisprudence française

188. Les restrictions apportées en droit interne français à l'arbitrabilité des litiges concernant des personnes de droit public ont été dégagées par la jurisprudence *Myrtoon Steamship*[385], rendue par la Cour d'appel de Paris le 10 avril 1957. Dans ce litige la Cour avait jugé pour la première fois que « *la prohibition faite à l'État de compromettre est limitée aux contrats d'ordre interne et sans application pour les conventions ayant un caractère international* » et que « *l'interdiction qui résultait des articles 83 et 1004 du Code de procédure civile n'est pas d'ordre international* ». D'autres arrêts ont confirmé cette solution, mais l'arrêt qui va constituer la référence en la matière va être l'arrêt de la Cour de Cassation *Galakis* du 2 mai 1966[386]. Dans ce différend, la Cour de Cassation a rejeté le pourvoi en cassation en estimant qu' « *attendu que la prohibition dérivant des articles 83 et 1004 du Code de procédure civil de 1806 ne soulève pas une question de capacité au sens de l'article 3 du Code civil ; que la Cour d'appel avait seulement à se prononcer sur le point de savoir si cette règle, édictée pour les contrats internes, devait s'appliquer également à un contrat international passé pour les besoins et dans des conditions conformes aux usages du commerce maritime ; que l'arrêt attaqué décide justement que la prohibition susvisée n'est pas applicable à un tel contrat et que par la suite, en déclarant valable la clause compromissoire souscrite ainsi par une personne morale de droit public, la cour d'appel ; abstraction faite de tous autres motifs qui peuvent être regardés comme surabondants, a légalement justifié sa décision* ».

189. Le droit administratif français interdit également aux personnes publiques de recourir à l'arbitrage[387]. Dans un avis *Eurodisney* du 6 mars 1986, le Conseil d'État avait estimé que ce principe résulte des « *principes généraux du droit public français, confirmés par les dispositions du premier alinéa de l'article 2060 du Code civil que sous réserve des dérogations découlant des dispositions expresses ou, le cas échéant, de conventions internationales incorporées dans un ordre juridique interne, les personnes morales de droit public ne peuvent pas se soustraire aux règles qui déterminent la compétence des juridictions nationales en remettant à la décision d'un arbitre la solution des litiges auxquels elles sont parties et qui se rattachent à des rapports relevant de l'ordre juridique interne* »[388]. Selon

---

[385] V. *JDI*, 1958, p. 1002 avec une note de B. GOLDMAN.

[386] V. B. ANCEL et Y. LEQUETTE, *op.cit.*, p. 401.

[387] V. R. CHAPUS, *Droit du contentieux administratif*, Paris, Montchrestien, 13e édition, 2008, p. 268 et s.

[388] V. l'avis *Eurodisney* du 6 mars 1986 du Conseil d'État, Section Travaux publics, avis n° 339710, *in Études et Documents du Conseil d'État*, n° 38, 1987, p. 178. V. aussi les conclusions du Conseil d'État dans l'arrêt *Cie des chemins de fer du Nord* du 17 mars 1893. Le conseiller d'État LAFFERIERE a écrit à propos de cette affaire qu' « *il est de principe que l'État ne peut pas soumettre ses procès à des arbitrages, tant en raison des conséquences aléatoires de l'arbitrage, que des considérations d'ordre juridique qui veulent que l'État ne soit jugé que par des juridictions instituées par la loi* ».

le Conseil d'État, ce principe procède de la préoccupation d'éviter que les intérêts des personnes publiques ne soient pas aussi bien protégés par les arbitres que par les juridictions officielles et aussi d'empêcher qu'elles puissent apparaître comme se méfiant de ces juridictions. Cette interdiction a une large portée car elle concerne aussi bien les litiges de nature commerciale que ceux de nature administrative[389]. Elle s'adresse à toutes personnes publiques sans qu'en soient exemptés les établissements publics industriels et commerciaux (EPIC). Les dérogations à ce principe ne peuvent résulter que de dispositions expresses de la loi, d'une convention internationale ou d'une autorisation préalable à compromettre. Par la suite, ce principe a été consacré par le droit international.

b. Le principe consacré par le droit international

190. Les règles matérielles dégagées par la jurisprudence française ont été consacrées dans des conventions internationales relatives à l'arbitrage. Comme exemple, nous pouvons citer l'article II, paragraphe 1er de la Convention européenne de Genève du 21 avril 1961 sur l'arbitrage international. Cet article énonce que « *les personnes morales qualifiées, par la loi qui leur est applicable, de personnes morales de droit public ont la faculté de conclure valablement des conventions d'arbitrage* ». De même, la Convention de Washington du 18 mars 1965 pour le Règlement des Différends relatifs aux Investissements entre États et ressortissants d'autres États qui a été ratifiée par de nombreux États objets de notre étude, démontre que la plupart des États ne considèrent pas que les litiges pouvant les opposer à des investisseurs ne sont pas arbitrables. Le droit uniforme de l'arbitrage OHADA prend à contre-pied ces règles.

2. Les innovations sur l'aptitude des personnes morales de droit public à compromettre dans l'espace OHADA

191. Par rapport aux principes étudiés plus haut, l'AUA innove à deux égards, non seulement il semble admettre que les personnes morales puissent recourir à l'arbitrage dans les matières internes sans pouvoir invoquer leur propre droit (comme par exemple les prérogatives de puissance publique) pour contester l'arbitrabilité du litige, mais de plus cette capacité existe sans une autorisation préalable. Si l'Acte Uniforme relatif à l'arbitrage admet l'aptitude des personnes morales de droit public à compromettre dans des matières internes c'est parce que ce texte n'opère aucune distinction entre l'arbitrage international et l'arbitrage interne. En effet, l'article 1'AUA 1 énonce que « *le présent Acte Uniforme a vocation à s'appliquer à tout arbitrage lorsque le siège du tribunal arbitral se trouve dans l'un des États-*

---

389 V. H. MOTULSKY, « L'arbitrage commercial et les personnes de droit public », *Revue de l'arbitrage*, 1956, p. 38.

parties ». Ce texte s'applique indistinctement aux arbitrages internationaux et internes. De la sorte, l'AUA permet, non seulement l'arbitrage international relatif aux différends entre un État et une entreprise étrangère, mais aussi l'arbitrabilité des différends impliquant des personnes morales de droit public dans l'ordre interne des États membres de l'OHADA. Les avantages de l'absence de distinction entre arbitrage interne et international dans le droit OHADA, ont été soulignés par Philippe FOUCHARD. Selon lui, « *conformément à l'objectif d'intégration économique et juridique régionale qui est poursuivi par cette organisation, elle permet une unification maximum du droit des affaires, en supprimant tout risque de conflit de lois.* »[390].

192. Le droit uniforme OHADA n'est pas le seul droit à admettre l'aptitude des personnes morales à compromettre en matière interne. La grande innovation réside ici en l'absence d'autorisation préalable d'une instance interne. En effet, dans d'autres systèmes juridiques, la capacité des personnes morales de droit public de recourir à l'arbitrage en matière interne est admise mais elle est subordonnée à l'obtention préalable de certaines autorisations. On peut citer comme exemple le droit français de l'arbitrage. L'article 2060 du Code civil[391], autorise les EPIC à ne recourir à l'arbitrage qu'après une autorisation par décret. De même, le droit iranien à travers l'article 139 de la Constitution du 15 novembre 1979[392], soumet le règlement des litiges concernant les biens de l'État par voie d'arbitrage, à l'approbation du Conseil des Ministres assortie de la notification au Parlement. Le système d'arbitrage OHADA est « *révolutionnaire* » sur cet aspect car l'article 2 alinéa 2 AUA ne subordonne l'arbitrabilité des litiges concernant les personnes morales de droit public à aucune autorisation préalable des instances nationales.

193. En revanche, ce système, apparaît ainsi, encore une fois comme étant d'un grand libéralisme. D'autant plus que les personnes morales de droit public ne pourront pas opposer aux parties adverses leurs droits et prérogatives de puissance publique[393]. Cette disposition va représenter un

---

[390] V. Ph FOUCHARD, « Le système d'arbitrage de l'OHADA : le démarrage », *Petites affiches*, 13 octobre 2004, n ° 205, p. 52.

[391] Cet article dispose qu'« *on peut compromettre (...) sur les contestations intéressant les collectivités publiques et les établissements publics et plus généralement dans toutes les matières qui intéressent l'ordre public.*

Toutefois des catégories d'établissements publics à caractère industriel et commercial peuvent être autorisées par décret à compromettre ».

[392] V. l'article 139 de la constitution iranienne « *Le règlement des litiges concernant les biens publics et Gouvernementaux ou le recours à l'arbitrage pour régler lesdits litiges est subordonné, dans chaque cas, à l'approbation du Conseil des ministres et doit être communiqué à l'Assemblée. Dans les cas où la partie adverse est un étranger, et dans les cas internes importants, il doit également être approuvé par l'Assemblée Consultative Islamique. La loi détermine les cas importants* ». Ce texte est consultable sur www.jurispolis.com.

[393] V. R. CHAPUS, *Droit administratif général*, Tome I, Paris, Montchrestien, 15ème édition, 2001, p. 470 et s. Pour exercer son activité, l'administration peut recourir aux moyens que lui

intérêt certain pour les personnes privées qui vont être amenées à contracter avec les entités étatiques africaines des États membres de l'OHADA. Ce système, par son caractère libéral peut constituer un frein à l'extension du droit OHADA. Nous sommes, donc, en présence d'une « *révolution troublante* » pour reprendre les termes du professeur Maurice KAMTO[394]. Le droit OHADA a vocation à s'étendre aux États africains[395] mais en dehors de l'espace OHADA, il est possible que les États, à travers leurs législations nationales, restent fortement attachés au principe de la non-arbitrabilité des litiges impliquant une personne morale de droit public en droit interne et aux prérogatives de puissance publique de celles-ci en matière contractuelle. L'OHADA et le Mercosur ont également prévu des normes communes accessibles aux personnes morales de droit privé.

§ II. Les règles communes accessibles aux personnes morales de droit privé

194. L'OHADA et le Mercosur ont établi des normes qui s'appliquent à tous les opérateurs commerciaux privés. Ces normes ont en commun un large champ d'application (**A**). Elles ont également en commun une ouverture en matière d'engagement et de procédure arbitrale (**B**). Enfin, ces règles communes en matière d'arbitrage régissent le régime de la sentence arbitrale (**C**).

A. Le large champ d'application du droit commun de l'arbitrage de l'OHADA et du Mercosur

195. Il s'agit là d'une similitude entre le droit de l'arbitrage de l'OHADA et celui du Mercosur : les législateurs de ces deux organisations ont prévu un large champ d'application pour les normes relatives à l'arbitrage commercial international. Cette démarche est bénéfique aux opérateurs du commerce international. Nous devons dans un premier temps présenter le champ

---

offre le droit privé, c'est-à-dire agir selon les modes de la gestion privée et cela, notamment, en passant des contrats tels que ceux que les particuliers peuvent conclure entre eux. Elle peut et doit souvent user des moyens du droit public dont sa qualité de puissance publique lui donne la disposition et que l'on désigne par les expressions de prérogatives exorbitantes du droit commun (il faut comprendre du droit privé) ou de prérogatives de puissance publique. Les unes lui permettent d'agir et les autres les protègent des actions extérieures. Les prérogatives de protection font obstacle à certaines actions ou mesures qui seraient défavorables à l'administration. On peut citer comme exemple tiré du droit administratif français, le fait que dans les relations contractuelles, le contractant ne peut pas opposer à la personne publique « l'exception d'inexécution », c'est-à-dire riposter par un comportement adéquat à un manquement de la personne publique à ses obligations.

[394] V. M. KAMTO, *op.cit*, p. 97.

[395] L'un des objectifs de l'OHADA est d'étendre sa sphère d'influence aux États membres de l'Union Africaine (UA).

d'application du droit commun de l'arbitrage au sein du Mercosur (**1**) et ensuite analyser le champ d'application du droit de l'arbitrage de l'OHADA (**2**).

1. Le large champ d'application du droit de l'arbitrage au sein du Mercosur

196. Face à la disparité et aux lacunes des législations internes en matière d'arbitrage international[396], les partenaires du Mercosur ont cherché à se doter d'un outil commun relatif à l'arbitrage commercial international. La voie de l'unification conventionnelle a été choisie. Avant d'arriver à l'Accord de Buenos Aires de 1998, la première initiative des membres du Mercosur, en faveur du recours à l'arbitrage comme mode de règlement des différends entre les particuliers, est apparue avec le Protocole de Buenos Aires du 5 août 1994[397]. Par la suite, à l'initiative du secteur privé brésilien, un projet de convention internationale sur l'arbitrage fut proposé aux autorités du Mercosur. Ce projet fut très tôt abandonné. Suite à cet échec, des efforts en vue de l'adoption d'un texte sur la matière arbitrale ont été entrepris au sein des institutions du Mercosur[398]. Ces démarches ont abouti à l'Accord de Buenos Aires du 23 juillet 1998, qui est entré en vigueur le 9 septembre 2003. Ce texte a principalement trois objectifs[399] : combler les lacunes existantes en matière de règlement des différends privés au sein du

---

[396] En effet, tandis que le Brésil et le Paraguay se sont dotés de législations modernes sur l'arbitrage, l'Argentine et l'Uruguay ont conservé des normes mal adaptées à la pratique arbitrale.

[397] V. la décision n° 11/94 du CMC. Cette décision a institué un Protocole visant à promouvoir et protéger les investissements d'états non membres du Mercosur et portait sur la juridiction internationale en matière contractuelle. www.mercosur.int.

[398] V. J.-B. LEE, « L'arbitrage commercial international dans le Mercosur : l'Accord de Buenos Aires de 1998 », *Revue de l'arbitrage,* 2004 n° 3, p. 569. Un autre projet fut élaboré sous la coordination des Ministères de la Justice des pays du Mercosur, de la Bolivie et du Chili (en qualité de pays associés). Lors de la XXIVème rencontre de la Commission technique de la Réunion des Ministres de la Justice du Mercosur qui s'est tenue à du 13 au 15 avril 1998, un texte fut présenté. Ce texte ne recueilli pas l'accord de tous les membres. Ils n'approuvèrent que les huit premiers articles. La rédaction des autres articles a été confiée à chaque État selon la répartition suivante : le Brésil a été chargé de rédiger les articles 13 à 17, le Paraguay de la rédaction des articles 19, 20 et 21, l'Uruguay des articles 9, 22 et 23, la Bolivie de l'article 18 et le Chili des articles 11 et 12. Lors de l'IXème Réunion des Gardes des sceaux du Mercosur, ce projet fut approuvé et présenté GMC. Dans une réunion du 23 juillet 1998 à Buenos Aires le CMC a adopté l'Accord sur l'arbitrage commercial international du Mercosur.

[399] V. le préambule de l'Accord de Buenos Aires qui pose les trois objectifs « a) offrir au secteur privé des États membres du Mercosur des méthodes alternatives pour la résolution des différends survenant dans le cadre des contrats commerciaux internationaux ; b) uniformiser l'organisation et le fonctionnement de l'arbitrage international dans les États membres pour contribuer à l'expansion du commerce régional international ; c) promouvoir et favoriser le règlement extrajudiciaire des différends privés par la voie de l'arbitrage, comme étant une pratique conforme aux particularités des transactions internationales ».

Mercosur, gommer les disparités entre les législations locales et encourager la pratique de l'arbitrage et des méthodes alternatives de règlement des litiges au sein du secteur privé des pays membres. Dans la pratique l'Accord de Buenos Aires a permis de mettre en place un droit de l'arbitrage unifié et accessible aux particuliers de cet ensemble. Dans son ensemble ce texte est favorable pour les opérateurs du commerce international. En effet, l'Accord de Buenos Aires dispose d'un large champ d'application matériel (**a**) et territorial (**b**).

a. Le large champ d'application matériel de l'Accord de Buenos Aires

197. Cet accord s'applique expressément aux différends qui peuvent s'élever entre personnes privées physiques ou morales ressortissantes d'un État membre du Mercosur. L'article 1er de l'Accord de Buenos Aires a pour objet « *de réglementer des différends survenant dans le cadre des contrats commerciaux internationaux entre personnes physiques et morales de droit privé* ». Les différends qui peuvent donner lieu à l'application de cet accord doivent ainsi concerner les *« contrats commerciaux internationaux »*. Les rédacteurs de ce texte n'ont donné aucune indication sur la notion de contrats commerciaux internationaux. Ce défaut de définition claire et précise est susceptible d'entretenir un doute sur les litiges arbitrables. Pour éviter cet écueil, les auteurs auraient pu s'inspirer de l'article 1 de la loi type de 1985, qui donne des définitions sur le caractère de commercialité et le caractère international[400]. Toutefois, l'absence de définition permet d'englober de nombreuses situations. Le champ d'application matériel est de ce fait largement ouvert à toutes les situations commerciales internationales qui pourront être légalement encadrées par un contrat. Les particuliers pourront dans ce cas plus facilement recourir à l'arbitrage.

b. Le champ d'application territorial de l'Accord de Buenos Aires

198. Son champ d'application territorial est tout aussi large (article 3 Accord Buenos Aires)[401]. L'Accord s'applique si les parties ont leur

[400] Les auteurs de la loi type sur l'arbitrage commercial international de 1985 ont inséré des notes explicatives aux termes « *arbitrage commercial* » et ont défini ce qu'ils entendaient par « *arbitrage international* ».

[401] Article 3 dispose que : « *la convention d'arbitrage est conclue entre personne physique ou morales qui, au moment de sa conclusion ont leur résidence habituelle ou leur centre principal d'activités, ou siège, ou succursales, ou établissements ou agences, dans plus d'un État membre du Mercosur ; le contrat de base à un lien objectif -juridique ou économique- avec plus d'un État membre du Mercosur ; en l'absence de volonté contraire est parties, le contrat de base a un lien objectif -juridique ou économique- avec un État membre et le tribunal a son siège dans un des États membres du Mercosur ; le contrat de base a un lien objectif – juridique ou économique- avec un État membre et le tribunal arbitral n'a pas son siège dans un État membre du Mercosur, les parties déclarant expressément leur volonté de se soumettre au présent Accord ; le contrat de base n'a aucun lien objectif - juridique ou*

résidence habituelle ou siège dans deux pays membres lors de la conclusion de la convention d'arbitrage hypothèse alinéa *a)* ou si le contrat de base a un lien juridique ou économique avec plus d'un État contractant hypothèse alinéa *b)*. Cet accord peut également s'appliquer à des arbitrages dont une des parties ou toutes les parties ne sont pas domiciliées ou n'ont pas leur siège dans un État du Mercosur, par la simple volonté des parties. Ce sont les hypothèses des alinéas *c), d)* et *e)*. Ces alinéas imposent une application extraterritoriale de l'Accord de Buenos Aires. Ces dernières dispositions constituent une source d'interrogation. Nous pouvons nous poser la question de savoir si les auteurs de ce texte ont véritablement souhaité une application hors des frontières du Mercosur. Quels sont les États visés, les États observateurs comme la Bolivie ? Seule la pratique pourra nous donner une réponse à cette interrogation. Le droit de l'OHADA dispose également d'une sphère d'application étendue.

2. Le large champ d'application territorial de l'AUA

199. Pour connaître du champ d'application du droit de l'arbitrage de l'OHADA, il faut se référer à l'AUA[402]. La sphère d'application de ce texte est étendue premièrement parce qu'il assimile les personnes morales de droit public aux personnes privés. Deuxièmement, parce qu'il prévoit qu'à partir du moment où le siège du tribunal arbitral se trouve dans l'un des États-partie de l'OHADA, l'AUA s'applique[403]. De ce fait, l'AUA dispose d'un très vaste domaine d'application territorial, le territoire des dix-sept États membres de l'OHADA. De plus, par sa portée abrogatoire, l'AUA devient le droit commun de l'arbitrage de ces dix-sept pays, soit le droit commun d'environ cent quarante millions de personnes. Ce texte s'insère dans les législations nationales en ce domaine. Il réalise une intégration normative complète et définitive de l'arbitrage dans cette région, de telle sorte que ces États ont en commun un formidable outil de règlement des différends, ce qui est tout à fait bénéfique pour les échanges et le développement dans cette région. Tout d'abord, pour les échanges économiques car les opérateurs économiques, de l'espace OHADA vont bénéficier de la même réglementation sur un vaste territoire, ce qui constitue une source d'incitation à l'intensification des échanges commerciaux Sud-Sud mais aussi Nord-Sud.

économique- avec l'un des États membres et les parties ont choisi un tribunal arbitral dont le siège se trouve dans un État membre du Mercosur, les parties déclarant expressément leur volonté de se soumettre au présent Accord ».

402 V. l'article 1 AUA.

403 V. l'article 1 AUA et l'arrêt n° 1157 du 19 novembre 2002 de la Cour d'Appel d'Abidjan. Dans cet arrêt rendu dans l'affaire *Sté Ivoire COMODITIES c/ Sté NAMACO*, la Cour a rappelé que lorsque le siège arbitral se trouve en dehors des États-parties au Traité OHADA, l'AUA ne peut s'appliquer à la sentence arbitrale. V. www.ohada.com.

200. Ensuite, pour les échanges humains et de connaissances juridiques, car des juristes de toute nationalité vont pouvoir exercer sur l'ensemble de cet espace. Nous sommes face à un modèle unique en matière d'arbitrage commercial international. Un modèle, qui même s'il doit être amélioré compte tenu de certaines difficultés évoquées plus haut, peut être une source d'inspiration pour l'aboutissement des efforts en faveur de l'intégration normative du droit de l'arbitrage commercial international en Amérique Latine. Certains États des Caraïbes se sont déjà lancés dans un projet de création d'une organisation sur le modèle de l'OHADA. Il s'agit de l'Organisation pour l'Harmonisation du Droit des Affaires dans les Caraïbes (OHADAC)[404]. En suivant ce modèle, les États de l'Amérique Latine pourront se doter d'une législation uniforme sur l'arbitrage avec les avantages que cela comporte.

B. L'ouverture en matière d'engagement et de procédure arbitrale dans l'OHADA et dans le Mercosur

201. En vue de faciliter et d'intensifier les échanges commerciaux dans l'espace de l'OHADA et dans le Mercosur, les législateurs ont fait preuve d'une grande ouverture en ce qui concerne l'engagement arbitral (**1**) et en matière de procédure arbitrale (**2**).

1. L'ouverture en matière d'engagement arbitral au sein de l'OHADA et du Mercosur

202. L'Accord de Buenos Aires prévoit des règles assez libérales en matière d'engagement arbitral (**a**). Cette tendance qui est une preuve de l'acceptation de l'arbitrage dans ces pays est partagée dans l'OHADA grâce à l'AUA (**b**).

a. Les règles sur l'engagement arbitral prévues dans l'Accord de Buenos Aires

203. L'article 2 de l'Accord de Buenos Aires définit la convention d'arbitrage comme « *la convention par laquelle les parties décident de soumettre à l'arbitrage tous ou certains des différends qui se sont élevés ou pourraient s'élever entre elles au sujet de leurs rapports contractuels* ». Sur ce point l'Accord de Buenos Aires reprend textuellement l'article 7 de la loi type. Cet article semble englober par « *convention d'arbitrage* » tant le compromis que la clause compromissoire. On peut se demander s'il assimile le régime du compromis et celui de la clause compromissoire, ce qui

[404] Les pays concernés par ce projet sont : Antigua, Aruba, Bonaire, Cuba, Curaçao, Guyane, Haïti, Jamaïque, St Christophe et Nevis, St Domingue, Ste Lucie, St Martin, St Vincent et les Antilles françaises (Guadeloupe et Martinique). Sur le projet OHADAC **v.** www.ohadac.com.

apparaîtrait comme une avancée au regard de la distinction qui est faite dans les pays de cet ensemble, entre le régime juridique et les effets du compromis et de la clause compromissoire. L'article 2 ajoute aussi que « *la convention d'arbitrage peut prendre la forme d'une clause compromissoire insérée dans un contrat ou celle d'un accord indépendant* ». Cet accord consacre de cette façon l'autonomie de la convention d'arbitrage par rapport au contrat principal.

b. Les règles libérales sur l'engagement arbitral prévues par l'AUA

204. L'AUA pose des règles assez libérales en ce qui concerne l'autonomie de la convention d'arbitrage et la forme de celle-ci.

b.1. La position libérale de l'AUA sur l'autonomie de la convention d'arbitrage

205. Le régime juridique de la convention d'arbitrage international, qu'elle soit commerciale ou non, est dominé par le principe d'*autonomie* de cette convention. Il convient de souligner la double approche que l'on peut avoir de ce terme. L'autonomie de convention désigne, l'autonomie de la convention d'arbitrage par rapport au contrat qui fait, au fond l'objet du litige[405], mais aussi l'autonomie de la convention d'arbitrage par rapport à toute loi étatique, ce qui est différent. L'autonomie de la convention d'arbitrage par rapport au contrat principal et l'autonomie par rapport à toute loi étatique sont consacrées explicitement et de façon très libérale, à travers l'article 4 AUA respectivement aux alinéas 1 et 2 : « *La convention d'arbitrage est indépendante du contrat principal. Sa validité n'est pas affectée par la nullité de ce contrat et elle est appréciée d'après la commune volonté des parties, sans référence nécessaire à un droit étatique* ». La proposition de l'article 4 AUA alinéa 2, affirme que les règles qui permettent de juger la validité de la volonté et plus généralement de la convention d'arbitrage, ne sont pas nécessairement des lois, c'est-à-dire des règles de droit étatique. En d'autres termes, des règles juridiques appartenant à la *lex mercatoria* ou au droit anational peuvent être utilisées pour stature sur la validité d'une convention d'arbitrage. L'origine de cette règle est à situer dans l'évolution de la jurisprudence française en matière d'arbitrage de droit international, initiée par la Cour de Cassation française dans l'affaire

[405] Il s'agit ici de tenir pour autonome la convention d'arbitrage par rapport au contrat dans lequel elle est stipulée de sorte qu'elle n'est pas affectée par l'invalidité de ce dernier. Ce principe a été dégagé par la Cour de Cassation française dans son arrêt *Gosset* du 7 mai 1963 v. C. Cass. 1ère civ. 7 mai 1963, *JCP*, 1963. II., p. 13405 avec une note de B. GOLDMAN. Cet arrêt énonce qu' « *en matière d'arbitrage international, l'accord compromissoire, qu'il soit conclu ou inclus dans l'acte juridique auquel il a trait, présente toujours, sauf circonstances exceptionnelles (...), une complète autonomie juridique, excluant qu'il puisse être affecté par une éventuelle invalidité de cet acte* ».

Hecht[406], et confirmée dans l'affaire *Dalico*[407]. Dans cette dernière affaire la Cour de cassation française avait jugé qu' « *en vertu d'une règle matérielle du droit international de l'arbitrage, la clause compromissoire est indépendante juridiquement du contrat principal qui la contient directement ou par référence et que son existence et son efficacité s'apprécient, sous réserve impérative du droit français et de l'ordre public international, d'après la commune volonté des parties, sans qu'il soit nécessaire de se référer à une loi étatique* ». Cette transposition présente un avantage certain pour les utilisateurs du droit uniformisé de l'arbitrage OHADA.

206. Cependant, comme l'a fait remarquer le professeur Pierre MEYER[408], nous devons nous montrer réservé vis-à-vis de cette transposition. La première réserve porte sur le champ d'application de la proposition car il ne faut pas oublier que l'Acte Uniforme vise aussi bien l'arbitrage interne que l'arbitrage international[409]. Par conséquent, la proposition de l'article 4 AUA alinéa 2 a, *a priori*, vocation à s'appliquer à toute convention d'arbitrage et pas seulement aux conventions d'arbitrage international.

207. Pourtant, il paraît impensable d'envisager d'apprécier la validité d'une convention interne sans application de la loi étatique dont elle tire sa force obligatoire. Il nous semble, sur ce point, que les arbitres et les juges étatiques, malgré l'absence de restrictions étatiques, vont devoir limiter le champ d'application aux seules propositions d'arbitrage international. Sur cette question, le droit OHADA est très proche du droit unifié de l'arbitrage pour les particuliers du Mercosur. La deuxième réserve tient en l'absence totale de réserve à la validité de la convention d'arbitrage dans le droit uniforme africain. Alors que la jurisprudence sus-évoquée posait comme limite à l'efficacité des conventions d'arbitrage l'ordre public au sens du droit international privé français, l'Acte Uniforme ne pose aucune réserve. Quand on sait que le respect de l'ordre public est un principe général du droit de l'arbitrage[410], nous pouvons nous interroger sur le caractère trop libéral du droit OHADA.

---

[406] V. l'arrêt de la C. Cass. (fr.), 4 juillet 1972, *Hecht*, *JDI*, 1972, p. 843 avec une note de B. OPPETIT.

[407] V. l'arrêt de la C. Cass. (fr.), 20 décembre 1993, *Dalico*, *JDI*, 1994, p. 432 avec une note d'E. LOQUIN.

[408] V. P. MEYER, *OHADA droit de l'arbitrage*, Bruxelles, Bruylant, Collection droit uniforme africain, Juriscope, 2002, p. 90.

[409] V. l'article 1 AUA « *Le présent Acte uniforme a vocation à s'appliquer à tout arbitrage lorsque le siège du tribunal arbitral se trouve dans l'un des États-parties* ».

[410] V. J.-B. RACINE, *op.cit.*, p. 183.

b.2. La position libérale de l'AUA sur la forme de la convention d'arbitrage

208. En ce qui concerne, la forme de la convention d'arbitrage, l'AUA ne pose aucune exigence. L'article 3 AUA dispose que « *la convention d'arbitrage* (interne comme internationale) *doit être faite par écrit ou par tout autre moyen d'en administrer la preuve, notamment par la référence faite à un document la stipulant* ». L'écrit n'est ici retenu qu'à titre de preuve ou principe, sans être un mode exclusif puisqu'il est autorisé à recourir à tout autre moyen permettant « *d'en administrer la preuve* ». Ainsi, la clause compromissoire par référence[411] est validée. Cette clause désigne une clause compromissoire qui n'est pas contenue dans le contrat principal litigieux, mais dans des conditions générales ou dans un autre acte (par exemple dans un contrat antérieur), auquel le contrat ayant suscité le litige fait référence. La forme de la convention d'arbitrage n'est clairement imposée qu'à des fins probatoires. Ce texte apparaît comme étant très ouvert sur cette question. L'AUA se montre aussi ouvert sur le domaine de la procédure arbitrale.

2. L'ouverture en matière de procédure arbitrale au sein de l'OHADA et du Mercosur

209. En matière procédurale l'Accord de Buenos Aires contient des dispositions favorables et utiles aux opérateurs commerciaux privés désirant soumettre un litige à l'arbitrage (**a**). Il est de même dans l'OHADA grâce aux dispositions de l'AUA (**b**).

a. Les règles procédurales favorables aux particuliers du Mercosur

210. L'Accord de Buenos Aires prévoit des règles favorables aux particuliers sur la constitution du tribunal arbitral et sur le déroulement de la procédure arbitrale.

a.1. Les règles sur la constitution du tribunal arbitral

211. Les règles sur la constitution d'un tribunal arbitral prévues par l'Accord de Buenos Aires sont classiques dans leur ensemble. Ce texte se singularise par le fait qu'il prévoit que si l'arbitrage est *ad hoc*, le Règlement de la Commission interaméricaine d'arbitrage (CIAC) est applicable à la nomination, à la récusation et au remplacement des arbitres. Au lieu de s'adresser à un tribunal national compétent en cas de difficulté pour la constitution d'un tribunal arbitral, les parties vont devoir saisir la CIAC. Le droit de l'arbitrage du Mercosur vient ouvertement s'appuyer sur le système interaméricain d'arbitrage. La CIAC se voit ainsi confier un rôle important

---

[411] Sur l'ensemble des questions relatives à la clause compromissoire par référence v. B. OPPETIT, « La clause arbitrale par référence », *Revue de l'arbitrage*, 1990, p. 551.

dans l'arbitrage entre particuliers au sein du Mercosur. C'est un signal fort de confiance et de reconnaissance envers les efforts effectués au niveau continental en matière d'arbitrage. Cette disposition a pour effet immédiat de créer une plus grande cohésion entre les législations latino-américaines sur l'arbitrage. A long terme, elle pourra avoir pour effet de créer une jurisprudence arbitrale constante à l'échelle continentale. Sur ce point l'Accord de Buenos Aires semble avoir repris l'article 3 de la Convention de Panama. Mais à la différence de l'article 3 de la Convention de Panama qui ne prévoit pas de règles dans l'hypothèse de changement du Règlement d'arbitrage, l'accord précise, que pour la constitution du tribunal arbitral, le règlement de la CIAC qui va s'appliquer va être celui en vigueur au moment de la désignation des arbitres. L'Accord de Buenos Aires prévoit à son article 16.4 que la nationalité d'une personne ne peut être un motif d'empêchement pour l'exercice de la fonction d'arbitre, sauf si les parties en conviennent autrement. Sur ce point l'Accord de Buenos reprend l'article 11 de la loi type de 1985. En ce qui concerne les conditions d'ordre déontologique qui pèsent sur l'arbitre, l'accord est conforme aux principes généraux du droit de l'arbitrage car il exige de l'arbitre probité, impartialité, indépendance, compétence et discrétion.

a.2. Les règles sur la procédure arbitrale

212. L'article 13 de l'accord reconnaît en partie le principe de l'autonomie de la volonté des parties car il les autorise à choisir le lieu et la langue de l'arbitrage. A défaut de manifestation de la volonté des parties, le tribunal arbitral peut fixer le lieu de l'arbitrage à condition que celui-ci soit dans l'un des États membres. Cette mesure vise certainement à concentrer les arbitrages du Mercosur au sein de l'espace communautaire afin d'y intensifier la pratique arbitrale. L'Accord prévoit que si les parties se soumettent à un arbitrage institutionnel, la procédure doit suivre le règlement de cette institution. Les particuliers pourront ainsi recourir à l'arbitrage CCI ou AAA, mais suivre les règles de ces institutions d'arbitrage. Dans le cas d'un arbitrage *ad hoc*, la procédure est règlementée par le Règlement d'arbitrage de la CIAC en vigueur au moment de la nomination des arbitres. Pour ce type d'hypothèse, l'article 15.2 prévoit que la notification doit contenir les mentions du nom et du domicile des parties, la référence au contrat de base et à la convention d'arbitrage, la décision de soumettre la cause à l'arbitrage et de désigner les arbitres, l'objet du différend et l'indication du montant ou de la somme en jeu.

213. Enfin, cet accord admet la compétence des arbitres pour ordonner des mesures conservatoires et provisoires. Ce même texte, à son article 19, prévoit la possibilité pour les parties de saisir les juridictions nationales à cette même fin. Nous sommes ici face à un cas de compétence concurrente des tribunaux arbitraux et des juridictions nationales. Les parties peuvent, sans renonciation à la convention d'arbitrage, saisir une juridiction étatique d'une demande de mesures provisoires ou conservatoires. Ce principe tend à s'affirmer dans le droit contemporain de l'arbitrage[412].

b. L'ouverture de l'AUA en matière de procédure arbitrale

214. L'AUA est devenu le droit commun de l'arbitrage de l'espace OHADA, pour les instances nées après son entrée en vigueur[413]. La CCJA, dans un arrêt rendu dans l'affaire *CTM c/ Cie d'assurances Colina SA* du 10 janvier 2002, a dû rappeler que l'Acte Uniforme sur l'arbitrage ne s'applique qu'aux instances arbitrales nées après son entrée en vigueur, soit le 11juin 1999. Ce droit commun se caractérise par son ouverture.

b.1. La constitution du tribunal arbitral

215. Selon l'article 5 AUA « *Les arbitres sont nommés, révoqués ou remplacés conformément à la convention des parties* ». Ce même article précise qu'en cas de désaccord des parties pour constituer la juridiction arbitrale, il est prévu que le juge intervienne comme autorité de désignation. Cette assistance judiciaire pour la constitution du tribunal arbitral est attribuée au « *juge compétent dans l'État -partie* ». La difficulté nait du fait qu'il revient à chaque État, à travers sa législation, de préciser le juge territorialement et matériellement compétent. Dans certains États membres, les législations antérieures à l'AUA avaient désigné expressément ou implicitement le juge compétent pour fournir assistance à la constitution du tribunal arbitral. Ainsi, le juge compétent a été désigné de manière expresse en Côte d'Ivoire à travers la loi n° 93-671 du 9 août 1993 relative à l'arbitrage et au Sénégal par le décret n° 98-492 du juin 1998 relatif à l'arbitrage interne et international. Ce juge a été désigné de manière implicite au Cameroun par l'article 590 du Code de procédure civile et au Togo par l'article 283 du Code de procédure civile. Dans les États qui ne s'étaient pas dotés de législation sur l'arbitrage il appartiendra au législateur de désigner le juge compétent. Il nous paraît regrettable que les rédacteurs de l'Acte Uniforme sur l'arbitrage n'aient pas précisé de façon uniforme le juge compétent, car on risque d'assister d'un pays à l'autre à des situations très différentes pouvant entraîner des difficultés dans la lisibilité de la procédure arbitrale *ad hoc* OHADA. Les rédacteurs auraient pu opter pour une solution

---

[412] V. l'article 9 de la loi type de 1985 qui admet que la compétence concurrente de la juridiction étatique et du tribunal arbitral pour prononcer des mesures provisoires ou conservatoires. L'article 8§5 du Règlement d'arbitrage de la CCI en fait de même. Enfin, ce principe est consacré par l'article 22§3 du Règlement d'arbitrage international de l'AAA.

[413] Sur cet arrêt v. *Revue de l'arbitrage* 2002, n° 2, p. 484. V. aussi l'arrêt n° 23 du 17 juin 2004 de la CCJA rendu dans l'affaire *PDCI c/ société J & A International Cie SARL*. Cette affaire est consultable sur www.ohada.com.

proche de celle du Mercosur avec l'intervention d'un organe[414] autre que la CCJA pour centraliser et organiser l'instance arbitrale ou opter pour la procédure de référé car l'intervention du juge national est plus efficace si elle est rapide.

216. Toujours selon l'article 5 AUA, le tribunal arbitral peut être composé soit d'un seul arbitre, soit de trois arbitres en fonction de la volonté des parties. L'AUA énumère une hiérarchie de méthodes qui doivent être suivies en vue des nominations des arbitres. Lorsqu'un tribunal composé de trois arbitres est prévu et que les parties n'en ont pas convenu autrement, chaque partie désigne un arbitre, et les deux arbitres ainsi désignés s'accordent pour nommer un troisième arbitre. Lorsque la convention prévoit un arbitre unique, les parties choisissent cet arbitre d'un commun accord. Si les parties n'arrivent pas à se mettre d'accord ou si une partie s'abstient de désigner son arbitre, l'arbitre concerné est désigné par la juridiction compétente dans l'État membre où se trouve le siège du tribunal arbitral (article 5 b) AUA). Cette solution est très utile, notamment parce qu'elle interdit à une partie de faire obstacle à la procédure arbitrale par le simple refus de nommer son arbitre.

217. Une fois que l'arbitre est nommé, les exigences qui pèsent sur lui sont celles de l'impartialité et d'indépendance vis-à-vis des parties (article 6 AUA). Si l'arbitre ne remplit pas ces conditions, les parties ont la faculté de le récuser à tout moment de la procédure (article 7 AUA alinéa 2). A moins que les parties n'aient prévu une procédure spécifique pour les cas de récusation, il appartient à la juridiction compétente du lieu du siège du tribunal arbitral de statuer sur la récusation. En cas de succès de la procédure de récusation, un nouvel arbitre est choisi par les parties si elles ont prévu un système de nomination ou à défaut par les arbitres restants ou par la juridiction compétente. La procédure arbitrale réglementée par l'AUA est soumise à la primauté de la volonté des parties. Elles sont habilitées à choisir le droit applicable à la procédure et celui applicable au fond du litige. A défaut, les arbitres doivent intervenir. Cette procédure arbitrale respecte également le principe du contradictoire.

b.2. Le droit applicable à la procédure et au fond du litige

218. Les parties disposent de la possibilité de choisir les règles applicables à la procédure (article 14 AUA) et les « règ*les de droit* » applicables au fond du litige (article 15 AUA). En optant pour « *les règles de droit* » dans l'article 15 AUA, le législateur OHADA, semble avoir conféré aux parties le pouvoir de choisir non seulement une loi nationale, même celle d'un État non membre de l'OHADA[415], mais également les principes

[414] V. le secrétariat administratif du Mercosur.

[415] Pour un exemple v. *Revue Camerounaise de l'arbitrage,* 2002, n° 18, juillet-août-septembre, p. 15. Dans la sentence rendue par un tribunal arbitral le 17 avril 2002 sur l'affaire

généraux du droit du droit du commerce et les usages du commerce international. Cette solution est en conformité avec la pratique arbitrale internationale. En effet, la résolution de l'International Law Association à l'issue de sa 65ème conférence qui s'est tenue au Caire en avril 1992 a énoncé que « *le fait qu'un arbitre international ait fondé une sentence sur des règles transnationales (principes généraux du droit, principes communs à plusieurs droits, droit international, usages de commerce, etc.) plutôt que sur le droit d'un État déterminé ne devrait pas, à lui seul, affecter la validité ou le caractère exécutoire de la sentence (...) lorsque les parties se sont accordées pour que l'arbitre applique des règles transnationales* ». En cas de défaut d'indication du droit applicable au fond du litige par les parties, l'arbitre a, lui-même, la liberté de choisir les règles « *les plus appropriées compte tenu le cas échéant des usages du commerce international* ». Henri BATTIFOL[416] a apporté des précisions à la notion de « *règles appropriées* »[417]. Cet auteur a montré que dans les relations internationales, la loi la plus appropriée est souvent celle qu'il est le plus juste d'appliquer, non pas dans sa solution matérielle mais en raison des liens de la situation avec les différents systèmes en présence. L'arbitre peut être aussi invité à trancher le litige sans application de règles de droit (article 15 AUA). Dans cette hypothèse, l'arbitre doit trancher le litige en équité, *ex aequo et bono*. Dans ce cas de figure il n'est pas tenu de suivre, sauf si elles sont d'ordre public, les règles de droit. L'AUA comprend aussi des règles sur les droits des parties en matière procédurale.

b.3. Le respect du principe du contradictoire dans la procédure arbitrale ad hoc OHADA

219. L'article 14 AUA pose le principe fondamental du contradictoire dans les procédures arbitrales régies par l'AUA. Selon cet article, les parties doivent être traitées sur un pied d'égalité et avoir la possibilité de faire valoir leurs droits. Les parties ont la charge de prouver les faits propres à fonder leurs prétentions respectives, étant entendu cependant, que le tribunal arbitral peut les inviter à lui fournir des explications et les preuves nécessaires à la solution du litige. Le tribunal ne peut retenir dans sa sentence les moyens, les explications ou les documents invoqués ou produits par les parties que si celles-ci ont été à même d'en débattre contradictoirement. De même, le

---

African Petroleum Consultants (vendeur*) c/ Société Nationale de Raffinage* (acheteur), les parties avaient désigné la loi anglaise comme le droit applicable pour tout litige entre les parties relativement à la formation, à l'exécution, ou à la rupture de contrat de produits pétroliers les unissant. Dans cette même affaire, le tribunal arbitral a appliqué les articles 30, 31, 33 et 34 de l'AUA pour accorder aux juridictions camerounaises la compétence pour accorder l'*exequatur* d'une sentence arbitrale.

[416] Auteur cité par J.-M. JACQUET, « Droit applicable au fond du litige », *in l'OHADA et les perspectives de l'arbitrage en Afrique*, Bruxelles, Bruylant, 2000, p. 101.

[417] *Ibid.*

tribunal arbitral ne peut fonder sa décision sur les moyens qu'il aurait relevés d'office, sans avoir au préalable invité les parties à présenter leurs observations. L'instance arbitrale prend fin avec le prononcé de la sentence par les arbitres. Dans l'arbitrage *ad hoc* OHADA, le non-respect du principe du contradictoire est une cause de nullité de la sentence arbitrale (article 26 AUA).

C. Le régime unifié de la sentence arbitrale au sein de l'OHADA et du Mercosur

220. En matière du régime des sentences arbitrales, l'Accord de Buenos Aires et l'AUA représentent de grandes avancées. Le premier permet d'aboutir à une unification du régime des sentences arbitrales au sein du Mercosur (**1**) et le second innove encore une fois (**2**).

1. L'unification du régime des sentences arbitrales au sein du Mercosur

221. L'Accord de Buenos Aires est venu unifier et combler les lacunes des dispositions sur le régime juridique de la sentence arbitrale qui persistaient dans les législations de certains États du Mercosur. En effet, ce texte réglemente la forme et le contenu de la sentence, alors que les droits argentin et uruguayen ne prévoyaient aucune règle sur ce sujet. Il établit que la sentence doit avoir la forme écrite, être signée par les arbitres et contenir la date et le lieu où la sentence a été rendue, les motifs, le dispositif et les frais de l'arbitrage.

222. Quant au délibéré du tribunal arbitral, l'accord prévoit que la décision d'un tribunal composé de plusieurs arbitres doit être prise à la majorité. En cas de défaut de majorité, la question doit être tranchée par le président du tribunal arbitral. Le système de désignation judiciaire d'un arbitre supplémentaire prévu dans le droit argentin et uruguayen est supprimé. Avec l'article 21 de l'Accord de Buenos Aires les parties peuvent demander au tribunal arbitral de rectifier, d'interpréter ou de compléter la sentence. Cette mesure permet au particulier de mieux comprendre le sens du jugement des arbitres et d'avoir des éclaircissements afin d'échapper au sentiment d'arbitraire de la décision arbitrale. Elle va très certainement aider le particulier latino-américain à se familiariser avec le raisonnement de l'arbitre. En ce qui concerne les voies de recours contre la sentence arbitrale, l'Accord réalise une avancée remarquable. Alors que le droit argentin de l'arbitrage connaît toujours le double degré de juridiction contre la sentence arbitrale[418], l'article 22 de l'Accord exclut la possibilité de recours contre la sentence arbitrale à l'exception du recours en annulation. Cette mesure permet d'en finir avec les archaïsmes qui persistent dans cette région. Les

[418] Article 758 du Code procédure civile et commerciale argentin.

cas d'annulation sont énumérés à l'article 22.1 de l'Accord[419]. Ces derniers sont classiques dans la majorité des textes internationaux sur l'arbitrage. Cependant il faut noter l'absence de la violation de l'ordre public international comme motif d'annulation de la sentence arbitrale. L'ordre public international désigne des valeurs acceptées par la communauté internationale, par exemple la condamnation du trafic de drogue et de la corruption[420]. Cette cause d'annulation fait partie des principes généraux du droit de l'arbitrage qui dirigent, c'est-à-dire les principes communs à la majorité des systèmes d'arbitrage. De ce fait, nous sommes du même avis que Jean-Baptiste RACINE lorsqu'il rappelle l'importance de ce principe en le qualifiant de « *fondamental* »[421]. L'Accord de Buenos Aires réalise des avancées majeures au sens qu'il vient unifier et combler les lacunes des législations nationales en matière d'arbitrage international. Le droit commun de l'arbitrage de l'OHADA réalise aussi de telles avancées.

2. Les règles de l'AUA sur la sentence arbitrale

223. Avant d'envisager la reconnaissance, l'exécution (**b**) et les voies de recours (**c**) de la sentence arbitrale rendue dans un arbitrage *ad hoc* OHADA, cette sentence doit être conforme à des conditions de forme et de fond posées par l'Acte Uniforme sur l'Arbitrage (**a**).

a. Les conditions de fond et forme de la sentence arbitrale

224. En règle générale, la sentence arbitrale prend la forme d'un écrit. C'est d'ailleurs dans la plupart des cas la seule condition de forme exigée pour une sentence arbitrale. L'AUA se singularise encore une fois car il soumet la forme de la sentence arbitrale à la volonté des parties. En effet, l'article 19 AUA énonce que « *la sentence arbitrale est rendue dans la procédure et selon la volonté des parties* ». Cette solution fait clairement primer le principe de la volonté des parties. Nous osons espérer que dans la pratique et dans la majorité des cas les parties vont opter pour la forme écrite. Les avantages de la forme écrite de la sentence arbitrale sont indéniables : elle permet non seulement de conserver une trace de celle-ci, mais surtout de faciliter sa reconnaissance et son exécution dans et en dehors de l'espace OHADA.

---

[419] L'article 22.1 énonce que les motifs d'annulation de sentence sont « *a) la convention d'arbitrage est nulle ; b) le tribunal arbitral a été constitué de manière irrégulière ; c) la procédure arbitrale n'est pas conforme aux règles du présent Accord, au règlement de l'institution arbitrale ou à la convention d'arbitrage, selon les cas ; d) les principes du « due process » n'ont pas été respectés ; e) la sentence a été rendue par une personne incapable d'être arbitre ; f) elle tranche un différend non prévu dans la convention d'arbitrage ; elle contient des décisions qui dépassent les termes de la convention d'arbitrage* ».

[420] V. Ph. FOUCHARD, E. GAILLARD, et B. GOLDMAN, *op.cit.*, p. 866.

[421] V. J.-B. RACINE, *op.cit.*, p. 18.

225. A propos, du contenu de la sentence arbitrale c'est-à-dire les conditions de fond, en règle générale, la sentence arbitrale doit être signée, datée, localisée c'est-à-dire qu'il doit être fait mention du siège du tribunal arbitral, et enfin, motivée. Dans cet ensemble de conditions une seule appelle des observations de notre part, celle qui concerne la motivation car l'article 26 AUA fait du défaut de motivation une cause de nullité de la sentence. Dans la majorité des textes internationaux sur l'arbitrage, la motivation de la sentence n'est pas exigée. La raison en est que la détermination des règles de procédure fait largement appel au principe de la liberté des parties et de l'arbitre, pour autant que soient respectés les droits de la défense et le principe du contradictoire. Les parties ou l'arbitre peuvent ainsi décider si la sentence doit être ou non motivée. On est ici face à un point de convergence avec l'arbitrage du Centre International pour le Règlement des Différends relatifs à l'Investissement (CIRDI). Le Règlement d'arbitrage CIRDI, à travers son article 52 e), fait aussi du défaut de motifs un chef d'annulation de la sentence[422].

b. La reconnaissance et l'exequatur de la sentence arbitrale ad hoc OHADA

226. En ce qui concerne la reconnaissance des sentences arbitrales il faut relever qu'il existe trois situations envisageables. Par contre, pour ce qui est de l'*exequatur* de la sentence arbitrale l'AUA est le seul texte applicable.

b.1. La reconnaissance de la sentence arbitrale ad hoc dans l'espace OHADA

227. Le système mis en place par l'AUA en matière de reconnaissance des sentences arbitrales permet de distinguer trois situations envisageables. La première situation découle de l'article 31 AUA. Cet article régit les sentences rendues dans un État de l'OHADA dont l'efficacité est requise dans un autre État -partie. Il prévoit dans ce cas de figure qu'en vue de la reconnaissance et l'*exequatur* de la sentence arbitrale, la partie qui s'en prévaut établisse l'existence de la sentence arbitrale. L'existence de la sentence arbitrale est établie par la production de l'original accompagné de la convention d'arbitrage ou des copies de ces documents réunissant les conditions requises pour leur authenticité. Avant la réunion du Conseil des

---

[422] V. l'article 52 du CIRDI « *(1) Chacune des parties peut demander, par écrit, au Secrétaire général l'annulation de la sentence pour l'un quelconque des motifs suivants : (a) vice dans la constitution du Tribunal ; (b) excès de pouvoir manifeste du Tribunal ; (c) corruption d'un membre du Tribunal ; (d) inobservation grave d'une règle fondamentale de procédure; (e) défaut de motifs.* » Le recours en annulation de la décision rendue dans l'affaire *Klöckner c/ Cameroun* (affaire n° ARB/81/2) complète ce texte en assimilant la contradiction réelle de motif au défaut de motifs. Sur cette sentence v. E. GAILLARD, *La Jurisprudence du CIRDI*, volume I, Paris, Edition Pedone, 2004, p. 81 à 139 et 163 à 177.

Ministres de l'OHADA du 9 octobre 2005[423], ces pièces à fournir devaient être rédigées seulement en langue française ou à défaut être traduites et certifiées par un traducteur inscrit sur une liste d'experts, établie par les juridictions compétentes. Cette réunion a envisagé une modification par un avenant de l'article 42 du Traité OHADA. Cet article prévoyait que « *le français est la langue de travail de l'OHADA* ». Le traité portant révision du Traité l'OHADA, signé à Québec le 17 octobre 2008 et entré en vigueur le 21 mars 2010, a enfin, pris en compte l'avenant à l'article 42. En effet, ce nouvel article énonce désormais que « *les langues de travail de l'OHADA sont : le français, l'anglais, l'espagnol et le portugais. Avant traduction dans les autres langues, les documents déjà publiés en français produisent tous leurs effets. En cas de divergence entre les différentes traductions, la version française fait foi* ». Avec l'introduction de cette modification, l'OHADA compte, désormais, quatre langues officielles de travail, à savoir le français, l'anglais, le portugais et l'espagnol. Cette modification permet de prendre en compte toute la diversité linguistique des États membres[424]. Nous saluons cette modification car si l'OHADA veut fonctionner et arriver à s'étendre au niveau continental tout en attirant les grandes puissances économiques du continent que sont l'Afrique du Sud, le Nigéria[425], l'Égypte et certains États du Maghreb, elle doit arriver à dépasser la seule sphère de la francophonie et devenir une véritable organisation à vocation continentale. Pour atteindre cet ambitieux objectif des auteurs anglophones comme Claire MOORE DICKERSON[426] et Amadou MONKAREE[427] ont fait une série de

---

[423] Du 3 au 9 octobre 2005, s'est tenu à Bamako, République du Mali, le Conseil des Ministres de L'OHADA. Suite à cette réunion, a été élaboré par le Comité des Experts, le projet du traité portant révision du traité relatif à L'Harmonisation du Droit des Affaires en Afrique signé à Port-Louis (Île Maurice) le 17 Octobre 1993. Cette rencontre a abouti à la révision de plusieurs articles dudit traité. Une modification importante crée une nouvelle institution, la Conférence des Chefs d'États et de Gouvernement. Une autre modification clef est l'introduction d'un avenant à l'Article 42 précisant la langue de travail de l'OHADA. Quand les États-parties auront approuvé cet avenant, l'OHADA aura quatre langues officielles : le français, ainsi que l'anglais, le portugais et l'espagnol. Ce traité révisé entrera en vigueur soixante (60) jours après la date du dépôt du huitième instrument de ratification. Il représentera une avancée historique de la très solide dynamique d'unification du droit des affaires engagée dans le cadre de l'OHADA et permettra Enfin, au nouveau droit unifié des affaires OHADA de s'ouvrir progressivement à l'ensemble de l'Afrique.

[424] Parmi les États membres de l'OHADA nous retrouvons le Cameroun qui est bilingue (anglais, français). Sur ce cas v. M. SIMO TUMNDE, « Cameroon offers a contextual approach to understanding the OHADA Treaty and Uniform Acts », *in Unified business law for Africa: Common Law perspectives on OHADA*, Londres, GMB, 2009, p. 45 et s. Nous retrouvons aussi la Guinée- Bissau qui a comme langue officielle le portugais et le Guinée Equatoriale qui a comme langue officielle l'espagnol. L'imposition de la langue française comme seule langue de travail dans ces États a été selon nous une réelle erreur.

[425] Sur l'arbitrage au Nigéria v. R. AMOUSSO-GUENOU « La réforme de l'arbitrage en République fédérale du Nigéria », *Revue de l'arbitrage*, 1989, p. 445 à 465.

[426] V. C. MOORE DICKERSON, « Le droit de l'OHADA dans les États anglophones et ses problématiques linguistiques », *RIDC*, 2008-1, p. 7 et s.

recommandations. Premièrement, mettre en œuvre rapidement l'avenant à l'article 42 Traité OHADA. Deuxièmement, préparer avec des juristes des pays anglophones des pays voisins, une traduction en anglais du Traité et de tous les actes uniformes, dans le but d'obtenir une traduction officielle. Troisièmement, inviter la CCJA à prendre en compte, quand la possibilité se présentera, la *common law*, et publier ses décisions dans l'ensemble des langues officielles.

228. Dans le cas particulier du Cameroun, État bilingue (français et anglais), l'introduction du droit OHADA avait soulevé des controverses doctrinales dans les régions anglophones. Des auteurs anglophones camerounais ont exprimé leur mécontentement. Martha SIMO TUMNDE s'est fait l'écho de ces plaintes en dénonçant le manque de concertation et de considération vis-à-vis des particularités nationales à travers ces mots : « *first most of the consternation expressed related to the manner in which the treaty was thrust upon the business and legal environment in Cameroon, without any consideration for our national peculiarities and without much consultation or discussion with stakeholders and potential users of this law* »[428]. L'ajout de la langue anglaise comme langue officielle de travail permet, maintenant, aux juristes anglophones de prendre plus facilement en compte le droit OHADA. Ainsi, ce droit dans les régions anglophones de ce pays, pourra échapper à la situation *« d'auto-exclusion »* dénoncée par Amadou MONKAREE à travers ces mots « ... *a Treaty which is basically French, suffers from self-exclusion from the English speaking provinces of Cameroon* »[429].

229. Toujours selon l'article 31 AUA, la reconnaissance et l'*exequatur* sont refusés si la sentence est manifestement contraire à une règle d'ordre international public des États-parties. Dans le deuxième cas de figure, on a les sentences rendues dans un État tiers à l'OHADA dont l'efficacité est requise dans un État de l'OHADA partie à la Convention de New York de 1958. En principe, si les deux États sont liés par la Convention de New York 1958, ces sentences vont relever des dispositions de cette convention[430]. En

---

[427] V. A. MONKAREE, « The necessity to embrace the OHADA system by Anglophone African countries », *in L'effectivité du droit de l'OHADA*, Yaoundé, PUA, 2006, p. 15 et s.

[428] V. M. SIMO TUMNDE, « OHADA as experienced in Cameroon: addressing areas of particular concern to common Law jurists », *in Unified business law for Africa: Common Law perspectives on OHADA*, Londres, GMB, 2009, p. 77. Traduction : « avant tout la consternation liée à la manière avec laquelle le traité a été mis dans environnement commercial et juridique au Cameroun, sans aucune considération pour nos particularités nationales et sans beaucoup de consultation ou de discussion avec les parties prenantes et les utilisateurs potentiels de cette loi ».

[429] *Ibid.*, p. 23. Traduction : « *un traité qui est essentiellement français, souffre d'auto-exclusion de la province anglophone du Cameroun* ».

[430] A ce jour, la Convention de New York de 1958 est entrée en vigueur au Bénin, depuis le 14 août 1974, au Burkina Faso le 21 juin 1987, au Cameroun le 19 mai 1988, en Côte d'Ivoire depuis le 2 mai 1991, en Guinée le 23 avril 1991, au Mali le 7 décembre 1994, en Mauritanie le 30 avril 1997 et au Sénégal le 15 janvier 1995.

effet, l'article 34 AUA prévoit que « *les sentences arbitrales rendues sur le fondement de règles différentes de celles prévues par le présent Acte Uniforme, sont reconnues dans les États-parties, dans les conditions prévues par les conventions internationales éventuellement applicables, et à défaut, dans les mêmes conditions que celles prévues aux dispositions du présent Acte Uniforme* ». Enfin, les sentences rendues dans un État tiers à l'OHADA, dont l'efficacité est requise dans un État de l'OHADA non partie à la Convention de New York, relèvent des dispositions de l'Acte Uniforme sur l'arbitrage donc des articles 31 à 34.

b.2. L'exequatur des sentences arbitrales ad hoc dans l'espace OHADA

230. L'*exequatur* est une autorisation judiciaire d'exécuter, accordée à une sentence arbitrale qui est dépourvue de force exécutoire dans l'ordre juridique du juge requis, en raison de son origine non étatique ou en raison de son extranéité. Pour pouvoir être exequaturée, la sentence doit être validée selon certaines conditions par le juge interne compétent. C'est dans ce sens qu'au terme de l'Acte Uniforme (article 30 AUA)[431], la sentence arbitrale qui veut être exécutée doit faire l'objet d'une décision d'*exequatur* rendue par la juridiction compétente dans l'État membre où l'exécution est recherchée. Il revient à chaque État membre de désigner le juge de l'*exequatur*[432]. Une fois que la sentence est prononcée, il existe des voies de recours.

c. Les voies de recours contre les sentences arbitrales ad hoc dans l'espace OHADA

231. L'AUA prévoit trois types de recours possibles contre la sentence. Le premier type de recours est le recours dit « *de droit commun* » en matière d'arbitrage : l'annulation de la sentence. Ce recours est ouvert si l'arbitre a statué sans convention d'arbitrage ou sur une convention nulle ou expirée, si le principe du contradictoire n'a pas été respecté dans la procédure et si la reconnaissance ou l'*exequatur* de la sentence sont contraires à l'ordre public des États-parties. Nous devons rajouter le défaut de motivation de la sentence arbitrale.

232. Le second type de recours prévu par l'AUA à travers son article 25 alinéa 5 est la révision de la sentence arbitrale. Cet article dispose que la sentence peut faire l'objet d'un recours en révision devant le tribunal arbitral

---

[431] V. l'article 30 AUA qui dispose que « *La sentence arbitrale n'est susceptible d'exécution forcée qu'en vertu d'une décision d'exequatur rendue par le juge compétent dans l'État - partie* ».

[432] Des législations nationales précisent déjà le juge compétent pour accorder l'*exequatur*. Il s'agit territorialement du juge du ressort dans lequel l'exécution de la sentence doit être poursuivie et matériellement du Président du tribunal de Première instance (en Côte d'Ivoire et au Tchad) ou du tribunal régional.

en raison de la découverte d'un fait de nature à exercer une influence décisive et qui avant le prononcé de la sentence était inconnu du tribunal et de la partie qui demande la révision. Ce recours suppose, pour être, recevable, que la partie qui l'exerce n'ait pas eu connaissance, au cours de l'instance arbitrale, des faits qui auraient été susceptibles de modifier la décision des arbitres s'ils avaient pu être révélés, et ce en vertu du principe général de bonne foi. Ce recours doit être porté devant le tribunal arbitral, ce qui suppose qu'il puisse être encore réuni. Si ce n'est pas le cas, il semble que la sentence pourrait ne pas tenir compte de cette correction sur le fondement de la violation de l'ordre public international. Enfin, l'article 25 dans son alinéa 4 prévoit la faculté, pour toute personne physique ou morale qui n'a pas été appelée dans la procédure d'arbitrage et lorsque la sentence lui porte préjudice, de faire opposition devant le tribunal arbitral. Il s'agit de *la tierce opposition*. La présence de cette voie de recours nous paraît fort regrettable car l'effet relatif de la convention d'arbitrage devrait suffire à prémunir les tiers contre toute incidence négative que la sentence pourrait avoir à leur égard. A travers l'arrêt *Sotaci c/ Delpech*, la CCJA a rappelé qu'une clause de renonciation à ces voies de recours doit être réputée non écrite car elle est contraire à l'ordre public. Au final, avec l'Acte Uniforme sur l'arbitrage, les États membres de l'OHADA ont réussi le formidable exploit de se doter d'un droit unique de l'arbitrage commercial international.

CONCLUSION DU CHAPITRE II

233. Dans leur stratégie de développement, les États du Mercosur et de l'OHADA ont eu besoin d'acquérir des législations et des techniques adaptées au monde du commerce international. Ainsi, malgré les méfiances, les hésitations et des lacunes observées, ces États vont progressivement se tourner vers des législations et des pratiques communes en matière d'arbitrage commercial international, pour finalement, grâce au recours à la technique juridique de l'uniformisation, obtenir de véritables droits communs de l'arbitrage applicables dans chacune de ces organisations. L'uniformisation du droit de l'arbitrage dans ces organisations est un vrai succès.

234. Partant de là, nous pouvons affirmer que l'OHADA et le Mercosur ont réussi à rendre réel le souhait émis par René DAVID. Au début des années quatre-vingt, cet auteur a pu écrire que : « *La situation très confuse que crée la diversité des droits en matière de rapports internationaux appelle une vigoureuse action des juristes des États. Si l'on veut créer la sécurité et organiser la justice pour le commerce international, il faut faire en sorte que les juridictions des divers États appliquent les mêmes règles de droit à un rapport international donné. On peut espérer y parvenir en unifiant sur le plan international les règles de conflit de lois ou les règles de fond du droit* »[433].

---

[433] V. R. DAVID, *L'arbitrage dans le commerce international*, *op.cit.*, p. 191 et 192.

235. Il faut particulièrement souligner ce succès car d'autres organisations internationales à travers le monde pourraient s'en inspirer. Nous pensons précisément à l'exemple européen où la Convention européenne sur l'arbitrage international de 1961 n'a pas abouti à une uniformisation des règles arbitrales. A ce propos, Lazare KOPELMANAS a rappelé que les auteurs de ce texte n'ont pas cherché à « *édifier de toutes pièces un système international unifié d'arbitrage commercial. Leur but a été à la fois moins ambitieux et probablement plus réaliste* »[434]. Pourtant, l'intégration normative du droit de l'arbitrage est une nécessité dans une politique d'intégration.

[434] V. L. KOPELMANAS, *op.cit.*, p. 331.

CONCLUSION DU TITRE I

236. Il ressort de ce qui précède que le recours à l'arbitrage a contribué au renforcement et au développement de l'intégration normative dans le Mercosur et dans l'OHADA. Tout d'abord, les États de l'Amérique Latine et de l'Afrique francophone ont essayé en vain de rapprocher leurs normes en ce domaine à travers le recours à la technique de l'harmonisation qui a des avantages[435] mais aussi des limites. Ensuite et surtout, grâce à la technique de l'uniformisation, l'OHADA et le Mercosur ont pu se doter de dispositions communes en matière d'arbitrage commercial international.

237. Ces droits uniformes de l'arbitrage de l'OHADA et du Mercosur, par leur contenu et leur caractère libéral, favorisent de façon certaine les échanges internationaux au sein de ces organisations. Les opérateurs du commerce internes et internationaux disposent ainsi de normes adaptées au règlement des différends. Enfin, ces normes apportent la sécurité juridique nécessaire à l'essor d'investissements de toute nature vers ces régions.

238. L'intégration normative du droit de l'arbitrage commercial international dans ces organisations a aussi indiscutablement pour effet de renforcer, d'intensifier et de resserrer les liens interrégionaux. En effet, pour la résolution de leurs différends commerciaux, les États membres de ces organisations ainsi que les particuliers disposent des mêmes normes et parlent de ce fait le même « langage juridique ». C'est à partir de ce constat que l'on peut déduire que le droit de l'arbitrage de l'OHADA et du Mercosur représente également un facteur d'accompagnement voire de développement pour le processus de l'intégration régionale.

---

[435] V. B. DEFFAINS, *op.cit.* Dans cet article l'auteur défend l'idée de la nécessité économique d'une harmonisation. Pour lui, cette technique permet une réduction des coûts de transaction, une réalisation de l'intégration du marché et une plus grande adaptation aux contraintes de la globalisation.

TITRE II

L'ARBITRAGE FACTEUR DE DÉVELOPPEMENT DE L'INTÉGRATION RÉGIONALE AU SEIN DE L'OHADA ET DU MERCOSUR

239. Etienne CEREXHE a démontré que l'intégration normative est non seulement une condition pour la réussite d'un processus d'intégration mais elle peut également être un élément moteur dans un processus d'intégration économique et régionale[436]. Dans ce sens, il a affirmé que le « *droit harmonisé peut constituer un élément de rapprochement des peuples. En harmonisant les législations, on crée les conditions pour l'établissement d'une appartenance commune, d'une citoyenneté commune. Or tout phénomène d'intégration suppose la connaissance réciproque et la compréhension mutuelle des hommes. Le droit, qui est par excellence une discipline sociale, peut être à cet égard un instrument précieux. Mais le droit peut être, à un deuxième titre, un facteur d'intégration. Il peut, dans certains cas faciliter l'intégration, la devancer voire la féconder* ». Selon nous, ce raisonnement est tout à fait transposable à notre étude car force est de constater que dans les organisations étudiées le droit de l'arbitrage issu de l'intégration normative, participe activement au processus d'intégration régionale. Dans le Mercosur comme dans l'espace OHADA, l'arbitrage est un véritable élément d'intégration régionale. Ce phénomène est favorisé par la présence de juridictions arbitrales qui garantissent le respect des droits issus de ces ensembles (**Chapitre I**). Il est surtout favorisé par l'utilisation, par ces juridictions, de mécanismes et principes qui vont dans le sens de l'approfondissement, du renforcement et l'effectivité du processus de l'intégration régionale (**Chapitre II).**

---

[436] V. E. CEREXHE, *op.cit*, p. 34.

CHAPITRE I

L'émergence de juridictions arbitrales favorables à l'intégration régionale au sein de l'OHADA et du Mercosur

240. Comme l'a relevé Pierre-Marie DUPUY, « *l'existence de la juridiction fournit enfin, la possibilité de sortir de l'intersubjectivité absolue de l'univers juridique international dans lequel, en l'absence de juge, chacun est, par principe, arbitre de la légalité de ses propres actes et de ceux de ses pairs, appréciant les uns et les autres à l'aune exclusive de ses intérêts* »[437]. Il ressort de ces mots que la présence d'une juridiction est essentielle dans l'ordre juridique international. Pour nous, cette présence est encore plus importante dans la cadre d'une organisation d'intégration régionale. En effet, en citant Nadine SUSANI, la présence d'une juridiction, dans ce type d'organisation, est une « *évolution qui s'avère essentielle pour le progrès de l'intégration. Elle apporte des outils susceptibles d'accroître la sécurité juridique et la prévisibilité dans les relations entre États* »[438]. Syméon KARAGIANNIS, partage cette idée car il affirmé que « *seuls les projets régionaux ambitionnant une certaine intégration des États participants vont pouvoir se doter des juridictions correspondantes, permanentes ou, à l'extrême limite, arbitrales* ».[439]

241. L'intervention du juge est importante car elle permet non seulement de poser des limites aux comportements des États et des particuliers mais aussi de définir l'ensemble des règles qui s'appliquent au sein de l'organisation. Parmi ces juridictions internationales, nous retrouvons les juridictions arbitrales du Mercosur et de l'espace OHADA. S'il existe un

---

[437] V. P.-M. DUPUY, « Sur le maintien ou la disparition de l'unité de l'ordre juridique international », *in Harmonies et contradictions en droit international*, Paris, Pedone, 1996, p. 22.

[438] V. N. SUSANI, *op.cit.*, p. 239.

[439] V. S. KARAGIANNIS, « La multiplication des juridictions internationales un système anarchique ? », *in Colloque de Lille sur la Juridictionnalisation du droit international*, SFDI, Paris, Pedone, 2003, p.72.

doute sur cette question, il suffit de se référer à la définition matérielle de la juridiction internationale proposée par le professeur Carlo SANTULLI[440]. Selon lui, la juridiction internationale est un organe qui a l'aptitude de mettre fin à un litige par une décision obligatoire résultant de l'application du droit international. Il convient, néanmoins, de nuancer cette dernière affirmation car les juridictions arbitrales peuvent parfois être amenées à régler un litige en statuant *ex aequo et bono*, c'est-à-dire en équité. De même, il faut préciser que les juridictions arbitrales n'ont pas d'*imperium*. La notion d'*imperium* regroupe selon le professeur Charles JARROSSON « *tout ce qui concerne la force publique, le pouvoir de commandement et de contraindre* »[441] qui relève de l'État. En d'autres mots, les juridictions arbitrales sont dépourvues de moyens de contraindre les parties d'exécuter une sentence. Au sein de ces organisations, l'émergence de juridictions arbitrales est particulièrement à mettre en lumière dans le processus d'intégration régionale. Par juridiction arbitrale nous désignons ici l'ensemble des tribunaux arbitraux *ad hoc*, formés pour régler les différends ponctuels mais aussi les juridictions communautaires à caractère permanent, qui exercent des tâches en matière d'arbitrage telles que la CCJA de l'OHADA et du TPR au sein du Mercosur. Toutes ces juridictions, qu'il convient d'abord de présenter compte tenu des particularités qu'elles présentent (**Section I**), jouent, selon nous, un rôle essentiel dans le processus d'intégration à travers le contrôle de l'effectivité et du respect de l'exercice des compétences des instances du Mercosur et de l'OHADA (**Section II**).

SECTION I. L'ÉMERGENCE DES JURIDICTIONS ARBITRALES AU SEIN DU MERCOSUR ET DE L'ESPACE OHADA

242. La comparaison des ensembles du Mercosur et de l'OHADA, nous pousse à observer que l'une des grandes différences réside dans le fait que dans le cadre du Mercosur, il n'existe pas de juridiction commune compétente pour organiser l'arbitrage. L'absence de ce type de juridiction n'a cependant pas empêché la bonne implantation de l'arbitrage dans cet ensemble, principalement grâce à l'émergence des tribunaux arbitraux *ad hoc* et depuis la création du Tribunal Permanent de Révision (TPR) (**§ I**). *A contrario*, dès sa création l'OHADA s'est dotée de la Cour Commune de Justice et d'Arbitrage (CCJA), qui organise et centralise l'arbitrage de telle sorte que l'on peut parler d'un véritable arbitrage institutionnel[442] (**§ II**).

---

[440] V. C. SANTULLI, *Droit du contentieux international*, Paris, Montchrestien, 2005, p. 57.

[441] V. Ch. JARROSSON, « Réflexion sur l'imperium », *in Etudes offertes à Pierre Bellet*, Paris, Litec, 1991, p. 247.

[442] V G. CORNU, *op.cit.* p. 69. L'arbitrage institutionnel suppose le concours d'un organisme permanent d'arbitrage (bourse de commerce, Chambre de commerce internationale, Cour Permanente de La Haye pour les différends entre États), qui met à la disposition des litigants

§ I. L'émergence des juridictions arbitrales du Mercosur : les tribunaux arbitraux ad hoc et le TPR

243. L'étude des juridictions arbitrales du Mercosur présente un intérêt par la mise en lumière de l'institutionnalisation progressive de l'arbitrage *ad hoc* (**A**). Cela passe aussi par la mise en avant des particularités sur la nature du TPR. Effectivement, cette juridiction arbitrale se singularise car elle emprunte plusieurs caractéristiques aux juridictions permanentes (**B**).

A. L'institutionnalisation progressive de l'arbitrage ad hoc du Mercosur

244. En l'absence d'une juridiction commune compétente en matière d'arbitrage au sein du Mercosur, nous pouvons constater une sorte d'« *institutionnalisation* » de l'arbitrage *ad hoc*. Ce phénomène est aussi décrit par Nadine SUSANI[443]. Selon cette auteure, « *les touches successives tendant à améliorer le fonctionnement du système de règlement des différends du Mercosur ont permis l'émergence d'une véritable institution juridictionnelle* » [444]. Il ne s'agit pas d'un phénomène isolé car à l'échelle internationale, Philippe FOUCHARD, Emmanuel GAILLARD et Berthold GOLDMAN, ont justement souligné le fait que la pratique internationale révèle une évolution vers une institutionnalisation de l'arbitrage qui n'est plus en adéquation avec le principe de la volonté des parties comme ressort fondamental de l'arbitrage .Pour ces auteurs, *« le choix direct, par celles-ci* (les parties)*, de leurs arbitres et de leur procédure devient plus rare. En effet, ont été créés et se sont développés, partout dans le monde, des centres permanents d'arbitrage. Ils administrent aujourd'hui l'immense majorité des arbitrages du commerce international* »[445]. Au sein du Mercosur, l'institutionnalisation de l'arbitrage *ad hoc* est perceptible à travers deux indices. Le premier indice, et le plus parlant selon nous, est l'existence d'une « *jurisprudence* » ou en tout cas d'une habitude de juger dans le même sens, émanant des sentences arbitrales rendues dans le cadre d'arbitrage *ad hoc* du Mercosur. Le deuxième indice est le double encadrement de la volonté des parties. Le trait caractéristique de l'arbitrage est la liberté de choix des parties, mais dans le cas d'un arbitrage institutionnel ce choix est en général limité par le Règlement d'arbitrage de l'institution. En ce qui concerne les arbitrages *ad hoc* du Mercosur, la volonté des parties est encadrée dans le choix des arbitres à travers le système des listes préétablies d'arbitres[446].

---

une liste d'arbitres, un Règlement d'arbitrage, une organisation matérielle (secrétariat, locaux, etc.) et des services (notifications des mémoires, par exemple).

[443] V. N. SUSANI, *op.cit.*, p. 131et s.

[444] *Ibid.*, p. 131.

[445] V. Ph. FOUCHARD, E. GAILLARD, et B. GOLDMAN, *op.cit.,* p. 36.

[446] V. l'article 11 du Protocole de Olivos. Cette liste est consultable sur http://www.mercosur.int/.

Chaque États a établi deux listes d'arbitres. La première liste comprend les noms de douze arbitres et la deuxième liste est composée de noms de quatre arbitres candidats pour former un tribunal arbitral de trois personnes. La fonction de ce type de listes est de faire face aux désaccords pouvant survenir à propos du choix d'un arbitre. Elles permettent également de limiter la subjectivité des parties dans la désignation des arbitres et créent un corps d'arbitres plus stable. Ce système de listes préétablies est aussi présent dans l'OHADA. Par la décision n° 02/2002 du 10 mars 2002[447], la CCJA a établi une liste de soixante-douze arbitres. Dans cette liste d'arbitres, figure plusieurs arbitres latino-américains.

245. La liberté de choix des parties est aussi limitée en matière de choix de droit applicable. L'article 34 § 1 du Protocole de Olivos (PO) prévoit que les tribunaux arbitraux du Mercosur sont tenus de statuer sur la base du droit originaire et dérivé de l'organisation. Il convient de nuancer cette dernière affirmation car ce même article autorise les tribunaux arbitraux à se référer « *aux principes et dispositions du droit international applicable en la matière* ». Dans la pratique, cet article a permis non seulement aux tribunaux arbitraux *ad hoc* de créer des principes propres au Mercosur, mais aussi d'utiliser les règles issues de l'OMC. C'est ainsi que le deuxième tribunal *ad hoc* arbitral (dans l'affaire de la *viande porcine*) n'a pas hésité à retenir comme source de droit l'*Accord sur les subventions et les mesures compensatoires*, conclu dans le cadre de l'OMC. Ce tribunal arbitral devait se pencher sur une controverse mettant en cause un ensemble de normes et de procédures brésiliennes qui favorisaient l'exportation de la viande porcine nationale. D'après la plainte argentine, ces mesures étaient de nature à fausser la concurrence entre les parties, ce qui constituait une violation claire du Traité d'Asunción et de la Décision CMC n°10/94[448]. Le tribunal a conclu que le système brésilien de stockage du maïs ne constituait pas une subvention spécifique, puisqu'il ne visait pas spécialement les producteurs de viande porcine, mais les producteurs de maïs dans leur ensemble. Le fait que le TPR emprunte des éléments propres aux juridictions permanentes est une étape supplémentaire dans le processus d'institutionnalisation de l'arbitrage au sein du Mercosur.

[447] V. *Penant,* n° 843, 2003.

[448] Cette décision interdit certaines modalités de subventions à la production et à l'exportation dans les États membres du Mercosur. Pour la consulter v. www.mercosur.int.

B. L'emprunt de caractéristiques propres aux juridictions permanentes par le TPR

246. Selon le professeur Laurence BURGORGUE-LARSEN, « *le fait régional juridictionnel est étroitement lié au fait régional tout court* »[449]. Nous partageons entièrement cette vision car selon pour nous, l'intensification du processus d'intégration régionale rend nécessaire la présence d'une juridiction. Pour autant, le législateur du Mercosur n'a pas jugé utile de créer une juridiction permanente. Pour combler cette lacune, le législateur du Mercosur a décidé de doter graduellement le TPR des caractéristiques propres aux juridictions permanentes. Nous sommes donc en présence d'une tendance à la « *juridictionnalisation* » de l'arbitrage au sein du Mercosur[450]. Cela est perceptible à travers le mode de désignation des arbitres de cet organe. L'article 18 du Protocole de Olivos (PO), prévoit que le TPR soit composé d'un arbitre par État. Le surarbitre doit être choisi par l'ensemble des États. Dans la pratique, chaque État a nommé un arbitre de sa nationalité[451]. Pour nous, la possibilité de nommer un arbitre de sa nationalité rapproche considérablement cet organe d'une juridiction communautaire sur le modèle de la Cour de Justice de la Communauté Européenne (CJCE) dans l'ordre communautaire européen. En effet, cette cour est composée d'un juge par État membre[452]. Cet avis est partagé par Nadine SUSANI, selon qui, loin de porter atteinte à l'impartialité, ce choix a été considéré comme « *un élément permettant de créer un tribunal véritablement communautaire, capable de défendre le substrat jurisprudentiel propre à l'association créée* »[453]. Ce mode de nomination des juges et arbitres accorde la priorité à la représentation de tous les systèmes juridiques nationaux de l'organisation. Ce qui n'est manifestement pas le cas dans l'OHADA, où la CCJA, en sa qualité de cour de justice ne compte que sept juges[454]. Effectivement, dans sa fonction de cour de justice, la CCJA est composée de sept juges élus au scrutin secret par le Conseil des ministres sur une liste de personnes présentées par les États-parties et comprenant deux candidats au plus par

---

[449] V. L. BURGORGUE-LARSEN, « Le fait régional dans la juridictionnalisation du droit international », *in Colloque de Lille sur la Juridictionnalisation du droit international*, SFDI, Paris, Pedone, 2003, p.203.

[450] Selon les termes de P. DAILLIER, M. FORTEAU et A. PELLET, *op.cit.*, p. 980 et s.

[451] Pour la liste des arbitres v. la décision du CMC n°26/04 du 7 juillet 2004. Ces arbitres sont N. E. BECCERA (Argentine), J. GRANDINO RODAS (Brésil), W. FERNANDEZ de BRIX (Paraguay), et R. PUCERIO RIPOLL (Uruguay). Liste consultable sur www.mercosur.int.

[452] V. l'article 221 CE qui énonce que « la Cour de Justice est formée d'un juge par État membre ». Depuis le Traité de Nice du 26 février 2001 elle est composée de 27 juges. Sur la composition et le structure de la CJCE v. J.P. JACQUE, *Droit institutionnel de l'Union Européenne*, Paris, Dalloz 2006, p. 379 et s.

[453] V. N. SUSANI, *op.cit.* p. 144.

[454] La liste des juges de la CCJA: le Président est N'Dongo FALL (Sénégal), Antoine OLIVEIRA (Gabon), Biquezil NAMBAK (Guinée-Bissau), Boubackar DICKO (Mali), Mainassara Maidagi (Niger), Bahdje DOUMSSINRINMBAYE (Tchad), Jacques M'BOSSO (République Centrafricaine).

État (article 32 du Traité OHADA). Une fois élus, les membres de la CCJA sont inamovibles (article 36 Traité OHADA). Les juges sont élus pour une durée de sept ans, renouvelables une fois, parmi les magistrats, avocats et professeurs de droit ressortissants des États-parties et ayant acquis au moins quinze ans d'expérience professionnelle. La CCJA est renouvelée par septième chaque année, et ne peut comprendre plus d'un ressortissant du même État (article 31 Traité OHADA). Chaque membre de la Cour conserve son mandat jusqu'à l'entrée en fonction de son successeur, et un dispositif organise la permanence de l'effectif en cas de vacance de siège (article 35 Traité OHADA).

247. L'autre élément qui milite en faveur d'un rapprochement du TPR avec une juridiction permanente et intégrée est la faculté laissée à cet organe d'émettre des avis consultatifs. A ce jour le TPR a émis trois avis consultatifs[455]. A travers, ces avis les arbitres du TPR se sont comportés comme de véritables juges. Ainsi, à travers le premier avis consultatif en date du 3 avril 2007, à propos de l'affaire *Norte SA Imp. Exp. c/ Laboratoire Northia*[456], le TPR s'est attribué la compétence pour prononcer l'inapplicabilité d'une norme du Mercosur. Le TPR était amené à se prononcer sur la validité du Règlement d'organisation de la procédure des opinions consultatives du 18 janvier 2007 (donc une règle de droit dérivé). Il l'a déclaré inapplicable car contraire au droit originaire et aux principes généraux du droit. Cette inapplicabilité ne concerne, comme le rappelle le TPR lui-même, que l'affaire qui lui est soumise[457]. La norme reste donc en vigueur et peut être appliquée dans d'autres affaires.

§ II. L'arbitrage institutionnel au sein de l'espace OHADA : l'arbitrage CCJA

248. Tout comme le TPR du Mercosur, l'analyse de l'arbitrage institutionnel au sein de l'OHADA passe par la mise en relief de la particularité de la CCJA. La particularité principale de cette juridiction est d'avoir une double fonction judiciaire et arbitrale (**A**). Cette analyse passe également par l'étude de l'engagement arbitral (**B**) et l'instance arbitrale devant cet organe (**C**).

---

[455] Le premier avis consultatif a été rendu en 2007 (l'avis n° 1/2007). Le deuxième avis a été rendu en 2008 (l'avis n°2/2008). Le troisième avis consultatif a été rendu en 2009 (l'avis n°3/2009). Sur ces avis v. P. DAILLIER, « La jurisprudence des tribunaux des organisations d'intégration latino-américaines », *AFDI*, 2006, volume 52, p. 532, spéc. p. 577. V. aussi www.mercosur.int.

[456] *Ibid.*, p. 532.

[457] V. l'avis consultatif n° 1/2007, point G 2.

A. La CCJA un organe à double fonctions : une fonction judiciaire et une fonction arbitrale

249. Effectivement, la CCJA est une institution très importante dans le système juridique de l'OHADA, qui est dotée d'une fonction judiciaire et d'une fonction arbitrale. Cet organe, dont le siège se trouve à Abidjan[458] (Côte d'Ivoire), est composé de sept juges élus à la majorité des voix et au scrutin secret par le Conseil des Ministres. Ils sont élus pour une durée de sept ans, renouvelables une fois. Une fois élus, les juges sont inamovibles et jouissent de privilèges et immunités diplomatiques pendant toute la durée de leur mandat. Afin de s'assurer leur indépendance et leur impartialité, ils ne peuvent pas exercer de fonctions politiques ou administratives. L'exercice de toute autre activité rémunérée doit être autorisé par la CCJA.

250. La CCJA est constituée de nombreux organes qui sont : le Président de la CCJA (suppléé par un vice-président en cas d'empêchement), l'Assemblée plénière, la Formation restreinte, le Secrétariat général et la Régie des recettes et des dépenses. Chacun de ces organes a des attributions dans le contentieux judicaire et dans le contentieux arbitral. Effectivement, la principale particularité de la CCJA tient au fait qu'elle a des fonctions dans le domaine du contentieux judiciaire et arbitral. Dans le cadre de ces fonctions judiciaires, la CCJA est une juridiction supranationale unique et communautaire ayant pour objet, d'une part d'éviter les risques d'interprétations divergentes des Actes Uniformes par les juridictions des différents États membres et, d'autre part, d'aboutir à une interprétation unique des termes du Traité OHADA, de ses règlements d'application et des Actes Uniformes. Ainsi, la présence de la CCJA a permis la réalisation d'un projet souhaité depuis la période coloniale à savoir l'intégration judiciaire[459]. En sa qualité de juridiction arbitrale, la CCJA agit comme un centre d'arbitrage en organisant la procédure arbitrale et surtout comme l'autorité compétente pour la reconnaissance et l'*exequatur* des sentences arbitrales. Dès le départ du fonctionnement du mécanisme d'arbitrage OHADA, cette dualité de fonctions a été critiquée par une large partie de la doctrine. Les critiques portaient d'abord, sur la confusion possible entre les attributions judiciaires et arbitrales de la CCJA. A ce propos, le professeur Joseph ISSA-SAYEGH, qui s'est fait l'écho de ces critiques, a pu soutenir qu'« *en confiant à une même cour une fonction juridictionnelle (Cour de justice) et*

---

[458] Ce choix a certainement été motivé par la place stratégique et l'importance économique qu'occupe cette ville en Afrique de l'Ouest. Si la CCJA le juge utile, elle peut se réunir en d'autres lieux, sur le territoire d'un autre État membre avec l'accord préalable de cet État. Cette solution est fort opportune compte tenu de la situation d'instabilité politique qui a perduré en Côte d'Ivoire de 1999 à 2011.

[459] V. M. JEOL, *op.cit.*, p. 30 où cet auteur a pu écrire que « *L'unification de la justice, dans ces conditions, aurait certainement l'avantage de favoriser une unification rapide et souhaitable du droit africain ...* ». V. aussi P. MEYER, « La sécurité juridique et judiciaire dans l'espace OHADA », *Penant*, n°855, janvier-mars 2006, p. 151 à 175.

une fonction d'arbitrage (Cour d'arbitrage), l'OHADA a voulu répondre à un double souci de célérité et d'interprétation unifiée mais c'est là un mélange des genres qui n'est pas sans danger dans la mesure où les justiciables peuvent craindre que les « arbitrages OHADA » n'échappent pas à la justice étatique et ils risquent de s'en détourner »[460].

251. Ensuite, les critiques portaient sur une contradiction entre le Règlement d'arbitrage CCJA et le droit commun de l'arbitrage émanant de l'AUA. Et pour cause, la compétence de la CCJA en tant que centre d'arbitrage n'est pas nécessairement liée à l'application de l'AUA. Elle peut être retenue alors même que l'application de l'AUA sera écartée en raison de la situation du siège du tribunal arbitral en dehors du territoire d'un État-partie. Enfin, les critiques portaient sur une éventuelle concurrence de la CCJA avec les centres d'arbitrage de droit interne. En principe, dans les pays où il n'existe pas de centre d'arbitrage, la CCJA va très certainement être choisie comme centre d'arbitrage. Dans les pays où des centres d'arbitrage existent déjà, il va exister *de facto* une véritable situation de concurrence. Toutes ces critiques et appréhensions ont été levées au fil du temps grâce aux nombreux textes et colloques[461] sur le thème de l'arbitrage mais aussi par la pratique arbitrale OHADA. Aujourd'hui, la CCJA est solidement implantée comme le centre d'arbitrage de l'espace OHADA.

B. L'engagement arbitral devant la CCJA

252. Le Règlement d'arbitrage de la CCJA du 11 mars 1999 règlemente l'engagement arbitral et son champ d'application[462]. En matière d'engagement arbitral, le point le plus marquant de ce Règlement d'arbitrage est le fait qu'il ne pose aucune limite à l'autonomie de la convention d'arbitrage. En effet, l'article 10.4 du Règlement d'arbitrage CCJA retient

---

[460] V. J. ISSA-SAYEGH, « Réflexions dubitatives sur le droit de l'arbitrage de l'OHADA », *op.cit.,* p. 22. Cet auteur s'est fait l'écho de ces appréhensions à travers cet article.

[461] Des textes et colloques comme le colloque qui s'est tenu le 2 février 2001 à Paris sur le thème de l'arbitrage OHADA. Pour les actes de ce colloque v. *Revue Camerounaise de l'arbitrage*, numéro spécial d'octobre 2001 et le séminaire de perfectionnement qui s'est tenu au Caire du 14 au 21 décembre 1996 sur le thème : *justice et développement le rôle de l'arbitrage commercial international.* Enfin nous pouvons citer le colloque auquel nous avons pu assister qui s'est tenu à Bordeaux les 20 et 21 septembre 2005, sur le thème de *l'harmonisation des droits sur les continents africain et européen.*

[462] Outre le Traité de Port-Louis qui consacre son titre IV à l'arbitrage CCJA, plusieurs autres textes sont venus compléter le cadre juridique et préciser les conditions du déroulement de cet arbitrage. Il s'agit du Règlement d'arbitrage de la CCJA adopté le 11 mars 1999 et entré en vigueur le 30 avril 1999, du Règlement intérieur de la CCJA en matière d'arbitrage signé le 2 juin 1999. Il s'agit aussi, des décisions en matière arbitrale de la CCJA telles que la décision n° 004/99/CCJA du 3 février 1999 relative aux frais d'arbitrage, de la décision n° 004/99/CM du 12 mars 1999 portant approbation de la décision sur les frais d'arbitrage et Enfin, de la décision n°001/2000/CCJA portant sur la création, l'organisation et le fonctionnement de la Régie des recettes et des dépenses du greffe de la CCJA.

l'autonomie de la convention d'arbitrage même lorsque « *le contrat liant les parties est nul ou inexistant ...* ». A travers cette disposition, les rédacteurs du droit de l'arbitrage OHADA ont encore une fois fait preuve d'un trop grand libéralisme car il nous semble fort difficile d'admettre qu'une convention d'arbitrage puisse être efficace alors que le contrat qui la contient n'a aucune existence. Comment des volontés qui ne se sont pas rencontrées sur le contrat principal, (puisque celui-ci est inexistant) peuvent-elles s'accorder sur la convention d'arbitrage ? Cette disposition va manifestement créer des difficultés dans la pratique arbitrale OHADA, entre temps, elle pose déjà la question des limites qu'il convient de fixer au principe d'autonomie de la convention d'arbitrage. La présence, dans un contrat, d'une clause compromissoire donnant compétence exclusive à un tribunal arbitral suivant les règles du Règlement de la CCJA, dessaisit les juridictions de droit commun de toute action ou décision. Le juge des référés du Burkina Faso a récemment rappelé ce principe dans l'affaire *Atlantique Telecom c/ Planor Afrique*[463].

253. Pour ce qui est des litiges arbitrables selon le Règlement d'arbitrage CCJA, l'article 2.1 énonce que « *la mission de la Cour est de procurer, conformément à son règlement une solution arbitrable lorsqu'un différend d'ordre contractuel, en application d'une clause compromissoire ou d'un compromis, lui est soumis ...* ». Cette formule conduit à considérer que les différends en matière de commerce international ne seront arbitrables par la CCJA que s'ils sont mentionnés dans un contrat. L'accent est ici mis sur le différend de nature contractuelle. Selon Jean-Marie TCHAKOUA[464], l'accent est sans doute mis sur le contrat du fait que celui-ci est le pivot du droit des affaires. Les avantages d'une telle solution sont nombreux tant le contrat peut englober de nombreuses situations juridiques existantes et à venir.

254. En revanche selon nous, cette même formulation présente l'inconvénient de mettre l'arbitrage CCJA en retrait par rapport à l'évolution

---

[463] Sur cette affaire v. J.-M. TCHAKOUA, « Une pièce importante dans l'œuvre d'harmonisation en Afrique du droit des affaires : Cour Commune de Justice et d'Arbitrage, arrêt n°3 du 31 janvier 2011 « Planor SA c/ ATLANTIQUE TELECOM SA », *Penant*, numéro 881, octobre-décembre 2012, p. 531 à 548. En avril 2008, le Tribunal de Grande Instance de Ouagadougou a condamné la société *Atlantique Telecom* à céder ses actions détenues dans la société *Telecel Faso* à *Planor Afrique,* son partenaire et actionnaire minoritaire. Suite à cette décision de cession forcée des actions, la société *Atlantique Telecom* a initié les voies de recours usuelles en la matière, c'est-à-dire présenter une défense à exécution liée à l'exécution provisoire dont était assortie la décision rendue et interjeter appel de la décision de condamnation. Le Juge burkinabé des référés du second degré a refusé de faire droit à la défense à exécution initiée par *Atlantique Telecom.* Cette dernière avait introduit une demande d'arbitrage auprès de la CCJA le 25 août 2008.

[464] V. J.-M. TCHAKOUA, « L'arbitrabilité des différends dans l'espace OHADA », *Penant*, n° 835, janvier-avril 2001, p. 5. Pour l'auteur, la notion de « *différend d'ordre contractuel* » doit être comprise comme englobant « *les différends nés des difficultés du contrat* ». A notre avis cette notion recouvre aussi et surtout tous les différends liés à l'exécution du contrat.

en droit comparé du l'arbitrage international. A titre d' exemple, la Convention de New York de 1958 qui a été ratifiée par de nombreux États membres de l'OHADA, engage les États contractants à reconnaître la convention par laquelle les parties soumettent des différends qui s'élèvent entre elles au sujet d'un rapport de droit contractuel ou non contractuel. Il est aussi possible que les parties après de longues négociations contractuelles ne puissent pas recourir à l'arbitrage parce qu'elles n'auront pas su franchir le seuil de la conclusion du contrat. Concernant le champ d'application territorial, le Règlement d'arbitrage de la CCJA accorde également une grande importance au critère du rattachement territorial. Son article 2.1 énonce que « *la mission de la Cour est de procurer, conformément au présent règlement, une solution arbitrale lorsqu'un différend d'ordre contractuel, en application d'une clause compromissoire ou d'un compromis d'arbitrage, lui est soumis par toute partie à un contrat, soit que l'une des parties ait son domicile ou sa résidence habituelle dans un des États-parties, soit que le contrat soit exécuté ou à exécuter, en tout ou partie sur le territoire d'un ou de plusieurs États-parties.* ». Il résulte de cette disposition que le champ spatial de l'arbitrage CCJA est constitué par l'ensemble des territoires des États-parties au Traité OHADA. Le recours à l'arbitrage sous l'égide de la CCJA n'est ouvert qu'à la condition que le différend ait une attache territoriale avec l'OHADA. Le rattachement au territoire devient ainsi une condition de l'arbitrabilité du litige. L'option de limiter le système d'arbitrage de la CCJA à l'espace OHADA peut s'expliquer par la fonction judiciaire que la CCJA exerce en plus de sa fonction d'administration des arbitrages, mais aussi par le fait qu'il s'agit avant tout d'un arbitrage intra-communautaire. Il existe des inconvénients à la solution de limiter ce système d'arbitrage à l'espace OHADA[465]. Premièrement, cette solution restreint la volonté des parties à l'arbitrage. Leur volonté a pour frontière les frontières de l'OHADA.

255. Deuxièmement, cette approche ne semble pas prendre en compte les hypothèses encore trop fréquentes d'incertitude sur la détermination des limites du territoire de certains États membres de l'OHADA[466]. Enfin, cette solution est défavorable à l'arbitrage OHADA par rapport à son « environnement ». L'arbitrage CCJA s'inscrit dans l'environnement des grands arbitrages institutionnels internationaux que sont l'arbitrage AAA,

---

[465] Certains de ces inconvénients ont été soulignés par J.-M. TCHAKOUA dans son article « L'espace dans le système d'arbitrage de la Cour de Justice et d'Arbitrage de l'OHADA », *Penant*, n° 842, avril-juin 2003, p. 79.

[466] C'est toujours le cas avec le Cameroun qui est engagé dans un conflit frontalier avec le Nigéria à propos de la péninsule de Bakassi. Sur ce différend v. l'ordonnance du 3 Mars 1999 de la CIJ *Affaire de terrestre et maritime entre le Cameroun et le Nigéria*. C'était encore très récemment le cas en Côte d'Ivoire dont près de la moitié du territoire était occupée par des rebelles pendant environ dix ans. On retrouve ce même type de conflits au Niger et au Sénégal (la région de Casamance) et aujourd'hui au Mali.

l'arbitrage CCI et l'arbitrage CIRDI. Ce système d'arbitrage s'autolimite sur le plan territorial par rapport à d'autres systèmes d'arbitrage international que sont l'arbitrage CCI ou encore l'arbitrage CIRDI. Le législateur OHADA donne l'impression qu'il a voulu un système d'arbitrage local. Nous pouvons ainsi nourrir certains regrets car le législateur aurait pu permettre à des États africains non membres de l'OHADA (comme le Ghana ou le Nigéria, des pays voisins de la plupart des membres de l'OHADA) de recourir à l'arbitrage CCJA dans l'optique d'accroître sa sphère d'influence.

C. L'instance arbitrale devant la CCJA

256. René BOURDIN nous a fait remarquer que l'instance arbitrale devant la CCJA s'est inspirée ouvertement du Règlement d'arbitrage de la CCI[467] (**2**). Avant d'étudier ce point, il faut mettre en exergue le fait que chaque organe de cette institution joue un rôle précis dans le déroulement de l'instance (**1**).

1. Le rôle essentiel des organes de la CCJA dans le déroulement de l'instance arbitrale

257. En sa qualité de centre d'arbitrage, la CCJA a plusieurs organes, à savoir le Président du Centre d'arbitrage CCJA, l'*Assemblée plénière*, la *Formation restreinte*, le *Secrétariat général* et la *Régie des recettes et des dépenses*. Chacun de ces organes a une mission en matière d'arbitrage[468] : en matière d'arbitrage le Président de la Cour devient le Président du centre d'arbitrage CCJA. Dans cette fonction, il lui revient de prendre en cas d'urgence toutes les mesures nécessaires à la mise en place et au bon déroulement de la procédure arbitrale, même s'il doit en informer la Cour lors de sa suivante réunion. En dehors des cas d'urgence, c'est au Président de la CCJA qu'il revient de veiller, de manière générale, à ce que toutes les dispositions utiles soient prises afin d'assurer le bon déroulement de la procédure arbitrale CCJA[469]. Il revient à l'Assemblée plénière de prendre toutes les décisions nécessaires à la mise en place et au bon déroulement de l'instance arbitrale. Elle a une compétence générale d'administration de la

---

[467] V. R. BOURDIN, « Le règlement d'arbitrage de la CCJA », *Revue Camerounaise de l'arbitrage*, 1999, n°5 avril juin, p. 10.

[468] Sur le rôle de chaque organe de la CCJA en matière d'arbitrage v. J. M'BOSSO, « Le fonctionnement du centre d'arbitrage CCJA et le déroulement de la procédure arbitrale », *Revue Camerounaise de l'arbitrage*, numéro spécial, octobre 2001, p. 42.

[469] *Ibid.* Il lui revient de s'assurer de l'effectivité des communications des dossiers ou pièces des procédures entre les parties et des versements correspondants des provisions avant la mise en œuvre desdites procédures, de l'effectivité et de la correcte réalisation par la Secrétariat général du Centre des différentes tâches qui lui incombent. Il incombe aussi de prendre une ordonnance de désignation d'un membre de la Cour pour faire rapport sur telle ou telle affaire dont le Centre est saisi et pour veiller au respect des délais de procédure. Enfin, il préside l'Assemblée plénière et la Formation restreinte.

procédure arbitrale[470]. En application de l'article 23 du Règlement d'arbitrage CCJA, elle se doit d'examiner, préalablement à leur signature par l'arbitre, les projets de sentence sur la compétence, les sentences partielles qui mettent fin à des prétentions des parties et les sentences qui mettent un terme final au litige. Les modifications ne peuvent être que des modifications de pure forme car il faut séparer les fonctions juridictionnelles de ces activités de suivi de la procédure d'arbitrage. La *Formation restreinte* a été instituée par le Règlement intérieur de la CCJA. Elle est chargée du suivi des procédures arbitrales. En vertu de ce même règlement intérieur (article 25), la *Formation restreinte* est dotée du pouvoir de décision. Ce n'est que lorsque la *Formation restreinte* ne peut décider qu'elle renvoie l'affaire à la suivante Assemblée plénière de la Cour en lui faisant toutes les propositions qu'elle juge appropriées.

258. Le Secrétariat général occupe une place primordiale dans l'instance arbitrale CCJA. C'est lui qui enregistre les demandes d'arbitrage et les notifie aux parties défenderesses en y joignant un exemplaire du Règlement d'arbitrage. La date de réception par cet organe de la demande d'arbitrage constitue la date d'introduction de l'instance. C'est à compter de la date de réception de la notification du Secrétariat général que court le délai de quarante-cinq jours imparti aux parties défenderesses pour connaître leurs réponses aux demandes d'arbitrage. Après réception de la demande d'arbitrage, de la réponse ou passé les délais prescrits pour les recevoir, le Secrétariat général saisit la Cour pour la fixation de la provision relative aux frais d'arbitrage, pour la mise en œuvre de celui-ci et s'il y a lieu, pour la fixation du lieu de l'arbitrage lorsque la question du siège de l'arbitrage n'a pas été réglée dans la convention d'arbitrage ou par un accord postérieur des parties. C'est également à cet organe que revient la faculté d'établir, avec l'accord de la Cour, les documents destinés à l'information des parties et des arbitres et ceux nécessaires à la tenue de l'arbitrage. Enfin, une fois que la sentence est rendue c'est cet organe qui la notifie aux parties. De tout ce qui précède, nous pouvons facilement établir une analogie entre le rôle joué par cet organe et celui joué par le secrétariat administratif du Mercosur. Enfin, la Régie des recettes et des dépenses est chargée, comme son nom l'indique, de s'occuper de l'exécution de toutes les opérations d'encaissement ou de paiement liées à la procédure arbitrale. Tous ces organes contribuent au déroulement de l'instance arbitrale.

---

[470] *Ibid.* l'Assemblée générale intervient dans les cas de décès ou de démission d'un arbitre ou de désaccord des parties lors de la désignation ou le nombre d'arbitres, lorsqu'une partie conteste la validité de la sentence arbitrale.

2. Le déroulement de l'instance arbitrale CCJA inspiré par l'arbitrage CCI

259. En droit de l'arbitrage CCJA, l'arbitre tranche le litige conformément aux règles de droit que les parties ont choisies (article 17 Règlement d'arbitrage CCJA). Il peut aussi être appelé à « *appliquer la loi étatique désignée par la règle de conflit qu'il jugera appropriée en l'espèce* », tout en tenant compte des stipulations du contrat et des usages du commerce (article 17 Règlement d'arbitrage CCJA). La procédure arbitrale commence en général par une demande d'arbitrage suivie d'une réponse, ce qui permet à chacune des parties de faire valoir ses prétentions initiales. Dans les arbitrages institutionnels, il est habituel que la date de réception par le centre d'arbitrage de la demande d'arbitrage soit réputée comme la date d'introduction de la procédure d'arbitrage. Cette solution est prévue par exemple à l'article 3 du Règlement d'arbitrage de la CCI[471]. Les frais d'ouverture du dossier sont également versés à ce moment, mais sans que ce versement influence la date du début de l'instance. Dans la pratique, il résulte quelques difficultés pour les centres qui voient parfois la procédure s'enclencher sans que la provision pour frais d'arbitrage ne soit versée. Pour pallier cet inconvénient, le Règlement d'arbitrage CCI de 2012 prévoit à son article 16 que le secrétariat de la Cour peut subordonner la remise du dossier à l'arbitre au versement par les parties ou l'une d'elles de tout ou partie de la provision. La solution que retient le système d'arbitrage CCJA pour l'introduction de l'instance est à tout fait originale. La fixation de la date d'ouverture de la procédure est étroitement liée au versement d'une caution. Concrètement, l'instance arbitrale commence non pas à la date à laquelle la demande d'arbitrage est reçue au secrétariat de la Cour mais à la date où le dossier est déclaré conforme et donc après le versement du droit prévu pour l'introduction des instances dans le barème des frais de la CCJA[472]. Certes, cette solution facilite le recouvrement des frais d'arbitrage mais elle peut constituer un blocage pour les parties désirant soumettre leur litige de façon urgente et ne pouvant pas réunir dans de brefs délais la somme nécessaire.

260. Une fois que les prétentions des parties sont connues, elles sont consignées dans un acte de mission[473]. Dans le système d'arbitrage CCJA, l'acte de mission est un procès-verbal (article 15 Règlement d'arbitrage CCJA). Ce procès-verbal, qui dans les faits est très proche du modèle de celui de l'arbitrage CCI, constate avant tout l'exercice de la convention

[471] Pour une étude approfondie du fonctionnement de l'arbitrage de la CCI v. C.IMHOOS, E. SHAFER et H. VERBIST, *L'arbitrage de la CCI en pratique*, Bruxelles, Bruylant, 2002.

[472] V. l'article 1er de la Décision 004/CCJA du 3 février 1999 relative aux frais d'arbitrage.

[473] L'acte de mission est un document signé par les parties et par les arbitres ou à défaut d'accord des parties par les seuls arbitres ou par l'institution d'arbitrage. Il a pour objet d'exposer les prétentions des parties, d'identifier les points sur lesquels le tribunal arbitral devra se prononcer et d'arrêter les principales règles qui régiront le déroulement de la procédure arbitrale.

d'arbitrage désignant la CCJA. Il constate aussi les accords sur la langue d'arbitrage, sur le siège de l'arbitrage, l'objet du litige et fixe le déroulement de la procédure. Toutes ces juridictions arbitrales régionales contribuent activement au processus d'intégration économique et régionale du Mercosur et de l'OHADA.

SECTION II. LA CONTRIBUTION DES JURIDICTIONS ARBITRALES À L'EFFECTIVITÉ DES SYSTÈMES JURIDIQUES DU MERCOSUR ET DE L'OHADA

261. Les facteurs économiques et régionaux sous-tendent la conception des ensembles objets de notre étude. Le but final du Mercosur est d'atteindre une union douanière. Celui suivi par l'OHADA est d'apporter la sécurité juridique et judiciaire nécessaire aux investissements. Pour atteindre ces objectifs, tout d'abord, chaque État membre doit agir dans le sens du respect des droits et des compétences de l'intégration. Ensuite, les systèmes juridiques de ces organisations doivent bénéficier de mécanismes de sanctions permettant d'assurer l'effectivité dont tout droit a besoin pour exister. Pour parvenir à cela, il faut la présence de juridictions régionales capables de réguler et contrôler[474], par le droit, tout le processus d'intégration. Cette idée est partagée par Laurence BURGORGUE-LARSEN. Pour elle, la fonction des juridictions régionales « *à côté des institutions de type exécutif et même de type parlementaire quand elles existent, est d'assurer, grâce aux ressorts du droit, l'effectivité de l'approfondissement des rapprochements économiques entre les États-parties. En un mot, les Cours de justice apparaissent comme garantes des processus d'intégration* »[475]. L'effectivité des compétences du Mercosur et de l'OHADA nous apparaît comme une nécessité (**§ I**). Cette effectivité est assurée en grande partie grâce à l'autorité de la chose jugée des sentences arbitrales (**§ II**).

§ I. La nécessité d'assurer l'effectivité de l'exercice des compétences des instances du Mercosur et de l'OHADA

262. Il nous apparaît vitale pour la pérennité et le succès du Mercosur et de l'OHADA de réussir à mettre en œuvre les différentes normes et compétences qu'ils ont élaboré. Ces organisations doivent impérativement rechercher l'effectivité de l'exercice de leurs compétences. Pour cerner la définition et l'importance de la notion d'effectivité nous devons nous tourner

---

[474] V. *M. DELMAS-MARTY (sous la direction), Critique de l'intégration normative, op.cit.*, p. 20 où l'auteure a écrit que « *L'existence d'un contrôle effectif est donc l'une des clés de l'intégration juridique* ... ».

[475] V. L. BURGORGUE-LARSEN, *op.cit.*, p. 221.

vers des auteurs comme Jean TOUSCOZ. Selon cet auteur, la notion d'effectivité est « *la relation qui existe entre un certain état de fait, une certaine réalité, et entre une règle ou une situation juridique. L'effectivité, c'est la qualité d'un titre juridique qui remplit objectivement sa fonction sociale* »[476]. D'après ce qui précède, l'effectivité apparaît comme la mesure de l'existence d'une norme de droit. Cette notion est essentielle comme le souligne le professeur René-Jean DUPUY à travers ces mots : « *l'effectivité n'est pas un principe de droit ; elle est antérieure au droit. C'est une règle d'existence, justification originaire de la réalité d'une norme ou de celle d'une institution* »[477]. Cette notion est très souvent assimilée à la notion d'efficacité qui est le caractère d'une règle de droit qui produit l'effet voulu[478]. En droit international, la notion d'effectivité est très régulièrement utilisée car certaines situations ou titres juridiques ne sont valables et opposables qu'à la condition d'exister en fait[479]. Elle est surtout utilisée parce que l'ordre international n'est pas centralisé, la hiérarchie ou la présence d'institutions n'assure pas complètement l'effectivité du droit international. La structure essentiellement horizontale de la société internationale induit le respect du droit international dépend en pratique de la bonne volonté des États. Pour des raisons évidentes, la recherche de l'effectivité est particulièrement nécessaire dans le domaine du maintien de la paix[480] mais aussi dans le domaine de la régulation du commerce international.

263. L'existence de la notion d'effectivité est intimement liée à la présence de mécanismes de contrôle et de sanction en vue de l'exécution du droit international[481]. Le professeur Jean CHARPENTIER, a pu affirmer en ce sens que « *le développement des mécanismes de contrôle du respect par les États de leurs obligations internationales constitue, par le renforcement de leur effectivité qu'il favorise, un des progrès les plus sensibles du droit international contemporain* ». Parmi ces mécanismes de sanction et de contrôle, nous retrouvons les mécanismes juridictionnels. Effectivement, les

---

[476] V. J. TOUSCOZ, *Le principe de l'effectivité dans l'ordre international*, Paris, LGDJ, 1964, p. 2.

[477] *Ibid.*

[478] V. en ce sens la définition du terme effectivité proposée par G. CORNU, *op.cit.*, p. 345, « *Caractère d'une règle de droit qui produit l'effet voulu, qui est appliquée réellement* ».

[479] Tel est par exemple, le cas de l'occupation des territoires sans maîtres qui pour être valable doit être effective v. G. DISTEFANO, *L'ordre international entre légalité et effectivité, le titre juridique dans le contentieux territorial*, Paris, Pedone, 2002.

[480] V. P.-M DUPUY, *Les grands textes de droit international public*, Paris, Dalloz, 6ème édition, 2008, p. 369 à 372. C'est la raison pour laquelle, le Conseil de Sécurité de l'ONU s'est doté de Comités de sanctions chargés de mettre en œuvre ses résolutions. L'un des Comités les plus connus reste, à ce jour, celui créé par la Résolution 661 du 6 août 1990 pour la mise en œuvre et le contrôle de l'embargo général imposé à l'Irak.

[481] Sur ces mécanismes v. L.-A. SICILIANOS, J.-M. SOREL, H. RUIZ FABRI, *L'effectivité des organisations internationales : mécanismes de suivis et de contrôle : actes des journées Franco-helléniques, 7-8 mai 1999*, Paris, Pedone, 2000.

juridictions internationales, par la faculté de dire le droit et à travers des décisions obligatoires, sanctionnent et contrôlent les comportements des États et dans une moindre mesure ceux des particuliers. Par conséquent, les juridictions permettent de garantir l'effectivité du droit.

264. Dans un système d'intégration économique et régionale, les juridictions ont aussi un rôle essentiel car dans la recherche de l'effectivité, l'évaluation du fonctionnement concret de l'organisation passe par l'observation de son contentieux. Autrement dit, si l'organisation ne fonctionne pas, il existe une forte probabilité qu'aucun contentieux ne soit porté à la connaissance des juges ou des arbitres. Syméon KARAGIANNIS a illustré cette idée à travers ces mots : « *on peut voir dans l'apparition de différends l'existence d'un projet sain, aux enjeux réels, entraînant l'adhésion des États participants et de leurs populations* »[482]. La réalisation d'une intégration économique et régionale a des besoins spécifiques qui ne peuvent être régulés et satisfaits que par des tribunaux capables de prendre en compte les intérêts et les objectifs des États membres. C'est justement le cas dans les deux organisations objets de notre étude avec les juridictions arbitrales étudiées ci-dessus. Ces juridictions régionales jouent un rôle primordial dans le processus d'intégration en le régulant et en lui permettant de fonctionner. Laurence BURGORGUE-LARSEN partage cette idée, c'est d'ailleurs pour cela qu'elle a affirmé que « *si la CJCE, les Cours Benelux et AELE et les Cours OHADA ... fonctionnent, c'est que leur organisation régionale de rattachement, dynamique, sont dotées des moyens juridiques leur permettant de concrétiser leurs desseins intégrationnistes ou d'uniformisation ...* »[483]. Selon nous, ce raisonnement est tout à fait transposable au contexte du Mercosur avec la présence des tribunaux *ad hoc* et du TPR.

265. La notion d'effectivité est particulièrement recherchée au sein du Mercosur et de l'OHADA au vu de l'objectif d'intégration économique et régionale que les États membres se sont fixé. Il est indispensable pour leur développement de réussir à concrétiser ces objectifs. En effet, afin d'attirer des investisseurs et d'intensifier les échanges humains et commerciaux interrégionaux et internationaux, la concrétisation de ces systèmes juridiques ainsi que l'exercice réel des compétences assignées aux différentes instances de ces organisations, sont une véritable nécessité pour leur développement économique et social. Car tous les États membres de ces organisations sont placés, il est vrai à divers degrés, dans des situations économiques défavorables. Les juridictions arbitrales, grâce à l'autorité de la chose jugée (*res judicata*) des sentences qu'elles rendent, font des droits du Mercosur et de l'OHADA des droits effectifs.

---

[482] V. S. KARAGIANNIS, *op.cit.,* p. 71.

[483] V. L. BURGORGUE-LARSEN, *op.cit.,* p. 233.

§ II. L'autorité de la chose jugée des sentences arbitrales : une garantie pour l'effectivité des compétences des instances du Mercosur et de l'OHADA

266. Parce qu'elles émanent des juridictions, les sentences arbitrales rendues dans le cadre du Mercosur et de l'OHADA sont recouvertes de l'autorité de la chose jugée (**A**). Ce principe représente une véritable assurance pour l'effectivité des compétences des instances des organisations étudiées car il implique pour les parties l'obligation d'exécuter la sentence. Si en général l'exécution de la sentence ne pose pas de difficulté particulière, nous devons relever le fait que l'exécution des sentences arbitrales, impliquant des acteurs comme l'État ou ses démembrements, rencontre des limites dans la sphère du Mercosur et de l'OHADA (**B**).

A. L'autorité de la chose jugée des sentences arbitrales du Mercosur et de l'OHADA

267. L'autorité de la chose jugée est « *l'ensemble des effets attachés à la décision juridictionnelle* »[484]. Le premier effet est de mettre fin à la contestation entre les parties, ce qui permet au juge ou à l'arbitre de se dessaisir de l'affaire. Il s'agit du caractère définitif de la décision juridictionnelle. Le deuxième effet est le caractère obligatoire de la décision. Ainsi, l'idée centrale de l'autorité de la chose jugée correspond à un double mouvement. D'un côté, ce principe implique que ce qui est jugé ne peut être méconnu même par un autre juge (cette idée s'exprime par l'adage *res judicata pro veritate habetur*). D'un autre côté, pour ce qui est des parties, parce qu'elles ont accepté le pouvoir hiérarchique de la juridiction, l'autorité de la chose jugée les oblige à exécuter les décisions prises à leur encontre.

268. Parmi ces décisions juridictionnelles, figurent bien évidemment, les sentences arbitrales qui sont revêtues de l'autorité de la chose jugée. Cette affirmation ne souffre aucune forme de contestation dans la doctrine. C'est d'ailleurs ce qui a poussé Alexandre MERIGNHAC a affirmé que « *l'autorité absolue de la chose jugée en matière de décision arbitrale peut être, en principe, considérée comme à l'abri de toute controverse. Tous les juristes enseignent, en effet, que la sentence rendue est définitive et ne saurait être remise en question, quant aux points de droit et de fait qui y ont été jugés* »[485]. Leonardo BRANT est allé plus loin car il a souligné que grâce à l'évolution de l'arbitrage international, l'autorité de la chose jugée est devenue inhérente au contentieux arbitral et que de ce fait elle est complètement assimilable à la coutume internationale. Le caractère coutumier de l'autorité de la chose jugée de la sentence arbitrale découlerait

---

[484] V. G. CORNU, *op.cit.* p. 96.

[485] V. A. MERIGNAC, « De l'autorité de la chose jugée en matière de sentence arbitrale », *RGDIP*, Tome V, 1898, p. 606.

de la Convention de La Haye du 18 octobre 1907 relative à la résolution pacifique des conflits internationaux (comme expression de la coutume internationale) et plus précisément de son article 37 qui énonce que « *l'arbitrage international a pour objet le règlement des litiges entre États par des juges de leur choix et sur la base du respect du droit* »[486]. Ainsi pour cet auteur « *le principe de l'autorité de la chose jugée est devenu tellement rattaché aux caractéristiques essentielles de la sentence arbitrale qu'il a été érigé en règle de droit, sans qu'il soit pour autant nécessaire de mentionner dans les conventions arbitrales que le recours à l'arbitrage impliquera automatiquement l'obligation de se soumettre à la sentence du tribunal et de l'exécuter de bonne foi* » [487]. Allant dans le même sens, Joseph Charles WITENBERG, avait bien plus tôt soutenu que « *le recours à l'arbitrage implique, d'une manière absolument nécessaire, l'engagement de respecter la sentence et de s'y conformer ; s'il en était autrement, le recours à l'arbitrage n'aurait plus de sens* »[488].

269. La jurisprudence arbitrale internationale a aussi consacré le principe de l'autorité de la chose jugée des sentences arbitrales. A titre d'illustration, la CPJI dans l'affaire *Société commerciale de Belgique* en date du 15 juin 1939[489] a rappelé le caractère définitif et obligatoire des sentences arbitrales. De même dans l'affaire de la *Fonderie de Trail* du 11 mars 1941[490], les arbitres ont confirmé que « *the sanctity of res judicata attaches to a final decision of an international tribunal is an essential and settled rule of international law. If it is true that international relations based on law and justice requires arbitral or judicial adjudication of international disputes, it is equally true that such adjudication, in principle, remain unchallenged, if it is to be effective to that end* ».

270. En définitive, il convient de retenir que le recours à l'arbitrage implique l'obligation pour les parties de se soumettre à la solution apportée par les arbitres. Pour nous c'est dans cet ordre d'idées qu'en matière d'arbitrage international, le principe d'autorité de la chose jugée garantit l'effectivité de l'exercice des compétences et du droit car il permet leur réalisation et leur application. C'est par exemple, le cas au sein du Mercosur

[486] En ce qui concerne les juridictions internationales permanentes, l'identification du principe de l'autorité de la chose jugée en tant que coutume internationale peut être déduite de l'adoption des articles 59 et 60 du Statut de la CIJ, des articles fortement inspirés des Conventions de La Haye de 1899 et 1907.

[487] V. L. N. C. BRANT, *L'autorité de la chose jugée en Droit international public*, Paris, LGDJ, 2003, p. 30.

[488] V. J.C. WITENBERG, *L'organisation judiciaire, la procédure et la sentence internationale*, Paris, Pedone, 1937, p. 352.

[489] Sur cet arrêt de la CPJI v. *Série A/B*, n° 78, p. 175.

[490] V. la sentence *ad hoc* rendue le 11 mars 1941 *Fonderie de Trail* États-Unis c/ Canada. Sur cette affaire v. *Recueil des Sentences Arbitrales*, Nations Unies, 1949, volume III, p. 1950. Traduction : « *la règle res judicata attachée à la décision finale d'un tribunal international est une règle essentielle en droit international. Cette règle est essentielle pour l'effectivité.* ».

et de l'OHADA, où le recours à l'arbitrage occupe une place importante dans les mécanismes de règlement des différends. Les sentences rendues sous l'égide de la CCJA ou par les tribunaux *ad hoc* et le TPR du Mercosur sont toutes recouvertes de l'autorité de la chose jugée. L'article 23 de l'AUA énonce explicitement que « *la sentence arbitrale a, dès qu'elle est rendue, l'autorité de la chose jugée relativement à la contestation qu'elle tranche* ». La CCJA a insisté sur l'importance de l'autorité de la chose jugée dans l'arrêt du 31 janvier 2011 relatif à la contestation de la validité de la sentence *Planor SA c/ Atlantique SA*[491]. A travers cet arrêt, la CCJA réunie en assemblée plénière a érigé l'autorité de la chose jugée au rang de principe fondamental de justice qui assure la sécurité juridique[492].

271. Dans le cadre du Mercosur, l'article 21-1 du Protocole de Brasilia (PB) dispose que « *les sentences arbitrales sont incontestables pour les États-parties à la controverse, dès réception de leur notification, et bénéficient de l'autorité de la chose jugée* ». Les décisions, en utilisant les droits issus de ces organisations et en sanctionnant les comportements contraires des États membres et des particuliers, assurent l'effectivité nécessaire à ces systèmes juridiques, d'autant plus que l'autorité de la chose jugée recouvre la décision d'un caractère définitif et exécutoire. Cela a pour conséquence que la partie perdante ou défaillante a l'obligation de se soumettre à la décision et de l'exécuter. L'exécution est la sanction tendant à obtenir, au besoin par la contrainte, l'accomplissement d'une décision juridictionnelle. Par la contrainte, car de plus en plus fréquemment, la partie condamnée refuse d'exécuter spontanément la décision. C'est pour mettre fin à ces pratiques que le droit OHADA s'est équipé le 1er juillet 1998 d'un dispositif visant à améliorer l'effectivité des décisions des juges et des sentences arbitrales à travers l'Acte Uniforme portant organisation des procédures simplifiées de recouvrement et des voies de recouvrement. Malgré la présence de ce texte, force est de remarquer la persistance de

---

491 Sur cette affaire v. J.-M. TCHAKOUA, « Une pièce importante dans l'œuvre d'harmonisation en Afrique du droit des affaires : Cour Commune de Justice et d'Arbitrage, arrêt n°3 du 31 janvier 2011 « Planor SA c/ ATLANTIQUE TELECOM SA », *op.cit.*, p. 538 à 540.

492 La CCJA a énoncé qu' : « *Attendu qu'en tout état de cause, même si cet arrêt a effectivement fait l'objet d'un pourvoi en cassation comme l'a fait remarquer à juste raison la défenderesse à la présente, il n'en demeurait pas moins au moment du prononcé de la sentence une décision définitive bénéficiant de l'autorité et de la force de chose jugée aussi longtemps qu'il n'est pas annulé ; qu'il s'y ajoute que le pourvoi en cassation qui a été formé contre ledit arrêt devant la Cour de céans a d'ailleurs fait l'objet d'une décision de rejet par arrêt numéro 041/2010 en date du 10 juin 2010 qui lui confère l'irrévocabilité ; Attendu que l'autorité de la chose jugée, principe fondamental de la justice en ce qu'il assure la sécurité juridique d'une situation acquise, participant de l'ordre public international au sens des articles 29.2 et 30.6-4 du Règlement d'arbitrage de la CCJA, s'oppose à ce que l'arbitre statue dans la même cause opposant les mêmes parties ; Qu'en conséquence, en statuant à nouveau sur la demande de cession forcée des mêmes actions, la sentence du tribunal arbitral, qui porte ainsi atteinte à l'ordre public international, doit être annulée* »

certaines limites à l'exécution des sentences arbitrales. Nous retrouvons des limites similaires dans le cadre du Mercosur.

B. Les limites dans l'exécution des sentences arbitrales au sein du Mercosur et de l'OHADA

272. Dès son prononcé une décision ou une sentence arbitrale est recouverte de l'autorité de la chose jugée[493]. Cela implique une obligation de l'exécuter. En général, l'exécution d'une décision peut être obtenue même par la force. Cependant, il existe des cas où il est difficile de contraindre la partie perdante à s'exécuter surtout lorsqu'il s'agit d'une personne morale de droit public comme l'État ou l'un de ses démembrements, ces opérateurs économiques étant bénéficiaires de protections qui font d'eux des justiciables non ordinaire. En principe, tous les États bénéficient d'une immunité d'exécution. En vertu de cette immunité, aucune forme de contrainte ne peut être exercée contre les biens d'un État. En revanche, le caractère intangible des biens appartenant à l'État est battu en brèche pour les biens d'organismes publics agissant pour son compte et affectés à une activité principale relevant du droit privé. Nous pensons principalement aux biens des Établissements Publics Industriels et Commerciaux[494] (EPIC). Cette solution a été réaffirmée dans la décision de la Cour de Cassation française du 1er octobre 1985 rendue dans l'affaire *Sonatrach*[495]. C'est l'une des principales raisons pour lesquelles dans le Mercosur, il existe des difficultés d'exécution des sentences arbitrales interétatiques, des difficultés que nous pouvons qualifier de faiblesses ou de limites dans ce système d'intégration car l'inexécution de ces actes est une atteinte aux processus d'intégration (**1**). *A priori*, ce système contraste avec le système mis en place par l'OHADA, où il semble être possible, sous certaines conditions, d'obtenir l'exécution forcée des sentences arbitrales même contre un État membre ou l'un de ses démembrements. En réalité, la possibilité d'obtenir une exécution forcée contre ces acteurs s'avère être aussi limitée (**2**).

---

[493] L'article 94 § 2 du Règlement de la CIJ nous rappelle que la décision « *est considérée comme ayant force obligatoire au jour de son prononcé* ».

[494] V. J. COMBACAU et S. SUR, *op.cit*, p. 252.

[495] Sur cette affaire v. *JCP*, 1986, II., p. 20566 avec les conclusions de GULPHE. Dans cette affaire, la Cour de cassation devait se prononcer sur un litige survenu à la suite du licenciement d'un ingénieur français par la *Sonatrach*, une société nationale algérienne de transport et commercialisation d'hydrocarbures. la Cour de cassation établi que : « *A la différence des biens de l'État étranger qui sont en principe insaisissables, sauf exceptions, les biens des organismes publics personnalisés ou non, distincts de l'État étranger, peuvent être, lorsqu'ils font partie d'un patrimoine que celui-ci a affecté à une activité principale relevant du droit privé, saisis par tous les créanciers, quels qu'ils soient, de cet organisme* ».

1. La limite dans l'exécution des sentences interétatiques en matière commerciale du Mercosur

273. En matière d'arbitrage interétatique[496], il est prévu que les États du Mercosur doivent se soumettre à la sentence dans les quinze jours qui suivent son prononcé (article 21-2 PB). Dans ce même délai, les parties peuvent demander des explications supplémentaires sur la décision, ce que le PB définit comme la phase « d'éclaircissement » (article 22-2 PB). Le tribunal a quinze jours pour se prononcer au sujet de ce type de demande. Si la demande d'éclaircissement est acceptée, le tribunal dispose de la faculté de suspendre l'applicabilité de la sentence jusqu'à la présentation d'explications. Si un État-partie n'exécute pas la décision arbitrale dans les trente jours, les autres parties à la controverse peuvent adopter des mesures compensatoires temporaires, telles que la suspension de concessions ou de mesures équivalentes, afin d'obtenir l'application de la sentence arbitrale (article 23 PB).

274. Toutes ces mesures devraient faciliter et renforcer l'exécution des sentences interétatiques mais la force exécutoire de ces sentences reste diversement appréciée dans la doctrine[497]. Un premier courant doctrinal estime que ce type de sentence n'a pas de valeur supranationale en soi et que l'arbitrage interétatique n'a pas de force obligatoire mais dépend d'une exécution volontaire. Cette position peut s'expliquer par le fait qu'il n'existe pas en droit international d'exécution forcée des sentences arbitrales contre les États, en vertu du défaut d'imperium des arbitres mais surtout en vertu du principe d'immunité souveraine d'exécution[498] dont ils bénéficient. Cette immunité exprime la protection qu'un État accorde à ses démembrements ou émanations, à des personnes comme les agents diplomatiques et des hauts fonctionnaires mais aussi à des biens lui appartenant. En ce qui concerne la protection qui touche aux biens de l'État, elle consiste dans le fait qu'aucune mesure ne peut porter atteinte au droit de l'État d'en disposer librement. Les biens qui bénéficient de cette immunité intangible sont ceux affectés aux fonctions d'autorité, ce qui couvre les biens nécessaires à l'activité des représentants de l'État et de ses services publics à l'étranger tels que les ambassades, les navires de guerre et ses disponibilités monétaires même dans des banques privées. Sur le plan juridique, cette immunité trouve son fondement dans les Conventions de Vienne du 18 avril 1961 sur les relations diplomatiques et du 24 avril 1963 sur les relations consulaires et plus récemment dans la Convention des Nations Unies sur les immunités juridictionnelles des États et de leurs biens, adoptée le 2 décembre 2004. Sur

---

[496] L'exécution des sentences arbitrales entre particuliers soulève moins de difficultés.

[497] V. D. VENTURA, *op.cit.*, p. 202.

[498] Sur l'immunité d'exécution v. J. COMBACAU et S. SUR, *Droit international public*, Paris, Montchrestien, 8ème édition, p. 251 et 252. V. aussi P. DAILLIER, M. FORTEAU et A. PELLET, *op.cit.*, p. 497 et 498. V. enfin P.-M. DUPUY, *Droit international public*, Paris, Dalloz, 9ème édition, 2008, p. 131.

le plan pratique, elle se justifie par le souci de chaque État de respecter la souveraineté et l'indépendance de l'autre État, de même que les règles de courtoisie ou de bienséance internationales. La finalité étant de ne pas troubler les relations internationales en exerçant des mesures d'exécution forcée qui pourraient porter atteinte à la souveraineté d'un État. D'après ce qui précède, la mise en œuvre de la sentence interétatique Mercosur repose sur la bonne foi des États[499] et des mécanismes visant à favoriser l'exécution. Un second courant doctrinal estime que le caractère obligatoire de ces sentences est « *une des plus importantes victoires* » obtenues par le Protocole de Brasilia puisqu'il consacre l'application directe des sentences arbitrales dans les droits internes[500].

275. Un deuxième courant estime qu'en réalité, la force exécutoire de ces sentences dépend de l'ordre juridique interne donc du droit constitutionnel de chaque État membre[501]. Même si dans la recherche de l'efficacité du système Mercosur, nous sommes tentés de privilégier la deuxième approche doctrinale, force est de constater que les États membres n'ont pas réellement cherché à se doter d'un mécanisme commun permettant une exécution forcée des sentences arbitrales, à part la mise en place de mécanismes visant à favoriser l'exécution.

276. Tous ces éléments nous conduisent à signaler la faiblesse d'exécution des sentences interétatiques du Mercosur. Ce point de vue est partagé par d'autres auteurs[502]. Pour eux, la sentence rendue dans le cadre du Mercosur a tout simplement le caractère d'un *jugement déclaratoire*[503]. Une telle qualification aurait tendance à priver les sentences interétatiques de leur caractère exécutoire. Effectivement, pour certains auteurs, la sentence déclaratoire consiste en une simple déclaration du droit et ne crée pas d'obligation nouvelle. Ainsi, face à un jugement ou une sentence déclaratoire, la mission du juge ou de l'arbitre s'arrête par le rappel de l'état du droit pour le cas d'espèce. Les parties au litige conservent la responsabilité de la mise en œuvre de la décision[504]. Nadine SUSANI, a traduit cette idée en affirmant que « *les dispositifs des sentences prononcées*

---

[499] *Ibid.,* p. 981. La bonne foi des États est présumée en droit international public.

[500] Parmi ces auteurs nous pouvons citer J.-B. LEE.

[501] Par exemple, pour le cas du Brésil, l'article 119 de la Constitution Fédérale dispose qu' « *il est de compétence du Suprême Tribunal Fédéral : d'instruire et de juger les procès, en première et unique instance ... d'extradition requise par un État étranger et l'homologation des décisions étrangères* ».

[502] Parmi ces auteurs nous retrouvons N. SUSANI *op.cit.*, p. 165 et s. et D. VENTURA, *op.cit.,* p. 205.

[503] Sur cette notion v. A. EL OUALI, « La sentence internationale directement applicable », *in Mélanges offerts à Paul Reuter, Le Droit international : unité et diversité*, Paris, Pedone, 1981, p. 277 et s.

[504] La sentence à caractère déclaratoire s'oppose à la sentence à caractère constitutif. Cette dernière catégorie de sentence dit le droit et engage la responsabilité d'un État. De ce fait, elle fait peser sur celui-ci une obligation d'exécution.

par les tribunaux du Mercosur n'ont, jusqu'à présent, jamais dépassé le cadre de la constatation, laissant toujours aux États le libre choix des moyens de mise en œuvre des sentences »[505]. Si nous ne partageons pas entièrement cette vision car une autre partie de la doctrine considère que le jugement déclaratif doit aussi être vu comme un jugement à part entière[506], nous ne pouvons pas occulter la difficulté d'exécution d'une sentence interétatique dans l'ordre du Mercosur. En somme, l'exécution forcée des sentences interétatiques dans le cadre du Mercosur est difficile à obtenir, compte tenu de la latitude qui est laissée à l'État débiteur.

277. Selon nous, cette difficulté va constituer à la longue le *talon d'Achille* de l'ensemble du processus d'intégration du Mercosur. En conséquence, nous recommandons vivement au législateur du Mercosur de s'inspirer du modèle OHADA, qui a mis en place le système de l'*exequatur communautaire*. Un système qui permet sur de nombreux aspects une meilleure exécution des sentences arbitrales. Cependant, en ce qui concerne l'exécution mettant en cause directement un État ou l'un de ses démembrements, nous retrouvons des limites similaires.

2. La possibilité limitée d'obtenir l'exécution forcée d'une sentence arbitrale contre une personne morale de droit public au sein de l'OHADA

278. La lecture combinée des articles 2 et 30[507] de l'AUA laisse entrevoir que la sentence arbitrale est susceptible d'exécution forcée aussi bien contre un État de l'OHADA que contre l'un de ses démembrements. En effet, puisque, l'AUA s'applique indistinctement aux États membres, aux personnes morales de droit public et aux particuliers (article 2) et qu'il ne prévoit aucune restriction quant à l'exécution forcée sur des personnes publiques (article 30), nous pouvons en déduire qu'une exécution forcée contre un État est théoriquement envisageable. Cette idée est renforcée par la supranationalité reconnue à cet acte. L'ensemble de cette logique pousse à considérer les États membres de l'OHADA et leurs démembrements (entreprises publiques ou collectivités) comme des « *justiciables de droit commun* »[508]. Effectivement, en acceptant le règlement d'un différend par la voie de l'arbitrage, les personnes morales de droit public de l'OHADA

---

[505] *Ibid.*, p. 169.

[506] V. N. SCANDAMIS, *Le jugement déclaratoire entre États. La séparabilité du contentieux international*, Paris, A. Pedone, 1975, p. 302 à 303. En effet, cet auteur affirme que « *le jugement déclaratoire est un jugement véritable qui fixe des obligations qui passent ainsi en force de chose jugée* ». Un autre courant doctrinal considère que le jugement déclaratoire est un jugement à part entière, recouvert de l'autorité de la chose jugée et qui par conséquent doit être exécuté sous les mêmes modalités que les autres décisions.

[507] L'article 30 AUA dispose que « *la sentence arbitrale n'est susceptible d'exécution qu'en vertu d'une décision d'exequatur rendue par le juge compétent dans l'État -partie* ».

[508] Selon l'expression employée par A. C. AQUEREBURU, « L'État justiciable de droit commun dans le Traité de l'OHADA », *Penant*, n° 865, 2008, p. 503.

renoncent à leur immunité. Cette solution est tout à fait conforme avec la pratique internationale en la matière[509].

279. Tout ce qui précède, nous laisse penser qu'une exécution forcée des sentences arbitrales pourra être demandée contre un État de l'OHADA. Pourtant, un autre acte uniforme de l'OHADA vient dire le contraire et semer le trouble. Il s'agit de l'Acte Uniforme sur les procédures simplifiées de recouvrement et les voies d'exécution. Dans l'article 30 de ce texte, il est prévu que : « *L'exécution forcée et les mesures conservatoires ne sont pas applicables aux personnes bénéficiant d'une immunité d'exécution* ». Il nous semble que nous sommes manifestement en face d'une contradiction entre les textes de l'OHADA. D'un côté, le droit de l'arbitrage OHADA se montre libéral et prévoit la renonciation aux immunités par les personnes publiques. De l'autre côté, l'Acte Uniforme sur les procédures simplifiées de recouvrement et les voies d'exécution maintien l'immunité pour cette catégorie de personnes. Ce type de contradiction peut-être résolue que par une saisine de la CCJA. Cette juridiction a déjà été emmenée à se prononcer sur l'immunité d'exécution au bénéfice d'une entreprise publique dans son arrêt (n°043/2003) du 7 juillet 2005 *Togo Telecom*[510]. Dans ce litige qui opposait l'entreprise publique *Togo Telecom* à d'anciens salariés, la CCJA (en formation judiciaire) a considéré que cette entreprise pouvait bénéficier de l'immunité d'exécution sur le fondement de l'article 30 de l'Acte Uniforme sur les procédures simplifiées de recouvrement et les voies d'exécution. Cette solution a vivement été critiquée par la doctrine, elle a d'ailleurs été qualifiée de « *surannée* »[511]. Ces critiques sont compréhensibles car la décision de la CCJA peut être interprétée comme un signal négatif envoyé aux opérateurs du commerce international appelés à contracter avec des personnes morales de droit public. Néanmoins, il convient de rappeler que cette affaire était un litige interne (entre des particuliers et une entreprise publique) et qu'il ne s'agissait pas d'une procédure arbitrale. La CCJA n'a donc toujours pas statué sur la contradiction entre l'Acte Uniforme sur l'arbitrage et l'Acte Uniforme sur les procédures simplifiées de recouvrement et les voies d'exécution.

280. En se basant sur l'évolution de la jurisprudence française en la matière, Philippe LEBOULANGER a proposé une solution pour l'exécution

---

[509] La majorité des règlements d'arbitrage prévoit que l'engagement pris par un État de se soumettre à un arbitrage implique une renonciation de l'immunité d'exécution (comme par exemple l'article 34§6 du Règlement d'arbitrage CCI de 2012, le Règlement d'arbitrage de la CNUDCI et de l'AAA).

[510] Sur cette affaire v. P.-G. POUGOUÉ et S. S. KUATE TAMEGHE, *Les grandes décisions de la Cour Commune de Justice et d'arbitrage de l'OHADA*, Paris, L'Harmattan, 2010, p. 611 à 617. V. aussi O. CUPERLIER, « Arbitrage OHADA et personnes publiques », *in Contrats publics et arbitrage international (sous la direction de M. AUDIT),* éditions Bruylant, 2011.

[511] *Ibid.*

forcée contre une personne morale de droit public dans l'espace OHADA[512]. A cet effet, il a rappelé qu'avant l'année 2000, traditionnellement la jurisprudence française considérait que la conclusion par l'État d'une clause compromissoire ne valait pas renonciation à son immunité d'exécution[513]. Dans cette phase jurisprudentielle, il était admis que l'immunité juridictionnelle soit indépendante de l'immunité d'exécution. Cette tendance a progressée pour arriver à une dépendance entre ces deux types d'immunités. Afin d'illustrer ce propos, nous pouvons citer l'affaire *Eurodif*. Dans ce cas, la Cour d'appel de Rouen dans un arrêt du 20 juin 1996 a énoncé qu'en : « *souscrivant à des clauses compromissoires, sans lesquelles à l'évidence les marchés n'auraient pas été conclus, puis en s'y soumettant, l'État tunisien a ainsi accepté les règles du droit commun du commerce international : qu'il a pu par là même renoncer à son immunité de juridiction et, la convention devant s'exécuter de bonne foi, à son immunité d'exécution* »[514]. Par la suite, cette solution a été définitivement entérinée avec la jurisprudence de la Cour de Cassation *Creighton c/ Qatar* du 6 juillet 2000[515]. A travers cette affaire, la Cour a décidé que la renonciation à l'immunité d'exécution peut être déduite de l'acceptation et de la signature de la clause compromissoire par l'État. C'est en se fondant justement sur cet arrêt et l'article 23 de l'AUA (autorité définitive de la chose jugée), que Philippe LEBOULANGER a proposé une « *extension de la solution Creighton dans l'espace OHADA* »[516]. Cette solution aurait l'avantage de contourner la contradiction entre les actes uniformes. Elle aurait aussi l'avantage d'apporter plus de sécurité juridique aux opérateurs du commerce international désireux de conclure des affaires avec des personnes morales de droit public de l'espace OHADA. En attendant une solution définitive, il faut signaler qu'il existe un autre écueil à l'exécution forcée des sentences arbitrales contre une personne morale de droit public.

281. La possibilité d'exécution forcée contre un État de l'OHADA se heurte aussi au fait que cette procédure n'a pas été complètement réglementée par l'AUA. Tout d'abord, cette question relève de la législation interne de chaque État membre. Certaines législations nationales ont déjà précisé le juge compétent pour accorder l'*exequatur*. Il s'agit, territorialement du juge du ressort dans lequel l'exécution de la sentence doit être poursuivie. Le Cameroun, la Côte d'Ivoire et le Tchad ont désigné le président du tribunal de première instance sous différentes modalités. Au Cameroun, l'article 4 de la loi n° 2003/009 du 10 juillet 2003[517] énonce que

---

[512] V. Ph. LEBOULANGER, « L'immunité d'exécution des personnes morales de droit public », *Revue camerounaise de l'arbitrage*, février 2010, p. 129.

[513] *Ibid.*

[514] *Ibid.*, p. 255 à 256.

[515] *Ibid.*, p. 260 à 262.

[516] *Ibid.*

[517] Pour consulter cette loi v. www.spm.gov.cm.

« *le juge compétent visé à l'article 30 de l'Acte relatif au droit de l'arbitrage est le président du tribunal de première instance du lieu où l'exécution de la sentence est envisagée ou, celui du domicile du défendeur* ». En Côte d'Ivoire, le président du tribunal de première instance statuant en matière de référé a été désigné. Le Sénégal a désigné le président du tribunal régional statuant par voie d'ordonnance sur requête et souvent en référé quand il s'agit d'un arbitrage international. Les autres États membres devraient, sur ce point faire de même pour compléter le droit uniforme afin de lui donner sa pleine effectivité. En attendant des solutions définitives, nous pouvons retenir que la possibilité d'exécution forcée contre les États de l'espace OHADA est vraisemblablement limitée aux biens des EPIC.

282. De manière générale, la question des immunités étatiques dans l'arbitrage n'est pas une question simple régler[518]. A ce propos, Philippe LEBOULANGER a pu affirmer que : « *les notions d'immunité et d'arbitrage apparaissent antinomiques et difficilement compatibles* » [519]. Dans le Mercosur, l'exécution des sentences arbitrales impliquant des personnes morales de droit public a pu connaître aussi des difficultés. Nous pouvons prendre l'exemple du Brésil qui jusqu'en 2005 a connu des réticences en matière d'arbitrage lié à des contrats de droit public[520]. Ces réticences se sont effacées suite à deux décisions du Tribunal Suprême Fédéral rendues à propos de clauses compromissoires incluses dans des contrats administratifs[521]. Les arrêts du 25 octobre 2005 (affaire *AES Uruguaiana c/ CEEE*) et du 14 août 2006, qui ont été rendus à l'unanimité. Ces arrêts ont explicitement rappelé que les conventions d'arbitrages impliquant l'administration publique sont valides.

CONCLUSION DU CHAPITRE I

283. De par leur présence, les juridictions arbitrales du Mercosur et de l'OHADA jouent un rôle non négligeable dans la réalisation des objectifs de développement arrêtés par les États membres de ces institutions. Non seulement, elles permettent le bon exercice des compétences dévolues aux instances de ces organisations, mais aussi la pleine effectivité des systèmes

---

[518] V. Y. GAUDEMET, « L'arbitrage : aspects de droit public- État de la question », *Revue de l'arbitrage*, 1992, p. 241 et s.

[519] V. Ph. LEBOULANGER, « Immunités et arbitrage », *in Le droit international des immunités contestation ou consolidation*, Paris, LGDJ, 2004, p. 253.

[520] V. A. WALD, *op.cit.*, p. 7 où l'auteur a pu écrire que : « *Jusqu'en 2005, la dernière, sinon l'unique, résistance était liée aux contrats de droit public et, en particulier, aux concessions et aux conventions d'arbitrage signées par les sociétés d'économie mixte. Il y avait à ce propos des discussions en ce qui concerne l'interprétation de la Constitution fédérale et de la loi des concessions. De son côté, la jurisprudence n'était pas du tout uniforme, quoique certains jugements aient reconnu la validité de la clause compromissoire dans les contrats entre sociétés d'économie mixte et entreprises privées.* ».

[521] *Ibid.*, p. 15.

juridiques qu'elles ont mis en placent. Tout cela est possible grâce à l'autorité de la chose jugée dont leurs décisions sont revêtues.

284. Pourtant, malgré ce principe, nous avons pu observer la subsistance d'entraves et d'incertitudes liées à l'exécution des sentences arbitrales, notamment dans le cas d'une exécution souhaitée contre un État membre ou une personne morale de droit public. Dans le droit du Mercosur, la principale entrave est la latitude laissée d'un État débiteur. Dans le droit de l'arbitrage OHADA, il existe une contradiction entre des textes qui empêche de savoir avec certitude le sort à réserver à une exécution forcée prononcée contre un État. Afin de remédier à cette situation et atteindre une meilleure efficacité des systèmes du Mercosur et de l'OHADA, les législateurs de ces ensembles ont prévu des mécanismes de mise en œuvre des sentences arbitrales, des mécanismes qui vont œuvrer en faveur de la réalisation de l'objectif d'intégration régionale en faisant participer activement les juridictions arbitrales. C'est ainsi que les juridictions arbitrales du Mercosur vont particulièrement s'illustrer par une « *jurisprudence* » très favorable à la réalisation de ce but.

CHAPITRE II

La contribution effective des juridictions arbitrales à la consolidation de l'intégration régionale au sein de l'OHADA et du Mercosur

285. Dans les ensembles sujet de notre étude, l'exécution des sentences arbitrales comme nous l'avons mis en exergue dans le titre précédent peut poser certaines difficultés. L'inexécution de ces actes constitue, non seulement une atteinte à la sécurité juridique mais aussi un frein à l'objectif d'intégration poursuivi par les États membres de ces organisations. C'est dans ce sens que le TPR dans l'affaire de l'*Interdiction d'importation des pneus remoulés*, a affirmé que « *le non-respect d'une sentence provoque, non seulement un préjudice à l'État membre qui en bénéficie, il met également en cause la stabilité et l'effectivité des institutions du Mercosur, créant une préoccupante sensation de discrédit dans la société en relation avec le processus dans son ensemble* »[522]. Pour pallier cette situation, tant au sein du Mercosur que de l'OHADA, des mécanismes faisant appel aux juridictions arbitrales et tendant à mettre en œuvre les sentences arbitrales ont été élaborés (**Section I**). Ces mécanismes, qui de ce fait, contribuent totalement à la recherche de l'effectivité et de l'efficacité de ces systèmes d'intégration régionale. Ils permettent de traduire les règles émises par les instances de ces organisations, en réalité. Cette recherche de l'effectivité de l'intégration a été plus approfondie par les tribunaux arbitraux du Mercosur. En effet, en utilisant la liberté qui leur est laissée, les arbitres ont dégagé ce que nous appelons une « *jurisprudence* » qui va nettement dans le sens du renforcement et de l'approfondissement du processus d'intégration régionale (**Section II**).

[522] V. la sentence arbitrale du TPR du 8 juin 2007, Argentine c/ Uruguay affaire *de l'Interdiction d'importation des pneus remoulés*, point 8.2 et 10.9 consultable sur www.mercosur.org.

SECTION I. LES MÉCANISMES JURIDICTIONNELS DE MISE EN ŒUVRE DES SENTENCES ARBITRALES DANS LE MERCOSUR ET DANS L'OHADA

286. Compte tenu de la faiblesse d'exécution des sentences arbitrales interétatiques au sein du Mercosur, décrite ci-dessus, il est indispensable d'accompagner la procédure arbitrale de mécanismes de mise de mise en œuvre. Au sein du Mercosur ces mécanismes existent et ils font appel à l'intervention des juridictions arbitrales. Dans l'OHADA, nous notons l'emploi par les juridictions arbitrales de techniques similaires (**§I**). En plus de ce dispositif, l'OHADA a innové une nouvelle fois en mettant en place dès le début de son fonctionnement un système efficace et unique au monde pour l'*exequatur* des sentences arbitrales : *l'exequatur communautaire* des sentences rendues par la CCJA (**§ II**).

§ I. Les mécanismes de mise en œuvre des sentences arbitrales dans l'OHADA et dans le Mercosur

287. Afin d'obtenir l'exécution des sentences interétatiques, le recours aux mesures provisoires ou conservatoires (**A**) ainsi qu'aux mesures compensatoires et à l'exécution provisoire (**B**) a été autorisé par les instances du Mercosur et de l'OHADA. Ces mécanismes nécessitent l'intervention des juridictions arbitrales.

A. Le recours aux mesures provisoires et conservatoires au sein de l'OHADA et du Mercosur

288. Dans le Mercosur, l'adoption des mesures provisoires ou conservatoires nécessite l'intervention des tribunaux *ad hoc* (**1**). En vue de permettre la mise en œuvre des sentences arbitrales, les textes relatifs à l'arbitrage de l'OHADA permettent l'adoption de mesures provisoires et conservatoires (**2**). L'exécution provisoire de ces actes est autorisée à ce même titre. L'adoption de toutes ces mesures, sur demande des parties, peut faire appel à l'intervention des arbitres de l'OHADA.

1. L'adoption de mesures provisoires ou conservatoires par les tribunaux arbitraux ad hoc du Mercosur

289. En matière d'arbitrage commercial international, les mesures provisoires ou conservatoires regroupent diverses fonctions : elles peuvent être relatives à l'administration de la preuve, tendre au maintien des relations des parties pendant le cours de la procédure, et enfin, tendre à la préservation d'une situation de fait ou de droit donnée[523]. Les notions de mesures

[523] V. J.-M. JACQUET et E. JOLIVET, *Les mesures provisoires dans l'arbitrage commercial : évolution et innovations,* Paris, Litec, 2007, p. 30 à 32. L'objet des mesures

provisoires ou conservatoires font inévitablement appel aux concepts de nécessité[524] et d'urgence[525]. En effet, la raison d'être de ces mesures est l'existence d'une menace réelle et imminente sur une des parties à un différend. La CIJ, à travers l'ordonnance du 5 juillet 1951 rendu dans l'affaire de l'*Anglo-Iranian Oil Co., Royaume-Uni c/ Iran* a rappelé que « *l'objet des mesures conservatoires (...) est de sauvegarder les droits de chacun en attendant que la Cour rende sa décision* »[526]. Le pouvoir d'ordonner ces mesures est « *un pouvoir de droit commun dans le procès international : toute juridiction internationale en dispose, même sans texte et en l'absence de disposition contraire, en vertu des principes généraux de la procédure* »[527].

290. De ce fait, les juridictions arbitrales sont aussi dotées de la faculté de prononcer ce type de mesure. Une faculté qui émane de la convention d'arbitrage. Nous pouvons prendre comme exemple de l'arbitrage CIRDI qui autorise ce type de mesures à travers l'article 47 de la Convention CIRDI, qui prévoit que « *sauf accord des parties, le Tribunal peut, s'il estime que les circonstances l'exigent, recommander toutes les mesures conservatoires propres à sauvegarder les droits des parties* ». Le droit du Mercosur prévoit aussi explicitement que les tribunaux arbitraux *ad hoc* du Mercosur puissent prononcer ces mesures avant le prononcé de la sentence définitive (article 15 PO). L'article 15 du Protocole d'Olivos (PO) dispose que seules les parties au litige sont habilitées lorsque les circonstances l'exigent, à solliciter du tribunal l'adoption de mesures conservatoires[528]. Ce même article prévoit que la partie qui sollicite ces mesures est tenue de démontrer que des « *présomptions fondées existent sur le fait que le maintien de la situation pourrait provoquer des dommages graves et irréparables à l'une des parties au différend* ». Une fois que les conditions sont réunies, les arbitres peuvent autoriser des mesures conservatoires « *appropriées pour prévenir de tels*

---

conservatoires ou compensatoires est la protection des droits des parties à l'instance arbitrale. Cette protection s'attache à des droits et obligations procéduraux nés du contrat. Elles peuvent être adoptées si la situation le nécessite du fait de l'urgence ou du fait du caractère irréparable et du risque d'aggravation du dommage. Ces mesures doivent être proportionnelles au dommage subi.

[524] Sur le caractère nécessaire de ces mesures v. la décision du 18 février 1952 du Tribunal des Nations Unies en Lybie rendue dans l'affaire sur l'*administration de certains biens de l'État en Libye, Recueil des Sentences Arbitrales*, Nations Unies, Volume XII, p. 359 à 362.

[525] Sur l'exigence de l'urgence dans le prononcé de ces mesures v. l'ordonnance de la CIJ du 24 octobre 1957 rendue dans l'affaire *Interhandel Suisse c/ États-Unis*, v. *Recueil des arrêts, avis et ordonnances de la C.I.J.*, 1957, p. 112. V. aussi G. LE FLOCH, *L'urgence devant les juridictions internationales*, Paris, A. Pedone, 2008, p. 48 à 76.

[526] V. *Recueil des arrêts, avis et ordonnances de la C.I.J.*, 1951, p. 93.

[527] Selon C. SANTULLI, *op.cit.*, p. 442.

[528] V. l'article 15 § 1 PO qui énonce qu'« *à la demande de la partie intéressée et dans la mesure où il y a des raisons de croire que des dommages sévères et irréparables peuvent être causés à l'une des parties au différend si la situation demeure inchangée, le tribunal ad hoc d'arbitrage peut décider de prendre des mesures provisoires pour éviter un tel dommage* ».

dommages » (article 15 § 1 PO). La durée de ces mesures est déterminée par le tribunal arbitral (article 15 § 2). En ce qui concerne la valeur juridique de ces mesures, nous ne pouvons que regretter le fait que le Protocole d'Olivos n'en fasse pas mention alors que le Protocole de Brasilia à travers son article 18 § 2 se prononçait logiquement[529] et ouvertement pour leur caractère obligatoire. Ces mesures viennent partiellement permettre l'application du droit du Mercosur avant le prononcé de la sentence arbitrale. Elles garantissent le respect du droit des parties à l'arbitrage avant l'exécution des sentences. Ces mesures assurent en quelque sorte une mission de « *continuité de la légalité* ». Elles constituent aussi un mécanisme de pression en vue d'assurer l'exécution future des sentences arbitrales interétatiques du Mercosur. L'État contre lequel elles sont prononcées est tenu de se mettre en conformité avec le droit de l'organisation. Ces mesures peuvent nous donner des indices fiables sur l'issue finale qui va être donnée au litige. Effectivement, il est facile d'envisager que la partie qui se voit accorder de telles mesures ne soit pas celle qui est fautive dans le différend. Par le prononcé de ces mesures, les arbitres du tribunal *ad hoc* peuvent fortement influencer l'exécution future de la sentence arbitrale qu'ils doivent rendre. Le professeur Thomas CLAY partage cette vision car pour lui les mesures provisoires ou conservatoires représentent « *un moyen de faire pression sur l'adversaire car on l'oblige à devoir répondre prématurément, et donc à se positionner de manière anticipée sur le litige (...). D'autant que, si l'adversaire se réfugie soit derrière le manque de temps pour répondre, soit derrière l'impossibilité de l'arbitre d'imposer l'exécution de cette demande, il fragilise sa propre position, et l'arbitre pourra en tirer toutes les conséquences qu'il juge utiles une fois venu le temps de rendre sa décision sur le fond* »[530]. Une fois que la sentence arbitrale est prononcée, en cas d'inexécution, les États peuvent solliciter l'intervention des arbitres en vue de l'adoption de mesures compensatoires.

---

[529] Logiquement, car le caractère obligatoire des mesures conservatoires est communément admis par diverses juridictions internationales. A titre d'exemple, la CIJ à travers son arrêt *LaGrand* Allemagne c/ États-Unis du 27 juin 2001, a rappelé le caractère obligatoire des mesures conservatoires prononcées par la CIJ. V. aussi H. ROLIN, « Force obligatoire des ordonnances de la de la Cour Permanente de Justice Internationale en matière de mesures conservatoires » *in Mélanges offerts à Ernest Mahaim*, 1953, Tome 2, p. 280 à 298. V. enfin H. TIGROUDJA, « La force obligatoire des mesures provisoires indiquées par la Cour Européenne des Droits de l'Homme. Observations sous l'arrêt du 6 février 2003, Mamatkulov c/ Turquie », *RGDIP*, 2003-3, p. 601-633.

[530] V. Th. CLAY, « Les mesures provisoires demandées à l'arbitre », *in Les mesures provisoires dans l'arbitrage commercial : évolution et innovations,* Paris, Litec, 2007, p. 12.

2. L'adoption des mesures provisoires ou conservatoires par les arbitres de l'OHADA

291. En ce qui concerne la compétence des tribunaux arbitraux pour adopter les mesures provisoires ou conservatoires, il faut se référer au Règlement d'arbitrage de la CCJA. L'article 10 alinéas 5 du Règlement d'arbitrage CCJA prévoit que « *sauf stipulation contraire, la convention d'arbitrage donne compétence à l'arbitre pour se prononcer sur toute demande provisoire ou conservatoire pendant le cours de la procédure arbitrale* ». Compte tenu de la filiation avérée entre ce règlement et le Règlement d'arbitrage de la CCI, nous pouvons envisager que l'octroi de ces mesures est destiné à provoquer l'exécution de la sentence arbitrale. En effet, dans le cadre de l'arbitrage CCI, ces mesures peuvent avoir pour finalité de faciliter ou permettre l'exécution de la sentence arbitrale. Emmanuel JOLIVET a précisé dans ce sens qu'il *« ne s'agit pas nécessairement de mesure d'exécution stricto sensu de la sentence finale. Il s'agit de mesures tendant à aider à l'exécution de la sentence ... »*[531]. Parmi ces mesures nous pouvons citer l'interdiction de disposer de certains biens. Par conséquent, une mesure provisoire peut enjoindre à une partie à l'arbitrage de ne pas disposer de ses biens en vue de permettre l'exécution de la sentence finale.

292. Cependant, nous devons signaler qu'un risque d'inexécution plane sur ces mesures si le juge étatique appelé à accorder l'*exequatur* ne le fait pas dans de très brefs délais. Il existe un réel risque d'inefficacité des mesures conservatoires et provisoires prononcées par les arbitres si le juge étatique n'intervient pas. Cet état de fait a déjà été dénoncé par Thomas CLAY[532]. Dans le contexte particulier de l'OHADA, la faiblesse juridique des mesures conservatoires est accentuée par le fait qu'elles ne peuvent pas être prononcées contre un État ou l'un de ses démembrements. Cette solution a été retenue par l'article 30 de l'Acte Uniforme sur les procédures simplifiées de recouvrement et les voies d'exécution. Rappelons que cet article prévoit expressément que : « *L'exécution forcée et les mesures conservatoires ne sont pas applicables aux personnes bénéficiant d'une immunité d'exécution* ». Une solution qui apparaît à de nombreux égards en totale contradiction avec l'objectif affiché par le législateur OHADA d'attirer des investisseurs étrangers. Cette mesure peut avoir pour conséquence de freiner les investisseurs désireux de contracter avec une personne publique de l'espace OHADA.

---

[531] V. E. JOLIVET, « L'expérience de la Chambre de commerce internationale dans le cadre du Règlement d'arbitrage », *in Les mesures provisoires dans l'arbitrage commercial : évolution et innovations*, Paris, Litec, 2007, p. 33.

[532] V. Th. CLAY, « Les mesures provisoires demandées à l'arbitre », *op.cit.*, p. 18 à 25.

B. Le recours aux mesures compensatoires dans le Mercosur et dans l'OHADA

293. Le droit du Mercosur a expressément prévu le recours aux mesures comme un instrument de contrainte sur l'État débiteur d'une obligation (**1**). Le droit de l'OHADA n'a pas de dispositions sur les mesures compensatoires. En revanche, ce droit prévoit un mécanisme d'exécution provisoire (**2**).

1. L'adoption de mesures compensatoires par les tribunaux arbitraux du Mercosur

294. Dans le contexte du Mercosur, les mesures compensatoires sont appliquées comme un mécanisme de contrainte en vue de l'exécution des sentences arbitrales interétatiques (**a**). Leur adoption nécessite l'encadrement des juridictions arbitrales du Mercosur (**b**).

a. Les mesures compensatoires : un mécanisme contraignant en vue de l'exécution des sentences arbitrales interétatiques

295. L'exécution des sentences arbitrales interétatiques du Mercosur peut nécessiter le recours à la contrainte. Il ne s'agit pas d'un cas isolé en droit de l'arbitrage commercial international. Abdelhamid EL OUALI a ainsi souligné que l'exécution est « *une notion ambivalente qui renvoie aussi bien à l'idée de recours à la contrainte qu'à l'idée d'application d'une norme internationale* »[533]. Dans cette organisation, le recours aux mesures compensatoires a été clairement conçu comme un moyen de contraindre la partie *perdante* à exécuter la sentence arbitrale. En effet, l'article 31 § 1 PO dispose explicitement que l'objectif de ces mesures est l'application de la décision. Ce système a été conçu par le Protocole de Brasilia. L'article 23 du PB prévoyait un mécanisme ayant recours aux mesures compensatoires en vue de l'exécution des sentences arbitrales. Cet article énonçait que « *si une partie n'exécute pas la sentence dans un délai de trente jours, les autres parties au différend peuvent adopter des mesures compensatoires temporaires comme la suspension de concessions ou d'autres actions équivalentes tendant à obtenir l'exécution de la sentence* ». Ce mécanisme a été repris par le Protocole d'Olivos dans une démarche qui visait à atteindre *le perfectionnement de l'étape postérieure de la sentence arbitrale*[534]. Ainsi, l'article 29 PO dispose que les sentences rendues par les tribunaux *ad hoc* et le TPR doivent être exécutées dans le délai fixé par le tribunal concerné. Si l'État *perdant* ne respecte pas ou respecte mal le dispositif de la sentence (situation d'exécution insuffisante), l'État ayant obtenu gain de cause peut être autorisé à adopter des mesures compensatoires qui peuvent se

---

[533] V. A. EL OUALI, *op.cit.*, p. 269.

[534] Sur cette démarche v. la décision du CMC n°25/00.

manifester par une suspension temporaire d'obligations ou de concessions. Parmi les suspensions temporaires d'obligations et de concessions, nous pouvons citer la suspension temporaire de la liberté de circulation des marchandises provenant de l'État *perdant*. Une telle mesure étendue dans le temps peut lourdement affecter le secteur économique de produits et denrées périssables tels que le lait, la viande, les œufs, les fruits et les légumes. C'est la raison pour laquelle ces suspensions sont encadrées et limitées dans le temps. Ces mesures peuvent être adoptées pendant une période d'un an à partir du jour de l'expiration du délai mentionné à l'article 29 PO. Avant d'être autorisé à prendre ces mesures l'État ayant obtenu gain de cause doit d'abord essayer d'interrompre les concessions ou les obligations similaires dans le même secteur ou dans les secteurs touchés. Des suspensions dans le même secteur sont considérées comme irréalisables ou inefficaces si elles ne parviennent pas à interrompre des concessions et des obligations. Les raisons qui motivent l'État vainqueur à demander des mesures compensatoires doivent être expliquées au tribunal arbitral compétent (article 31 §2 PO). L'adoption de mesures compensatoires ne dispense pas la partie *perdante* d'exécuter la sentence arbitrale (article 27 PO) et elle reste tenue de l'exécuter.

296. L'affaire sur l'*Interdiction d'importation des pneus remoulés* qui a opposé l'Argentine à l'Uruguay nous a offert une parfaite illustration de toute cette procédure. L'Argentine avait interdit par une loi la circulation d'un type particulier de pneus en provenance de l'Uruguay. Ce dernier estimant que cette loi constituait une violation de la liberté de circulation des produits (donc contraire aux articles 1 et 5 du Traité d'Asunción), décida de porter l'affaire devant un tribunal arbitral *ad hoc*. Ce tribunal arbitral *ad hoc* décida par une sentence du 25 octobre 2005 que la loi de l'Argentine était compatible avec le droit du Mercosur. L'Uruguay adressa alors une motion de révision au TPR. A travers la sentence de révision du 20 décembre 2005, le TPR décida de révoquer la sentence du tribunal arbitral *ad hoc* tout en enjoignant l'Argentine de procéder à des modifications législatives afin de rendre sa législation conforme au droit du Mercosur. Pour cela, le TPR lui laissait un délai de cent vingt jours à compter de la date de notification de ladite sentence de révision. L'Argentine ne donna pas de suite à cette sentence. Après de nombreuses protestations, l'Uruguay, par un décret 142/007 du 17 avril 2007 et sur la base de l'article 32 PO, décida d'adopter des mesures compensatoires à l'encontre de l'Argentine. Ce décret venait fixer une taxe douanière globale de 16% sur les importations de pneus en provenance de l'Argentine. L'Argentine décida de saisir le TPR car elle estimait que ces mesures étaient disproportionnées. Le TPR a profité de cette occasion pour confirmer, à travers la sentence qu'il a rendue sur cette même affaire le 7 juin 2007, que les mesures compensatoires ont pour but de répondre à l'inexécution du droit régional, ici d'une sentence arbitrale[535]. Il a ajouté que l'inexécution d'une sentence arbitrale représente un acte d'une « *extrême gravité* » puisque ce comportement est susceptible de s'étendre aux autres États membres, risquant de la sorte de mettre gravement en péril l'ensemble de l'organisation[536]. Il a de ce fait décidé de valider l'adoption par l'Uruguay de ces mesures en vue de contraindre l'Argentine à exécuter la sentence arbitrale d'octobre 2005. Comme nous venons de le voir, l'adoption des mesures compensatoires nécessite l'intervention des arbitres du Mercosur.

b. L'indispensable intervention des arbitres du Mercosur dans l'adoption des mesures compensatoires

297. Le pouvoir reconnu à la partie ayant obtenu gain de cause d'adopter les mesures compensatoires est encadré par les juridictions arbitrales du Mercosur. L'adoption de ces mesures nécessite, en effet, l'intervention des arbitres *a priori* et a *posteriori*. Tout d'abord, avant de valider l'adoption des mesures compensatoires, les tribunaux arbitraux peuvent intervenir dans les cas de divergences sur l'exécution de la sentence arbitrale. Il s'agit des situations où la partie qui a obtenu gain de cause estime que l'exécution est insuffisante. Face à ces cas de figure, l'article 30 PO permet à l'État *vainqueur* de soumettre « *la situation à la considération du TAH ou du TPR* » pour constater la teneur de l'exécution de la sentence arbitrale. L'intérêt de cette procédure est d'offrir une alternative avant de recourir aux mesures compensatoires. Cette procédure n'affecte cependant pas la faculté de l'État *vainqueur* de prononcer des mesures compensatoires. Une fois le différend tranché, il revient à la juridiction arbitrale du Mercosur de valider ou non la prise de mesures compensatoires.

298. Après le prononcé de ces mesures, en cas de contestation par la partie *perdante*, les tribunaux arbitraux *ad hoc* ou le TPR, peuvent être sollicités pour exercer le contrôle de proportionnalité de ces mesures avec le résultat de l'inexécution de la sentence arbitrale (article 32 PO). Ce contrôle existe du fait que les mesures compensatoires appliquées ne doivent pas être « *excessives* » (article 32 § 2 PO). En d'autres termes, le résultat des mesures compensatoires doit être au moins équivalent à celui issu de l'inexécution de la sentence arbitrale. Le TPR a été appelé à exercer ce type de contrôle dans

---

535 V. la sentence arbitrale du TPR du 8 juin 2007, point. 9.2, consultable sur www.mercosur.org. Texte original « *Las medidas compensatorias, en el marco del Mercosur, tienen por fin solucionar une situación de incumplimiento jurisdiccionalmente declarado del derecho regional ...* ». Traduction : « *Les mesures compensatoires dans le cadre du Mercosur ont pour but de régler l'inexécution d'une décision juridictionnelle régionale* ».

536 V. la sentence arbitrale du TPR du 8 juin 2007, point. 8.6, consultable sur www.mercosur.org.Texte original « *... cabe constatar que en el caso de un incumplimiento de une decisión del Tribunal, la gravedad de la infracción, ... proviene del desacato de la sentencia que de por sí constituye un acto de gravedad extrema ...* ».

l'affaire sur l'*Interdiction d'importation des pneus remoulés*. Dans sa sentence du 8 juin 2007, le TPR avait validé l'adoption par l'Uruguay de mesures compensatoires à l'encontre de l'Argentine, consécutivement à l'inexécution, par cette dernière, de la sentence arbitrale *ad hoc* du 25 octobre 2005. Ces mesures consistaient en l'application d'une taxe douanière de 16% à l'importation de pneus en provenance de l'Argentine. L'Argentine estimait que ces mesures étaient excessives et disproportionnées. Dans sa décision, le TPR a rappelé que les mesures compensatoires devaient affecter le même secteur économique objet du litige entre les États. Il a ajouté que pour garantir l'effectivité et l'égalité des droits et devoirs des États membres, qu'il faut prendre en compte le poids économique de l'État affecté par la mesure compensatoire[537]. Cette précision du TPR se justifie par le fait qu'il existe une grande différence de taille et de poids économique entre les États membres du Mercosur. D'un côté nous avons les deux principales locomotives économiques que sont le Brésil et l'Argentine et de l'autre côté l'Uruguay et le Paraguay qui représentent des marchés moins importants. Ces différences ne doivent pas conduire à « *neutraliser l'effet immédiat* » de la mesure compensatoire[538]. L'effet de la mesure compensatoire doit être suffisamment dissuasif pour l'État défaillant. En ce qui concerne la proportionnalité de la mesure compensatoire, le TPR l'évalue au regard du préjudice économique (composé des préjudices commerciaux tels que la perte de marchés et d'investissements ou encore le chômage) et du préjudice institutionnel (en rapport avec les engagements et objectifs des États membres de l'organisation) que l'État défaillant subit du fait de l'inexécution de la sentence arbitrale. En l'espèce, le TPR a observé que l'Argentine n'avait quasiment pas subi de préjudice économique du fait de la taxe de l'Uruguay. Selon lui les conséquences pour l'Argentine de cette taxe sont clairement moins dommageables que celles subies par l'Uruguay du fait de la loi n° 25.626. Cela s'explique par la grande différence de poids économique entre ces deux pays[539]. A notre sens, il est regrettable que le législateur OHADA n'ait pas prévu ce type de dispositif. Cependant, ce droit contient un autre mécanisme aussi efficace de mise en œuvre : l'exécution provisoire.

---

[537] V. la sentence du 8 juin 2007, points 10.7 à 10.9, consultable sur www.mercosur.org.

[538] V. la sentence du 8 juin 2007, point 10.8, consultable sur www.mercosur.org. Cela se justifie, d'une part, pour éviter que la différence de taille entre les États membres puisse dans certains cas neutraliser son objet immédiat, et d'autre part, de telle sorte qu'elle soit suffisamment persuasive pour l'État réticent … Le texte original : « *Ello se justica, por un lado, para evitar que la diferencia de tamaño entre los Estados Partes pueda, en algunos casos neutralizar su objetivo inmediato y, por el otro, a fin de que aquella pueda ser suficiente persuasiva par el Estado remiso …* ».

[539] V. les conclusions de la sentence *op.cit.*

2. L'exécution provisoire de la sentence arbitrale au sein de l'OHADA

299. L'exécution provisoire a été conçue comme une *« faveur exceptionnelle »*[540] permettant au plaideur *vainqueur* d'anticiper dans certains cas l'issue du litige et d'obtenir l'exécution de la décision qui lui est favorable. L'exécution provisoire milite clairement en faveur de la mise en œuvre de la sentence arbitrale. Ce mécanisme recherche avant tout l'effectivité et l'efficacité de la décision arbitrale, ainsi donc, il déroge à la règle générale de l'effet suspensif de certaines voies de recours. L'exécution provisoire de la sentence est prévue par le droit commun de l'arbitrage de l'OHADA à l'article 24 de l'AUA[541]. Aux termes de cet article « *les arbitres peuvent accorder l'exécution provisoire à la sentence arbitrale, si cette exécution a été sollicitée, ou la refuser par une décision motivée* ». L'article 28 AUA dispose que le recours en annulation contre une sentence arbitrale assortie de l'exécution provisoire n'en suspend pas l'exécution. L'exécution de la sentence est absolument recherchée. Dès lors le bénéficiaire d'une telle mesure peut poursuivre l'exécution même forcée. A cet effet, la décision du tribunal arbitral qui autorise l'exécution provisoire de la sentence arbitrale a besoin d'être *exequaturée*. Une raison supplémentaire pour les États de l'OHADA qui ne l'ont pas encore fait, de désigner au plus vite le juge de l'*exequatur*. En vue de conférer une plus grande efficacité aux sentences arbitrales prononcées par la CCJA, le législateur de l'OHADA a imaginé un mécanisme original pour leur mise en œuvre que nous allons présenter ci-dessous.

§ II. L'exequatur communautaire des sentences arbitrales de la CCJA : un mécanisme original et unique de mise en œuvre des sentences arbitrales

300. Toute l'originalité du système d'arbitrage CCJA réside dans le fait que l'*exequatur* conféré à une sentence arbitrale a un caractère exécutoire dans les États membres de l'OHADA. En d'autres termes il s'agit d'un *exequatur communautaire*. Ce mécanisme est un pas supplémentaire de cette organisation vers l'intégration juridique et régionale (**1**). Il s'agit là d'un modèle très rare au monde, un modèle qui doit être reproduit, notamment dans le cadre du Mercosur car il permet d'accroître l'efficacité des sentences arbitrales (**2**).

---

[540] Selon l'expression de H. TCHANTCHOU et A. NDZUENKEU, « L'exécution provisoire à l'ère de l'OHADA », *Penant*, n° 850, 2005, p. 46.

[541] Le droit de l'arbitrage institutionnel de l'OHADA (l'arbitrage CCJA) reste muet sur cette procédure.

1. L'exequatur communautaire : un pas supplémentaire vers l'intégration juridique et régionale dans l'espace OHADA

301. L'article 25 du Traité OHADA dispose que les sentences rendues sous l'égide de la CCJA ont l'autorité de la chose jugée sur le territoire de chaque État -partie au même titre que les décisions rendues par les juridictions de l'État, et qu'« *elles peuvent faire l'objet d'une exécution forcée en vertu d'une décision d'exequatur. La CCJA a seule la compétence pour rendre une telle décision.* ». En donnant à la haute juridiction communautaire compétence exclusive pour délivrer l'*exequatur*, le Traité OHADA indique implicitement que cet *exequatur* va permettre de poursuivre l'exécution forcée sur l'ensemble du territoire de l'OHADA. Cette procédure d'*exequatur* nous paraît fort originale parce que la formule exécutoire est d'ordinaire accordée au nom de l'État souverain. On est clairement en présence d'un transfert de compétences des instances étatiques aux instances communautaires. Il s'agit d'une autre manifestation de *« l'abandon de souveraineté »*[542] des États africains au profit des instances de l'OHADA.

302. Cette solution renferme de nombreux avantages. Tout d'abord, elle permet indéniablement de faire une économie de temps et de procédure pour celui qui veut poursuivre l'exécution forcée de la sentence dans plusieurs États membres. L'avantage le plus significatif à nos yeux est l'accomplissement des principaux objectifs de l'OHADA à savoir l'intégration juridique et régionale. Cela représente une étape considérable vers l'intégration juridique et régionale car nous sommes face à un seul *exequatur* pour l'ensemble du territoire OHADA. Ce système favorise considérablement la cohésion du système d'arbitrage de l'OHADA, car en exposant les sentences CCJA à l'épreuve de plusieurs *exequatur* dans chaque État membre, il était à craindre qu'une même sentence ait été rejetée dans un État membre et acceptée par un autre État membre. L'efficacité de ce type de sentence se trouve donc ainsi renforcée. L'*exequatur communautaire* est de ce fait un formidable outil de mise en œuvre des sentences arbitrales de la CCJA sur l'ensemble du territoire de l'OHADA. C'est dans ce sens que nous partageons entièrement la vision d'Henri TCHANTCHOU, lorsqu'il a comparé l'*exequatur communautaire* de l'OHADA à un *« un bon d'exécution »* que délivre la CCJA[543].

303. L'originalité de ce système doit cependant être relativisée face à l'antériorité de la pratique arbitrale CIRDI. Dans le système d'arbitrage CIRDI relatif aux investissements internationaux, sans autre formalité que celle de la présentation à l'autorité compétente de la sentence certifiée conforme par le secrétariat général du CIRDI, toute sentence CIRDI est

---

[542] Cette expression est de G. KENFACK DOUAJNI, « L'abandon de souveraineté dans le traité OHADA », *Penant*, n° 832, 2000, p. 125 et s.

[543] V. H. TCHANTCHOU, *op.cit.*, p. 135.

exécutoire sur le territoire de tous les États contractants. Ce système n'impose pas de contrôle lors de l'*exequatur* ainsi la sentence a la même valeur qu'un jugement définitif émanant des juridictions des États contractants (articles 53, 54 et 55 de la Convention de Washington du 18 mars 1965). C'est pour cette raison que dans l'affaire CIRDI *Société Ouest Africaine des Bétons Industriels (SOABI) c/ République du Sénégal*[544], lorsque la Cour de Cassation française a été sollicitée elle a décidé de casser un arrêt de la Cour d'appel de Paris sur le motif que « ... *la convention de Washington du 18 mars 1965 a institué, en ses articles 53 et 54, un régime autonome et simplifié de reconnaissance et d'exécution qui exclut celui des articles 1498 et suivants du nouveau Code de procédure civile et, en particulier, les voies de recours qui y sont prévues.*

D'où il suit qu'en statuant comme elle l'a fait la cour d'appel a violé les textes susvisés ... »[545].

304. A notre sens, le législateur OHADA s'est ouvertement inspiré de ce modèle afin de garantir une bonne cohésion de son système d'arbitrage institutionnel. Toujours est-il que le modèle de la CCJA est original car il s'agit d'arbitrage régional et communautaire, ce qui lui confère un caractère unique au monde. L'exequatur est accordé par ordonnance du Président de la CCJA (article 30. 2 du Règlement d'arbitrage de la CCJA). La partie contre laquelle l'*exequatur* est délivré peut dans les quinze jours de la signification faire opposition devant la Cour. Si l'*exequatur* est rejeté, le requérant peut directement saisir la CCJA et non plus son président. Les motifs de refus sont les mêmes que ceux qui peuvent fonder une contestation de validité de la sentence arbitrale. L'*exequatur communautaire* fait de la sentence CCJA une sentence communautaire qui n'est évidemment exécutoire que dans les pays membres de l'OHADA. Elle a pour frontières les limites géographiques de l'OHADA. Si ce type de sentence est à exécuter dans un État tiers à l'OHADA, elle sera soumise au droit de l'*exequatur* de cet État tiers. Par exemple, en France les sentences arbitrales CCJA sont considérées comme des décisions de justice internationale dont la régularité s'apprécie au regard du droit français[546]. Si cet État tiers est partie à la Convention de New York de 1958, cette sentence pourra être exequaturée sur la base des dispositions de cette convention.

305. En revanche, le professeur Paul-Gérard POUGOUÉ a souligné que si l'*exequatur* est communautaire, les formules exécutoires restent

---

[544] Sur la sentence CIRDI n°ARB/82/1 *SOABI c/ Sénégal* du 28 février 1988 v. *JDI*, 1990, p. 141, avec une note de E. GAILLARD. V. aussi du même auteur, *La jurisprudence du CIRDI*, volume I, *op.cit.*, p. 32 et s.

[545] V. C. Cass. 1ère chambre civile, 11 juin 1991, *Revue de l'arbitrage,* 1992, p. 637 avec une note d'A. BROCHES.

[546] V. D. MOTTE-SURANITI, « L'exécution en France des sentences arbitrales CCJA », *Penant*, n° 866, 2009, p. 63.

nationales[547]. En effet, l'article 46 du Règlement d'arbitrage CCJA indique que la formule exécutoire est apposée par l'autorité nationale que le Gouvernement de chaque État -partie désignera à cet effet. La procédure *d'exequatur communautaire* tend à agrandir la portée de la sentence arbitrale CCJA, ce qui contribue à lui conférer une efficacité maximale. Ce système constitue donc un modèle en matière d'arbitrage, il peut être ainsi repris dans le cadre du Mercosur afin d'accroître l'efficacité des sentences arbitrales interétatiques.

2. L'exequatur communautaire comme modèle pour l'efficacité des sentences arbitrales du Mercosur

306. Le Mercosur gagnerait à s'inspirer ouvertement du modèle offert par l'OHADA afin d'accroître l'efficacité de ses sentences arbitrales interétatiques. Les difficultés d'exécution que ce type de sentence rencontre peuvent être résolues par l'adoption d'un système d'exécution communautaire fortement inspiré du mécanisme de l'*exequatur communautaire* au sein de l'OHADA. L'adoption d'un tel système doterait ces sentences d'un caractère obligatoire *erga omnes* et les rendrait exécutoires sur l'ensemble du territoire des quatre États membres du Mercosur. Ces sentences seraient aussi dotées de l'autorité définitive de la chose jugée sur le territoire de chaque État membre au même titre que les décisions rendues par les juridictions d'un État membre. Ce qui constituerait un moyen supplémentaire de pression sur l'État défaillant. Philippe FOUCHARD est allé plus loin car selon lui le mécanisme de l'*exequatur communautaire* des sentences arbitrales de la CCJA, représente un modèle au niveau international en vue d'accroître l'efficacité des sentences arbitrales[548]. Effectivement, cet auteur a proposé un système international de contrôle et d'exécution des sentences. Comme modèle de précédents, Philippe FOUCHARD a proposé les mécanismes d'*exequatur* offerts par l'arbitrage CCJA et celui de l'arbitrage CIRDI (articles 54 et 55 convention de Washington du 18 mars 1965).

307. A ce stade nous devons tout de même atténuer l'impact que pourrait avoir l'*exequatur communautaire* sur le Mercosur car il existe déjà un système très proche depuis 1940. En effet, depuis 1940, l'Argentine, le Paraguay et l'Uruguay ont signé et ratifié la Convention de Montevideo de 1940 sur le droit procédural international. Ce texte qui est toujours en vigueur dispose dans son article 5 que les jugements et sentences arbitrales rendus en matière civile et commerciale dans l'un des États signataires auront sur le territoire des autres signataires les mêmes effets que dans le

---

[547] V. P.-G. POUGOUÉ, « Le système d'arbitrage de la CCJA », *in l'OHADA et les perspectives de l'arbitrage en Afrique*, Bruxelles, Bruylant, 2000, p. 146.

[548] V. Ph. FOUCHARD, « Suggestions pour accroître l'efficacité des sentences arbitrales », *Revue de l'arbitrage*, 1998, n° 4, p. 653.

pays où ils ont été prononcés, à condition qu'ils aient été rendus par un tribunal compétent dans la sphère internationale et qu'ils ne soient pas contraires à l'ordre public de l'État d'exécution. Par la présence de cette convention, il existe déjà et de fait un *exequatur* communautaire au sein du Mercosur. Cet *exequatur* communautaire *de facto* ne concerne cependant pas l'ensemble du territoire du Mercosur. La Convention de Montevideo de 1940 n'est pas applicable au Brésil ni au Venezuela. Pour aboutir à un véritable exequatur communautaire, il faudrait simplement que le Brésil et le Venezuela adhèrent à ce texte. Une autre solution serait de copier le modèle de l'OHADA. La transposition d'un tel système a un intérêt supplémentaire dans l'élaboration de la jurisprudence arbitrale du Mercosur, jurisprudence qui se caractérise par son apport considérable au processus d'intégration régionale.

SECTION II. L'ADOPTION PAR LES JURIDICTIONS ARBITRALES DU MERCOSUR ET DE L'OHADA D'UNE JURISPRUDENCE ŒUVRANT POUR LA CONSOLIDATION DE L'INTÉGRATION RÉGIONALE

308. L'existence de la jurisprudence arbitrale internationale est un sujet qui partage la doctrine. Cette divergence est illustrée par les propos de Pierre LALIVE, selon lui « *parler de jurisprudence arbitrale paraîtra à certains égards d'une audace singulière, en contradiction directe avec la nature consensuelle et ad hoc de tout arbitrage qu'avec son caractère confidentiel. Il s'agira pour d'autres d'un truisme, notamment pour les familiers de l'arbitrage institutionnel ...* »[549]. Pour les auteurs qui nient son existence, la somme des décisions des juridictions arbitrales ne constitue pas une source de droit, à cause du manque d'*imperium* de ces dernières. Parmi ces auteurs, nous retrouvons Antoine KASSIS qui a affirmé que « *l'idée de jurisprudence doit être bannie du commerce international* »[550]. Pour cet auteur, les sentences du commerce international ne peuvent avoir vocation à constituer une jurisprudence ni dans le sens d'une autorité de fait, ni dans le sens d'une véritable force obligatoire de précédent les élevant au niveau d'une source de droit. Nous ne partageons pas cette vision car selon nous la jurisprudence arbitrale internationale en matière commerciale existe belle et bien et a un poids considérable. Cette dernière constitue une véritable source de droit de l'arbitrage et peut se définir comme l'ensemble des solutions apportées par les sentences arbitrales[551] ou « *l'habitude de juger dans un*

---

[549] V. P. LALIVE, *L'apport de la jurisprudence arbitrale : l'arbitrage commercial international : séminaire des 7 et 8 avril 1986*, Paris, Chambre de Commerce Internationale, 1986, p. 5.

[550] V. A. KASSIS, *Théorie générale des usages du commerce*, Paris, LGDJ, 1984, p. 511.

[551] Sur la définition de la jurisprudence arbitrale v. Ph. FOUCHARD, E. GAILLARD, et B. GOLDMAN, *op.cit.*, p. 200.

même sens »[552] des juridictions arbitrales internationales. Allant dans ce sens un tribunal arbitral CCI dans l'affaire n°4131 a précisé que les décisions arbitrales « *forment progressivement une jurisprudence dont il échet de tenir compte, car elle déduit les conséquences de la réalité économique et est conforme aux besoins du commerce international, auxquels doivent répondre les règles spécifiques, elles-mêmes progressivement élaborées, de l'arbitrage international* »[553].

309. Pour autant, pour admettre l'existence de jurisprudence arbitrale, les sentences d'une juridiction arbitrale doivent réunir un certain nombre de conditions dégagées par la doctrine. Ces conditions sont amplement réunies par les sentences de l'OHADA et par les sentences arbitrales interétatiques du Mercosur. Nous pouvons, de ce fait, affirmer qu'une jurisprudence arbitrale émerge du Mercosur et de l'OHADA. (**§ I**). Cette jurisprudence se singularise par le rôle considérable qu'elle joue dans la poursuite de l'objectif d'intégration régionale (**§ II**).

§ I. L'émergence de la jurisprudence arbitrale au sein du Mercosur et de l'OHADA

310. Existe-il une jurisprudence arbitrale au sein de l'OHADA ou du Mercosur ? La preuve de l'existence d'une jurisprudence arbitrale au sein l'OHADA pose moins de difficultés car la CCJA centralise et organise la procédure arbitrale dans cet espace. Mais à propos du Mercosur, à en croire Deisy VENTURA la réponse tendrait vers la négative. Selon cette auteure, « *il est en effet difficile de qualifier de jurisprudence une succession de décisions émanant de tribunaux différents* »[554]. Selon nous, pour répondre à cette interrogation, nous devons vérifier que l'ensemble des sentences arbitrales émises par les différents tribunaux arbitraux de cette organisation réunit les conditions dégagées par la doctrine (**A**). Cette démarche a pu nous faire constater que ces conditions sont complètement remplies par les sentences arbitrales du Mercosur. La jurisprudence arbitrale du Mercosur est belle et bien une réalité (**B**).

A. Les conditions d'existence de la jurisprudence arbitrale internationale dégagées par la doctrine

311. Pour la doctrine spécialisée, la jurisprudence arbitrale internationale existe si les sentences d'une juridiction arbitrale présentent les

---

[552] Selon les termes de Ph. JESTAZ, « La jurisprudence, ombre portée du contentieux », *Dalloz-Sirey*, Chroniques XXIII, 1989, p. 149 à 153.

[553] Sur cette affirmation v. la sentence CCI n°4131, *JDI*, 1983, p. 899.

[554] V. D. VENTURA, *op.cit.*, p. 207. Pour qualifier l'ensemble des sentences arbitrales du Mercosur cette auteure préfère employer les termes de « *prudentia en construction* ».

caractéristiques d'autonomie (**1**) et de cohérence (**2**). Elles doivent aussi faire l'objet d'une divulgation (**3**).

1. La condition de l'autonomie des sentences arbitrales

312. Pour pouvoir être constitutives d'une jurisprudence, les sentences arbitrales doivent être autonomes vis-à-vis des ordres judiciaires étatiques. Cette autonomie est indispensable pour que la jurisprudence arbitrale s'affirme comme une véritable source de droit. Selon le professeur Eric LOQUIN, l'autonomie des sentences arbitrales « *donne toutes ses chances d'épanouissement à la jurisprudence arbitrale* »[555]. La manifestation de cette autonomie réside dans le fait que la majorité des textes internationaux et nationaux relatifs à l'arbitrage international ne soumettent pas les sentences arbitrales au pouvoir de révision du juge national[556]. Si les juges étatiques sont habilités à contrôler la validité de la convention d'arbitrage et la régularité de la constitution du tribunal arbitral, en revanche en vertu d'un principe essentiel du droit de l'arbitrage international, ils ne peuvent pas statuer sur le fond de l'affaire. La sentence arbitrale sauf en cas de viol de l'ordre public international n'est soumise à aucun examen de la part des juridictions étatiques[557]. Les professeurs Philippe FOUCHARD, Emmanuel GAILLARD et Berthold GOLDMAN ont souligné dans cet ordre d'idées que « *si les sentences arbitrales étaient soumises à un pouvoir général de révision de la part du juge étatique saisi d'une demande d'exécution, d'infirmation ou d'annulation de celle-ci, il serait vain d'attendre de celles-ci qu'elles puissent former des normes jurisprudentielles ...* »[558].

313. L'autonomie des sentences arbitrales doit aussi se manifester par une forme d'originalité des solutions apportées. Pour ce faire, les arbitres ne doivent pas statuer en application des mêmes règles de droit que les juges étatiques[559] et doivent pouvoir dégager leurs propres règles. A cet effet, ils disposent de la *lex mercatoria*, des principes généraux du droit du commerce international[560] qui échappent en raison de leur caractère universel à un ordre

---

[555] V. E. LOQUIN, « A la recherche de la jurisprudence arbitrale » *in La Cour de Cassation, l'Université et le droit, Etudes en l'honneur de A. PONSARD*, Paris, Litec, 2003, p. 217.

[556] A titre d'exemple, l'article II. 3 de la Convention de New York sur la reconnaissance et l'exécution des sentences arbitrales étrangères de 1958, prévoit que « *Le tribunal d'un État contractant, saisi d'un litige sur une question au sujet de laquelle les parties ont conclu une convention au sens du présent article, renverra les parties à l'arbitrage, à la demande de l'une d'elles, à moins qu'il ne constate que ladite convention est caduque, inopérante ou non susceptible d'être appliquée.* ».

[557] V. A. REDFERN et M. HUNTER, *op.cit.*, p. 361 et 362.

[558] V. Ph. FOUCHARD, E. GAILLARD, et B. GOLDMAN, *op.cit.*, p. 201.

[559] *Ibid.*, p. 220 où l'auteur a pu affirmer que « ... *la remarque nous paraît capitale, la jurisprudence arbitrale n'existe que dans les cas où l'arbitrage conduit à l'application de normes extérieures aux ordres juridiques étatiques* ».

[560] V. Ph. KAHN, « Les Principes généraux du droit devant les arbitres du commerce international », *JDI*, n°1, 1989, p. 307 et s.

juridique déterminé et de la jurisprudence issue d'autres juridictions arbitrales. En effet, il est fréquent que les juridictions arbitrales empruntent les solutions émises par d'autres juridictions arbitrales. Pour être constitutives d'une jurisprudence, les décisions arbitrales doivent aussi être cohérentes.

2. La condition de la cohérence des sentences arbitrales

314. Un constat s'impose, l'arbitrage commercial international se caractérise par sa grande cohérence[561]. Cette caractéristique trouve son explication dans de multiples facteurs. Tout d'abord, dans le fait qu'un grand nombre d'arbitrages sont organisés par des institutions permanentes d'arbitrage telles que la CCI ou le CIRDI. Ces institutions, en organisant la procédure arbitrale et surtout en se prononçant sur les projets de sentences, assurent la convergence des sentences arbitrales. Un autre facteur milite en faveur de la cohérence de la jurisprudence arbitrale, il s'agit de la force des précédents arbitraux[562] (le *Stare decisis* ou la règle du précédent). A ce stade, il convient de mettre en exergue le fait qu'une partie de la doctrine refuse d'utiliser le terme « précédent » en matière d'arbitrage[563].

315. Pourtant, dans la pratique, le précédent arbitral désigne la décision juridictionnelle antérieure qui est prise comme référence par les autres tribunaux arbitraux dans des cas similaires. L'analyse des sentences arbitrales publiées nous permet d'établir que les arbitres du commerce international utilisent régulièrement les précédents arbitraux connus. Nous pouvons citer comme exemple les sentences arbitrales CIRDI qui font régulièrement l'objet de publication[564]. Leur analyse nous permet de constater que ces sentences arbitrales prennent quasi automatiquement en compte les précédents dégagés par les autres tribunaux arbitraux CIRDI. L'ensemble de ces sentences contribue de la sorte à la formation et à

---

[561] Sur la force des précédents arbitraux v. E. LOQUIN, « Réflexion sur « la jurisprudence arbitrale » sa cohérence et ses divergences », *in Divergences de jurisprudence*, (sous la direction de P. ANCEL et M.-C. RIVIER), Saint-Etienne, Publication de l'Université de Saint-Etienne, 2003, p. 133.

[562] V. G. GUILLAUME, « Le précédent dans la justice et l'arbitrage international », *JDI*, 2010, juillet-août-septembre, p. 686, spéc. p. 694 à 698.

[563] P. DAILLIER, M. FORTEAU et A. PELLET, *op.cit.*, p. 438 où il est écrit que : « *Les tribunaux arbitraux et transnationaux suivent la même tendance : tout en reconnaissant que les sentences arbitrales rendues ne constituent pas des précédents obligatoires, ils mettent l'accent sur l'autorité persuasive qui leur est attaché et sur la sécurité juridique qui découle de la cohérence des décisions rendues par les différentes juridictions arbitrales (ADC Affiliate Limited c. Hongrie)* ».

[564] V. E. GAILLARD, *La jurisprudence du CIRDI*, volume I, *op.cit.* V. aussi S. MANCIAUX, *Investissements étrangers et arbitrage entre États et ressortissants d'autres États : trente années d'activité du CIRDI*, Paris, Litec, 2004.

l'épanouissement du droit international des investissements[565]. Un troisième facteur permet d'expliquer la cohérence des sentences arbitrales internationales : il s'agit de l'unité des méthodes de création et d'application des règles de droit utilisées par les tribunaux arbitraux. Tout d'abord, la rareté des règles et le défaut d'un législateur au niveau international, ont obligé les arbitres du commerce international, (dès lors que les parties n'ont pas défini les règles applicables), à prendre en compte les solutions adoptées par leurs pairs dans des cas similaires. Ensuite, régulièrement et de façon spontanée ou à la demande des parties à l'arbitrage, les arbitres fondent leurs décisions sur des principes communs aux différents systèmes juridiques. Ces principes sont généraux, incontestables et prévisibles, et sont utilisés par la plupart des systèmes juridiques à travers le monde[566]. Enfin, en cas de doute sur la règle applicable, les arbitres du commerce international s'autorisent à choisir celle qui sert le mieux « *les besoins du commerce international* » en d'autres termes la *lex mercatoria*. Ces méthodes limitent inévitablement les divergences entre les solutions que les arbitres peuvent apporter dans leurs sentences. La cohérence des solutions arbitrales est facilitée par la connaissance et la divulgation du précédent.

3. La condition de la divulgation des sentences arbitrales

316. Le secret qui couvre les sentences arbitrales a été pendant longtemps considéré comme l'un des principaux attraits de l'arbitrage. Cependant, cette absence de publication a constitué l'un des principaux arguments en faveur de l'inexistence de la jurisprudence arbitrale. Dans la pratique, le secret qui couvre l'arbitrage commercial international n'a jamais été total. Nous en voulons pour preuve la publication (au moins de façon partielle) des « *grandes sentences* » telles que les sentences *Aramco* du 23 août 1958[567], *BP* du 10 octobre 1973[568], *Texaco-Calasiatic*[569] et *Liamco*[570] de 1977. De même, on constate que depuis plusieurs années s'est développé un mouvement en faveur de la publication des sentences arbitrales. Celles-ci sont régulièrement publiées dans des revues spécialisées telles que la *Revue de l'arbitrage*, le *Bulletin de la CCI* ou encore par le *Journal du Droit*

---

565 *Ibid.*, p. 696 où l'auteur parle de « *zèle quelque peu excessif* » en matière de recours aux précédents dans l'arbitrage CIRDI.

566 V. Ph. KAHN, « Les Principes généraux du droit devant les arbitres du commerce international », *op.cit.*

567 V. *Revue de l'arbitrage*, 1956, p. 67. V. aussi S. BASTID, « Le Droit international public dans la sentence Aramco », *AFDI*, 1961, volume 7, p. 300 à 311.

568 Sur cette sentence v. P. RAMBAUD, « Arbitrage, concession de nationalisation – quelques observations sur la sentence BP », *AFDI*, 1981, volume 27, p. 222 à 230.

569 Sur cette sentence v. G. COHEN-JONATHAN, « L'arbitrage Texaco-Calasiatic contre Gouvernement Libyen ; décision au fond 19 janvier 1977 », *op.cit.*, p. 452 à 479.

570 V. B. STERN, « Trois arbitrages, un même problème, trois solutions : les nationalisations pétrolières libyenne devant l'arbitrage international », *op.cit.*, p. 3 à 44.

International, mais aussi dans des ouvrages comme *La jurisprudence du CIRDI*. Les sentences arbitrales interétatiques du Mercosur et de l'OHADA réunissent les conditions d'autonomie, de cohérence et de divulgation.

B. Des conditions remplies par les sentences arbitrales dans l'OHADA et le Mercosur

317. L'ensemble des critères que nous venons de décrire représentent le passage obligé pour attribuer le sceau de jurisprudence à un ensemble de décision émanant d'une ou de plusieurs juridictions. A notre sens, les sentences interétatiques du Mercosur (**1**) et les sentences de l'OHADA (**2**) remplissent ces conditions.

1. Les conditions d'existence de la jurisprudence arbitrales remplies par les sentences interétatiques du Mercosur

318. Nous pouvons soutenir qu'il existe une jurisprudence arbitrale au sein du Mercosur car les sentences interétatiques réunissent les caractéristiques d'autonomie, de cohérence et font l'objet d'une large divulgation via internet. Tout d'abord, l'autonomie des sentences interétatiques du Mercosur se manifeste par le fait que les arbitres de cette organisation, dès le départ, ont considéré que leur fonction n'était pas seulement de statuer sur l'application de règles mais aussi de résoudre les différends qui leur sont soumis en prenant en compte l'ensemble normatif du Mercosur et surtout les objectifs fixés par les États membres. Ils ont décidé d'interpréter les normes du Mercosur à la lumière des objectifs d'intégration économique et régionale. Pour eux ces objectifs constituent un guide concret pour l'interprétation des normes du Mercosur[571]. Ils en ont dégagé une méthode d'interprétation qui confère à la jurisprudence toute son originalité. Les arbitres du Mercosur ont, en effet, une vision unique du règlement des différends : pour eux le différend doit être réglé de telle sorte que l'objectif d'intégration prime.

319. Ainsi, ils sanctionnent les comportements des États membres qu'ils estiment contraires à l'accomplissement de cet objectif. Cette méthode d'interprétation donne à cette jurisprudence son autonomie et sa grande cohérence. Nous pouvons parler de grande cohérence, parce que, les dix-sept sentences arbitrales interétatiques (les sentences *ad hoc* et celles du TRP) rendues à ce jour consacrent invariablement ce mode d'interprétation. Elles reprennent systématiquement et sans divergence les précédents établis lors de la première sentence *ad hoc* rendue dans l'affaire *DECEX*. Enfin, même si elles ne sont disponibles qu'en espagnol et en portugais, ces sentences bénéficient d'une large diffusion via internet. Elles sont consultables en libre accès sur l'excellent site officiel du Mercosur : *www.mercosur.org*. En

[571] V. le paragraphe 49 de la sentence *DECEX* consultable sur www.mercosur.org.

définitive, cette jurisprudence œuvre ouvertement afin d'atteindre l'objectif d'intégration régionale que les États membres se sont fixé. En dépit de cette démonstration des auteurs estiment que l'ensemble des sentences arbitrales du Mercosur ne devrait pas porter la dénomination de « jurisprudence ». Parmi les auteurs les plus farouchement opposé à cette dénomination, nous retrouvons le professeur Deisy VENTURA. Pour elle, ces décisions doivent être plutôt interprétées comme le résultat de l'expérience accumulée par les instances du Mercosur[572].

2. Les conditions d'existence de la jurisprudence arbitrale remplies dans l'OHADA

320. Au sein de l'OHADA, le contentieux arbitral est entre les mains de la CCJA, même si rappelons-le, elle n'est pas une juridiction arbitrale. Non seulement, la CCJA administre les procédures arbitrales mais elle intervient également comme un organe de contrôle dans les procédures d'annulation ou encore d'*exequatur* des sentences. De part ces fonctions, nous pouvons déduire que les sentences arbitrales dans l'espace OHADA ne peuvent pas se contredire entre elles. Dans l'OHADA, tous les tribunaux arbitraux *ad hoc* appliquent les règles de l'AUA. Il existe donc une cohérence entre les sentences arbitrales dans l'espace OHADA.

321. L'autonomie de la jurisprudence arbitrale au sein de l'OHADA est assurée par le fait que cette organisation a crée un ordre juridique autonome et supranational. De ce fait, les sentences arbitrales jouissent d'une grande autorité auprès des États membres. Tout de même, il convient de souligner que notre démonstration de l'existence de la jurisprudence arbitrale OHADA peut se heurter au faible nombre de sentences arbitrales et d'affaires relatives à l'arbitrage qui ont été soumises à ce jour à la CCJA. A notre connaissance cette instance ne s'est prononcée que sur quelques sentences arbitrales[573]. Sur ce sujet Jacques M'BOSSO a pu écrire que « *Hormis les années 2006 et 2007 qui ont enregistré huit demande d'arbitrage chacune, les données statistiques fournies par le Secrétariat général du centre d'arbitrage sont, en apparence dérisoires dans la mesure où, de 1999 à 2005, la moyenne est d'une demande et demie par an* »[574]. Pierre MEYER partage aussi cette vision car pour lui, le bilan de la pratique arbitral dans cet espace est « *décevante* »[575]. Toujours est-il que le rôle de la CCJA est d'œuvrer à l'a

---

[572] V. D. VENTURA, *op.cit.*, p. 207.

[573] Sur ces sentences v. P.-G. POUGOUÉ et S. S. KUATE TAMEGHE, *op.cit.*

[574] V. J. M'BOSSO, « L'arbitrage institutionnel de la CCJA de l'OHADA Premier bilan de l'application des instruments OHADA relatifs à l'arbitrage : le cas de l'arbitrage CCJA », *Revue Camerounaise de l'arbitrage*, numéro spécial, février 2010, p. 161 et s.

[575] V. P. MEYER, « Le droit de l'arbitrage dans l'espace OHADA Dix ans après l'Acte Uniforme », *Revue de l'arbitrage*, 2010, n°3, p. 1 à 28, spéc., p. 10 où l'auteur a écrit que : « *Depuis le début des activités d'administration des arbitrages, la CCJA a enregistré 27 dossiers d'arbitrage. Certains dossiers se sont clos par des retraits de la demande*

réussite de l'objectif que les États se sont fixés. D'ailleurs, dans les cas qui lui ont été soumis, elle s'est toujours prononcée dans le sens de garantir l'effectivité du processus d'intégration. Nous pouvons illustrer notre propos par l'affaire *Planor SA c/ Atlantique SA*, à travers laquelle la CCJA a rappelé l'importance du respect de l'autorité chose jugé au sein de l'OHADA.

§ II. Une jurisprudence arbitrale œuvrant pour la consolidation du processus d'intégration régionale

322. La jurisprudence arbitrale OHADA a un impact sur le processus d'intégration régionale en Afrique car il existe des liens entre l'OHADA, l'UEMOA et la CEMAC qui sont des organisations qui ont pour but l'intégration régionale. En effet, tous les Etats membres de la CEMAC sont membres de l'OHADA. De plus, le principe de la suprématie du droit OHADA sur le droit CEMAC a été consacré de façon implicite par le juge de la CEMAC lui-même[576]. De même, tous les pays membres de l'UEMOA sont également membres de l'OHADA. Partant de qui précède et étant donné que l'UEMOA et la CEMAC n'ont pas véritablement légiféré en matière d'arbitrage, le droit de l'arbitrage de l'UEMOA et de la CEMAC est, de fait, le droit de l'arbitrage instauré par l'Acte Uniforme de l'OHADA. La jurisprudence arbitrale OHADA participe ainsi dans la pratique aux efforts d'intégration régionale.

323. Notre idée est plus facilement vérifiable avec le cas du Mercosur à travers la jurisprudence qu'ils ont mise en place, les arbitres du Mercosur œuvrent considérablement en faveur du processus d'intégration régionale et économique. Cela est possible grâce au mode d'interprétation qu'ils ont dégagé lors de la première sentence arbitrale *ad hoc* (**A**). Ce mode d'interprétation a permis de faire de l'objectif d'intégration la pierre angulaire du raisonnement des arbitres du Mercosur (**B**).

---

d'arbitrage, des désistements, de sorte qu'au total 11 sentences arbitrales ont été rendues. On constate donc que, tout comme il a été relevé pour la plupart des institutions permanentes d'arbitrage dans les différents Etats de l'OHADA, la pratique de l'arbitrage dans le cadre de la CCJA est limitée. On doit également noter et regretter que, tout comme il a également été observé pour les autres centres de l'espace OHADA, la jurisprudence arbitrale rendue dans le cadre de la CCJA ne fait l'objet d'aucune publication systématique. Seules les sentences ayant fait l'objet de contentieux, en particulier celles qui sont frappées d'un recours en contestation de validité devant la CCJA, sont publiées par extraits dans les arrêts statuant sur la validité de la sentence ».

[576] Par son avis n° 002/2003 du 9 avril 2003 relatif à l'Avant projet du règlement CEMAC relatif aux systèmes, moyens et incidents de paiement, la juridiction de la CEMAC a disposé que : « *interdiction (...) est ainsi faite (*aux Etats membres de la CEMAC*) d'adopter tout texte législatif, réglementaire contredisant dans la forme, le fond, et/ou l'esprit des dispositions des actes uniformes", comme l'a précisé la Cour Commune de Justice et d'Arbitrage (CCJA) dans son avis du 30 avril 2001 émis à la demande du Gouvernement Ivoirien.* ».

A. La méthode d'interprétation dégagée par les arbitres du Mercosur favorable à l'intégration régionale

324. Les arbitres du Mercosur à travers la première sentence *ad hoc* ont posé les bases de leur méthode de travail. Ils ont décidé d'adopter comme mode d'interprétation des textes du Mercosur, une interprétation téléologique[577], c'est-à-dire une interprétation basée sur la connaissance des finalités de cette organisation. Il s'agit d'une méthode essentiellement fonctionnelle qui a été consacrée par l'article 31 de la Convention de Vienne sur le droit des traités du 23 mai 1969. Cet article énonce qu'« *un traité doit être interprété de bonne foi suivant le sens ordinaire à attribuer aux termes du traité dans leur contexte et à la lumière de son objet et de son but* ». L'adoption de ce critère d'interprétation par les arbitres est fondée sur la nature même d'organisation d'intégration du Mercosur[578]. Les arbitres ont appliqué ce mode d'interprétation pour la première fois dans la sentence rendue dans l'affaire *DECEX*[579] du 28 avril 1999. Cette affaire opposait l'Argentine (demandeur) et le Brésil (défendeur). Le litige portait sur l'utilisation par le Brésil de licences à l'importation, instaurées par les communiqués n°37 et n°7 du Secrétariat du Commerce Extérieur brésilien (SISCOMEX)[580].

325. L'Argentine considérait que ces mesures administratives prises par le Brésil constituaient des mesures équivalentes à des restrictions, contraires à l'objectif du Traité d'Asunción d'éliminer les droits de douane et des barrières non tarifaires. Le Brésil soutenait que ce mécanisme avait été seulement conçu comme un guide d'informations pour les importateurs. Il était demandé au tribunal arbitral *ad hoc* de statuer sur la compatibilité de ces licences d'importation du Brésil avec le Traité d'Asunción. Dans sa

---

577 V. J. SALMON (dir.), *Dictionnaire de Droit International Public*, *op.cit.*, p. 607. L'interprétation téléologique est une expression doctrinale qui qualifie *« les méthodes qui prennent en considération soit le but assigné par les parties à la disposition en cause ou au traité pris dans son ensemble, soit les finalités de celui-ci dégagées – de manière évolutive »*. V. aussi P. DELNOY, *Eléments de méthodologie juridique,* Bruxelles, Larcier, 2006, 2ème édition, p. 109 à 119. Selon cet auteur, cette doctrine est née à la fin du XIXe siècle suite aux critiques à l'encontre de la méthode d'interprétation exégétique (basée sur la recherche de la volonté du législateur). L'industrialisation et l'urbanisation avaient considérablement modifié la société qui jusqu'alors était essentiellement rurale. Le législateur tardait à adapter les lois à ce nouveau contexte social. La doctrine de l'interprétation téléologique ou évolutionniste, dont Julien BONNECASE est l'un des représentants, a proposé, pour adapter les lois de chercher le but social de la loi au moment où il est appliqué. Cette doctrine permet, certes, à la loi de s'adapter mais elle fait courir le risque de la dénaturer en fonction des enjeux du moment.

578 V. N. SUSANI, *op.cit.,* p. 281.

579 Le cas *DECEX* est désigné aussi comme l'affaire *SISCOMEX* ou encore comme l'affaire sur *Application de mesures restrictives au commerce.*

580 Le SISCOMEX désigne le Système Intégré de Commerce Extérieur du Brésil. Les communiqués sont des actes normatifs émanant de l'exécutif, ils ont été adoptés respectivement le 17 décembre 1997 et le 20 février 1998.

décision le tribunal a dans un premier temps, réaffirmé l'obligation, pour les États membres, d'exécution des traités du Mercosur. En d'autres termes, le tribunal arbitral a rappelé le respect du sacro saint principe *pacta sunt servanda*[581]. Il a ensuite rappelé que « *le respect des objectifs, traités et instruments d'intégration constitue un facteur de sécurité juridique, spécialement en ce qui concerne la libre circulation des biens, élément fondamental pour la construction du projet d'intégration* »[582]. Par la suite, à travers les attendus 49 et 57[583], les arbitres ont souligné la pertinence et l'importance du recours à la méthode d'interprétation téléologique dans le cadre du Mercosur. Ils ont par la même érigé l'objectif d'intégration comme la pierre angulaire de leur raisonnement pour le règlement des différends. Ainsi, pour ce tribunal arbitral *ad hoc*, le différend opposant les parties devait être examiné dans le cadre des règles du Mercosur et être interprété par rapport aux objectifs que les États-Parties se sont fixés dans le cadre du

---

[581] Ce principe du respect de la parole donnée est le fondement de la force obligatoire du droit international. Il a été consacré par l'article 26 de la Convention de Vienne du 23 Mai 1969. Cet article énonce que « *Tout traité en vigueur lie les parties et doit être exécuté par elles de bonne foi.* ».

[582] V. L. O. BAPTISTA et M. J. GOMES, *op.cit*, p. 355.

[583] V. le paragraphe 49 qui dispose que : « Sur le fond, la force des deux arguments a convaincu le Tribunal de la nécessité de développer le bien-fondé de sa décision sur une base argumentaire ne coïncidant pas avec celle d'une des parties, même lorsqu'il s'agit de recueillir leur contributions. La tâche du tribunal n'est pas de statuer sur l'application d'une ou de plusieurs dispositions spécifiques et isolées, mais de régler le différend sous l'angle de l'ensemble normatif du Mercosur (Protocole d'Ouro Preto, art. 41), en l'interprétant à la lumière des buts et objectifs que les États parties ont explicitement décidé d'assumer à travers leurs comportements ultérieurs qui s'inscrivent dans le cadre d'un projet commun d'intégration » (extrait du texte original) « *En cuanto al fondo del asunto, la solidez de ambas argumentaciones ha persuadido al Tribunal de la necesidad de desarollar la fundamentación de su decisión en una línea argumental no coincidente con ninguna de las partes, aun cuando recogiendo aportes de las dos. La profundidad y amplitud de las fundamentaciones jurídicas alegadas, además, indica claramente que la tarea del tribunal no consiste en decidir acerca de la aplicación de alguna o algunas disposiciones especificas y aisladas, sino en situar y resolver la controversia planteada bajo la perspectiva del conjunto normativo del MERCOSUR (Protocole Ouro Preto, art. 41), interpretándolo a la luz de la las relaciones reciprocas que emanan del conjunto de esas normas y de los fines y objetivos que los Estados Partes asumieron explicita e implícitamente al adoptar dichas normas, confirmados por sus actos posteriores en el contexto de un proyecto integrador común* ». Le paragraphe 57 dispose que « L'interprétation téléologique est plus pertinente pour les traités et instruments qui confèrent à une organisation internationale un processus ou un mécanisme d'intégration. A la différence d'autres instruments qui peuvent rester statiques, où les droits et obligations s'épuisent après quelques actes visant leur exécution » (extrait du texte original) « *El enfoque teleológico resulta más patente aun en los tratados e instrumentos que conforman organismos internacionales o configuran procesos o mecanismos de integración. A diferencia de otros instrumentos en cierto modo estáticos, donde los derechos y obligaciones se agotan en algunos pocos actos ejecución, en aquellos casos constituye un marco, una estructura, para desarollar actividades variadas y múltiples donde la valoración teleológica de las obligaciones y de las actividades ocupa un lugar central so pena de perder todo sentido* ». Consultable sur www.mercosur.int.

projet d'intégration auquel ils ont adhéré. Il a de ce fait, décidé que le régime de licence du Brésil devait s'adapter au principe d'élimination des restrictions non-tarifaires. Dans l'attendu 62 de la sentence, le tribunal arbitral a rappelé que dans le contexte du processus d'intégration et des normes qui le régissent, sont réputées incompatibles les mesures unilatérales des États membres dans les matières pour lesquelles la norme requiert des procédures multilatérales[584]. Le mode d'interprétation téléologique a été confirmé et utilisé dans l'ensemble des sentences arbitrales qui ont suivi. Il est devenu la pierre angulaire de leur raisonnement.

B. L'objectif d'intégration régionale : la pierre angulaire du raisonnement des arbitres du Mercosur

326. Deux aspects majeurs se dégagent de la jurisprudence arbitrale interétatique du Mercosur : il s'agit d'une jurisprudence marquée par le souci d'accentuer les échanges commerciaux entre les États de cet ensemble (**2**) et par la volonté de réduire les pratiques pouvant aller à l'encontre le processus d'intégration régionale (**1**).

1. Une jurisprudence œuvrant pour l'intégration régionale

327. Les précédents posés dans l'affaire *DECEX* ont été repris par l'ensemble des sentences arbitrales du Mercosur. Nous pouvons prendre l'exemple de la deuxième sentence arbitrale *ad hoc* rendue dans l'affaire de *la viande porcine* (ou *PROEX*) en date du 27 septembre 1999. Cette affaire opposait l'Argentine (demandeur) au Brésil (défendeur) à propos de subventions à la production et à l'exportation de la viande porcine.

328. L'Argentine estimait que les aides octroyées par les autorités du Brésil pour la production et l'exportation de la viande porcine, faussaient les règles du marché et étaient contraires aux principes communautaires découlant du Traité d'Asunción. Le tribunal arbitral a tranché l'affaire dans le sens de l'Argentine. Dans sa décision, le tribunal arbitral a expressément fait référence à la première sentence arbitrale *ad hoc* dans son attendu 55[585]. Cet attendu contient explicitement des extraits des attendus 57 et 65 de la sentence *DECEX*. Par-là les arbitres ont certainement voulu rappeler l'importance de la finalité du processus d'intégration du Mercosur et

[584] V. le paragraphe 62. Dans ce paragraphe, le tribunal arbitral a rappelé que dans le contexte du processus d'intégration et des normes qui le régissent, sont réputées incompatibles les mesures unilatérales des États membres dans les matières pour lesquelles la norme requiert des procédures multilatérales : « *Por ultimo, este tribunal considera que en el contexto de los procesos de integración y de las respectivas normativas que los rige, son incompatibles las medidas unilaterales de los Estados Partes en las materias en las que la normativa requiere procedimientos multilaterales.* ». Consultable sur www.mercosur.int.

[585] V. le paragraphe 55 consultable sur www.mercosur.org.

confirmer le mode téléologique d'interprétation qui doit guider les arbitres lors de leur prise de décision.

329. La troisième sentence arbitrale *ad hoc* rendue dans l'affaire de *l'Application des mesures de sauvegarde sur les produits textiles*[586] le 10 mars 2000, a rappelé que « *l'interprétation des dispositions sur l'union douanière du Mercosur doit s'effectuer, sauf mention expresse du contraire, en conformité avec l'objectif et la finalité de toute intégration économique* ». Dans cette affaire qui opposait, une nouvelle fois, le Brésil à l'Argentine, le Brésil estimait que les mesures prises par les autorités de l'Argentine en matière de produits textiles, étaient contraires aux objectifs du Mercosur. L'Argentine pour sa part estimait que ce litige devait être réglé dans le cadre de l'OMC, du fait de l'absence de normes spécifiques sur les mesures de sauvegarde dans le cadre du Mercosur. Le tribunal arbitral *ad hoc* s'est d'abord déclaré compétent pour connaître ce litige et a par la suite rappelé le critère téléologique d'interprétation des normes du Mercosur qui doit guider les arbitres dans leur prise de décisions. A cet effet, il a cité un extrait de la sentence *DECEX*[587]. Il a profité de cette occasion pour dégager le principe selon lequel les États du Mercosur ne peuvent faire appel à d'autres sources de droit qu'en l'absence de normes propres à l'organisation. Ainsi, dans leurs argumentations, les États membres doivent d'abord prendre en compte l'ensemble normatif du Mercosur et ne se référer par la suite à d'autres sources de droit qu'en cas de lacune.

330. La cinquième sentence arbitrale *ad hoc* du 29 septembre 2001 rendue à propos de l'affaire *Des bicyclettes* qui a opposé l'Uruguay à l'Argentine, a fait référence de façon expresse aux précédents arbitraux Mercosur comme source de droit[588]. Elle a aussi confirmé le devoir pour les États membres de faire prévaloir l'esprit d'organisation d'intégration du Mercosur. Dans les faits, l'Argentine remettait en cause le certificat d'origine d'un modèle de bicyclette (*Zeta*) mis en circulation par une entreprise uruguayenne (*Motociclo S.A*). Le Secrétariat de l'Industrie et du Commerce argentin faisait valoir que cette entreprise se bornait à procéder à l'assemblage des bicyclettes et non pas à les fabriquer. L'Argentine avait

[586] Pour cette affaire v. www.mercosur.org. Cette sentence fait aussi expressément référence au paragraphe 57 de la sentence *DECEX* dans l'énoncé des normes Mercosur.

[587] V. le paragraphe 51 de la sentence *DECEX*: « ...le Tribunal devra chercher et identifier les règles juridiques applicables, en se servant comme guide des objectifs de l'ordre normatif créé par les Parties, le Tribunal étant lui même issu de cet ordre juridique que les Parties ont formé pour réussir leur intégration ..." (extrait original du texte) "... *el Tribunal habrá de buscar e identificar las reglas jurídicas aplicables, guiado por los fines y objetivos del orden normativo creado por las Partes y siendo el propio Tribunal un elemento del ordenamiento que las Partes conformaron para regular sus relaciones reciprocas con vistas a lograr el objetivo compartido de su integración, en el ámbito de los fines y principios del sistema del TA* ...».

[588] V. la partie III 3.1 de la sentence arbitrale consacrée au cadre normatif. Consultable sur www.mercosur.org.

donc adopté une résolution désignant comme non originaire du Mercosur tous les produits de la *Motociclo S.A,* de façon à ce qu'ils soient soumis au tarif extra-zone, donc moins favorable. Dans cette décision le tribunal arbitral a rappelé que la mesure de l'Argentine n'était pas conforme à l'esprit du Mercosur visant à favoriser et stimuler les relations commerciales entre les États membres. Le tribunal arbitral a ainsi décidé de laisser sans effets la résolution de l'Argentine.

331. L'analyse des décisions du TPR nous démontre aussi qu'il met également l'accent sur l'objectif d'intégration. A titre d'illustration, dans la sentence du 8 juin 2007 rendue dans l'affaire de l'*Interdiction d'importation de pneus remoulés,* il a rappelé que les États en signant le Traité d'Asunción se sont engagés à créer une communauté économique et commerciale mais aussi culturelle, juridique et sociale. De même, il rappelle que pèse, sur l'arbitre des tribunaux *ad hoc*, l'obligation de prendre sa décision à la lumière de l'objectif d'intégration que les États se sont fixé. En définitive, à travers leur jurisprudence, les arbitres du Mercosur se sont posés comme les garants du processus d'intégration régionale et économique. Ils sanctionnent les comportements des États membres contraires à la finalité du Mercosur qui est bien de favoriser la circulation des personnes, des biens et des capitaux afin d'atteindre une véritable union douanière. Cette jurisprudence peut constituer les premiers jalons d'un droit communautaire au sein de cet ensemble car ces sentences garantissent la primauté de l'ordre juridique du Mercosur. L'arbitrage dans cet ensemble est un facteur d'émergence d'un ordre communautaire.

2. Une jurisprudence arbitrale favorable au développement du commerce interrégional

332. L'autre élément fondamental qui caractérise la jurisprudence arbitrale du Mercosur est la place essentielle qu'occupe le principe du libre commerce entre pays les membres[589]. Ce principe est consacré aux articles 1 et 5 du Traité d'Asunción[590]. Nadine SUSANI a démontré toute l'importance

---

589 V. D. VENTURA, *op.cit.*, p. 215 à 228. V. aussi N. SUSANI, *op.cit.*, p. 293 à 303.

590 L'article du Traité d'Asunción prévoit que : « Les États membres décident de créer un Marché Commun, lequel devra être constitué au 31 décembre 1994 et dont la dénomination sera « *Marché Commun du Sud » (Mercosur). Ce marché Commun implique : La libre circulation des biens, des services et des facteurs de production entre les pays, à travers, entre autres, l'élimination des droits de douane et des barrières non tarifaires à la circulation des marchandises, ainsi que toute autre mesure d'effet équivalent ; L'établissement d'un tarif extérieur commun, l'adoption d'une politique commerciale commune envers les États tiers ou groupes d'États et la coordination de leurs positions dans des forums économiques ou commerciaux régionaux et internationaux.* » L'article 5 de ce texte prévoit que : « *Pendant la période de transition, les principaux instruments de la constitution du Marché Commun seront : a) Un Programme de Libéralisation Commerciale consistant en des réductions progressives, linéaires et automatiques des droits de douane, accompagnées de l'élimination des restrictions non tarifaires ou mesures d'effet équivalent, ainsi que toute autre restriction*

de ce principe car elle a souligné qu'il a été invoqué dans toutes les affaires arbitrales réglées par les instances du Mercosur[591]. La prééminence de la liberté commerciale a poussé les arbitres du Mercosur à dégager une clause de *stand still* (clause de maintien en l'état) et à émettre une interdiction des mesures unilatérales de sauvegarde[592].

a. La clause de stand still dégagée par la jurisprudence arbitrale du Mercosur

333. Une clause de *stand still* est indispensable dans un processus d'intégration régionale qui vise l'édification d'un marché commun car elle a pour but de bloquer l'adoption de nouvelles restrictions au commerce régional[593]. Pourtant, le Traité d'Asunción n'a pas prévu ce type de clause. Il a fallu attendre l'affaire *DECEX* pour qu'un tribunal arbitral affirme l'interdiction de nouvelles barrières tarifaires par les États membres du Mercosur[594]. Dans ce cas, le tribunal arbitral a considéré que la licence imposée par le *SISCOMEX* constituait une nouvelle barrière tarifaire donc une mesure restrictive au commerce. De ce fait, le Brésil a été condamné à modifier cette licence. Depuis cette affaire, les arbitres du Mercosur ont eu une « *conception large* »[595] des restrictions au commerce. Par exemple, les tribunaux arbitraux du Mercosur ont considéré comme constitutif d'une entrave au commerce, l'octroi d'une subvention dans l'affaire de la *viande de porc* ou encore la mauvaise application des règles sur l'origine comme dans l'affaire *Des bicyclettes*.

b. L'interdiction des mesures unilatérales de sauvegarde dans la jurisprudence du Mercosur

334. Ce type d'interdiction a été dégagé de l'affaire relative à *l'Application des mesures de sauvegarde sur les produits textiles*. Dans ce cas, le tribunal arbitral a consacré « *une présomption en faveur du libre commerce entre les membres du Mercosur* »[596]. Cette présomption pousse les États membres du Mercosur à agir de concert : les mesures liées au commerce doivent être prises de manière multilatérale. Surtout, les mesures

---

au commerce entre États membres afin d'atteindre, au 31 décembre 1994, un droit de douane de zéro (0), sans restriction non tarifaire et ce, sur la totalité de l'univers douanier (Annexe I) ; b) La coordination des politiques macroéconomiques réalisée graduellement et de manière convergente avec les programmes de réduction des droits de douane et d'élimination des restrictions non tarifaires visées à l'alinéa précédent ; ».

[591] V. N. SUSANI, *op.cit.*, p. 294.

[592] V. D. VENTURA, *op.cit.*, p. 217 à 222.

[593] Par exemple, dans l'ordre communautaire européen les articles 12, 31 et 32 du Traité de Rome du 25 mars 1957 constituent des clauses de *stand still*.

[594] *Ibid.*, p. 218.

[595] *Ibid.*, p. 295.

[596] V. D. VENTURA, *op.cit.*, p. 221.

internes des pays membres ne doivent pas porter atteinte aux objectifs d'intégration régionale et à la liberté commerciale. En ce domaine, le rôle joué par les tribunaux arbitraux du Mercosur se rapproche considérablement de celui de l'organe d'appel de l'OMC.

Conclusion du chapitre II

335. Les juridictions arbitrales objet de notre réflexion contribuent de façon effective à la réalisation de l'objectif d'intégration que les États membres se sont assigné. Elles le font, tout d'abord, par le prononcé de mesures conservatoires et compensatoires qui participent activement à la mise en œuvre des sentences arbitrales, expression et manifestation du droit issu de ces organisations.

336. Ensuite, ces juridictions arbitrales participent à l'application du droit de l'OHADA et du Mercosur grâce à leurs particularités. Dans le cadre de l'OHADA, c'est le cas à travers l'instauration du mécanisme de l'*exequatur communautaire* qui s'avère être un véritable outil d'intégration juridique et régional. Dans le Mercosur, les arbitres se sont particulièrement illustrés par une jurisprudence qui œuvre ouvertement et quasi exclusivement pour le renforcement et la concrétisation de cet objectif. D'ailleurs, le premier enseignement que nous pouvons tirer de l'étude de l'ensemble des sentences arbitrales rendues à ce jour par les tribunaux arbitraux de cette organisation est clair : l'objectif d'intégration régionale doit primer dans les rapports entre les États membres. Le deuxième enseignement que nous pouvons tirer est l'importance accordée à la liberté de commerce au sein du Mercosur.

337. Cependant, une interrogation subsiste quant à l'Accord de Buenos Aires de 1998 relatif aux différends entre particuliers du Mercosur : est ce que les arbitres vont adopter la même attitude et méthode d'interprétation dans ce type de litige ? Sachant que le préambule de cet accord précise aussi l'attachement à l'objectif d'intégration régionale, nous pouvons *a priori* répondre par l'affirmative en attendant de pouvoir étudier des cas concrets.

CONCLUSION DU TITRE II

338. Nous venons de le voir, les juridictions arbitrales sont au cœur du processus d'intégration dans le Mercosur et dans l'OHADA. Leur présence est un atout considérable dans leur perspective respective de développement. Non seulement, ces juridictions garantissent l'ensemble des compétences que les États membres ont placées entre les mains des instances dirigeantes de ces organisations. Mais aussi, elles permettent de garantir l'effectivité des systèmes juridiques d'intégration voulus par ces États.

339. En revanche, à notre sens la démarche reste incomplète pour deux raisons. Premièrement, ces juridictions doivent impérativement et ouvertement consacrer une jurisprudence régionale qui permettrait à d'autres organisations de se servir de leurs décisions comme modèle de référence. Prenons le cas africain pour illustrer notre propos : l'arbitrage OHADA représente un support juridique très appréciable pour l'intégration régionale en Afrique. En effet, d'autres organisations à vocation intégratrice comme l'UEMOA et la CEMAC tirent directement profit des avancées de l'OHADA en matière juridique. Ces trois organisations ont pour but l'intégration mais seule l'OHADA œuvre pour l'harmonisation du droit commercial et du droit de l'arbitrage[597]. De même, selon nous, la consécration d'une jurisprudence arbitrale du Mercosur permettrait enfin de reconnaître toute l'originalité du mécanisme de règlement des différends que cette institution à mis en place. Ce mécanisme est certainement à juste titre systématiquement comparé à des systèmes comme celui de la CJCE[598] ou encore celui de l'OMC mais en réalité nous sommes face à un modèle hybride[599] et unique qui emprunte des caractéristiques à ces deux systèmes.

---

[597] V. H. TCHANTCHOU, *op.cit.*, p. 96 à 102.

[598] V. S. SANTANDER, *op.cit.* Le législateur du Mercosur s'est fortement inspiré du modèle communautaire européen et du mécanisme de règlement des différends de l'OMC (l'ORD).

[599] V. Ph. FOUCHARD, « L'arbitrage et la mondialisation de l'économie », *in Philosophie du droit et droit économique Quel dialogue, Mélanges en l'honneur de Gérard Farjat*, Paris, éd. FRISON-ROCHE, 1999, p. 391 où propos du système de règlement des différends de l'OMC l'auteur a pu dire que : « *Peut-on ici parler d'arbitrage ? Pas a proprement parler, puisque l'ORD est un organe juridictionnel permanent, et que les membres des groupes spéciaux et l'organe d'appel ne sont pas choisis par les parties au litige. Mais celle-ci ont accepté leur compétence en ratifiant la Charte de l'OMC. Il y a donc bien un fondement conventionnel à la*

Il est temps que le modèle d'arbitrage interétatique du Mercosur prenne son indépendance.

340. Deuxièmement, il nous semble indispensable que l'OHADA et le Mercosur coopèrent en matière d'arbitrage. Comme nous l'avons démontré certaines lacunes juridiques subsistent et elles peuvent parfois être comblées par l'application de solutions régionales déjà existantes. Sur ce point, nous devons avouer que le vœu émis par Lazare KOPELMANAS est encore loin de se réaliser. Effectivement, dès 1969, cet auteur avait exprimé le besoin d'établir une coopération entre les pays en développement en matière d'arbitrage commercial international[600].

---

compétence de ces organismes. Le système, qui favorise la conciliation et laisse une place à l'arbitrage est donc assez hybride. »

[600] V. L. KOPELMANAS, « Coopération entre organismes d'arbitrage de pays ayant des systèmes économiques ou un degré de développement différents », *Revue de l'arbitrage*, 1969, octobre-décembre spécial, n°4, p. 183 et s.

CONCLUSION DE LA PARTIE I

341. Dans nos propos introductifs, nous avions relevé que le professeur José Carlos FERNÁNDEZ ROZAS s'était interrogé sur le lien entre l'arbitrage commercial international et le processus d'intégration régionale. L'étude de cette matière dans l'OHADA et dans le Mercosur, nous a permis de mettre en évidence que l'arbitrage commercial international dans ces organisations s'avère être un formidable outil d'approfondissement de l'intégration juridique et régionale. Ce mode juridictionnel de règlement des différends se présente comme un accélérateur d'échanges économiques interrégionaux. Tout d'abord, il permet de renforcer et de concrétiser les efforts d'intégration régionale. Ensuite, grâce aux règles issues de l'uniformisation des législations sur cette matière, les États membres et les particuliers de ces organisations disposent de normes et de mécanismes de règlements des différends parfaitement adaptés aux réalités et aux principales pratiques du commerce international. Toutes ces mesures sont de nature à apporter les garanties dont le monde extérieur a besoin pour entrer en commerce avec ces régions. Partant de tout ce qui précède, nous pouvons affirmer que dans le contexte de l'OHADA comme dans celui du Mercosur l'arbitrage est un instrument de développement.

342. Pour autant, notre démonstration ne peut pas être complète si elle n'est pas accompagnée d'une réflexion sur les liens entre l'arbitrage et la sécurité juridique et judiciaire. Ces deux éléments constituent les principaux points faibles des États de l'OHADA et du Mercosur en matière d'attraction d'investissements. A propos des États de l'OHADA, nous pouvons reprendre les mots écrits par Claudia FRUTOS-PETERSON qui a dressé un tableau plutôt sombre de la justice en Amérique Latine. Selon cette auteure, les maux de la justice sur cette partie du globe sont liés à « *une série de circonstances qui affectent le système judiciaire latino-américain, parmi lesquelles (...) certains facteurs de corruption, une technologie insuffisante, des systèmes judiciaires rigides ainsi que de législations obsolètes* »[601]. Face

---

[601] V. C. FRUTOS-PERTERSON, *op.cit.*, p. 173. Cette auteure a pu aussi souligner que : « *En outre, la méfiance et les lenteurs sont les caractéristiques associées au système judiciaire latino-américain. Par exemple, une enquête réalisée par la Banque mondiale*

à cette situation elle a proposé de recourir à l'arbitrage commercial international. Il nous faut donc déterminer les rapports entre la pratique arbitrale et la sécurité juridique et judiciaire des États de l'OHADA et du Mercosur.

démontre que seuls 13% des Argentins font confiance à la justice et que 74% des Brésiliens estiment que leur justice est déficiente ».

PARTIE II

L'ARBITRAGE UN INSTRUMENT DE DÉVELOPPEMENT DE LA SECURITÉ JUDICIAIRE ET JURIDIQUE AU SEIN L'OHADA ET DU MERCOSUR

343. Dans la perspective de développement d'un État, il est primordial pour les opérateurs économiques, nationaux et internationaux, personnes physiques ou morales, de bénéficier d'un système judiciaire équipé de moyens matériels importants et de moyens humains suffisants, compétents et intègres. En d'autres termes, ils doivent être entourés d'un système judiciaire composé de juges et de juridictions capables de leur offrir la sécurité judiciaire.

344. Dans cette même perspective, il est tout aussi important pour ces acteurs d'avoir à leur disposition des règles de droit accessibles, prévisibles et stables. Accessibilité, prévisibilité et stabilité de la règle de droit, qui représentent le *« triptyque classique »*[602] qui compose la notion de sécurité juridique. En effet, les opérateurs économiques doivent être en mesure de connaître, accéder et prévoir le droit applicable pour pouvoir agir avec certitude. De même, ils doivent pouvoir avoir accès à des normes stables, parce qu'un droit instable contribue à la perte de confiance dans le droit. La sécurité juridique une notion qui représente pour un État une valeur fondamentale conduisant au développement. Le doyen Paul ROUBIER, qui a partagé cette vision a pu souligner que lorsque la sécurité juridique est absente : *« il n'y a plus aucune autre valeur qui puisse subsister ; le mot même de progrès devient une dérision ... »*[603]. Par conséquent, toute politique visant le progrès économique doit impérativement s'appuyer sur un environnement juridique et judicaire sain. La sécurité juridique et la sécurité

---

[602] Sur cette expression v. T. PIAZZON, *La sécurité juridique*, Paris, Defrénois, 2009, p. 17 à 53.

[603] V. P. ROUBIER, *Théorie générale du droit. Histoire des doctrines juridiques et Philosophie des valeurs sociales,* Paris, Sirey, 2ème éd., 1951, p. 334.

judiciaire constituent des éléments essentiels pour obtenir la confiance des opérateurs économiques internes et internationaux.

345. Tout d'abord, des bases judiciaires solides et adaptées au règlement des différends à caractère commercial permettent aux acteurs économiques de protéger leurs investissements contre l'arbitraire. Ensuite, des bases juridiques parfaitement adaptées aux réalités économiques représentent un aspect attractif pour les investisseurs étrangers et internes. La réunion de ces deux éléments dans un État est un gage de sécurité et de stabilité car une justice et des lois qui rassurent et sécurisent, favorisent l'investissement[604]. En somme, ces deux notions sont indéniablement des impératifs si on veut obtenir la croissance économique et sociale.

346. Pourtant, en Afrique francophone comme dans certains États d'Amérique Latine, depuis de longues décennies, on constate la vétusté de l'appareil judiciaire et son inadaptation, voire l'absence de normes en matière de commerce international. Dans les faits, de nombreux États dans ces régions, surtout ceux de l'Afrique francophone, sont victimes d'une grande insécurité juridique et judiciaire. Cet état de fait freine considérablement la croissance et l'afflux d'investissements internationaux vers ces pays[605].

347. Or, ces investissements représentent une clé pour le développement d'un pays[606]. Premièrement, les investissements produisent des effets économiques car ils peuvent permettre la reconstruction et la consolidation de l'économie nationale du pays d'accueil. Deuxièmement, ils ont des effets économiques positifs car ils stimulent largement les échanges commerciaux, c'est-à-dire la circulation des marchandises et des services entre pays. Troisièmement, les investissements participent sous diverses formes au processus de développement du pays d'accueil, en particulier en matière d'emploi, de politique industrielle et de sécurité sociale. C'est donc en

---

[604] V. C. HOGUIE, « Justice et investissement », *in Le droit des affaires en Afrique, Etudes offertes au Professeur Joseph-ISSA SAYEGH*, AIDD, 2006, p. 19 à 21.

[605] A ce propos Kéba M'BAYE s'est prononcé sur la cause du désintérêt des acteurs économiques internationaux pour l'Afrique francophone. Il s'est fait l'écho de quelques raisons évoquées par ces derniers : « *Nous ne voulons pas investir parce que nous ne connaissons pas quel est le droit qui va régir notre patrimoine (...) Il y a pire. Une fois que nous arrivons à détecter, dans certains pays, quel est le droit applicable pour la création de notre entreprise, pour sa viabilité et, au cas où surviendrait un jour un différend, pour la manière dont ce différend doit être réglé, nous avons toujours des surprises considérables. Le même droit n'est pas applicable d'un pays à un autre, d'un tribunal à un autre. On ne tient pas compte de la jurisprudence. Et, généralement, nous sommes toujours les victimes de cette situation, c'est ce qui explique notre hésitation à continuer à investir. (...) En réalité, ce qui empêche les investissements, c'est l'insécurité juridique et judiciaire* ». Consultable sur www.afrology.com.

[606] V. P. SCHAUFELBERGER, *La protection juridique des investissements internationaux dans les pays en développement, Etude de la garantie contre les risques de l'investissement et en particulier de l'Agence multilatérale de garantie des investissements (AMGI),* Zurich, Schulthess Polygraphischer Verlag, 1993, p. 30 à 40.

connaissance de cause que la sécurité juridique et la sécurité judiciaire sont devenues des objectifs à atteindre pour les organisations régionales d'intégration et de développement objets de notre étude. Dans le Mercosur, la sécurité juridique et la sécurité judiciaire ont été implicitement visée en tant que des composantes indispensables à la réalisation d'une union douanière viable[607]. De son côté, l'OHADA a explicitement affirmé l'importance de ces notions dans le Préambule du Traité de Port-Louis du 17 octobre 1993. Ce texte énonce que les États membres « *Réaffirmant leur détermination à accomplir de nouveaux progrès sur la voie de l'unité africaine et leur volonté de renforcer la sécurité juridique et judiciaire dans l'espace de l'Organisation pour l'Harmonisation en Afrique du Droit des Affaires (OHADA), de nature à garantir un climat de confiance concourant à faire de l'Afrique un pôle de développement* »[608]. La recherche de la sécurité juridique et de la sécurité judicaire va être ainsi placée au centre de la réflexion du droit OHADA. Cette quête va être effectuée à travers l'adoption de tout un corpus de normes relatives au commerce international[609] et surtout à travers la promotion du recours à l'arbitrage. En effet, dans l'entendement des pères fondateurs de cette organisation, ce mécanisme de règlement des différends, était perçu comme un moyen de contournement de la justice étatique et donc de l'insécurité judiciaire, comme un mécanisme capable d'offrir de nombreuses garanties aux acteurs économiques. Une situation assez similaire va se produire au sein du Mercosur, où ce mécanisme va aussi faire l'objet d'une promotion pour le règlement des litiges entre particuliers et où il est prévu explicitement qu'en cas d'échec des négociations commerciales entre les États membres, le recours à l'arbitrage devient inéluctable. Il ressort de ce qui précède que le recours à l'arbitrage commercial international peut être perçu comme un instrument de lutte contre l'insécurité judiciaire ou une réelle source de renforcement de la sécurité judiciaire (**Titre I**).

348. D'autre part, nous pouvons établir que les règles et la pratique internationale de l'arbitrage conduisent à améliorer la situation de la sécurité juridique pour les membres de l'OHADA et du Mercosur. Elles s'avèrent être très largement propices à la conduite et au règlement pacifique des litiges commerciaux dans les espaces objets de notre étude. Leur application permet à ces États de réaliser une ouverture économique sur le monde et de jouer leur partition dans une économie mondialisée. En définitive, ce

---

[607] En l'absence de règles stables et des mécanismes des règlements des différends commerciaux accessibles et fiables, tout projet d'union douanière est voué à l'échec.

[608] V. le Préambule du Traité OHADA de Port-Louis du 17 octobre 1993 consultable sur www.ohada.com.

[609] V. l'Acte Uniforme relatif au droit commercial général (AUDCG) adopté le 17 avril 1997. Sur ce texte v. OHADA, *Acte Uniforme portant sur le droit commercial général*, Dakar, EDJA, 1998.

mécanisme de règlement des différends constitue aussi une source de renforcement de la sécurité juridique (**Titre II**).

TITRE I

L'ARBITRAGE UNE SOURCE DE DÉVELOPPEMENT DE LA SÉCURITÉ JUDICIAIRE AU SEIN L'OHADA ET DU MERCOSUR

349. Le climat qui entoure la justice en Amérique Latine et en Afrique francophone est globalement défavorable aux échanges interrégionaux et à l'attraction de toute forme de capitaux étrangers. Dans les faits, il s'agit d'une justice qui souffre bien encore malheureusement, de nombreux maux tels que le manque de moyens humains et matériels, la mauvaise formation de son personnel et de lenteur. De surcroît, elle est soumise à des pressions de tout genre et est victime de corruption.

350. En Afrique francophone, pour sortir de cette situation, depuis des décennies, de nombreuses initiatives se sont multipliées afin d'améliorer la qualité de la justice. Ces initiatives vont prendre la forme de diverses réformes internes, de séminaires et des conférences internationales. A titre d'exemple, l'Organisation Internationale de la Francophonie (OIF), qui regroupe l'ensemble des États africains francophones a organisé à ce jour quatre conférences ministérielles sur la thématique de la justice[610]. Toutes ces conférences internationales, à travers des déclarations[611] ont constamment réaffirmé l'importance de la justice comme vecteur de développement. Pour atteindre son objectif, l'OIF a aussi élaboré un plan en faveur de la justice et émis des rapports. Dans la pratique, toutes ces mesures sont restées quasiment lettre morte. Certains résultats et réformes ont été

---

[610] Ces Conférences des ministres de la justice des pays Francophones organisées par l'Organisation Internationale de la Francophonie (OIF) se sont tenues en 1980 à Paris, en 1989 à Paris, en 1995 au Caire et en 2008 à Paris.

[611] La plus importante de ces déclarations reste à ce jour la *Déclaration du Caire* du 1er novembre 1995.Sur ce texte v. *Déclaration du Caire : 3e conférence des ministres de la justice des pays ayant le français en partage, Le Caire du 30 octobre au 1er novembre 1995*, Paris, ACCT, 1995.

encourageants mais trop peu satisfaisants au regard des exigences du commerce international[612].

351. Ainsi, les systèmes judiciaires des États de l'Afrique francophone qui composent l'essentiel de ce que nous appelons l'espace OHADA n'ont pas suffisamment réussi à attirer la confiance des investisseurs nationaux et surtout internationaux qui jouent un rôle considérable en faveur du développement. Et pour cause « *investir est déjà en soi un risque, même s'il est calculé ; s'il faut doubler ce risque premier inéluctable de celui d'un système juridique fluctuant, ondoyant et insaisissable, il n'y a pas beaucoup d'espoir à susciter l'attrait des investisseurs* ». Ces mots employés par un auteur[613] nous permettent amplement de comprendre les raisons de la méfiance des investisseurs vis-vis de ces pays. En ce qui concerne les États du Mercosur, nous devons reconnaître que leurs systèmes judiciaires offrent indéniablement[614] plus de garanties aux investisseurs que ceux des États cités ci-dessus. Pour autant, ils ne représentent pas un modèle de justice irréprochable. L'édifice de la justice en Amérique Latine est lézardé par des fléaux très proches de ceux que nous avons décrits pour les pays africains.

352. D'un autre côté, la situation en matière d'investissements vers ces pays est plus favorable en comparaison de celles des États de l'OHADA. Pour autant, elle reste très disparate. Le Brésil fait partie de la catégorie des pays émergents et de ce fait attire massivement les investisseurs étrangers[615]. En revanche, l'Argentine a été frappée par une grave crise économique entre 1998 et 2001[616] qui a considérablement détérioré le climat de confiance et la tendance aux investissements vers ce pays. D'ailleurs, cette crise a conduit à la multiplication d'arbitrages relatifs à l'investissement avec l'État

---

[612] V. N. BAGAYOKO-PENONE, *La réforme des systèmes de sécurité et de justice en Afrique Francophone*, Paris, Organisation internationale de la Francophonie, 2010.

[613] Sur cette citation v. P. AREGBA, « L'OHADA : histoire, objectifs, structures », *in L'OHADA et les perspectives de l'arbitrage en Afrique*, Bruxelles, Bruylant, 2000. p. 9.

[614] Si les systèmes judiciaires des États du Mercosur offrent plus de garanties que ceux de l'OHADA, les raisons sont à rechercher dans l'histoire de ces États. Les systèmes judiciaires ont été implantés depuis bien plus longtemps dans ces États.

[615] Une enquête réalisée par l'Agence Française pour l'Investissement International (AFII) avec le concours d'ANDERSEN et de la CNUCED en 2001 a révélé que le Brésil représentait, en Amérique Latine, le premier pays prioritaire pour des investissements internationaux avec 35%. V. www.invest-in-France.org. De plus en décembre 2011 l'économie de Brésil est devenue la sixième économie mondiale.

[616] Au début des années 1990, les autorités argentines choisissent la technique du *currency board* ou caisse d'émission pour stabiliser l'économie et pour faire face à une inflation permanente depuis 1945. L'objectif était de permettre la convertibilité du *peso* (monnaie nationale), de bénéficier des investissements étrangers et de profiter de la croissance des échanges mondiaux. Malheureusement, ce système a été victime de ses excès. A la fin des années 1990, la crise des pays émergents fera le reste. Face aux mouvements du marché des changes flottants, l'économie argentine s'effondre. La dette explose et les banques ferment leurs guichets. Sur cette crise v. J. CHASSIN, *Pour comprendre la crise argentine : actes d'un débat public organisé en mai 2002 sur le thème de la crise en Argentine*, Paris, L'Harmattan, 2003.

d'Argentine en position de défendeur[617]. Enfin, le Paraguay et l'Uruguay sont des destinations moins privilégiées pour les investisseurs en Amérique Latine.

353. Pour pallier cet état de fait, tous ces États, dans le cadre des organisations étudiées vont se tourner vers l'arbitrage. Un mécanisme de règlement des différends capable de donner et rétablir la confiance car il permet avant tout aux parties de désigner elles-mêmes leur propre juge. Ainsi, dans ces régions, le recours à l'arbitrage et tout particulièrement à l'arbitre va représenter une solution à la défaillance des juges étatiques. Concrètement, le recours à l'arbitre va devenir un palliatif au manque de confiance dans le juge étatique (**Chapitre I**). Enfin, de façon plus générale, nous pouvons soutenir que l'arbitrage contribue pleinement à la sécurité judiciaire car il constitue un facteur de développement des systèmes judiciaires à travers l'étroite collaboration des juges et des arbitres (**Chapitre II**).

[617] Ces dernières années, une trentaine de requêtes ont été déposées devant le CIRDI contre l'Argentine.

CHAPITRE I

Le recours à l'arbitre un palliatif au manque de confiance dans le juge étatique au sein de l'OHADA et du Mercosur

354. La principale conséquence de l'insécurité judiciaire qui prévaut dans les États de l'OHADA et du Mercosur est le manque de confiance des opérateurs économiques envers le juge étatique et l'appareil judiciaire étatique. Face à cette situation, l'arbitrage va progressivement apparaître comme un véritable « *correctif* »[618] aux multiples défaillances de la justice étatique à savoir la lenteur, l'obsolescence des moyens matériels et le manque de personnel qualifié. Cela est principalement dû au fait que ce mécanisme de règlement des différends s'est montré capable d'offrir aux acteurs économiques une meilleure justice caractérisée par la rapidité, la confidentialité et la flexibilité qui constituent des exigences du commerce international[619]. Surtout, l'arbitrage apparaît nettement comme un moyen de faire échapper les litiges aux réalités et aux conjonctures locales, de faire trancher le litige par une personne de son choix à qui on accorde toute sa confiance : l'arbitre. Cet aspect est l'un des plus attrayants pour les opérateurs du commerce international (**Section I**). A cela nous devons ajouter le fait qu'une fois que l'arbitre est désigné, il se voit attribuer une véritable mission juridictionnelle qui est strictement encadrée, ce qui renforce la sécurité judiciaire dans le commerce international (**Section II**).

SECTION I. L'ARBITRE : UN JUGE CHOISI PAR LES PARTIES

355. Si nous considérons l'arbitrage comme un palliatif à l'insécurité judiciaire prégnante dans les États de l'OHADA et du Mercosur, c'est en grande partie dû à la figure de l'arbitre et au rôle qu'il joue dans la résolution

---

[618] Selon l'expression de B. COUSIN, « L'OHADA, un correctif au fonctionnement de la justice ? », *Penant*, n° 865, 2008, p. 513.

[619] Pour une définition des exigences du commerce international v. N. NAJJAR, *L'arbitrage dans les pays arabes face aux exigences du commerce international*, Paris, LGDJ, 2004, p. 2.

des litiges. Depuis toujours, l'arbitre a occupé une position centrale dans la résolution des différends. Etymologiquement, le mot arbitre vient du latin *arbiter*, qui est lui-même né de l'association des termes *ad* et *baetere* qui ensemble signifient « se rendre sur place ». Déjà à l'époque de la loi des XII Tables (451 à 449 av J.-C.), le mot *arbiter* avait pour sens « juge privé »[620]. Donc, depuis cette période, l'arbitre désigne un juge privé chargé de se rendre sur place pour examiner ou entendre les parties. Cette définition étymologique, riche en enseignements reste très proche de la définition de ce terme telle que nous la connaissons aujourd'hui. L'arbitre est un juge privé choisi par les parties pour la résolution de leur litige[621].

356. Concrètement, le choix de l'arbitre a un rôle psychologique très important pour les parties car il leur permet d'accorder toute leur confiance en leur futur juge. Effectivement, ce choix constitue pour les litigants un moyen de contrôler un des aspects essentiels de l'instance arbitrale et une sorte d'assurance contre toute forme d'arbitraire ou même de corruption. Autrement dit, la possibilité de choisir son juge est une réelle garantie pour les parties à un arbitrage. Les parties opèrent cette désignation en fonction de qualités. Ces qualités ou critères peuvent être objectifs comme la compétence ou la formation ou encore subjectifs comme l'âge ou la nationalité. Aux yeux des parties l'arbitre doit donc pouvoir réunir des compétences professionnelles (**§ I**) mais aussi des qualités personnelles (**§ II**).

§ I. L'arbitre : un juge choisi pour ses qualités professionnelles

357. Pouvoir choisir son propre juge recouvre incontestablement de nombreux avantages surtout dans un contexte dominé par l'insécurité judiciaire tel que décrit plus haut. Cette possibilité reconnue aux parties est un des piliers de l'arbitrage. Elle repose sur le lien contractuel qui unit les parties à l'arbitre. C'est le contrat d'arbitrage (**A**), dont nous essayerons de déterminer la nature, qui constitue le fondement juridique de ce choix, qui est lui-même principalement orienté par des qualités professionnelles (**B**).

A. Le contrat d'arbitrage comme fondement juridique du choix des parties

358. L'arbitre n'est juge qu'en vertu du contrat par lequel il s'engage auprès des litigants pour régler le différend. Ce contrat qui peut prendre la forme d'un compromis, d'une clause compromissoire ou encore d'un acte de

620 V. Th. CLAY, *L'arbitre*, *op.cit.*, p. 14.
621 V. G. CORNU, *op.cit.,* p. 70. L'arbitre est la personne investie par une convention d'arbitrage de la mission de trancher un litige déterminé et qui exerce ainsi, en vertu d'une investiture conventionnelle un pouvoir juridictionnel.

mission, s'exécute tout le long de l'instance arbitrale et prend fin avec le prononcé de la sentence.

359. Pourtant, malgré son importance la nature juridique de ce contrat soulève des interrogations car est il difficile de lui trouver une qualification exacte. Dans l'un de ses nombreux et riches écrits consacrés à l'arbitrage, Philippe FOUCHARD a essayé de trouver la nature juridique du contrat d'arbitrage en le rattachant à des contrats déjà existants[622]. En prenant l'exemple de la doctrine suisse, il a souligné que ce contrat ressemble au contrat de mandat[623]. Selon cette doctrine[624], le contrat d'arbitrage n'est autre chose qu'une sorte de mandat, l'arbitre étant le mandataire et les parties le mandant. En réalité, ces contrats ne font que se ressembler car ils s'éloignent sur la finalité assignée au mandataire. Le contrat de mandat confère un pouvoir de représentation au mandataire.

360. Or un arbitre ne représente pas les parties, il juge le litige en toute impartialité. En poursuivant sa réflexion, cet auteur a constaté que le contrat d'arbitrage est bien plus proche du contrat d'entreprise ou le louage d'ouvrage, en ce sens que la mission de l'arbitre peut s'analyser « *comme un ensemble de prestations de services à caractère intellectuel, qu'il accomplit dans l'intérêt des parties, de manière indépendante et moyennant une rémunération* »[625]. Même si ces deux contrats semblent être proches, cette analyse ne prend pas en compte la mission juridictionnelle de l'arbitre. Concrètement, il est impossible de louer un juge et le règlement de litige n'est pas une entreprise.

361. Au final, compte tenu de la difficulté rencontrée pour qualifier ce contrat, Philippe FOUCHARD a proposé d'y voir un contrat *sui generis* dont la pratique arbitrale a largement contribué à définir le régime. Une vision que nous partageons car le contrat d'arbitrage est un contrat particulier et spécifique à la matière arbitrale. Sa nature singulière nous empêche de le classer dans une catégorie déjà existante. Le contrat d'arbitrage s'est construit, consolidé et enrichi grâce à la pratique arbitrale dans le monde entier.

362. Pour autant, une analyse même sommaire du contrat d'arbitrage nous permet d'établir qu'il s'agit d'un contrat synallagmatique. Un contrat qui entraîne réciproquement des obligations pour les parties et pour l'arbitre. Ce dernier a l'obligation d'accomplir sa mission juridictionnelle avec diligence dans les délais légaux ou contractuels qui lui sont fixés. Il est aussi

---

[622] V. Ph. FOUCHARD, « Les rapports entre l'arbitre et les parties et l'institution arbitrale », *in Ecrits*: *droit de l'arbitrage droit du commerce international*, Paris, Comité français de l'arbitrage, 2007, p. 427 à 440.

[623] Le contrat de mandat est le contrat par lequel une personne donne à une autre le pouvoir de faire quelque chose pour elle et en son nom v. G. CORNU, *op.cit.,* p. 571.

[624] *Ibid.*, p. 431.

[625] *Ibid.*, p. 432.

tenu de respecter la confidentialité de l'arbitrage[626]. Sur les parties, le contrat d'arbitrage fait naître principalement une obligation pécuniaire envers l'arbitre. De même, elles sont tenues de se comporter de façon coopérative et loyale envers celui-ci. Ce contrat se caractérise aussi par l'importance de la notion d*'intuitu personae*. En effet, les parties accordent un grand intérêt à la personne qu'elles désignent comme arbitre. A leurs yeux, ce dernier doit impérativement présenter des qualités qui lui permettent de trancher le litige et qui sont essentiellement d'ordre professionnel.

B. Un choix guidé par les compétences professionnelles de l'arbitre

363. La désignation d'un arbitre n'est pas le fruit du hasard. Les parties se déterminent en fonction de ses compétences ou encore de sa notoriété. La première des compétences professionnelles recherchée chez un arbitre est sa capacité à régler un litige. Et pour cause, il n'est pas opportun de désigner une personne qui n'a pas d'expérience dans le domaine du règlement des différends comme juge ou arbitre. Cette exigence a plus de pertinence lorsque le tribunal arbitral est composé d'un seul arbitre. C'est la raison pour laquelle la qualification la plus souvent demandée à un arbitre est celle d'être versé dans le droit et dans la pratique de l'arbitrage.

364. A ce propos, la Convention de Washington du 18 mars 1965 sur l'arbitrage CIRDI à travers son article 14 prévoit que les personnes désignées pour être arbitres « *doivent jouir d'une haute considération morale, être d'une compétence reconnue en matière juridique, commerciale, industrielle ou financière* ». Ce même article précise que la compétence juridique des personnes désignées dans la liste d'arbitre est particulièrement importante. Un accent est ouvertement mis sur les connaissances dans le domaine du droit car la compétence première d'un arbitre doit être la capacité à régler un litige en application du droit. L'arbitre est avant tout nommé pour juger et trancher un différend, pour mener à bien cette mission, il doit être un spécialiste dans le domaine du droit. C'est certainement la raison pour laquelle le corps arbitral est composé de nombreux avocats et professeurs de Droit.

365. Pour autant, cette compétence ne doit pas être la seule retenue. Contrairement à ce qui est soutenu par un courant de la doctrine[627], nous

---

[626] Cette obligation est rarement affirmée de façon générale et expresse dans les règlements d'arbitrage. Pourtant, elle constitue l'une des obligations fondamentales de l'arbitre. Pour un exemple sur le devoir de confidentialité de l'arbitre v. article 6 (2) Règlement d'arbitrage CIRDI. Dans la déclaration que l'arbitre doit signer avant la première session du tribunal arbitral, l'arbitre s'engage « *à tenir confidentielle toute information portée à ma connaissance du fait de ma participation à la présente instance, ainsi que le contenu de toute sentence prononcée par le Tribunal.* »

[627] Cette doctrine est principalement défendue par Y. DEZALEY. Selon cet, auteur le corps des arbitres doit être essentiellement constitué de juristes. Sur ces idées v. sa Thèse de

estimons qu'être juriste ne doit pas être la seule qualité ou qualification recherchée chez un arbitre, car cela peut s'avérer être insuffisant dans la résolution de certains différends dans des domaines très techniques ou spécialisés. Dans ce cas de figure, les règlements d'arbitrage peuvent demander aux arbitres de présenter une expérience professionnelle ou technique particulière ou d'appartenir à une profession précise. A titre d'exemple, dans les arbitrages corporatifs, il est fréquent que le Règlement d'arbitrage exige que les arbitres soient des professionnels de la branche[628]. C'est dans ce sens que la formule employée par le CIRDI est très satisfaisante car elle prend en compte la majorité des compétences qui peuvent être demandées à un arbitre, à savoir être capable de régler un différend qui a des implications commerciales en application du droit et d'avoir pour certains litiges des connaissances techniques (industrielles ou financières).

366. Il ressort de ce qui précède que l'éducation et la formation de l'arbitre ne doivent pas être des points à négliger. La notoriété de l'arbitrage s'est construite en très grande partie grâce à la qualité des arbitres[629], qualité acquise grâce à leur formation et leur expérience. C'est pour faire face à ces besoins de formation et d'expérience de l'arbitre que l'OHADA a établi une institution entièrement consacrée à la formation : l'Ecole Régionale Supérieure de la Magistrature (ERSUMA). La mission première de l'ERSUMA est l'amélioration des systèmes judiciaires des États membres de l'OHADA à travers la formation des magistrats, des auxiliaires de justice, des juristes et cadres africains au droit uniforme OHADA. Cette institution a aussi pour rôle de former et spécialiser tous ces acteurs au droit et à la pratique de l'arbitrage. En Amérique Latine, sous l'égide de la CIAC, l'Ecole d'Arbitrage International (la *Escuela de Arbitraje Internacional*) a officiellement ouvert ses portes en octobre 2010 à Bogota en Colombie. Comme son nom l'indique, le but de cette institution est de former des juristes aux compétences recherchées dans l'arbitrage international. Elle a vocation à accueillir des avocats et juristes de toute l'Amérique Latine. Elle pourra ainsi accueillir des juristes des États du Mercosur. Ces initiatives salutaires contribuent indéniablement à la vulgarisation de l'arbitrage dans

---

Doctorat publiée : *Marchands de droit : la restructuration de l'ordre juridique international par les multinationales du droit*, Paris, Fayard, 1992.

[628] V. *Revue de l'arbitrage*, 1990, p. 880. Pour le règlement des litiges liés au négoce du cacao, l'Association française du commerce des cacaos a établi une liste d'arbitres qui ne contient que des praticiens expérimentés dans le négoce et la transformation du cacao. Nous pouvons aussi citer un exemple allemand avec la Cour d'arbitrage de l'Association allemande de café. Enfin, des associations comme la *Grain and Feed Trade Association* (GAFTA) ou la *Federation of Oils, Seeds and Fast Association* (FOSFA) basées à Londres ont mis en place des centres d'arbitrage pour appliquer et faire respecter des réglementations spécifiques à la vente de céréales et de produits oléagineux.

[629] L'adage « *Tant vaut l'arbitre, tant vaut l'arbitrage* » est la parfaite illustration de l'importance de l'arbitre et de ses compétences.

ces parties du globe. A long terme, elles vont sans doute contribuer au renouvellement du groupe de personnes désignées comme arbitres dans les arbitrages internationaux[630]. Sur ce sujet, Thomas CLAY a pu souligner que l'arbitrage international est composé d'un « *tout petit monde* »[631].

367. Selon nous, les initiatives de l'OHADA et du Mercosur font faire émerger de nouveaux arbitres internationaux hautement qualifiés, riches d'expérience et de culture juridique, des qualités professionnelles très recherchées chez un arbitre car l'évolution du monde des affaires combinée au phénomène de la mondialisation[632] font que l'arbitre international doit de plus en plus démontrer sa connaissance des relations commerciales internationales et sa capacité à faire face à des cultures et des systèmes juridiques différents. En effet, l'arbitre du commerce international doit faire preuve d'une bonne connaissance du monde des affaires et posséder une large vision du monde. De même, il est indispensable qu'il maîtrise suffisamment bien diverses langues. En d'autres termes, l'arbitre doit être polyglotte. Cette exigence se justifie par le fait que si l'on désigne un tribunal arbitral qui ne maîtrise pas bien la langue d'arbitrage, cela peut poser des problèmes de traduction des preuves, des témoignages et des plaidoiries, ce qui risque de gêner considérablement la résolution du litige et de rallonger la procédure arbitrale.

368. Or, l'un des premiers buts du recours à l'arbitrage est de gagner du temps. Même si cette exigence trouve toute sa justification face aux différends internationaux, elle reste très difficile à vérifier. Comment arriver à déterminer qu'un arbitre est trilingue ou au moins bilingue ? Pour répondre à cette interrogation, nous pouvons sans hésiter affirmer que l'arbitre doit impérativement, en plus de sa langue maternelle, maîtriser suffisamment la langue anglaise qui est la langue d'usage de l'arbitrage international[633]. Les parties peuvent aussi se déterminer en fonction de critères plus subjectifs comme la morale, la personnalité, l'âge ou le sexe de l'arbitre. Des exigences que nous présenterons comme les qualités personnelles de l'arbitre.

---

[630] Sur ce souhait de renouvellement des arbitres v. A. REDFERN et M. HUNTER, *op.cit.,* p. 177 où les auteurs précisent que le milieu de l'arbitrage est un milieu fermé, le renouvellement des personnes désignées comme arbitres est une préoccupation constante d'une partie de la doctrine.

[631] V. Th. CLAY, « Qui sont les arbitres internationaux ? Approche sociologique », *in Les arbitres internationaux (sous la direction de J. ROSSEL)*, *Colloque du 4 février 2005*, Paris, Société de Législation Comparée, 2005, p. 13 à 31.

[632] Pour une définition de la mondialisation v. M. BÉLANGER, *op.cit.*, p. 29. Pour cet auteur, *la mondialisation* est un phénomène multidimensionnel qui aboutit à la concurrence à l'échelle de la planète. Ainsi, elle est différente de *la globalisation* car cette dernière aboutit à un processus de structuration.

[633] V. S. LAZAREFF, « La langue de l'arbitrage international », *Bulletin de la Cour Internationale d'Arbitrage de la CCI*, 1997, volume 8, n° 1, p. 24.

§ II. Un choix guidé par les qualités personnelles de l'arbitre

369. Des qualités purement liées à la personne de l'arbitre peuvent être recherchées par les parties. Parmi ces qualités, la première recherchée est la morale de l'arbitre (**1**). Et pour cause, celui-ci doit être digne de confiance. Ensuite, des qualités personnelles telles que l'âge, le sexe ou dans certains cas la religion de l'arbitre peuvent être recherchées par les parties (**2**).

1. L'importance de la morale de l'arbitre

370. La question de la morale de l'arbitre soulève directement la problématique de l'instauration d'un code d'éthique applicable aux arbitres du commerce international (**a**). Cette question est particulièrement importante dans le contexte des États de l'OHADA et du Mercosur compte tenu du coût que représente l'arbitrage (**b**).

a. La problématique liée à l'instauration d'un code d'éthique dans l'arbitrage international

371. La valeur d'un arbitre est indéniablement liée à ses compétences professionnelles ou techniques, cependant sa morale, c'est-à-dire sa conduite ou son comportement peut tout à fait occuper une place centrale dans la détermination de sa valeur[634]. Effectivement, il est primordial pour les parties de voir leur litige réglé par une personne compétente dont la probité, l'éthique et la bonne réputation sont reconnues. La prise en compte de la morale de l'arbitre éloigne considérablement des accusations potentielles de partialité, d'arbitraire ou même de corruption. Pour montrer l'importance de la morale de l'arbitre, Fréderic EISEMANN a très tôt souligné qu'il faut « *exiger, en plus de l'aptitude technique de l'arbitre à faire bonne justice, une conduite-un comportement en conformité avec un certain code d'honneur conçu exclusivement en fonction de la finalité de l'arbitrage* ... »[635]. Partant de là, cet auteur a émis l'idée d'élaborer un code de déontologie de l'arbitre commercial international, code composé de règles déontologiques qui balaient l'ensemble de la procédure arbitrale. Ainsi, en ce qui concerne l'étape de la constitution du tribunal arbitral, il a proposé d'obliger la personne pressentie pour être arbitre à refuser la mission d'arbitre lorsqu'elle ne peut pas valablement s'en occuper ou lorsqu'elle n'a pas pu prendre connaissance au préalable des circonstances du litige. De même, il a exigé que dès que l'arbitre a accepté sa mission, celle-ci devienne sa priorité absolue. La mission d'arbitre ne doit pas être perçue comme un loisir, l'arbitre doit y consacrer de longues heures de travail. Cette exigence se justifie par le fait que parmi les arbitres du commerce international se

---

[634] V. E. ROBINE, « Le choix des arbitres », *Revue de l'arbitrage*, 1990, p. 333.

[635] Sur cette affirmation v. F. EISEMANN, « La déontologie de l'arbitre commercial international », *Revue de l'arbitrage*, 1969, n° 4, p. 217 à 233.

trouvent de nombreux universitaires, des juristes ou encore de hauts fonctionnaires qui ont d'autres obligations et responsabilités. Pendant l'instance arbitrale, au-delà de règles réglementaires comme l'indépendance ou impartialité, Fréderic EISEMANN a suggéré à juste titre que le comportement de l'arbitre puisse inspirer confiance à toutes les parties. Pour ce faire, l'arbitre doit posséder et mettre en œuvre une grande discipline éthique. Aussi, pendant cette phase, il appelle à éviter tout contact personnel entre les parties et l'un des arbitres qui ne serait pas agréé par l'ensemble des parties. A l'issue de la procédure arbitrale, cet auteur recommande à l'arbitre de privilégier l'entente et le rapprochement entre les parties et surtout de conserver intact le secret du délibéré.

372. Certaines de ces recommandations ont trouvé un écho favorable dans le monde anglo-saxon puisque en 1977 un code d'éthique pour les arbitres des litiges commerciaux a été élaboré conjointement par l'American Bar Association (ABA) et l'American Arbitration Association (AAA). Une décennie plus tard l'International Bar Association (IBA) a proposé un code d'éthique à l'usage des arbitres internationaux. Ces textes sont toujours en vigueur. En dépit de la présence de ces textes, il n'existe pas à notre connaissance, d'un document unique codifiant l'ensemble des règles déontologiques et d'éthique de l'arbitre du commerce international. Elles sont systématisées et disséminées dans certains règlements d'arbitrage et appliquées dans la pratique par les arbitres. C'est face à ce constat d'éparpillement qu'un auteur a ouvertement exprimé ses doutes quant à l'utilité de la création d'un code d'éthique pour les arbitres du commerce international[636]. Ce même auteur est allé plus loin car il a critiqué l'initiative de l'IBA en considérant qu'il s'agissait d'une « *usurpation du rôle de législateur* »[637].

373. Selon nous, ces critiques n'ont pas lieu d'être car le métier d'arbitre à besoin de balises. C'est dans ce sens que nous proposons la rédaction d'un document à vocation universelle. Les grands centres d'arbitrage international tels que la CCI et le CIRDI peuvent y contribuer en listant l'ensemble des tendances internationales en la matière. Les centres d'arbitrage régionaux tels que l'AAA, la CCJA et le TPR pourront contribuer en y ajoutant des règles ou des particularismes régionaux ou locaux. Le projet final pourra être soumis à la CNUDCI qui a pour vocation d'émettre des documents en matière de commerce international qui ont une large diffusion à travers le monde.

---

[636] V. V. VEEDER, « Is There any need for a code of ethics for international commercial arbitrators ? », *in Les arbitres internationaux (sous la direction de J. ROSSEL)*, *Colloque du 4 février 2005*, Paris, Société de Législation Comparée, 2005, p. 187 à 193.
[637] *Ibid.*, p. 188.

b. La problématique liée au coût de l'arbitrage dans les États de l'OHADA et du Mercosur

374. Si les parties insistent sur la condition de la moralité de l'arbitre c'est parce que « *l'arbitrage est coûteux !* »[638]. Même l'arbitrage dans les pays en développement comme ceux de l'OHADA n'échappe pas à cette règle. Pour s'en rendre compte, il suffit de consulter la décision n°004/99 de la CCJA du 3 février 1999[639]. A travers cette décision la CCJA a établi le barème des frais et honoraires à engager dans le cadre de la procédure arbitrale CCJA. Ces frais nous paraissent quelque peu élevés par rapport au contexte que connaissent de nombreux opérateurs commerciaux dans ces pays. Le tissu économique dans les États de l'OHADA est principalement composé du secteur informel et de Petites et Moyennes Entreprises (PME) qui ne disposent pas de moyens importants. De ce fait, il nous semble que le législateur de l'OHADA devrait revoir ce barème à la baisse pour pouvoir inciter plus d'opérateurs commerciaux à recourir à l'arbitrage. Cette démarche est nécessaire surtout dans une économie internationale globalisée où les PME sont de plus en plus demandeuses d'arbitrage[640].

375. La question de la morale de l'arbitre trouve également un intérêt particulier dans le contexte d'insécurité judiciaire qui prévaut en Afrique et en Amérique Latine et surtout au moment où l'on assiste à de nombreuses dérives dans l'environnement de l'arbitrage. Nous devons ainsi dénoncer une forte tendance à l'affairisme de la part de nombreux juristes qui gravitent dans la sphère de l'arbitrage. Dans les faits, il existe une forte concurrence pour être désigné arbitre. Cette concurrence s'apparente dans certains cas à une véritable « *ruée vers l'or* ». Et pour cause, être désigné comme arbitre pour un litige commercial international peut s'avérer très lucratif. Pour s'en rendre compte, il suffit de se référer aux barèmes de rémunérations des arbitres régulièrement publiés par les centres d'arbitrage[641]. Cette tendance négative a été remarquablement décrite par le professeur Bruno OPPETIT. Cet auteur a dénoncé les dérives de l'arbitrage à travers ces mots qui méritent d'être reproduits : « *dans un climat général de plus en plus délétère,*

---

638 Sur cette expression v. G. AFFAKI, « Nouvelles réflexions sur la banque et l'arbitrage » *in Liber Amicorum en l'honneur de Serge LAZAREFF*, Paris, A. Pedone, 2011, p. 32. Une partie qui recourt à un arbitrage doit payer des frais liés à l'administration de l'arbitrage mais aussi aux honoraires de l'arbitre. Il est donc tout à fait légitime pour une partie à un arbitrage de vérifier la probité de l'arbitre.

639 Cette décision est consultable sur http://www.ohada.com/.

640 V. R. MORERA, « Être arbitre à l'époque de la globalisation », *in Liber Amicorum en l'honneur de Serge LAZAREFF*, Paris, A. Pedone, 2011, p. 462 à 463.

641 Sur la rémunération des arbitres v. M. W. BÜHLER, « The arbitrator's remuneration too much, too little ? », *in Liber Amicorum en l'honneur de Serge LAZAREFF*, Paris, A. Pedone, 2011, p. 103 à 108. Dans cet article, l'auteur démontre qu'il existe deux méthodes de calcul des honoraires des arbitres : la méthode *ad valorem* appliquée par la CCI ou la CCJA (calculée à partir du montant du litige des parties) et la méthode calculée à partir du temps passé par l'arbitre sur l'affaire. Cette dernière technique est appliquée dans le CIRDI.

sur fond de corruption et de manquements répétés à la déontologie des affaires, les procédures arbitrales subissent un alourdissement et un renchérissement très sensible ; les manœuvres déloyales se développent et la bureaucratisation des grandes institutions d'arbitrage s'accentue ; les manifestations et congrès divers abondent, mais, loin d'être des lieux de réflexion, ils constituent plus guère que des forums commerciaux où règne une âpre concurrence entre « marchand de droits »... »[642]. Pierre LALIVE a aussi étudié cette problématique et l'a désignée comme la « *commercialisation* » de l'arbitrage international[643]. Ce phénomène affecte tout particulièrement les centres d'arbitrage à travers le monde. Les États, conscients du fait que l'arbitrage est une source de retombées économiques directes et indirectes[644], vont se lancer dans une concurrence pour attirer les litiges vers leur sol. Chaque État, ou tout simplement chaque corps de métier va vouloir avoir son propre centre d'arbitrage, si bien que l'on assiste à la prolifération des centres d'arbitrage dans le monde entier ainsi qu'à la multiplication des colloques et réunions sur cette thématique. Philippe FOUCHARD a eu des mots justes pour décrire cette frénésie : « *L'arbitrage étant un service qui engendre une forte « valeur ajoutée » et qui est offert sur un marché devenu mondial, à l'image du commerce lui-même, personne ne veut en être écarté* »[645].

376. Si d'un côté nous pouvons nous réjouir de la réussite de l'implantation de l'arbitrage à l'échelle mondiale[646], d'un autre côté nous pouvons affirmer que l'arbitrage est devenu à certains égards victime de son propre succès. La « *commercialisation* » de l'arbitrage aboutit à vider ce mécanisme de règlement des différends de sa substance première à savoir être un outil juridictionnel performant et adapté aux réalités du commerce international, pour se convertir finalement en un objet de commerce international. L'évolution de l'arbitrage doit être soutenue et accompagnée par la réflexion et la théorie et pas seulement guidée par des intérêts matériels.

377. Les institutions d'arbitrage bien établies comme la CCI en Europe, l'AAA aux États-Unis ou et le CIRDI pour les litiges relatifs aux investissements sont moins sujettes à la concurrence parce qu'elles se sont graduellement et solidement imposées comme des juridictions incontournables. Cela s'est fait grâce à la qualité des arbitres mais aussi en grande partie grâce à la réflexion et à la théorie qui accompagnent

[642] V. B. OPPETIT, *Théorie de l'arbitrage*, *op.cit.*, p. 10 et 12.

[643] V. P. LALIVE, « Sur une « commercialisation » de l'arbitrage international », *in Liber Amicorum Claude Reymond : autour de l'arbitrage : Mélanges offerts à Claude Reymond*, Paris, Litec, 2004, p. 167 à 172.

[644] Sur cette affirmation v. Ph. FOUCHARD, E. GAILLARD, et B. GOLDMAN, *op.cit.*, p. 83.

[645] V. Ph. FOUCHARD, « L'arbitrage et la mondialisation de l'économie », *op.cit.*, p. 385.

[646] Selon nous cette tendance constitue *la bonne fortune de l'arbitrage*.

constamment ces juridictions. Face à cette réalité, nous pouvons nous interroger sur les actes que doivent poser que la CCJA ou encore la CIAC et le TPR pour parvenir à s'imposer comme des centres d'arbitrage de référence respectivement en Afrique et en Amérique Latine. Cette question revêt un certain intérêt dans l'espace OHADA où la CCJA cohabite avec de nombreux centres nationaux d'arbitrage[647]. La question de la pérennité de ces institutions mérite d'être ouvertement posée. En d'autres termes, pour réussir à s'imposer dans le contexte de la mondialisation, la CCJA doit-elle phagocyter les centres d'arbitrage nationaux de l'espace OHADA ? Compte tenu du fait que l'arbitrage OHADA est en réalité encore en phase de décollage, nous suggérons aux autorités des États membres de cette organisation de mettre en place une sorte de moratoire sur certaines affaires et pendant quelques années sur l'activité des cours d'arbitrage nationales. Ce moratoire permettrait à la CCJA d'accentuer son action en matière d'arbitrage et de devenir la cour d'arbitrage de référence et incontournable en Afrique. Même si le phénomène de la commercialisation affecte l'arbitrage, il ne traduit pas l'ensemble des pratiques de la profession d'arbitre. La règle morale garde toujours une place essentielle dans ce mécanisme de règlement des différends car elle influence l'arbitre dans sa prise de décision. D'autres qualités personnelles peuvent être recherchées par les parties.

2. Les qualités attachées à la personne de l'arbitre

378. De manière générale, la première qualité personnelle requise pour être arbitre est la capacité à agir. L'arbitre doit être une personne physique en pleine possession de ses droits civils pour pouvoir exercer la charge de juge. De ce fait, il ne doit pas être affecté par une mesure proche de la tutelle ou de la curatelle[648]. Cette exigence rejoint celle de l'âge de l'arbitre car il doit être majeur au moment de sa désignation. La majorité de l'arbitre est exigée dans la plupart des législations relatives à l'arbitrage. En matière d'âge, il peut aussi exister restrictions. Par exemple, le Hong Kong International Arbitration Center (HKIAC), prévoit curieusement que pour être inscrit sur

---

[647] A titre d'exemple et de façon non exhaustive, nous pouvons citer le Burkina-Faso qui a le Centre d'Arbitrage, de Médiation et de Conciliation de Ouagadougou (CAMC-O). Le Bénin qui a le Centre d'Arbitrage du Conseil National pour l'Exportation (CNEX). Au Cameroun, le Groupement Inter-Patronal du Cameroun (GICAM) a son centre d'arbitrage le Centre d'Arbitrage du GICAM (CAG). La Côte d'Ivoire a la Cour d'Arbitrage de Côte-d'Ivoire (CACI). Au Sénégal la Chambre de Commerce d'Industrie et d'Agriculture de Dakar (CCIAD) a son centre d'arbitrage. Le Togo a lancé le 21 novembre 2011 les activités de la Cour d'arbitrage du Togo (CATO).

[648] V. le Code civil français à son article 489.

la liste d'arbitre, il faut avoir moins soixante-quinze ans[649]. Au delà de ce qui précède, les parties peuvent s'entendre sur des qualités plus attachées à la personne de l'arbitre. Elles peuvent effectuer leur choix en fonction de questions intimement liées à la personne qu'elles souhaitent désigner comme arbitre, telles que la nationalité (**b**), la religion ou encore le sexe (**a**).

a. La religion et le sexe de l'arbitre dans le contexte de l'OHADA et du Mercosur

379. Les questions relatives à la religion ou au sexe de l'arbitre trouvent un intérêt particulier dans les États où il existe une influence de lois religieuses sur le droit civil positif comme c'est le cas des États qui appliquent la *shari'a* ou *chari'a*, c'est-à-dire la loi islamique[650]. La *shari'a* est un ensemble de commandements religieux qui conditionnent l'ordre socio-juridique d'une communauté islamique et à titre particulier le comportement du musulman. Elle est d'application territoriale et personnelle. A ce titre, elle régit tous les aspects juridiques de la vie des personnes musulmanes dans les États où elle est appliquée. Les liens entre arbitrage et *shari'a* ont déjà été brillamment démontrés par d'autres auteurs[651]. Il ressort de ces études que dans certains États, l'application de la *shari'a* interdit aux non musulmans et aux femmes la possibilité d'être juges donc par conséquent d'être arbitre. Dans la majorité des États de l'espace OHADA il existe des États de culture musulmane et de fortes populations musulmanes mais il n'y pas d'application de la *shari'a*. En Afrique subsaharienne, elle est seulement appliquée en Mauritanie et au Nord du Nigéria, des États qui ne sont pas membres de cette organisation. Ainsi, sur l'ensemble du territoire OHADA, les femmes et les non musulmans peuvent être librement désignés arbitres. Pour autant, les arbitres et les juristes de cet espace ne doivent pas ignorer les spécificités de ce type d'États compte de tenu de la proximité avec les États du Maghreb et l'importance croissante des monarchies du Golfe dans une économie mondialisée.

b. La nationalité de l'arbitre dans le contexte de l'OHADA et du Mercosur

380. En ce qui concerne la nationalité de l'arbitre, les interdictions sont à rechercher du côté de l'Amérique Latine. Pendant longtemps de nombreuses législations latino-américaines interdisaient aux étrangers la possibilité d'être arbitres dans les litiges où l'arbitre devait fonder sa décision sur la règle de

[649] V. D. LAMÈTHE « Portraits de groupe d'arbitres internationaux », *in Les arbitres internationaux (sous la direction de J. ROSSEL), Colloque du 4 février 2005*, Paris, Société de Législation Comparée, 2005, p. 38 à 41. p. 41.

[650] Pour une étude détaillée sur les principales caractéristiques et le domaine d'application de la *shari'a* v. N. NAJJAR, *op.cit.,* p. 12 à 29.

[651] V. Th. CLAY, *L'arbitre*, *op.cit.,* p. 382 à 390.

droit (arbitre de *jure*) par opposition aux litiges où il devait statuer en amiable composition. Le Brésil, la Colombie, l'Équateur, le Honduras et le Venezuela appliquaient ce type d'interdictions. Aujourd'hui, la plupart de ces États les ont progressivement abolis. Le Brésil l'a aboli à travers sa loi relative à l'arbitrage du 23 septembre 1996.

381. Une fois que l'arbitre est désigné, il est investi de la mission de trancher un litige. La convention d'arbitrage lui donne un pouvoir juridictionnel. C'est ce pouvoir juridictionnel qui fait de l'arbitre un juge à part entière, qui tire son pouvoir de juger non de la loi comme le juge étatique mais principalement de la volonté des parties. Cette mission juridictionnelle confiée à l'arbitre représente aussi un gage de sécurité judiciaire pour elles. Comme pour le juge national, elle permet d'établir un cadre défini à l'action de l'arbitre. Enfin, elle permet aussi de faire peser sur l'arbitre divers devoirs et obligations inhérents à la charge de juger. Ces devoirs et obligations, en matière d'arbitrage, font l'objet d'un contrôle particulièrement affiné.

SECTION II. LA MISSION JURIDICTIONNELLE DE L'ARBITRE : UN GAGE DE SÉCURITÉ JUDICIAIRE POUR LES PARTIES

382. La mission juridictionnelle qui incombe à l'arbitre permet de dessiner avec certitude les contours de son action et de définir son régime. Dans la pratique, il s'agit d'un régime très proche voire calqué sur celui du juge étatique. Par conséquent, l'arbitre jouit des mêmes droits mais surtout est soumis aux mêmes devoirs qu'un juge étatique. Il est assujetti à l'obligation ou au devoir d'indépendance vis-à-vis des parties et au devoir d'impartialité dans le prononcé de la sentence. A dire vrai, l'indépendance et l'impartialité représentent bien plus que de simples obligations pesant sur les épaules de celui qui juge car elles sont l'essence même de la fonction de juge. C'est parce que le juge, ou l'arbitre, est impartial et indépendant qu'il peut juger. Ces contraintes sont indissociables de la fonction de juger. Par nature, elles doivent permettre aux parties de se protéger contre l'arbitraire, la corruption ou toute autre forme de pression dont serait victime celui qui a la charge de juger. En matière d'arbitrage, ces contraintes ou obligations font l'objet d'un encadrement spécifique qui permet de veiller au respect du devoir d'impartialité (**§ I**) et surtout au devoir d'indépendance à travers un contrôle qui peut être effectué avant le début de la procédure donc à titre préventif (**§ II**). Une fois la procédure commencée, donc à titre curatif, des sanctions peuvent être aussi prises à l'encontre de l'arbitre qui n'aurait pas respecté ses engagements (**§ III**). Enfin, les parties disposent d'une arme supplémentaire contre tout arbitre qui ne respecterait pas ses devoirs en engageant sa responsabilité (**§ IV**). Autant de justifications du recours à l'arbitrage comme une mesure pour pallier l'insécurité judiciaire en matière commerciale internationale.

§ I. Le devoir d'impartialité de l'arbitre : une garantie de sécurité judicaire pour les parties

383. L'impartialité est communément admise comme étant un synonyme de l'équité, la neutralité, l'objectivité ou encore du terme désintéressement[652]. En droit, elle se présente comme une exigence consubstantielle à la fonction juridictionnelle dont le propre est de départager des adversaires en toute justice et équité dans le cas des arbitres. L'impartialité est une qualité essentielle du juge[653] et de l'arbitre. Pour souligner l'importance de la notion d'impartialité, nous reprenons les propos d'Alexandre KOJEVE cité par Thomas CLAY[654]. Ce philosophe a affirmé qu'« *un homme aura beau être intelligent, énergique, prévoyant, beau ou autre chose, on ne le choisira pas s'il est présumé être partial. (...) Inversement si on le sait « juste », on peut fermer les yeux sur tous les autres défauts* ». Le devoir d'impartialité de l'arbitre est consacré par de nombreux textes internationaux comme à l'article 6 AUA[655] ou encore la loi type de la CNUDCI dans son article 12[656]. En ce domaine, l'Accord de Buenos Aires de 1998 qui régit l'arbitrage entre particuliers du Mercosur semble être allé plus loin car il exige de l'arbitre non seulement l'impartialité et l'indépendance mais aussi la probité, la compétence, la diligence et la discrétion (article 16-1).

384. Parce qu'il est investi d'une mission juridictionnelle, l'arbitre se doit d'être impartial. Ainsi, il doit complètement effacer son origine, ses convictions, sa religion et sa culture face aux parties et dans le prononcé de la sentence[657]. Il ne doit pas être partisan car il n'est pas l'avocat des parties. Ainsi même si les parties décident de nommer un arbitre de leur nationalité,

---

[652] Sur cette définition v. *Le Petit Robert*, 2006, p. 1316.

[653] A ce propos l'article 6 § 1 CEDH énonce que « *Toute personne a droit à ce que sa cause soit entendue équitablement, publiquement et dans un délai raisonnable, par un tribunal indépendant et impartial ...* ».

[654] V. Th. CLAY, « L'indépendance et l'impartialité de l'arbitre et les règles du procès équitable », *in L'impartialité du juge et l'arbitre, Etude de droit comparé*, Bruxelles, Bruylant, 2006, p. 216.

[655] V. l'article 6 AUA « *L'arbitre doit avoir le plein exercice de ses droits civils, demeurer indépendant et impartial vis-à-vis des parties* ».

[656] V. l'article 12 § I loi type CNUDCI « *Lorsqu'une personne est pressentie en vue de sa nomination éventuelle en qualité d'arbitre, elle signale toutes circonstances de nature à soulever des doutes légitimes sur son impartialité ou son indépendance. A partir de la date de sa nomination et durant toute la procédure arbitrale, l'arbitre signale sans tarder de telles circonstances aux parties, à moins qu'il ne l'ait déjà fait* ».

[657] V. M. de BOISSÉSON, *Le droit français de l'arbitrage interne et international,* Paris, GLN-Joly, 1990, p. 787

comme c'est souvent le cas dans le cadre du Mercosur pour le règlement des différends interétatiques[658], ce dernier doit s'abstenir de prendre en considération son appartenance dans le prononcé de la sentence. Il doit se débarrasser de ses préjugés nationaux et culturels pour mieux comprendre le comportement des parties. A ce sujet, Nadine SUSANI, a rappelé que cette tendance constatée au sein du Mercosur est loin de porter atteinte au devoir d'impartialité de l'arbitre[659].

385. Pourtant, l'Accord de Buenos Aires de 1998 recommande aux parties de choisir un arbitre d'une autre nationalité que la leur (article 16-4). Ce même article précise que dans un arbitrage *ad hoc* dont le tribunal arbitral est composé de plus d'un arbitre il est interdit, sauf accord exprès des parties, de ne nommer que des arbitres qui ont la même nationalité que l'une des parties au différend. Nous pouvons nous interroger sur cette distinction de traitement opérée entre l'arbitrage interétatique et l'arbitrage destinée aux particuliers. Cette différence de traitement peut se justifier par les importants enjeux que comporte l'arbitrage interétatique dans le marché commun du Sud. Ces enjeux dépassent le cadre des intérêts financiers d'un particulier et peuvent toucher des pans entiers de l'économie nationale. De ce fait, les États sont plus pointilleux et sourcilleux sur le choix des personnes qui vont les représenter et sont plus enclins à accorder leur confiance à l'un de leurs ressortissants. Un choix qui ne change pas la donne car l'arbitre se doit d'être neutre. Le professeur Pierre MAYER a trouvé les mots justes pour expliquer la neutralité de l'arbitre. Selon lui, « *l'arbitre n'étant pas dans le camp d'aucune des parties sur le terrain politique, religieux ou idéologique. Dans toute la mesure du possible, il doit s'efforcer, surtout s'agissant d'un arbitre unique, ou du président d'un tribunal arbitral de faire abstraction de la plus grande sympathie qu'il éprouve pour les valeurs défendues par l'une des parties, lorsqu'elles opposent une civilisation ou un système politique à une autre, dont est issue l'autre partie* »[660].

386. Malgré l'importance avérée du devoir d'impartialité, la preuve de la partialité d'un arbitre tout comme celle d'un juge reste très difficile à établir. Et pour cause, tant qu'elle n'est pas extériorisée ou manifeste, l'impartialité d'un arbitre ou d'un juge est quasiment impossible à démontrer. En effet, la partialité est une donnée subjective qui s'apprécie en fonction des prédispositions intellectuelles ou psychologiques[661]. De cette façon, elle doit être recherchée dans le for intérieur de chaque arbitre, ce qui paraît impossible. Cette notion est bien trop subjective pour être facilement

---

[658] V. Les États membres du Mercosur nomment très souvent des arbitres de leur nationalité.

[659] V. N. SUSANI, *op.cit.* p. 144.

[660] V. P. MAYER, « La règle morale dans l'arbitrage international », *in Etudes offertes à Pierre Bellet,* Paris, Litec, 1991, p. 396 à 397.

[661] V. Th. CLAY, « L'indépendance et l'impartialité de l'arbitre et les règles du procès équitable », *in L'impartialité du juge et de l'arbitre*, Bruxelles, Bruylant, 2006, p. 213 et 214. V. aussi Ph. FOUCHARD, E. GAILLARD, et B. GOLDMAN, *op.cit*, p. 585.

identifiée et donc sanctionnée[662]. Il ressort de ce qui précède que l'impartialité de l'arbitre, ou encore celle du juge, est très délicate à apprécier[663]. La recherche exclusive de l'impartialité de l'arbitre n'est donc pas une garantie totale de sécurité juridique.

387. A l' opposé, l'indépendance est une donnée purement objective qui s'apprécie par rapport au droit, des faits concrets ou des liens factuels. Elle est donc relativement plus facile à établir. C'est la raison pour laquelle, il existe en matière d'arbitrage international, une forte tendance à la recherche et au contrôle du devoir d'indépendance de l'arbitre.

§ II. Le contrôle du devoir d'indépendance de l'arbitre : une garantie pour les parties

388. L'indépendance est admise comme l'une des qualités premières de celui qui juge. La doctrine et la jurisprudence ont largement admis que, « *l'indépendance de l'arbitre est l'essence de sa fonction juridictionnelle* »[664]. Elle est à la fois une qualité et une obligation pour celui qui est habilité à juger. Par analogie si le juge se doit d'être indépendant vis-à-vis des différentes autorités de l'État qui le nomment, l'arbitre se doit d'être indépendant vis-à-vis des parties qui le désignent. De même, il doit être indépendant des autres arbitres si le tribunal arbitral est composé de plusieurs arbitres.

389. Cette obligation purement objective qui s'apprécie au vu de faits objectifs, pèse sur lui tout le long de l'instance arbitrale jusqu'au prononcé de la sentence. En réalité, la distinction que nous avons établie entre le devoir d'impartialité et celui d'indépendance n'est pas toujours pertinente et peut paraître à cet égard artificielle. Effectivement, même si l'impartialité et l'indépendance de l'arbitre ne recouvrent pas les mêmes réalités, elles sont quasiment indissociables et parfois interchangeables dans le vocabulaire de l'arbitrage international. A titre d'exemple, en Angleterre, où la question s'est directement posée lors de l'élaboration de l'*Arbitration Act* de 1996[665], il a été officiellement considéré par les rédacteurs que la distinction entre indépendance et impartialité n'était pas significative et ne méritait pas d'être conservée dans le document final[666]. En France, pour se sortir de cette difficulté, la jurisprudence a créé un standard qui se situe à mi-chemin entre l'indépendance et l'impartialité. Elle préfère se référer à « *l'indépendance*

---

[662] V. S. LAZAREFF, « L'arbitre est-il un juge ? », *in Liber Amicorum Claude Reymond : autour de l'arbitrage : Mélanges offerts à Claude Reymond*, Paris, Litec, 2004, p. 177.
[663] *Ibid.*, p. 585.
[664] *Ibid.*, p. 204 et 205.
[665] Ce texte est venu remplacer l'*Arbitration Act* de 1979. Sur cette loi v. M. E. GOLDSMITH, « The Arbitration Act 1979 », *DPCI*, mars 1980, tome 6, n°1 p. 63 à 70.
[666] *Ibid.* p. 215. En effet, le texte de l'*Arbitration Act* de 1996 ne mentionne que l'obligation de l'impartialité pour l'arbitre à sa Section 24.

d'esprit de l'arbitre »[667]. Dans d'autres cas, compte tenu de la difficulté rencontrée pour prouver l'impartialité, évoquée plus haut, ces deux notions sont consacrées indistinctement par le terme générique « d'indépendance » dans d'importants textes internationaux relatifs à l'arbitrage. Des textes comme la Convention de Washington du 18 mars 1965, qui prévoit que les arbitres du CIRDI « *doivent offrir toute garantie d'indépendance dans l'exercice de leurs fonctions* » (article 14 § 1) ou encore le Règlement d'arbitrage de la CCI à travers son article 7 alinéa 2 qui établit un document nommé la *déclaration d'indépendance de l'arbitre*[668]. Le nouveau Règlement d'arbitrage de la CCI qui est entré en vigueur depuis le 1er janvier 2012 est venu quelque peu changer cette donne. Il est toujours prévu que l'arbitre doit être et demeurer indépendant des parties en cause. Cependant, le nouveau Règlement ajoute le terme « impartial », et la déclaration antérieure s'intitule désormais « *déclaration de disponibilité, d'impartialité et d'indépendance* ». Cette nouvelle déclaration contient, comme auparavant l'obligation de révéler au Secrétariat tous faits ou circonstances qui pourraient être de nature à mettre en cause son indépendance ou à faire douter de son impartialité, cette obligation étant maintenue pendant toute la durée de la procédure d'arbitrage. Si l'indépendance de l'arbitre est plus facilement recherchée, c'est surtout parce qu'il existe des moyens de suivi et de contrôle de cette obligation. Parmi ces moyens, il en existe un purement préventif à savoir l'obligation de révélation de l'arbitre (**A**). A cette liste, selon nous, il convient de rajouter la possibilité d'émettre une opinion dissidente dans l'arbitrage car elle est une marque de l'indépendance de l'arbitre par rapport à ses pairs (**B**).

A. Le moyen d'assurer l'indépendance de l'arbitre à titre préventif : l'obligation de révélation

390. Avant le début de l'instance, les parties à un arbitrage disposent d'une technique qui leur permet de vérifier le degré d'indépendance de l'arbitre qui doit trancher le différend. Il s'agit de l'obligation de révélation, de déclaration ou d'information de l'arbitre. Cette obligation qui pèse sur l'arbitre avant le début et pendant toute l'instance arbitrale permet aux parties de contrôler les liens que l'arbitre entretient avec l'affaire. L'arbitre est tenu de révéler toutes les circonstances de nature à porter préjudice à son indépendance. Effectivement, du fait de cette obligation, l'arbitre doit informer les parties de tous les liens qu'il a entretenus ou qu'il continue d'entretenir avec l'affaire qui lui est soumise ainsi que des liens qu'il a avec

---

[667] *Ibid.* p. 214.

[668] Cet article dispose que : « *Avant sa nomination ou sa confirmation, l'arbitre pressenti signe une déclaration d'indépendance et fait connaître par écrit au Secrétariat les faits ou circonstances qui pourraient être de nature à mettre en cause son indépendance dans l'esprit des parties ...* ».

l'une ou les parties. Il doit aussi les informer des liens qu'il a ou qu'il a eus avec les co-arbitres dans le cas où le tribunal arbitral est composé de plusieurs arbitres.

391. L'obligation de révélation est très répandue dans la pratique arbitrale. Nous pouvons même convenir qu'elle est devenue un véritable usage dans l'arbitrage international[669] et que de ce fait elle est considérée comme une règle matérielle pour l'arbitrage. Cette obligation est consacrée par la loi type de la CNUDCI relative à l'arbitrage à travers son article 12 alinéa 1er[670]. Dans le Règlement d'arbitrage de la CCI, cette obligation a pris la forme de la *déclaration d'indépendance de l'arbitre*[671]. D'ailleurs, le Règlement d'arbitrage de la CCJA s'est directement inspiré de ce modèle pour mettre en place la déclaration d'indépendance des arbitres qu'elle inscrit sur sa liste (article 4-1)[672]. Comme ces centres d'arbitrage, le Règlement d'arbitrage du CIRDI a établi une déclaration qui doit être signée par les arbitres avant ou pendant la première session du tribunal arbitral[673].

392. La déclaration effectuée par les arbitres a une grande utilité pour les parties mais aussi pour l'instance arbitrale elle-même. Tout d'abord, la révélation des faits pouvant porter préjudice au bon déroulement de l'instance arbitrale contribue considérablement à la transparence et la célérité. Ensuite, elle permet aux parties de vérifier la probité de l'arbitre. Déclarer les liens qui peuvent l'unir à l'affaire et aux parties est une marque de bonne foi et de rigueur intellectuelle de la part de l'arbitre. Ce faisant cette déclaration protège l'instance arbitrale contre toute contestation ultérieure relative à l'indépendance de l'arbitre. Elle a le mérite de protéger la procédure arbitrale d'actions en récusation contre l'arbitre. Puis lorsque la

---

[669] V. Ph. FOUCHARD, E. GAILLARD, et B. GOLDMAN, *op.cit.,* p. 597.

[670] Cet article énonce que « *Lorsqu'une personne est pressentie pour être nommée en qualité d'arbitre, elle signale toutes circonstances de nature à soulever des doutes légitimes sur son impartialité ou sur son indépendance. À partir de sa nomination et durant toute la procédure arbitrale, un arbitre signale sans tarder lesdites circonstances aux parties et aux autres arbitres, s'il ne l'a déjà fait.* ».

[671] V. l'article 7 alinéa 4 Règlement CCI.

[672] En effet, l'article 4-1 du Règlement d'arbitrage de la CCJA reprend quasiment les termes de l'article 7 alinéa 2 du Règlement d'arbitrage de la CCI. Il énonce que : « *Avant sa nomination ou sa confirmation par la Cour, l'arbitre pressenti, auquel il a été donné connaissance des informations sur le litige figurant dans la demande d'arbitrage et, si elle est parvenue, dans la réponse à celle-ci, fait connaître par écrit au Secrétaire général de la Cour les faits ou circonstances qui pourraient être de nature à mettre en cause son indépendance dans l'esprit des parties. Dès réception de cette information, le Secrétaire Général de la Cour la communique par écrit aux parties et leur fixe un délai pour faire connaître leurs observations éventuelles.* ».

[673] V. l'article 6 (2) du Règlement d'arbitrage CIRDI. Selon cet article l'arbitre s'engage à signer une déclaration qui porte ces mentions : « *A ma connaissance, il n'existe aucune raison susceptible de m'empêcher de faire partie du Tribunal arbitral constitué par le Centre international pour le règlement des différends relatifs aux investissements à l'occasion d'un différend entre ... et ...* ».

sentence est rendue, elle permet de limiter les risques d'actions en annulation fondées sur d'éventuels manquements à l'exigence d'indépendance.

393. Au total, la révélation de faits permet d'éviter tout blocage et de lever tous les écueils liés à la notion d'indépendance de l'arbitre. De cette façon, nous partageons le point de vue d'un auteur lorsqu'il compare l'obligation de révélation de l'arbitre à une « *assurance-vie* » pour l'instance arbitrale[674]. Cette déclaration intervient comme un filtre qui bloque toutes les formes de scories qui pourraient gêner le bon déroulement de l'instance arbitrale. S'il n'existe pas de réelles contestations sur l'intérêt de l'existence d'une telle obligation, il n'en est pas de même pour ce qui touche le périmètre ou l'étendue de ce qui doit être déclaré par l'arbitre. L'étendue ou le contenu de l'obligation de révélation de l'arbitre peut soulever des interrogations basiques mais néanmoins intéressantes comme : quand faut-il déclarer ?, ou encore qu'est-ce qui doit être déclaré ? La réponse à la première interrogation est plutôt simple à donner car cette obligation pèse sur l'arbitre tout le long de l'instance arbitrale. A partir de sa nomination, l'arbitre peut être amené à effectuer une déclaration sur ses liens avec l'affaire et les parties. C'est le cas dans la pratique arbitrale CCI où l'arbitre pressenti doit adresser à la Cour internationale d'arbitrage sa déclaration d'indépendance avant d'être confirmé dans ses fonctions. Il peut aussi l'effectuer en cours de procédure et à tout moment qui lui paraît propice. Cette solution s'impose et s'explique parce que l'obligation d'indépendance de l'arbitre concerne l'ensemble du processus arbitral. En d'autres termes, elle constitue une exigence constante dans l'instance arbitrale[675].

394. En revanche, la réponse à la seconde question sur le contenu de la déclaration est plus difficile à donner car elle laisse place à diverses interprétations. Sur ce sujet, dans la doctrine, deux conceptions coexistent. La première prône une appréciation subjective de ce qui doit être révélé. Elle se fonde sur le caractère personnel (*intuitu personae*) de l'arbitrage et la confiance qui dicte le choix de l'arbitre par les parties. Pour les tenants de cette conception de l'obligation de révélation, seul l'arbitre est habilité à évaluer l'opportunité de révéler ou non des faits. Cette conception porte en elle des germes de discorde car trop de place est laissée à l'appréciation subjective et au libre arbitre. Ce dernier dispose d'une trop grande latitude quant au contenu des informations qu'il doit donner aux parties. Ainsi, il peut tout simplement omettre volontairement de déclarer certains faits très importants. Car il est juge et partie de sa propre indépendance. Or lorsqu'on rend la justice, une moindre place doit être laissée à la subjectivité.

395. La seconde conception fait la part belle à l'appréciation objective des éléments à révéler. Cette vision objective privilégie le caractère

---

[674] V. Th. CLAY, « L'indépendance et l'impartialité de l'arbitre et les règles du procès équitable », *op.cit.,* p. 218.

[675] V. M. HENRY, « les obligations d'indépendance et d'information de l'arbitre à la lumière de la jurisprudence récente », *Revue de l'arbitrage*, 1999, n°2, p. 217.

juridictionnel de l'arbitrage. La conception objective présente inévitablement l'avantage de ne pas laisser à l'arbitre toute la liberté pour apprécier ce qu'il doit révéler. Pourtant, elle ne résout pas la question de ce qui doit être objectivement révélé par l'arbitre. La question des faits à révéler reste entièrement posée. L'arbitre est-il tenu d'informer les parties de tous les liens objectifs, même les plus insignifiants qu'il a eus avec les parties ou l'affaire qui lui est soumise ? Selon nous, une déclaration trop exhaustive de tous les faits risque de décrédibiliser la portée de l'obligation de révélation. Pour sortir de cette impasse, les arbitres peuvent se référer aux directives de l'International Bar Association (IBA) sur les conflits d'intérêts dans l'arbitrage international[676]. Ayant constaté que les normes actuelles à propos de l'obligation de révélation manquent de clarté et d'uniformité, l'IBA a constitué un groupe de dix-neuf experts en arbitrage international provenant de divers pays afin d'y apporter une solution. Ce groupe d'experts a produit trois listes de faits pouvant faire l'objet d'une déclaration en se basant sur des lois, de la jurisprudence et l'expérience professionnelle de ses membres. Il a mis en place un système en sémaphore c'est-à-dire une liste rouge, une liste orange et une liste verte.

396. La liste rouge est une énumération non exhaustive de situations qui par leur gravité peuvent soulever des « doutes justifiables » sur l'impartialité et l'indépendance de l'arbitre. De ce fait, elles doivent être révélées aux parties. Cette liste comprend deux parties une liste rouge non « sujette à renonciation » et une liste rouge « sujette à renonciation ». La liste rouge non « sujette à renonciation » est constituée de faits qui sont très importants et graves qui doivent être impérativement révélés[677]. La liste rouge « sujette à renonciation » comprend des faits importants et graves qui ne peuvent faire l'objet d'une renonciation de révélation que si les parties sont parfaitement informées du conflit d'intérêt[678]. Ensuite, la liste orange concerne tous les faits qui peuvent soulever des « doutes justifiables » quant à l'impartialité et l'indépendance de l'arbitre. Ce sont des faits qui doivent être révélés par les arbitres[679]. Enfin, la liste verte est composée de situations pour lesquelles il n'existe pas vraiment de conflit d'intérêt[680]. Ces listes sont d'une grande utilité et servent de guide pratique dans l'arbitrage international. Cependant, la question de leur valeur juridique reste entière. Il faut souligner leur caractère non-contraignant car elles ne sont que des directives émanant d'une

---

676 Sur ces listes v. *Revue de l'arbitrage*, 2004, p. 996 et s.

677 Par exemple, le cas de l'arbitre qui a un intérêt financier substantiel dans le résultat du litige.

678 C'est par exemple, le cas où un membre proche de la famille de l'arbitre a un intérêt financier substantiel à l'issue du litige.

679 Comme par exemple les liens passés et actuels avec une des parties ou les relations entre les arbitres.

680 C'est le cas d'une opinion juridique donnée par l'arbitre ou encore des liens passés et actuels en faveur ou en défaveur de l'une des parties.

association. Compte tenu de ce fait, il serait intéressant qu'elles soient reprises même en partie par l'un des grands textes relatifs à l'arbitrage pour leur donner une pleine valeur juridique. Le législateur de droit de l'arbitrage de l'OHADA pourrait s'en saisir, les consacrer et de la sorte devenir le précurseur en cette matière. De son côté, le Mercosur a déjà approuvé un code de conduite pour les arbitres à travers la décision CMC n°31/11 du 19 décembre 2011. Ce code de conduite est seulement applicable aux arbitres du TRP. Ce texte prévoit que les arbitres du TPR sont soumis à une obligation d'indépendance vis-à-vis de leur État d'origine et qu'ils doivent se montrer impartiaux et diligents dans l'exercice de leur fonction (article 2). Par ailleurs, il prévoit également une procédure d'enquête et de sanction pour les manquements des arbitres (articles 4 à 6).

397. Enfin, pour sortir du flou sur le contenu et l'étendue des faits à révéler, les États de l'OHADA peuvent aussi copier l'exemple donné dans certains États fédérés des États-Unis où il existe des questionnaires détaillés avec la description de tous les liens à révéler[681]. A titre d'exemple, le Texas a mis en place un questionnaire composé de quatorze questions auxquelles, il faut répondre simplement par oui ou non[682]. Ces questions portent essentiellement sur les rapports (familiaux ou professionnels) que l'arbitre potentiel a pu avoir par le passé avec les parties. Cette formule, fort pratique, a pour principale limite qu'un questionnaire ne peut pas prévoir toutes les

---

[681] Cette solution est adoptée dans certains États des États-Unis comme la Californie et le Texas.

[682] Ce questionnaire prévoit que : *I have reviewed the list of parties, counsel and disclosed potential witnesses and, after conducting a conflicts check, answer the following questions and execute the Oath shown below:*
Yes No 1. Do you or your law firm presently represent any person in a proceeding involving any party to the arbitration? 2. Have you represented any person against any party to this arbitration? 3. Have you had a professional or social relationship with counsel for any party in this proceeding or the firms for which they work? 4. Have you had any professional or social relationship with any parties or witnesses identified to date in this proceeding or the entities for which they work? 5. Have you had any professional or social relationship of which you are aware with any relative of any of the parties to this proceeding, or an y relative of counsel to this proceeding, or an y of the witnesses identified to date in this proceeding? 6. Have you, any member of your family, or any close social or business associate ever served as an arbitrator in a proceeding in which any of the identified witnesses or named individual parties gave testimony? 7. Have you, any member of your family, or any close social or business associate been involved in the last five years in a dispute involving the subject matter contained in the case, which you are assigned? 8. Have you ever served as an expert witness or consultant to any party, attorney, witness or other arbitrator identified in this case? 9. Have any of the party representatives, law firms or parties appeared before you in past arbitration cases? 10. Are you a member of any undisclosed organization that may be relevant to this arbitration? 11. Have you ever sued or been sued by either party or its representative? 12. Do you or your spouse own stock in any of the companies involved in this arbitration? 13. If there is more than one arbitrator appointed to this case, have you had any professional or social relationships with any of the other arbitrators? 14. Are there any connections, direct or indirect, with any of the case participants that have not been covered by the above questions?

situations. C'est la raison pour laquelle il est souhaitable d'exiger que l'arbitre révèle sans entrer dans les détails tous les liens antérieurs et présents avec les parties, leurs conseils ou les co-arbitres, sans distinction de notoriété, d'ancienneté et de nature des faits. L'obligation d'information doit être ainsi réalisée de façon « *objective tempérée* »[683].

398. Pourtant, très récemment la jurisprudence française est venue étendre l'obligation de révélation dans l'affaire *Avax c/ Tecnimont* rendue le 2 novembre 2011[684]. La société *Avax* demandait, depuis le 28 décembre 2007, date de son premier recours, l'annulation d'une sentence partielle rendue à Paris le 10 décembre 2007 sous l'égide de la CCI. Elle soutenait que le président du tribunal arbitral avait manqué à son obligation de révélation. Elle a obtenu en un premier temps gain de cause auprès de la Cour d'appel de Paris, qui a annulé la sentence au motif qu'« *en raison du défaut d'indépendance de l'arbitre, le tribunal arbitral a été irrégulièrement composé ; que le moyen unique d'annulation étant accueilli, il convient d'annuler la sentence partielle du 10 décembre 2007* ».

399. Néanmoins, sur pourvoi de la société *Tecnimont*, la Cour de cassation a cassé cet arrêt, considérant que la Cour d'appel avait modifié l'objet du litige en déduisant que la situation critiquée n'était pas connue jusqu'à la date de la reddition de la sentence, alors qu'en réalité la quasi-totalité des faits invoqués par la société *Avax* étaient connus d'elle au moment de la requête de récusation déposée auprès de la CCI, en septembre 2007. La décision du 2 novembre 2011, rendue sur renvoi après cassation, admet en premier lieu la recevabilité du recours en annulation et aboutit elle aussi à l'annulation de la sentence CCI du 10 décembre 2007, en considérant qu'il revient à l'arbitre, à tout moment de la procédure arbitrale, de révéler toute circonstance pouvant faire naître un doute raisonnable quant aux qualités impératives d'impartialité et d'indépendance. La Cour d'appel de Reims a décidé, à travers cette affaire, que l'arbitre a l'obligation de révéler tous les faits objectifs de façon à éliminer « *tout doute raisonnable* »[685] sur son indépendance.

400. En l'espèce, il s'agissait d'un arbitre qui n'avait pas révélé tous les liens qui le liaient lui et son cabinet d'avocats à la société *Tecnimont*. Ce cabinet avait déjà, à plusieurs reprises, agi au nom de *Tecnimont*. La Cour d'appel a estimé que ce défaut de révélation exhaustive des liens entre

---

683 Selon les termes de M. HENRY, *op.cit.*, p. 221.

684 Sur cette affaire v. *Gazette du Palais*, 24 janvier 2012 n° 24, p. 11 et s. avec une note de D. BENSAUDE. Pour consulter cette décision v. www.arbitrage.

685 Dès son premier considérant, la Cour d'Appel énonce que : « *si rien ne s'oppose à la professionnalisation des fonctions d'arbitre, celle-ci n'atténue point les exigences d'information de la part de l'arbitre sur toutes les circonstances de nature à affecter son jugement et à provoquer un doute raisonnable sur ses qualités d'impartialité et d'indépendance dans l'esprit des parties, c'est-à-dire non en raison de ce que l'arbitre pense [...] mais du point de vue des parties, en se mettant à leur place* ».

l'arbitre, son cabinet d'avocats et une des parties, aboutissait à une absence d'indépendance, conduisant à l'annulation de la sentence. Cette décision semble accentuer l'obligation de révélation qui pèse sur l'arbitre car désormais il est tenu de dissiper tous les faits susceptibles de soulever un doute raisonnable. L'obligation de révélation est plus étendue car de nombreux faits sont susceptibles de soulever un doute raisonnable. On peut légitimement se demander où se situe la limite ? Cette limite peut être fixée par les centres d'arbitrage ayant mis en place une *déclaration d'indépendance* telle que la CCI, le CIRDI et la CCJA. En effet, la réponse finale sur le degré d'indépendance ou d'impartialité de l'arbitre est confiée au centre d'arbitrage. L'exemple, donné par la procédure du CCI qui est tout à fait transposable à la CCJA, nous permet d'illustrer nos propos. Dans le document que l'arbitre pressenti doit adresser à la Cour internationale d'arbitrage de la Chambre de Commerce Internationale, il doit choisir entre deux formules : soit il précise qu'aucun fait ou circonstance ne nécessite d'être révélé, soit au contraire il ajoute cette formule : « *cependant (...) je désire attirer votre attention sur les faits et circonstances dont je fais état ci-après parce que je considère qu'ils pourraient être de nature à mettre en cause mon indépendance dans l'esprit de l'une quelconque des parties.* »[686]. Après avoir reçu ce document, l'arbitre doit être confirmé par le centre d'arbitrage. Ainsi, si le CCI ou la CCJA estiment que l'arbitre, au vu des faits qu'il a déclaré, ne remplit pas la condition d'indépendance, elles peuvent ne pas le confirmer. Le centre d'arbitrage dispose donc d'un réel et définitif pouvoir de nomination de l'arbitre. Ce pouvoir pèse comme une épée de Damoclès sur la tête de l'arbitre. De plus, à ce stade, les parties ont la possibilité d'adresser au centre d'arbitrage des observations donc l'arbitre a tout intérêt à déclarer de bonne foi l'ensemble des faits qui pourraient porter préjudice à l'instance. L'arbitrage étant une procédure juridictionnelle basée sur des liens de confiance, c'est totalement dans l'intérêt de l'arbitre de déclarer tous les faits pouvant porter préjudice à l'instance arbitrale car une déclaration incomplète peut le marquer au fer rouge et le suivre dans sa carrière. Bien évidemment, l'arbitre peut toujours déclarer les faits qu'il souhaite porter à la connaissance des parties et en occulter d'autres mais il s'expose à des sanctions ultérieures, comme la récusation, une sanction qui peut intervenir à titre curatif c'est-à-dire une fois que l'instance a débuté. Mais avant un arbitre peut exprimer son indépendance à travers une opinion dissidente.

---

[686] Sur cette formule v. Ph. FOUCHARD, E. GAILLARD, et B. GOLDMAN, *op.cit.,* p. 598.

C. L'opinion dissidente comme une preuve de l'indépendance de l'arbitre

401. L'opinion dissidente dans l'arbitrage[687] est un acte par lequel les arbitres minoritaires expriment publiquement leur désaccord total ou partiel avec l'opinion exposée dans la sentence par la majorité des arbitres[688]. La portée de l'opinion dissidente peut varier en fonction de sa forme et de son contenu[689]. Si la dissidence est totale alors elle est exprimée de façon séparée et elle reflète une profonde détérioration des rapports entre les membres du tribunal arbitral. Comme illustration nous pouvons retenir l'opinion dissidente exprimée par Kéba MBAYE dans l'affaire CIRDI *SOABI*. Dans son texte, il a commencé par dire que : « *Je regrette de ne pouvoir me rallier aux vues de mes collègues et, surtout, je déplore que la division du Tribunal, faisant coïncider les nationalités ou l'appartenance géographique des juges avec les intérêts des Parties, puisse faire penser, à tort, à la manifestation de deux sensibilités différentes sur des problèmes mettant en évidence les rapports conflictuels entre pays en développement et investisseurs étrangers, si tant est que la SOABI en l'espèce puis être considérée comme un « investisseur », ...* »[690]. Toujours selon, lui le tribunal arbitral avait fait une mauvaise application de l'article 25 de la Convention de Washington de 1965 relatif à la qualification d'investisseur.

402. En revanche, si la dissidence porte uniquement sur quelques points[691] alors elle est partielle et peut être intégrée au corps de la sentence arbitrale. Cette technique a des avantages en matière de sécurité juridique et judiciaire. Tout d'abord, elle permet à l'arbitre de faire prédominer son opinion et son intégrité individuelle sur la solidarité collégiale[692]. Pour un auteur[693], l'opinion dissidente favorise la responsabilité arbitrale car elle pousse le tribunal arbitral à motiver correctement sa décision. Selon nous, cette technique entretient également un lien très étroit avec les notions d'indépendance et d'impartialité de l'arbitre. Effectivement, à travers une opinion dissidente, l'arbitre manifeste sa liberté de conscience vis-à-vis des autres membres du tribunal arbitral.

---

[687] Sur l'opinion dissidente dans l'arbitrage v. H. SMIT, « Les opinions dissidentes en matière d'arbitrage », *Bulletin de la Cour Internationale d'arbitrage de la CCI*, 2004, 1er semestre, volume 15/n°1, p. 37 à 42. V. aussi E. SILVA ROMERO, « Brèves observations sur l'opinion dissidente », *in Les arbitres internationaux (sous la direction de J. ROSSEL), Colloque du 4 février 2005*, Paris, Société de Législation Comparée, 2005, p. 179 à 186.

[688] Sur cette définition v. P. DAILLIER, M. FORTEAU et A. PELLET, *op.cit.*, p. 981.

[689] *Ibid.*, p. 182.

[690] V. l'opinion dissidente rendue à propos de l'affaire CIRDI n°ARB/82/1 *SOABI*.

[691] Comme par exemple dans la sentence CIRDI n°ARB/87/3 *AAPL c/ Sri Lanka,* l'arbitre Samuel K. B. ASANTE a exprimé une opinion dissidente à propos de la responsabilité du défendeur.

[692] *Ibid.*, p. 38.

[693] *Ibid.*

403. Le Règlement d'arbitrage de la CCJA à son article 22.4 prévoit expressément la possibilité pour les arbitres d'exprimer une « opinion particulière » ce qui correspond en réalité à une opinion dissidente. L'affaire société *Nestlé Sahel c/ SCIMAS* du 19 juillet 2007[694] a donné une occasion à la CCJA de se prononcer sur ce type de mesure. Dans ce litige, la société *Nestlé* voulait obtenir de la CCJA l'annulation d'une sentence arbitrale. A cet effet, parmi ces arguments, elle a pu soulever qu'il y avait eu une absence manifeste de collégialité car l'opinion dissidente de l'arbitre minoritaire était si éloignée de la sentence arbitrale qu'elle traduisait une absence manifeste de concertation sur la demande reconventionnelle de la *SCIMAS*. La CCJA n'a pas suivi ce raisonnement même si elle a conclu à l'annulation de la sentence arbitrale.

§ III. Le moyen de garantir les obligations de l'arbitre à titre curatif : la récusation de l'arbitre

404. Nous considérons la récusation[695] comme un moyen curatif de faire garantir les obligations des arbitres car elle ne peut intervenir qu'une fois que l'instance a commencé et que l'arbitre a failli à une de ces obligations. De nombreuses conventions internationales sur l'arbitrage prévoient que la récusation peut être demandée par une des parties en cas de manquement aux devoirs d'indépendance et d'impartialité ou si l'arbitre ne présente pas les qualités requises pour juger. A titre d'exemple, le Règlement d'arbitrage de la CNUDCI prévoit à son article 10.1 que les parties peuvent récuser un arbitre si elles ont des doutes sérieux sur son impartialité ou son indépendance[696]. Le Règlement d'arbitrage du CIRDI prévoit à cet effet qu'une partie peut « *demander à la commission ou au tribunal la récusation d'un de ses membres pour tout motif impliquant un défaut manifeste des qualités requises par l'article 14 (alinéa 1)* ».

405. Plusieurs États de l'OHADA et du Mercosur ont utilisé cet article pour tenter de récuser un arbitre dans une procédure arbitrale CIRDI. A titre d'illustration nous pouvons citer l'affaire *Participaciones Inversiones Portuarias* (*PIP*) *c/ Gabon* du 12 novembre 2009[697]. Dans ce cas, le Gabon a tenté en vain de faire récuser la nomination d'un arbitre[698]. La Gabon

---

[694] Sur cette affaire v. P.- G. POUGOUÉ et S. S. KUATE TAMEGHE, *op.cit.,* p. 331 à 341

[695] V. G. CORNU, *op.cit.,* p. 777. La récusation est l'acte par lequel un plaideur refuse d'être jugé par ou en présence d'un magistrat ou par un arbitre dont il conteste l'impartialité … et aboutit, en la cause, à écarter le juge récusé et à le remplacer, soit à la suite d'un acquiescement de sa part, soit par l'effet de la décision qui tranche dans débat ni délai la contestation.

[696] Cet article énonce que : « *Tout arbitre peut être récusé s'il existe des circonstances de nature à soulever des doutes sérieux sur son impartialité ou son indépendance* ».

[697] Cette affaire a été enregistrée comme le cas CIRDI n°ARB/08/17.

[698] Il s'agissait du professeur Ibrahim FADLALLAH.

reprochait à cet arbitre de ne pas pouvoir rendre une décision impartiale et objective car il avait déjà été arbitre dans un autre litige le concernant (dans l'affaire *Compagnie d'Exploitation du Chemin de Fer Transgabonais c/ la République gabonaise CIRDI n°ARB/04/5*). Le CIRDI a considéré qu'en l'espèce, le Gabon n'avait pas prouvé de façon manifeste le défaut d'indépendance et d'impartialité de l'arbitre. De la même manière, la Guinée a essayé de faire récuser un arbitre[699] dans le cas *GETMA et autres c/ Guinée*[700] du 28 juin 2012. Dans ce cas, ce pays a demandé la récusation de l'arbitre car un membre de sa famille avait été nommé comme arbitre dans un autre litige relatif à la *GETMA*. En effet, cette société avait déposé une demande d'arbitrage auprès de la CCJA le 10 mai 2011 et nommé comme arbitre le propre frère de l'arbitre mis en cause[701]. Pour la Guinée, la nomination de deux frères dans deux procédures arbitrales parallèles avec les mêmes parties était une « *stratégie délibérée* » de la part de la *GETMA*. Dans ce cas, le CIRDI (les deux autres arbitres restant) a débouté la Guinée car il a estimé que même si la nomination de deux frères est de nature à soulever des questions, les compétences de l'arbitre ne sont pas remises en cause. Au sein du Mercosur, le Venezuela dans l'affaire qui l'a opposé à la société *Tidewater* du 23 décembre 2010[702], a essayé de faire récuser un arbitre qui était présent dans d'autres affaires le mettant en cause. Enfin, l'Argentine dans le cas *Urbaser* du 12 août 2010[703], a voulu faire récuser un universitaire (nommé comme arbitre) qui avait par dans ses publications émis des avis sur les questions à trancher au fond du litige. Pour l'Argentine, cet arbitre avait déjà un jugement tout fait sur le différend. Cette demande de récusation a été rejetée car les autres membres du tribunal arbitral ont considéré que l'arbitre mis en cause avait donné suffisamment de garanties quant son indépendance et son impartialité. Il ressort de l'ensemble de ces décisions du CIRDI que la récusation d'un arbitre par une partie n'est jamais aisée à obtenir. Ces cas soulèvent par ailleurs certaines problématiques relatives au conflit d'intérêt et impliquent, à notre avis, un besoin de renforcer les règles en matière d'éthique dans le corps arbitral[704].

---

[699] Il s'agissait de Bernardo M. CREMADES.

[700] Cette affaire a été enregistrée comme le cas CIRDI n°ARB/11/29.

[701] Il s'agissait de Juan Antonio CREMADES.

[702] Affaire CIRDI n°ARB/10/5 citée par S. MANCIAUX, Chronique des sentences arbitrales, *JDI*, 2011, avril-mai-juin, p. 575 à 578.

[703] *Ibid.,* p. 577.

[704] V. N. G. ZIADÉ, « L'éthique et l'arbitrage en matière d'investissement : grandeur et misère de la fonction d'arbitre », *Revue de l'arbitrage*, 2012, n°2, p. 308 à 332. Dans cet article, l'auteur a classé quatre situations conflictuelles (*issue conflicts*). Premièrement, il existe des hypothèses où l'arbitre aurait agi antérieurement comme conseil dans une affaire où les mêmes parties juridiques étaient posées. Deuxièmement, l'hypothèse où le conseil aurait agi antérieurement comme arbitre dans une affaire où des questions juridiques similaires ont été décidées. Troisièmement, les cas où l'arbitre a siégé précédemment, ou siège de manière concomitante, comme arbitre dans une affaire soulevant des questions de droit ou de fait

406. Sur la question de la récusation le Règlement d'arbitrage de la CCJA semble faire preuve d'une grande souplesse car il prévoit que la demande de récusation peut intervenir si elle est fondée sur une simple « *allégation de défaut d'indépendance ou sur tout autre motif* »[705]. Ce sentiment de trop grande souplesse est tempéré par l'encadrement strict de la procédure de récusation. Effectivement, il revient à la CCJA de statuer sur le bien-fondé du motif de récusation et sur la recevabilité de la demande. Cette institution s'est encore une fois inspirée du Règlement d'arbitrage de la CCI qui prévoit en son article 2.7 que seule la Cour d'arbitrage de la CCI peut se prononcer sur les demandes de récusation sans que cette décision soit susceptible d'appel. La solution retenue par le droit OHADA nous semble plus qu'opportune car la procédure à suivre en cas de récusation est généralement fixée par la loi du pays du siège de l'arbitrage. L'espace OHADA étant composé de plusieurs pays comptant chacun de nombreuses juridictions nationales, il fallait, pour une meilleure lisibilité déterminer une seule juridiction compétente en cette matière. A travers cette disposition, la CCJA centralise ce contentieux et participe pleinement au règlement des litiges en apportant clarification et de l'harmonie dans les solutions. Le droit du Mercosur fait de même car l'article 17 de l'Accord de Buenos de 1998 prévoit qu'en cas de défaut d'accord des parties, les règles qui gouvernent la récusation doivent être celles du Règlement de la CIAC en vigueur au moment de la désignation de l'arbitre.

§ IV. La possibilité d'engager la responsabilité de l'arbitre

407. Même si les textes le reconnaissent rarement[706] et que sa mise en œuvre intervient de façon aussi rare, le principe de la responsabilité de l'arbitre existe bel et bien. Les parties peuvent engager la responsabilité de l'arbitre en cas de manquements graves à l'une de ses obligations comme par exemple le mensonge sur ses qualités, la faute personnelle ou intentionnelle ou encore en cas de dol. Elles peuvent le faire à titre exceptionnel et en dépit de l'immunité qui protège l'arbitre titulaire d'une mission juridictionnelle.

---

similaires. Enfin, les situations où l'arbitre agit de manière concomitante comme conseil ou expert dans une autre affaire soulevant des questions juridiques similaires.

[705] V. l'article 4.2 du Règlement d'arbitrage CCJA prévoit que la demande de récusation est « *introduite par l'envoi au Secrétaire général de la Cour d'une déclaration précisant les faits et circonstances sur lesquels est fondée cette demande. Cette demande doit être envoyée par la partie, à peine de forclusion, soit dans les trente (30) jours suivant la réception par celle-ci de la notification de la nomination ou de la confirmation de l'arbitre par la Cour, soit dans les trente (30) jours suivant la date à laquelle la partie introduisant la récusation a été informée des faits et circonstances qu'elle évoque à l'appui de sa demande de récusation, si cette date est postérieure à la réception de la notification susvisée* ».

[706] En effet, ni la loi type relative à l'arbitrage ni la Règlement d'arbitrage CCI ne font mention de la responsabilité des arbitres. Pourtant ces textes servent de modèle dans le monde entier.

Cette responsabilité puise sa source et toute sa justification dans le lien contractuel qui unit les parties à l'arbitre. Elle est donc civile et principalement contractuelle (**A**). Principalement contractuelle mais pas exclusivement car la responsabilité de l'arbitre peut aussi être engagée à titre délictuel (**B**) comme nous le verrons ci-après. L'arbitre est un prestataire de services à titre onéreux qui doit répondre des agissements contraires à son engagement. Ces cas de responsabilité de l'arbitre peuvent se heurter à l'immunité qui lui est reconnue par les textes relatifs à l'arbitrage (**C**).

A. La responsabilité contractuelle de l'arbitre

408. La responsabilité de l'arbitre a une base civile contractuelle. C'est la raison pour laquelle elle est reconnue et codifiée dans de rares systèmes de droit civil. Nous pouvons citer l'exemple du nouveau Code de procédure civile du Liban de 1983 qui pour les cas de démissions intempestives ou de carence délibérée prévoit que l'arbitre soit condamné à verser des dommages et intérêts[707]. Le Code de procédure civile italien fait de même pour les cas où l'arbitre renonce à sa mission sans justes motifs ou si la sentence a été annulée parce qu'elle n'a pas été rendue dans le délai légal ou conventionnel[708]. Les législateurs de deux États du Mercosur ont mis en place des sanctions patrimoniales en cas de manquement de la part des arbitres. L'article 756 Code national de procédure civile et commerciale de l'Argentine a prévu qu'au cas où un arbitre ne rende pas sa sentence dans le délai imparti, il ne percevra pas sa rémunération. Ce même texte et l'article 1083 du Code de Procédure Civile du Brésil prévoient l'obligation de réparer le préjudice imputable à la négligence d'un arbitre. En l'absence de texte sur cette matière depuis 1960, la jurisprudence française en se basant sur l'article 1142 du Code civil a établi une responsabilité civile de droit commun pour l'arbitre[709].

409. En revanche, dans les systèmes juridiques anglo-saxons dits aussi système de *common law*, la responsabilité civile de l'arbitre est difficile à engager ou est tout simplement écartée. C'est ainsi que le droit de l'arbitrage de l'AAA dans son Règlement international de 1992 excluait la responsabilité de l'arbitre sauf pour des cas de fautes délibérées et intentionnelles dans son article 36[710]. Un an plus tard, dans son Règlement du 1er novembre 1993, ce centre d'arbitrage est revenu sur son article 36 pour finalement se prononcer en faveur d'une irresponsabilité absolue de l'arbitre dans l'exercice de ses fonctions. Il convient de relever que c'est

---

707 Sur cet exemple v. Ph. FOUCHARD, E. GAILLARD, et B. GOLDMAN, *op.cit.*, p. 634.

708 *Ibid.*

709 Selon l'article 1142 du Code civil « *Toute obligation de faire ou de ne pas faire se résout en dommages et intérêts en cas d'inexécution de la part du débiteur* ». V. C. Cass. 2e civ. 29 janvier 1960, *Sté Veuve J. Houdet et fils*, *Revue de l'arbitrage*, 1960, p. 121.

710 V. F. JOLY, *op.cit.*, p. 426.

dans ces mêmes États anglo-saxons que l'arbitre jouit d'une très grande, voire d'une totale immunité. Le droit OHADA semble être assez proche de la conception anglo-saxonne de la responsabilité de l'arbitre avec l'immunité diplomatique accordée aux arbitres de la CCJA. En effet, cette immunité les protège contre toutes les actions civiles et pénales pouvant intervenir après le prononcé de la sentence. Le droit de l'arbitrage OHADA se trouve ainsi moins isolé quant au fort degré de protection accordé à ses arbitres. Pourtant, cette protection soulève déjà des interrogations et des réticences au sein de la doctrine comme nous le verrons ci-dessus. A notre sens, elle va surtout inévitablement se heurter à la conception civiliste de la responsabilité qui prédomine dans l'espace OHADA.

410. Une autre forme de responsabilité contractuelle pèse constamment sur les épaules de l'arbitre. Le contrat d'arbitrage étant un contrat synallagmatique à titre onéreux, en cas d'inexécution ou de mauvaise exécution d'une obligation de l'arbitre, les parties peuvent en quelque sorte engager sa responsabilité pécuniaire. En invoquant *l'exeptio non adimpleti contractus*, une exception d'inexécution, qui est une règle de droit commun des contrats, elles peuvent faire une demande de réduction, de suspension ou de restitution des honoraires de l'arbitre. En cas de manquement à l'une de ces obligations, l'arbitre s'expose aussi à des sanctions provenant de son centre d'arbitrage. Certains centres sanctionnent l'arbitre défaillant en l'excluant de la liste des arbitres habilités par le centre d'arbitrage. Cette sanction purement disciplinaire a pour bénéfice de « *marquer au fer rouge* » l'arbitre indélicat. Le cercle des arbitres étant en réalité très restreint, il va inévitablement en subir les conséquences pour les affaires à venir. Il pèse sur les épaules de l'arbitre le poids de la profession.

411. Certes, l'arbitre doit en très grande partie sa carrière à ses compétences mais il la doit aussi et surtout à sa réputation. C'est cette dernière qui lui confère du crédit auprès des parties et des centres d'arbitrage. C'est dans ce sens que Serge LAZAREFF a pu écrire que « *le comportement de l'arbitre est pesé, estimé, jugé par un cercle relativement restreint, ses pairs. L'arbitre vit et survit de sa réputation et telle est la raison pour laquelle il est tant attentif à toute critique* »[711]. Il existe une autre forme de responsabilité pour les arbitres : la responsabilité civile délictuelle.

B. La responsabilité délictuelle de l'arbitre

412. La responsabilité civile délictuelle de l'arbitre peut être engagée s'il se rend coupable d'une faute en dehors du contrat qui le lie aux parties. Il peut s'agir d'un manquement à l'obligation de révélation qui est une obligation précontractuelle dans les cas où elle est encadrée par les centres d'arbitrage. Elle ne devient contractuelle qu'en cours d'instance et avec la

[711] V. S. LAZAREFF, *op.cit.,* p. 177.

survenance de faits nouveaux devant être divulgués aux parties. Ainsi, si un arbitre occulte à l'une des parties des liens qui l'unissent aux litigants ou à d'autres intervenants de l'instance arbitrale, il peut voir sa responsabilité engagée devant les tribunaux nationaux. Sur ce point, la jurisprudence française est constante et sanctionne régulièrement des arbitres qui contreviennent à leur obligation d'information. Nous pouvons citer l'affaire *L'Oréal* où l'arbitre avait occulté qu'il avait déjà entretenu un lien financier avec l'une des parties au différend[712]. Comme ce lien était antérieur à la désignation de l'arbitre, celui-ci a été condamné sur le fondement de l'article 1382 du Code civil français[713]. Partant de là, si l'arbitre est impliqué dans une activité de corruption active et passive ou encore d'escroquerie, sa responsabilité pénale peut être fort logiquement engagée. En réalité même si les actions contre les arbitres sont en pleine croissance elles restent toujours marginales car les arbitres font en sorte que leur comportement soit apprécié par l'ensemble du milieu. De plus, les centres d'arbitrage accordent aux arbitres des protections ou des immunités qui rendent difficile la possibilité d'engager la responsabilité de l'arbitre.

C. Les immunités reconnues à l'arbitre

413. Parce que l'arbitre a une fonction juridictionnelle, il est souhaitable qu'il bénéficie de garanties comparables à celles que les systèmes juridiques accordent au juge étatique. A cet effet, en matière arbitrale, l'immunité est très largement reconnue à l'arbitre en droit comparé de l'arbitrage[714]. Cependant, elle n'empêche pas la possibilité d'engager la responsabilité de l'arbitre de diverses façons. Face à cet éventail d'actions en responsabilité, les centres d'arbitrage ont tenu à protéger les arbitres et par là même se protéger en édictant des clauses limitatives de responsabilité. A titre d'exemple, le Règlement d'arbitrage de la CCI de 2012 dans son article 40 dispose que les arbitres, la Cour, ses membres ainsi que la CCI seront irresponsables « *pour tout fait, acte ou omission en relation avec l'arbitrage* »[715]. La rédaction de cette clause limitative de responsabilité semble conduire à une irresponsabilité totale de la CCI et des arbitres qu'elle

---

[712] L'arbitre unique désigné par les parties avait été consultant financier du groupe *L'Oréal* pendant les trois années qui avaient précédé l'instance arbitrale dans laquelle cette firme était partie. Sur cette affaire v. *Revue de l'arbitrage*, 1996, p. 483.

[713] L'article 1382 du code civil français dispose que « *Tout fait quelconque de l'homme, qui cause à autrui un dommage, oblige celui par la faute duquel il est arrivé à le réparer* ».

[714] V. sur l'immunité des arbitres v. Ph. FOUCHARD, E. GAILLARD, et B. GOLDMAN, *op.cit.,* p. 604 et s.

[715] Déjà l'article 34 du Règlement d'arbitrage de la CCI de 1998 qui disposait que : « *Ni les arbitres, ni la Cour ou ses membres, ni la Chambre de commerce internationale ou son personnel, ni les comités nationaux de la Chambre de commerce internationale, ne sont responsables envers quiconque de tout fait, acte ou omission en relation avec un arbitrage* ». L'article 40 du Règlement de la CCI 2012 a repris quasiment à l'identique cet article.

propose. L'étendue de cette clause nous paraît être fort excessif car trop général. La CCI accorde une immunité absolue à ses membres et aux arbitres. Elle ne prend pas en compte les cas de fautes intentionnelles ou de dol de la part des arbitres. Les conséquences de cet article peuvent être dommageables pour la CCI si les arbitres ou ses membres se servent systématiquement de cet article comme bouclier.

414. Dans ce même registre d'irresponsabilité générale, nous retrouvons le Règlement d'arbitrage de la CCJA. En effet, l'article 49 du Traité OHADA accorde l'immunité diplomatique aux arbitres nommés par la CCJA[716], ce qui constitue en soit un cas très rare. Le droit de l'arbitrage CCJA se singularise à nouveau car le niveau de cette protection est particulièrement élevé, puisqu'elle est pleine et entière (immunité de juridiction civile et pénale). D'ailleurs, la Convention de Vienne du 18 avril 1961 sur les relations diplomatiques[717] est consacrée à ce type d'immunité.

415. L'explication d'une telle solution est à rechercher dans le fait que l'OHADA est une personne morale de droit international qui jouit elle-même de l'immunité diplomatique pour être autonome face aux États. L'OHADA, a étendu la protection diplomatique dont elle bénéficie aux arbitres qu'elle nomme, comme la plupart des organisations internationales le font pour leur personnel. Pour mieux comprendre cela il faut revenir sur le fait que la personnalité juridique internationale a été reconnue aux organisations internationales suite à l'avis consultatif de la Cour internationale de justice (CIJ) rendu en 1949 à propos d'une demande de l'Assemblée générale des Nations Unies formulée le 3 décembre 1948[718]. Cette dernière voulait savoir si l'ONU possédait la capacité de présenter une réclamation internationale contre un État, pour le compte de ses agents, en particulier le *comte Bernadotte*, médiateur des Nations Unies en Palestine, assassiné dans l'exercice de ses fonctions. S'appuyant sur la permanence de l'ONU et sur certains éléments de sa structure, la CIJ a établi que l'ONU disposait bien de la personnalité juridique en se basant sur sa mission internationale (maintenir la paix et la sécurité internationale, développer les relations internationales entre les nations, réaliser la coopération internationale dans l'ordre économique, intellectuel et humanitaire) et que pour l'accomplissement de

---

716 La CCJA par une décision n° 02/2002 du 10 mars 2002, a établi une liste de 72 arbitres. Cette liste est composée d'arbitres de diverses nationalités. Sur cette liste v. *Penant* n° 843, 2003.

717 V. P.-M. DUPUY, *Les grands textes de droit international public*, Dalloz, 2006, p. 45. v. notamment article 31 : « *1. L'agent diplomatique jouit de l'immunité de la juridiction pénale de l'État accréditaire. Il jouit également de l'immunité de sa juridiction civile et administrative, sauf s'il s'agit:... 2. L'agent diplomatique n'est pas obligé de donner son témoignage. 3. Aucune mesure d'exécution ne peut être prise à l'égard de l'agent diplomatique, sauf dans les cas prévus aux al. a, b, et c du par. 1 du présent article, et pourvu que l'exécution puisse se faire sans qu'il soit porté atteinte à l'inviolabilité de sa personne ou de sa demeure …* »

718 Sur cet avis v. P. DAILLIER, M. FORTEAU et A. PELLET, *op.cit.*, p. 661.

ces missions, l'organisation devait bénéficier de la personnalité internationale mais aussi de privilèges et d'immunités destinés à garantir le respect de leur personnalité juridique. Immunités et privilèges qui peuvent être étendus aux personnels des organisations internationales. Ce raisonnement a été transposé aux autres organisations internationales car toutes ont des missions qui nécessitent une capacité d'action autonome.

416. L'extension de l'immunité diplomatique aux arbitres nommés par la CCJA semble mettre plus l'accent sur la personne de l'arbitre que sur sa fonction et a d'importantes et regrettables conséquences. Tout d'abord, elle opère une distinction considérable entre les arbitres nommés par la CCJA et ceux qui sont désignés par les parties. Ensuite, la CCJA en tant que centre d'arbitrage peut commettre des fautes qui ne seront pas poursuivies. De même, l'arbitre nommé par la CCJA qui commettrait des erreurs dans l'exercice de ses fonctions ne pourrait pas être poursuivi. Toute action en responsabilité contre ces arbitres buterait sur une fin de non-recevoir du fait de l'immunité dont ils bénéficient. Ce droit de l'arbitrage n'est pas le seul à reconnaître une immunité apparemment totale aux arbitres. Aux États-Unis, plusieurs lois d'États fédérés et une jurisprudence abondante, remontant à 1884, écartent la responsabilité civile des arbitres ainsi que celle des institutions d'arbitrage, pour tous les actes accomplis en qualité d'arbitre. La phrase : « *Arbitrators may act wiht impunity for they there is favored community* »[719], traduit parfaitement cet état de fait.

417. Selon nous, la conséquence directe de l'article 49 Traité OHADA sera de provoquer la méfiance des opérateurs économiques vis-à-vis de ce système d'arbitrage. Si des limites précises à l'immunité de l'arbitre ne sont pas fixées, les investisseurs risquent d'hésiter avant de recourir à l'arbitrage OHADA. L'immunité de l'arbitre doit avoir des limites. Il est tout à fait raisonnable et logique de faire peser sur l'arbitre les conséquences dommageables de ses fautes ou de le rendre responsable des fautes intentionnelles commises dans le cadre de son action. D'ailleurs, en droit comparé de l'arbitrage international, les cas de limite à l'immunité de l'arbitre sont la faute intentionnelle et tout comportement dolosif et frauduleux. Même la jurisprudence américaine, présentée plus haut comme favorable à une immunité absolue de l'arbitre en matière civile, exclut de celle-ci les cas de fraude ou d'intention de nuire[720]. Par conséquent, une annulation pure et simple de cette immunité est souhaitable. Entre temps, pour contrer l'immunité diplomatique du système d'arbitrage CCJA, les

---

[719] Sur cette citation v. A. TWEEDDALE et K. TWEEDDALE, *Arbitration of commercial disputes, International and English Law and Practice*, édition OXFORD, 2005, p. 147.Traduction : « *Les arbitres peuvent agir en toute impunité car ils représentent une communauté favorisée* ».

[720] V. en ce sens la jurisprudence *Lugren c/ Freeman,* US Court of Appeals, 9th. Cir. 307 F. 2d 104, (1962), cité par Ph. FOUCHARD, E. GAILLARD, et B. GOLDMAN, *op.cit.* p. 610.

parties disposent comme dans la grande majorité des textes sur l'arbitrage, de la possibilité de récuser l'arbitre (article 4 Règlement d'arbitrage CCJA).

418. D'autres centres d'arbitrage se démarquent en consacrant des immunités moins étendues pour les arbitres. C'est le cas du Règlement d'arbitrage de l'AAA qui contient une clause limitative de responsabilité moins étendue. Son article 36 précise que la clause limitative de responsabilité ne couvre pas les fautes intentionnelles des arbitres.

419. Malgré la présence des clauses limitatives de responsabilité dans les textes internationaux relatifs à l'arbitrage, nous devons souligner le fait que leur validité est très largement contestée dans la doctrine[721]. D'ailleurs, la Cour D'appel de Paris s'est prononcée pour la nullité de ce type de clause dans une affaire qui opposait la société *CUBIC* à la CCI[722]. Elle a rappelé que malgré la présence de l'article 34, il est possible d'engager la responsabilité de la CCI. Nous osons espérer que cette solution jurisprudentielle va s'appliquer et être reprise par les juges de l'espace OHADA et du Mercosur ainsi qu'à l'ensemble des centres d'arbitrage pour donner plus de crédibilité à l'arbitrage. Il est normal que les membres des centres d'arbitrage et les arbitres soient reconnus responsables en cas de faute. En réalité, même si les actions contre les arbitres sont en pleine croissance elles restent toujours très marginales car les arbitres font en sorte que leur comportement soit apprécié par l'ensemble du milieu. Il pèse sur les épaules de l'arbitre le poids de la profession. Certes, l'arbitre doit en très grande partie sa carrière à ses compétences mais il la doit aussi et surtout à sa réputation.

CONCLUSION DU CHAPITRE I

420. L'insécurité judiciaire en Amérique Latine et en Afrique a poussé les acteurs du commerce international à rechercher d'autres juges que les juges étatiques pour le règlement des différends à caractère commercial et international. Les législateurs de l'OHADA et du Mercosur, ont répondu à cette attente en décidant de placer l'arbitre au cœur du contentieux du commerce international. De ce fait, l'arbitre participe entièrement à la recherche de la sécurité judiciaire dans l'OHADA et dans le Mercosur. Tout d'abord cela est possible, grâce aux conditions qui entourent sa désignation. Ensuite, une fois la désignation intervenue, il pèse sur l'arbitre tout un *corpus* d'obligations et devoirs qui permettent aux parties de contrôler tout le long de l'instance arbitrale son degré d'éthique et surtout son action en vue de trouver une solution au différend qui lui est soumis.

---

[721] *Ibid.*

[722] V. l'arrêt *Société Cubic Defense Systems Inc. c/ CCI*, Cour d'Appel de Paris 1ère Chambre, 15 septembre 1998, *Revue de l'arbitrage*, 1999, n° 1. p. 103 à 120, avec une note de P. LALIVE.

421. Pour autant, il est fondamental que l'arbitrage réussisse à faire face à trois défis : le renouvellement des arbitres, le coût de l'arbitrage et enfin atténuer la « *commercialisation* » de l'arbitrage. Le renouvellement des arbitres est essentiel pour l'avenir de cette institution. Les jeunes juristes peuvent lui apporter un nouveau souffle et diverses compétences. Le deuxième chantier doit être celui du coût de l'arbitrage notamment dans les pays en développement. Les centres d'arbitrages africains et latino-américains doivent pouvoir offrir des services aux PME. L'arbitrage ne doit pas être réservé qu'aux grands groupes internationaux. Une solution pourrait venir de la vulgarisation du recours à l'arbitrage en ligne[723] (désigné aussi comme le *cyber-arbitrage*) qui se déroule en utilisant des moyens électroniques pour conduire la procédure. Cette forme d'arbitrage est soumise aux mêmes exigences que l'arbitrage matériel et a l'avantage d'être relativement moins coûteuse puisqu'elle ne nécessite pas de déplacements du tribunal arbitral et des parties. Sur ce point nous pouvons rappeler que la loi type de la CNUDCI, après les amendements intervenus en 2006, a consacré cette forme d'arbitrage dans son article 7 4) relatif à la forme et à la définition de la convention d'arbitrage[724].

422. Enfin, il nous semble essentiel que le monde de l'arbitrage puisse faire son autocritique pour mettre fin aux dérives. Ainsi, les centres d'arbitrages doivent se pencher sur la question de la « *commercialisation* » de l'arbitrage et réussir à trouver des mesures efficaces de régulation et de contrôle de l'activité des arbitres. Cette pensée est partagée par Nassib ZIADÉ qui est l'ancien Secrétaire général adjoint du CIRDI[725].

---

723 Sur l'arbitrage en ligne v. L. MOATTI-NEUR, « Justice en ligne, justice de demain ? », *Petites affiches*, 5 décembre 2001, n°242, p. 7 à 12.

724 Cet article dispose qu' : « *Une communication électronique satisfait à l'exigence de forme écrite imposée pour la convention d'arbitrage si l'information qu'elle contient est accessible pour être consultée ultérieurement; le terme "communication électronique" désigne toute communication que les parties effectuent au moyen de messages de données; le terme "message de données" désigne l'information créée, envoyée, reçue ou conservée par des moyens électroniques, magnétiques ou optiques ou des moyens analogues, notamment, mais non exclusivement, l'échange de données informatisées (EDI), la messagerie électronique, le télégraphe, le télex ou la télécopie.* »

725 V. N. G. ZIADÉ, *op.cit.*, p. 329 où l'auteur a pu écrire que : « *Les temps changent rapidement et les mœurs évoluent au fil du temps. L'éthique n'est guère une notion statique mais varie constamment. Certaines pratiques arbitrales qui étaient considérées depuis une vingtaine d'années, sinon éthiques, du moins agréées sont aujourd'hui inadaptées ou résolument inacceptables.* ». La thématique sur la morale et l'éthique dans l'arbitrage est d'actualité comme le montre la publication récente de l'ouvrage *L'éthique dans l'arbitrage (sous la direction de G. KEUTGEN)*, actes du colloque de Francarbi du 9 décembre 2011, Bruxelles, Bruylant, 2012.

CHAPITRE II

L'arbitrage un facteur de développement de la sécurité judiciaire au sein de l'OHADA et du Mercosur

423. Il est vrai que dans les États du Mercosur et dans ceux de l'OHADA, le recours à l'arbitre pallie le manque de confiance envers juges étatiques principalement dans la sphère du commerce international. Pour autant, nous ne devons pas complètement opposer ces deux acteurs. Juge et arbitre ne sont pas des adversaires. Et pour cause, l'arbitre n'a pas vocation à remplacer le juge définitivement et dans tous les domaines. D'abord, parce que le juge étatique dispose d'une compétence étatique régalienne et que l'arbitre n'a pas d'*imperium*. Ensuite, parce que l'arbitre ne peut agir qu'en fonction du mandat qui lui a été donné par les parties et sur des matières bien précises. Son action a ainsi pour limite la convention d'arbitrage. Enfin, dans la pratique, même si nous devons admettre que nous sommes d'abord passés par des phases de *soupçonneuse antinomie* (au XIXe siècle) puis par une *collaboration hésitante*[726], aujourd'hui il existe en réalité une étroite et franche collaboration entre le juge et l'arbitre. En effet, s'il est vrai que la convention d'arbitrage dessaisit le juge étatique du litige, il est communément admis que ce dernier peut être appelé à intervenir, à divers égards, dans la procédure arbitrale, ou encore après le prononcé de la sentence. Cette intervention fait du juge un maillon essentiel dans le déroulement de la procédure arbitrale. L'intervention ou la participation active du juge étatique à l'instance arbitrale à de nombreux effets bénéfiques sur la sécurité judiciaire. L'arbitrage permet l'extension de la sphère de compétence du juge étatique. En effet, longtemps cantonné à l'interprétation du droit national, l'arbitrage permet au juge national de rentrer de plain-pied dans la mondialisation et d'y jouer un rôle actif en côtoyant des droits étrangers et des techniques différentes[727].

---

[726] Selon les expressions de J. ROBERT, « Le juge et l'arbitrage », *Revue de l'arbitrage,* 1980, p. 233.

[727] Sur ce point v. J. ALLARD et A. GARAPON, *Les juges et la mondialisation, la nouvelle révolution du droit*, Paris, Seuil, 2005. p. 5 à 10.

424. De même, la participation du juge à l'arbitrage l'oblige à se soumettre au haut degré d'exigences du commerce international. Lorsque le juge étatique intervient dans une instance arbitrale, il est confronté aux exigences de célérité, de transparence et à toute la rigueur que ces affaires, parfois complexes, commandent. Comme par effet de vases communicants sa compétence est inévitablement tirée vers le haut car il est tenu de se mettre au niveau des qualités de l'arbitre. Enfin, cette collaboration permet d'établir un réel dialogue entre le juge et l'arbitre. Partant de là, l'arbitrage contribue au développement des États de l'OHADA et du Mercosur. Il constitue un outil de fiabilisation et d'amélioration des systèmes judiciaires à travers l'intervention du juge ou plutôt son assistance à l'instance arbitrale (**Section I**) mais aussi par le contrôle que ce même juge exerce sur la sentence arbitrale (**Section II**).

SECTION I. L'AMÉLIORATION DE LA SÉCURITÉ JUDICIAIRE À TRAVERS L'ASSISTANCE DU JUGE ÉTATIQUE À L'INSTANCE ARBITRALE

425. Affirmer que l'arbitre est le juge naturel du commerce international[728] tend à laisser croire que le juge étatique ne joue aucun rôle dans cette matière. D'ailleurs, le premier effet d'un compromis ou d'une clause compromissoire n'est-il pas de dessaisir les tribunaux de droit commun de l'affaire ?[729]

426. Pourtant, force est de remarquer que le juge entretient des liens très étroits avec la procédure arbitrale. Par son intervention à l'instance arbitrale, le juge étatique joue plusieurs rôles. Tout d'abord, nous voyons dans cette intervention du juge étatique à l'instance arbitrale un élément indirect d'amélioration de ses compétences notamment dans le Mercosur et dans l'OHADA. En apportant son soutien dans une instance arbitrale internationale le juge national doit se montrer rapide, capable d'utiliser le

[728] Sur cette expression v. A. COURT de FONTMICHEL, *L'arbitrage, le juge et les pratiques illicites du commerce international*, Paris, éd. Panthéon-Assas, 2004, p. 29.

[729] La règle du dessaisissement en face d'une clause d'arbitrage est respectée par les juges étatiques dans de nombreux États de l'OHADA. Par exemple, en Côte d'Ivoire par la Cour d'Appel d'Abidjan à travers un arrêt n° 1032 du 30 juillet 2002, *SCI Les Tisserins c/ Dame Coste*. Dans cette affaire, la Cour d'Appel a explicitement rappelé que « *la clause compromissoire insérée dans un contrat conclu entre deux non commerçants est valable. Du fait de l'existence de cette clause, les juridictions étatiques ne peuvent connaître des litiges résultant de ce contrat* ». Au Burkina Faso le TGI de Ouagadougou, par le Jugement n° 416/2005 du 28 septembre 2005, sur l'affaire *La société Sahel Compagnie (SOSACO) c/ Madame KABORE Henriette*, a confirmé que « *Conformément à l'article 13 AUA, tout tribunal national saisi d'un litige que les parties étaient convenues de soumettre à l'arbitrage, doit se déclarer incompétent si l'une des parties le demande... Dans le cas où le tribunal arbitral n'est pas encore saisi, le tribunal national doit également se déclarer incompétente à moins que la clause d'arbitrage ne soit manifestement nulle* ». Il en est de même au Cameroun v. jugement du TGI de la Mifi, n°79/civ. du 1er août 2006, dans affaire *Commercial Bank of Cameroon (CBC) c/ Kenmogne Nzudie Ebénezer.*

droit étranger et parfois capable de comprendre une langue étrangère. En somme, il doit se montrer tout aussi qualifié que l'arbitre qu'il a en face de lui. Ensuite, à travers cette intervention du juge étatique dans un arbitrage, il s'est s'installé une véritable et indispensable relation d'assistance à l'arbitrage. Cette assistance du juge étatique dans l'arbitrage peut s'avérer nécessaire dès le début de l'instance arbitrale (**§I**) ou comme c'est plus souvent le cas pendant l'instance arbitrale (**§II**).

§ I. La nécessaire assistance du juge étatique avant le début de l'instance arbitrale

427. L'assistance ou l'intervention du juge étatique à l'instance arbitrale répond à de nombreux besoins. Ces besoins peuvent apparaître dès le début d'une instance arbitrale. Il peut s'agir de besoins fondamentaux comme ceux relatifs à la composition du tribunal arbitral (**A**) ou pour des aspects qui touchent à la convention d'arbitrage (**B**).

A. L'assistance du juge étatique à la composition du tribunal arbitral

428. Dans son rôle de collaborateur à l'instance arbitrale le juge est déterminant. Effectivement, il peut intervenir pour aider à constituer le tribunal arbitral (**1**) mais aussi pour le décomposer en participant à la procédure de récusation d'un arbitre (**2**).

1. L'intervention du juge étatique dans la constitution du tribunal arbitral

429. En principe les parties à un arbitrage doivent désigner elles-mêmes leur arbitre mais dans de rares cas elles peuvent être confrontées à un blocage dans la composition du tribunal arbitral, soit parce que les parties ne trouvent pas un accord sur la ou les personnes qui peuvent être nommées ou parce que l'arbitre est désigné hors délai (il arrive que la partie défenderesse tarde ou refuse de coopérer à la nomination de l'arbitre), soit parce que la convention d'arbitrage n'est pas claire ou est tout simplement silencieuse ou lacunaire sur ce point. Face à ces situations, le juge étatique peut voler au secours de l'instance arbitrale. Même si la célèbre sentence arbitrale *Sapphire c/ National Iranian Oil Company* rendue le 15 mars 1963[730] a soulevé des difficultés liées à la contestation de la désignation d'un arbitre par un juge étranger, aujourd'hui, il est communément admis dans la pratique arbitrale et de façon constante que le juge collabore à cette étape. C'est par exemple ce qui est prévu dans l'arbitrage OHADA, où au terme de l'article 5 de l'AUA[731], il est prévu que le juge national intervienne pour

[730] Sur cette affaire v. *Annuaire suisse de droit international*, 1962, p. 273 et s.

[731] Article 5 AUA prévoit que « ... *A défaut d'une telle convention d'arbitrage ou si la convention est insuffisante : a) en cas d'arbitrage par trois arbitres, chaque partie nomme un*

résoudre la question de la désignation des arbitres. Cette disposition salutaire agit comme une véritable « *soupape de sûreté* »[732] pour toute l'instance arbitrale car la mauvaise composition du tribunal arbitral peut entraîner la nullité de la sentence arbitrale. Cette disposition est tout aussi salutaire pour le juge étatique de l'espace OHADA qui se retrouve aux premières loges. En aidant cette procédure à bien démarrer, le juge devient une pièce essentielle et intégrante du rouage de l'arbitrage. L'article 5 AUA est une preuve du fait que sur certains points le juge étatique africain, qui est souvent décrié, peut être digne de confiance.

430. Pour autant, pour que cette intervention soit efficace, il faut savoir à quel juge s'adresser. Or cette disposition ne précise pas de façon explicite et uniforme le juge localement compétent. La désignation du juge localement compétent s'effectue au cas par cas, selon le droit de chaque État membre, donc sans uniformité. Dans certains États membres, les législations antérieures à l'AUA avaient désigné expressément ou implicitement le juge compétent pour fournir assistance à la constitution du tribunal arbitral[733]. Dans les autres pays, il faut encore attendre que le législateur se saisisse de cette question ou que les États imitent ceux qui ont opéré une désignation à travers des textes déjà existants. Toujours est-il que nous émettons le souhait que cette désignation se fasse en faveur d'un juge capable de statuer de façon rapide, par exemple à travers la procédure des référés.

431. Sur la question de l'intervention du juge étatique à la composition du tribunal arbitral, le droit de l'arbitrage du Mercosur est en recul par rapport au droit OHADA car aucune règle n'est prévue à cet effet, ni dans les traités et accords ni dans les différents Protocoles. Il faut se tourner vers le droit interne des États membres pour obtenir des réponses. La loi brésilienne relative à l'arbitrage de 1996 nous en donne une illustration. Elle prévoit dans son article 7 § 4 que si les parties n'arrivent pas à un accord sur la désignation du ou des arbitres, c'est le devoir du juge, après avoir entendu les parties, de procéder à cette désignation. Le droit du Mercosur doit opérer

---

arbitre et les deux arbitres ainsi nommés choisissent le troisième arbitre ; si une partie ne nomme pas un arbitre dans un délai de trente jours à compter de la réception d'une demande à cette fin émanant de l'autre partie, ou si les deux arbitres ne s'accordent pas sur le choix du troisième arbitre dans un délai de trente jours à compter de leur désignation, la nomination est effectuée, sur la demande d'une partie, par le juge compétent dans l'État -partie ; b) en cas d'arbitrage par un arbitre unique, si les parties ne peuvent s'accorder sur le choix de l'arbitre, celui-ci est nommé, sur la demande d'une partie, par le juge compétent dans l'État -partie. ».

[732] Sur cette expression v. P. SANDERS « L'intervention du juge dans la procédure arbitrale (de la clause compromissoire à la sentence) », *Revue de l'arbitrage*, 1980, p. 246.

[733] Le juge compétent a été désigné de manière expresse en Côte d'Ivoire à travers la loi 93-671 du 9 août 1993 relative à l'arbitrage et au Sénégal par le décret 98-492 du juin 1998 relatif à l'arbitrage interne et international. Ce juge a été désigné de manière implicite au Cameroun par l'article 590 du Code de procédure civile et au Togo par l'article 283 du Code de procédure civile. Dans les États qui ne s'étaient pas dotés de législation sur l'arbitrage, il appartiendra au législateur de désigner le juge compétent.

une réforme de ses textes pour uniformiser ce type de règles car d'un pays à l'autre les procédures peuvent changer. Dans d'autres hypothèses, si les parties le lui demandent, le juge doit agir dans le sens contraire car il peut participer à la décomposition du tribunal arbitral à travers la procédure de récusation de l'arbitre.

2. L'intervention du juge étatique dans la récusation de l'arbitre

432. Si des faits étant de nature à porter atteinte aux exigences d'indépendance et d'impartialité de l'arbitre sont découverts après sa nomination et avant le début de l'instance, une partie peut demander au juge étatique son soutien pour obtenir la récusation d'un arbitre. C'est ce qui ressort de l'article 7 alinéa 3 AUA[734]. Conformément aux dispositions de cet article, en cas de récusation d'un arbitre par l'une des parties, le juge compétent dans l'État -partie statue sur la récusation lorsque les parties n'ont pas réglé la procédure de récusation. Le juge étatique intervient comme une autorité de contrôle de l'arbitre. Cette intervention permet de purger en amont l'instance arbitrale d'une irrégularité majeure qui pourra s'avérer très dommageable par la suite. C'est dans ce sens que nous partageons la vision de José Carlos FERNÁNDEZ ROZAS lorsqu'il a pu dire que : « *La possibilité du juge national d'apprécier les cas de partialité arbitrale ou de manquement aux principes essentiels d'un système juridique concerné est légitime, et apporte une bonne dose de sécurité juridique.* »[735]. Ce faisant, le juge étatique participe de plain-pied à la recherche de la sécurité judiciaire tant voulue en Afrique en aidant à écarter les arbitres que se sont montrés indélicats. Cependant, nous devons noter à ce stade qu'encore une fois le juge, localement compétent n'est pas explicitement et uniformément désigné. La détermination va se faire dans chaque État membre avec les écueils qu'une telle technique peut engendrer. Il faut aussi noter que le droit du Mercosur est encore une fois silencieux sur cette question.

433. Dans les deux cas de figure que nous venons de décrire, nous nous rendons bien compte du fait qu'avant que l'instance arbitrale ne débute à proprement parler, le juge national n'est sollicité que si les parties ont été défaillantes ou si elles n'arrivent pas à se mettre d'accord. Cette réalité fait du juge étatique, en quelque sorte, un « *collaborateur par défaut* » à l'instance arbitrale. A cette idée nous pouvons répondre que le juge peut être certes vu comme un « *collaborateur par défaut* », mais qu'il joue un rôle indispensable en contrôlant de plus près l'acte qui donne habilitation aux arbitres de trancher un litige, c'est-à-dire la convention d'arbitrage.

---

[734] V. l'article 7 alinéa 3 AUA qui énonce qu' : « … *En cas de litige, et si les parties n'ont pas réglé la procédure de récusation, le juge compétent dans l'État -partie statue sur la récusation. Sa décision n'est susceptible d'aucun recours.* »

[735] V. J. C. FERNÁNDEZ ROZAS, « Le rôle du juge étatique dans devant l'arbitrage commercial international », *op.cit.*, p. 207.

B. L'assistance du juge étatique au contrôle de la convention d'arbitrage

434. Nous venons de le voir, en participant à la composition du tribunal arbitral, le juge national devient un acteur principal dans le déroulement de l'arbitrage. Il le devient encore plus quand il est invité à contrôler la validité de la convention d'arbitrage. Lorsque cela lui est demandé, il peut soit opérer un contrôle de la validité de la forme de la convention d'arbitrage (**1**), soit effectuer un contrôle de la validité des éléments contenus dans ce document, donc un contrôle de la validité au fond (**2**).

1. Le contrôle par le juge de la validité formelle de la convention d'arbitrage

435. Lorsque le juge national est face à une convention d'arbitrage, c'est parce qu'il existe un désaccord assez profond entre les parties sur la nature ou l'existence même de l'engagement arbitral. Une partie peut refuser de participer à l'instance car elle peut estimer que cet accord n'existe pas ou qu'elle n'a pas valablement consenti à l'arbitrage. Pour résoudre ce type de différend, le juge étatique est appelé en renfort pour vérifier l'existence formelle de l'engagement des parties en faveur de l'arbitrage. Plus concrètement, le juge doit contrôler que l'acte qui instaure l'arbitrage (un contrat par exemple) est écrit (**a**) et signé par les parties (**b**).

a. Le contrôle par le juge du caractère écrit de la convention d'arbitrage

436. Le contrôle du caractère écrit de l'engagement arbitral est assez facile à effectuer par le juge étatique, d'autant plus que la forme écrite est couramment souhaitée ou exigée dans les textes relatifs à l'arbitrage. A titre d'exemple, nous pouvons citer l'article 7 alinéas 2 de la loi type de la CNUDCI[736]. Cet article, qui est remarquable dans sa rédaction, ne se contente pas de préciser que la convention d'arbitrage doit avoir la forme écrite, il énumère tout ce qu'il entend par « forme écrite ». Nous trouvons que cette rédaction est très habile car elle permet d'englober plusieurs cas de figure. Le juge dispose d'une liste assez large de documents pour vérifier si la convention d'arbitrage existe ou si elle a été bel et bien écrite.

---

[736] Article 7 alinéa 2 dispose que « *La convention d'arbitrage doit se présenter sous forme écrite. Une convention est sous forme écrite si elle est consignée dans un document signé par les parties ou dans un échange de lettres, de communications télex, de télégrammes ou de tout autre moyen de télécommunications qui en atteste l'existence, ou encore dans l'échange d'une conclusion en demande et d'une conclusion en réponse dans lequel l'existence d'une telle convention est alléguée par une partie et n'est pas contestée par l'autre. La référence dans un contrat à un document contenant une clause compromissoire vaut convention d'arbitrage, à condition que ledit contrat soit sous forme écrite et que la référence soit telle qu'elle fasse de la clause une partie du contrat.* ».

437. Le droit OHADA précise aussi que la convention d'arbitrage doit être écrite à travers l'article 3 AUA[737]. Même si cet article est beaucoup moins précis que l'article 7 alinéa 2 de la loi type de la CNUDCI, il permet tout aussi bien de prendre en compte de nombreux cas de figures, surtout, parce qu'il habilite le juge à rechercher par « *tout autre moyen* » que l'écrit la preuve de l'existence de la convention d'arbitrage. Par conséquent, dans le système d'arbitrage OHADA la convention d'arbitrage n'a pas besoin d'être matérialisée par l'écrit. Pour être valable, elle peut être écrite ou orale, expresse ou tacite, directe ou par référence. A ce stade, nous devons relever qu'au-delà du fait qu'elle nous paraît risquée voire absurde, la possibilité de valider une convention d'arbitrage passée à l'oral va inévitablement soulever des difficultés, tout d'abord, parce que la preuve d'un engagement tenu à l'oral n'est pas facile à établir, ensuite, parce que pour obtenir la reconnaissance ou l'exécution d'une sentence, certains textes exigent l'original de la convention d'arbitrage. Parmi ces textes, figure justement la Convention de New York de 1958 (article IV) qui a été ratifiée par de nombreux États de l'OHADA. La convention d'arbitrage passée à l'oral risque donc d'être confrontée à des difficultés au niveau probatoire mais aussi des difficultés dans sa reconnaissance et dans son exécution.

438. Pour ce qui est des États du Mercosur, il faut se référer au droit interne des pays membres pour trouver des indications sur la forme de la convention d'arbitrage. L'écrit est une condition stricte dans le droit de l'arbitrage en Uruguay puisque l'article 473. 2 de code de procédure général, prévoit que la clause compromissoire doit être signée sous peine de nullité[738]. Au Brésil la situation semble être similaire car l'article 9 de la loi brésilienne sur l'arbitrage de 1996 prévoit que la convention arbitrale doit être stipulée par écrit. Cependant, la jurisprudence nationale a considérablement et très astucieusement assoupli cette exigence[739]. Le juge brésilien a établi et confirmé à travers diverses décisions que, même s'il n'y a pas de clause compromissoire ou de compromis écrit, l'acceptation à l'arbitrage peut résulter du comportement des parties. Le juge brésilien déduit la convention d'arbitrage du comportement des parties. Pour lui, compte tenu du fait que les parties ont volontairement nommé les arbitres et se sont rendues au Brésil pour l'arbitrage, c'est bien la preuve qu'il existe un accord arbitral. Les juges de ce pays se sont montrés très inventifs et

---

[737] V. sur ce point l'article 3 AUA qui dispose que « *La convention d'arbitrage doit être faite par écrit, ou par tout autre moyen permettant d'en administrer la preuve, notamment par la référence faite à un document la stipulant.* ».

[738] L'article 473.2 de loi n°15.198 sur d'arbitrage de l'Uruguay prévoit que « *La cláusula compromisoria deberá consignarse por escrito, bajo pena de nulidad.* ». Sur ce texte en entier v. www.sice.oas.org.

[739] V. en ce sens la décision 18/05/ 2002 du Tribunal Supérieur de Justice (*Supremo Tribunal de Justiça*), qui est la juridiction qui veille sur l'interprétation uniforme du droit fédéral au Brésil.

astucieux. Cette jurisprudence peut être considérée comme une preuve de leur action en faveur du recours à l'arbitrage et du dialogue juge arbitre qui s'installe progressivement. Les juges de l'espace OHADA et ceux de l'Uruguay (car la peine de nullité est toujours encourue) pourront très bien reprendre ces critères jurisprudentiels quand ils vont rechercher la preuve de l'existence d'une convention arbitrale passée à l'oral.

b. Le contrôle par le juge de la signature de la convention d'arbitrage

439. Au-delà du contrôle de l'existence de l'accord des parties, le juge peut être appelé à vérifier que les parties ont extériorisé leur consentement à travers la signature de ce document. L'accord d'arbitrage doit montrer la volonté manifeste des parties de recourir à l'arbitrage à travers les signatures des parties. Le juge a tendance à vérifier que la convention d'arbitrage a été bien consentie par les parties par la recherche de leurs signatures. Cette condition de validité formelle ne pose *a priori* pas grande difficulté sauf dans les cas où l'engagement est effectué par un ensemble de documents comme un échange de lettres ou de courriels

440. De plus, force est de constater que la tendance des importants textes sur l'arbitrage est de ne pas faire mention de la signature de la convention d'arbitrage. C'est justement le cas de l'arbitrage OHADA qui ne fait aucunement mention de l'exigence de signature de la convention d'arbitrage. Le législateur OHADA s'est montré ainsi cohérent puisqu'il valide les conventions d'arbitrage tacites, par référence et même orales. Dans les États du Mercosur, la signature de la convention d'arbitrage est toujours exigée. Le Règlement d'arbitrage de la Chambre de Commerce d'Argentine prévoit à son article 5 que les parties peuvent procéder à la désignation des arbitres seulement après avoir signé le compromis[740]. De même, la loi brésilienne sur l'arbitrage n'accorde de la valeur aux documents qui font référence à la volonté des parties de recourir à un arbitrage que s'ils sont signés (4 article § 2). Le juge peut être appelé à opérer un contrôle plus poussé de la convention d'arbitrage, un contrôle au fond.

2. Le contrôle par le juge de la validité au fond de la convention d'arbitrage

441. Avant le début de l'instance arbitrale peut avoir le juge étatique un rôle essentiel à travers le contrôler la validité au fond. Dans ce cas de figure, le juge peut vérifier le caractère arbitrable du litige (**a**) ou la validité même de l'engagement (**b**).

---

740 V. l'article 5 du Règlement d'arbitrage Chambre de commerce d'Argentine qui prévoit que « *Las partes una vez firmado el compromiso arbitral podrán elegir de común acuerdo uno o tres de los árbitros de la lista preparada al efecto...* ». Pour le texte entier v. www.sice.oas.org.

a. Le contrôle par le juge de l'arbitrabilité du litige

442. Un litige est jugé arbitrable lorsqu'il n'est pas dans la sphère de compétence exclusive d'une autorité ou d'un domaine étatique en vertu d'une disposition impérative[741]. Pour être arbitrable le litige doit donc porter sur une matière disponible pour les parties c'est-à-dire un litige dont les parties ont la libre disponibilité. L'arbitrabilité du litige est l'un des principaux motifs de contestation devant le juge étatique. Il est fréquent qu'une partie à un différend conteste l'arbitrabilité du litige et soulève devant le juge une exception d'incompétence. Dans un tel cas de figure, il revient au juge de déterminer si le différend est arbitrable ou non. Pour vérifier cela, le juge doit simplement regarder si le litige est arbitrable selon la loi applicable au fond du différend. Encore faut-il que cette loi soit déterminée par les parties. Si aucune loi n'est choisie par les parties, le juge n'a pas d'autre choix que d'utiliser les règles juridiques mises à sa disposition, c'est-à-dire le droit de son for (faire application de la *lex fori*). Ainsi, il vérifie que le contenu de la convention d'arbitrage est conforme à son droit et à son ordre public international. Dans le cas où les parties n'ont pas déterminé elles-mêmes le droit applicable au fond, il est très probable que pour des questions relatives au commerce international, les juges étatiques de l'espace OHADA auront la même définition ou approche du caractère arbitrable d'un différend puisque les droits nationaux ont progressivement laissé place à des droits uniformes. En revanche, dans le Mercosur, compte tenu du fait que leur processus d'intégration normative n'a pas abouti à une abrogation des normes internes, nous pourrons être face à des solutions disparates d'un État à l'autre. Cela risque de nuire à la sécurité judiciaire et juridique au sein de cette organisation. C'est la raison pour laquelle nous souhaitons vivement que cet ensemble adopte la technique de la portée abrogatoire employée par l'OHADA. Le juge étatique peut être aussi appelé par les parties à statuer sur la nullité de la convention d'arbitrage.

b. le contrôle par le juge de la nullité de la convention d'arbitrage

443. Une partie peut très bien soulever devant le juge étatique la nullité du contrat dans lequel est contenue la convention d'arbitrage. Dans ce cas de figure, cette partie va très certainement se heurter au principe de l'autonomie ou de la séparabilité de la convention d'arbitrage par rapport au contrat principal. Ce principe veut que l'accord d'arbitrage, qu'il soit séparé ou inclus dans un acte juridique, présente toujours une complète autonomie, excluant qu'il puisse être affecté par une éventuelle invalidité de cet acte. En d'autres mots, la convention d'arbitrage est autonome ou séparable du

[741] Sur cette définition v. P. LALIVE, « Problèmes spécifiques de l'arbitrage international », *Revue de l'arbitrage*, 1980, p. 356.

contrat dans lequel elle est contenue. La nullité de cet acte ne peut l'affecter. Tout semble être fait pour que l'arbitrage soit mis en œuvre et ait lieu. Cette règle est affirmée de façon fort explicite dans le droit de l'arbitrage OHADA par l'article 4 AUA. Le droit brésilien reconnaît aussi cette règle dans l'article 8 de la loi de 1996[742]. Le juge étatique a aussi un rôle à jouer une fois que l'instance a débuté.

§ II. La nécessaire assistance du juge étatique pendant l'instance arbitrale

444. Une fois que l'instance a débuté, les parties peuvent demander au juge, si la situation le requiert, d'apporter leur soutien dans le prononcé des mesures d'urgence telles que les mesures provisoires ou conservatoires (**A**). Au-delà de ces cas d'urgence pendant l'instance arbitrale la collaboration du juge s'avère très précieuse à divers égards (**B**). Le juge agit comme un véritable défenseur de l'instance arbitrale.

A. L'assistance du juge dans le prononcé de mesures provisoires ou conservatoires

445. Nous avons déjà vu que si la situation l'impose (cas d'urgence) les parties peuvent demander aux arbitres de prononcer des mesures conservatoires ou provisoires. Ces mesures sont destinées à préserver une situation de fait ou de droit dans le but de permettre l'instruction de l'affaire au fond et ensuite l'exécution de la sentence. Cependant, nous devons signaler qu'une grande partie de l'efficacité de ce mécanisme est subordonnée à l'assistance du juge étatique. En effet, la mise en œuvre ou l'exécution de certaines de ces mesures peut nécessiter l'emploi de la force publique.

446. Or nous savons que l'arbitre étant dépourvu d'*imperium* il ne dispose pas de moyens matériels pour contraindre ou forcer les parties à exécuter ces décisions. Seul le juge étatique en tant que dépositaire de l'autorité publique est compétent pour prononcer des mesures pouvant exiger l'utilisation de la coercition ou la force publique le cas échéant. Si l'arbitre veut voir sa mesure conservatoire ou provisoire exécutée, il doit pouvoir obtenir l'aide judiciaire. C'est dans ce sens que Jean Pierre ANCEL a pu parler du recours au « *renfort* » du juge étatique[743]. Effectivement, Le juge doit agir en soutien de l'arbitrage. L'expression *juge d'appui* prend ici tout

---

[742] V. l'article 8 de la loi du 23 septembre 1996 précise que « *An arbitration clause which forms part of a contract shall be treated as an agreement independent of the other terms of the contract. A decision that the contract is null and void shall not entail ipso jure the invalidity of the arbitration clause* ».

[743] V. J.-P. ANCEL, « L'arbitrage et la coopération du juge judiciaire », *Penant*, n°833, mai-août 2000, p. 174.

son sens. La collaboration entre l'arbitre et le juge sur ce point est expressément instituée par la plupart des textes régissant l'arbitrage commercial international. Elle s'inscrit dans le souci d'assurer l'efficacité de l'institution arbitrale.

447. Prenons l'exemple du droit OHADA, en matière d'adoption des mesures provisoires et conservatoires : il existe une compétence concurrente des tribunaux arbitraux (tribunaux *ad hoc* et la CCJA) et des juridictions étatiques. Le principe de compétence concurrente des juridictions étatiques et des arbitres pour prendre de telles mesures est largement admis en droit contemporain de l'arbitrage[744]. Lorsque le tribunal arbitral octroie ce type de mesures, conformément à l'article 13 alinéa 4 AUA, il le fait par voie d'ordonnance ou d'une sentence arbitrale partielle ou intérimaire c'est-à-dire des actes qui pour être recouverts de la force obligatoire nécessitent l'intervention du juge judiciaire. Le manque d'*imperium* de la juridiction arbitrale impose l'appui ou l'intervention du juge judiciaire en vue de conférer le caractère exécutoire à la sentence partielle qui octroie des mesures provisoires et conservatoires. C'est exactement la même situation qui est prévue dans le Mercosur. A travers l'article 19 de l'Accord de Buenos Aires du 23 juillet 1998, la compétence concurrente de l'arbitre et du juge pour prononcer ce type de mesures est admise. Ce même article précise que lorsque l'arbitre prononce des mesures conservatoires ou provisoires, il le fait par la voie d'une sentence partielle ou intermédiaire et que, s'il a besoin de les faire exécuter, il peut solliciter d'office l'appui du juge du siège du tribunal arbitral. En devenant le juge d'appui à l'arbitrage, le juge étatique s'impose comme une pièce maîtresse de ce mode de règlement des différends. De même, ce type d'intervention lui permet de participer activement au maintien de la sécurité juridique et judiciaire : à la sécurité juridique car son appui apporte à l'arbitrage l'effectivité qui est vitale à toute norme de droit. A la sécurité judiciaire car, en participant au prononcé des mesures conservatoires et provisoires, les juges étatiques de l'OHADA et du Mercosur montrent toute leur diligence envers leurs *« homologues »* du commerce international. Ainsi, il s'installe un dialogue juge arbitre qui est tout à fait salutaire et très souhaité surtout pour le juge étatique de l'espace OHADA et du Mercosur qui est en mal de reconnaissance.

B. L'importante assistance du juge pendant l'instance arbitrale

448. Cette assistance est qualifiée d'importante car elle vient combler de nombreux besoins. Des besoins comme l'administration ou l'obtention de preuves (**1**) ou encore la prolongation de la durée du mandat des arbitres (**2**).

---

[744] V. M.-A. BAHMAEI, *L'intervention du juge étatique, Des mesures provisoires et conservatoires en présence d'une convention d'arbitrage. Droits français, anglais et suisse*, Paris, LGDJ, 2002.

Dans de rares cas, l'assistance du juge peut être demandée pour obtenir la notification des décisions du tribunal arbitral (**3**).

1. L'assistance du juge à l'administration et à l'obtention de preuves

449. L'aide judiciaire à l'administration ou à l'obtention de la preuve est essentielle pour l'arbitre qui, nous le répétons encore une fois est dépourvu de moyens matériels de contraindre les parties. Face à une preuve apportée par les parties, l'arbitre doit pouvoir être en mesure d'établir sa véracité. Cela peut lui être rendu difficile s'il ne dispose pas des moyens d'authentification. Le juge du siège de l'arbitrage qui dispose des moyens de l'autorité publique, peut intervenir pour administrer la preuve. Il pourra ainsi constater la véracité des faits et les authentifier si nécessaire. En l'absence de preuves, le juge peut être amené à intervenir pour exiger des parties des preuves de leurs allégations. Cette aide cruciale est encadrée et prévue dans des textes internationaux relatifs à l'arbitrage comme la loi type de la CNUDCI à son article 27. Cet article prévoit expressément que « *le tribunal arbitral, ou une partie avec l'approbation du tribunal arbitral, peut demander à un tribunal compétent du présent État une assistance pour l'obtention de preuves. Le tribunal peut satisfaire à cette demande, dans les limites de sa compétence et conformément aux règles relatives à l'obtention de preuves.* ». La coopération judiciaire entre le juge et l'arbitre pour l'obtention de preuve est aussi présente dans l'OHADA et dans le Mercosur. Le droit OHADA prévoit aussi cette assistance judiciaire à son article 14 alinéas 6[745]. L'article 492 de la loi uruguayenne relative à l'arbitrage est dédié à la preuve. Cet article prévoit expressément que l'arbitre puisse demander la coopération du juge interne dans le cas ou témoins refuser de se présenter pour faire leur déclaration[746].

2. L'assistance du juge à la prolongation de la durée de la mission de l'arbitre

450. Il est fréquent que les parties qui contestent la validité d'un arbitrage usent et abusent de manœuvres dilatoires dans le but de faire écouler le délai qui est imparti à l'arbitre pour trancher le différend. Si ce délai vient à s'écouler et que l'instruction de l'affaire par l'arbitre ne s'est pas soldée par une sentence arbitrale, les parties peuvent demander au juge un délai supplémentaire. Nous retrouvons une disposition dans ce sens dans l'article

---

[745] V. l'article 14 alinéa 6 qui énonce que « *Si l'aide des autorités judiciaires est nécessaire à l'administration de la preuve, le tribunal arbitral peut, d'office ou sur requête requérir le concours du juge compétent dans l'État -partie.* ».

[746] V. l'article 492 loi n°15.198 relative à l'arbitrage de l'Uruguay.

12 alinéa 2 AUA[747]. Conformément à cet article, le juge étatique peut aussi agir pour prolonger la durée de la mission de l'arbitre, si le tribunal arbitral le sollicite en ce sens. L'assistance du juge étatique en cette matière peut aussi intervenir à la demande des parties. Ce type de disposition est salutaire pour la sécurité judiciaire car il permet non seulement de faire échec à des pratiques dilatoires, mais aussi il permet de donner plus de temps à l'arbitre pour régler un litige qui peut parfois avoir des nombreuses et complexes ramifications.

3. L'assistance du juge à la notification des décisions du tribunal arbitral

451. La notification est le fait de porter à la connaissance d'une personne un fait, un acte ou un projet d'acte qui la concerne. Cette notification est généralement assujettie à des formes strictes. En revanche, en matière d'arbitrage la notification des décisions n'est pas sujette à ce formalisme puisque les parties peuvent recevoir les notifications par le biais de techniques de communication récentes telles que les courriels, les télex, le télécopieur et autres. L'assistance du juge étatique sur cette question n'est que facultative. Nous en voulons pour preuve le fait que ce type de mesures est très rarement prévu dans les textes relatifs à l'arbitrage. Par exemple, une mesure de coopération judiciaire à la notification est prévue dans le système d'arbitrage interaméricain mais très peu appliquée. La Convention de Panama du 30 janvier 1975 sur les commissions rogatoires vise les notifications, les citations et autres actes procéduraux à l'étranger, elle donne la possibilité d'étendre son champ d'application à l'arbitrage dans son article 16. Cet article énonce que les États-parties qui souhaitent bénéficier de cette extension le déclarent expressément et en avisent le secrétariat général de l'Organisation des États Américains.

452. A ce jour, cette possibilité n'a pas rencontré un franc succès car sur les dix-sept États ayant ratifié cette convention, seul le Chili a fait cette demande. Les cinq États membres du Mercosur ont ratifié cette convention sans faire la demande de l'article 16. L'aide juridictionnelle à l'arbitrage ne se limite pas à l'étape procédurale, elle est tout aussi présente et nécessaire face à la sentence arbitrale. En effet, il revient au juge étatique d'évaluer et peser ce que vaut la sentence rendue par l'arbitre. Cette intervention constitue un élément supplémentaire d'amélioration de la sécurité judiciaire car le juge étatique est particulièrement mis à contribution.

[747] V. l'article 12 alinéa 2 AUA dispose que « *le délai légal ou conventionnel peut être prorogé, soit par accord des parties, soit à la demande de l'une d'elles ou du Tribunal arbitral, par le juge compétent dans l'État -partie.* ».

SECTION II. L'AMÉLIORATION DE LA SÉCURITÉ JUDICIAIRE À TRAVERS LE CONTRÔLE DU JUGE ÉTATIQUE SUR LA SENTENCE ARBITRALE

453. Lorsque le juge est face à une sentence étatique, il doit faire preuve de toutes ses compétences. Il doit vérifier que l'arbitrage est possible et que la décision rendue est régulière en ce sens qu'elle n'a ni violé des règles ni des principes fondamentaux. Enfin, le juge doit regarder si cette décision arbitrale a été rendue sous la bonne forme. En d'autres termes, lorsque le juge étatique contrôle une sentence arbitrale, il devient le juge de cet acte juridique. Au final, le juge national se retrouve placé au centre du processus arbitral. C'est d'ailleurs dans ce sens que nous affirmons que le contrôle de la sentence arbitrale conduit au renforcement de la sécurité judiciaire. Puisque la significative tâche de validation du travail de l'arbitre revient au juge étatique, ce dernier doit se montrer particulièrement à la hauteur des exigences du commerce international. L'intervention du juge dans le contrôle de la sentence peut conduire soit à bloquer la sentence arbitrale à travers les voies de recours (**§ II**), soit à permettre sa circulation et son exécution (**§ I**).

§ I. L'intervention du juge étatique en faveur de la circulation et de l'exécution de la sentence arbitrale

454. Dans son rôle de « contrôleur » de la sentence arbitrale, le juge étatique peut l'aider à circuler dans l'ordonnancement étatique ou international. Il peut le faire à travers la procédure de la reconnaissance (**A**). Il peut ensuite faciliter l'exécution de la sentence arbitrale en lui octroyant l'*exequatur* (**B**).

A. L'intervention du juge dans la reconnaissance de la sentence arbitrale

455. La reconnaissance, nous l'avons déjà vu dans la première partie de cette étude, vise à faciliter l'insertion ou la circulation internationale d'une sentence arbitrale dans un ordre juridique. En effet, la reconnaissance désigne l'admission, à la suite ou non d'une procédure particulière, des effets de jugements autres que ceux qui entraîneraient des mesures d'exécution. Sur cette question, nous avions évoqué le fait que les États du Mercosur avaient un système efficace et harmonisé de reconnaissance des sentences grâce aux articles 5 et 6 de la Convention de Panama. Ce système, largement inspiré de la Convention de New York de 1958, est très simple dans son fonctionnement car pour obtenir la reconnaissance, il suffit de présenter au juge national territorialement compétent la sentence authentique ou sa copie dûment authentifiée. Il ne faut pas négliger le fait que la reconnaissance exige aussi de se conformer à la procédure de l'État où elle doit être exécutée et aux dispositions des traités internationaux. C'est ainsi que si une sentence arbitrale internationale ou étrangère veut être reconnue au Brésil, elle doit aujourd'hui être homologuée par le Tribunal Supérieur de justice (Superior Tribunal de Justiça). Depuis la réforme constitutionnelle n°45 intervenue le 8 décembre 2004[748], les sentences arbitrales étrangères ne sont plus homologuées par la Cour Suprême du Brésil mais seulement par le Tribunal Supérieur de justice. Le Tribunal Supérieur de Justice est la juridiction qui tranche les questions infra-constitutionnelles et qui est responsable de l'uniformité de l'interprétation des lois fédérales dans l'ensemble du pays. Cette juridiction joue un rôle de filtrage à l'échelle fédérale des sentences arbitrales étrangères et internationales pouvant entrer dans l'ordre juridique brésilien. Ce faisant, cette juridiction nationale assure la sécurité judiciaire et juridique car elle vérifie que les sentences sont conformes à l'ordre public brésilien et international. Le 18 mai 2005, cette juridiction a rendu sa première décision en application de la Convention de New York dans le litige *L'Aiglon S/A c/ Têxtil União S/A*[749]. Dans les faits, *Têxtil União S.A*, une société brésilienne avait signé plusieurs contrats de fourniture de coton avec une société suisse *L'Aiglon S/A*, contrats qui comportaient une clause d'arbitrage désignant le centre d'arbitrage du *Liverpool Cotton Association's*. La société suisse a saisi la juridiction arbitrale suite à un défaut d'exécution du contrat par son cocontractant. Elle a ainsi obtenu une sentence en sa faveur qu'elle a soumise aux juridictions brésiliennes pour en obtenir l'exécution. Pour s'opposer à la reconnaissance et à l'exécution de celle-ci, la société brésilienne soutenait que la clause n'avait pas été signée par les parties en cause. Cet argument n'a pas été retenu par les juges brésiliens qui ont estimé que la sentence était conforme aux exigences posées par la loi brésilienne de l'arbitrage et la Convention de New York.

456. En Argentine, les juridictions compétentes pour la reconnaissance sont les cours fédérales des différentes Provinces[750]. A titre d'illustration, si le demandeur de la reconnaissance de la sentence, réside ou a son domicile à Buenos Aires, il doit s'adresser à la Cour Fédérale de Buenos Aires. La

[748] V. *Bulletin de la Cour Internationale d'Arbitrage de la CCI,* « Guide des règles nationales de procédure pour la reconnaissance et l'exécution des sentences arbitrales conformément à la Convention de New York », supplément spécial, 2008.

[749] V. le cas n° 856-EX publié dans la *Gazette officielle du Superior Tribunal de Justiça*, 27 juin 2005, p. 203. V. aussi M. M. MENEZES, « Panorama de l'arbitrage international au Brésil », *in L'arbitrage en France et en Amérique Latine à l'aube du XXIe siècle, Aspects de droit comparé* (sous la direction de B. FAUVARQUE-COSSON et A. WALD), Paris, Société de la législation comparée, 2008, p. 388 à 390.

[750] L'Argentine est composée de 23 Provinces qui ont toutes des Cours Fédérales. V. *Bulletin de la Cour Internationale d'Arbitrage de la CCI,* « Guide des règles nationales de procédure pour la reconnaissance et l'exécution des sentences arbitrales conformément à la Convention de New York », supplément spécial 2008, p. 33 à 36.

situation est différente en Uruguay car c'est le juge ordinaire du domicile du demandeur qui peut être saisi[751].

457. En matière de reconnaissance le droit OHADA envisage trois cas de figure qui ont été décrits dans la première partie de cette étude. La première situation découle de l'article 31 AUA. Cet article s'applique à la sentence rendue dans un État de l'OHADA dont l'efficacité est requise dans un autre État -partie. Pour obtenir sa reconnaissance, il faut produire au juge national compétent la sentence originale ou une copie certifiée. Dans le deuxième cas de figure, on retrouve la sentence rendue dans un État tiers à l'OHADA dont l'efficacité est requise dans un État de l'OHADA partie à la Convention de New York de 1958. Enfin, les sentences rendues dans un État tiers à l'OHADA, dont l'efficacité est requise dans un État de l'OHADA non partie à la Convention de New York, relèvent des dispositions de l'Acte Uniforme sur l'arbitrage donc des articles 31 à 34. Dans ces deux hypothèses, le juge national territorialement compétent doit aussi intervenir pour reconnaître la sentence arbitrale. Le juge étatique africain participe pleinement à la bonne circulation des sentences arbitrales. Au Cameroun, c'est le président du Tribunal de Grande Instance du lieu où est la demande est faite qui est compétent pour statuer sur la reconnaissance d'une sentence. Cette décision est susceptible d'un appel devant la Cour Suprême de cet État[752]. Par un souci de célérité, le Sénégal a choisi le juge des référés comme juge de la reconnaissance. Cette décision n'est susceptible d'un appel que devant la CCJA[753]. Le juge étatique joue aussi un rôle important en ce qui concerne l'*exequatur* de la sentence arbitrale.

B. L'intervention du juge dans la recherche de l'exécution de la sentence arbitrale : le juge de l'exequatur

458. A la demande des parties, le juge étatique peut intervenir pour permettre l'exécution de la sentence arbitrale. En d'autres termes, les parties peuvent demander au juge étatique l'*exequatur* d'une sentence. La demande d'*exequatur* doit être adressée au juge territorialement compétent. Au Brésil, le juge de l'*exequatur* est le Tribunal Supérieur de justice depuis la réforme constitutionnelle de 2004. En Uruguay, c'est la Cour Suprême de Justice qui a compétence en cette matière[754]. Au terme de l'Acte Uniforme (article 30 AUA), pour être exécutoire, la sentence arbitrale doit faire l'objet d'une décision d'*exequatur* rendue par la juridiction compétente dans l'État

---

[751] *Ibid.*, p. 325.

[752] V. *Bulletin de la Cour Internationale d'Arbitrage de la CCI,* « Guide des règles nationales de procédure pour la reconnaissance et l'exécution des sentences arbitrales conformément à la Convention de New York », supplément spécial 2008, p. 68 à 71.

[753] *Ibid.*, p. 290 à 291.

[754] *Ibid.*, p. 335.

membre[755] où l'exécution est recherchée. A cet effet, le législateur camerounais a voté la loi n ° 2003/009 du 10 juillet 2003 qui dispose expressément que le juge compétant visé à l'article 30 AUA est le président du tribunal de première instance du lieu où l'exécution de la sentence est envisagée ou le cas échéant, celui du domicile du défendeur. Les autres États membres qui n'ont pas encore désigné le juge compétent vont devoir suivre cet exemple. La partie qui demande l'*exequatur* doit produire un original de la sentence et de la convention d'arbitrage, ou une copie de ces documents cités. Le juge de l'*exequatur* n'exerce qu'un contrôle *prima facie*, c'est-à-dire qu'il se borne à vérifier l'existence de la sentence et le fait qu'elle n'est pas « *manifestement contraire à l'ordre public des parties* ». La décision qui refuse l'*exequatur* n'est susceptible que d'un pourvoi en cassation devant la CCJA (article 32 AUA). Cette solution vise à centraliser et limiter les recours internes. La décision qui accorde l'*exequatur* n'est quant à elle susceptible d'aucun recours. Cette solution renforce l'efficacité de la sentence arbitrale dans l'espace OHADA.

459. Au total, l'intervention du juge étatique de l'espace OHADA et du Mercosur dans la circulation et l'exécution des sentences arbitrales, contribue aux efforts en vue du développement. Nous ne devons pas oublier que ces sentences arbitrales sont rendues dans un cadre communautaire, leur bonne circulation et exécution sont une marque de vitalité et de fonctionnement de ces instances d'intégration. Ainsi, le juge étatique se doit de bloquer les sentences arbitrales lorsqu'elles sont contraires à l'ordre juridique établi par l'OHADA et le Mercosur.

§ II. L'intervention du juge étatique dans les voies de recours contre la sentence arbitrale

460. En matière d'arbitrage, les voies de recours ont généralement pour but de faire redresser un « *mal jugé* »[756], en demandant à une juridiction nationale de substituer sa décision à celle d'un arbitre. Parmi ces voies de recours, nous trouvons principalement l'annulation. Sur la question de l'annulation des sentences, nous pouvons d'abord mettre en relief l'intervention de la CCJA (**A**). De façon plus classique, plusieurs causes peuvent motiver la volonté d'une partie de voir annuler une sentence arbitrale. En effet, l'annulation peut être demandée au juge étatique soit parce que le tribunal arbitral a été mal constitué (**B**) soit parce que la procédure n'a pas été respectée par les arbitres (**C**).

---

[755] Des législations nationales précisent déjà le juge compétent pour accorder l'exequatur. Il s'agit territorialement, du juge du ressort dans lequel l'exécution de la sentence doit être poursuivie et, matériellement du Président du tribunal de Première instance (Côte d'Ivoire, Tchad) ou du tribunal régional

[756] Sur cette expression v. R. PERROT, « Les voies de recours en matière d'arbitrage », *Revue de l'arbitrage*, 1980, p. 268.

A. L'intervention de la CCJA dans l'annulation de la sentence arbitrale

461. L'article 25 AUA prévoit que le recours en annulation d'une sentence arbitrale doit être porté devant le juge compétent de l'État dans lequel la sentence est rendue et que la décision du juge n'est susceptible que de pourvoi en cassation devant la CCJA. Dans ses attributions judiciaires, la CCJA est l'unique instance de cassation des sentences arbitrales de l'espace OHADA. Cette centralisation assure une lecture uniforme des sentences arbitrales.

462. La question de la désignation du juge compétent pour prononcer une annulation a donné lieu au premier arrêt de la CCJA en application de l'Acte Uniforme sur l'arbitrage dans l'affaire *Sotaci c/ Delpech*[757]. Dans ce litige, la société *Sotaci* émettait des doutes sur la compétence de la Cour d'appel ivoirienne pour l'annulation d'une sentence arbitrale. La CCJA a rappelé qu'au terme de l'article 25 AUA « *la décision d'annulation de la sentence arbitrale n'est susceptible que de pourvoi en cassation devant la CCJA* » et que, comme en droit ivoirien ce sont les arrêts de la Cour d'appel qui font l'objet d'un pourvoi en cassation, la Cour d'appel est la juridiction compétente pour prononcer l'annulation d'une sentence arbitrale[758]. Pour une meilleure lisibilité, une désignation expresse de juge compétent dans chaque État membre nous paraît plus appropriée.

B. L'annulation de la sentence pour cause de composition irrégulière du tribunal arbitral

463. L'annulation de la sentence arbitrale peut être demandée au juge national par une partie si cette dernière considère que le tribunal arbitral a été mal composé ou de façon irrégulière. Une parfaite illustration nous est donnée par la décision de la CCJA du 17 juillet 2008 rendue sur l'affaire *SARCI c/ Atlantique Télécom*[759]. Dans cette affaire, le capital de *Télécel Bénin* était détenu à hauteur de 49% par la *SARCI* et à hauteur de 51% par *Atlantique Télécom*. Selon la *SARCI*, *Atlantique Télécom* s'était rendue coupable d'actes contraires à ses droits. Par une lettre du 29 novembre 2006, la *SARCI*, qui avait déjà désigné son arbitre, invitait *Atlantique Télécom* à désigner un arbitre conformément aux dispositions de l'article 43 des statuts de *Télécel Bénin* (la convention d'arbitrage). Pour désigner son arbitre,

---

[757] V. *Penant*, n° 847, 2004 sur l'arrêt de la CCJA n° 010/2003 rendue dans l'affaire *Sotaci c/ Delpech* du 19 juin 2003 avec une note de A. FÉNÉON.

[758] Dans l'affaire *VUACHEX c/ Scierie Nouvelle de Gadouan*, la compétence de la Cour d'Appel en Côte d'Ivoire a été confirmée. Dans cet arrêt, la juridiction d'appel d'Abidjan a rappelé qu'en vertu de l'article 14 AUA, le demandeur en annulation d'une sentence ne peut fonder son recours sur une irrégularité de procédure d'arbitrage qu'il n'a pas invoquée lors de l'arbitrage. Arrêt n° 1060 du 25 juillet 2003, v. www.ohada.com.

[759] Sur cette affaire v. P.-G. POUGOUÉ et S. S. KUATE TAMEGHE, *op.cit.*, p. 313 à 326.

Atlantique Télécom disposait d'un délai de 15 jours à compter du 30 novembre 2006 (date de réception effective de la lettre). *Atlantique Télécom* n'ayant pas désigné son arbitre dans ce délai, la *SARCI* en suivant l'article 43 des statuts de *Bénin Télécel*, a saisi le président du tribunal de première instance (TPI) de Cotonou. Cette juridiction, par une ordonnance du 18 décembre 2006 a désigné le deuxième arbitre en lieu et place d'*Atlantique Télécom*. Face à cette décision judicaire cette dernière a vivement protesté, mais en vain, car la juridiction saisie en appel l'a déboutée (ordonnance du 8 août 2007).

464. Suite à cette décision, l'arbitrage a débuté. Ce tribunal arbitral a rendu le 9 mars 2008 une sentence condamnant *Atlantique Télécom* à verser une forte somme à la *SARCI*[760]. Mécontente de la décision, *Atlantique Télécom* demande et obtient l'annulation de cette sentence devant une juridiction béninoise (TPI de Cotonou) au motif que « *cette prévision des parties dans le contexte d'un arbitrage par deux arbitres, est viciée au regard de la disposition susvisée de la loi uniforme qui régit l'arbitrage* » et qu'en conséquence, la clause d'arbitrage est nulle. Selon cette juridiction, la convention d'arbitrage qui prévoit un arbitrage par deux arbitres est nulle car contraire à l'Acte Uniforme d'arbitrage qui prévoit un arbitrage par un ou trois arbitres.

465. En vertu de l'article 25 de l'AUA, la CCJA est saisie en cassation par la *SARCI*. La CCJA annule cette sentence arbitrale en se basant sur la fraude dans la désignation du deuxième arbitre, ce qui a conduit à une composition irrégulière du tribunal arbitral. Pour la CCJA « *la procédure de désignation du deuxième arbitre et partant de la constitution du tribunal arbitral ad hoc dans la présente cause ... n'a pas obéi aux prescriptions de l'article 5, alinéa 2, a) énoncées quant au délai de désignation du deuxième arbitre et de l'article 9 précité quant au traitement égalitaire dont doit bénéficier toute partie à un procès, Atlantique Télécom n'ayant pu exercer son droit de désignation de l'un des membres du tribunal arbitral ad hoc constitué ; qu'il s'ensuit que ledit Tribunal arbitral ad hoc est irrégulièrement constitué ...* ». L'annulation peut aussi être prononcée du fait du non-respect de l'accord arbitral par les arbitres.

C. L'annulation de la sentence pour non-respect de l'accord arbitral par les arbitres

466. Le juge étatique est habilité à annuler une sentence arbitrale lorsque l'arbitre n'a pas respecté l'engagement des parties. Des nombreux exemples nous sont donnés, tant par la jurisprudence OHADA que par celle des États du Mercosur. Nous pouvons ainsi prendre l'exemple de l'affaire *République*

---

[760] Ce tribunal a condamné *Atlantique Télécom* à verser 340 milliards de francs CFA (soit environ 515 millions d'euros) à la *SARCI*.

Argentine c/ Propyme Argentina UTE, Euroinvest SA et autres[761] opposant sept sociétés à l'État argentin. Dans ce cas, le Tribunal administratif d'appel argentin (*Tribunal Administrativo de Apelación*) a réaffirmé que les arbitres ont l'obligation de respecter l'accord des parties portant sur le déroulement de la procédure, à peine de nullité de la sentence arbitrale. En l'espèce, un acte de mission avait été signé par les parties afin de régir et de fixer les modalités de la procédure arbitrale. Aux termes dudit acte, les parties avaient expressément convenu qu'après la réponse à la demande d'arbitrage, l'arbitre convoquerait les parties à une audience afin d'évaluer les preuves produites, conformément à l'article 360 du Code de procédure civile argentin, l'article 15 (2) du Règlement d'arbitrage de la CNUDCI, règlement choisi par les parties, étant d'application subsidiaire. L'audience prévue à l'article 360 a pour but de tenter une conciliation, de recueillir des témoignages, de présenter et de discuter des preuves produites par les parties. Au cours de la procédure arbitrale, le tribunal arbitral, considérant que l'arbitrage portait exclusivement sur une question juridique, a décidé que l'audience prévue par l'article 360 du Code de procédure civile argentin n'était pas nécessaire. L'État argentin, condamné par le tribunal arbitral, a alors demandé l'annulation de la sentence arbitrale au juge administratif argentin compétent, au motif que le tribunal arbitral avait violé les règles de procédure fixées par les parties et qu'en ne tenant pas d'audience arbitrale, le tribunal l'avait privé de la possibilité de concilier et de présenter ses preuves, ce qui constituait une violation de ses droits de la défense. Les défendeurs ont allégué que les griefs invoqués par l'État argentin étaient purement hypothétiques, dans la mesure où il n'avait produit aucune pièce lors de l'arbitrage et n'avait pas précisé les moyens de preuve dont il aurait été privé par le non tenu de l'audience. Le Tribunal administratif a annulé la sentence arbitrale au motif que le tribunal arbitral avait violé l'accord des parties sur la procédure à suivre dans l'instance arbitrale. Il a prononcé la nullité de la sentence arbitrale et ordonné la reprise de la procédure arbitrale afin que l'audience de l'article 360 du Code de procédure civile argentin puisse avoir lieu.

467. Dans le cadre de l'OHADA la CCJA a rappelé que l'arbitre doit respecter l'engagement des parties à travers deux affaires. La première affaire a déjà été évoquée dans notre étude : l'affaire *Sotaci c/ Delpech*[762]. Elle opposait des particuliers (le couple *Delpech*) à la société des tubes d'acier et d'aluminium dite *Sotaci*. En l'espèce, le différend est né d'une convention de cession de titres sociaux conclue entre les actionnaires de la Société de Transformation Industrielle de Lomé (*STIL*) et la *Sotaci*. Cette convention a été conclue à Abidjan le 16 février 1998 à Abidjan entre les

---

[761] Sur cette décision rendue par *Tribunal Administrativo de Apelación*, *Sala 2* le 18 juillet 2006 v. *Gazette du Palais, Les cahiers de l'arbitrage*, n° 2007/2, p. 50

[762] Sur cette affaire v. P.-G. POUGOUÉ et S. S. KUATE TAMEGHE, *op.cit.*, p. 336 à 337.

époux *Delpech* en tant que principaux actionnaires de la *STIL* et la *Sotaci* comme bénéficiaire de la cession. Un désaccord entre ces parties est très vite né sur le montant exact du passif de la *STIL*.

468. La deuxième affaire a donné lieu a un arrêt *Nestlé Sahel c/ SCIMAS* du 19 juillet 2007[763]. La CCJA a souligné que l'arbitre est tenu de statuer en fonction de ce que les parties ont prévu sous peine de nullité de la sentence arbitrale. En l'espèce, la société *Nestlé Sahel* était opposée à une société d'importation nommée *SCIMAS*. Face à l'impossibilité de parvenir à un accord amiable à leur différend, *Nestlé Sahel* saisit le tribunal arbitral pour demander la condamnation de la *SCIMAS*. Dans une sentence du 13 octobre 2005, le tribunal arbitral a fait droit à la demande de *Nestlé Sahel*. Il condamna la *SCIMAS* à verser une forte somme à *Nestlé Sahel* comme solde de la dette due à l'issue de la période de dix huit mois. Cependant, sur la base d'une demande reconventionnelle, ce tribunal alla plus loin, car il a condamné à son tour *Nestlé Sahel* à verser à la *SCIMAS* à de très importants dommages et intérêts découlant de la longue relation d'affaire (vingt-trois ans) qui existait entre ces deux entités avant la saisine du tribunal arbitral. *Nestlé Sahel* a saisi la CCJA pour contester la validité de la sentence arbitrale. Selon elle en appréciant le préjudice subi à la *SCIMAS* durant vingt-trois années antérieures, les arbitres ont statué *ultra petita*. La CCJA a, en l'espèce, annulé la sentence car elle a estimé qu'il y avait bien dépassement des missions des arbitres car les arbitres avaient pour obligation de statuer en vertu du droit et non en amiable composition.

CONCLUSION DU CHAPITRE II

469. Au vu des critiques que les systèmes judiciaires des pays africains et latino-américains ont pu subir on aurait pu être tenté de s'interroger sur l'utilité du maintien des juges étatiques de l'espace OHADA et du Mercosur dans les procédures liées au commerce international. La pratique a pu démontrer que le juge étatique de ces régions reste un élément incontournable et essentiel dans la procédure arbitrale. Effectivement, l'arbitre et le juge doivent être plutôt vus comme des partenaires que comme des rivaux. Leur collaboration contribue pleinement à l'amélioration de la sécurité judiciaire donc aux efforts de développement.

470. Du début à la fin de l'instance arbitrale la participation du juge étatique est nécessaire pour le bon déroulement de la procédure mais aussi pour purger l'arbitrage de toutes formes d'irrégularités. Partant de là, nous partageons entièrement la vision de nombreux auteurs comme Philippe FOUCHARD qui ont pu parler d'une forme de « *contrôle judiciaire de l'arbitrage international* » [764]. Mais nous pouvons aller plus loin que ce

[763] *Ibid*., p. 331 à 341.

[764] V. *Revue de l'arbitrage*, 1990, n°4, p. 875 et s.

constat et affirmer que le contrôle judiciaire de l'arbitrage est un outil de développement des compétences du juge étatique et plus particulièrement à celui de l'OHADA et du Mercosur. En effet, le partenariat qui existe entre le juge et l'arbitre dans ces ensembles est un facteur considérable d'amélioration des compétences et de l'image du juge national. Il devient de la sorte un maillon essentiel dans le rouage du contentieux du commerce international. A notre avis, cette collaboration est amenée à se poursuivre voire s'intensifier dans les années à venir au sein l'OHADA car certains pays comme la Côte d'Ivoire ont décidé de se doter d'un tribunal de commerce en 2012[765]. Les autres pays membres devraient imiter cette initiative et se lancer dans l'approfondissement de la coopération judiciaire en matière commerciale internationale. Pour ce faire, ils peuvent s'inspirer du modèle du Mercosur où les pays membres ont signé le Protocole sur la coopération et l'assistance judiciaire en matière civile, commerciale, sociale et administrative. Ce texte dit Protocole Leñas à été signé le 27 juin 1992 et est entré en vigueur en 1996. Il prévoit expressément la coopération des juges étatiques du Mercosur en matière arbitrale[766].

---

[765] Le Tribunal de Commerce en Côte d'Ivoire a été crée suite à la décision n°01/PR du 12 janvier 2012.

[766] Ce texte prévoit à son article 20 que : « *Les jugements et sentences arbitrales visés à l'article précédent ont un effet extraterritorial dans les États parties, s'ils remplissent les conditions suivantes : (...) (c) que lesdits jugements et sentences arbitrales émanent d'une autorité judiciaire ou arbitrale compétente conformément à la loi de l'État requis sur la compétence internationale ; (...) (f) que les jugements et sentences arbitrales ne soient pas manifestement contraires aux principes de l'ordre public de l'État où la reconnaissance et / ou l'exécution sont recherchées.* »

CONCLUSION DU TITRE I

471. Sans pour autant considérer qu'il s'agit de l'unique solution au vaste problème de la sécurité judiciaire force est d'admettre que l'arbitrage apporte des solutions appropriées en matière de commerce international. Tout d'abord, face à la grande méfiance envers le juge étatique qui prévaut en Afrique et en Amérique Latine, l'arbitrage apporte comme principale solution la possibilité pour les parties de désigner leur propre juge en la personne de l'arbitre. Ensuite, l'arbitrage apparaît comme un vecteur d'enrichissement et de remise à niveau des aptitudes du juge étatique par son intervention active à l'instance arbitrale.

472. Ainsi, nous pouvons affirmer que l'efficacité de l'arbitrage a besoin d'un système judicaire sous-jacent[767] . Dans ce même ordre d'idées, nous considérons que la collaboration du juge étatique à l'instance arbitrale est vitale à la pérennité de ce mécanisme. José Carlos FERNÁNDEZ ROZAS partage cette vision car pour lui la collaboration est un instrument essentiel de la culture de l'arbitrage[768]. Ainsi, il a pu écrire que : « *Si les arbitres ont la responsabilité de régler un différend en droit, les juges doivent leur apporter leur assistance en contrôlant leur décision et en la dotant de la force exécutoire. Il n'y a donc pas lieu à confrontation ni à un quelconque chevauchement de compétences, chacun devant exercer les mêmes droits dans le cadre d'un système de garanties constitutionnelles un arbitrage efficace ne peut pas exister sans la coopération des tribunaux* »[769]. C'est en partant de ces idées que nous pensons que l'adage « *tant vaut l'arbitre, tant vaut l'arbitrage* » devrait être complété pour devenir : « *tant vaut la collaboration entre l'arbitre et le juge, tant vaut l'arbitrage* ».

473. Il convient à présent de déterminer les liens entre ce mécanisme de règlement des différends et la notion de sécurité juridique. Cette question est aussi fondamentale car elle constitue l'un des principaux points faibles des pays de l'OHADA et du Mercosur. Dès à présent, il nous est possible d'affirmer qu'il existe un effet positif sur la sécurité juridique de ces pays

---

[767] V. A. REDFERN et M. HUNTER, *op.cit.*, p. 20.

[768] V. J. C. FERNÁNDEZ ROZAS, « Le rôle des juridictions étatiques devant l'arbitrage commercial international », *op.cit.*, p. 58.

[769] *Ibid.*, p. 60 à 61

grâce au recours à l'arbitrage commercial international. Mais le plus important est de comprendre cet effet. La compréhension de cet effet passe par une étude orientée vers les sentences arbitrales internationales et celui des normes transnationales.

TITRE II

L'ARBITRAGE UNE SOURCE DE DÉVELOPPEMENT DE LA SÉCURITÉ JURIDIQUE AU SEIN DE L'OHADA ET DU MERCOSUR

474. Les mots « obsolète », « inefficace » ou encore « corrompu » sont trop souvent associés aux systèmes juridiques et judiciaires des États de l'OHADA. A un moindre degré, ces mêmes mots peuvent être employés pour décrire l'appareil juridique et judiciaire des États du Mercosur. La conséquence directe d'un tel état de fait, comme nous l'avons dénoncé à plusieurs reprises, est de provoquer la défiance et par conséquent le défaut d'investissements vers ces zones. Et pour cause : ces pays sont perçus comme étant incapables de garantir la sécurité juridique.

475. Or la notion de sécurité juridique constitue un véritable impératif au développement. D'ailleurs son caractère primordial pour le développement n'est plus à démontrer tant il est logique et largement admis. En d'autres mots, il ne peut y avoir de développement dans le désordre et dans le manquement aux règles. Cependant, il n'en reste pas moins que cette notion reste difficile à définir. C'est pour cette raison que des auteurs ont très justement souligné qu' « *appréhender la sécurité juridique est une tâche complexe, tant la notion est fuyante* »[770]. Fuyante, certainement parce qu'elle a plusieurs sources[771] et que son contenu peut varier en fonction des disciplines juridiques qui l'abordent[772]. Par exemple, dans sa conception

---

[770] V. J.-B. RACINE et F. SIIRIAINEN, « Sécurité juridique et droit économique. Propos introductifs », *in Sécurité juridique et droit économique* : actes du colloque organisé les 26 et 27 octobre 2006 à la faculté de droit de Sophia Antipolis, Nice, Bruxelles, Larcier, 2008, p. 6.

[771] V. D. J. M. SOULAS DE RUSSEL et Ph. RAIMBAULT, « Nature et racines du principe de sécurité juridique : une mise au point », *RIDC*, 2003, p. 87 à 103. Ces auteurs démontrent que la sécurité juridique a des sources dites immédiates avec le droit européen et communautaire. Elle a aussi des sources dites modernes avec l'apport du droit allemand. Enfin, et bien sûr la sécurité juridique puise ses racines profondes dans le droit romain avec les principes de « *certitudo* » (qui exige que le sujet sache à l'avance le comportement juridique est attendu) et le principe de « *securitas* » (qui est basé sut le respect des normes).

[772] Le contenu de la sécurité juridique varie en fonction des règles juridiques qui l'abordent pour s'en rendre compte il faut se rapporter à l'analyse qui est faite de cette notion par le droit

première ou communément retenue, cette notion est un impératif juridique qui est composé de trois éléments : l'accessibilité, de la prévisibilité et de la stabilité de la règle de droit. Lorsqu'on établit un lien entre la notion de sécurité juridique et le droit international économique, comme c'est le cas dans notre étude, nous devons ajouter au triptyque de notions qui la composent, des notions voisines comme celle de la transparence, de l'accès au droit, de l'effectivité du droit économique[773] ou encore l'idée de régulation. A propos des liens intimes entre la sécurité et ces notions connexes, Jean-Jacques SUEUR a pu écrire que « *l'économie de marché, l'échange marchand et la sécurité peut se définir alors, dans ce premier sens, comme l'agent d'une bonne régulation marchande* »[774].

476. Tous ces éléments sont particulièrement recherchés dans la sphère du commerce international car l'activité économique étant composée en grande partie de prises de risque, les acteurs économiques sont depuis toujours à la recherche de règles permettant de réguler et contrôler le commerce international. De plus, ces dernières années, le besoin de sécurité juridique s'est considérablement accentué depuis que le phénomène de la mondialisation économique a entraîné un enchevêtrement des normes juridiques (nationales et internationales) et des pratiques commerciales en créant ce qui peut ressembler à un « *vaste désordre* ».

477. Cette forme de désordre est alimentée par la corruption, les pratiques illicites de toute nature et par la prolifération constante des normes étatiques, parfois communautaires et internationales en matière économique. La prolifération de ces normes contribue à ce qu'on appelle *l'inflation législative* qui est un élément supplémentaire d'insécurité juridique. C'est précisément dans ce sens que l'arbitrage fournit des solutions en matière de sécurité juridique car il permet d'apporter de l'ordre et de la clarté dans le commerce international. Tout d'abord, l'arbitrage peut agir comme un mécanisme de lutte efficace contre l'insécurité juridique, surtout face aux pratiques illicites et à la corruption qui sévissent dans le Mercosur et dans l'espace OHADA (**Chapitre I**). Ensuite, il contribue au renforcement de la sécurité juridique à travers l'emploi de règles juridiques et de techniques qui vont dans le sens de la clarté et de la transparence pour les opérateurs du commerce international (**Chapitre II**).

---

du travail, v. *La sécurité juridique en droit du travail, Droit social*, numéro spécial, n°7/8 juillet-août 2006, p.703 à 766.

[773] V. G. FARJAT, « Observations sur la sécurité, le lien social et le droit économique », *in Sécurité juridique et droit économique* : actes du colloque organisé les 26 et 27 octobre 2006 à la faculté de droit de Sophia Antipolis, Nice, Bruxelles, Larcier, 2008, p. 60 à 66. Cet auteur démontre que la sécurité juridique en matière économique internationale est composée de l'accès au droit, du bon fonctionnement du droit économique et enfin, par l'idée de régulation.

[774] V. J.-J. SUEUR, « La sécurité juridique et le droit public économique » *in Sécurité juridique et droit économique :* actes du colloque organisé les 26 et 27 octobre 2006 à la faculté de droit de Sophia Antipolis, Nice, Bruxelles, Larcier, 2008, p. 451.

CHAPITRE I

L'arbitrage un mécanisme de lutte contre l'insécurité juridique au sein de l'OHADA et du Mercosur

478. L'insécurité juridique recouvre tous les actes, les faits et les comportements qui sont de nature à porter atteinte à la sécurité juridique. Il s'agit de tous les agissements qui rendent la règle juridique incertaine, imprévisible ou tout simplement inapplicable. La liste de ces agissements étant trop large et difficile à établir, nous ne retenons dans notre étude et de façon exclusive que ceux qui contreviennent aux règles de droit économique international, tels que la corruption, la fraude et toutes les pratiques contraires à l'éthique commerciale. Si nous considérons l'arbitrage comme un outil de lutte contre l'insécurité juridique, c'est justement parce qu'il permet de combattre contre la plupart de ces fléaux qui sévissent particulièrement dans les États du Mercosur et dans ceux de l'OHADA (**Section II**).

479. Tout cela est possible principalement à travers le contrôle et la sanction qu'autorise la notion d'ordre public. Cette notion centrale en matière d'arbitrage permet en quelque sorte de réguler le commerce international. Grâce à elle, l'arbitre et le juge étatique sont en première ligne pour sanctionner les sentences arbitrales qui ne respectent pas le droit ou qui sont entachées par des actes contraires à la pratique et à l'éthique commerciale (**Section I**).

SECTION I. L'ARBITRAGE UN MÉCANISME DE LUTTE CONTRE L'INSÉCURITÉ JURIDIQUE DANS L'OHADA ET DANS LE MERCOSUR À TRAVERS LA NOTION D'ORDRE PUBLIC

480. Définir la notion d'ordre public n'est pas une chose aisée car elle est « *notion mouvante, incertaine et protéiforme dont la fonction et le contenu sont variables* » comme a pu l'écrire Jean-Baptiste RACINE[775]. Dans ce

[775] V. J.-B. RACINE, *L'arbitrage commercial international et l'ordre public*, *op.cit.*, p. 17.

même sens Jean VASSOGNE a pu écrire que l'ordre public est une « *notion fugitive aux contours incertains, insaisissable, indocile à toute définition ou, ce qui revient au même, susceptible de trop nombreuses définitions* »[776]. Ces auteurs ont tout à fait raison car dans le sens du droit international privé[777], l'ordre public est une notion évolutive qui s'adapte aux réalités sociales du moment d'un État. Elle peut aussi se nourrir des comportements insérés dans les instruments de droit international qu'un État conclut. Ainsi, l'ordre public incorpore des normes de comportement extraites d'instruments internationaux mais aussi des normes étatiques telles que des lois ou des règlements.

481. Au total, il existe un ordre public étatique propre à chaque État et un ordre public « transnational » ou dit « réellement international » qui est commun à l'ensemble des États. Une définition de ce dernier nous a été proposée par Pierre LALIVE. Selon cet auteur, l'ordre public transnational « *est un ensemble de principes ou de normes supérieurs et fondamentaux pour le droit du commerce international qui visent en toutes hypothèses à protéger certaines valeurs essentielles de la société internationale* »[778].

482. De ce qui précède, si on doit présenter de façon schématique la notion d'ordre public, il convient de dire qu'elle a principalement une fonction d'éviction du droit étranger. L'ordre public étatique comme transnational sont utilisés pour éviter l'application d'une loi ou d'une règle jugée « *intolérable* »[779] sur le territoire du for. Intolérable, parce qu'elle méconnaît les principes de droit public ou privé communs aux nations civilisées mais aussi parce que son application est incompatible avec les mœurs ou avec la défense, sur le territoire du for, de l'intérêt général ou d'une certaine politique législative. Partant de là, l'ordre public apparaît comme un mécanisme de protection de l'ordre juridique d'un État donc au final de la sécurité juridique.

483. Dans le domaine du commerce international, la notion d'ordre public apporte aussi de la sécurité juridique car elle agit comme un élément

---

[776] J. VASSOGNE, « L'arbitre, le juge et l'ordre public économique », *Revue de l'arbitrage*, 1987, n°1, p. 88.

[777] V. J. SALMON (dir.), *Dictionnaire de Droit International Public*, *op.cit.*, p. 788. Selon cet ouvrage dans le sens du droit international privé, l'ordre public international est un motif utilisé en droit international privé (en matière de conflits de lois ou de conflits d'autorités et de juridictions) pour limiter l'application de la loi étrangère dans la mesure où les dispositions de celle-ci sont incompatibles avec des principes essentiels de la loi du for. En matière d'arbitrage commercial international, l'ordre public est « une exception de nature à limiter l'application de dispositions de la loi étrangère invoquée par la partie étatique dans la mesure où ces dispositions sont considérées comme incompatibles avec les principes jugés essentiels par les arbitres que ces derniers qualifient d'ordre public international. »

[778] Sur cette définition v. P. LALIVE, « Ordre public transnational (ou réellement international) et arbitrage
International », *Revue de l'arbitrage*, 1986, p. 331.

[779] *Ibid.*, p. 12.

de protection et de régulation[780]. Elle permet d'encadrer la liberté de commerce. Par exemple, elle permet de limiter la liberté contractuelle ou de protéger la partie faible à un contrat[781]. Dans ce même domaine, elle entretient un lien très étroit et complexe[782] avec l'arbitrage. Un lien étroit, parce que pour être reconnue, une décision arbitrale doit impérativement respecter l'ordre public étatique ou l'ordre public transnational. De la sorte, l'arbitre a l'obligation de soumettre sa sentence à l'ordre public pour qu'elle puisse être valablement intégrée dans l'ordre interne par le juge étatique. Un lien complexe, parce que cette notion soumet justement l'arbitre à des règles impératives. Or toute l'évolution de la notion d'arbitrage est profondément marquée par l'idée d'autonomie. Finalement, quand il prend sa décision, l'arbitre n'est pas complètement libre car il doit concilier l'intérêt des parties avec l'intérêt des tiers et surtout l'intérêt général. C'est pour toutes ces raisons que de façon générale nous affirmons que l'arbitrage à travers le respect de l'ordre public favorise la sécurité juridique (**§ I**). Pour bien s'en rendre compte, nous prenons l'exemple offert par l'apparition progressive d'un ordre public communautaire au sein de l'OHADA et du Mercosur (**§ II**).

§ I. Le respect de l'ordre public dans l'arbitrage : un facteur de sécurité juridique

484. L'ordre public est doublement porteur de sécurité juridique. D'abord, cette notion permet à un État de se prémunir contre les décisions arbitrales étrangères qui peuvent porter atteinte à son ordonnancement juridique (**A**). Ensuite, l'ordre public permet de protéger les intérêts de l'ensemble des Etas qui composent ce qu'on appelle la communauté internationale (**B**).

A. L'ordre public facteur de sécurité juridique à l'échelle étatique

485. Identifier la notion d'ordre public étatique n'est pas une tâche facile car chaque État a un ordre juridique qui lui est propre. Ce dernier est composé de règles aussi diverses que les normes internes (la constitution, les lois et les règlements entre autres) et de normes internationales (les traités et les conventions). Parmi ces règles certaines sont jugées fondamentales et il n'est pas permis d'y déroger. L'ensemble de ces normes fondamentales et

[780] Sur l'idée de régulation à travers l'arbitrage v. J. VASSOGNE, *op.cit.*, p. 87 à 92.
[781] V. G. COUTURIER, « L'ordre public de protection, heurs et malheurs d'une vieille notion neuve », in *Etudes offertes Jacques FLOUR*, Répertoire de notariat Defrénois, Paris, 1979, p. 95.
[782] Sur la complexité des rapports entre l'arbitrage et l'ordre public v. P. LALIVE « Problèmes spécifiques à l'arbitrage international », *Revue de l'arbitrage*, 1980, p. 349.

impératives compose l'ordre public étatique[783]. Cette notion entretient de nombreux liens avec l'arbitrage. Elle est prise en compte face à la convention d'arbitrage (**1**) et la sentence arbitrale (**2**).

1. L'ordre public étatique face à la convention d'arbitrage

486. Tout d'abord, les parties ne peuvent recourir à l'arbitrage que si le litige est arbitrable et conforme à l'ordre public étatique. En d'autres termes, le contenu du contrat principal et de la convention d'arbitrage ne peut pas être contraire à l'ordre public de l'État dans lequel ils sont conclus. La loi applicable au contrat principal doit être prise en compte pour déterminer le caractère arbitrable d'un litige, puisque si elle édicte qu'il n'est pas possible de soumettre le litige à un arbitrage, l'arbitre doit se déclarer incompétent. Par conséquent, le choix des parties a comme limite claire le respect de l'ordre public étatique. La sécurité juridique étatique est assurée car l'arbitrage peut être utilisé par certaines parties comme un moyen de contournement ou de détournement des législations internes pour se livrer à des activités illégales. Par exemple, des parties qui s'entendraient pour régler par voie d'arbitrage des différends nés du commerce de produits contrefaits et qui choisiraient le droit d'un État de l'OHADA comme le Sénégal, se heurteraient à la loi sénégalaise n° 73-52 du 04 décembre 1973 sur le droit d'auteur et à l'Accord de Bangui du 24 février 1999 relatif à la création d'une Organisation Africaine de la Propriété Intellectuelle (OAPI)[784]. Ces textes constituent pour cet État des mesures d'ordre public sénégalais visant à sauvegarder le secteur industriel et le commerce local contre des activités qui lui sont très préjudiciables. De la sorte, la notion d'ordre public étatique dans l'arbitrage permet de préserver les intérêts nationaux et l'économie nationale. Cela est d'autant plus vrai, que le droit choisi dans la convention d'arbitrage doit non seulement respecter l'ordre public étatique, mais aussi l'ordre public des autres États.

---

[783] V. J. SALMON (dir.), *Dictionnaire de Droit International Public*, *op.cit.*, p. 786.

[784] Sur les liens entre l'OAPI et l'OHADA v. F. SIIRIAINEN, « L'harmonisation du droit de la propriété littéraire et artistique au sein de l'OAPI : regard extérieur d'un juriste français », *Revue de l'ERSUMA*, n°1, juin 2012, p. 252 et s. L'OAPI est née de l'accord de Bangui de 1977 (révisé le 24 février 1999). Aujourd'hui, cet accord sert de code de la propriété intellectuelle dans chacun des pays membres. Ces États membres sont pour la plupart aussi membres de l'OHADA. Il s'agit du Bénin, du Burkina Faso, du Cameroun, du Congo, de la Côte d'Ivoire, du Gabon, de la Guinée, de la Guinée Bissau, de la Guinée Équatoriale, du Mali, de la Mauritanie, du Niger, de la République Centrafricaine, du Sénégal, du Tchad et du Togo.

a. Le respect de l'ordre public étatique du droit applicable au fond du litige

487. L'arbitre est compétent pour connaître de l'ordre public étatique du droit applicable au litige aussi désigné comme la *lex contractus*. Il est compétent car de par sa mission juridictionnelle, il est tenu d'appliquer toutes les dispositions de droit régissant le fond du litige. D'ailleurs, il peut soulever d'office une violation à l'ordre public lorsqu'il est saisi. Cet ordre public s'impose à l'arbitre dès que les parties font le choix du droit applicable. De cette façon, il a l'obligation d'appliquer toutes les dispositions étatiques supplétives et impératives que les parties ont choisies. Un tribunal arbitral CCI a rappelé cette règle à de nombreuses reprises et notamment dans une sentence arbitrale qui opposait une partie brésilienne et une partie allemande[785]. La loi brésilienne avait été désignée par les litigants pour régir le contrat. Dans ce cas, les arbitres avaient décidé, en application de l'ordre public du Brésil, de ne pas donner effet à un taux d'intérêts moratoires convenu entre les parties. Le tribunal a déclaré à cet effet que ce taux « *ne pourra excéder, même en présence d'accord contraire des parties, les limites maxima prévues par des dispositions obligatoires de la loi brésilienne* ».

488. L'ordre public étatique s'impose aussi à l'arbitre quand il lui revient de déterminer la loi applicable au fond du litige. L'arbitre doit désigner cette dernière lorsque les parties n'ont pas effectué de choix. Dans ce cas de figure, il dispose d'une grande liberté puisqu'il peut opérer son choix selon la méthode qui lui paraît appropriée, même si cela doit aboutir à l'annulation du contrat principal. A ce propos, des auteurs ont affirmé que l'arbitre ne doit pas systématiquement désigner la loi permettant de valider le contrat principal en appliquant la règle du *favor validatis* comme dans la sentence CCI n° 2119 de 1978[786] où le droit portugais avait été écarté au profit du droit français. Les arbitres avaient précisé que « *les dispositions contractuelles demeurent néanmoins directement applicables dès lors qu'elles se heurtent pas les dispositions impératives de la loi française* ».

489. Enfin, même si la convention d'arbitrage prévoit que l'arbitre doit statuer en amiable composition, il est toujours obligé de respecter l'ordre public étatique. A prime abord, cette solution peut paraître curieuse car statuer en amiable composition ou en équité est précisément une renonciation par les parties à être jugée en vertu d'une loi étatique. Raisonner de la sorte revient à ignorer que la faculté d'exclusion du droit connaît des limites. En effet, quand il est invité à statuer en amiable composition[787], le tribunal arbitral peut écarter ou adapter des lois

[785] Sur cet exemple v. J.-B. RACINE, *op.cit.*, p. 244.

[786] Sur cette sentence v. *JDI*, 1979, p. 997 avec des observations d'Y. DERAINS

[787] Comme le prévoit l'article 15 de l'Acte Uniforme relatif à l'arbitrage et l'article 9 de l'Accord de Buenos Aires de 1998.

supplétives ou des usages du commerce qui ne sont pas pertinents pour la résolution du cas d'espèce. Cependant, il lui est formellement interdit d'écarter des règles d'ordre public applicables au cas d'espèce[788].

490. Toutefois, il convient de souligner que dans certaines hypothèses purement exceptionnelles l'arbitre peut refuser d'appliquer l'ordre public de la *lex contractus*. Il peut le faire s'il est contraire à l'ordre public transnational ou s'il estime qu'il n'est pas adapté aux besoins ou aux usages du commerce international[789]. C'est le cas par exemple de la prohibition de l'intérêt dans les prêts (le *riba*) dans certains pays musulmans[790]. Cette interdiction qui provient de l'application stricte de la loi islamique est conforme à l'ordre public de certains États du Maghreb ou encore de l'Arabie Saoudite et du Pakistan mais contraire aux usages du commerce international. Par conséquent, *a priori* l'arbitre ne peut pas allouer des intérêts au créancier[791] dans une affaire commerciale se déroulant dans l'un de ces pays.

491. *A priori*, seulement car si l'arbitre veut allouer ces intérêts et que la sentence arbitrale soit efficacement exécutée dans l'un de ces pays, il dispose de divers subterfuges juridiques (*hiyal*). Il existe différentes techniques, inspirées soit du droit de la société, soit de la vente, soit même du bail. Ainsi sont licites en droit islamique : la commandite (*mudharaba*), la double vente (*mukhatara*), la majoration du prix de la marchandise dans la vente à crédit, la participation aux bénéfices. Etant donné que l'espace OHADA compte une forte population musulmane[792], les arbitres de cet espace doivent être sensibilisés à ces cas de figure. Dans d'autres hypothèses, l'arbitre peut être aussi contraint de respecter un ordre public étranger.

b. Le respect de l'ordre public étranger au droit applicable au fond du litige

492. Si l'arbitre veut voir sa sentence reconnue ou exécutée dans un autre territoire, il doit aussi se soucier du fait que ni le contrat ni la convention d'arbitrage ne violent pas un ordre public étranger. En d'autres termes, par souci d'efficacité de la sentence arbitrale, l'ordre public d'un autre pays doit être pris en compte par l'arbitre. Il peut le faire à travers la prise en considération d'une loi de police étrangère.

---

[788] V. J.-J. ARNALDEZ, Y. DERAINS, D. HASCHER, *Recueil des sentences arbitrales de la CCI 2001-2007*, Grande Bretagne, Wolters Kluwer, 2009, p. 559.

[789] Sur ces exceptions v. J.-B. RACINE, *op.cit.,* p. 265 à 269.

[790] Sur cette interdiction et les moyens juridiques de la contourner v. P. MALAURIE et L. AYNES, « Le taux d'intérêt conventionnel », *Defrénois*, 30 avril 1991, n° 8, p. 466 et s.

[791] L'arbitre est couramment sollicité pour allouer ce type de mesures. Sur la pratique des taux d'intérêt dans l'arbitrage commercial international v. le *Bulletin de la Cour Internationale d'Arbitrage de la CCI*, 2004, volume 15 n° 1, p. 43 à 65.

[792] La population musulmane dans l'ensemble de cet espace dépasse les 70 millions d'habitants.

b.1. La prise en considération par l'arbitre d'une loi de police étrangère

493. Une loi de police est une loi dont l'observation est nécessaire pour la sauvegarde de l'organisation politique, sociale, et économique et qui exclut l'application des lois étrangères[793]. Comme exemple de loi de police, nous pouvons citer la loi américaine *Racketeer Influenced and Corrupt Organizations Act,* plus connue comme la loi *RICO*. Cette loi de 1961 a été rédigée en des termes très généraux. Son but premier était de lutter contre l'activité criminelle organisée et de la maîtriser mais elle a largement été employée dans un grand nombre d'affaires commerciales. En effet, à l'origine, elle avait été conçue comme un instrument juridique devant permettre d'empêcher l'infiltration des organisations commerciales légales par la criminalité organisée, en infligeant des sanctions pécuniaires très lourdes aux individus et aux entités internes ayant participé ou ayant été impliqués dans un programme de racket ou d'extorsion de fonds. Dans la pratique, cette loi a été utilisée dans des affaires impliquant des employés ou des associés d'entreprises américaines et affectant le commerce interne américain ou le commerce international. De ce fait, la loi *RICO* a déjà été employée comme loi de police étrangère dans des arbitrages. Pour que l'arbitre puisse appliquer ce type de loi à un litige, il doit vérifier trois éléments : il doit être en mesure de déterminer que la loi de police intéresse le litige, qu'elle entretient des liens étroits avec le litige et que son application est légitime.

494. Premièrement, pour que la loi de police intéresse le litige, l'arbitre doit regarder son champ d'application spatiale ou son objet et déterminer si elle est applicable aux faits du litige. Dans l'affirmative, on dit que la loi de police revendique sa compétence. La CCI dans son affaire n°6320 de 1992 qui opposait une partie brésilienne (demandeur) et une partie américaine (défendeur) a dû délimiter le champ d'application de la loi *RICO*[794]. En l'espèce, le contrat litigieux était soumis au droit brésilien mais le demandeur voulait que la loi *RICO* soit appliquée afin d'obtenir une condamnation plus lourde du défendeur (*treble damages*)[795]. Le tribunal a rejeté l'application de cette loi car il a estimé qu'il y avait une absence totale d'incidence sur le marché américain. Le tribunal a ainsi rappelé que « *Bien que certains des agissements de la défenderesse invoqués par la demanderesse à l'appui de sa demande fondée sur la loi RICO aient selon lui eu lieu aux États-Unis, l'essentiel de la fraude alléguée est survenu en*

---

793 Sur cette définition v. G. CORNU, *op.cit.,* p. 561.

794 Sur cette sentence v. *JDI,* 1995, p. 986 à 993 avec une note de D. HASCHER.

795 Il demandait le triplement des dommages et intérêts. Cette pratique est autorisée dans le droit anglo-saxon. En effet, dans la pratique arbitrale des pays de *common law*, les arbitres sont habilités a accorder des dommages-intérêts punitifs en fonction de la loi de police applicable ou de la loi du contrat. Sur cette pratique v. J. ORTSCHEIDT, « Les dommages et intérêts punitifs en droit de l'arbitrage international », *Petites affiches*, 20 novembre 2002, n°232, p. 17 et s.

dehors des États-Unis. Le centre des rapports entre les parties se situe dans le pays (...) et les effets des activités alléguément délictueuses de la défenderesse relevant de la loi RICO se sont produits là-bas. Ces circonstances ne commandent pas dans cette affaire d'arbitrage international l'application impérative des dispositions de la loi RICO relatives au triplement des dommages et intérêts. »[796]. Il ressort de ce qui précède, que l'arbitre est tenu de vérifier l'étroitesse des liens entre la loi de police et le litige. Il est tenu d'examiner les points de rattachement ou les liens objectifs entre la loi de police étrangère et l'affaire. On estime que ces points de rattachement sont nombreux et suffisants lorsque l'État d'exécution du contrat est l'émetteur ou le législateur de loi de police étrangère.

495. Deuxièmement, l'arbitre doit apprécier la légitimité de l'application de la loi de police étrangère dans une affaire. Pour ce faire, il apprécie de façon souveraine le sérieux ou la légitimité de l'intérêt protégé. Il le fait au cas par cas, en prenant en compte les réalités de chaque pays. Par exemple, dans l'affaire citée ci-dessus, le tribunal arbitral a rappelé que le marché américain n'était pas lésé et que donc les intérêts américains n'étaient pas en jeu. Autant dire qu'il n'est pas facile pour l'arbitre de prendre en considération une loi de police étrangère. C'est pour cette raison que sa prise en considération soulève de nombreuses critiques dans la doctrine.

b.2. Les critiques sur la prise en considération par l'arbitre d'une loi de police étrangère

496. La première critique provient du fait qu'en réalité, lorsqu'une loi de police étrangère à *lex contractus* est prise en considération par un arbitre, l'ordre public de cette loi n'est atteint que par « *ricochet* »[797]. Concrètement, la seule violation de l'ordre public étranger n'est pas suffisante. Il faut une violation cumulative de la loi de police étrangère et de l'ordre public du droit choisi par les parties. Ainsi, l'arbitre doit vérifier que l'intérêt protégé par la loi de police étrangère est le même que celui protégé par le droit étatique désigné dans la convention ou le contrat d'arbitrage. Nous pouvons conclure sans nous tromper que la prise en considération par l'arbitre d'une loi de police étrangère est un système complexe. C'est cette complexité du système qui est certainement à l'origine du scepticisme et de l'hostilité envers l'application de la loi de police en matière d'arbitrage international. Emmanuel GAILLARD montre toute son hostilité envers cette notion quand il soutient que l'arbitre, n'étant pas une émanation d'un ordre juridique national, il n'a aucune obligation de faire respecter les lois de police du for « ... *et moins encore de faire respecter les politiques d'États dont, par*

[796] *Ibid.* p. 990.
[797] Selon l'expression utilisée par J.-B. RACINE, *op.cit.,* p. 309.

hypothèse, la loi n'a pas été choisie par les parties... »[798]. Selon lui, les lois de police doivent être ignorées par l'arbitrage commercial international.

497. Pierre MAYER est plus modéré car il doute de la pertinence de l'application d'une loi de police étatique étrangère dans l'arbitrage. Pour lui, son application peut conduire à des conséquences inopportunes[799] : des parties peuvent très bien respecter le droit étatique dans leur convention d'arbitrage ou contrat, mais ce droit peut être contraire aux intérêts nationaux du pays d'exécution. Il préconise plutôt l'utilisation exclusive de la loi de police du pays directement affecté ou éventuellement de faire référence à la règle morale.

498. A ces critiques nous devons rajouter celles d'Eric LOQUIN. Pour lui, la loi de police vient perturber la sécurité juridique et notamment la prévisibilité du droit[800]. Bien avant lui, la sentence CCI n° 8385 dans un autre différend en rapport avec la loi *RICO*, avait déjà énoncé que les lois de police visant à protéger les intérêts étatiques ou publics dans l'arbitrage international étaient une source d'imprévisibilité donc d'insécurité juridique[801]. Le tribunal a souligné qu'en matière d'arbitrage international, les parties doivent plutôt privilégier le recours aux principes internationaux car ils prennent en compte les besoins des relations internationales et permettent des échanges fructueux entre les différents systèmes[802]. C'est dans ce sens que cet auteur note qu' au respect de la loi choisie par les parties s'ajoute celui des différents ordres juridiques intéressés à l'affaire, ce qui conduit à soulever ce qu'il appelle trois « *inconnues* » qui fragilisent la relation juridique. La première inconnue est liée à la difficulté d'identifier les lois de police dans les ordres juridiques étatiques. Etant donné qu'il n'existe pas une définition commune ou universelle de cette notion, il faut analyser règle par règle dans chaque pays et rechercher la volonté du législateur pour identifier ce type de lois. Cette démarche paraît trop difficile à réaliser tant la sphère de recherche est vaste. La deuxième inconnue résulte de la détermination et de l'application spatiale des lois de police. Déterminer le champ d'application d'une loi de police est une tâche qui peut s'avérer complexe. Il faut vérifier que la relation juridique établie par les parties entre bien dans le champ d'application des intérêts protégés par la loi de police. La

---

[798] Sur cette affirmation v. E. GAILLARD, « Arbitrage commercial international, sentence arbitrale, droit applicable au fond du litige », *Jurisclasseur, Droit international*, 1991, p. 25.

[799] Sur cette vision v. P. MAYER, « La règle morale dans l'arbitrage international », *op.cit.*, 384 et 385.

[800] Sur cette thèse v. E. LOQUIN, « Sécurité juridique et relations commerciales internationales », *in Sécurité juridique et droit économique :* actes du colloque organisé les 26 et 27 octobre 2006 à la faculté de droit de Sophia Antipolis, Nice, Bruxelles, Larcier, 2008, p. 477 à 479.

[801] V. affaire CCI n° 8385 de 1995, *JDI*, 1997, n° 4, p. 1061 à 1073 avec une note de Y. DERAINS.

[802] *Ibid.*, p. 1066 où il est écrit que : « *C'est donc une opportunité idéale pour appliquer ce qui est de plus en plus nommé lex mercatoria* ».

troisième inconnue est la réaction du juge national face à une loi de police quand il contrôle la sentence arbitrale. L'auteur se pose la question de savoir dans quelle mesure elle est prise en compte par le juge national. Celui-ci est-il habilité à appliquer ou à lui donner effet. Les éléments de réponse à ces interrogations sont à rechercher dans des conventions internationales régionales.

499. A titre d'exemple, en Amérique Latine, la Convention interaméricaine sur la loi applicable aux contrats internationaux (CIDIP V)[803], adoptée le 17 mars 1994, prévoit à son article 11 alinéa 2 que « *Lorsqu'il le juge pertinent, le tribunal* (le juge) *peut à sa discrétion, appliquer les dispositions impératives de la loi d'un autre État avec lequel le contrat présente des liens étroits* ». Ce texte habilite expressément le juge à appliquer de façon discrétionnaire une loi de police étrangère. Pour autant, il ne résout pas tous les problèmes sur cette question. Le premier problème réside dans le fait que cette convention a une sphère d'application très restreinte. Dans la pratique, elle n'a été signée que par cinq pays latino-américains et ratifiée que par deux d'entre eux. Parmi les États l'ayant signée le 17 mars 1994 mais pas encore ratifiée figurent deux États membres du Mercosur : le Brésil et l'Uruguay. En clair, dans ces États, la question de l'application par le juge d'une loi de police étrangère reste *a priori* toujours ouverte. Nous espérons une rapide ratification par l'ensemble des États de cette organisation ce qui permettrait de sortir de ce flou. Le deuxième problème que cette convention soulève est la grande part de subjectivité qui est laissée au juge. Elle est de nature à porter atteinte à la prévisibilité et la stabilité de la règle de droit. Le juge est libre ici d'appliquer ou non dans des cas similaires une loi de police étrangère. On court alors le risque de se retrouver devant des solutions disparates. Cette incertitude est aussi présente dans le cadre de l'Union européenne où la Convention de Rome du 19 juin 1980 sur la loi applicable aux obligations contractuelles dans son article 7[804] donne aussi des éléments de réponse très proches du texte latino-américain cité ci-dessus[805]. C'est pour toutes ces raisons qu'Eric LOQUIN conclut en comparant l'application des lois de police étrangère à une équation à trois

[803] Sur cette convention v. L. PERRET « La Convention interaméricaine sur la loi applicable aux contrats internationaux adoptée par la C.I.D.I.P.V avec des notes explicatives » *Revue Générale de Droit*, 1994, n°25, p. 625 à 635.

[804] Cet article énonce que « *lors de l'application en vertu de la présente convention, de la loi d'un pays déterminé, il pourra être donné effet aux dispositions impératives de la loi d'un autre pays avec lequel la situation présente un lien étroit, si et dans la mesure où, selon le droit de ce dernier pays, ces dispositions sont applicables quelle que soit la loi régissant le contrat. Pour décider si effet doit être donné à ces dispositions impératives, il sera tenu compte de leur nature et de leur objet ainsi que des conséquences qui découleraient de leur application ou de leur non application* ».

[805] V. PERRET, *op.cit.*, p. 630. L'article 11 alinéa 2 de la convention CIDIP V a été inspiré par l'article 7 de la Convention de Rome du 19 juin 1980.

inconnues dont la solution ne nécessite pas l'intervention de « *mathématiciens du droit mais de devins du droit* »[806].

500. Si nous ne pouvons pas nier la pertinence et l'acuité de toutes ces critiques, force est d'admettre que la notion de loi de police existe bel et bien. Partant de là, elle ne peut pas être purement et simplement ignorée dans l'arbitrage, comme le préconise certains auteurs. L'arbitre étant le juge naturel du commerce international, il a l'obligation de veiller au respect de ses intérêts et de sa pérennité en appliquant les moyens mis à sa disposition. Ainsi, il doit appliquer la notion de loi de police lorsque cela est nécessaire et utile pour garantir l'ordre public. Cela est d'autant plus vrai que de par son utilisation, elle contribue efficacement à la protection des intérêts nationaux. En effet, cette notion contribue à la recherche de la sécurité juridique interne en encadrant strictement la liberté contractuelle des parties. Enfin, il faut souligner que si la loi de police réussit à apporter de l'ordre interne dans un État, cela rejaillit inévitablement sur le commerce international.

501. En ce qui concerne la prise en considération de l'ordre public étranger, nous ne pouvons que partager la vision selon laquelle elle est une source de désordre. D'ailleurs nous sommes d'avis que lorsque cela est nécessaire, l'arbitre international recourt plutôt à l'ordre public transnational ou à l'ordre public communautaire notamment dans le cadre du Mercosur et de l'OHADA. Face à la sentence arbitrale, l'arbitre a la même obligation de vérifier qu'elle est conforme à l'ordre public étatique.

2. L'ordre public étatique face à la sentence arbitrale

502. Si l'arbitre souhaite que la sentence qu'il a rendue soit reconnue ou exécutée sur le territoire d'un État, il doit s'assurer qu'elle est conforme à l'ordre public étatique. Cette condition est une réelle condition d'efficacité de la sentence arbitrale. D'efficacité parce que la sentence a beau être rendue par un arbitre compétent, elle ne se suffit pas elle-même pour être exécutoire ou reconnue. La mission régalienne du juge étatique est de vérifier que la sentence puisse être valablement intégrée dans l'ordre interne. De la sorte, il contrôle que le fruit du travail de l'arbitre est conforme aux exigences et à l'ordre public du for. La sentence doit impérativement subir ce contrôle pour être appliquée ou exequaturée. Seuls les systèmes CCJA avec *l'exequatur communautaire* et CIRDI n'imposent pas de contrôle lors de l'*exequatur*.

503. Si le juge constate que la sentence est contraire à l'ordre public du for, il doit purement et simplement refuser son entrée sur le territoire. La convention de New York de 1958 sur la reconnaissance et l'exécution des sentences arbitrales étrangères invite tous les pays adhérents à procéder de la

---

[806] V. E. LOQUIN, *op.cit.,* p. 479.

sorte lorsque la sentence est contraire à l'ordre public du for à travers son article V 2[807].

504. Dans les faits, la pratique et la jurisprudence arbitrale internationale ont démontré que la notion d'ordre public dans le contrôle de la sentence arbitrale est interprétée de façon restrictive puisque les juges se basent principalement sur l'ordre public du for et semblent ignorer l'ordre public transnational. Cette démarche se justifie par le fait que la Convention de New York ne contient pas de référence expresse à la notion d'ordre public international. Ainsi, comme le démontre plusieurs affaires étudiées par un auteur les juges ont généralement recouru à l'idée d'une interprétation restrictive de l'exception d'ordre public[808]. Cela ressort de l'arrêt *Parsons & Whittemore Overseas c/ Société Générale de l'Industrie du papier*, dans laquelle une juridiction des États-Unis a estimé que « *l'exception d'ordre public de la Convention doit être interprétée de manière restrictive. L'exécution de sentences arbitrales étrangères ne peut être refusée sur ce fondement que si une telle exécution violerait les concepts de moralité et de justice les plus fondamentaux de l'État du for* ». Les tribunaux de nombreux autres pays ont repris cette démarche. En Inde, la *High Court de Bombay*, dans une décision en date du 12 octobre 1989, s'est appuyée expressément sur l'arrêt *Parsons*. Cette juridiction a retenu que la lecture de la Convention ainsi que la politique législative indienne en faveur de l'exécution des sentences arbitrales conduisent à interpréter l'exception d'ordre public de manière restrictive. En Allemagne, le *Bayerisches Oberstes Landesgericht*, dans une décision en date du 20 novembre 2003, a retenu qu'« *une sentence arbitrale viole l'ordre public lorsqu'elle viole une norme qui régit les principes fondamentaux de l'État allemand et de la vie économique de manière impérative...* ». En Suisse, le *Tribunal fédéral*, dans un arrêt du 8 décembre 2003, a considéré que l'exception d'ordre public de l'article V 2 de la Convention ne joue que lorsque la « *décision étrangère heurte de manière intolérable les conceptions suisses de la justice* ». Comme la majorité des États de l'OHADA ont adhéré à cette convention et que les États du Mercosur ont transposé l'article V de ce texte dans l'article 5 de la Convention de Panama, nous pouvons en déduire que le juge étatique de l'OHADA et du Mercosur est tenu de vérifier que la sentence arbitrale est avant tout en conformité avec l'ordre public du for.

---

[807] Article V 2 de la Convention de New York de 1958 énonce que « *La reconnaissance et l'exécution d'une sentence arbitrale pourront aussi être refusées si l'autorité compétente du pays où la reconnaissance et l'exécution sont requises constate : ...*
b. Que la reconnaissance ou l'exécution de la sentence serait contraire à l'ordre public de ce pays. »

[808] Sur la jurisprudence relative à l'interprétation restrictive de la notion d'ordre public v. M. PETSHE, « L'autonomie de l'arbitrage commercial international et le contrôle de conformité des sentences arbitrales à l'ordre public », *Gazette du Palais*, 14 décembre 2006, n° 348, p. 11 et s.

506. La démarche de l'interprétation restrictive de la notion d'ordre public par les juges étatiques soulève ouvertement la question de l'étendue du contrôle de la sentence arbitrale par le juge étatique. En d'autres termes, dans ce type de contrôle, le juge étatique doit-il évacuer systématiquement l'ordre public transnational ? La réponse varie selon que l'on se trouve dans un pays qui adopte une conception maximaliste ou minimaliste de ce contrôle[809]. Parmi les États qui adoptent une conception minimaliste, c'est-à-dire que le contrôle de conformité de sentence n'est opéré qu'au regard de l'ordre public étatique, nous retrouvons bien évidement ceux cités plus haut. *A contrario*, les États comme la Belgique qui appliquent le contrôle maximaliste vérifient que la sentence est conforme à l'ordre public étatique et à l'ordre public transnational. Il faut penser à une troisième forme de contrôle plus équilibrée car ces deux solutions peuvent être une source d'insécurité juridique puisque nous pouvons aboutir à des décisions contradictoires dans un même ensemble comme le Mercosur ou encore l'OHADA. C'est la raison pour laquelle nous appelons de nos vœux l'émergence d'un ordre public communautaire dans ces espaces. Avant d'aborder ce point, nous devons d'abord présenter la notion d'ordre public transnational qui est un facteur de sécurité juridique à l'échelle internationale.

B. L'ordre public facteur de sécurité juridique à l'échelle internationale

507. Même si nous avons cité la définition de l'ordre public transnational proposée par Pierre LALIVE, il convient de souligner qu'il n'a pas toujours existé de consensus sur la définition à donner à cette notion. Certains auteurs ont même contesté son existence[810] (**1**). Pourtant, cette notion existe et grâce à son contenu elle permet de réguler le commerce international (**2**).

1. Les incertitudes liées à l'existence de la notion d'ordre public transnational

508. Pour certains auteurs, la notion d'ordre public transnational se rapproche d'un mythe[811] . Pour eux, elle n'est pas en soi une règle de droit positif parce qu'elle n'a pas d'autonomie par rapport aux règles de l'ordre juridique interne et international. Ces auteurs citent comme exemple le fait que lorsque l'arbitre international a été invité à sanctionner un comportement

---

809 V. Sur les conceptions de contrôle de la sentence arbitrale v. Ch. SERAGLINI, « Le contrôle de la sentence au regard de l'ordre public international par le juge étatique : mythes et réalités », *Gazette du Palais*, 21 mars 2009, n° 2009/1, p. 5 et s.

810 V. V. HEUZÉ, « La morale, l'arbitre et le juge », *Revue de l'arbitrage*, 1993, n° 2, p. 188 et 189. Selon cet auteur le recours à l'ordre public transnational est incompatible avec l'origine contractuelle de la mission de l'arbitre.

811 Parmi ces auteurs nous pouvons citer A. COURT de FONTMICHEL, *op.cit.*, p. 99.

illicite, il a parfois d'abord fait référence à l'ordre public étatique. La jurisprudence arbitrale relative à la corruption[812] a pu nous fournir une parfaite illustration de cette thèse. Dans la sentence CCI n°1110 (aussi dénommée sentence *Lagergren*)[813] qui est la première et la plus connue en cette matière, l'arbitre a d'abord constaté une violation de l'ordre public étatique de la France (en tant que loi de police étrangère) et de celui de l'Argentine (en tant que lieu d'exécution du contrat) avant d'ajouter que la corruption était aussi prohibée par l'ordre public transnational.

509. Dans la sentence CCI n°3913[814], les arbitres ont jugé que le versement de « *pots-de-vin* » par une entreprise britannique était la cause de l'engagement souscrit par une entreprise française. Ils ont conclu à la nullité du contrat en précisant que : « *Cette solution n'est pas seulement conforme à l'ordre public français interne, elle résulte également de la conception de l'ordre public international tel que la plupart des nations le reconnaît* ».

510. L'arbitre unique siégeant à Paris a procédé de la même façon dans la sentence CCI n°3916 impliquant une partie française (défendeur) et l'Iran (demandeur)[815]. Cette affaire concernait le paiement de commissions pour l'obtention de contrats en Iran. Pour rendre sa sentence, l'arbitre a pris en compte les règles matérielles des ordres juridiques étatiques français et iranien et seulement après l'ordre public transnational. Premièrement, il a examiné le contexte de l'époque en ces termes : « *Il est notoire que, pendant les années au cours desquelles ont eu lieu les travaux de la société grecque en Iran, la corruption ou tout au moins la vente d'influence y étaient de pratique constante. Il était extrêmement difficile sinon impossible d'obtenir des contrats pour travaux publics sans recourir à ces moyens. Le*

[812] Sur la corruption et l'arbitrage v. A. SAYED, *Corruption in International Trade and Commercial Arbitration*, Netherlands, Kluwer law International, 2004.

[813] Sur cette sentence v. J.G. WETTER, « Issues of corruption before International Tribunals : The authentic text and true meaning of Gunnar Lagergren's award 1963 Award in ICC case n°1110 », *Arbitration International*, 1994, p. 277 et s. Cette sentence porte le nom de l'arbitre unique qui l'a rendue à savoir Gunnar Lagergren (1912-2008). Dans cette affaire, il avait eu à connaître d'un litige entre une société britannique et un ressortissant argentin. En l'espèce, en 1950 la société britannique pour obtenir l'adjudication en Argentine d'un marché public (construction d'une centrale électrique) avait eu recours aux services d'un intermédiaire argentin. Celui-ci était chargé d'utiliser ses relations dans les milieux Gouvernementaux afin que le marché lui soit attribué. En cas de succès il était prévu que l'intermédiaire reçoive 10% de la valeur du contrat. En dépit des efforts de ce dernier, en 1951 le marché a été attribué à une société allemande. En 1957 après la chute du régime argentin qui était intervenue deux ans plus tôt, la société britannique soumissionna à une offre d'adjudication aux nouvelles autorités argentines. Cette fois elle emporta le contrat. L'intermédiaire argentin exigea que la société britannique lui verse les 10% de la valeur de la deuxième adjudication estimant que le résultat positif était dû à ses précédents efforts. Les parties conclurent un compromis d'arbitrage prévoyant un arbitrage CCI ayant pour siège Paris.

[814] V. l'affaire CCI n° 3913 de 1981 citée par P. LALIVE, *op.cit.*, p. 339.

[815] Sur la sentence CCI n° 3916 de 1982 v. S. JARVIN et Y. DERAINS, *Recueil des sentences arbitrales de la CCI, 1974-1985*, Paris, Kluwer, ICC Publishing S. A., Paris, 1990, p. 507 et s., *spéc*. p. 509-511. V. aussi *JDI*, 1984, p. 930.

Gouvernement iranien a, en vain, tenté de remédier à cet état de choses par de nombreuses lois. »[816]. Il a poursuivi en citant le corpus juridique iranien relatif à la prohibition de la corruption[817] à savoir la loi punissant l'exercice d'influence de 1936, la Loi prohibant les interventions de 1958, la loi punissant les conspirations concernant les transactions publiques de 1959, l'amendement de l'article 139 du Code pénal de 1973. A ces textes il a ajouté les articles 190, 219 et 1288 du code civil iranien qui prévoient « *la nullité de tous les contrats contraires aux bonnes mœurs ou à l'ordre public iranien* »[818]. Deuxièmement, il a rappelé qu'en droit français il existait une jurisprudence constante pour dire que sont nulles, au sens des articles 6, 1131 et 1133 du code civil, en raison de leur cause illicite, les conventions par lesquelles quelqu'un s'engage moyennant contrepartie, à user de son influence auprès d'une administration publique afin d'obtenir un marché au bénéfice de son cocontractant. Il en est ainsi de toute promesse rémunérée de s'entremettre pour obtenir de l'administration ou du Gouvernement une commande[819]. Enfin, l'arbitre a pris clairement en compte l'ordre public transnational. Pour ce faire, il a cité le précédent de la sentence *Lagergren* : « *Après avoir constaté que l'accord sur la base duquel un ex-fonctionnaire exigeait une commission pour son appui afin d'obtenir un contrat avec un Gouvernement était contraire à deux législations ; l'arbitre s'est référé à un principe de droit généralement reconnu par les nations civilisées selon lequel des ententes violant sérieusement les bonnes mœurs où l'ordre public international sont nulles ou tout au moins ne peuvent pas donner lieu à exécution.* »[820].

511. A partir de ce qui précède nous pouvons comprendre la vision des auteurs selon laquelle l'ordre public transnational n'existe pas ou est purement et simplement accessoire. En effet, la démarche des arbitres dans ces deux affaires semble le rendre inutile puisque son utilisation aboutit au même résultat que l'application de l'ordre public étatique. En quelque sorte, l'ordre public transnational se grefferait sur des notions voisines émanant d'un ordre juridique étatique ce qui le rendrait finalement stérile. L'ordre public transnational n'existerait qu'à travers le prisme de l'ordre public étatique. Pour autant, nous ne partageons pas cette thèse car ce raisonnement peut être tout simplement renversé[821] : dès l'instant qu'une même solution

---

[816] *Ibid.*, p. 509.

[817] Toutes ces dispositions ordonnent des sanctions pénales assez graves pour les fonctionnaires publics ou employés au service d'organismes publics ou d'entreprises appartenant pour plus de la moitié à l'État ou à d'autres entités de droit public, lorsque ces personnes commettent des actes de corruption ou de trafic d'influence. L'accent, dans ces dispositions, est mis spécialement sur la conclusion de transactions entre l'État, l'entreprise étatique ou autre entité et un tiers, conclusion qui serait favorisée par les actes prohibés.

[818] *Ibid.*, p. 509.

[819] V. S. JARVIN et Y. DERAINS, *op.cit.,* p. 510.

[820] *Ibid.*, p. 511.

[821] V. J.-B. RACINE, *op.cit.,* p. 357.

est atteinte en passant par l'ordre public transnational et par des ordres publics étatiques, on peut se demander s'il est toujours pertinent de citer l'ordre public étatique. De plus, la réalité est que la notion d'ordre public transnational trouve toute sa justification dans le fait que l'arbitre international n'a pas de for étatique. De ce fait, il est tout à fait légitime qu'il dispose de normes propres lui permettant de mener à bien sa mission. Enfin, pour trancher le débat, il faut mettre en avant le fait que la sentence CCI n°12290 de 2005 a précisé que l'interdiction de la corruption est véritablement une règle internationale[822] de « *telle sorte qu'il n'est pas douteux que celle-ci appartient à l'ordre public transnational* ».

512. Ainsi, pour dégager l'ordre public transnational, l'arbitre se fonde sur des normes et des valeurs qui font l'objet d'un large consensus ou qui ont une vocation universelle. Pour certains auteurs, cette notion tirerait sa source originelle de la *lex mercatoria*[823]. Puisqu'elle est internationale par son objet, elle est l'ordre public des usages et de la loi des marchands du commerce international. D'autres auteurs ont souligné que le périmètre des sources de l'ordre public transnational est bien plus large puisqu'il englobe en plus de la *lex mercatoria* des règles de droit public telles que le *jus cogens*[824], les conventions internationales[825] ou encore les principes généraux du droit. C'est ainsi que les arbitres ont régulièrement et de façon continue fait référence à la notion d'ordre public transnational en utilisant ces diverses sources. Ce qui leur a permis d'enrichir son contenu et sa fonction. Le contenu de cette notion favorise singulièrement la sécurité et la régulation dans les échanges commerciaux.

2. Le contenu de la notion d'ordre public transnational : les éléments de sécurisation des échanges commerciaux

513. L'ordre public transnational est composé de divers principes qui font l'objet de consensus dans la communauté internationale et qui concourent à la recherche de la sécurisation des échanges commerciaux. Parmi ces principes, nous retrouvons la prohibition de la corruption (**a**), l'interdiction

---

822 Sur cette sentence v. *JDI*, 2010, p. 1406, spéc. p. 1408 à 1409.

823 Sur cette affirmation v. Ph. FOUCHARD, E. GAILLARD, et B. GOLDMAN, *op.cit.*, § n° 1533 à 1535.

824 Sur les liens entre le *jus cogens* et l'ordre public international v. P. DAILLIER, M. FORTEAU et A. PELLET, *op.cit.*, p. 227. Les auteurs citent l'arrêt du 21 septembre 2005 du Tribunal de Première Instance de l'UE, *A.A Yusuf e.a. c/ Conseil de l'UE et Commission*, § 277. Dans cette affaire, le juge a affirmé que le *jus cogens* est « *un ordre public international qui s'impose à tous les sujets de droit international, y compris les instances de l'ONU, et auquel il est impossible de déroger* ». Cette position a été explicitement reprise dans l'arrêt du même Tribunal le 12 juillet 2006 dans le cas *C. Ayadi c/ Conseil de l'UE*.

825 V. P. MAYER, « L'application par l'arbitre des conventions internationales de droit privé », *in L'internalisation du droit, Mélanges offerts à Yvon Loussouarn*, *op.cit.*, p. 285. Selon cet auteur, les conventions internationales sont, pour l'arbitre, la marque d'un consensus des États signataires.

de l'asservissement (**b**) et surtout le principe de l'exécution de bonne foi du contrat (**c**). Tous concourent à la recherche de la sécurisation des échanges commerciaux. Le point commun entre ces principes est le lien qu'ils entretiennent avec la morale. D'ailleurs, certains auteurs les désignent même comme les principes fondamentaux de la moralité contractuelle[826]. La raison est à rechercher dans le fait que la morale occupe une place particulière dans l'arbitrage en général[827] et dans la notion d'ordre public en particulier. En effet, soit la morale est prise en considération par l'arbitre lorsque les règles choisies par les parties l'y invitent, la loi n'étant finalement qu'une façon synthétique de présenter la morale. Soit la règle morale peut être utilisée par l'arbitre pour garantir le respect des bonnes mœurs et de la bonne foi ou pour vérifier que le contrat n'est pas déséquilibré. L'ordre public transnational n'étant que la traduction d'une certaine forme d'éthique commune établie par les États[828].

a. La prohibition de la corruption et des pratiques illicites dans un contrat

514. La première idée qui nous vient à l'esprit lorsqu'on évoque l'immoralité dans un contrat est la corruption. Cette interdiction fait partie de l'ordre public transnational car il existe un réel consensus universel pour dénoncer les méfaits de ce fléau. La corruption est devenue une préoccupation majeure pour la communauté internationale comme en témoigne l'adoption en 1996 par l'Assemblée Générale des Nations Unies de la Déclaration des Nations Unies sur la corruption et les actes de corruption dans les transactions internationales. Ce texte a été suivi par la résolution 51/191 et l'adoption en 2003 de la Convention des Nations Unies contre la corruption. En témoigne aussi la multiplication au niveau régional de textes sur cette thématique, comme la Convention interaméricaine contre la corruption adoptée le 19 mars 1996 à Caracas par l'OEA à laquelle tous les États du Mercosur ont adhéré[829]. En Afrique nous avons la Convention de l'Union Africaine sur la prévention et la lutte contre la corruption adoptée le 11 juillet 2003 qui a été signée par tous les États membres de l'OHADA.

515. Cependant, il faut relever la faiblesse de certains de ces textes qui réside dans le fait qu'ils ne sont pas *self executing* et que certains États conservent une attitude ambigüe[830] en ne se donnant pas véritablement les

---

826 Selon les termes de P. LALIVE, *op.cit.,* p. 335 et 336.

827 Sur l'application directe de le règle morale dans l'arbitrage v. P. MAYER, « La règle morale dans l'arbitrage international », *op.cit.,* p. 379 à 402.

828 V. B. OPPETIT, « Droit du commerce international et les valeurs non marchandes », *in Etudes de droit international à l'honneur de Pierre Lalive*, Helbing & Lichtenhahn, 1993, p. 309.

829 Sur cette convention v. *Documents d'actualité internationale* (DAI), 1er août 1996, n° 15, p. 624 et s.

830 Selon l'expression employée par A. S. EL KOSHERI et Ph. LEBOULANGER, « L'arbitre face à la corruption et aux trafics d'influence », *Revue de l'arbitrage*, 1984, n°1, p. 4. Sur

moyens de les mettre en œuvre[831]. D'où la volonté des arbitres de moraliser les relations commerciales internationales à travers la recherche de l'effectivité de la prohibition de la corruption[832]. C'est dans ce sens qu'à la suite de la sentence *Lagergren* la jurisprudence arbitrale a sanctionné les contrats dans lesquels la corruption est présente. Dès lors, cette interdiction constitue l'un des éléments centraux de l'ordre public transnational. Dans la jurisprudence, les arbitres ont aussi sanctionné les contrats fondés sur des actes ou des pratiques illicites tels que le dol, l'escroquerie ou encore la fraude. L'arbitre s'est ainsi montré comme l'un des principaux garants du respect de l'éthique commerciale à l'échelle internationale.

b. Le principe de l'exécution de bonne foi du contrat

516. On trouve des traces de la notion de bonne foi dans la Convention de Vienne sur le droit des traités du 23 mai 1969[833]. Originellement, cette convention oblige les États à interpréter de bonne foi les traités internationaux. Cela ne signifie pas que l'État signataire est tenu de respecter les dispositions de fond du traité mais seulement qu'il ne peut pas adopter un comportement qui viderait de toute substance son engagement ultérieur lorsqu'il exprimerait son consentement à être lié[834]. La notion de bonne foi a été transposée aux relations contractuelles internationales[835] notamment à travers l'arbitrage. Nous pouvons la classer au rang des composantes de l'ordre public transnational par le simple fait qu'elle fait partie de la coutume internationale et que le Préambule de la convention de Vienne rappelle que la bonne foi avec le principe de libre consentement et celui de *pacta sunt servanda* sont universellement reconnus par les États. Aussi, elle fait partie de l'ordre public transnational en ce sens qu'elle est une composante essentielle du droit des contrats et des usages et de la loi des commerçants

cette attitude v. aussi B. OPPETIT, « Le paradoxe de la corruption à l'épreuve du droit du commerce international », *JDI*, 1987, n°1, p. 5 à 23. Le premier paradoxe réside dans le fait que la corruption est unanimement réprouvée mais elle est universellement répandue. Ensuite, pour l'auteur, il existe un décalage entre la rigueur affichée dans les textes punissant la corruption et le laxisme dans les comportements face à cette pratique.

[831] Par exemple, certains des pays de l'OHADA qui ont signé la Convention de l'Union Africaine sur la prévention et la lutte contre la corruption, n'ont toujours pas encore déposé leurs instruments d'adhésion comme la Côte d'Ivoire, la Guinée, la Guinée Equatoriale, la République centrafricaine, La République Démocratique du Congo et le Tchad v. www.africa-union.org

[832] V. Y. DERAINS, « La tendance de la jurisprudence arbitrale internationale », *JDI*, 1993, n° 4, p. 847 à 855.

[833] Dans cette convention il est expressément fait référence à la bonne foi dans le Préambule et dans les articles 26, 31, 46 et 69.

[834] V. P. DAILLIER, M. FORTEAU et A. PELLET, *op.cit.,* p. 150.

[835] V. G. ROBIN, « Le principe de bonne foi dans les contrats internationaux », *RDAI*, 2005, n° 6, p. 695 à 727.

(la *lex mercatoria*)[836]. Elle est fortement liée à la morale et à l'éthique commerciale étant une composante essentielle de la sécurité dans les transactions internationales[837].

517. C'est la sentence n°5953 de la CCI rendue en 1989 (aussi connue sous le nom de *Compania Valenciana*)[838] qui a explicitement établie le lien entre *lex mercatoria*, la morale et la bonne foi. Dans ce différend, l'arbitre a énoncé que « ... *certains principes relèvent de la morale naturelle, puisqu'aussi bien, si les affaires ne sont pas soumises à toutes les exigences de la morale, elles ne peuvent cependant échapper aux normes éthiques qui constituent le fondement de la vie de la société ... Parmi ces principes, le plus général est sans doute celui de la bonne foi. Cette exigence fondamentale de bonne foi se trouve dans tous les systèmes de droit, qu'il s'agisse des droits nationaux ou du droit international* ». Le droit de l'arbitrage du Mercosur nous en donne une parfaite illustration à travers l'article 4 l'Accord de Buenos Aires de 1998 relatif à l'arbitrage qui prévoit que la clause d'arbitrage doit être conclue de bonne foi et donner lieu à un traitement équitable entre les parties[839]. Il en est de même dans le droit de l'arbitrage OHADA à travers l'article 2 alinéa 2 de l'AUA qui est considéré par des auteurs comme la manifestation de l'appropriation par l'OHADA du principe général de l'arbitrage commercial international : *pacta sunt servanda*[840].

518. Dans le même sens Pierre MAYER a expliqué l'importance de la notion de bonne foi dans la jurisprudence arbitrale par le fait que l'arbitre a une tendance naturelle à statuer en équité parce qu'il est le juge d'un litige isolé[841]. C'est la raison pour laquelle l'arbitre interprète de façon extensive les textes et la jurisprudence étatiques relatifs à la bonne foi. C'est ainsi que de cette obligation l'arbitre a découvert d'autres devoirs pour les opérateurs du commerce international. Des devoirs comme l'obligation d'exécution de

---

836 Sur cette affirmation v. B. GOLDMAN, « La lex mercatoria dans les contrats et l'arbitrage international : réalité et perspectives », *JDI*, 1979, p. 475 et s. V. aussi P. MAYER, « Le principe de bonne foi devant les arbitres du commerce international », *in Etudes de droit international en l'honneur de Pierre LALIVE*, Helbing und Lichtenhan, 1993, p. 543.

837 V. Ch. JARROSSON, « La bonne foi, instrument de moralisation des relations économiques internationales », *in L'Éthique dans les Relations Économiques Internationales en hommage à Philippe Fouchard* (Alexandrie 28 avril 2005), Paris, Pedone, 2006, p. 185 à 206. A travers cet article l'auteur démontre que la bonne foi par son utilisation est un outil de moralisation des relations économiques internationales.

838 Sur cette sentence v. *JDI*, 1990, p. 1056. V. aussi, Y. DERAINS, *op.cit.*, p. 848.

839 L'article 4 de l'Accord de Buenos Aires précise que « *La convención arbitral dará un tratamiento equitativo y no abusivo a los contratantes, en especial en los contratos de adhesión, y será pactada de buena fe* ».

840 Parmi ces auteurs nous pouvons citer R. NEMEDEU, *op.cit.*, p. 434 à 440.

841 V. P. MAYER, *op.cit.*, p. 543.

bonne foi du contrat[842], l'obligation d'information pour permettre au cocontractant de conclure en parfaite connaissance et l'obligation de coopération qui suppose que les parties doivent coopérer et agir de façon loyale. Les manquements à ces obligations ont été régulièrement sanctionnés par les arbitres dans de nombreuses affaires.

c. La prohibition de l'esclavage et de l'asservissement dans un contrat

519. Même si, dans les faits, cela n'a pas toujours été le cas, l'esclavage et les différentes formes d'asservissement sont fortement prohibés par la communauté internationale car elles des pratiques contraire à la dignité de l'être humain et aux bonnes mœurs. En effet, sur cette thématique il existe un véritable arsenal juridique depuis 1926 avec la Convention relative à l'esclavage de la Société des Nations. D'autres textes sont venus s'ajouter comme le Protocole amendant la Convention relative à l'esclavage signée à Genève le 25 septembre 1926 (amandée en 1953) et la Convention pour la répression de la traite des êtres humains et de l'exploitation de la prostitution d'autrui des Nations unies de 1949. En matière de droit social, nous pouvons citer les textes de l'Organisation Internationale du Travail (OIT) à savoir la Convention sur le travail forcé de1930 et la Convention sur l'abolition du travail forcé de 1957.

520. Dans les États de l'OHADA et du Mercosur, pour des raisons évidentes et logiques tenant à leur histoire, l'esclavage et l'asservissement sont interdits. Pour ces derniers pays, il faut se référer à la déclaration du Conseil Permanent de l'OEA du 28 mars 2007 relative à la célébration du bicentenaire de l'abolition de la traite transatlantique des esclaves[843]. Ce texte rappelle que l'esclavage est un crime contre l'humanité et que de ce fait les États membres doivent le sanctionner et l'éliminer. Pour les États de l'OHADA, il faut rappeler que ces pratiques sont des préoccupations récurrentes des instances de l'Union Africaine. De l'ensemble de ces textes, il peut être dégagé un « *noyau dur* » de droits de l'homme qui ne peuvent souffrir aucune dérogation, parmi lesquels le droit à la vie, le droit à ne pas être soumis à la torture, ou le droit de ne pas être réduit en état d'esclavage ou de servitude par le travail forcé. Des droits que l'arbitrage n'a pas ignorés car il les a progressivement intégrés dans l'ordre public transnational[844].

521. Pourtant la réaction des arbitres face à l'esclavage n'a pas toujours été la même, comme le montre les affaires des navires « *Créole* » et « *Marie*

---

[842] V. Ph. FOUCHARD, E. GAILLARD, et B. GOLDMAN, *op.cit.,* p. 439. Les auteurs citent une sentence arbitrale de 1932 qui a disposé que les « *les conventions doivent être exécutées de bonne foi* ».

[843] Sur cette Déclaration en français v. www.oas.org.

[844] V. P. DEUMIER, « L'ordre public international réinventé pour lutter contre l'asservissement », *Revue des contrats*, 01 octobre 2006, n° 4, p. 1260 et s.

Luz »[845]. Ces affaires ont été jugées respectivement par la Commission mixte de Londres, le 15 janvier 1855, et par le Tsar de Russie, les 17 et 29 mai 1875. Les faits de ces affaires sont assez différents, mais ils posaient la même question essentielle : fallait-il reconnaître le droit de propriété d'une personne sur des esclaves que le propriétaire faisait transporter dans un navire qui n'avait pas pu arriver à la destination initialement prévue[846]?

522. La première sentence de 1855, a reconnu le droit du propriétaire sur ses esclaves, mais en des termes qui méritent d'être cités et qui nous permettent de croire avec Pierre LALIVE que des arbitres statuant aujourd'hui sur cette affaire et sur la base de l'ordre public transnational arriveraient à un résultat inverse[847]. Voici l'avis de l'arbitre : « *Je ne pense pas qu'il soit nécessaire de rapporter ici des autorités pour démontrer que l'esclavage, quoique odieux et contraire aux principes de justice et d'humanité, peut être établi par la loi d'une contrée; et que, ayant été ainsi établi dans plusieurs contrées, il ne veut pas être contraire à la loi des nations* ».

523. La seconde sentence de 1875, a considéré qu'en libérant les esclaves, conformément à « *ses propres lois et coutumes* », le Gouvernement japonais n'a pas enfreint « *les prescriptions générales du droit des gens ni les stipulations des traités particuliers* ». De ce qui précède, il est à prévoir que l'arbitre va déclarer nul un contrat commercial qui porte sur la traite des êtres humains ou contraire aux droits de l'homme et aux valeurs morales communes aux États. Pourtant, cette problématique est particulièrement pertinente car malheureusement toujours d'actualité dans les États de l'OHADA et du Mercosur où nous sommes confrontés au travail des enfants. Le Fonds des Nations Unies pour l'enfance (l'Unicef) qui est la principale organisation internationale d'aide à l'enfance estime à cent cinquante millions le nombre d'enfants (entre 5 et 14 ans) qui travaillent dans le monde. Cette situation est à la fois une cause et une conséquence de la pauvreté, et compromet l'éducation et la sécurité des enfants mais aussi le développement d'un pays. Toujours selon cette organisation, environ 60% de ces enfants travaillent dans l'agriculture, surtout avec leurs familles. Mais ce n'est pas la seule forme de travail car des enfants travaillent dans des carrières au Burkina Faso, dans des mines en République Démocratique du Congo. Il y a également des enfants *talibés* (mendiants) au Sénégal et en

---

[845] Sur les premières traces de liens entre l'arbitrage et l'esclavage v. P. LALIVE, *op.cit.*, p. 336 et 337.

[846] Les esclaves n'étaient pas arrivés à destination car ils s'étaient révoltés dans le cas du navire « *Créole* », dans le cas du navire « *Maria Luz* », ils ont été libérés par les autorités japonaises du port d'escale.

[847] *Ibid.*

Guinée Bissau[848]. Il faut souligner que pour essayer de remédier à cette situation, le projet d'Acte Uniforme sur le droit de travail de l'OHADA a repris des articles de deux conventions de l'OIT relatives au travail des enfants[849]. Une fois ce texte adopté, les arbitres OHADA devront être sensibilisés à ce phénomène pour être vigilants et réactifs face aux activités commerciales impliquant le travail d'enfants[850]. A notre avis, les arbitres de l'OHADA et du Mercosur doivent impérativement intégrer cette interdiction au rang des principes composant l'ordre public communautaire qui est en train d'émerger dans ces zones.

§ II. L'émergence d'un ordre public communautaire contribuant au renforcement de la sécurité juridique dans l'OHADA et dans le Mercosur

524. Existe-t-il un ordre public commun à l'ensemble des États composant le Mercosur ? Pouvons-nous parler d'un ordre public communautaire au sein de l'OHADA ? Dans l'état actuel des choses, la réponse à ces interrogations semble tendre vers la négative tant l'émergence d'un ordre public communautaire est timide au sein de ces ensembles[851] **(A)**. Cependant, nous ne pouvons pas occulter sa construction, peut-être lente, mais progressive. Pour accélérer l'élaboration de cette notion capitale pour la sécurité juridique dans ces espaces, ces organisations doivent s'appuyer sur l'arbitrage en s'inspirant directement de la technique de l'ordre public transnational ou regarder le modèle offert par la communauté européenne **(B)**.

A. La timide émergence d'un ordre public communautaire au sein de l'OHADA et du Mercosur

525. Nous parlons d'une timide émergence, car à ce jour, l'ordre public communautaire n'a pas été explicitement consacré par les juridictions et les

---

848 Sur l'action de l'Unicef contre le travail des enfants v. *Le travail des enfants*, Dossier documentaire UNICEF, n° 1, 1988, UNICEF, Paris, 1988. Sur ces chiffres et données récents v. www.unicef.fr.

849 V. P. REIS, « Le droit du travail dans l'OHADA », *Revue de l'ERSUMA*, n°1, juin 2012, p. 244 et s. L'avant-projet d'Acte Uniforme relatif au droit du travail élaboré à Douala le 24 novembre 2006 reprenait des articles de la Convention sur l'âge minimum d'admission à l'emploi du 26 juin 1973 et d'autres articles de la Convention sur les pires formes de travail des enfants du 17 juin 1999.

850 V. Ph. LEBOULANGER, « L'arbitrage international et l'éthique », *in L'Éthique dans les Relations Économiques Internationales en hommage à Philippe Fouchard* (Alexandrie 28 avril 2005), Paris, Pedone, 2006, p. 213.

851 D'autres auteurs ont une vision volontariste ou plus optimiste de l'émergence d'un ordre public communautaire dans l'OHADA v. G. NGOUMTSA ANOU, *Droit OHADA et conflit de loi*, Thèse de Doctorat, Université Lyon III, soutenue en 2009, p. 203 à 249.

instances de l'OHADA et du Mercosur (**1**). De plus, la coexistence, dans ces ensembles des différents ordres publics étatiques et de l'ordre public transnational semble constituer une entrave à la possibilité de dégager un ordre public commun (**2**).

1. L'absence de consécration expresse d'un ordre public communautaire dans l'OHADA et le Mercosur

526. Lorsque nous regardons de plus près les textes du Mercosur et de l'OHADA, force est de constater qu'aucun ne fait mention explicite d'un ordre public commun aux États membres qui forment ces organisations. Pourtant, l'importance d'une telle notion dans une organisation à vocation intégratrice n'est pas à démontrer, tant il est évident qu'elle constitue un élément d'union et de cohésion régionale. Dans le droit OHADA, la notion d'ordre public est mentionnée à plusieurs reprises, mais il n'est jamais ouvertement fait référence à l'ordre public communautaire. A titre d'exemple, nous pouvons citer l'article 102 de l'Acte Uniforme sur le droit commercial du 17 avril 1997 qui précise que plusieurs de ses dispositions sont d'ordre public[852], sans indiquer à quel ordre public il fait référence. S'agit-il de l'ordre public des États membres, de l'ordre public transnational ou d'un ordre public commun à l'ensemble des États qui constituent cet ensemble ?

527. L'une des premières décisions rendue à propos de cet article n'a pas apporté les éclaircissements nécessaires car dans le litige *Société Ponty c/ Société Ponty immobilière* du 30 mars 2006, la CCJA s'est contentée de dire qu'« *attendu qu'aux termes de l'article 102 de l'Acte uniforme susvisé, « sont d'ordre public les dispositions des articles 69,70, 71 (...) 92 (...) et 101 du présent Acte uniforme* ».

« *Attendu, en l'espèce, que les dispositions de l'article 92 de l'Acte uniforme susvisé étant d'ordre public, il ne peut y être dérogé par convention des parties* ... »[853]. A cause de ce manque de précision, le législateur et le juge OHADA ont manqué une occasion de consacrer explicitement un ordre public communautaire car selon nous, cette disposition fait référence de façon à peine voilée à un ordre public commun à l'ensemble des États membres. Il s'agit d'une situation que nous déplorons et qui perdure car la CCJA avait déjà eu une occasion similaire lorsqu'elle avait émis son premier avis 001/2001/EP donné le 30 avril 2001. En effet, invitée à donner son avis sur l'application d'une série d'articles émanant des Actes Uniformes OHADA, la CCJA a déclaré sans donner plus de détails que « *les dispositions de l'Acte Uniforme relatif au Droit des Sociétés Commerciales et du Groupement d'Intérêt Economique étant d'ordre public*

---

[852] Cet article énonce que « *Sont d'ordre public les dispositions des articles 69, 70, 71, 75, 78, 79, 85, 91, 92, 93, 94, 95, 98 et 101 du présent Acte Uniforme.* ».

[853] Sur cette affaire v. www.juriscope.org.

et s'appliquant à toutes les sociétés commerciales à raison de leur forme et quel que soit leur objet régissent les sociétés soumises à un régime particulier entrant dans le cadre juridique ainsi défini ... ». De la lecture de cette décision nous pouvons déduire mais seulement déduire que la CCJA fait référence à un ordre public commun à l'ensemble des États de l'OHADA.

528. La situation est similaire dans le Mercosur car les textes institutifs ne font pas référence à la notion d'ordre public. Pour retrouver cette notion, il faut se tourner vers le droit de l'arbitrage interne des pays membres ou vers des conventions annexes comme le Protocole de las Leñas du 8 mai 1992 sur la coopération et l'assistance judiciaire en matière civile, commerciale, sociale et administrative. L'article 20 de ce texte prévoit que « *Les jugements et sentences arbitrales visés à l'article précédent ont un effet extraterritorial dans les États parties, s'ils remplissent les conditions suivantes : ... (f) que les jugements et sentences arbitrales ne soient pas manifestement contraires aux principes de l'ordre public de l'État où la reconnaissance et / ou l'exécution sont recherchées* ». Ainsi, selon cet article, la circulation dans le Mercosur d'une sentence émanant d'un État membre est conditionnée par son respect de l'ordre public des autres États membres. Le TPR a aussi laissé passer une belle occasion de consacrer l'ordre public communautaire du Mercosur à travers son premier avis consultatif n° 1/2007 du 3 avril 2007[854]. Le différend qui a fait l'objet du premier avis consultatif opposait une entreprise argentine à une entreprise paraguayenne et portait sur une question du droit de la procédure internationale, plus précisément sur l'interprétation du Protocole de Buenos Aires sur la compétence judiciaire en matière contractuelle. Ce protocole fait partie intégrante du traité d'Asunción, et peut donc être soumis à l'interprétation du TPR. Dans ces hypothèses, le droit est reconnu aux États membres et à certaines juridictions (Cours Suprêmes nationales) de saisir le TPR d'une question de droit pertinente pour la solution du litige au principal. Ce droit peut être délégué à d'autres juridictions, pour autant qu'il s'agisse d'une juridiction qualifiée du « *Tribunal Superior con jurisdicción nacional* ».

529. En l'espèce, au-delà des questions spécifiques liées à l'interprétation du Protocole de Buenos Aires, l'arbitre faisant office de rapporteur parmi les cinq arbitres du TPR (*el coordinador*), saisit l'occasion pour donner sa thèse sur l'application du Protocole de Buenos Aires. Il a défendu l'idée selon laquelle, dans un système d'intégration, l'ordre public international ou national est remplacé par un « *orden público regional* » c'est-à-dire un ordre

---

[854] Cette juridiction a la capacité d'émettre des avis consultatifs en vertu du Protocole de Olivos (décision n° 37/03). A ce jour elle en a rendu deux avis consultatifs, le deuxième a été émis le 24 avril 2009. Sur le premier avis consultatif du TPR v. J. A. MORENO RODRIGUEZ « Orden público y arbitraje: Algunos llamativos pronunciamentes recientes en Europa y el MERCOSUR », *Lima Arbitration*, 2007, n°2, p. 63 à 105, spéc. p. 103. V. aussi www.curia.europa.eu (*Reflets*, n°1/2008, p. 11 à 13).

public régional ou communautaire. Malencontreusement, la majorité des arbitres n'a pas suivi les arguments du rapporteur. S'agissant de la hiérarchie des normes, les autres arbitres ont préféré suivre l'approche traditionnelle, selon laquelle la primauté des traités internationaux sur le droit interne découle des principes du droit international. Ils n'admettent pas davantage l'idée d'un « *orden público regional* », seule l'existence de l'ordre public international étant admise. Ainsi, selon eux, le juge national quand il est appelé à statuer sur une clause attributive de compétence au sens du Protocole de Buenos Aires, doit vérifier si celle-ci est compatible avec l'ordre public international.

530. Pourtant, selon nous cet ordre est progressivement en train de s'affirmer autour des principes d'intégration régionale et de libre commerce notamment grâce à la jurisprudence arbitrale. Nous en voulons pour preuve qu'à ce jour, les comportements des États et des particuliers de cet ensemble allant dans le sens de la limitation de l'intégration régionale ou de la liberté de commerce interrégionale ont été sanctionnés de façon continue. Pour nous, la jurisprudence arbitrale est progressivement entrain d'établir un ordre public commun et propre aux États du Mercosur. L'une des principales entraves à l'éclosion et à l'affirmation d'un ordre public communautaire dans le Mercosur et dans l'OHADA est la coexistence dans ces ensembles de divers ordres publics.

2. La coexistence de divers ordres publics au sein de l'OHADA et du Mercosur

531. Dans l'OHADA comme dans le Mercosur coexistent les ordres publics de chaque État membre, l'ordre public international ou transnational et un ordre public commun à l'ensemble des États membres. Pour décrire le cas de l'OHADA, un auteur a souligné que cette situation ressemble à « *des ordres publics en désordre* »[855]. Il n'a pas tout à fait tort, car rien que dans cet ensemble cohabitent au moins dix-sept ordres publics étatiques et un ordre public transnational. La raison de cette situation est à rechercher dans la rédaction des textes relatifs à l'arbitrage OHADA. Effectivement, les sources de l'arbitrage OHADA ont une appréhension différente de l'ordre public. Le Traité OHADA, le Règlement d'arbitrage CCJA et l'Acte Uniforme à l'arbitrage ne se réfèrent pas à la même notion d'ordre public. Ce dernier texte fait référence à l'ordre public international des États parties ou signataires[856] et les deux premiers se rapportent à l'ordre public international[857]. Par conséquent, dans l'OHADA nous devons prendre en

[855] Sur cette expression v. E. ASSEPO ASSI « L'ordre public international dans l'Acte Uniforme de l'OHADA relatif à l'arbitrage », *Revue de l'arbitrage*, 2007, n° 4, p.753.

[856] V. AUA article 26 et 31.

[857] V. le Règlement CJCA article 30.

considération les ordres publics étatiques des États parties et un ordre public international qui semble être commun à l'ensemble des États parties.

532. Pour Paul-Gérard POUGOUÉ, cette distinction n'est en réalité qu'une nuance de rédaction[858]. Il semble que cette conception soit minoritaire car une grande partie de la doctrine est d'accord pour dire que cette différence rédactionnelle n'est pas un détail et emporte des conséquences juridiques[859]. Par exemple, Eugène ASSEPO ASSI a démontré qu'il ne s'agit pas d'une nuance rédactionnelle mais plutôt d'une maladresse, en donnant l'exemple de l'avant-projet de la loi uniforme sur l'arbitrage. Dans ce document, deux notions d'ordre public correspondaient chacune à l'une et l'autre des modalités de contrôle de la sentence par le juge (l'ordre public était utilisé pour vérifier la régularité de la sentence et pour l'octroi de l'exequatur). De plus, le document faisait référence à l'ordre public international ou transnational). Ainsi, dans un seul texte on trouvait déjà des notions n'ayant pas le même contenu.

533. Nous nous rangeons du côté de la doctrine majoritaire car selon nous, les textes relatifs à l'arbitrage OHADA font référence à deux notions bien distinctes d'ordre public : l'ordre public des États membres et l'ordre public communautaire. L'ordre public étatique des États membres a été utilisé par les juges étatiques dans des opérations de reconnaissance ou d'annulation de la sentence arbitrale. Il a été utilisé par la Cour Suprême du Sénégal dans l'affaire *Express Navigation c/ Sénégal* du 3 juillet 1985[860]. Aux termes d'une convention d'établissement, le Sénégal avait octroyé à la société sénégalaise *Express Navigation*, 40 % de ses droits de trafic maritime à l'import et à l'exportation. L'article 27 de cette convention d'établissement prévoyait un arbitrage pour le règlement des différends pouvant survenir entre les parties. Cet article 27 précisait que le recours à la sentence arbitrale est irrévocable et définitif et que les parties ne devaient pas agir dans le sens contraire. Le Sénégal n'a pas respecté la convention d'établissement car elle a accordé des pourcentages élevés de droit de trafic maritime à d'autres sociétés. La société *Express Navigation* s'estimant lésée par la situation a fait jouer l'article 27 et a demandé la constitution d'un tribunal arbitral. Ce dernier lui a donné raison par une sentence du 12 août 1983. A la suite de divers recours de l'État sénégalais, la Cour Suprême du Sénégal a été saisie de cette affaire. Cette Haute juridiction a retenu que la sentence ne pouvait

---

[858] V. P.-G. POUGOUÉ, « Le système d'arbitrage de la CCJA », *in l'OHADA et les perspectives de l'arbitrage en Afrique*, Bruxelles, Bruylant, 2000, p. 129 et s.

[859] Sur cette conception v. G. KENFACK DOUAJNI, « La notion d'ordre public international des États parties à l'OHADA », *Revue Camerounaise de l'Arbitrage*, n° 29, avril-mai-juin, 2005, p. 3 et s. V. aussi S. I. BEBOHI EBONGO « L'ordre public international des États parties à l'OHADA », *Revue Camerounaise de l'Arbitrage*, n° 34, juillet-août-septembre, 2006, p. 3 et s.

[860] Sur cette affaire v. G. KENFACK DOUAJNI, *op.cit.*, p. 5 à 7.

être annulée car elle n'était pas contraire à l'ordre public du Sénégal et qu'elle était conforme au Code sénégalais des investissements.

534. L'ordre public étatique a été aussi utilisé par le juge étatique béninois dans l'affaire *SONAPRA c/ Sté ADEOSSI et fils* du 20 décembre 1993[861]. Dans ce cas, la *SONAPRA*, une entreprise béninoise, avait agréé la société béninoise *ADEOSSI et fils* en qualité de vendeur de coton béninois sur le marché nigérian pour les campagnes 1989/1990 et 1991/1992. Suite à des difficultés dans l'exécution du contrat, la *SONAPRA* avait décidé de recourir à l'arbitrage conformément à la clause compromissoire convenue par les parties. Une sentence arbitrale fut rendue par l'Association Française Cotonnière (AFCOT) au Havre le 20 décembre 1993. Cette sentence condamnait la *SONAPRA* à verser de l'argent à la *Sté ADEOSSI et fils*. Cette dernière a saisi le juge béninois afin d'obtenir l'exequatur de la sentence qui lui était favorable. Les juges béninois (le juge des requêtes puis la Cour d'Appel de Cotonou) ont refusé l'exequatur de cette sentence car ils ont estimé que la sentence était contraire à l'ordre public béninois. Pour arriver à ce résultat, ils ont utilisé l'article V 2 de la Convention de New York de 1958 et souligné qu'en vertu de la loi béninoise 63-2 du 23 juin 1963, la sentence portait sur un litige non-arbitrable et que, par conséquent, la reconnaissance d'une telle sentence au Bénin serait contraire à l'ordre public du dit État. Ces affaires ont pour point commun l'utilisation par le juge étatique de son ordre public étatique mais aussi le fait qu'elles sont intervenues avant que le droit de l'arbitrage OHADA ne se soit mis en marche. Aujourd'hui, on peut légitimement se demander quel ordre public utilisera le juge étatique saisi d'une demande d'exequatur ou d'un recours en annulation. La réponse à cette interrogation semble être donnée par la lecture combinée de l'Acte Uniforme sur l'arbitrage et du Traité OHADA. Il ressort de la lecture croisée de ces textes que dans certaines matières les juges doivent utiliser l'ordre public des États parties et que dans d'autres, ils doivent faire référence à un ordre public commun à l'ensemble des États parties.

535. Si le litige relève d'une matière qui n'a pas été harmonisée le maintien de l'ordre public se justifie entièrement. Il en est de même si le litige est de droit interne. En effet, si la matière n'est pas couverte par le droit uniforme et qu'elle est purement interne, dans ce cas de figure, l'ordre public étatique réapparaît et retrouve toute sa pertinence. Son utilisation se justifie par l'histoire ou les réalités socio-économiques propres à chaque pays. Dans le cas contraire, si le litige relève d'une matière harmonisée ou uniformisée comme le droit des affaires, l'ordre public susceptible de s'appliquer doit s'interpréter de manière communautaire et être commun aux différents États de l'OHADA. Nous faisons référence à ce que Philippe FOUCHARD a désigné comme « *un ordre public unifié, communautaire,*

---

[861] *Ibid.*, p. 8 et s.

donc un ordre public international pour tous les États de l'OHADA »[862]. Cependant, cet ordre public communautaire, que nous avons déjà mentionné plus haut, n'a pas été encore formellement consacré par la plus haute juridiction de l'OHADA, à savoir la CCJA. De nombreux auteurs sont ainsi d'accord pour que cette juridiction joue pleinement son rôle d'interprétation et d'application commune du droit[863]. Nous sommes toujours dans l'attente d'une décision de cette instance visant à consacrer la notion fondamentale d'ordre public communautaire.

536. Dans le Mercosur nous sommes face aux mêmes attentes, car dans cet ensemble aussi coexistent les quatre ordres publics étatiques, l'ordre public commun à ces États et l'ordre public international. Pour le moment les juges des pays membres veillent au respect strict de l'ordre public étatique, comme dans l'affaire *Gasnor c/ Mobil Argentina*[864] du 8 août 2007. Dans ce litige, il s'agissait d'un contrat de fourniture de gaz naturel incluant une clause compromissoire CCI. La société argentine *Mobil Argentina* avait saisi un tribunal arbitral à propos de la question de savoir qui des deux cocontractants (l'autre partie étant la société *Gasnor*) devait supporter les coûts additionnels consécutifs à la mise en œuvre du coefficient de stabilisation de référence (CER), instrument destiné à compenser la dévaluation monétaire décidée par le Gouvernement argentin en janvier 2002. Ce tribunal arbitral avait pour siège Buenos Aires et était constitué sur la base du Règlement d'arbitrage CCI.

537. Après que le tribunal arbitral eut donné sa réponse à la demande d'interprétation formulée par la demanderesse, la société condamnée (*Gasnor*) a interjeté appel et requis l'annulation de la sentence arbitrale. Dans son recours, *Gasnor* soutient que l'article 28 du Règlement d'arbitrage de la CCI selon lequel « *par la soumission de leur différend au présent Règlement, les parties s'engagent à exécuter sans délai la sentence à intervenir, et sont réputées avoir renoncé à toutes voies de recours auxquelles elles peuvent valablement renoncer* » n'entraîne nullement une renonciation au droit de former un recours en annulation contre une sentence qui contrarierait l'ordre public ou bien qui serait inconstitutionnelle, illégale ou arbitraire. En d'autres termes, selon *Gasnor* cette sentence était donc manifestement contraire à l'ordre public argentin. Le tribunal arbitral a refusé d'accueillir l'appel interjeté par *Gasnor*. Cette dernière a décidé de saisir la *Cámara nacional de Apelaciones en lo Comercial de Buenos Aires* (la Chambre nationale d'appel de Buenos Aires). S'agissant de la

---

[862] V. Ph. FOUCHARD, rapport de synthèse *in l'OHADA et les perspectives de l'arbitrage en Afrique*, Bruxelles, Bruylant, 2000, p. 239 et 240.

[863] V. KENFACK DOUAJNI, *op. cit.* V. aussi S. I. BEBOHI EBONGO, *op. cit.* V. enfin E. ASSEPO ASSI, *op.cit.*

[864] Sur cette affaire v. *Revista Latinoamericana de Mediacion y arbitraje*, 2007, vol. II, n° 2, p. 154 à 167. V. aussi F. MANTILLA SERRANO et E. SILVA ROMERO, *Gazette du Palais*, 29 mars 2008, n° 89, p. 42.

recevabilité de l'appel, la Cour a rappelé que l'arbitrage n'est pas exempt de contrôle judiciaire mais que ce contrôle peut être gradué selon la volonté des parties. En effet, bien que les parties jouissent en principe du droit de faire appel de la sentence arbitrale, elles peuvent y renoncer. Dans cette hypothèse, comme dans ce cas d'espèce, le seul recours disponible est le recours en annulation. Seule une violation de l'ordre public permettrait de faire échec à l'abandon du droit à faire appel. Or, en l'espèce, *Gasnor* n'a pas démontré en quoi la renonciation au recours en annulation constituait une violation claire et incontestable de l'ordre public argentin. La Cour d'Appel a notamment souligné que la violation de l'ordre public correspondait, essentiellement, à la violation des droits fondamentaux de nature constitutionnelle. Elle a indiqué, dans ce sens, que l'abandon du droit de faire appel n'était pas contraire à la Constitution argentine, cette dernière n'ayant pas consacré le principe de la double instance pour toutes les procédures.

538. A ce jour ni dans le Mercosur ni dans l'OHADA, il est ouvertement fait mention d'un ordre public communautaire. Pourtant cette notion est essentielle à la sécurité juridique. Pour parvenir à ce résultat, ces organisations peuvent regarder du côté de l'Union Européenne ou principalement s'inspirer de la technique de l'ordre public transnational.

B. La nécessité de s'inspirer des modèles existants

539. Dans une organisation à vocation intégratrice, arriver à se doter d'un ordre public commun aux États membres est une clé de sa réussite. Cet ordre public favorise et intensifie la sécurité juridique régionale pour les administrés et les citoyens de cet espace parce qu'ils sont soumis aux mêmes règles. Il permet aussi de fluidifier et d'intensifier les échanges commerciaux. Parvenir à mettre en œuvre un ordre public commun est donc un impératif pour le développement des organisations telles que l'OHADA et le Mercosur.

540. Pourtant, nous avons établi dans le paragraphe précédent que dans ces ensembles il subsiste des entraves à l'éclosion d'un tel ordre. Pour réussir à implanter un ordre juridique communautaire ou du moins commun, les États membres de ces organisations peuvent copier l'Union Européenne (**1**) ou reprendre la technique d'élaboration de l'ordre public transnational (**2**).

1. La possibilité de s'inspirer de l'ordre public communautaire européen

541. Afin que le Mercosur et l'OHADA parviennent à mettre en œuvre un ordre public communautaire viable et leur soit propre, l'Union Européenne peut leur servir de modèle (**a**). Elle peut servir de modèle principalement à trois égards (**b**). Tout d'abord, parce que L'Union

Européenne entretien des liens étroits avec le Mercosur et les États de l'OHADA. Ensuite et surtout parce que la CJCE a progressivement consacré un ordre public communautaire européen à partir de son droit de la concurrence. Enfin, parce que de nombreux auteurs s'accordent pour dire que les sources normatives du principe de la sécurité juridique sont d'inspiration communautaire européenne et ce depuis l'arrêt de la CJCE *Portelange c/ Smith Corona* du 9 juillet 1969 qui a dégagé le Principe général de la sécurité juridique[865](**c**).

a. L'ordre public communautaire européen émanant du droit de la concurrence

542. L'ordre public communautaire est le produit de la jurisprudence de la CJCE en matière de droit de la concurrence et de l'arbitrage[866]. Ce droit est le point de départ de « *l'émergence d'un ordre public international de source communautaire* »[867]. En effet, selon certains auteurs, des pans du droit communautaire peuvent être assimilés à la notion de loi de police, en ce sens qu'ils sont incontestables et impératifs[868]. Parmi cette catégorie de normes, figurent le droit de la concurrence européen et la liberté de circulation. Partant de là, les règles des articles 81 et 82[869] du Traité

---

[865] V. J. BOULOUIS, « Quelques observations à propos de la sécurité juridique », *in Du droit international au droit de l'intégration : Liber Amicorum Pierre Pescatore*, Baden-Baden, Nomos Verlagsgesellshaft, 1987, p. 53 à 58, spéc., p. 53 où l'auteur a écrit que : « *La mention de sécurité juridique occupe dans la jurisprudence de la Cour de justice une place dont l'importance mérite sans doute réflexion. En elle-même, la formule sonne effet comme une sorte de redondance, tant il paraît évident qu'un droit qui n'assurerait pas la sécurité des relations qu'il régit cesserait d'en être un ...* ». V. aussi R. RICCI, « Les sources normatives de sécurité juridique en droit international économique », *RIDE*, 2000, n°2, p. 209 à 330. V. aussi D. J. M. SOULAS DE RUSSEL et Ph. RAIMBAULT, *op.cit.,* p. 94. V. enfin J.-B. RACINE et F. SIIRIAINEN, *op.cit.,* p. 12 à 21. Tous ces auteurs démontrent que la sécurité juridique est importante à l'échelle communautaire européenne car elle contribue à créer un ordre juridique nouveau. Tous ces auteurs fondent leur opinion sur l'arrêt de la CJCE *Portelange c/ Smith Corona* de 1969.

[866] Sur les liens entre le Droit communautaire européen de la concurrence et l'arbitrage v. R. KOVAR « Droit communautaire de la concurrence et arbitrage », *in Le droit des relations économiques internationales. Etudes offertes à Berthold Goldman*, Litec, Paris, 1987, p.109 à 124.

[867] Selon les termes de D. ARCHER, *L'impérativité et ordre public en droit communautaire et droit international privé des contrats (étude de conflits de lois*), Thèse de Doctorat, Université de Cergy Pontoise, soutenue le 10 octobre 2006, p. 262 à 280.

[868] Parmi ces auteurs, nous retrouvons principalement S. POILLOT PERUZZETO, « Ordre public et loi de police dans l'ordre communautaire », *in Travaux du Comité français de droit international privé*, 2003/2004, Paris, édition A. Pedone, p. 65 et s.

[869] Ces articles disposent qu'il « *est incompatible avec le marché commun et interdit, dans la mesure où le commerce entre États membres est susceptible d'en être affecté, le fait pour une ou plusieurs entreprises d'exploiter de façon abusive une position dominante sur le marché commun ou dans une partie substantielle de celui-ci. Ces pratiques abusives peuvent notamment consister à : a) imposer de façon directe ou indirecte des prix d'achat ou de vente*

instituant la Communauté Européenne (des règles anticoncurrentielles), sont assimilables à des normes impératives.

543. De façon concrète et pratique l'affirmation, de l'ordre public communautaire européen provient du contrôle de la reconnaissance d'une sentence arbitrale dans l'arrêt *Eco Swiss* jugé par la CJCE le 1er novembre 1999[870]. Cette affaire avait pour objet une demande préjudicielle adressée à la CJCE[871] par une juridiction des Pays-Bas (la *Hoge Raad der Nederlanden*) et tendant à obtenir une décision sur l'interprétation de l'article 85 du traité CE (devenu article 81 CE) dans le litige arbitral pendant devant cette juridiction entre *Eco Swiss China Time Ltd* et *Benetton International NV.* Dans cet arrêt la CJCE a décidé que dans la mesure où une juridiction nationale doit, selon les règles de procédure internes, faire droit à une demande en annulation d'une sentence arbitrale fondée sur la méconnaissance des règles nationales d'ordre public, cette même juridiction doit également faire droit à une telle demande lorsqu'elle estime que cette sentence est contraire à l'article 85 du traité (devenu article 81 CE). En effet, d'une part, cet article constitue une disposition fondamentale indispensable pour l'accomplissement des missions confiées à la Communauté et, en particulier, pour le fonctionnement du marché intérieur, d'autre part, le droit communautaire exige que des questions tenant à l'interprétation de l'interdiction édictée par ledit article puissent être examinées par les juridictions nationales lorsque celles-ci sont appelées à se prononcer sur la validité d'une sentence arbitrale et puissent faire l'objet, le cas échéant, d'un renvoi préjudiciel devant la Cour[872]. En conséquence, la Cour a décidé qu'une juridiction nationale saisie d'une demande en annulation d'une sentence arbitrale doit faire droit à une telle demande lorsqu'elle estime que cette sentence est effectivement contraire à l'article 85 du traité CE (devenu article 81 CE), dès lors qu'elle doit, selon ses règles de procédure internes, faire droit à une demande en annulation fondée sur la méconnaissance de règles nationales d'ordre public.

544. Premièrement, il ressort de cette affaire qu'afin de permettre une application uniforme du droit communautaire que quand les juges nationaux sont face à un arbitrage et qu'ils rencontrent des difficultés d'interprétation, ils sont invités à poser des questions préjudicielles, alors que les arbitres n'y sont pas autorisés. En effet, la CJCE avait déjà estimé, notamment dans

---

ou d'autres conditions de transaction non équitables; b) limiter la production, les débouchés ou le développement technique au préjudice des consommateurs; c) appliquer à l'égard de partenaires commerciaux des conditions inégales à des prestations équivalentes, en leur infligeant de ce fait un désavantage dans la concurrence; d) subordonner la conclusion de contrats à l'acceptation, par les partenaires, de prestations supplémentaires qui, par leur nature ou selon les usages commerciaux, n'ont pas de lien avec l'objet de ces contrats ».

870 Sur cet arrêt v. *Recueil de jurisprudence*, 1999, p. I-03055.

871 En application de l'article 177 du traité CE devenu l'article 234 CE.

872 V. le sommaire de l'arrêt *Eco Swiss*.

l'arrêt *Nordsee* du 23 mars 1982[873], que le tribunal arbitral ne peut poser directement des questions préjudicielles à la CJCE, puisqu'il ne s'agit pas d'une juridiction au sens de l'article 234 du TCE. Cela a été également confirmé par la jurisprudence postérieure à l'arrêt *Eco Swiss* (les arrêts *Denuit* du 27 janvier 2005 et *Elisa Maria Mostaza Claro* du 26 octobre 2006).

545. Deuxièmement, l'arrêt *Eco Swiss* pose des principes importants quant au contrôle de compatibilité de la sentence arbitrale avec l'ordre public, dont le droit communautaire fait partie selon la CJCE. La Cour admet expressément que le contrôle de l'ordre public revêt un caractère limité, alors que l'annulation ou le refus de reconnaissance de la sentence sont exceptionnels. En outre, la CJCE pose le principe d'équivalence, selon lequel le traitement réservé au droit communautaire de la concurrence doit être équivalent à celui réservé aux règles nationales d'ordre public. La Cour a énoncé que « *le droit communautaire doit seulement bénéficier, aux termes d'une analyse qui met en balance la nécessité de son application avec les principes de la sécurité juridique et le respect des règles fondamentales de l'arbitrage, de la même attention et protection que les règles impératives de droit d'origine nationale* ». En vertu du principe de primauté et d'équivalence, la Cour impose aux États membres d'intégrer dans l'ordre public étatique et international les règles impératives de source communautaire relatives au droit de la concurrence. Ce faisant, en utilisant des notions émanant des ordres publics nationaux, elle dégage un ordre public communautaire. Enfin, elle pose l'obligation pour les juges des États membres d'annuler une sentence contraire au droit communautaire de la concurrence et subordonnée aux règles de procédure de l'État membre en question. Cette espèce rend bien compte de cette obligation car l'application de l'ordre public international néerlandais aurait conduit à écarter les normes communautaires sur la concurrence.

546. Si l'arrêt *Eco Swiss* est essentiel, il ne faut cependant pas occulter qu'il existe des limites à la solution qu'il apporte. La principale limite réside dans le fait qu'il doit exister dans les ordres juridiques nationaux des règles permettant de protéger l'ordre public. En l'espèce, une règle néerlandaise justifiait l'annulation de la sentence arbitrale contraire à l'ordre public. Par la suite, la jurisprudence française est venue restreindre l'application de l'arrêt *Eco Swiss* à travers l'affaire *Thalès* de la Cour d'Appel 1ère Chambre civile du 18 novembre 2004[874]. Dans ce litige la Société *Thalès* avait déposé devant la Cour d'Appel de Paris, un recours en annulation de la décision arbitrale rendue le 23 octobre 2002 l'ayant condamnée à verser la somme de 110 millions d'euros à *GIE Euromissile*. Le litige qui opposait les deux parties

---

873 Sur cet arrêt v. *Recueil de jurisprudence,* 1982, p. 1095.

874 Sur cette affaire v. Ch. SERAGLINI, « L'affaire Thalès et le non-usage immodéré de l'exception d'ordre public (ou les dérèglements de la dérèglementation) », *Gazette du Palais*, 22 octobre 2005, n° 294 à 295, p. 5 et s.

portait sur les accords commerciaux les ayant liées, leur difficulté à trouver un terrain d'entente et un prix permettant de conclure les contrats de licence envisagés. La sentence rendue par le tribunal arbitral le 23 octobre 2002 a débouté *Thalès* de sa demande et a attribué à *Euromissile* des indemnités au titre de la réparation du préjudice subi. Le différend juridique portait sur les rapports entre le droit de l'arbitrage et le droit communautaire. Le recours en annulation demandé par *Thalès* était exclusivement fondé sur l'article 1502-5 du NCPC[875] et soutenait que la décision constituait une violation du droit communautaire du chef de la violation de l'ordre public international. Elle soutenait que donner raison à *Euromissile* serait agir dans un sens contraire à l'article 81 Traité CE. La Cour d'Appel a refusé de faire droit à sa demande et a motivé sa décision en considérant que la violation de l'ordre public international doit être flagrante, effective et concrète. La violation doit être ainsi tout simplement manifeste ou encore grossière. Pour le professeur Christophe SERAGLINI, la solution de cet arrêt constitue une dérive inquiétante car elle est trop restrictive[876]. Nous sommes de son avis car une conception trop restrictive de la réserve d'ordre public peut vider ce contrôle de sa substance.

547. Cependant, nous pouvons apporter de la nuance à la portée de l'arrêt *Thalès* en précisant que cette solution a été apportée par un juge français pour un cas français. On peut espérer que dans les autres pays membres, les juges vont retenir des conditions d'application moins restrictives qui vont pousser le juge de la cassation à opérer un revirement de jurisprudence. Il est vrai que la solution de l'arrêt *Thalès* n'a pas été encore consacrée par une cour de cassation[877]. De plus, il n'est pas sûr que la CJCE valide l'arrêt *Thalès* car comme nous le fait remarquer Florence BENOIT-ROHMER, cette juridiction applique deux conditions traditionnelles dans sa jurisprudence, à savoir l'égalité de traitement droit communautaire droit national et le principe selon lequel le droit procédural ne rende pas en pratique impossible ou excessivement difficile l'exercice des droits conférés par l'ordre juridique communautaire [878]. Ainsi, il est probable que la CJCE sanctionne l'arrêt *Thalès* du fait que son application peut rendre excessivement difficile l'exercice des droits conférés dans l'affaire *Eco Swiss*. Pour toutes ces raisons et pour permettre l'éclosion d'un ordre public

---

875 L'article 1502 NCPC disposait avant le décret 13 janvier 2011 qui a modifié de le droit de l'arbitrage en France que « *L'appel de la décision qui accorde la reconnaissance ou l'exécution n'est ouvert que dans les cas suivants : ... 5° Si la reconnaissance ou l'exécution sont contraires à l'ordre public international* ».

876 V. Ch. SERAGLINI, « L'affaire Thalès et le non-usage immodéré de l'exception d'ordre public (ou les dérèglements de la dérèglementation) », *op.cit.*

877 Cette solution a été réaffirmée dans un arrêt de la C.A de Paris le 10 sept. 2009, *Schneider Schaltgeratebau c/ CPL Industries Ltd*, sur cette affaire v. *Petites affiches*, 23 février 2011, n° 38 p. 6 et s.

878 V. F. BENOIT-ROHMER, « La violation du droit communautaire, moyen d'ordre public ? » *Petites affiches,* 25 octobre 1996, n° 129, p. 23 et s.

communautaire dans le Mercosur et dans l'OHADA, nous préconisons que ces organisations transposent le modèle du droit communautaire européen.

b. La possibilité de transposer le modèle européen dans l'OHADA et dans le Mercosur

548. Pour transposer la solution du droit communautaire européen dans l'OHADA et le Mercosur, il convient d'abord de comprendre le mécanisme de création de l'ordre public communautaire européen. Pour ce faire, il faut se reporter aux travaux du professeur Sylvaine POILLOT PERUZZETO[879].

549. Premièrement, il convient de vérifier qu'il existe une culture juridique commune aux États membres de l'OHADA et du Mercosur. Dans l'Union Européenne il se dégage une certaine forme de culture juridique européenne commune malgré le fait qu'il y ait non seulement vingt- sept États membres et que le droit ne se conçoit pas de la même façon du Nord au Sud de l'Europe. Effectivement, dans l'espace européen, coexiste une pluralité de systèmes juridiques[880]. Des États appartiennent au groupe de pays de la *common law* (Angleterre, Irlande), d'autres ont un système juridique qui repose sur le code Napoléon (France, Belgique, Espagne, Portugal). Certains pays sont issus de la famille juridique allemande (Allemagne, Autriche, Grèce) et d'autres sont anciennement communistes (Pologne, Roumanie). Enfin, des États ont un système juridique nordique (Danemark, Norvège, Suède). Cette pluralité justifie le système choisi d'une harmonisation par le haut, sur la base des Traités institutifs et elle ne s'est pas véritablement heurtée à la mise en place d'un ordre juridique commun.

550. Aboutir à un ordre public commun dans l'OHADA serait dans la pratique une tâche plus aisée que dans l'UE car dans les dix-sept États de l'OHADA, il existe une culture juridique quasi commune héritée de la colonisation. Et pour cause : parmi ces dix-sept États, seulement trois n'ont pas pour racine le droit français : le Cameroun qui est un État bilingue (système juridique mixte de *common law* et de droit français), la Guinée Bissau et la Guinée Equatoriale qui ont des cultures juridiques venant respectivement du Portugal et de l'Espagne. Dans le Mercosur, l'exercice peut être encore plus facile à réaliser car il ne s'agit que de quatre États dont trois ont un système hérité du droit espagnol. Dans cet espace, seul le Brésil a un droit de culture juridique héritée du droit portugais. Il suffit d'opérer des rapprochements entre ces systèmes juridiques, sachant que le droit espagnol et le droit portugais ont pour base le Code Napoléon.

---

[879] V. S. POILLOT PERUZZETO, *op. cit.* V. aussi du même auteur « Ordre public et droit communautaire », *Recueil Dalloz-Sirey*, 1993, p.177 à 182 et l'ouvrage *Vers une culture juridique européenne commune ?* (actes du colloque), Paris, Montchrestion, 1998.

[880] Sur ces différents groupes de systèmes juridiques v. C. HERTEL, « Systèmes juridiques dans le monde », *Notarius International*, édition U.I.N.L, 2009, 1/2, p. 142 à 156.

551. Deuxièmement, étant donné que l'ordre public communautaire se construit à partir d'architectures nationales distinctes et qu'il cherche à organiser un tout cohérent et équilibré, dans le respect de la diversité, il faut utiliser le droit national comme référentiel. Ainsi, il convient de partir de la définition nationale de l'ordre public et de la loi de police. En réalité, l'ordre public commun s'enrichit des emprunts aux droits et des mécanismes nationaux. Comme nous le fait remarquer l'auteur cité ci-dessus « *l'ordre public se développe par observation, réception, dépassement des outils nationaux (société européenne, marque communautaire)* »[881]. L'ordre public communautaire est lui-même construit sur les ordres publics et les lois de police étatiques. Il a besoin des ordres juridiques étatiques car il n'a pas d'infrastructure propre. Les ordres nationaux constituent en quelque sorte les fondations de l'ordre juridique communautaire. C'est pour cette raison que supprimer les ordres publics des États membres de l'OHADA et du Mercosur serait une très grave erreur. Les effacer correspondrait à construire une maison sans fondation. Nous pouvons très facilement envisager le résultat. Les ordres publics internes de l'OHADA et du Mercosur ne doivent pas disparaître mais on doit parvenir à les écarter ou à les aménager lorsqu'ils sont contraires à l'ordre public commun. Cet ordre juridique se nourrit aussi des lois de police étatiques à travers le contrôle que le juge communautaire exerce. Ce contrôle lui a permis de dégager une définition communautaire de loi de police dans l'arrêt *Arblade* du 23 novembre 1999[882]. La CJCE retient que les lois de police sont des « *lois dont l'observation est nécessaire pour la sauvegarde de l'organisation politique, sociale ou économique* »[883].

552. Au cours de ce contrôle la Cour a rappelé que « *L'appartenance de règles nationales à la catégorie des lois de police et de sûreté, ne les soustrait pas au respect des dispositions du traité, sous peine de méconnaître la primauté et l'application uniforme du droit communautaire. Les motifs à la base de telles législations nationales ne peuvent être pris en considération par le droit communautaire qu'au titre des exceptions aux libertés communautaires expressément prévues par le traité et, le cas échéant, au titre des raisons impérieuses d'intérêt général* ». L'objet du contrôle d'une loi de police est la conformité de la loi qui revendique son application. Elle doit être conforme au droit communautaire. Les éléments de contrôle sont ici la loi d'origine et le principe de libre circulation. Les tests du contrôle sont la non-discrimination, l'existence d'un intérêt général et la proportionnalité.

553. De même, il revient à la CJCE de contrôler les limites de l'ordre public étatique en matière de circulation des décisions de justice (analogie

---

[881] V. S. POILLOT PERUZZETO, *op.cit.*, p. 69.

[882] Sur cet arrêt de la CJCE et son commentaire v. *RCDIP*, 2000, p. 710.

[883] En réalité cette définition a été proposée par le professeur Ph. FRANCESCAKIS *in Travaux du Comité français de droit international privé*, 1966-1969, Paris, Dalloz, p. 165.

possible avec l'arbitrage) dans l'arrêt *Dieter Krombach* du 28 mars 2000. Selon elle, le recours à l'ordre public étatique « *n'est concevable que dans l'hypothèse où la reconnaissance ou l'exécution de la décision rendue dans un autre état contractant heurterait de manière inacceptable l'ordre juridique de l'État requis* ». Cette violation doit constituer une violation manifeste d'une règle de droit considérée comme essentielle dans l'ordre juridique de l'État requis[884]. Il s'agit là d'un ordre public de procédure et de fond. Cet arrêt s'inscrit dans la droite lignée de l'arrêt *Renault* du 11 mai 2000, dans lequel l'existence de normes d'ordre public communautaire était débattue[885] et de l'arrêt *Krombach* du 28 mars 2000[886].

554. En ce qui concerne les États de l'OHADA, nous retrouvons aussi des traces de la notion de loi de police. Elles sont présentes dans l'AUA notamment dans l'article 2 alinéa 2[887]. Cet article dispose que les personnes morales de droit public de l'OHADA ne peuvent pas invoquer leur propre droit pour refuser de soumettre à arbitrage le litige. Cette disposition est une loi de police en ce sens qu'elle est impérative et qu'elle écarte l'application de la loi nationale par l'État partie ou la personne morale ayant passé un contrat avec une clause d'arbitrage. Il s'agit bien là d'une loi de police d'émanation communautaire. Pour les États du Mercosur, il faut se tourner vers la Convention interaméricaine sur la loi applicable aux contrats internationaux (CIDIP V) adoptée le 17 mars 1994 avec les limites que nous avons déjà décrits.

555. D'un autre côté, l'ordre public communautaire peut avoir pour effet de prolonger et modifier les ordres publics et les lois de police étatiques[888]. Le prolongement intervient lorsque le juge communautaire contrôle une de

---

[884] Sur cette décision de la CJCE et son commentaire v. *RCDIP*, 2000, p. 481. Dans cette décision la CJCE a décidé que l'article 27 point 1 de la convention du 27 septembre 1968 concernant la compétence judiciaire et l'exécution des décisions en matière civile et commerciale, doit être interprété de la façon suivante :

1) Le juge de l'État requis ne peut pas, à l'endroit d'un défendeur domicilié sur le territoire de celui-ci, tenir compte, au regard de la clause de l'ordre public visée à l'article 27, point 1, de ladite convention, du seul fait que le juge de l'État d'origine a fondé sa compétence sur la nationalité de la victime d'une infraction.

2) Le juge de l'État requis peut, à l'endroit d'un défendeur domicilié sur le territoire de celui-ci et poursuivi pour une infraction volontaire, tenir compte, au regard de la clause de l'ordre public visée à l'article 27, point 1, de ladite convention, du fait que le juge de l'État d'origine a refusé à ce dernier le droit de se faire défendre sans comparaître personnellement.

[885] V. en particulier le paragraphe 36 de l'opinion de l'avocat général.

[886] V. le paragraphe 38.

[887] Selon l'article 2 alinéas 2 de l'AUA « *Les États et les autres collectivités publiques territoriales ainsi que les Etablissements publics peuvent également être parties à un arbitrage, sans pouvoir invoquer leur propre droit pour contester l'arbitrabilité d'un litige, leur capacité à compromettre ou la validité de la convention d'arbitrage.* ». Cet article a été identifié comme une loi de police par R. NEMEDEU, « La recherche du critère d'arbitrabilité des litiges concernant les personnes morales de droit public en droit OHADA », *Revue de la Recherche Juridique Droit Prospectif*, Aix-Marseille, PUAM, 2010-1 p. 434 à 440.

[888] V. S. POILLOT PERUZETTO, *op.cit.*, p. 77.

ces normes. Ce faisant, ce juge peut modifier et peut même perturber ces mécanismes et leur contenu en les intégrant dans l'ordre public communautaire. Ainsi, l'intégration communautaire peut conduire à faire disparaître le contenu des mécanismes d'ordre public étatique. C'est le résultat de la création d'un ordre public régional. En limitant ou écartant l'utilisation des ordres publics étatiques, l'ordre public communautaire vide progressivement leur contenu ce qui a tendance à les rendre inutiles. Cela est d'autant plus vrai qu'il est systématiquement fait référence à la norme communautaire, à l'ordre public communautaire plutôt qu'à un ordre public étatique. Le domaine économique européen nous en donne une bonne illustration.

556. En revanche, l'éviction est exclue lorsque la norme n'existe pas dans l'ordre juridique interne (exemple du droit de la concurrence), la règle communautaire devient une loi de police et grâce au principe de primauté, elle écarte la norme interne. L'ordre juridique communautaire invente ainsi son propre ordre commun et régional et ses propres lois de police. Nous sommes dans un rapport « *d'emprunts et d'intégration réciproque* »[889].

557. Pour résumer ce processus quelque peu complexe, nous devons retenir que l'ordre public communautaire emprunte aux ordres publics étatiques et aux lois de police pour se construire. Par la suite, les ordres publics étatiques s'effacent dans les matières déjà communautarisées et empruntent à l'ordre public communautaire lorsque le domaine n'est pas réglementé de façon interne. L'ordre public communautaire européen est forgé par imitation des concepts nationaux et internationaux. Cette méthode est tout à fait applicable et transposable dans les États de l'OHADA et du Mercosur, des États qui pour la plupart ont des cultures juridiques et des ordres publics proches. Cependant, nous devons souligner que l'expression « *l'ordre public communautaire* » n'est pas encore consacrée formellement par les instances communautaires européennes. De ce fait, il est plus approprié d'utiliser l'expression de « *norme impérative d'origine communautaire* ». Ces normes proviennent de directives et de règlements[890], et regroupent des règles relatives à la concurrence, au droit monétaire, au droit économique et politique et à la sécurité. Elles peuvent aussi provenir du juge communautaire comme dans l'arrêt *Ingmar*[891]. Les dispositions

---

[889] *Ibid.*, p. 78.

[890] V. la Directive 2002/65/CE du 23 septembre 2002 concernant la commercialisation de services financiers auprès des consommateurs.

[891] Sur cet arrêt v. *RCDIP*, 2001, p. 107. Cet arrêt précise que les articles 17 et 18 de la directive 86/653, relative à la coordination des droits des États membres concernant les agents commerciaux indépendants, qui garantissent certains droits à l'agent commercial après la cessation du contrat d'agence, doivent trouver application dès lors que l'agent commercial a exercé son activité dans un État membre et alors même que le commettant est établi dans un pays tiers et que, en vertu d'une clause du contrat, ce dernier est régi par la loi de ce pays. En effet, le régime prévu par les articles 17 à 19 de la directive, qui présente un caractère impératif, a pour objet de protéger, à travers la catégorie des agents commerciaux, la liberté

communautaires sont appliquées comme des lois de police internes par le juge étatique. Ainsi le juge national, en utilisant les normes communautaires, peut lui-même dégager des normes impératives. De cette façon, cette méthode peut être reprise par les juges nationaux de l'OHADA et les arbitres du Mercosur. Etant donné qu'à ce jour les instances sont défaillantes, on peut espérer voir des règles impératives communautaires dégagées par le juge interne. Pour ce faire, le droit de la concurrence peut être une excellente rampe de lancement.

c. Le droit de la concurrence comme rampe de lancement d'un ordre public communautaire dans l'OHADA et le Mercosur

558. Compte tenu du fait que la finalité du droit communautaire européen est la création d'un marché intérieur et que cette même finalité est poursuivie par le Mercosur, nous pouvons fort bien imaginer une émergence de normes impératives d'origine communautaire à partir du droit de la concurrence. En effet, le Mercosur a adopté un protocole sur la protection de la concurrence intra-zone le 17 décembre 1996 (Décision CMC n° 18/96)[892]. Son objectif est d'assurer des conditions adéquates de concurrence en vue de consolider l'union douanière. De ce fait, il prévoit le libre accès au marché et la distribution équilibrée des bénéfices du processus d'intégration. Dans sa rédaction, ce texte est très proche du droit communautaire européen parce que dans cette matière il existe une étroite collaboration entre les instances européennes et le Mercosur depuis la conclusion de l'accord cadre de coopération UE-Mercosur, aussi connu comme l'Accord de Madrid du 15 décembre 1995[893]. Cet accord a émis trois modalités de coopération en matière de concurrence, à savoir : la formation des fonctionnaires du Mercosur (par des cours et des stages auprès d'autorités de la concurrence de l'UE et l'organisation de séminaires), le renforcement des liens entre les autorités chargées de ce domaine et des initiatives visant la consolidation de la culture de la concurrence.

559. En revanche, ces textes s'écartent en matière d'application des normes sur la concurrence parce que les États du Mercosur ont une compétence discrétionnaire. Cet état de fait rajoute de l'eau au moulin d'une partie de la doctrine qui soutient que le Mercosur n'est pas un ordre juridique communautaire a proprement parler. Des auteurs estiment que l'ordre juridique créé par cette organisation est purement basé sur des règles intergouvernementales et internationales. Ils en veulent pour preuve le fait

---

d'établissement et le jeu d'une concurrence non faussée dans le marché intérieur, de sorte que lesdites dispositions doivent s'appliquer dès lors que la situation présente un lien étroit avec la Communauté. V. les paragraphes 21, 24 et 26.

[892] V. D. VENTURA, *op.cit*, p. 321 et 322.

[893] Sur cet accord v. D. VENTURA, *op.cit*, p. 304 à 384. Cet accord n'est entré en vigueur que le 1er juillet 1999.

que les textes instituant le Mercosur ont rejeté toute idée de supranationalité[894]. Nous ne partageons pas complètement cette vision car nous avons pu démontrer que la jurisprudence arbitrale est progressivement en train d'imposer des normes et des principes qui s'appliquent à l'ensemble des États de cette organisation. Pour nous, lorsque les arbitres du Mercosur sanctionnent des comportements d'États et de particuliers contraires au principe d'intégration et de libre circulation, ils garantissent aussi le respect du droit de la concurrence du Mercosur et dégagent des normes qui se rapprochent fortement des normes impératives d'origine communautaire du droit européen. Cela est d'autant plus vrai que le TPR a consacré le principe de primauté du droit du Mercosur sur le droit interne dans son avis consultatif du 3 avril 2007 sur l'affaire *Norte SA Imp. Exp. c/ Laboratoire Northia* [895]. Dans cet avis le TPR a défendu l'idée que le droit du Mercosur est un droit d'intégration qui a une logique communautaire ou quasi communautaire. Il a aussi affirmé la primauté du droit du Mercosur sur le droit interne et sur le droit international. Enfin, il convient de souligner que le Mercosur a mis en place des instances de lutte contre les pratiques anticoncurrentielles : la Commission de la Concurrence du Mercosur et le Comité de prohibition de la concurrence composés de fonctionnaires des pays membres. Ces organisations sont épaulées par des organes d'application dans chaque pays.

560. En ce qui concerne les États de l'OHADA pour déceler des éléments sur le droit de la concurrence, il convient de signaler que de nombreux États membres ont des législations internes relatives à cette matière. Comme illustration, en Côte d'Ivoire, le premier texte a été hérité de la colonisation. En effet, la loi du 28 juillet 1978, reprenait les erreurs du texte français d'origine (l'ordonnance de 1945 régissant la matière en France et dans ses colonies)[896]. Avec la mondialisation, ce pays a mis en place un nouveau texte en 1991 à travers la loi du 27 décembre 1991. Cette loi est une reprise quasi textuelle de celle de 1978, enrichi de notions sur le droit du consommateur. Cette matière est régie au Burkina Faso par la loi n° 15/94/ADP du 5 mai 1994 portant organisation de la concurrence au Burkina Faso et au Niger par l'ordonnance n° 92-025 du 7 juillet 1992 portant réglementation des prix et de la concurrence. Au Mali par l'ordonnance n° 07/025/PRM du 17 juillet

[894] *Ibid.*, p. 113 à 174. V. aussi N. SUSANI, *op.cit.,* p. 241.

[895] *Ibid.*, p. 267 à 268. V. aussi P. DAILLIER, « La jurisprudence des tribunaux des organisations d'intégration latino-américaines », *op.cit.,* p. 532.

[896] Sur le droit interne de la concurrence en Côte d'Ivoire v. J. ISSA-SAYEGH, « Le droit ivoirien de la concurrence », texte de la communication faite à un colloque sur le droit de la concurrence qui s'est tenu à Ouagadougou en février 2003.

2007[897] et au Sénégal par la loi n° 94-63 du 22 août 1994 sur les prix, la concurrence et le contentieux économique[898].

561. Pour autant, pour parler d'un véritable droit communautaire de la concurrence dans cet espace, il faut impérativement regarder vers deux autres organisations : l'Union Economique et Monétaire Ouest-Africaine (UEMOA) et la Communauté Economique et Monétaire de l'Afrique Centrale (CEMAC). Ces organisations sont pratiquement constituées sur le modèle de l'UE et elles ont pour vocation l'intégration économique régionale. Leur but étant d'instaurer un marché commun, le droit de la concurrence apparaît d'emblée comme une de leur priorité[899]. Par le jeu de la collaboration instaurée entre ces trois organisations[900] le droit communautaire de la concurrence appliqué dans l'espace OHADA est la combinaison des droits issus de ces organisations. Par exemple, dans les États à la fois membre de l'OHADA et de l'UEMOA[901], s'il est invoqué, dans un contentieux, des atteintes à la concurrence, celles –ci relèveront du droit de l'UEMOA, conformément au règlement n° 02/2002/CM/UEMOA relatif aux pratiques anticoncurrentielles[902]. L'UEMOA œuvre pour l'institution de règles communes en matière de concurrence et qui sont applicables aux entreprises publiques et privées selon l'article 76 Traité UEMOA. Elle a ainsi mis en place des règles primaires et des règles dérivées en matière de concurrence. Le droit primaire de la concurrence UEMOA est issu du Traité UEMOA et plus précisément des articles 76, 83, 88 à 90. La primauté de ce droit est aussi assurée par l'article 6 du Traité de l'UEMOA qui stipule que : « *les actes arrêtés par les organes de l'Union pour la réalisation des objectifs du présent Traité et conformément aux règles et procédures instituées par celui-ci, sont appliqués dans chaque État membre nonobstant toute législation nationale contraire, antérieure ou postérieure.* ». La Cour de Justice de l'UEMOA a confirmé cette primauté

---

897 Sur ce texte v. www.Droit-Afrique.com

898 V. A. KANTÉ « Réflexions sur le droit de la concurrence et la protection des consommateurs dans l'UEMOA : l'exemple du Sénégal », *Revue internationale de droit africain EDJA*, n° 67, 2005, p. 53 et s.

899 V. S. J. PRISO-ESSAWE « L'émergence d'une droit de la concurrence en Afrique », *RIDC*, 2004, 2, p. 329 à 354.

900 Nous avons déjà établie que l'OHADA est le support juridique majeur pour l'aboutissement de l'entreprise d'intégration entamée par ces deux organisations. L'OHADA leur a permis d'opérer des avancées significatives à travers l'uniformisation de pans entiers du droit des États membres.

901 Il s'agit du Bénin, du Burkina Faso, de la Côte d'Ivoire, de la Guinée Bissau, du Mali, du Niger, du Sénégal et du Togo.

902 Sur le droit de la concurrence dans l'UEMOA v. A. S. COULIBALY, « La concurrence dans le cadre de l'UEMOA », *Actes du colloque de Ouagadougou des 16 et 17 décembre 1999 sur le thème : La libéralisation de l'économie dans le cadre de l'intégration régionale : le cas de l'UEMOA*, Publication du CEEI, n° 3, Ouagadougou, 2001, p. 97. V. aussi A. S. COULIBALY, « Le droit de la concurrence dans l'UEMOA », *Revue burkinabé de droit*, n° 43 et 44, 1er et 2ème semestre de 2003.

dans deux avis en date du 27 Juin 1999 n° 003/2000 et du 18 Mars 2003 n° 001/2003. Ce texte est entré en vigueur dès le 1er août 1994.

562. Pour assister à l'édiction du droit dérivé en matière de concurrence, il a fallu attendre le 23 mai 2002, soit plus de sept ans après le démarrage du processus d'intégration en question. Ce droit dérivé se présente sous forme de trois règlements[903] et de deux directives[904] du Conseil des ministres de l'UEMOA. L'entrée en vigueur des trois règlements a été fixée pour le 1er janvier 2003, tandis que celle des deux directives l'a été pour plus tôt, à savoir, le 1er juillet 2002, étant entendu qu'un délai de six mois s'étalant jusqu'au 31 décembre 2002 a été laissé aux États membres pour conformer leur législation interne à ces deux directives.

563. Les règles de fond de ce droit de la concurrence sont l'interdiction des ententes, la prohibition des abus de position dominante et la forte limitation de l'intervention des États. Pour mettre en œuvre ce droit, l'UEMOA s'est dotée d'organes tels que le Conseil des ministres, la Commission, la Cour de justice et, dans une certaine mesure, le Comité consultatif de la concurrence. Dans ce même souci, l'UEMOA a consacrée l'exclusivité de son droit par rapport aux droits nationaux dans le domaine anticoncurrentiel. Saisie à titre consultatif par la Commission de l'UEMOA, la Cour de Justice de l'UEMOA dans son avis n° 003/2000 du 27 juin 2000 concernant l'interprétation des articles du Traité UEMOA relatifs aux règles de concurrence dans l'Union a décidé que les États membres ne peuvent exercer de compétences partagées ou concurrentes dans ce domaine. C'est donc l'exclusivité qui est consacrée.

564. Une démarche similaire a été entreprise au sein de la CEMAC qui comprend aussi des États membres de l'OHADA[905]. La CEMAC a élaboré un droit communautaire de la concurrence directement applicable dans tous les États membres[906]. L'essentiel de ce droit communautaire est constitué par un règlement du 25 juin 1999 portant réglementation des pratiques

---

[903] V. le règlement n° 02/2002/CM/UEMOA relatif aux pratiques anticoncurrentielles à l'intérieur de l'Union économique et monétaire ouest africaine. Le règlement n° 03/2002/CM/UEMOA relatif aux procédures applicables aux ententes et aux abus de position dominante à l'intérieur de l'Union économique et monétaire ouest africaine. Et Enfin, le règlement n° 04/2002/CM/UEMOA relatif aux aides d'État à l'intérieur de l'Union économique et monétaire ouest africaine et aux modalités d'application de l'article 88 (c) du Traité.

[904] V. la directive n° 01/2002/CM/UEMOA relative à la transparence des relations financières d'une part entre les États membres et les entreprises publiques, et d'autre part entre les États membres et les organisations internationales ou étrangères. Et la directive n°02/2002/CM/UEMOA relative à la coopération entre la Commission et les structures nationales de concurrence des États membres pour l'application des articles 88, 89 et 90 du Traité de l'UEMOA.

[905] Il s'agit du Cameroun, de la République du Congo, du Gabon, de la Guinée Equatoriale, de la République Centrafricaine et du Tchad.

[906] Sur ce droit v. F. ONANA ETOUNDI, « Les expériences d'harmonisation en Afrique », *Revue de l'ERSUMA*, n°1, juin 2012, p. 14.

commerciales anticoncurrentielles et par un règlement du 18 août 1999 portant réglementation des pratiques étatiques affectant le commerce entre les États membres. L'article 3 de ce texte dresse une liste des pratiques incompatibles avec le marché commun. Dans sa rédaction, ce texte est très proche de l'article 81 Traité CE. Compte tenu de la primauté du droit communautaire affirmée par l'article 4 du Traité de la CEMAC, les États membres doivent s'abstenir de prendre toute mesure susceptible de faire obstacle au droit communautaire. La CEMAC s'est penchée sur la problématique de l'effectivité de ces mesures, en mettant en place des organes de contrôle. Elle a institué un Organe de Surveillance de la Concurrence (OSC) chargé d'assurer le contrôle d'application des règles CEMAC en matière de concurrence. Le principal défaut de ce droit communautaire réside dans le fait qu'il coexiste avec les lois nationales de certains États membres relatives à la concurrence. A ce propos, un projet de révision du droit communautaire de la concurrence dans la CEMAC a été élaboré. Ce projet est dominé par la volonté de parvenir à un droit harmonisé de la concurrence dans cet espace[907] pour en finir avec la coexistence des normes internes et des normes communautaires.

565. Nous avons donc établi la présence d'un droit de la concurrence au sein du Mercosur et de l'OHADA, mais cela suffit-il pour voir émerger un ordre public communautaire dans ces espaces ? En vérité, la présence de ces normes ne saurait se suffire à elle-même pour parvenir à ce résultat. C'est la raison pour laquelle nous suggérons qu'à l'instar du juge communautaire européen, les juges de la CCJA et les arbitres du TPR saisissent les opportunités qui leur sont données pour dégager le plus tôt possible un ordre public communautaire ou du moins des normes impératives d'origine communautaire. Cela est d'autant plus envisageable que le TPR et la CCJA[908] ont pour rôle respectif d'assurer l'interprétation et l'application commune du droit du Mercosur et de l'OHADA. Dans ce processus, les juges étatiques et les arbitres ont aussi leur partition à jouer en provocant des questions préjudicielles et des avis en ce sens. Ils doivent pousser les organes judiciaires communautaires à donner des réponses surtout dans le très sensible domaine de la concurrence interrégionale. Etant donné que la finalité de ces ensembles est d'aboutir à une intégration économique, la question de la concurrence est cruciale et doit être abordée et conçue de manière commune par l'ensemble des États membres. En attendant que ces décisions salutaires soient prises pour dégager un ordre public régional, les arbitres de l'OHADA et du Mercosur peuvent utiliser la méthode de création de l'ordre public transnational.

---

907 V. *Projet de révision du dispositif institutionnel concurrence CEMAC*, étude réalisée par G. CHARRIER en février 2010.

908 V. l'article 14 du Traité OHADA.

2. La possibilité de recourir à la méthode de création de l'ordre public transnational

566. Pour parvenir à mettre en place un ordre public commun, régional et propre aux États de l'OHADA et du Mercosur, les juridictions communautaires de ces ensembles doivent se servir de leur autorité pour faire émerger des règles communes à l'ensemble des États membres. Pour ce faire, elles peuvent utiliser la méthode de création de l'ordre public transnational, c'est-à-dire la recherche de principes qui font l'objet d'un consensus universel ou du moins international[909]. Ces juridictions peuvent aussi rechercher et consacrer des valeurs partagées par la majorité des États membres de la région, étant donné que dans la plupart des cas s'il y a une transgression au niveau international, il y a forcement une transgression de l'ordre public régional. Le recours à cette méthode est d'autant plus envisageable qu'à l'occasion de son premier avis, le TPR a seulement admis l'existence de l'ordre public international et que le Traité OHADA et le Règlement d'arbitrage de la CCJA font référence à l'ordre public international. Le recours à l'ordre public transnational permet de dégager un ordre public communautaire procédural et un ordre public de fond[910].

567. L'ordre public communautaire procédural est composé d'exigences essentielles à la sécurité juridique et élémentaires pour la conduite de la procédure arbitrale. Il s'agit de l'idée bien connue du *due procces*. Parmi ces exigences, nous pouvons citer le principe du contradictoire, le principe d'égalité entre les parties et l'obligation de motivation d'une sentence arbitrale. Le TPR et la CCJA qui veillent déjà au respect de ces principes doivent les consacrer de façon explicite, formelle et communautaire pour améliorer la cohésion régionale.

568. L'ordre public communautaire de fond consiste à ne pas reconnaître les sentences qui heurtent des règles essentielles et fondamentales. Ainsi, une sentence validant un contrat dont le but est d'encourager la corruption ou encore l'asservissement ou le travail des enfants doit être sanctionnée. La CCJA et le TPR doivent réussir à opérer le filtrage à l'échelle régionale de ce type de pratiques. L'arbitrage doit être davantage perçu comme un mécanisme de lutte contre les pratiques contraires aux bonnes mœurs et à l'éthique commerciale.

SECTION II. L'ARBITRAGE UN MÉCANISME DE LUTTE CONTRE LES PRATIQUES CONTRAIRES À L'ÉTHIQUE COMMERCIALE

569. A travers la notion d'ordre public, l'arbitrage permet d'apporter de la sécurité juridique dans les échanges commerciaux étatiques, régionaux et

---

[909] Cette suggestion a déjà été faite par G. KENFACK DOUAJNI, *op.cit.*, p. 10 à 14.

[910] *Ibid.* V. aussi P. LALIVE, « Ordre public transnational (ou réellement international) et arbitrage International », *Revue de l'arbitrage*, 1986, p. 348 et s.

internationaux. La sentence CCI n°6697 de 1990 a confirmé cette idée dans l'affaire *Casa c/ Cambior* de 1990, lorsqu'elle a affirmé que l'arbitrage international constitue *« un mécanisme essentiel et irremplaçable de la sécurité des transactions internationales »*[911]. C'est par l'application de cette notion que l'arbitrage contribue de façon concrète à lutter contre la corruption (**§ I**) et contre les autres formes de pratiques immorales et illicites liés aux activités commerciales et aux relations économiques (**§ II**). Toutes ces pratiques contraires à l'éthique commerciale qui freinent le développement sévissent avec une certaine acuité dans les États de l'OHADA et du Mercosur.

§ I. L'arbitrage comme mécanisme de lutte contre la corruption

570. Nous pouvons affirmer sans exagérer que la corruption est la mère de tous les maux qui affectent les États de l'OHADA et du Mercosur. Ce fléau accroit la pauvreté et bloque tous les efforts de développement. C'est la raison pour laquelle nous attribuons à ce phénomène une place particulière dans notre étude et ce d'autant plus que l'arbitrage est un mécanisme qui permet de lutter efficacement contre la corruption transnationale c'est-à-dire quand le corrompu réside dans un État différent de celui du corrupteur. En effet, l'arbitrage permet d'éliminer les contrats internationaux contenant des actes de corruption (**A**). De même, la pratique arbitrale sur les différends relatifs aux investissements sanctionne ce fléau (**B**).

A. L'arbitrage : mécanisme de lutte contre la corruption dans un contrat international

571. Aujourd'hui, il est communément admis que les arbitres doivent retenir leur compétence et sanctionner la corruption dans un contrat[912]. Pourtant, la première sentence rendue sur cette question s'était prononcée dans le sens de la non-arbitrabilité du litige. Il s'agit de la sentence *Lagergren* de 1963 qui impliquait un ressortissant d'un des États du Mercosur. Dans cette affaire, il s'agissait d'un contrat conclu entre une société britannique et un intermédiaire argentin. Cette société avait fait appel à cet intermédiaire pour obtenir un marché public en Argentine, en s'engageant à lui verser une commission de 10% sur la valeur du contrat obtenu. Le tribunal arbitral a été saisi car la société avait refusé de verser ladite commission. L'arbitre a considéré que ce contrat conduisait à la

[911] V. l'affaire CCI n° 6697 de 1990. Sur cette sentence, *Revue de l'arbitrage*, 1992, p. 135.

[912] Nous faisons surtout allusion aux contrats d'intermédiaire car la conclusion de transactions internationales dépend très souvent de l'intervention d'agents étrangers et de versements de sommes d'argent. Ce type de contrat peut prendre diverses formes telles que le contrat de courtage, le mandat, la représentation, l'agence, le sponsoring, le conseil, le consulting et l'assistance technique.

corruption du fonctionnaire argentin mais déclina sa compétence au motif que « *les parties qui s'allient dans une telle entreprise doivent réaliser qu'elles ont perdu tout droit de s'adresser à la justice (qu'il s'agisse des juridictions nationales ou de tribunaux arbitraux) pour faire trancher leur différend* »[913]. Il semble que pour justifier la non-arbitrabilité dans cette affaire, l'arbitre ait fait une simple application de la règle *nemo auditur propriam turpitudinem allegans*[914].

572. Cette solution était maladroite à divers égards. Tout d'abord, la solution n'était pas transposable dans tous les systèmes juridiques car aussi choquant que cela puisse paraître des pratiques similaires sont tout à fait légales dans certains États. Nous pensons précisément à la notion de *grease payments* ou de *paiements de facilitation* encadrée par le droit américain[915]. Ces paiements sont des petites sommes destinées à faciliter les relations commerciales entre un investisseur et une administration étrangère[916]. Ils sont exclus de la catégorie des actes constitutifs de corruption par le *Foreign Corrupt Practices Act* (FCPA) de 1988. Très récemment la compatibilité de ces pratiques avec la Convention des Nations Unies contre la corruption a fait l'objet d'un contrôle par un groupe d'examinateurs[917] : les examinateurs de l'ONU ont vérifié que les autorités américaines avaient systématiquement sanctionné les paiements de facilitation qui étaient susceptibles de constituer une violation des dispositions comptables de la FCPA et que des poursuites avaient déjà été engagées contre ce type de violation. La maladresse de la position adoptée par l'arbitre dans la sentence *Lagergren* résidait aussi dans le fait qu'en n'annulant pas ce contrat, l'arbitre refusait d'exercer pleinement son rôle de juge du commerce international. Et pour cause, annuler un contrat constitutif de corruption préserve les intérêts de l'État de destination de la corruption et permet d'assurer la moralité des rapports économiques

---

[913] Sur cet extrait v. Ph. FOUCHARD, E. GAILLARD, et B. GOLDMAN, *op.cit.,* p. 368.

[914] Pour une application plus récente v. la sentence CCI n°10671 de 2000, *JDI*, 2006, p. 1423 et s., avec une note de E. SILVA ROMERO. Dans cette affaire les deux parties avaient accepté de simuler un contrat pour que l'une d'entre elles puisse éviter le paiement de certains impôts. Pour rejeter leurs prétentions, le tribunal arbitral a appliqué la règle *nemo auditur propriam turpitudinem allegans* et à utilisé la sentence *Lagergren.*

[915] Sur la notion de grease payments v. P. MAYER, « La règle morale dans l'arbitrage international », *op.cit.,* p. 384. V. aussi A. COURT de FONTMICHEL, *op.cit.,* p. 77 et 78. Les États-Unis ne sont pas le seul État à accepter ces pratiques. Elles sont aussi formellement admises par le droit allemand relatif à la corruption transnationale v. rapport sur www.transparency.org.

[916] Le *Foreign Corrupt Practices Act* est une loi américaine relative à la corruption qui comprend une liste de ce qu'il faut entendre par « paiements de facilitation ». Selon ce texte, il peut s'agir d'un versement de sommes modestes, en vue de faciliter la réalisation de services Gouvernementaux non discrétionnaires : obtention de permis, licences, visas, réception du courrier, raccordements aux services publics. Cette loi a été adoptée le 19 décembre 1977 et amendée en 1988.

[917] V. l'examen de l'application de la Convention des Nations Unies contre la corruption, troisième session à Vienne du 18-22 juin 2012, consultable sur www.undoc.org.

internationaux[918]. C'est la raison pour laquelle les sentences ultérieures ont tiré les conséquences négatives de cette sentence et ont décidé d'annuler les contrats entachés par des actes de corruption (**2**). Les arbitres sont arrivés à ce résultat en recherchant la preuve de la corruption (**1**).

1. La recherche par l'arbitre de la preuve de la corruption

573. La recherche de la preuve de la corruption n'est pas un travail simple pour l'arbitre[919]. La principale difficulté consiste dans le fait que les parties peuvent se montrer très ingénieuses pour cacher des actes constitutifs de corruption dans leur relation commerciale. Effectivement, l'acte de corruption peut être dissimulé sous les traits d'un contrat classique comme le contrat de mandat ou de conseil.

574. La deuxième difficulté réside dans le fait que, dans ce type d'affaire la question de la licéité du contrat est généralement éludée par les parties au litige lorsqu'elles sont en position de demandeur. Ni le bénéficiaire de la somme occulte, ni le débiteur de cette somme n'ont véritablement d'intérêt à se placer sur le terrain de l'illicéité du contrat car cela aurait pour conséquence de mettre en évidence leur turpitude. Dans ce cas de figure, l'arbitre ne pourra soulever l'illicéité du contrat que si elle est manifestement contraire à la notion l'ordre public. En revanche, si la question est directement posée à l'arbitre, il doit procéder à la qualification du contrat. Pour réussir à identifier la corruption, l'arbitre doit s'en tenir aux termes du contrat, il doit procéder à la recherche de la véritable cause et de l'objet du dit contrat et Enfin, prendre en compte le contexte socio-politique qui prévaut dans le ou les États concernés. Face à des allégations de corruption, l'arbitre doit rechercher dans les termes de l'acte principal la preuve ou du moins les indices de l'illicéité[920] de la cause réelle et de l'objet du contrat. Ainsi, il doit s'adonner à la très délicate tâche de la recherche des intentions des parties. Elle est délicate car, à moins que la corruption soit manifeste et flagrante, il n'est jamais aisé pour l'arbitre de connaître les arrière-pensées des parties. En vue d'identifier leurs intentions, l'arbitre peut s'aider d'indices comme le montant d'une commission disproportionnée par rapport à la prestation demandée ou d'une rémunération inhabituelle au vu des usages du commerce international ou encore le versement à un fonctionnaire d'une commission pour l'obtention d'un marché public. Citons, par exemple, la sentence CCI n° 3913[921] portant sur un contrat par lequel une entreprise française avait chargé une société britannique de lui apporter son concours dans l'obtention du contrat à conclure avec le Gouvernement d'un pays

---

[918] V. Ph. FOUCHARD, E. GAILLARD, et B. GOLDMAN, *op.cit.,* p. 369.
[919] Sur cette démarche v. A. S. EL KOSHERI et Ph. LEBOULANGER, *op.cit.,* p. 5 à 10. V. aussi A. COURT de FONTMICHEL, *op.cit.,* p. 324 à 336.
[920] *Ibid.*, p. 7.
[921] Affaire citée dans *JDI*, 2000, p. 1076.

d'Afrique contre le paiement d'une commission de 8 % du montant du marché. Saisis d'un litige relatif au versement de la commission, les arbitres ont considéré le contrat illicite car : « *Il ressort à l'évidence de ce qui précède que (l'entreprise britannique) devait remplir l'office d'un intermédiaire financier, recevant une certaine somme d'argent qu'elle redistribuerait aux membres d'une filière composée de responsables locaux dont les "positions" permettaient de penser qu'ils étaient susceptibles de concourir favorablement à l'attribution à (l'entreprise française) du marché* ... ». Concrètement, la commission au profit de l'entreprise britannique devait servir à payer des « pots-de-vin ». Dans ce cas, le versement de pots-de-vin par l'entreprise britannique était la cause réelle de l'engagement souscrit par l'entreprise française. Une telle cause a été jugée illicite et immorale en droit français. Une solution similaire a été retenue dans la sentence CCI n° 8891de 1998 où la commission atteignait 18,5%[922]. Les arbitres ont vu dans ce taux élevé le signe que la demanderesse devait reverser à des tiers une partie importante des sommes perçues. Et pour cause, il est fréquent dans les usages du commerce international que le taux de rémunération d'un agent n'excède pas les 1% à 2%[923].

575. Cependant, ces indices peuvent ne pas être suffisants car il est impossible de généraliser. A titre d'exemple, dans l'affaire n ° 4145 de 1984, alors que le pourcentage de la rémunération était de 8%, les arbitres n'ont pas considéré qu'ils étaient en présence d'un cas de trafic d'influence[924] ou de pot-de-vin[925]. De la même manière et encore plus étonnamment, dans la sentence CCI n° 9333 de 1998[926], l'arbitre a considéré qu'une commission de 30% de la valeur du marché, n'était pas un acte de corruption. Pour arriver à ce résultat, dans ce litige qui opposait un courtier marocain (partie demanderesse) à une partie française (défenderesse), l'arbitre a tout d'abord estimé que la défenderesse n'avait pas apporté de preuve documentaire de la corruption[927]. Ensuite, en ce qui concerne la commission que l'arbitre lui-même a considéré comme exorbitante, il a estimé que les circonstances

---

[922] V. l'affaire n° 8891 du CCI rendue en 1998, *JDI*, 2000, p. 1076.

[923] Sur cette affirmation v. Y. DERAINS note sous l'affaire CCI n° 4145 de 1984, *JDI*, 1985, p. 990.

[924] Pour un exemple de trafic d'influence dans l'arbitrage v. affaire *Hilmarton c/ OTV*. Sur cette sentence v. HEUZÉ « La morale, l'arbitre et le juge », *Revue de l'arbitrage*, *op.cit.*, p. 179 à 198. Après ses recherches l'arbitre a estimé que la société *Hilmarton* avait exercé des acticités assimilables à de l'espionnage économique ainsi qu'une activité consistant à exercer une influence auprès des autorités algériennes afin que le dossier de la *OTV* soit préféré. Cependant, il a rejeté l'idée de pot-de-vin.

[925] *Ibid.*, p. 895 et s. V. l'affaire CCI n° 4145 de 1984, *JDI*, 1985, p. 895 et s.

[926] Sur cette sentence v. J.-J. ARNALDEZ, Y. DERAINS, D. HASCHER, *op.cit.*, p. 575 à 587.

[927] La sentence CCI n°1434 de 1975 a souligné que l'arbitrage international ne connaît pas de règles strictes en matière de charge de la preuve. Ainsi la charge de la preuve peut être à la charge du défendeur. Sur cette sentence v. *JDI*, 1976, p. 978.

particulières de l'espèce et l'activité de l'agent justifiaient le paiement d'une commission supérieure à la norme[928].

576. Tout ce qui a l'odeur ou la couleur de la corruption n'est pas nécessairement de la corruption. Comme exemple, nous avons cité les *grease payments* évoqués ci-dessus. C'est la raison pour laquelle l'arbitre peut faire appel à des témoins lorsque cela est nécessaire et regarder de plus prêt le travail effectué par l'intermédiaire (temps passé, tâche effectivement réalisée). Surtout il doit analyser les situations au cas pas cas et tirer ses propres conclusions. Tous ces éléments doivent permettre à l'arbitre de fonder sa conviction sur la présence ou non d'un acte constitutif de corruption[929]. Ainsi, dans la recherche de la preuve de la corruption, une part très importante est faite à l'appréciation subjective de l'arbitre. Cette technique ressort de la sentence *Lagergren.* Dans ce différend, l'arbitre après avoir étudié les pièces fournies par les litigants a énoncé que « *Comme l'on pouvait s'y attendre, les documents établis semblent à première vue être juridiquement corrects et ont l'apparence de documents commerciaux ordinaires. Cependant, il est de mon avis pleinement établi, d'après les preuves produites, que le contrat intervenu entre les parties tendait à la corruption de fonctionnaire argentin afin d'obtenir le marché espéré* »[930]. Pour fonder cet avis l'arbitre s'est basé sur sa connaissance des mœurs et usages de l'Argentine à cette période puisqu'il a aussi énoncé que « *Sous le régime péroniste, toute personne désirant faire des affaires en Argentine était confrontée à la question des pots de vin ; la pratique des commissions versées aux personnes en position d'influence ou de décider l'attribution publique des contrats paraît avoir été plus ou moins acceptée ou à tout le moins tolérée en Argentine à cette époque* »[931]. Cette même méthode a été appliquée dans la sentence CCI n° 3916 rendue en 1982 où les faits de l'espèce étaient similaires. Cette affaire opposait une partie française à une partie iranienne. L'arbitre a considéré qu'en l'espèce il existait à l'époque en Iran un climat généralisé de corruption et que les marchés ne pouvaient être attribués que par le versement de commissions illicites. Il a de ce fait considéré que le contrat des parties était entaché de corruption.

577. A travers l'examen des faits, des pièces versées aux débats, de la cause du contrat et par la prise en compte de la situation socio-politique de l'État concerné, l'arbitrage intervient comme un véritable mécanisme de lutte contre la corruption. Compte tenu de l'ampleur actuelle du phénomène

---

[928] *Ibid.*, p. 585-586. Pour exclure la corruption dans ce cas l'arbitre a pris en compte l'absence de protestation du demandeur lorsque le défendeur a réduit sa commission. Il a surtout pris en considération le fait que le marché avait déjà été attribué à une autre société à un prix supérieur. Le défendeur avait ainsi eu un avantage financier grâce à l'intervention active du demandeur.

[929] V. A. S. EL KOSHERI et Ph. LEBOULANGER, *op.cit.,* p. 7.

[930] *Ibid.*, p. 8.

[931] *Ibid.*, p. 9.

de la corruption dans l'espace OHADA et dans le Mercosur, cette méthode doit être systématisée et généralisée par les arbitres quand ils sont face à des contrats susceptibles de receler des actes constitutifs de corruption ou de trafic d'influence. Les arbitres et les juges de ces espaces doivent se familiariser avec les usages commerciaux et se former aux techniques de détection d'actes constitutifs de corruption. L'application de cette méthode est d'autant plus souhaitable que la sanction pour ce type de pratiques est l'annulation pure et simple du contrat.

2. L'annulation du contrat pour cause de corruption

578. Malgré l'apport considérable de la sentence *Lagergren*, il faut souligner que la solution retenue était insatisfaisante. L'arbitre, après avoir établi la corruption dans le contrat, avait décliné sa compétence sur la base que cette illicéité avait pour corollaire de rendre l'affaire inarbitrable. Cette solution était insatisfaisante car elle ne tranchait pas définitivement la question des contrats contenant des actes de corruption. Cette question a été tranchée en 1982 par une série de sentences arbitrales de la CCI. De plus, elle semblait ignorer complètement l'un des principes fondamentaux du droit de l'arbitrage : l'autonomie de la clause d'arbitrage par rapport au contrat principal.

579. Dans la sentence CCI n° 2730 de 1982[932], la question s'est posée de la validité d'un ensemble de contrats conclus entre deux entreprises yougoslaves et deux autres entreprises du même groupe basées à l'étranger (en Hollande et en Suisse). Il s'agissait d'une double opération d'importation et d'exportation. La dernière partie du contrat était fictive et destinée uniquement à permettre aux entreprises yougoslaves d'obtenir un crédit en devises étrangères pour l'achat de biens de consommation et ce tout à fait en violation des dispositions yougoslaves sur les opérations de crédit avec l'étranger. Après avoir déterminé la véritable portée de ce montage contractuel et établi la violation de la loi yougoslave, les arbitres ont conclu que les opérations en question étaient « *contraires non seulement à la législation yougoslave, mais encore à la morale et aux bonnes mœurs* »[933] et que par conséquent l'ensemble contractuel était « *nul d'une nullité absolue* »[934]. Cette solution a été confirmée par une autre sentence de 1982 de la CCI n° 3916 où l'arbitre avait à se prononcer sur des faits très proches de ceux de l'affaire *Lagergren*. Dans ce cas, franco-iranienne, le défendeur objectait que les commissions réclamées par le défendeur n'étaient pas dues, au motif que le contrat de base était entaché de nullité absolue. La sentence a rappelé le contexte de corruption généralisé de l'Iran à cette période et à conclu à la nullité du contrat, mais en prenant soin de fonder sa conclusion

932 Sur cette affaire v. *JDI*, 1984, p. 914 v. aussi P. LALIVE, *op.cit.*, p. 338 et s.
933 V. *JDI*, 1984, p. 917.
934 *Ibid.*, p. 918.

sur une analyse détaillée de la législation iranienne et de la législation française. Dans ce litige, l'arbitre ne s'est pas placé sur le terrain de la compétence mais sur celui de la nullité. Il a prononcé la nullité absolue du contrat pour cause d'immoralité et de contrariété à l'ordre public et a débouté la demanderesse de sa demande tendant au paiement d'une commission. Nous trouvons l'ensemble de cette jurisprudence et la solution apportée tout à fait salutaire car l'arbitre de par son statut de juge du commerce international se doit de faire obstacle à ce type de pratiques[935]. En revanche, le manque d'homogénéité de la jurisprudence arbitrale sur le taux des commissions peut être de nature à contribuer à alimenter ce que Bruno OPPETIT a qualifié comme le « *paradoxe de la corruption* »[936].

580. De ce qui précède, il ressort que l'annulation d'un contrat est encourue dans l'espace OHADA et dans le Mercosur si la corruption est avérée. Dans l'espace OHADA, une fois qu'il sera adopté, les juges et arbitres pourront se baser sur l'Acte Uniforme sur le droit des contrats qui prévoit la nullité absolue du contrat illicite et contraire à l'intérêt général (article 3/13)[937]. Entre temps, ils doivent se baser sur les droits nationaux et être très attentifs au contenu des actes pour dénicher des preuves de corruption. Ceux du Mercosur doivent faire de même. Dans ce sens, le droit brésilien relatif à l'arbitrage prévoit que la sentence arbitrale soit considérée comme nulle si elle est rendue sur la base d'un compromis qui est lui-même nul ou s'il est prouvé qu'elle a été rendue à l'aide d'actes de corruption active ou passive[938]. L'arbitrage permet aussi de lutter contre la corruption dans le domaine très particulier des investissements.

---

[935] V. Ph. FOUCHARD, E. GAILLARD, et B. GOLDMAN, *op.cit.,* p. 369.

[936] V. B. OPPETIT, « Le paradoxe de la corruption à l'épreuve du droit de commerce international », *op.cit.*, p. 5 à 23. Selon cet auteur, le premier paradoxe réside dans le fait que la corruption est unanimement réprouvée mais elle est universellement répandue. Ensuite, pour l'auteur, il existe un décalage entre la rigueur affichée dans les textes punissant la corruption et le laxisme dans les comportements face à cette pratique.

[937] La préparation de l'Acte Uniforme sur le droit des contrats a été confiée à l'Institut International de l'Unification du Droit Privé plus connu sous le nom d'UNIDROIT. Un avant-projet a été rédigé en 2005 par Marcel FONTAINE professeur émérite de droit et membre du Groupe d'étude d'UNIDROIT pour la préparation des *Principes.* Sur cet avant-projet v. M. FONTAINE, « Le projet d'Acte uniforme OHADA sur les contrats et les *Principes d'UNIDROIT* relatifs aux contrats du commerce international », *Revue de droit uniforme*, 2004, n° 2, p. 253 à 266. V. aussi F. ONANA ETOUNDI, « Les Principes d'UNIDROIT et la sécurité juridique des transactions commerciales dans l'avant-projet d'Acte uniforme OHADA sur le droit des contrats », *Revue de droit uniforme*, UNIDROIT, 2005, n°4, p. 683 à 718.

[938] V. l'article 32 points I et VI de la loi du Brésil relative à l'arbitrage.

B. L'arbitrage un mécanisme de lutte contre la corruption dans le domaine des investissements au sein de l'OHADA et du Mercosur

581. Dans le domaine des investissements, du fait de la très vive concurrence que se livrent les entreprises pour obtenir des marchés et des contrats d'État à l'étranger, celles-ci peuvent parfois recourir à des moyens illégaux. L'arbitrage est très réactif face à ces agissements. Nous pensons surtout à l'arbitrage CIRDI qui par le jeu des Traités Bilatéraux d'Investissements (TBI) [939] aussi désigné comme des Traités de promotion et de protection des investissements[940], est devenu l'arbitrage de référence en la matière notamment dans les pays de l'OHADA[941] et du Mercosur. Actuellement le principal fondement juridique concernant les investissements est constitué par ces accords entre États qui comportent pour la plupart une clause d'arbitrage CIRDI[942]. En 2012 le CIRDI a établi que dans 63% des cas qui lui ont été soumis, les TBI ont été utilisés comme base du consentement de sa compétence et que dans 20% des cas sa compétence est basée sur un contrat d'investissement entre l'investisseur et l'État hôte[943].

582. Il est particulièrement intéressant d'étudier cet arbitrage dans l'espace OHADA et dans le Mercosur car ils représentent des zones fréquentes de réception d'investissements. De plus, la majorité de ces États est partie à la Convention de Washington[944], ce qui veut dire que si dans un litige lié à la notion d'investissement, une clause d'arbitrage CIRDI est

---

[939] A ce jour il y a plus de 2000 TBI dans le monde v. E. GAILLARD, « L'arbitrage sur le fondement des traités de protection des investissements », *Revue de l'arbitrage*, 2003, n°3, p. 853 à 875, spéc. 854. Dans la majorité des cas ces traités contiennent des clauses qui prévoient un traitement juste et équitable en faveur de l'investisseur, des clauses de respect des engagements des parties (*umbrella clause*) et des clauses sur le mode de résolution du différend qui prévoit le recours à la l'arbitrage CIRDI, CNUDCI ou autre.

[940] Sur cette affirmation v. J.-P. LAVIEC, *Protection et promotion des investissements Étude de droit international économique,* Paris, PUF, 1985, p. 269 et s.

[941] Sur l'arbitrage CIRDI dans les pays de l'OHADA v. T. A. SECK, « L'effectivité de la pratique arbitrale de la Cour Commune de Justice et d'Arbitrage (CCJA) et les réformes nécessaires à la mise en place d'un cadre juridique et judiciaire favorable aux investissements privés internationaux », *Penant*, n°833, 1999-2000, p. 188 à 199. V. M. OKILASSALI, « La participation des États africains à l'arbitrage CIRDI », *Penant*, n°839, 2002, p. 180 à 220. V. S. N. TALL, « L'arbitrage des différends avec les investisseurs privés étrangers : les États d'Afrique subsaharienne devant le tribunal du CIRDI », *Revue EDJA*, n°56 janvier-février-mars 2003, p. 53 et s. V. enfin R. MASAMBA, « L'OHADA et le climat des investissements en Afrique », *Penant*, n°855, avril-juin 2006, p. 137 à 150.

[942] *Ibid.*, p. 269 et s. V. aussi P. RAMBAUD, « Note sur l'extension du système CIRDI », *AFDI*, 1983, volume 29, p. 290 à 299. A ce jour 158 États ont signé la Convention de Washington du 18 mars1965 instituant le CIRDI. 147 d'entre eux l'ont ratifiée et acceptée.

[943] Sur ces chiffres v. www.icsid.worldbank.org.

[944] Le seul État de l'OHADA qui n'est pas membre du CIRDI est la Guinée Équatoriale. Dans le Mercosur seul le Brésil n'est pas membre du CIRDI v. J. KLEINHEISTERKAMP, *op.cit.*

présente, c'est l'arbitrage de cette institution qui est mis en œuvre[945]. Certaines sentences du CIRDI impliquant parfois des États objets de notre étude ont permis de lutter contre la corruption. La sentence rendue le 4 octobre 2006 sur l'affaire *World Duty Free company Ltd c/ République du Kénya*[946] est emblématique à ce titre. La société britannique *World Duty Free* avait conclu le 27 avril 1989 avec l'État du Kénya un accord pour la construction et la maintenance de magasins hors taxe dans les aéroports de Mombasa et Nairobi. Suite à des complications, cette société a été placée sous administration judiciaire. Selon l'investisseur, cette procédure judiciaire lui avait porté préjudice. Il avait alors adressé une demande d'arbitrage au CIRDI en 2000. Dans sa demande *World Duty Free* invoquait que ces mesures avaient eu l'effet d'une expropriation et lui avait occasionné une perte de cent cinquante millions de dollar. De son côté, le Kénya affirmait qu'aucune de ces allégations n'étaient fondées et, à titre liminaire, que l'accord était illégal et inapplicable puisqu'il avait été conclu grâce au paiement d'un pot-de-vin à l'ancien président kenyan (Daniel Arap Moi). Le tribunal arbitral s'est concentré sur l'analyse des agissements du gérant de la société afin de déterminer s'ils comportaient des actes de corruption[947]. Il a donc décidé d'auditionner M. Ali (le gérant) en tant que témoin. Dans son témoignage que nous qualifions d'édifiant, M. Ali a admis avoir remis une somme de deux millions de dollars au Président Moi[948] car on lui avait affirmé que cela faisait partie de la tradition protocolaire au Kénya[949] (le *Harambee*). Au vue des preuves, des affirmations de M. Ali et du fait qu'il n'avait subi aucune pression pour verser cette somme, les arbitres ont estimé que la donation ne pouvait être considérée que comme un pot-de-vin. Selon eux, elle n'avait été versée qu'aux fins d'obtenir une audience présidentielle pour pouvoir faciliter et appuyer les projets d'investissements de *World Duty Free* au Kénya. Le résultat de ces malversations a été la conclusion de l'accord de 1989.Une fois que les arbitres ont établi que cet accord était entaché de corruption, ils ont rappelé que cette pratique était contraire à l'ordre public international, aux droits du droit kényan et anglais[950]. En

---

945 Sachant que la définition de la notion d'investissement retenue par le CIRDI est extensive, cette instance a eu à trancher 246 ou 600 affaires en tout sans compter les affaires pendantes. Environ une bonne centaine de ces affaires implique un État de l'OHADA et du Mercosur.

946 Sur cette sentence CIRDI n°ARB/00/07 v. J. FOURET et D. KHAYAT, *Recueil des commentaires des décisions du CIRDI (2002-2007),* Bruxelles, Bruylant, 2009, p. 470 à 473. V. aussi E. GAILLARD, « Chroniques de sentences arbitrales », *JDI*, 2009, janvier-février-mars, p. 339.

947 M. Ali était gérant et actionnaire à hauteur de 10% de *World Duty Free.*

948 M. Ali prétendait avoir remis la somme de 2 millions de dollars aux autorités de ce pays v. le paragraphe 66 de la sentence.

949 Le mot *Harambee* est du swahili, il peut être traduit par l'expression « tout mis ensemble ». Cette tradition veut que des donations privées soient mobilisées pour financer des activités d'intérêt général.

950 Sur cet extrait v. le paragraphe 157 de la sentence. V. aussi J. FOURET et D. KHAYAT, *op.cit.*, p. 472. Le tribunal a énoncé que : « *bribery is contrary to the international public*

raison du vice affectant l'accord, le tribunal arbitral a décidé que le pot-de-vin empêchait l'investisseur d'agir en justice et a donc écarté les demandes de *World Duty Free*. Cette sentence du CIRDI est doublement intéressante pour notre étude car elle a été la première à retenir la corruption pour refuser les demandes de l'investisseur. Aussi, elle reconnaît l'existence d'un ordre public transnational qui s'impose aux contrats transnationaux et qui se définit comme « *un consensus international quant aux standards universels et aux normes de conduite acceptées devant s'appliquer devant n'importe quel forum* »[951].

583. Désormais, les investisseurs savent qu'ils ne peuvent pas agir devant le CIRDI s'ils ont commis des malversations. Ils encourent le risque d'assumer eux-mêmes les pertes liés à leurs investissements. Cette solution est tout à fait bénéfique pour le développement des États d'accueil des capitaux tels que les États de l'OHADA et du Mercosur. Cette solution renferme l'avantage de rappeler aux investisseurs peu scrupuleux leur devoir de respecter les ordres juridiques nationaux des pays de réception des investissements, même s'il s'agit de pays en voie de développement[952]. Elle souligne aussi que seuls les investissements qui n'ont pas été impliqués dans des situations de la corruption ou la fraude peuvent bénéficier de la protection d'un TBI.

584. En revanche, la solution de cette sentence a le désavantage de ne pas tirer complètement les conséquences juridiques des agissements illégaux. A l'instar de l'arbitrage CCI, le tribunal arbitral CIRDI devrait retenir sa compétence et sanctionner les comportements constitutifs de corruption ou de fraude pour dissuader les investisseurs d'entreprendre ce type de comportement. Dans le but de proposer une alternative, un auteur a proposé aux tribunaux du CIRDI confrontés à ce genre de situations de se placer aussi sur le terrain de la recevabilité[953]. Selon lui, les demandes des parties qui ont commis des actes illégaux doivent être déclarées irrecevables pour dissuader doublement les fraudeurs. Il poursuit en disant que l'expérience a démontré que le demandeur débouté sur le fondement de l'irrecevabilité est encore plus amer[954]. L'application de la jurisprudence du CIRDI relative à la

---

policy of most, if not all, States or, to use another formula, to transnational public policy ». Traduction : « *la corruption est contraire à l'ordre public international de la plupart, sinon tous, les États ou, pour utiliser une autre formule, à l'ordre public transnational* ».

[951] V. P. DAILLIER, M. FORTEAU et A. PELLET, *op.cit.*, p. 228.

[952] Le tribunal arbitral CIRDI dans l'affaire *Ioannis Kardassopoulos c/ Géorgie* du 6 juillet 2007 (cas n°ARB/05/18) a confirmé que l'investisseur a l'obligation de respecter le droit interne. Sur cette sentence v. F. LATTY, « Arbitrage transnational et droit international général (2010) », *AFDI*, 2010, p. 620.

[953] Proposition faite par R. KREINDLER, « Legal consequences of corruption in international investment: an old challenge with new answers », *in Liber Amicorum en l'honneur de Serge LAZAREFF*, Paris, A. Pedone, 2011, p. 386 à 388.

[954] *Ibid.*, p. 387 où l'auteur a écrit que « *Experience, however, shows that no matter how bitterly disappointed an investor is when a claim is dismissed due to absence of juridiction, he*

corruption connaît comme principale limite le fait que la preuve de la corruption doit être apportée avec des éléments irréfutables. Un tribunal arbitral CIRDI a rappelé cette règle dans l'affaire *African Holding Company of America et SAFRICAS c/ La République Démocratique du Congo* du 29 juillet 2008[955]. En l'espèce, la défenderesse, la République Démocratique du Congo (RDC) affirmait qu'il n'y avait pas de contrats entre les parties parce que les marchés de travaux avaient été obtenus au moyen de pratiques de corruption du régime Mobutu dans lesquelles la société *SAFRICAS* était lourdement impliquée. Ces pratiques consistaient en des surfacturations, des paiements occultes et autres formes d'anomalies. La défenderesse soutenait lors de l'audition que cette situation était particulièrement évidente dans le cadre des marchés de gré à gré, c'est-à-dire des contrats conclus par l'administration et l'entité de son choix sans appels d'offres publics, méthode qui, aux termes de la législation congolaise, est limitée à des marchés d'un montant maximum de cinq mille dollars[956]. La société *SAFRICAS* obtenait des lettres de commande pour des montants qui avoisinaient les deux millions de dollar. De l'avis de la défenderesse, cette pratique était non seulement illégale mais ne pouvait s'expliquer qu'à la lumière des actes de corruption et des paiements occultes mentionnés plus haut. Elle a donc invoqué la sentence *World Duty Free* dans ses conclusions. Les demanderesses *Africa Holding* et *SAFRICAS* ont expliqué que le plafond indiqué dans l'argumentation de la RDC ne concernait qu'un seul cas décrit dans l'ordonnance n° 69-054 sur les marchés de gré à gré de la RDC. Selon eux, cette ordonnance touche d'autres circonstances qui ne sont pas aussi restrictives comme l'exécution de travaux supplémentaires, les situations d'urgence et les travaux pour lesquels la concurrence normale est limitée par la situation du marché. Il est aussi rappelé à cet égard que les contrats de gré à gré de *SAFRICAS* ont été conclus en raison des certaines circonstances, en particulier parce que *SAFRICAS* était la seule société de la place capable d'exécuter les travaux demandés par le Gouvernement. Les demanderesses rejetaient de ce fait toute allégation de corruption. Le Tribunal arbitral a énoncé qu'il était disposé à considérer toute pratique de corruption comme une affaire très grave, mais qu'il exigeait une preuve irréfutable de cette pratique, telle que celle qui résulterait de poursuites criminelles dans les pays où la corruption constitue une infraction pénale. Par ailleurs, il a confirmé la

---

is likely to be even more bitterly disappointed and feel even more unfairly treated if the claim is not dealt with due to inadmissibility ». Traduction : « *Toutefois, l'expérience montre que peu importe l'amertume d'un investisseur, c'est quand une demande est rejetée en raison de l'absence de juridiction, qu'il est susceptible d'être encore plus amèrement déçus et se sente encore plus injustement traité, si la demande n'est pas traitée en raison d'irrecevabilité* ».

955 Sur la sentence rendue sur les déclinatoires de compétence et la recevabilité sur l'affaire CIRDI n°ARB/05/21 *African Holding c/ RDC* v. E. GAILLARD, *La jurisprudence du CIRDI*, volume II, Paris, éd. A. Pedone, 2010, p. 430. La demande d'arbitrage reposait sur le TBI passé entre les États-Unis le Zaïre le 28 juillet 1989.

956 V. l'ordonnance n° 69-054 sur les marchés de gré à gré de la RDC.

solution de l'affaire *World Duty Free* tout en rappelant qu'en l'espèce c'était le demandeur lui-même qui avait confirmé la corruption.

585. L'exigence d'une preuve irréfutable de corruption a été réitérée dans la décision du 1er septembre 2009 sur la demande d'annulation[957] de la sentence *Azurix c/ Argentine*[958]. Dans ce différend, l'Argentine soutenait que le contrat de concession de l'eau que la Province de Buenos Aires avait passé avec la société *Azurix*, avait été obtenu grâce à de la corruption et que de fait le tribunal arbitral aurait dû se déclarer incompétent. Le comité *ad hoc* réuni pour se prononcer sur cette demande a considéré que les éléments de preuve de l'Argentine n'étaient pas assez probants. Il a ainsi décidé de débouter ce pays.

586. Devons-nous comprendre que pour que le CIRDI retienne à nouveau la corruption, il faille que la preuve vienne de l'investisseur lui-même comme dans l'affaire *World Duty Free* ? Il est clair que cette situation tout à fait exceptionnelle risque très certainement de ne pas se reproduire de si tôt. Au vu des enjeux, des sommes mobilisées et de la gravité des accusations, il est logique d'exiger la preuve irréfutable d'actes illégaux. Pourtant, ce type de preuve est particulièrement difficile à établir parce que les actes de corruption sont pour la plupart d'entre eux des actes cachés ou secrets et que les acteurs qui s'adonnent à ce type de pratiques s'évertuent à ne laisser aucune trace. Personne ne crie au grand jour qu'il est corrupteur et encore moins corrompu. L'autre difficulté réside dans le fait qu'il s'agit de sujets sensibles, car très souvent de situations qui ont des imbrications politiques et diplomatiques. Dans le cas *World Duty Free*, afin d'éviter des difficultés diplomatiques, le tribunal avait dû affirmer avec force que le président Moi n'était en rien impliqué dans la procédure de corruption[959]. En somme, la jurisprudence du CIRDI a ouvert une brèche dans laquelle il n'est pas aisé de s'engouffrer. Une solution est envisageable mais peut être difficile à mettre en œuvre : la recherche systématique par les tribunaux arbitraux de l'enrichissement personnel et sans cause du ou des agents publics chargés de la mise en relation avec des investisseurs. Toutes les fois que des allégations ou des suspicions de corruption sont soulevées par des parties, les tribunaux arbitraux avec l'aide des juridictions étatiques devraient pouvoir enquêter de façon rapide sur les principaux agents qui ont conclu ou qui ont aidé à la conclusion de contrats d'investissement. Toujours grâce à la notion d'ordre public les arbitres peuvent aussi sanctionner les actes illégaux connexes.

---

[957] V. la décision rendue sur la demande d'annulation de la sentence arbitrale *Azurix c/ Argentine*.

[958] Sur la sentence du CIRDI affaire n°ARB/01/12 *Azurix c/ Argentine* du 14 juillet 2006, v. E. GAILLARD, *La jurisprudence du CIRDI,* volume II, *op.cit.*, p. 368.

[959] V. J. FOURET et D. KHAYAT, *op.cit.*, p. 471.

§ II. L'arbitrage : un mécanisme de lutte contre les pratiques illicites et contraires à l'éthique commerciale

587. Au-delà de la corruption, d'autres formes de pratiques illicites ont tendance à persister dans les États de l'OHADA et du Mercosur. Parmi ces actes contraires à l'éthique commerciale nous retrouvons la fraude et les différents manquements à l'obligation d'exécution de bonne foi du contrat. L'arbitrage agit comme un catalyseur de développement car il intervient aussi comme un instrument de lutte contre la fraude (**A**) et contre les manquements à l'obligation d'exécution de bonne foi du contrat (**B**).

A. L'arbitrage instrument de lutte contre la fraude

588. La fraude est clairement un acte de mauvaise foi[960]. Elle est une manœuvre visant à contourner ou détourner la règle de droit et qui a pour principal résultat une tromperie. Cette notion est contraire à la morale et aux bonnes mœurs donc à l'ordre public. De ce fait, lorsqu'elle est identifiée dans un arbitrage elle fait l'objet d'une sanction qui peut prendre diverses formes (**2**). Mais avant il convient de présenter les différents rapports que la fraude peut entretenir avec l'arbitrage (**1**).

1. Les différents rapports entre la fraude et l'arbitrage

589. Les rapports que la fraude entretient avec l'arbitrage peuvent prendre trois formes comme l'a démontré de façon pertinente Matthieu de BOISSÉSON[961]. La première forme est la *fraude par l'arbitrage*. Dans cette hypothèse les parties ou l'une des parties conclut une clause d'arbitrage dans le seul but de frauder. Ici, la liberté contractuelle et la clause d'arbitrage sont détournées pour obtenir un gain injustifié. Un exemple de ce type de fraude a été donné par l'affaire *Beltronics*[962]. Dans cette affaire une société française et une société canadienne avaient conclu une convention d'arbitrage qui faisait référence à un centre d'arbitrage crée uniquement pour les besoins de la cause. Les arbitres et le personnel du centre d'arbitrage étaient tous liés à la société française. Ils avaient signé préalablement à l'arbitrage un accord qui stipulait qu'ils devaient se partager le montant de la condamnation de la société canadienne. Comme prévu cette dernière fut condamnée par le tribunal arbitral fantoche à payer une forte somme à la société française. Toute cette supercherie a été mise à nu par une plainte de la société *Beltronics*, ce qui a valu la condamnation des fraudeurs et l'annulation de la sentence arbitrale. La problématique des simulacres d'arbitrage ou de fraude

960 V. G. CORNU, *op.cit.*, p. 430.

961 V. M. de BOISSÉSON, « L'arbitrage et la fraude (à propos de l'arrêt Fougerolle rendu par la Cour de Cassation de 5 mai 1992) », *Revue de l'arbitrage*, 1993, n°1, p. 3 à 11.

962 *Ibid.*, p. 5.

par l'arbitrage a été aussi soulevée dans l'affaire *Elf Neftegaz*[963]. En l'espèce, en 1992, les sociétés *Elf Neftegaz* (ancienne filiale d'*Elf aquitaine* puis de *Total*) et *Interneft* (société russe) avaient conclu un contrat de coopération portant sur l'exploration et l'exploitation de gisements d'hydrocarbures dans deux régions russes (le Volgograd et le Saratov), également signataires du contrat. En 2004, la société *Elf Neftegaz* a fait l'objet d'une liquidation amiable. Quinze ans après la signature du contrat et alors même qu'il n'était jamais entré en vigueur, la société *Interneft* et les deux régions russes précitées ont souhaité mettre en œuvre la clause compromissoire stipulée dans le contrat[964]. Elles ont alors saisi le président du tribunal de commerce de Nanterre, afin d'obtenir la nomination d'un mandataire *ad hoc* chargé de représenter la société *Elf Neftegaz* dans la procédure d'arbitrage. Suite à des différends relatifs à la composition du tribunal arbitral la question de la validité de contrat d'arbitrage a été posée à Cour d'Appel de Paris[965]. L'instance arbitrale a pu ainsi avoir lieu. A l'issu de cette instance, les sociétés *Elf Aquitaine* et *Total* ont qualifié tout ce processus arbitral de frauduleux. Pour eux la clause compromissoire insérée dans le contrat litigieux était un simulacre d'arbitrage et de ce fait ils souhaitaient une annulation de la sentence. La Cour de Cassation par un arrêt 12 octobre 2011 n'a pas été de cet avis et a rappelé que le juge français ne peut trancher un litige faisant l'objet d'un contrat d'arbitrage valide.

590. Le deuxième rapport que la fraude peut avoir avec l'arbitrage est *la fraude dans l'arbitrage*. Dans ce cas de figure le déroulement de la procédure arbitrale est entaché par des manœuvres frauduleuses d'une des parties. L'arrêt *Fougerolle c/ Procofrance* de la Cour de Cassation nous donnent un exemple de ce type de fraude[966]. Dans ce cas que nous pouvons qualifier pour le moins de tortueuse, le 16 septembre 1978 la société *Procofrance* avait conclu un marché avec la société camerounaise *Sonara* (maître de l'ouvrage) pour la réalisation d'une raffinerie de pétrole au Cameroun. A cet effet, *Procofrance* avait conclu un contrat de sous-traitance de travaux avec la société *Fougerolle* le 19 février 1979. Après la survenance de difficultés dans l'exécution du contrat, ces deux sociétés ont signé un compromis d'arbitrage CCI le 3 février 1981. Le tribunal arbitral a

[963] V. l'ordonnance du juge de la mise en état rendue le 29 juin 2011, TGI de Paris, n° RG 10/13652 et l'arrêt de la Cour de Cassation 1ère Chambre civile du 12 octobre 2011.
[964] L'article 27 du dit contrat prévoyait un arbitrage CNUDCI.
[965] V. les arrêts de la C.A. Paris du 5 novembre 2010 et du 6 janvier 2011. Dans cette dernière décision cette juridiction a rappelé « *qu'en matière d'arbitrage international, il n'entre pas dans les pouvoirs du juge étatique français de statuer, avant le prononcé de la sentence, sur la régularité de la composition du tribunal arbitral, dès lors que ce tribunal, définitivement constitué, n'a pas son siège en France et ne fait pas application des règles de procédure françaises ; que la contestation, par une partie française à la convention d'arbitrage, de la validité du contrat d'arbitre, conclu en son nom avec l'un des membres du tribunal, ne saurait avoir pour effet de déroger à ce principe* ».
[966] Sur cette affaire v. M. de BOISSÉSON, *op.cit.*, p. 8 à 11.

rendu une première sentence intérimaire le 21 avril 1983 qui rejetait les demandes de *Fougerolle* et l'a condamnait à restituer une forte somme à *Procofrance*. A la suite de cette sentence, la société *Fougerolle* a appris que *Procofrance* et *Sonara* avaient effectué une transaction après le dépôt de la réclamation de *Procofrance* devant le tribunal arbitral. Puisque, la société *Fougerolle* voulait connaître le contenu de cette transaction elle décida de saisir le tribunal arbitral. Ce dernier obligea les deux sociétés à dévoiler à *Fougerolle* le contenu de leur accord. La lecture de ces documents révéla que *Procofrance* avait fait une réclamation à *Sonara*. Les causes de la réclamation et des demandes pécuniaires étaient exactement les mêmes que celles que *Fougerolles* avaient soulevé dans le litige qui l'opposait à *Procofrance*[967]. En plus, une somme allouée à *Fougerolle* avait été remise à *Procofrance*. Pourtant, pendant la procédure arbitrale *Procofrance* avait nié la réalité de ces faits et n'avait jamais reversé les sommes à *Fougerolle*. Compte tenu de ces nouvelles données la société *Fougerolle* demandait la révision de la sentence arbitrale du 21 avril 1983. Par une deuxième sentence intérimaire du 13 décembre 1984, le tribunal arbitral l'a débouté au motif que la première sentence était recouverte de l'autorité de la chose jugée et la révision n'était pas prévue par les textes applicables. Cette société a ainsi décidé de faire une nouvelle demande au tribunal arbitral à savoir la restitution des sommes perçues pour son compte par *Procofrance*. *Fougerolle* essuya un nouveau revers le 2 avril 1987. Suite à tous ces échecs la société *Fougerolle* avait décidé de faire un recours en annulation contre ces trois sentences (jonction de procédure). La Cour d'Appel de Paris dans son arrêt du 25 mai 1990[968] a rejeté ce recours. *Fougerolle* décida alors de se pourvoir en cassation. Cette instance décida aussi de la débouter au motif que la rétention frauduleuse des documents n'était pas caractérisée. Cependant, dans son raisonnement elle édicta une règle très importante en matière de sanction des sentences rendues suite à la fraude d'une des parties.

591. La troisième et dernière relation entre arbitrage et fraude est *la fraude, objet de l'arbitrage*. Selon nous, c'est surtout dans cette acception que l'arbitrage intervient comme un élément de lutte contre la fraude car si elle est identifiée elle est sanctionnée. Il s'agit de la situation la plus classique en ce sens que dans sa mission juridictionnelle, l'arbitre peut être amené à rechercher des actes et des comportements frauduleux pour les sanctionner. C'est à cette recherche que s'est livré le tribunal arbitral CIRDI pour rendre sa décision dans l'affaire *Inceysa c/ El Salvador* du 2 août 2006. Dans ce cas, le tribunal arbitral CIRDI a rappelé qu'il n'était pas compétent du fait de l'utilisation par l'investisseur des moyens frauduleux en violation

---

[967] La découverte de la nature hétérogène et basaltique du sous sol qui rend difficile l'exécution du contrat.

[968] Sur cet arrêt v. *Revue de l'arbitrage*, 1990, p. 892.

de la loi nationale du pays récepteur de l'investissement[969]. En l'espèce, l'investisseur, la société espagnole *Inceysa Vallisoletana* avait obtenu de manière frauduleuse (par le biais de déclarations inexactes) un contrat pour assurer pendant une durée de dix ans le contrôle technique des véhicules dans l'État d'El Salvador. Dans cette affaire, le tribunal a rappelé qu'un investisseur ne peut pas saisir le CIRDI en voulant tirer profit de la protection qui lui est offerte par le TBI pour un investissement qu'il a acquis de façon illégale. Il a ajouté que la reconnaissance de droits issus d'actes illégaux pouvant violer une loi nationale est contraire au respect du principe d'ordre public international.

592. Un tribunal arbitral CIRDI s'est aussi livré à une recherche de la fraude pour rendre sa décision le 6 juin 2012 dans le cas de la *Société d'Aménagement Urbain et Rural International* (*SAURI*) *c/ Argentine*[970]. Ce litige portait sur une concession d'eau dans une Province argentine. Dans ce cas, l'Argentine (défenderesse) estimait que la société *OMS* (filiale de la société française *SAUR*) avait eu des comportements frauduleux afin d'obtenir le contrat de concession d'eau dans la province de Mendoza. De ce fait, l'Argentine demandait au tribunal arbitral de se déclarer incompétent[971]. La société *SAUR International* estimait de son côté que sa filiale n'avait commis aucun acte de nature frauduleuse. N'étant pas en mesure d'apporter des preuves à ses allégations, le tribunal arbitral refusa de suivre la requête de l'Argentine et il confirma sa compétence. En revanche, dans la sentence *SIREXM c/ Burkina Faso* du 19 janvier 2000[972], le tribunal arbitral a accepté

---

[969] Sur cette affaire v. E. GAILLARD, « Chroniques de sentences arbitrales », *JDI*, 2009, janvier-février-mars, p. 339, le point 141 : « ... *the tribunal found that the investment violated the following general principles of law : (i) the principle of good faith defined as the « absence of deceit and artifice during the negotiation and execution of instruments that gave rise to the investment » and (ii) the principle of nemo auditur propriam turpitudinem allegans – that nobody can benefit from his own wrong – understood as the prohibition for an investor to « benefit from an investment effectuated by means of one or several illegal acts ». In addition, the tribunal found that recognizing the existence of rights arising from illegal acts would violate the "respect for the law" which is a principle of international public policy* ». V. aussi J. FOURET et D. KHAYAT, *op.cit.*, p. 439 et s. Traduction : « *le tribunal a jugé que l'investissement a violé les principes généraux du droit suivants : (i) le principe de la bonne foi définie comme la « absence de tromperie et d'artifice lors de la négociation et l'exécution des instruments qui ont donné naissance à l'investissement » et (ii) le principe de Nemo auditur propriam turpitudinem allegans - que personne ne peut profiter de son propre mal - entendu comme l'interdiction pour un investisseur de « bénéficier d'un investissement effectué par l'intermédiaire d'un ou plusieurs actes illégaux ». En outre, le tribunal a jugé que la reconnaissance de l'existence des droits découlant des actes illégaux violerait le « respect de la loi », qui est un principe de la politique publique internationale* ».

[970] Sur cette décision sur la compétence et la responsabilité affaire CIRDI n°ARB/04/4 rendue le 6 juin 2012 est consultable sur www.italaw.com/documents/SAURArgentinaJurisdictionFr.pdf.

[971] L'Argentine voulait aboutir au même résultat que dans l'affaire *Inceysa*.

[972] Sur cette sentence CIRDI n°ARB/97/1 v. J. FOURET et D. KHAYAT, *op.cit.*, p. 239 à 241.

l'allégation de dol soulevée par le Burkina et a refusé d'indemniser l'investisseur (la société *SIREXM*). Il a considéré que l'auteur du dol avait vicié la Convention et « *que le dol ne saurait avoir de primes* »[973]. Un auteur qualifie cette sanction de « *tolérance zéro* »[974] envers les actes de fraudes ou de corruption dans l'arbitrage. Selon nous, il est tout de même étonnant que seul le défaut de compétence soit perçu par les tribunaux arbitraux CIRDI comme une sanction suffisante contre la partie indélicate. Pour nous, d'autres sanctions nous paraissent plus appropriées car rien n'empêche les parties aillent chercher un arrangement devant une autre juridiction alors qu'il y a manifestement une fraude.

2. La sanction de la fraude devant l'arbitrage

593. L'adage *fraus omnia corrumpit* se traduit par la fraude corrompt tout. Cela signifie que tout acte juridique entaché de fraude peut être l'objet d'une action en nullité. En matière d'arbitrage cette règle est appliquée car la sentence arbitrale obtenue à la suite d'une fraude est passible d'une annulation (**a**). Elle peut aussi faire l'objet d'une révision (**b**), d'une rétractation pour cause de fraude (**c**) et enfin d'un refus d'*exequatur* (**d**).

a. L'annulation de la sentence pour cause de fraude

594. Certaines législations nationales retiennent la fraude comme cause d'annulation d'une sentence arbitrale pour cause de non-conformité à l'ordre public national et international. Nous pouvons citer les exemples[975] de l'Autriche (CPC, article 611), de la Grèce dont le code de procédure civile précise à son article 897 que les sentences arbitrales peuvent être annulées s'il y a motif à révision au sens de l'article 544 et le Japon (article 801 du Code de procédure civile). Aux États-Unis il en est de même car le *Federal Arbitration Act* permet l'annulation de la sentence pour cause de fraude et d'autres formes de malversations[976]. En droit français l'article 1502-5 du NCPC dispose qu'une sentence arbitrale rendue en France en matière d'arbitrage international peut simplement faire l'objet d'un recours en annulation si la reconnaissance ou l'exécution sont contraires à l'ordre

[973] *Ibid.*, p. 241.
[974] Sur cette affirmation v. M. A. RAOUF, « How Should International Arbitrators Tackle Corruption Issues », *ICSID Review*, été 2009, volume 24, n°1, p. 131 à 134.
[975] Exemples cités *in La sentence arbitrale obtenue par fraude en droit comparé*, extrait du site web de La Société de Législation Comparée/ Section de droit international privé : http://www.slc-dip.com. Mise en ligne le 29 janvier 2008.
[976] La section 10 (a) (1) de ce texte prévoit comme premier chef d'annulation d'une sentence son annulation si elle est obtenue par la corruption, la fraude et des moyens illégaux « *Where the award was produced by corruption, fraud or undue means* ».

public international[977]. Une série de décisions récentes est venue encadrer de façon plus stricte ce recours. Désormais le contrôle de l'ordre public international se limite au caractère flagrant, effectif et concret de la violation alléguée, même s'il s'agit d'une fraude[978].

595. En revanche, dans les textes relatifs à l'arbitrage des États de l'OHADA et du Mercosur, il n'est nullement fait mention de la fraude comme cause d'annulation de la sentence. Il ne faut pour autant pas croire que la fraude n'est pas sanctionnée dans ces espaces. La fraude est sanctionnée comme une des contrariétés majeures à l'ordre public étatique et international. Ainsi, dans l'OHADA comme dans le Mercosur la sentence arbitrale obtenue par la fraude encourt l'annulation.

b. La révision de la sentence pour cause de fraude

596. La révision est la procédure qui permet le réexamen d'une sentence arbitrale au vue de la survenance de faits ou de circonstances qui seraient de nature à modifier la décision du tribunal arbitral. La révision de la sentence peut être soit effectuée par un juge ou par le tribunal arbitral qui a rendu la sentence en question.

597. La révision judiciaire de la sentence arbitrale a certainement pour justification le défaut d'*imperium* de l'arbitre et le fait que l'arbitrage n'est pas admis a juger en matière pénale. L'Uruguay un des États du Mercosur semble admettre la révision par la voie judiciaire. L'article 493 de la loi n°15.982[979] uruguayenne relative à l'arbitrage prévoit que si au cours d'une procédure arbitrale une des parties soulève la question de la fraude, que l'affaire soit soumise au juge étatique. Il est donc logique au vue de cette disposition que dans le cas d'une révision pour cause de fraude dans la sentence arbitrale, le litige soit aussi soumis au juge étatique. Cette solution est conforme avec la pratique de certains pays latino-américain comme la Colombie (l'article 41 du décret Colombien du 9 octobre 1989 amendé en 1991)[980]. La révision judiciaire dans cette région doit certainement s'expliquer par l'héritage colonial car l'article 43 de la loi espagnole sur l'arbitrage du 5 décembre 1988 amendée en 2003 soumet les sentences arbitrales à la procédure de révision applicable aux décisions judiciaires

---

[977] La Cour de cassation dans l'arrêt *Westman* du 19 décembre 1995 a considéré que la fraude pouvait être sanctionnée par référence à l'ordre public international dans le cadre de l'article 1502-5 du NCPC.

[978] Sur cette solution v. Cour Appel de Paris, 9 avril 2009, *M^e MS Van Meensel et associés* et Cour d'Appel de Paris, 1er juillet 2010, *Thalès*. Ces affaires ont été citées par S. CLAVEL, *Petites affiches*, 23 février 2011, n° 38, p. 6 et s.

[979] V. l'article 493 de loi de l'Uruguay sur l'arbitrage qui énonce que *« Si en el curso del juicio se arguyere de falso, criminalmente, un documento o se plantearen cuestiones no susceptibles de ser sometidas a arbitraje, se pasarán los antecedentes al tribunal ordinario y quedará entre tanto en suspenso el arbitraje »*.

[980] V. *La sentence arbitrale obtenue par fraude en droit comparé*, *op.cit.*

finales. Les cas d'ouverture sont plutôt classiques car il s'agit de la non-soumission de documents décisifs, la falsification de documents et les faux témoignages. La révision arbitrale de la sentence se justifie par le fait que le tribunal arbitral connait bien l'affaire et si des faits nouveaux peuvent avoir pour effet de changer sa décision il est logique qu'ils soient portés à sa connaissance. Parmi les États qui admettent la révision par tribunal arbitral nous retrouvons les États de l'OHADA. En effet, cette procédure est expressément prévue par l'Acte Uniforme relatif à l'arbitrage de l'OHADA par son article 25 alinéa 5. Cet article dispose que la sentence peut faire l'objet d'un recours en révision devant le tribunal arbitral en raison de la découverte d'un fait de nature à exercer une influence décisive et qui avant le prononcé de la sentence était inconnu du tribunal et de la partie qui demande la révision. Par conséquent, si l'une des parties découvre un acte de fraude elle doit le porter à la connaissance du tribunal arbitral. Bien évidemment, la procédure de révision suppose, pour être, recevable, que la partie qui l'exerce n'ait pas eu connaissance, au cours de l'instance arbitrale, des faits frauduleux et ce en vertu du principe général de bonne foi. Il faut tout de même préciser que si le recours doit être porté devant le tribunal arbitral, cela suppose qu'il puisse être encore réuni ou qu'il puisse être à nouveau réuni. La solution adoptée en droit OHADA est conforme à celle prise en droit français[981] et par l'arrêt *Fougerolle* dans lequel le juge a déclaré qu' « *il résulte des principes généraux du droit en matière de fraude, que nonobstant l'exclusion du recours en révision par l'article 1507 NCPC, la rétractation d'une sentence rendue en France en matière d'arbitrage international doit être, exceptionnellement, admise en cas de fraude lorsque le tribunal arbitral demeure constitué après le prononcé de la sentence* »[982]. Pour nous, les États du Mercosur gagneraient à s'inspirer du droit OHADA pour intégrer la révision arbitrale dans les cas de fraudes et autres formes de malversations. Entre temps ils disposent de la possibilité de rétracter la sentence ou refuser l'*exequatur* de la sentence pour cause de fraude.

c. La rétraction de la sentence arbitrale pour cause fraude

598. Cette solution a été admise par la Cour d'Appel de Paris dans un litige opposant la société *African Petroleum consultants* (APC) à la *Société Nationale de Raffinage* (SONARA)[983]. Dans cette affaire, une fraude procédurale a été découverte après le prononcé de la sentence arbitrale. La

[981] V. l'article 1507 NCPC qui interdit la révision judiciaire.

[982] Sur cet extrait v. M. de BOISSÉSON, *op.cit.* p. 10. Solution confirmée dans l'arrêt Cour d'Appel de Paris, du 17 juin 2010, *SARL African Petroleum Consultants,* affaire cité par S. CLAVEL, *op.cit.*

[983] Sur cette affaire v. *Revue de l'arbitrage*, 2010, n°3, p. 671 et s. V. aussi P. CALLÉ, « Fraude et rétractation d'une sentence arbitrale », *La Gazette du Palais*, *Cahiers de l'arbitrage*, 01 janvier 2011, n°1, p. 129 et s.

partie lésée a demandé la rétractation de la sentence arbitrale à la juridiction française qui a énoncé qu': « *Il résulte des principes généraux du droit en matière de fraude que la rétractation d'une sentence arbitrale rendue en matière d'arbitrage international doit être admise en cas de fraude lorsque le tribunal arbitral peut être à nouveau réuni après le prononcé de la sentence* ». La sanction contre la fraude peut donc être en quelque sorte rétroactive[984]. Cette solution est à notre sens très opportune car elle permet de purger la fraude *a posteriori*.

d. Le refus d'exequatur de la sentence pour cause de fraude

599. Le refus d'exequatur est l'arme ultime contre les cas de fraude dans les sentences arbitrales. En effet, sur la base de la Convention de New York de 1958 et de la contrariété avec l'ordre public étatique, les États parties peuvent refuser de laisser circuler sur leur territoire une sentence obtenue sur la base de comportements ou d'actes frauduleux. Cette méthode est d'autant plus envisageable les États du Mercosur ont incorporé l'article V de la convention de New York dans la Convention de Panama. Le refus d'exequatur pour cause de fraude est aussi applicable dans l'espace OHADA car tous les Etas sont membres sont signataires de la convention de New York. Dans ce cas de figure, il revient au juge de l'exequatur de ces différents pays de regarder avec une certaine vigilance les sentences qui lui sont soumises pour identifier la fraude. La fraude n'est pas le seul fait qui peut justifier le déploiement de tous ces mécanismes car ils existent d'autres formes de pratiques illicites notamment celles relatives à l'obligation d'exécution de bonne foi du contrat.

B. L'arbitrage instrument de lutte contre les manquements à l'obligation d'exécution de bonne foi du contrat

600. Le non-respect de l'obligation d'exécution de bonne foi du contrat est un manquement récurant dans le domaine du commerce international. C'est la raison pour laquelle une fois qu'il a été soulevé ou identifié par l'une des parties à un arbitrage, l'arbitre se doit de le sanctionner (**1**). La pratique arbitrale a utilisé ce principe pour découvrir des obligations

[984] Ibid., p. 673. L'arbitre unique a considéré que : « *la première sentence a été surprise par la fraude de la demanderesse au vu, d'une part, de ce que la société - tiers à l'arbitrage- que la demanderesse avait prétendu représenter au moment de la conclusion du contrat litigieux, a affirmé dans un courrier produit à la procédure arbitrale n'avoir pas connaissance d'un contrat signé en son nom, ne connaître en aucune manière la demanderesse et n'avoir pas plus mandaté le dirigeant de celle-ci pour la représenter, et au vu, d'autre part, de ce que ce dernier dirigeant était l'objet de poursuites pénales et qu'il a été condamné, postérieurement au prononcé de la sentence attaquée, à cinq ans d'emprisonnement pour escroquerie et abus de confiance par les juridictions camerounaises.* ».

spécifiques pour les opérateurs du commerce international. Les manquements à ces obligations sont aussi sanctionné (**2**).

1. La sanction du manquement à l'obligation d'exécution de bonne foi du contrat

601. Dans la jurisprudence arbitrale plusieurs litiges ont donné l'occasion à un tribunal arbitral de sanctionner un comportement contraire à la bonne foi même s'il est le fait d'un État. Par exemple, cette solution a été explicitement consacrée dans un cas impliquant un État de l'OHADA : l'affaire *Norbert Beyrard c/ République de Côte d'Ivoire*[985]. Cette affaire est née des relations privilégiées que M. Beyrard (un ressortissant français) entretenait avec les autorités ivoiriennes à la période de l'indépendance. En effet, après avoir été le conseiller du président ivoirien (Félix Houphouët-Boigny), la gestion d'une importante exploitation agricole lui avait été confiée. Ainsi, le 21 septembre 1981 un contrat est passé entre le Gouvernement de Côte d'Ivoire et des sociétés dirigées par M. Beyrard (dont la *SGK* une société de droit ivoirien). Suite à la naissance d'un différend entre les parties, un arbitrage CCI a été engagé par M. Beyrard. Alors que l'affaire était devant les arbitres, un ministre pris des mesures nécessaires pour bloquer le recouvrement des créances de la *SGK*. Cette société et son dirigeant furent ainsi mis en faillite. De ce fait, la *SGK* sollicita la suspension de l'instance arbitrale en raison de la procédure de faillite. Le tribunal arbitral a considéré qu'en l'espèce la procédure de faillite était un comportement contraire à la bonne foi contractuelle donc par conséquent à l'ordre public transnational[986]. D'ailleurs, lorsque le tribunal arbitral a rendu sa sentence définitive le 26 juillet 1996, il a condamné la Côte d'Ivoire pour non-respect de ses obligations contractuelles à verser plusieurs millions de francs français à M. Beyrard.

602. De manière générale, le principe de la bonne foi exige qu'un État ou une personne publique ne soit pas admis à se prévaloir, après la signature du contrat d'irrégularités comme l'absence de pouvoirs spéciaux pour la souscription d'engagements d'arbitrage[987]. A titre d'exemple, dans la sentence rendue le 30 avril 1982 dans l'affaire CCI n° 3896 *Framatome c/ A.E.O.I*[988], le tribunal arbitral a rejeté l'argument de nullité de clause d'arbitrage invoqué par la partie iranienne. Cette argumentation était fondée sur l'article 139 de la Constitution iranienne qui soumet le règlement des

[985] Pour les faits de cette affaire v. E. PLOUVIER, « Un conflit en Afrique », *Problèmes politiques et sociaux*, n°697, 5 février 1993, p. 30 à 36. V. aussi *Revue de l'arbitrage*, 1994, p. 133 avec une note de Ph. THIERY.

[986] Sur cette affaire v. Cour d'Appel de Paris, 12 janvier 1993, *Revue de l'arbitrage*, 1994, p. 685. V. aussi J.-B. RACINE, *op.cit.,* p.166.

[987] V. P. LALIVE, *op.cit.,* p. 345 et 346.

[988] Sur cette sentence v. B. OPPETIT « Arbitrage et contrats d'État, l'arbitrage Framatome et autres c. Atomic Energy Organisation of Iran », *JDI*, 1984, p. 37.

litiges concernant les biens de l'État par voie d'arbitrage, à l'approbation du Conseil des Ministres assortie de la notification au Parlement. Le tribunal arbitral a rappelé qu'il existe « *un principe général, aujourd'hui universellement reconnu tant dans les rapports interétatiques que dans les rapports internationaux privés (que ce principe soit considéré comme d'ordre public international, comme appartenant aux usages du commerce international ou aux principes reconnu tant par le droit des gens que par le droit de l'arbitrage international ou la lex mercatoria), interdit à l'État iranien – même s'il n'en avait eu l'intention, ce qui n'est pas le cas - de renier l'engagement d'arbitrage qu'il aurait souscrit lui-même ou qu'un organisme public comme A.E.O.I aurait souscrit précédemment* »

603. Tout de même, il convient de souligner que des cas d'exception existent comme le montre le cas *Framatome c/ AEOI*[989] Pour que le principe évoqué ci-dessus soit opérationnel, il faut évidemment que le cocontractant étranger n'ait pas connu, ou dû connaître, les textes ou les irrégularités en question, et qu'il ait pris des précautions raisonnables, comme dans les circonstances d'espèce, pour se renseigner. En d'autres termes, si le cocontractant a connaissance de l'irrégularité et qu'il n'a pas pris toutes les précautions nécessaires pour se renseigner conformément à l'obligation de diligence raisonnable, il ne pourra pas se plaindre par la suite du désengagement. Hormis ces rares exceptions nous pouvons affirmer que la pratique arbitrale CCI de façon constante à rejeter, comme contraire à la bonne foi, aux principes fondamentaux du droit de l'arbitrage et à l'ordre public transnational, les demandes des États visant à se désengager de l'arbitrage[990].

604. Dans l'arbitrage spécifique aux investissements, la bonne foi a été aussi érigée au rang des principes fondamentaux qui se trouvent dans tous les systèmes nationaux et internationaux à travers la sentence *Amco c/ La République d'Indonésie* du 25 septembre 1983[991]. Dans le cas, *MCI Power Group (MCI) c/ Équateur*, le tribunal arbitral a précisé qu'en vertu du principe de bonne foi qu'un État ne peut pas adopter un comportement qui viderait de toute substance son engagement ultérieur lorsqu'il exprimerait son consentement à être lié[992]. Par la suite, le CIRDI a confirmé toute l'importance qu'il accorde à ce principe dans la sentence *Phoenix* du 15 avril

---

[989] *Ibid.*, p. 345 et 346.

[990] De nombreuses sentences CCI ont repris la motivation de *Framatome c/ AEOI*. A titre d'exemple, v. la sentence CCI n°4381 de 1986, *JDI*, 1986, p. 1102. V. aussi la sentence CCI n°5103 de 1988, *JDI*, 1988, p. 1206.

[991] Sur cette sentence CIRDI n° ARB/81/1 du 25 septembre 1983 v. P. RAMBAUD, « Deux arbitrages C.I.R.D.I », *AFDI*, 1984, volume 30, p. 391 à 408.

[992] Sentence CIRDI n° ARB/03/6 du 31 juillet 2007. Sur cette sentence v. J. FOURET et D. KHAYAT, *op.cit.*, p. 575 à 578. V. aussi P. DAILLIER, M. FORTEAU et A. PELLET, *op.cit.*, p. 150.

2009[993] où le tribunal arbitral est venu ajouter une nouvelle condition pour bénéficier de la protection accordée à un investissement. En effet, dans ce litige le tribunal arbitral à considéré que seul un investissement effectué de bonne foi peut bénéficier de la protection accordée par un TBI. Dans les faits, au départ il s'agissait d'un litige purement interne puisqu'il opposait des juridictions tchèques à deux sociétés tchèques déficitaires appartenant à une même famille. Le différend est devenu international lorsque des membres de la famille ont décidé de créer en Israël une société (*Phoenix*) qui acquiert les actions des deux sociétés tchèques. Par la suite, ils décident d'introduire un arbitrage CIRDI en se fondant sur le TBI israélo-tchèque[994]. Devant le tribunal arbitral, la République Tchèque a dénoncé le caractère fictif du montage. Le CIRDI a constaté qu'il existait bien un investissement objectif mais qu'il n'était pas digne de protection parce qu'il n'avait pas été effectué de bonne foi[995]. Lorsque, l'on regarde de plus près cette décision on peut se rendre compte que c'est le caractère frauduleux de l'opération de l'investisseur qui a été visé par le tribunal arbitral[996]. La fraude a été réalisée par une cession artificielle qui avait pour seul but de provoquer un arbitrage CIRDI. Le tribunal CIRDI a sanctionné cette fraude à travers le principe de la bonne foi. Nous pouvons donc en conclure que le CIRDI le ne protège pas les investissements réalisés sur la base de la mauvaise foi, de actes de corruption ou des fausses déclarations.

605. Au vu de ce qui précède la bonne foi est exigée à toutes les étapes de la relation entre les parties tant pour les personnes morales de droit public que les pour les personnes privées. Les arbitres contrôlent la bonne foi des négociations à l'exécution des contrats[997]. Ils ont une vision extensive de cette notion. C'est dans ce sens qu'ils ont dégagé de la bonne foi des obligations spécifiques pour les opérateurs du commerce international. Ces

---

[993] Le tribunal qui a rendu la sentence CIRDI n° ARB/05/14 du 15 avril 2009 était présidé par B. STERN. Sur cette sentence v. E. GAILLARD, *JDI*, 2010, n°2, avril, mai, juin, p. 508. V. aussi E. SILVA ROMERO, « Observations sur la notion d'investissement après la sentence Phoenix », *Les cahiers de l'arbitrage, The Paris Journal of International Arbitration*, 2010, n°4, p. 987 à 1006. V. enfin I. FADLALLAH, « Retour sur investissement », *in Liber Amicorum en l'honneur de Serge LAZAREFF*, Paris, A. Pedone, 2011, p. 272 à 274.

[994] V. le TBI du 23 septembre 1997 entré en vigueur le 19 mars 1999.

[995] V. le paragraphe 106 de la sentence. V. aussi E. GAILLARD, *op.cit.*, p. 508 où il est écrit que le tribunal arbitral a énoncé que « *Le droit international des investissements et les conditions de compétence de la Convention de Washington ne peuvent être interprétés de manière isolée du droit international public et de ses principes généraux. Le transfert du contrôle d'une société de droit local à une société susceptible de bénéficier de la protection d'un traité de protection des investissements réalisé dans le seul but de bénéficier, après la naissance du différend, d'une telle protection n'est pas une transaction de bonne foi susceptible de bénéficier de la protection de la Convention de Washington* ».

[996] *Ibid.*, p. 273.

[997] C'est dans ce sens que la sentence n° 5953 du CCI a énoncé que « *la bonne foi doit présider à la négociation des contrats et à leur interprétation comme à leur exécution* ». Sur cette affaire v. *JDI*, 1990, p. 1056.

obligations contribuent indubitablement au renforcement de la sécurité juridique dans le commerce international.

2. La sanction aux manquements et obligations spécifiques pour les opérateurs du commerce international

606. Chronologiquement la première obligation découlant du principe de la bonne foi dégagée par les arbitres a été celle de l'information (**a**). En effet, avant tout, les futurs cocontractants doivent être utilement informés. Ensuite, une fois que le contrat est conclu, il pèse sur eux une obligation de coopération (**b**).

a. La sanction au manquement à l'obligation d'information

607. L'obligation d'information est synonyme de bonne foi et de la loyauté. Elle impose aux parties de se comporter de façon loyale envers cocontractant en portant à leur connaissance toutes les informations susceptibles d'orienter ou modifier leur consentement. Cette obligation a été consacrée[998] dans un cas qui impliquait un État de l'OHADA à savoir le Cameroun. C'est en effet, dans l'affaire *Klöckner c/ Cameroun* que des arbitres du CIRDI ont exigé une obligation d'information totale chaque fois que l'exige l'intérêt d'un contractant[999]. Le tribunal arbitral a explicitement dégagé l'obligation contractuelle de tout révéler à un partenaire[1000]. En l'espèce, le litige portait sur un contrat relatif à une usine clé en main d'engrais à livrer au Cameroun par la société allemande *Klöckner*[1001]. Cette dernière s'était abstenue de révéler des renseignements que si le Gouvernement camerounais avaient connus, ils auraient pu l'amener à mettre fin à leur partenariat. Le tribunal arbitral a estimé que la société avait violé l'obligation contractuelle de renseignement basée sur le principe de la bonne foi contenu dans le droit du Cameroun et dans le droit international. De ce fait, la responsabilité de la société *Klöckner* pour assumer ses propres pertes a été retenue par le tribunal arbitral. Pour Yves DERAINS cette

[998] L'obligation d'information a été aussi consacrée et fondée sur la bonne foi dans l'arbitrage CCI notamment dans la sentence n° 5030 de 1992. Sur cette sentence v. *JDI*, 1993, p. 1004.

[999] Sur cette sentence CIRDI n°ARB/81/2 rendue le 21 octobre 1983 v. *Revue de l'arbitrage*, 1984, p. 19 à 63. V. aussi *JDI*, 1984, p. 409. V. enfin P. RAMBAUD, « Deux arbitrages du C.I.R.D.I », *op.cit.*, p. 391 à 404.

[1000] *Ibid.*, p. 426, les arbitres ont énoncé que : « *Nous présumons que le principe suivant lequel une personne qui s'engage dans des rapports contractuels intimes fondés sur la confiance, doit traiter avec son collègue de façon franche, loyale et candide, est un principe de base du droit civil français, comme il l'est en fait des codes des nations dont nous avons connaissance. C'est là le critère qui s'applique dans les rapports entre partenaires dans de simples associations n'importe où. La règle est particulièrement appropriée dans les entreprises internationales plus complexes, comme celle-ci* ».

[1001] Concrètement, l'usine n'avait jamais fonctionné et la société *Klöckner* exigeait aux autorités camerounaises des compensations financières.

exigence de tout révéler est excessive[1002]. Nous ne sommes pas entièrement de cet avis car dans les relations commerciales internationales, il doit avoir une obligation renforcée d'information surtout lorsque des pays en voie de développement sont en cause. Selon nous cette obligation d'information renforcée permet de combler certains déséquilibres de connaissances (technologiques ou autres) entre les parties et aide au développement. Cette idée est vraisemblable même si dans l'affaire *Klöckner*, le tribunal arbitral a rejeté l'argument du Cameroun qui demandait l'application de principes juridiques exceptionnels à des opérations clés en main uniquement parce qu'ils concernent des projets qui affectent le développement économique et social d'un pays[1003]. Pour mieux comprendre, il ne s'agit pas de réanimer le droit du développement qui est certainement mort de sa belle mort[1004] mais d'établir un lien entre la teneur ou le contenu de l'information à donner à l'État et le développement. Pour appuyer cette idée, il convient de souligner que le tribunal CIRDI dans l'affaire *Inceysa* a considéré qu'en vertu de principe de bonne foi, l'investisseur a le devoir de fournir à l'État des informations pertinentes et concrètes sur lui et sur l'investissement[1005].

608. D'un autre côté, une obligation de renseignement renforcée peut être aussi utile à l'opérateur économique car elle peut lui permettre de mieux connaître le contexte socio politique ou simplement géographique du pays dans lequel il compte investir. En effet, l'obligation d'information signifie aussi que les parties au contrat ont un devoir de se renseigner ou de s'informer elle-même. D'ailleurs, c'est le manquement à cette obligation qui a été reproché à la société *Atlantic Triton* dans le différend qui l'opposait à la Guinée[1006]. Le litige portait sur un accord de gestion passé entre la Guinée et la société norvégienne *Atlantic Triton*. Dans ce cas les arbitres ont estimé que la société norvégienne n'avait pas fait preuve de toute la diligence nécessaire dans l'exploitation des navires, qu'en particulier, s'étant présentée comme un professionnel spécialiste de la pêche en eaux tropicales, elle aurait certainement dû étudier de manière sérieuse les conditions d'exploitation des navires en Guinée[1007]. Par ailleurs, le tribunal a reproché aux autorités

---

1002 V. Y. DERAINS, *op.cit.,* p. 849.

1003 V. *JDI*, 1984, p. 426.

1004 V. G. BLANC, *op. cit.*

1005 V. E. GAILLARD, *op.cit.,* p. 340: «... *as noted by the tribunal in the Inceysa case. The principle of good faith encompasses, inter alia, the obligation for the investor to provide the host State with relevant and material information concerning the investor and the investment. This obligation is particularly important when the information is necessary for obtaining the State's approval of the investment.* ». Traduction : « ... *comme l'a noté le tribunal dans le cas Inceysa. Le principe de la bonne foi englobe, entre autres, l'obligation pour l'investisseur de fournir à l'État hôte des informations pertinentes et importantes concernant l'investisseur et l'investissement. Cette obligation est particulièrement importante lorsque l'information est nécessaire pour obtenir l'approbation de l'État pour l'investissement* ».

1006 Sur cette sentence CIRDI n°ARB/84/1 rendue le 21 avril 1986 *Atlantic Triton c/ Guinée* v. E. GAILLARD, *La jurisprudence du CIRDI*, volume I, *op.cit.,* p. 219 à 227.

1007 *Ibid.,* p. 220.

guinéennes de n'avoir pas informé suffisamment la société norvégienne. Cependant, étant donné l'absence de mauvaise foi des deux parties, le tribunal arbitral a estimé qu'elles devaient se partager les frais d'arbitrage. Pour certains auteurs la sentence *Atlantic Triton* est venue corriger le contenu de la sentence *Klöckner* en ce sens qu'elle introduit une obligation de s'informer[1008]. Nous préférons plutôt y voir un complément nécessaire. L'obligation de tenir informé son partenaire est complétée par le devoir de se renseigner.

b. La sanction de l'obligation de coopération

609. Une fois que le contrat est dans sa phase d'exécution les parties ont une obligation de coopérer en toute bonne foi entre elles. L'obligation de coopération est une norme de comportement qui s'impose à toute personne qui s'engage contractuellement envers une autre personne, par conséquent, elle s'impose aussi aux opérateurs du commerce international[1009]. Cette obligation s'étend de la phase précontractuelle à la phase post-contractuelle. Dans la phase précontractuelle, le devoir de coopération se manifeste principalement par l'obligation de négocier de bonne foi[1010]. Les arbitres ont surtout à connaître des manquements à cette obligation pendant la période d'exécution du contrat. La sentence CCI n° 2445 a rappelé cela à travers ces mots : « *les parties ... devaient être parfaitement conscientes que seule une collaboration loyale, totale et constante entre elles pouvait éventuellement permettre de résoudre, au-delà des difficultés inhérentes à l'exécution de tout contrat, les nombreux problèmes résultant de l'extrême complexité dans la formulation et l'enchêtrement des engagements litigieux ...* »[1011]. Ce devoir de coopération implique que les cocontractants ne doivent pas chercher à se nuire et qu'ils doivent collaborer et faire preuve de diligence normale ou raisonnable et utile en vue de l'exécution du contrat[1012].

610. C'est ce défaut de diligence raisonnable envers le cocontractant qui a justifié la condamnation du Togo par un tribunal arbitral CIRDI dans le différend qui l'opposait aux sociétés *Togo électricité* et *GDF Suez*[1013]. Ce litige était relatif à un contrat concession d'électricité passé le 22 février

---

[1008] V. Ph. KAHN, « les Principes généraux du droit devant les arbitres du commerce international », *JDI*, 1989, n° 2, p. 320.

[1009] Sur l'obligation de coopération v. G. MORIN, « Le devoir de coopération dans les contrats internationaux. Droit et pratique », *DPCI*, mars 1980, tome 6, n°1, p. 9 à 28.

[1010] *Ibid.*, p. 11. Négocier de bonne foi implique que chaque négociateur informe et renseigne le partenaire de telle sorte qu'il s'engage en connaissance de cause et d'interdire les propositions inacceptables, la volonté de nuire et les retardements sans motif valable dans les pourparlers.

[1011] Affaire citée par Y. DERAINS, *op.cit.*, p. 849.

[1012] V. la sentence CCI n° 2291 rendue en 1975, *JDI*, 1976, p. 990.

[1013] V. la sentence CIRDI n°ARB/06/07 *Togo électricité c/ Togo* rendue le 10 août 2010. Sur cette sentence v. E. GAILLARD, *La jurisprudence du CIRDI*, volume II, *op.cit.*, p. 238. V. aussi http://icsid.worldbank.org/.

2006 entre la société *Togo électricité* (filiale de *GDF Suez*) et le Gouvernement togolais. Deux mois plus tard, cette société a procédé à une résiliation unilatérale sur la base de l'article 57 du dit contrat[1014]. Elle estimait que les autorités togolaises n'avaient pas fait preuve de diligence à son égard et avaient manqué à leur devoir d'information[1015]. Le tribunal CIRDI l'a suivi dans son argumentation car il validé la résiliation[1016] et a décidé de condamner le Togo. Pour éviter que ce type de condamnations, les pays en développement doivent être attentifs au contenu des contrats qu'ils passent avec les groupes étrangers. Surtout, ils doivent former des spécialistes en matière d'arbitrage commercial, capables de pouvoir leur apporter des conseils avisés.

CONCLUSION DU CHAPITRE I

611. Dans ces écrits Ali MEZGHANI avait proposé l'instauration d'un *ordre public de développement*[1017] adapté aux nécessités des pays en développement. Concrètement, il considérait qu'en matière économique et dans les relations Nord-Sud, les arbitres devaient dégager un ensemble de règles liées au développement dont la violation mettrait en œuvre cet ordre public[1018]. Toujours selon lui, cet ordre public devait être régional, c'est-à-dire applicable dans l'hémisphère Sud. L'application de son idée aurait pu apporter certains avantages aux pays en développement mais la pratique arbitrale internationale n'a laissé aucune place à un ordre public spécifique aux réalités de cette catégorie de pays comme nous l'avons dans nos propos introductifs.

612. En dépit de l'échec de cette proposition, nous avons pu établir que la notion d'ordre public entretient, tout de même, un rapport étroit avec le développement car elle veille sur la bonne conduite des échanges commerciaux internationaux. En effet, la sécurité juridique des ces échanges est assurée en grande partie parce que les arbitres sont scrupuleusement tenus de respecter et de faire respecter l'ordre public international. De plus,

---

[1014] L'article 57 du contrat de concession prévoyait d'accorder au Concessionnaire le droit de déclencher
: *a) Dans un premier temps, discuter avec le Concédant la possibilité d'accepter de bonne foi des « modifications possibles des termes de la Convention qui pourraient faire cesser ce dommage ou ce déséquilibre ». b) À défaut d'accord dans un délai de soixante jours, « résilier la Convention de Concession de plein droit, par simple notification écrite avec un préavis de soixante (60) jours ».*

[1015] La société *Togo électricité* avait soulevé comme exemple de grief le fait que les autorités togolaises ne l'avait pas informé du fait que le personnel sur place était peu qualifié.

[1016] V. *JDI*, 1976, p. 992. La sentence CCI n° 2520 rendue en 1975 a rappelé que l'arbitrage international considère que la résiliation doit être opérée de bonne foi ce qui impose d'agir dans les délais.

[1017] V. A. MEZGHANI, *op.cit.*, p. 63 à 73.

[1018] *Ibid.*, p. 66.

cette notion donne l'occasion à l'État d'opérer une forme de tutelle sur l'arbitrage et de combattre des fléaux tels que la corruption et la fraude dans le milieu du commerce. Conscients de ces réalités, les États de l'OHADA et du Mercosur cherchent, graduellement, à dégager un ordre public commun ou régional. A nos yeux, ce processus avance trop lentement. Selon nous, l'ordre public régional doit être une priorité. Les instances judiciaires et arbitrales de ces organisations doivent s'impliquer de manière plus volontaire afin de consacrer de façon explicite la notion d'ordre public communautaire qui est primordiale pour leur développement.

613. En attendant que cela se produise, nous pouvons déjà nous réjouir du fait que l'arbitrage contribue également à l'implantation de la sécurité juridique en matière de commerce international dans ces organisations. En effet, la pratique arbitrale a constamment recours à des normes jugées par les spécialistes et les praticiens comme accessibles, prévisibles, stables et parfaitement adaptées aux problématiques des échanges commerciaux internationaux. L'arbitrage est donc une source de progression de la sécurité juridique dans l'OHADA et dans le Mercosur.

CHAPITRE II

L'arbitrage une source de développement de la sécurité juridique au sein de l'OHADA et du Mercosur

614. Le monde des affaires a besoin d'un environnement stable et de règles juridiques capables de lui apporter de la sérénité et de la fluidité. Pour diverses raisons[1019] tant les États de l'OHADA que ceux du Mercosur ne sont pas tous entièrement en mesure d'offrir des garanties suffisantes aux investisseurs et aux opérateurs du commerce international. Pour améliorer cette situation, le recours à l'arbitrage se présente à nouveau comme une solution. En effet, compte tenu des spécificités de l'arbitrage, les arbitres utilisent depuis toujours des règles juridiques telles que la *lex mercatoria*, les principes généraux du droit du commerce international, les usages du commerce international et plus récemment les *Principes d'UNIDROIT*. Ces normes ont toutes pour dénominateur commun d'être acceptées universellement par les acteurs du commerce international. A travers, l'utilisation répétée de ces règles, l'arbitrage contribue au renforcement de la prévisibilité et de la stabilité dans les échanges commerciaux internationaux. De la sorte, à n'en point douter, l'arbitrage est une source de sécurité

[1019] Parmi ces raisons, nous pensons principalement au défaut de textes nationaux adaptés aux besoins spécifiques du commerce international. Ensuite, nous devons prendre grandement en considération les différents conflits politiques et parfois armés, qui affectent les pays de l'OHADA. Ces dix dernières années, presque la moitié des États membres de cette organisation a été ou est toujours affecté par une crise politique majeure (la Côte d'Ivoire, la Guinée, la Guinée-Bissau, le Mali, le Niger, la République Centrafricaine, la République Démocratique du Congo et le Tchad et dans une moindre mesure le Sénégal). Enfin, en ce qui concerne les États du Mercosur, la crise économique et financière qui a affecté l'Argentine a toujours des répercussions calamiteuses pour ce pays et pour les autres États membres. D'un autre côté, le Paraguay vient officiellement d'être suspendu des instances du Mercosur suite à des problèmes politiques intervenus après la destitution du Président Fernando Lugo. Cette suspension a été décidée par les autres présidents des autres États membres le 29 juin 2012 lors du sommet de Mendoza (Argentine) pour cause de rupture de l'ordre démocratique. Lors de ce même sommet, le Venezuela a été officiellement intégré comme membre à part entière du Mercosur. Sur la crise institutionnelle au sein du Mercosur v. la sentence arbitrale du TPR n°01/2012 du 21 juillet 2012.

juridique dans le commerce international (**Section I**). L'arbitrage est aussi un facteur de sécurité juridique dans le sens qu'il admet l'utilisation de techniques ou mécanismes juridiques empruntés aux ordres juridiques interne et international tels que la responsabilité et l'octroi de dommages-intérêts, pour garantir l'application effective de la règle de droit (**Section II**).

Section I. L'application par l'arbitrage de règles juridiques favorables à la sécurité juridique des échanges commerciaux internationaux au sein de l'OHADA et du Mercosur

615. Les règles juridiques adaptées aux besoins du commerce international employées dans l'arbitrage sont généralement et indistinctement désignées comme la *lex mercatoria* ou comme les principes généraux du droit. Il est vrai que pour de nombreux auteurs[1020] et arbitres[1021], ces deux notions sont interchangeables et désignent les mêmes éléments. Cette confusion est certainement le produit de l'évolution de la notion de *lex mercatoria* et du besoin de prouver son existence[1022]. Dans une certaine forme de précipitation, les partisans de la *lex mercatoria* ont regroupé sous la même dénomination ces éléments.

616. Pourtant, nous sommes de l'avis d'Emmanuel GAILLARD qu'il faut opérer une distinction entre ces notions car elles sont différentes et n'ont pas nécessairement le même contenu[1023]. Les principes généraux du droit correspondent plus à des règles issues de l'analyse comparative de plusieurs ordres juridiques étatiques ou directement tirées d'instruments internationaux comme les conventions internationales ou encore de la jurisprudence internationale des tribunaux arbitraux[1024]. De ce fait, les principes généraux sont des normes transnationales qui peuvent être désignés comme les principes généraux du droit du droit du commerce international. La *lex mercatoria*, au sens restreint, quant à elle est la loi des commerçants

---

[1020] V. E. GAILLARD, « La distinction des Principes généraux du droit et des usages du commerce international », *in Etudes offertes à Pierre Bellet, op.cit.*, p. 203 à 217, spéc. p. 207. Dans cet article, l'auteur a désigné B. GOLDMAN et Y. DERAINS comme étant des auteurs opérant la confusion entre la *lex mercatoria* et les Principes généraux du droit. V. aussi Ph. FOUCHARD, E. GAILLARD, et B. GOLDMAN, *op.cit.,* p. 817. Ces auteurs ont admis que la terminologie de la *lex mercatoria* peut varier et devenir les Principes généraux du droit pour certains auteurs ou encore les usages communs pour d'autres auteurs.

[1021] L'affaire *Framatome c/ A.E.O.I* est un parfait exemple de cette confusion faite par des arbitres.

[1022] *Ibid.*, p. 203.

[1023] *Ibid.*, p. 204. V. aussi, F. OSMAN, *Les principes généraux de la lex mercatoria, Contribution à l'étude d'un ordre juridique anational,* Paris, LGDJ, 1992, p. 338 à 346. V. enfin F. LATTY, « Le Droit transnational économique », *op.cit.*, p. 111.

[1024] *Ibid.*, p. 204.

ou de la *societas mercatorum*[1025], c'est-à-dire l'ensemble des règles provenant des usages des milieux professionnels du commerce international. En d'autres termes, la *lex mercatoria* est synonyme des usages professionnels ou corporatifs du commerce international. L'intérêt d'une telle distinction pour notre étude est d'apporter plus de certitude et de prévisibilité dans le commerce international notamment dans les États de l'OHADA et du Mercosur qui ont besoin de toutes ces règles en vue de leur développement. En effet, la *lex mercatoria* ou les usages du commerce international apportent surtout de la stabilité aux professionnels ou opérateurs du commerce international (**§ I**) et les principes généraux du droit du commerce international[1026] contribuent à l'amélioration de la sécurité globale dans les échanges internationaux (**§ II**).

§ I. La lex mercatoria en tant que facteur de sécurité juridique pour les opérateurs du commerce international

617. Les usages du commerce international représentent la source première et les éléments fondamentaux de la *lex mercatoria* (**A**). Leur reconnaissance et application par l'arbitrage participent activement à la recherche de la prévisibilité et de la stabilité de la règle de droit dans le commerce international (**B**).

A. Les usages du commerce international en tant que source première de la lex mercatoria

618. Le recours à la notion de *lex mercatoria* ou aux usages du commerce international n'a pas toujours fait l'unanimité. Cette notion a été l'objet de vives critiques (**2**) dont la plupart sont aujourd'hui dépassées mais d'autres ont un intérêt particulier pour nous car elles ont toujours un certain écho dans les États du Mercosur et de l'OHADA. Avant d'étudier ces critiques, nous devons définir la *lex mercatoria* et déterminer ses origines (**1**).

1. Définition et origine des usages du commerce international

619. Les éléments qui permettent de définir les usages du commerce international ont été en grande partie apportés par la doctrine mais aussi par

---

[1025] Selon l'expression de F. OSMAN, *op. cit.* Pour cet auteur la *societas mercatorum* est la communauté des commerçants et des opérateurs du commerce international. Cette communauté est très attachée à la stabilité, à la cohérence et à la permanence des règles qui régissent leurs rapports.

[1026] V. B. OPPETIT, *Théorie de l'arbitrage*, *op.cit.*, p. 90 à 92. Cet auteur a démontré que la terminologie des principes généraux du droit du commerce international varie très souvent dans la jurisprudence arbitrale. Ces principes peuvent prendre la dénomination de *principes généraux du droit*, de *principes généraux fondamentaux*, des *principes généraux admis* ou encore des *principes généraux du droit qui doivent régir les transactions internationales*.

des sentences arbitrales (**a**). Ces usages ont pour origine les dénominateurs communs entre les règles nationales relatives au commerce (**b**).

a. La définition des usages du commerce international

620. Les usages du commerce international représentent la source première et le noyau de la *lex mercatoria*[1027]. Leur importance est-elle qu'il est difficile de déterminer avec exactitude la frontière qui les sépare de la *lex mercatoria*. Ces deux notions s'entremêlent avec les pratiques coutumières du monde des affaires et peuvent être vues comme des synonymes. L'affaire *Compania Valenciana* a retenu et confirmé cette vision lorsque le tribunal arbitral a décidé dans ce litige où les parties n'avaient pas désigné de loi au fond pour la résolution du différend, que le litige serait réglé selon les seuls « *usages du commerce international autrement dénommés comme la lex mercatoria* » [1028]. Cette même affaire a donné l'occasion à Berthold GOLDMAN de donner une définition des usages qui mérite d'être reproduite[1029]. Pour cet auteur, les usages sont « *les comportements des opérateurs dans les relations économiques internationales, qui ont acquis progressivement, par leur généralisation dans le temps et dans l'espace, que peut renforcer leur constatation dans la jurisprudence arbitrale, ou éventuellement étatique, la force de véritables prescriptions qui s'appliquent sans que les intéressés aient à s'y référer, dès lors qu'ils n'y ont pas expressément ou clairement dérogé* ». Il ressort de cette définition que les éléments qui composent les usages du commerce international sont avant tout des comportements répétés ou généralisés des opérateurs du commerce international. Emmanuel JOLIVET est du même avis car il a affirmé que « *l'usage est une habitude professionnelle d'origine concertée* »[1030]. Ainsi, pour que ces comportements ou habitudes soient considérés comme des usages, il faut aussi qu'ils soient anciens, que leur application par des praticiens du commerce soit constante dans le temps et qu'ils s'imposent comme la solution la mieux adaptée aux besoins du commerce international[1031].

621. Il existe deux grandes catégories d'usages du commerce international. La première catégorie regroupe les usages établis par les

---

1027 V. H. E. ERDEM, « The role of trade usages in ICC arbitration », *in Liber Amicorum en l'honneur de Serge LAZAREFF*, Paris, A. Pedone, 2011, p. 247 à 265, spéc. p. 250 où l'auteur écrit que « *It can be said that the trade usages constitute the core and one of the main sources of lex mercatoria* ».

1028 V. E. GAILLARD, *op.cit.*, p. 208.

1029 Sur cette définition v. note sous la décision de la C. Cass. 1ère Ch. Civ., du 22 octobre 1991, *Compania Valenciana de Cementos Portland SA c/ Sté Primary Coal, Inc.*, *JDI*, 1992, p. 184. Cette définition a été aussi citée par E. JOLIVET, *Les Incoterms, Etudes d'une norme du commerce international*, Paris, Litec, 2003, p. 363.

1030 *Ibid.*, p. 361.

1031 V. H. E. ERDEM, *op.cit.*, p. 249.

parties entre elles, c'est-à-dire les usages entre professionnels. Ils peuvent être sectoriels ou corporatifs, c'est-à-dire limités à un type d'activité particulier. Parmi ces usages, certains jouent un rôle précis dans la sécurisation des échanges commerciaux[1032] comme la présomption de compétence des opérateurs du commerce international, l'effectivité de la clause compromissoire et l'inopposabilité du défaut de pouvoir du négociateur du contrat. D'autres usages correspondent aux besoins de mutabilité dans les relations commerciales comme la présomption d'acquiescement à l'acte d'exécution différent de celui défini par le contrat et l'obligation de renégocier[1033]. La particularité de ces usages est qu'ils constituent des normes impératives pour les opérateurs du commerce international.

622. La deuxième catégorie, correspond à des usages qui ont une plus grande aura, en ce sens qu'ils dépassent le seul cercle des professionnels du commerce pour être appliqués d'une façon générale dans le monde entier et dans les transactions commerciales de toute nature. Parmi ces usages ou principes, nous retrouvons le principe de bonne foi contractuelle ou l'interdiction de se contredire au détriment d'autrui et les obligations naissant d'une relation contractuelle comme l'exécution de bonne foi, l'obligation de coopération et de renseignement entre autres. Ces usages généraux du commerce international[1034] sont appliqués de façon quasi universelle car ils ont fait l'objet d'une « *codification* » à travers des traités et d'autres instruments internationaux comme la Convention des Nations Unies sur la Vente Internationale de Marchandises (CVIM) du 11 avril 1980, les *Principes d'UNIDROIT* à partir de 1994. En réalité, ces usages coïncident plus par leur caractère universel ou conventionnel avec les principes généraux du droit et vont être étudiés ci-après car pour la plupart ils s'appliquent dans les États du Mercosur et de l'OHADA. De manière générale, les usages ont une double origine, soit ils ont eu comme racine première des droits étatiques, soit ils sont nés de façon spontanée.

b. Les origines des usages du commerce international

623. Ce qui a favorisé l'épanouissement de l'usage dans le milieu du commerce international est le décalage entre les besoins des opérateurs et les réponses étatiques. Pourtant, la première source des usages du commerce international est le droit étatique. En effet, ils ne peuvent être reconnus par les arbitres comme tels que lorsqu'ils constituent une règle commune à l'ensemble des législations nationales en cause dans la relation

---

[1032] Sur ces usages v. E. LOQUIN, « La réalité des usages du commerce international », *RIDE*, 1989, n°2, p. 169 à 174.

[1033] *Ibid.*, p. 174 à 175.

[1034] *Ibid.*, p. 173.

commerciale[1035] par application de la technique du *tronc commun* décrite par Mauro RUBINO-SAMMARTANO[1036]. Les arbitres peuvent aussi se fonder sur la large reconnaissance par les législations étatiques de certains de ces principes pour leur accorder le statut d'usage. Le but de cette analyse comparative est de dégager des usages répétitifs donc prévisibles qui vont recueillir le consensus de la communauté des marchands. Pour autant, le caractère universel seul n'est pas suffisant car le principe doit être aussi approprié aux besoins et aux réalités du commerce international.

624. L'usage peut tout aussi être établi de façon spontanée[1037]. C'est-à-dire qu'un usage peut être dégagé d'une pratique contractuelle usuelle, ou répétée par les parties ou avoir une origine purement prétorienne. Dans ce cas de figure, l'arbitre doit faire en sorte que la solution qu'il apporte réponde aux attentes légitimes des parties. Pour ce faire, il doit établir une règle générale suffisamment abstraite pour qu'elle devienne répétitive et stable, adaptée aux réalités du commerce. Aussi, pour éviter toute idée d'arbitraire, l'arbitre doit soigneusement motiver et formuler sa réponse. Malgré la présence de ces précautions, les usages et plus généralement la *lex mercatoria* font toujours l'objet de certaines critiques.

2. Les critiques du recours aux usages du commerce international dans l'arbitrage

625. Trois types de critiques pèsent principalement sur la *lex mercatoria* ou les usages du commerce international[1038]. La première série de critiques est d'ordre théorique. Pour certains auteurs, les éléments qui composent la *lex mercatoria* ne constituent pas un ordre juridique à part entière[1039]. Pour eux, elle serait composée de diverses règles sans grande cohérence qui ont une force relative[1040]. De ce fait, ils préconisent qu'elle ne soit uniquement utilisée à titre supplétif dans l'arbitrage. Toujours, selon ces auteurs, la *lex mercatoria* ne dépend que de l'existence des ordres juridiques étatiques et de l'ordre juridique international. Antoine KASSIS s'est fait l'écho de ce courant en affirmant qu'il est plus exact de dire que « *la lex mercatoria est*

[1035] *Ibid.*, p. 187 et 188.
[1036] Sur cette technique v. M. RUBINO-SAMMARTANO, « Le tronc commun des lois en présence (Réflexions sur le droit applicable par l'arbitre international) », *Revue de l'arbitrage*, 1987, p. 133 et s.
[1037] V. E. LOQUIN, *op.cit.*, p. 191 à 194.
[1038] Ces critiques ont été identifiées par Ph. FOUCHARD, E. GAILLARD, et B. GOLDMAN, *op.cit.*, p. 819 à 825.
[1039] Parmi ces auteurs, nous retrouvons principalement A. KASSIS, *Théorie générale des usages du commerce : droit comparé, contrats et arbitrage internationaux, lex mercatoria*, Paris, LGDJ, 1984, spéc. p. 578. V. aussi P. LAGARDE, « Approche critique de la *lex mercatoria* », *in Le droit des relations économiques internationales, Etudes offertes à Berthold GOLDMAN*, Paris, Litec, 1987, p. 125 et s.
[1040] V. J. BÉGNIN, « Le développement de la lex mercatoria menace t-il l'ordre juridique international ? », *Revue de droit de McGill*, 1985, volume 30, p. 498 à 504.

un accident de parcours dans l'histoire de la théorie du droit. Dans la réalité juridique il n'y a que des usages commerciaux conventionnels, il n'y a ni lex mercatoria, ni droit anational, ni droit transnational, sauf si ce dernier est compris comme étant un fonds commun aux droits nationaux. »[1041].

626. A ces critiques, s'ajoutent des critiques d'ordre idéologique. Le soupçon plane sur la *lex mercatoria* de n'être qu'un « *droit des forts* » ou une politique du « *laisser-faire* », élaborée principalement pour servir les intérêts des grandes entreprises et des pays développés du Nord[1042]. Selon les tenants de cette thèse, l'ordre juridique des marchands est entre les mains des grands groupes commerciaux ou financiers, ainsi ces derniers imposent leur loi aux entités plus faibles comme les pays en développement du Sud. Les arbitres sont aussi soupçonnés et considérés comme des complices puisqu'ils utilisent régulièrement la *lex mercatoria*. Cette critique est celle qui revient le plus souvent dans l'esprit de nombreux ressortissants des pays en voie de développement comme ceux de l'OHADA ou encore du Mercosur. Dans ces pays, la *lex mercatoria* est encore trop souvent perçue comme un ordre juridique conçu spécialement pour avantager les sociétés étrangères. A ce propos, Pierre MAYER a suggéré que lorsque l'arbitre l'utilise d'éviter de prononcer des principes qui reflètent uniquement une morale occidentale ce qui pourrait être perçu comme une volonté de protéger les entreprises des pays industrialisés[1043].

627. La troisième série de critique envers cette notion est d'ordre pratique[1044] et provient d'auteurs de tradition de la *common law*[1045]. Ces auteurs ont critiqué le caractère parfois vague[1046] et lacunaire du contenu de la *lex mercatoria* et ont tenu à relativiser l'influence de cette notion dans l'arbitrage[1047].

628. Si nous ne pouvons pas complètement rejeter toutes ces critiques d'un simple revers de main, nous pouvons objecter à la première et à la

---

[1041] *Ibid.*, p. 578. En guise de conclusion générale sur son ouvrage dédié aux usages commerciaux et à la *lex mercatoria*, l'auteur émet un doute sur l'existence même de cette notion.

[1042] V. W. WENGLER, « Les Principes généraux du droit en tant que la loi du contrat », *Revue critique de droit international privé*, 1982, p. 467 à 501, spéc. p. 501 où l'auteur évoque que le recours aux Principes généraux en tant que loi du contrat n'est pas « *toujours candide* ». V. aussi P. LAGARDE, *op.cit.*, p. 126. V. aussi Ph. LEBOULANGER, « L'arbitrage international Nord-Sud », *op.cit.*, p. 338. V. enfin L. GRYNBAUM, « La lex mercatoria », *Méditerranées, Revue du Centre d'Etudes Internationales sur la Romanité*, n°30/31, 2002, p. 182 à 183.

[1043] Sur cette suggestion v. P. MAYER, *op.cit.*, p. 397.

[1044] V. Ph. FOUCHARD, E. GAILLARD, et B. GOLDMAN, *op.cit.*, p. 823.

[1045] Parmi ces auteurs, on retrouve principalement M. MUSTILL, « The New Lex Mercatoria: The First Twenty-five Years », *Arbitration International*, 1988, p. 110 à 114. Selon cet auteur, la *lex mercatoria* est composée de vingt règles.

[1046] V. A. KASSIS, *op.cit.*, p. 561.

[1047] *Ibid.*, p. 115 à 116.

troisième série de critiques que la *lex mercatoria* au sens large dont les usages sont une composante constitue un ordre juridique à part entière qui est appelé l'ordre juridique transnational ou anational. Cet ordre juridique est reconnu par de nombreux auteurs[1048]. Parmi ces auteurs nous retrouvons même un éminent spécialiste du Droit international public comme Alain PELLET qui a fait une brillante démonstration de son existence et qui l'a qualifié « *d'ordre juridique mercatique* »[1049]. Une autre preuve tangible de l'existence de la *lex mercatoria* est le fait qu'elle est communément admise et appliquée par les tribunaux arbitraux à travers le monde[1050]. De la sorte, nous partageons la vision du professeur Franck LATTY lorsqu'il a écrit que « *l'arbitrage permet à la lex mercatoria de ne pas rester une simple théorie académique* »[1051].

629. Concernant la deuxième série de critiques, le nombre conséquent de condamnations des parties venant du Sud ou des pays en développement devant les principales juridictions arbitrales (comme la CCI ou encore CIRDI), peut *a priori* être interprété comme le signe que la *lex mercatoria* est faite pour avantager les parties venant du Nord. En effet, une lecture rapide et sommaire de la majorité des affaires arbitrales où la *lex mercatoria* a été utilisée et appliquée peut laisser penser que ce droit est fait par les riches et pour les riches. Cependant, la réalité est bien plus complexe et subtile car ce droit s'est uniquement construit et orienté autour des besoins et des intérêts du commerce international. De plus, certaines des règles qui composent la *lex mercatoria* ou les usages du commerce international peuvent très bien être utilisées à l'avantage des parties faibles à un contrat ou

---

[1048] V. B. GOLDMAN, « La lex mercatoria dans les contrats et l'arbitrage international : réalité et perspective », *JDI*, 1979, p. 475. V. aussi Ph. KAHN, « Droit international économique, droit du développement, lex mercatoria : concept unique ou pluralisme des ordres juridiques ? », *in Le droit des relations économiques internationales, Etudes offertes à Berthold GOLDMAN*, Paris, Litec, 1987, p. 97 et s. Pour cet auteur, il existe plusieurs ordres juridiques dont l'ordre mercatique ou la *lex mercatoria* (tous ces ordres coexistent). Cet ordre doit faire preuve d'une double cohérence : être interne (pour éviter les dispersions) et externe (pour établir son originalité).

[1049] V. A. PELLET, « La lex mercatoria « tiers ordre juridique » ? Remarques ingénues d'un internationaliste de droit public », *in Souveraineté étatique et marchés internationaux à la fin du 20ème siècle A propos de 30 ans de recherche du CREDIMI, Mélanges en l'honneur de Philippe Kahn*, Paris, Litec, 2000, p. 53 à 74, spéc., p. 69 où l'auteur écrit que : « *Sous l'angle des processus de formation des normes de la lex mercatoria et de son contenu, rien ne semble donc s'opposer à y voir un véritable ordre juridique apte à remplir sa mission sociale : l'encadrement juridique des comportements des membres de la société des marchands.* » A travers cet article le professeur PELLET à démontré l'existence de la *lex mercatoria* en faisant un parallèle avec les critiques auxquelles le Droit international public est régulièrement confronté (la non territorialité, la décentralisation normative et enfin les mécanismes de sanctions imparfaits).

[1050] Sur l'application de la *lex mercatoria* par une des juridictions arbitrales les plus importantes telles que la CCI v. J. PAULSSON, « La Lex Mercatoria dans l'arbitrage de la CCI », *Revue de l'arbitrage*, 1990, p. 55 et s.

[1051] V. F. LATTY, « Le Droit transnational économique », *op.cit.*, p. 111.

des pays en développement. Il est vrai par exemple, qu'il n'est pas établi que l'application de la règle *pacta sunt servanda* ou de la force obligatoire du contrat soit systématiquement en défaveur de la partie faible au contrat. Pour trancher le débat, il est tout à fait possible d'affirmer sans se tromper que les pays en développement ont besoin de la *lex mercatoria* pour profiter des bienfaits du commerce international. Se priver de ces normes équivaudrait pour eux à se couper du reste du monde et de son flux commercial. C'est en connaissance de cause que nous posons la problématique de la place et du rôle des juristes et auteurs des pays en développement dans l'émergence et la vulgarisation des règles qui composent la *lex mercatoria*. En d'autres termes, existe-t-il une place dans l'ordre juridique transnational pour des revendications liées au développement économique ? L'étude de certaines sentences arbitrales à laquelle nous allons procéder par la suite nous laisse entrevoir que ces considérations sont généralement rejetées par les principaux tribunaux arbitraux. C'est la raison pour laquelle nous pensons que les juridictions étatiques et arbitrales des États du Mercosur et de l'OHADA doivent essayer de sortir de la position classique de « *réception* » des règles de la *lex mercatoria* et rentrer dans une phase plus dynamique d'appropriation, d'innovation et de création de règles et d'usages plus adaptés à certaines réalités de leurs pays. Toujours est-il que sans pour autant être nécessairement et principalement orientée vers une optique de développement, la technique de la reconnaissance et de l'application de la *lex mercatoria* ou des usages du commerce international participe déjà aux efforts de développement des États de l'OHADA et du Mercosur car elle permet d'apporter de la prévisibilité et de la stabilité dans les rapports entre professionnels.

B. La reconnaissance et l'application par l'arbitrage des usages du commerce international

630. Bien que les usages aient pu subir des critiques, l'arbitrage leur a toujours accordé une grande importance. Ils jouissent d'une grande reconnaissance dans ce domaine. Nous en voulons pour preuve le fait qu'ils soient largement reconnus par des textes relatifs à l'arbitrage comme ceux des États de l'OHADA et du Mercosur (**1**). Nous en voulons aussi pour preuve la place toute particulière qu'occupent les *Incoterms* dans le commerce international, qui ne sont en réalité que des usages professionnels codifiés par la CCI (**2**). Enfin, le fait que de manière générale, les arbitres n'hésitent pas a appliquer toutes ces normes, surtout dans les rapports entre acteurs professionnels, démontre toute leur importance (**3**).

1. La reconnaissance des usages du commerce international dans l'arbitrage

631. Les usages du commerce international, nous l'avons déjà dit, sont établis par des pratiques répétées des groupes sociaux des commerçants. Ils sont l'expression de leur manière de procéder et de leur organisation. Avec le temps, les usages se sont imposés aux commerçants comme leur norme professionnelle[1052]. Des normes stables, prévisibles et adéquates à appliquer dans leurs relations internes et externes et parfaitement adaptées au règlement des différends. Certains groupes ou corporations ont codifié leurs usages dans des *codes d'usages*[1053] en vue d'achever le processus d'élaboration de leurs normes privées.

632. L'arbitrage, étant le mode usuel de règlement des différends du commerce international, ne pouvait donc pas ignorer les usages. C'est la raison pour laquelle dans la pratique arbitrale ils jouissent d'une forte reconnaissance. Les principaux règlements d'arbitrage nous en donnent une parfaite illustration. A titre d'illustration, le Règlement d'arbitrage de la CCI de 2012 dans son article 21-2[1054] ou encore l'article 28 4) de la loi type de la CNUDCI[1055]. De même, l'article VII de la Convention de Genève européenne sur l'arbitrage commercial international de 1961, demande aux arbitres de tenir compte des usages du commerce dans la détermination du droit applicable. L'article 15 de l'AUA de l'OHADA fait de même, mais ce texte vise expressément les usages du commerce international[1056]. Pour les États du Mercosur, nous pouvons citer le Règlement d'arbitrage de la CIAC dont l'article 30.3 dispose que face à une affaire, l'arbitre doit en tout temps prendre en considération les usages du commerce applicables au cas d'espèce[1057].

633. D'autres règlements d'arbitrage qui accordent une grande importance aux usages corporatifs ou sectoriels intéressent tout particulièrement les opérateurs économiques des États de l'OHADA et du Mercosur. Il s'agit de règlements d'arbitrage relatifs à des secteurs économiques très précis comme celui du commerce de matières premières

---

[1052] Sur cette expression v. G. FARJAT, « Réflexions sur les codes de conduite privés », *in Le droit des relations économiques internationales, Etudes offertes à Berthold GOLDMAN*, Paris, Litec, 1987, p. 51.

[1053] *Ibid.*, p. 54.

[1054] V. l'article 21-2 dispose que « *Le tribunal arbitral tient compte des dispositions du contrat entre les parties, le cas échéant, et de tous les usages du commerce pertinents.* ».

[1055] V. l'article 28 4) qui dispose que : « *Dans tous les cas, le tribunal arbitral décide conformément aux stipulations du contrat et tient compte des usages du commerce applicables à la transaction.* »

[1056] L'article 15 AUA dispose que « *Les arbitres tranchent le fond du litige conformément aux règles de droit désignées par les parties ou à défaut choisies par eux comme les plus appropriées compte tenu le cas échéant des usages du commerce international.* »

[1057] L'article 30. 3 dispose que « *En todos los casos, el tribunal arbitral decidirá con arreglo a las estipulaciones del contrato y tendrá en cuenta los usos mercantiles aplicables al caso.* ».

telles que le café, le cacao ou encore le coton. Et pour cause, la plupart de ces États sont de gros producteurs et exportateurs de ces produits.

634. En ce qui concerne le commerce du cacao dont les États de l'OHADA et du Mercosur représentent les principaux producteurs mondiaux[1058], il faut se référer au Règlement d'arbitrage de la Fédération du Commerce des Cacaos (FCC)[1059]. Cette fédération de commerçants a mis en place une règlementation propre au commerce du cacao et de ses produits dérivés (sous forme solide ou liquide) : les Règles du contrat FCC. Ces Règles du contrat sont l'ensemble des usages des commerçants du cacao regroupés et codifiés (on y retrouve des règles sur la vente, le transport et le conditionnement entre autres). Elles sont applicables aux parties les ayant acceptées. En cas de différend, la FCC a aussi élaboré une procédure arbitrale à Londres ou Paris basée essentiellement sur les pratiques et usages des commerçants du cacao. Pour le commerce du coton[1060], l'un des principaux arbitrages qui s'applique dans les États de l'OHADA est l'arbitrage organisé par l'Association Française Cotonnière (AFCOT) qui siège au Havre. Cet arbitrage se met en œuvre dès que le Règlement Général Européen (RGE)[1061] trouve à s'appliquer. Le RGE aborde tous les aspects des contrats commerciaux liés au coton comme l'exécution du contrat, des questions liées à la quantité et à la qualité du coton. Or les principales entreprises exportatrices du coton africain sont des groupes européens ou américains qui appliquent le RGE. Enfin, la Chambre arbitrale des cafés[1062] et poivres du Havre (CACPH) est le principal organe d'arbitrage pour le café en provenance d'Afrique. La CACPH procède à la fois à des arbitrages de qualité et à des arbitrages techniques dits arbitrages de principe. Si dans le cadre d'un même différend des questions de qualité et des questions

---

[1058] Parmi les États du Mercosur, nous pouvons citer le Brésil qui est le 5ème producteur mondial. Parmi les États de l'OHADA, nous pouvons citer le Cameroun (6ème producteur mondial), la Côte d'Ivoire (1er producteur mondial), la République Centrafricaine, le Togo (8ème producteur mondial) et la République Démocratique du Congo.

[1059] Les origines de la FCC remontent à 1929, lorsque la *Cocoa Association of London Ltd* (CAL) fut établie pour se mettre au service du secteur du cacao dont les échanges physiques connaissaient une forte croissance. La FCC fut créée en 2002, par la fusion de la CAL avec l'AFCC (fondée en 1935) basée à Paris. Cette fusion a permis d'avoir un cadre unique et commercial du cacao. Elle a aussi permis de fournir des services (formation) et une harmonisation du contrat. La FCC se donne pour buts principaux de promouvoir, de protéger et de régir le commerce du cacao en fèves et des produits dérivés et d'assurer la défense du statut et des intérêts de ses Membres. La réalisation de ces objectifs se fait principalement par le contrat International du cacao, la fourniture de services d'arbitrage et la mise en place d'un régime de surveillance.

[1060] Aujourd'hui, le Brésil est progressivement en train de s'imposer comme l'un des principaux exportateurs mondial de coton. De nombreux États de l'OHADA sont producteurs et exportateurs de coton : le Cameroun, la Côte d'Ivoire, le Bénin, le Burkina Faso, la Guinée Bissau, le Mali et le Sénégal.

[1061] Le dernier Règlement Général Européen de l'AFCOT date du 06 juillet 2012.

[1062] Le Brésil est le 3ème producteur et exportateur de café, la Côte d'Ivoire est depuis des décennies parmi les dix premiers.

techniques se posent, elles peuvent être traitées simultanément dans le cadre d'un dit « arbitrage mixte ».

635. Les avantages incontestables de ces arbitrages de type corporatif sont d'apporter de la visibilité et de la prévisibilité aux commerçants de ces matières premières. Les arbitres qui officient dans ce type d'arbitrage sont de véritables spécialistes ou des professionnels de ces branches qui connaissent très bien les techniques, les us et les coutumes. En revanche, ces arbitrages ont certains inconvénients. Tout d'abord, force est de constater que paradoxalement la majorité de ces arbitrages se tient toujours dans des villes occidentales[1063] (Le Havre, Londres, Paris) alors que les zones de productions sont en Afrique et en Amérique Latine. L'éloignement est parfois une source de méfiance. Sachant que la Côte d'Ivoire est le premier producteur mondial de cacao on peut se demander pourquoi une ville comme Abidjan, qui est par ailleurs le siège de la CCJA, n'occupe pas une place plus importante dans l'arbitrage sur le cacao et d'autres matières premières ? Les centres d'arbitrages régionaux et nationaux du Mercosur et de l'OHADA devraient se pencher sur cette question pour attirer plus de contentieux vers les villes africaines et sud américaines[1064] (au travers de la formation, des échanges et du partenariat).

636. Aussi, ces arbitrages ont un principal désavantage à savoir leur caractère confidentiel. La trop grande confidentialité qui entoure ces affaires rend les sentences arbitrales très peu accessibles pour pouvoir connaître et étudier les usages en question. Pourtant, la vulgarisation de ces sentences est nécessaire pour que les juges étatiques, les juristes et les producteurs se familiarisent avec ces pratiques. Une moins grande confidentialité permettrait une meilleure application des usages commerciaux et à ce type d'arbitrage de ne plus être hermétique. Fort heureusement, certains usages ont été codifiés par la CCI sous la dénomination des *Incoterms*.

[1063] La raison du choix de ces villes comme siège d'arbitrage est purement historique. Par exemple, l'AFCOT a été créée en 1890 et a de ce fait une très grande expérience qu'elle peut aujourd'hui partager avec d'autres instances arbitrales.

[1064] Sur l'importance du lieu de l'arbitrage v. G. KAUFMANN-KOHLER, « Le lieu de l'arbitrage à l'aune de la mondialisation, réflexions à propos de deux formes récentes d'arbitrage », *op.cit.* V. aussi sur ce sujet, le rapport *sur certains facteurs de renforcement de la compétitivité juridique de Paris* (dit rapport *Prada*) de mars 2011. Le ministère de l'économie et des finances et de l'industrie français soucieux de conserver la place importante qu'occupe la ville de Paris dans la pratique arbitrale a commandé un rapport pour étudier les pistes en vu de consolider la place de cette ville dans l'arbitrage international.

2. Les usages du commerce international codifiés par la CCI : les Incoterms

637. Les *Incoterms*[1065] sont des règles internationales pour l'interprétation des termes commerciaux les plus utilisés dans le commerce international. Ils ont été dégagés par la CCI à partir de 1923 dans le but de donner une définition uniforme des termes commerciaux employés dans les contrats de vente internationaux couramment utilisés dans le commerce international. Entre 1929 et 1936, pour dégager la première version des termes commerciaux, la CCI s'est livrée à des études minutieuses, comparatives et pays par pays des pratiques et usages commerciaux. Elle a aussi recherché le sens a donner aux termes commerciaux par les droits nationaux[1066]. La réussite du projet a tenu à la neutralité des travaux préliminaires et la participation active de nombreux États même si des zones géographiques comme l'Afrique, le Moyen-Orient et le Sud-est asiatique ont été ignorés parce qu'ils dépendaient de leur puissance coloniale respective[1067]. La deuxième version est apparue en 1953. Ce document contenait une liste d'interprétation de dix termes commerciaux techniques à destination des praticiens du commerce international[1068]. Depuis cette liste, les *Incoterms* ont fait l'objet de diverses actualisations notamment une en 1990, une en 2000 et la dernière date de 2010[1069].

638. De ce qui précède, il ressort que les *Incoterms* ne sont autre chose que le fruit de pratiques commerciales séculaires cataloguées par la CCI. Les *Incoterms* ont donc pour source des usages. Par conséquent, les termes commerciaux ont une valeur d'usage commercial international et il est tout à fait logique de les inclure dans la catégorie des usages qui composent la *lex mercatoria* [1070]. Et pour cause, les *Incoterms* sont des dispositions anationales qui se sont imposées au fil du temps et qui ont un véritable

---

[1065] Ce nom vient de la contraction des mots anglais *International commercial term*. Pour une étude approfondie sur les *Incoterms* v. E. JOLIVET, *Les Incoterms, Etudes d'une norme du commerce international*, Paris, Litec, 2003.

[1066] *Ibid.*, p. 45 à 64.

[1067] Cette précision permet de tempérer toute idée de partialité des *Incoterms* v. E. JOLIVET, *op.cit*, p. 53 et 54.

[1068] Il s'agit de termes techniques pour les praticiens du commerce : A l'usine, Franco sur Wagon, Franco rendu, FAS, FOB, C & F, CAF, Ex ship, A quai, Fret ou port payé jusqu'à. Toutes ces règles viennent codifier les pratiques les plus courantes du commerce international afin qu'elles soient adoptées unanimement. Elles régissent les questions liées à la vente, au transfert de risque, aux modalités de transport et assurance, à l'emballage et l'étiquetage des marchandises, à la nature des documents accompagnant les marchandises, à l'opération de contrôle et certificats de qualité des produits et à la notification des différentes opérations effectuées.

[1069] Les *Incoterms* ont été dégagés en 1936 et ont été modifiés en 1953, 1967, en 1976, en 1980, en 1990, en 2000 et enfin en 2010. Sur la version des *Incoterms* de 2010 v. H. E. ERDEM, *op.cit.,* p. 252 à 254. Ils sont en vigueur depuis le 1er janvier 2011. Leur désignation exacte est désormais *Incoterms®2010*, puisque les *Incoterms* sont devenus une marque.

[1070] La doctrine partage, de façon quasi unanime, cet avis, v. E. JOLIVET, *op.cit.,* p. 94.

pouvoir normatif pour les acteurs du commerce international. C'est d'ailleurs dans ce sens que leur application est prise en compte dans la pratique arbitrale. A titre d'exemple, nous pouvons citer la sentence CCI n° 8501 rendue dans une affaire de vente de riz qui opposait un vendeur originaire d'un pays du Moyen Orient à des acquéreurs européens (français et néerlandais)[1071]. Dans cette affaire, où les parties n'avaient pas soumis l'opération contractuelle à un droit particulier, le tribunal arbitral a considéré que bien que les contrats ne contiennent pas de clause désignant la loi applicable, ils faisaient référence aux usages du commerce international parce qu'un article de chacun des contrats disposait que les *Incoterms 1990* étaient applicables. Le tribunal arbitral a ainsi expressément assimilé les *Incoterms* aux usages[1072].

639. Partant de là, il nous paraît fort curieux qu'un spécialiste des *Incoterms* comme Emmanuel JOLIVET soit l'un des rares auteurs à refuser de les considérer comme des usages. Selon lui les *Incoterms* « *ne sont ni des coutumes ni des usages. Ils sont uniquement une formulation de règles juridiques proposées à l'adoption des parties dans leurs contrats de vente internationale. C'est l'utilisation de ces règles par la pratique, et non les règles elles-mêmes, qui constitue un usage du commerce international.* »[1073]. Même si cette remarque ne manque pas de pertinence, elle se retrouve bien isolée dans la pratique arbitrale. Le plus grand mérite des *Incoterms* a été incontestablement d'avoir apporté plus de sécurité juridique dans l'interprétation des termes commerciaux les plus fréquents dans les ventes internationales[1074]. Les principaux arguments de la codification n'étant autres que la rationalisation et la sécurité juridique, il est fort logique que la démarche entreprise par la CCI ait abouti sur davantage de certitude juridique. La codification de ces termes commerciaux a eu pour effet de diminuer les risques de conflits de lois et d'accroître la prévisibilité dans la vente internationale. En effet, le recours à un instrument juridique uniforme a l'avantage de dissiper de potentiels doutes et interrogations sur la règle à appliquer dans une transaction commerciale internationale. Le recours à un *Incoterm* permet aux parties à un contrat de connaître d'avance leurs obligations et d'agir avec certitude. De plus, les *Incoterms* n'étant pas limités à un seul secteur d'activité comme les usages sur la vente de cacao, de café ou encore du coton, que nous avons cités plus-haut, ils s'appliquent à un large spectre de transactions commerciales et jouissent d'une plus grande

---

[1071] Sur la sentence CCI n° 8501 v. J.-J. ARNALDEZ, Y. DERAINS, D. HASCHER, *op.cit.*, p. 529 à 535 avec des observations d'E. JOLIVET.

[1072] *Ibid.*, p. 530 où les arbitres ont rappelé qu'« *Il apparaît donc que les parties ont, dans une large mesure, convenu de soumettre leur relation aux usages du commerce reconnus, tels que les INCOTERMS ...* ».

[1073] V. E. JOLIVET, *op. cit*, p. 374 à 375 et les observation sous l'affaire CCI n°8501, *op.cit.*, p. 532 à 535.

[1074] *Ibid.*, p. 188 à 191.

diffusion et d'une meilleure reconnaissance[1075]. Par exemple, lors de son 45ème Congrès, la CNUDCI a officiellement approuvé et reconnu l'utilité des *Incoterms* comme un facteur de sécurité dans les secteurs de la vente et du transport de biens et marchandises[1076]. Les *Incoterms* sont aussi appliqués dans les États du Mercosur et de l'OHADA. La Déclaration Unique en Douane[1077] (DDU) applicable dans plusieurs États de l'OHADA qui sont aussi membres de l'UEMOA fait expressément mention de l'utilisation des *Incoterms*. D'ailleurs, en Côte d'Ivoire, le programme de formation de l'Ecole Nationale des Douanes propose vingt heures de cours sur les *Incoterms* relatifs au transport pour les agents d'encadrement des douanes[1078]. Au sein du Mercosur, le Document Unique des Douanes (*Documento Único Aduanero del Mercosur* ou *DUAM*)[1079] admet que les normes douanières du Mercosur doivent être analysées et rendues compatibles avec les normes internationales en la matière. Lorsqu'on sait que les normes *Incoterms* sont pour la plupart les normes de référence en matière douanière dans le monde entier, autant dire que ce texte reconnaît implicitement leur importance et leur application[1080]. Malgré l'importance de l'usage dans la pratique commerciale internationale, les règles d'application de ces normes n'ont pas toujours été clairement définies car il ne faut pas oublier qu'à la base, l'application d'un usage est parfois supplétive. Dans plusieurs cas, c'est la pratique arbitrale qui a permis de déterminer les modalités d'application de l'usage.

1075 Par exemple, la vente, le transport maritime et aérien, le fret, l'usinage et le conditionnement de produits.

1076 Ce Congrès s'est tenu à New York du 25 juin au 6 juillet 2012. Le rapport de ce Congrès nous montre que tout un titre a été consacré aux *Incoterms*, p. 34 et 35 où il est énoncé que « *Taking note of the usefulness of Incoterms 2010 in facilitating international trade, the Commission, at its 955th meeting, on 3 July 2012, adopted the following decision: (...) "Noting that Incoterms 2010 constitute a valuable contribution to facilitating the conduct of global trade, "Commends the use of the Incoterms 2010, as appropriate, in international sales transactions* ». Traduction : « *Prenant note de l'utilité des Incoterms 2010 pour faciliter le commerce international, la Commission, dans sa 955ème séance, le 3 Juillet 2012 a adopté la décision qui suit : (...) « Notant que Incoterms 2010 constitue une contribution précieuse à faciliter la conduite du commerce mondial, "Félicite l'utilisation des Incoterms 2010, échéant dans les opérations de ventes internationales* ».

1077 La Déclaration Unique en Douane est à la base un Règlement de la CEDEAO (C/REG.4/8/99) adopté le 20 août 1990 qui a pour objectif de simplifier et harmoniser les formalités douanières entre les États membres. Un document similaire a été adopté au sein de l'UEMOA.

1078 Sur ces informations v. http://www.douanes.ci/.

1079 Le DUAM a été adopté par le CMC le 02 août 2010 dans la ville de San Juan en Argentine.

1080 V. l'article 2 DUAM précise que « *El DUAM requerirá para su plena implementación el cumplimiento de las actividades que se enumeran a continuación, las que no son taxativas y podrán ser modificadas con el avance de los trabajos: (...) 11. Compatibilidad del contenido de la norma del DUAM con las normas MERCOSUR que refieren a operaciones aduaneras contempladas en el DUAM 12. Análisis del contenido de la norma del DUAM con las demás normas MERCOSUR y otras normativas de carácter internacional* ».

3. L'application des usages du commerce international dans l'arbitrage

640. Une analyse réalisée par Philippe FOUCHARD à partir de litiges français a permis de mieux comprendre et déterminer les règles d'application des usages entre professionnels dans un arbitrage[1081]. Parmi ces litiges, nous pouvons citer l'affaire qui opposait la société *Les films de l'Alma* à la société *Prodis*[1082]. Ce litige portait sur l'exécution d'un contrat de distribution d'un film. Devant un tribunal arbitral, le distributeur du film demandait au producteur de payer la somme convenue pour la fabrication des copies dans le cas où le nombre d'entrées en exclusivité serait inférieur à trois cent mille. Pour le producteur, le terme « d'exclusivité » devait être compris dans un sens large c'est-à-dire pour la France entière. Par contre, pour le distributeur, le terme « exclusivité » ne concernait que l'agglomération parisienne. C'est cette dernière approche qui avait été retenue par le tribunal arbitral. Le producteur du film estimait que cette sentence n'était pas motivée car les arbitres s'étaient essentiellement référés, pour asseoir leur jugement, « *à des usages professionnels dont ils n'ont pas démontré l'existence* »[1083]. Il décida de faire un appel en nullité de ladite sentence. Par un arrêt du 24 octobre 1980, la Cour d'Appel de Paris a rappelé que « *Considérant que pour donner l'interprétation à donner au terme « exclusivité » (...), les arbitres ont principalement fait état des usages de l'industrie cinématographique dont ils avaient une connaissance toute particulière étant tous les deux, ainsi qu'ils l'ont rappelé, professionnels de longue date de cette industrie ;*

Qu'ils n'étaient nullement tenus de faire la démonstration de ces usages dont la constatation et l'application relevaient entièrement de leur pouvoir d'arbitres jugeant en dernier ressort ; qu'en rapportant l'existence et s'y référant pour décider que le terme litigieux ne visait que « l'exclusivité parisienne », ils ont dès lors suffisamment motivé leur sentence »[1084]. Cette décision a été confirmée en Cassation deux ans plus tard[1085].

641. Nous pouvons aussi retenir l'affaire l'*Ami des jardins et la maison* qui est légèrement différente de la précédente car les usages en question faisaient l'objet d'une sorte de codification (le code des usages de la publicité)[1086]. Dans cette affaire, la société l'*Ami des jardins et la maison* (éditrice de revues) était opposée à son ancien régisseur de publicité : la société *Agence Archat*. Après le non renouvellement de son contrat de publicité l'*Agence Archat* avait demandé à la Commission fédérale de conciliation et d'arbitrage de la Fédération nationale de publicité, une

---

1081 Sur cette analyse v. Ph. FOUCHARD, « Les usages, l'arbitre et le juge. A propos de quelques récents arrêts français », *in Le droit des relations économiques internationales, Etudes offertes à Berthold GOLDMAN*, Paris, Litec, 1987, p. 67 à 89.

1082 *Ibid.*, p. 70.

1083 *Ibid.*

1084 *Ibid.*, p. 71.

1085 Par un arrêt de la Cour de Cassation, Ch. Com. en date du 18 mai 1982.

1086 *Ibid.*, p. 72.

importante indemnité. La sentence arbitrale rendue par cette instance arbitrale avait donné raison à l'agence publicitaire en se fondant sur les usages et la jurisprudence. L'*Ami des jardins et la maison,* mécontente de cette décision décida de faire appel car selon elle les arbitres avaient utilisé des usages dont ils n'avaient pas cité les sources et les références. A ces objections, la Cour d'appel a répondu que « *Considérant qu'en admettant la compétence de la Commission fédérale de conciliation et d'arbitrage de la Fédération nationale de la publicité, la société* l'*Ami des jardins et la maison a implicitement accepté que les arbitres fassent application des usages en matières de publicité, dont elle ne pouvait ignorer l'existence en sa qualité de professionnel de l'édition ;*

Considérant que la Commission arbitrale n'était pas tenue de rappeler expressément dans sa sentence les sources et les références des usages professionnels qu'elle avait mission d'appliquer ».

642. Il ressort de ces affaires que l'application par les arbitres d'un usage entre professionnels est quasiment toujours admise sans stipulation préalable. Selon la jurisprudence, les opérateurs du commerce international sont des professionnels qui contractent en connaissance de cause. Ainsi, il pèse sur eux une présomption de compétence[1087]. L'opérateur est censé se renseigner mais aussi connaître les usages et techniques du secteur d'activité dans lequel il intervient. Cette présomption a pour corollaire que lorsque les juridictions arbitrales sont face à un opérateur, elles sont moins indulgentes que s'il s'agissait d'un non praticien. Ainsi, il semble que dans la majorité des cas, dans l'entendement de l'arbitre, si les parties ont souhaité recourir à l'arbitrage, cela implique implicitement que les parties veulent se voir appliquer les règles habituellement suivies dans les milieux professionnels, c'est-à-dire la *lex mercatoria*[1088].

643. De son côté, le juge étatique a tendance à valider l'utilisation d'un usage dans une affaire qui oppose des professionnels et a se montrer tout aussi exigeant envers eux. A titre d'exemple, dans un différend relatif au commerce de cacao dans lequel les parties avaient utilisé les règles du marché de l'AFCC, la Cour d'Appel de Paris a rappelé[1089] que « *S'agissant d'arbitrage professionnel, les parties ne pouvaient méconnaître la spécificité de tels arbitrages confiés à des professionnels en tant qu'arbitres ...* » et que « *La demanderesse au recours, qui avait elle-même annoncé aux spécialistes du marché du cacao qu'elle intervenait sur ce marché - sur lequel les*

[1087] Sur cette présomption de compétence des opérateurs v. E. LOQUIN, *op.cit.*, p. 169 à 170.

[1088] *Ibid.*, p. 170. Prenons l'exemple de la Chambre arbitrale de Strasbourg qui a posé comme principe que « *Considérant que le négoce de fruits et légumes est un négoce dont les cours sont essentiellement mouvants, que tout commerçant avisé doit se tenir au courant de ses fluctuations, le demandeur est mal venu de soutenir que le défendeur a trompé sa confiance et sa bonne foi en lui proposant un prix supérieur aux prix pratiqué* ».

[1089] V. l'arrêt du 27 juin 2002 de la C.A. Paris, 1ère Ch. Com. rendue dans le litige *Comecim c/ Theobroma*. Sur cet arrêt v. *Gazette du Palais*, 21 décembre 2002, n°355, p. 12.

contrats sont d'habitude conclus oralement - par l'intermédiaire de son agent et qui a exécuté sans difficulté plusieurs autres contrats passés par celui-ci, ne peut sérieusement et sans manquer à l'obligation de bonne foi dans l'exécution des contrats, prétendre que son salarié n'avait pas le pouvoir de l'engager ». Ces solutions sont parfaitement applicables aux contextes de l'OHADA et du Mercosur[1090]. Nous prenons comme exemple un litige arbitré par un tribunal CCI dans la sentence CCI n°1675 qui opposait un vendeur brésilien de riz à un acheteur français[1091]. Ce différend portait sur la résiliation unilatérale du contrat par la partie brésilienne, la partie française estimait que cette résiliation était non valide. Pour trancher l'affaire, le tribunal arbitral a d'abord étudié le contrat des parties et par la suite a établi qu'en cas de silence de celui-ci, l'arbitre doit se référer aux usages internationaux. Etant donné que cette résiliation n'était pas conforme aux usages internationaux, le tribunal arbitral a conclu à son invalidité en ces termes : « *En l'absence de toute clause de résiliation automatique dans le contrat, le retard d'une partie dans l'exécution de ses obligations ne peut avoir pour conséquence de dégager l'autre de la convention que si les usages ou le droit national applicable l'y autorise* »[1092].

644. Tout comme les usages corporatifs les *Incoterms* sont invocables sans stipulation préalable des parties[1093] et sans que les arbitres s'interrogent sur l'existence éventuelle de solutions divergentes dans le droit national applicable[1094]. Cela ressort de l'analyse de diverses sentences arbitrales

[1090] La majorité des États de l'OHADA ont un système juridique qui est issu du droit civil et commercial français. D'un autre côté, le Brésil a aussi subi une certaine influence du droit commercial français comme l'ont démontré les auteurs I. de AGUILAR VIEIRA et G. VIEIRA DA COSTA CERQUEIRA, « L'influence du code de commerce français au Brésil, (Quelques remarques sur la commémoration du bicentenaire du Code français de 1807) », *RIDC*, 2007, p. 27 à 77, spéc. p. 41 et 42 où il est écrit que : « *Une autre forte influence française vient de la codification des pratiques commerciales et de la consécration des coutumes commerciales comme source subsidiaire du droit codifié* ».

[1091] V. la sentence CCI n° 1675 rendue en 1969, v. *JDI*, 1974, p. 895 et s. avec des observations d'Y. DERAINS.

[1092] *Ibid.*, p. 896.

[1093] V. la Cour de Cassation française a rappelé à cet effet que les parties peuvent librement déroger aux *Incoterms* uniquement par une stipulation particulière. Sur cette affirmation v. arrêt du 2 octobre 1990 de la C. Cass. Ch. Com où elle a énoncé que « *Mais attendu, d'une part, que les parties peuvent déroger librement par des stipulations particulières aux règles de la " vente CAF " et aux règles dites "Incoterms", lesquelles résultent uniquement des usages commerciaux ...* ».

[1094] D'ailleurs, pour certains auteurs, les arbitres établissent une hiérarchie entre les normes nationales applicables, le contrat et les usages. Selon eux, les usages sont supérieurs aux normes nationales. Parmi ces auteurs, on retrouve H. E. ERDEM, *op.cit.*, p. 260 où l'auteur écrit que « *Finally the arbitrator mention the solutions of domestic laws that solutions can only be applicable if no usage contradict them. In this way, arbitrator establishes a hierarchy between contract, usages, and domestic laws* ». Cet auteur fonde son opinion sur la solution de la sentence CCI n°1675 et la note d'Yves DERAINS. Pour ces auteurs, l'arbitre consulte tout d'abord les dispositions contractuelles. En cas de silence de celles-ci, l'arbitre se réfère aux « usances internationales ». Ce n'est qu'en dernier ressort que l'arbitre évoque les

CCI[1095]. Cette tendance a permis à Yves DERAINS d'affirmer dans son commentaire sur la sentence CCI n°3894[1096] que « *les arbitres voient en effet, dans les Incoterms, l'expression de la pratique internationale* ». Dans ce même sens, il a ajouté qu' « *il y a tout lieu de croire que la révision dont les Incoterms ont fait l'objet en 1980 et le ralliement à ces règles des praticiens américains, ne fera qu'accentuer la conviction des arbitres qu'il s'agit d'une véritable coutume internationale* ». Aujourd'hui, les prédictions de ce spécialiste de l'arbitrage se sont avérées justes car les *Incoterms* sont appliquées par les arbitres dans les relations entre professionnels comme une source à part entière de la *lex mercatoria*.

645. Parmi les usages du commerce international, certains ont une portée plus grande que les usages commerciaux corporatistes au service des opérateurs du commerce international. De ce fait, ils peuvent être considérés comme des usages généraux du droit du commerce international[1097] ou comme des principes généraux du droit. Ces principes généraux qui sont réellement des normes impératives sont largement appliqués dans l'arbitrage et permettent de veiller sur la sécurité juridique globale des échanges commerciaux à l'échelle internationale, notamment dans les pays du Mercosur et de l'OHADA.

§ II. Les principes généraux du droit du droit du commerce international en tant que facteur de sécurité juridique pour les transactions à l'échelle internationale

646. Il est possible de diviser les principes généraux du droit appliqués par l'arbitrage en deux grandes catégories. La première catégorie regroupe des principes ou valeurs qui sont quasi universellement ou unanimement partagés par les nations (**A**). La deuxième catégorie regroupe des usages commerciaux qui ont été élevés au rang de principes par le fait qu'ils ont été consignés ou codifiés dans des conventions internationales ou d'autres formes d'instruments internationaux jouissant d'une grande reconnaissance (**B**). Les deux catégories de principes sont reconnues comme essentielles dans la pratique du commerce international et applicables dans l'espace OHADA et dans le Mercosur.

---

solutions des droits nationaux. Pour nous cette opinion semble être partiellement erronée car elle ne prend pas en compte l'aspect parfois supplétif des usages.

[1095] Par exemple, à travers la sentence CCI n° 3130 de 1980 rendue dans une affaire relative à l'importation de la viande d'âne vers la France, l'arbitre unique s'est référé aux *Incoterms* pour rappeler aux parties leurs obligations respectives. Sur cette sentence v. S. JARVIN et Y. DERAINS, *Recueil des sentences de la CCI 1974-1985*, Kluwer Law and ICC Publishing, p. 413. V. aussi la sentence CCI n° 3894 de 1981, *JDI*, 1982, p. 987.

[1096] V. *JDI*, 1982, p. 990 et s.

[1097] Sur cette expression v. E. LOQUIN, *op.cit.*, p. 173.

A. Les principes généraux du droit du droit du commerce international en tant que source de sécurité juridique

647. Les principes généraux du droit sont des règles transnationales qui entretiennent un lien très étroit avec la notion d'ordre public international étudié plus haut. D'ailleurs, on peut affirmer sans nécessairement se tromper que les principes généraux du droit sont pour la plupart issus de cet ordre. En effet, certains de ces principes sont unanimement consacrés par les différents systèmes à travers le monde (**1**). Les États de l'OHADA et du Mercosur n'échappent pas à l'application de ces principes ou valeurs. D'autant plus qu'ils sont particulièrement utiles dans l'optique de sécurité juridique dans les relations commerciales internationales et cela notamment grâce à l'arbitrage (**2**).

1. Les principes généraux du droit du commerce international : des valeurs communes aux différents systèmes juridiques

648. Les questions relatives aux principes généraux du droit dans l'arbitrage ont été à la base de nombreuses controverses[1098] doctrinales et divergences jurisprudentielles[1099]. C'est plus précisément du contentieux arbitral né des difficultés d'exécution de certains contrats d'État [1100] relatifs aux concessions pétrolières que ces discussions se sont élevées. En effet, pour certains auteurs[1101] et Gouvernements[1102], ce type de contrat devait être automatiquement rattaché au droit national. Selon le professeur Gérard COHEN-JONATHAN, cette opinion était fondée sur le *dictum* de la CPJI tiré de l'affaire des *Emprunts serbes et brésiliens* de 1929[1103] : « *Tout contrat qui n'est pas un contrat entre des États en tant que sujets du droit international a son fondement dans une loi nationale. La question de savoir quelle est cette loi fait l'objet de la partie du droit qu'aujourd'hui on désigne le plus souvent sous le nom de droit international privé ou de théorie du*

[1098] Sur l'évocation de ces controverses v. P. WEIL, « Principes généraux du droit et contrats d'État », *in Le droit des relations économiques internationales, Etudes offertes à Berthold GOLDMAN*, Paris, Litec, 1987, p. 387. V. aussi P. KAHN, « Les Principes généraux du droit devant les arbitres du commerce international », *JDI*, 1989, p. 308.

[1099] Sur ces divergences jurisprudentielles v. B. STERN, « Trois arbitrages, un même problème, trois solutions : les nationalisations pétrolières libyenne devant l'arbitrage international », *op.cit.*, p. 3 à 44.

[1100] Le contrat d'État est un contrat conclu par un État et une personne privée étrangère. Ce type de contrat porte généralement sur des opérations économiques internationales (investissements et autres).

[1101] Parmi ces auteurs figure le doyen George VEDEL cité par G. COHEN JONATHAN, « L'arbitrage Texaco-Calasiatic contre le Gouvernement Libyen ; décision au fond du 19 janvier 1977 », *op.cit.,* p. 455.

[1102] Par exemple, la position de l'Iran dans l'affaire de l'*Anglo-Iranian Oil Company*, v. H. CARRERE D'ENCAUSSE « Le conflit Anglo-Iranian 1951-1954 », *Revue française des sciences sociales*, 1965, vol. 15, p. 731à 743.

[1103] *Ibid.*, p. 455.

conflit des lois. Les règles en peuvent être communes à plusieurs États et même être établies par des conventions internationales ou des coutumes, et dans ce dernier cas avoir le caractère d'un vrai droit international, régissant les rapports entre des États. Mais, à part cela, il y a lieu de considérer que lesdites règles font partie du droit interne ». Ce courant n'a pas obtenu gain de cause car dans la majorité des cas les contrats d'État ont été internationalisés[1104] par les arbitres en passant par les principes généraux du droit. Ainsi, le recours à ces principes a été dénoncé comme une façon de faire échapper cette catégorie de contrats au droit national. En réalité, toute cette controverse a pour origine la rédaction des clauses de *choice of law* qui sont insérées dans ce type de contrat. Ce type de clause énumère les lois que l'arbitre a à sa disposition pour pouvoir trancher le litige. Prenons, par exemple l'article 28 du contrat de concession[1105] dans l'affaire qui a opposé la société *Texaco-Calasiatic*[1106] à l'État libyen : « *La présente concession sera régie et devra être interprétée conformément aux principes de la loi libyenne en ce que ces principes peuvent avoir de commun avec les principes du droit international et, en l'absence de points communs entre les principes de la loi libyenne et ceux du droit international, elle sera régie et interprétée conformément aux principes généraux du droit, en ce compris ceux de ces principes généraux dont il a été fait application par des juridictions internationales* ».

649. Face à cette clause, René-Jean DUPUY, l'arbitre unique, a constaté que la règle *pacta sunt servanda* était un principe commun au droit libyen et au droit international et l'a appliqué de ce fait. Il ne lui est pas apparu nécessaire de se tourner vers les principes généraux du droit qui n'avaient de toutes les façons qu'un rôle subsidiaire en l'espèce même si leur application aurait conduit à une solution similaire. L'internalisation de ce type de contrats tient aussi au fait que l'arbitre n'étant pas attaché à aucun for, il préfère toujours recourir aux normes internationales ou anationales si cela lui est autorisé. Cette même sentence a permis à l'arbitre de définir les principes généraux du droit comme des principes communs aux systèmes juridiques des différents États et au droit international[1107]. A cette définition nous

---

[1104] Sur l'internationalisation des contrats d'État v. L. LANKARANI, *Les contrats d'état à l'épreuve du droit international*, Bruxelles, Bruylant, 2001, p. 7 à 45. Cette auteure distingue l'*internationalité subjective* (issue de la volonté des parties au contrat) de l'*internationalité objective* (basée sur des situations de faits créatrices d'un acte juridique international).

[1105] Sur cet article v. Ph. KAHN, « Les Principes généraux du droit devant les arbitres du commerce international », *op.cit.*, p. 309.

[1106] Sur cette sentence v. *JDI*, 1977, p. 350 à 389 avec une note de P. LALIVE. V aussi G. COHEN-JONATHAN, « L'arbitrage Texaco-Calasiatic contre Gouvernement Libyen ; décision au fond 19 janvier 1977 », *op.cit.*, p. 452 à 479.

[1107] Sur cette définition v. P. WEIL, *op.cit.*, p. 394. A ne pas confondre avec les principes généraux de droit qui sont ceux de l'article 38 du Statut de la CIJ. Sur cette distinction V. B. VITANYI, « Les positions doctrinales concernant le sens de la notion de ″principes généraux

préférons celle proposée par Jan PAULSSON qui précise qu'il s'agit des « *principes communs aux nations commerçantes* »[1108] ou encore celle qui consiste à dire qu'il s'agit de « *règles générales déduites de l'esprit des coutumes et des conventions internationales en vigueur ; à ce titre, ces règles relèvent bien du droit coutumier* »[1109]. Il ressort de toutes ces définitions que ces principes généraux du droit sont des usages généraux transnationaux applicables aux relations commerciales qui ont la valeur de véritables règles de droit. Partant de là, il est tout à fait possible d'établir un lien entre cette notion et celle de l'ordre public transnational. A dire vrai, les principes généraux sont des éléments qui composent et enrichissent l'ordre public transnational. Ils représentent certaines des valeurs communes aux États autour desquelles les arbitres font respecter l'ordre public international dans les relations commerciales. A ce propos, Philippe KAHN a souligné que les principes généraux « *expriment un ordre public fondamental auquel les parties ne peuvent porter atteinte* »[1110]. Toujours selon cet auteur les principes généraux du droit sont le fondement de l'ordre public des arbitres[1111]. C'est certainement le lien étroit qui est à l'origine de ce qui semble être une sensible confusion qui est régulièrement opérée entre ces deux notions[1112].

650. Ainsi, il nous semble que même Gaston KENFACK DOUAJNI a confondu ces deux notions lorsqu'il a proposé dans le but de créer un ordre public communautaire dans l'OHADA des règles pouvant constituer un ordre public communautaire procédural. Parmi ces règles l'auteur cite : le respect du principe du contradictoire, le principe de l'égalité des parties, l'interdiction de la violation de la règle de la collégialité, l'obligation de motiver la sentence. Or il se trouve que toutes ces règles ne sont justement que procédurales et que la notion d'ordre public au sens strict se greffe nécessairement sur l'idée de morale. Donc si on devait retenir ces règles, se serait pour les placer parmi les principes généraux qui gouvernent la procédure arbitrale. Par contre, les règles que l'auteur cite pouvant constituer un ordre public communautaire de fond, font tout à fait partie de l'ordre public car il s'agit de l'interdiction pour un État membre d'invoquer son incapacité après avoir résilié unilatéralement son engagement d'arbitrage et l'interdiction de valider des sentences validant un contrat dont l'objet est d'encourager la discrimination religieuse ou raciale, la vente de personne et

---

de droit reconnus par les nations civilisées" », *RGDIP*, 1982, janvier-février-mars, p. 48 et s. V. aussi L. LANKARANI, *op.cit.*, p. 51 à 77.

[1108] V. J. PAULSSON, *op.cit.,* p. 65.

[1109] V. P. DAILLIER, M. FORTEAU et A. PELLET *op.cit.,* p. 381.

[1110] V. Ph. KAHN, « Les Principes généraux du droit devant les arbitres du commerce international », *op.cit.,* p. 307.

[1111] *Ibid.,* p. 316.

[1112] Sur cette confusion v. extrait de la sentence *Framatome c/ A.E.O.I, supra*, p. V. aussi E. LOQUIN, *op.cit.,* p. 180 et 181.

la corruption. Les valeurs que nous pouvons retenir comme faisant partie de principes généraux du droit du commerce international applicables par les arbitres, sont principalement mais pas exclusivement la règle *pacta sunt servanda* ou celle de l'*estoppel* qui ont été aménagées pour être compatibles avec les relations commerciales. Ainsi, la règle l'*estoppel* est devenue l'interdiction de se contredire au détriment d'autrui. La règle *pacta sunt servanda* est devenue le principe de bonne foi contractuelle avec ses corollaires que sont l'obligation d'exécution du contrat et l'obligation de renseignement. Parmi les autres principes, nous retrouvons l'effectivité de la clause compromissoire, la présomption d'acquiescement à l'acte d'exécution différent de celui défini par le contrat, l'obligation de renégocier, l'obligation de minimiser le dommage subi, la répartition égalitaire de la charge des aléas et enfin les obligations de tout révéler et d'agir avec loyauté dans les affaires. L'avantage du recours à toutes ces règles par l'arbitrage est de favoriser la sécurisation des transactions commerciales.

2. Les principes généraux du droit du droit du commerce international en tant qu'instruments de sécurisation des transactions commerciales

651. Pour montrer le rôle que les principes généraux du droit jouent dans la sécurisation des transactions commerciales, nous pouvons nous servir de la classification effectuée par Eric LOQUIN[1113]. Ainsi, on retient que certains de ces principes ou usages contribuent à la sécurité de la transaction (**a**), certains à la mutabilité de la convention (**b**) et enfin d'autres sont utiles à la coopération entre les parties (**c**). Sachant que les principes relatifs à la loyauté des affaires ont déjà été abordés plus haut, nous ne comptons revenir sur ceux-là.

a. Les principes généraux favorisant la sécurité juridique des transactions commerciales

652. Les usages généraux qui favorisent la sécurité juridique sont nombreux. Parmi eux, nous retrouvons bien évidemment les principes de bonne foi et l'interdiction de se contredire au détriment d'autrui mais aussi des usages comme l'effectivité de la clause compromissoire, la présomption d'acquiescement à l'acte d'exécution différent de celui défini par le contrat. L'arbitrage au sein du Mercosur se singularise car il a carrément dégagé un principe de l'exigence de sécurité juridique qui trouve son application au sein de cet ensemble.

[1113] V. E. LOQUIN, *op.cit.,* p. 169 à 181. Cet auteur a divisé les usages généraux en quatre catégories à savoir ceux qui servent 1) la sécurité de la transaction, 2) la mutabilité de la convention, 3) la coopération entre les parties, 4) la loyauté des affaires.

a.1. Le principe de bonne foi

653. Si il y a bien un usage général qui agit en faveur de la sécurité des transactions, c'est bien la règle *pacta sunt servanda* ou principe de bonne foi[1114]. Les tribunaux arbitraux du Mercosur dans des différends interétatiques l'ont régulièrement utilisé comme élément de renforcement des obligations juridiques des États membres également afin de garantir la sécurité juridique au sein de cet ensemble. Effectivement, il a été utilisé au moins à huit reprises dans les quinze sentences arbitrales sur les différends interétatiques du Mercosur[1115]. Dans la sentence rendue le 28 avril 1999 sur l'affaire *DECEX* qui opposait l'Argentine au Brésil, les arbitres ont rappelé que le principe de bonne foi est une règle fondamentale et générale du droit qui impose aux parties de l'honnêteté dans les actes d'exécution, le respect formel de la lettre des accords et leur concours pour assurer le respect des buts et objectifs que les parties se sont donnés[1116]. Ces buts et objectifs étant la création d'une union économique, les tribunaux arbitraux se devaient de sanctionner toutes les entraves à la libre circulation au sein du Mercosur.

a.2. L'interdiction de se contredire au détriment d'autrui : l'estoppel

654. Issu de la *common law*, le principe de l'*estoppel,* est un mécanisme défensif qui permet au défendeur comme au demandeur de s'opposer à la recevabilité des allégations de l'autre partie. En droit international, l'une des premières affaires à avoir traité de ce principe a été la décision sur la *Temple de Préah Vihéar* rendue en 1962 par la CIJ[1117]. Ce principe a été traduit dans la pratique juridique francophone et arbitrale comme l'interdiction de se contredire au détriment d'autrui (*non concedit venire contra propium factum*). La sentence CIRDI *Amco* du 25 septembre 1983 est l'une des premières affaires à avoir consacré cette interdiction comme faisant partie des usages généraux[1118]. Ce différend portait sur un investissement hôtelier opposant l'Indonésie à trois sociétés étrangères. La société américaine *Amco Asia* avait obtenu, en 1968, l'autorisation de construire un hôtel et de

---

[1114] Ce principe a été consacré comme usage par un tribunal arbitral CCI dans la sentence n°1512 de 1971, *JDI*, 1974, p. 905 à 913. V. aussi sentence n°2321 de 1974, *JDI*, 1975, p. 938 avec les observations d'Y. DERAINS.

[1115] V. N. SUSANI, *op.cit.*, p. 286 à 288.

[1116] V. le paragraphe 56 où le tribunal arbitral a rappelé que : « … *Incluyendo en el concepto de buena fe no solo la honestidad de los actos de ejecución y su apego formal a la letra de los textos…* ».

[1117] Sur cet arrêt J.-P. COT, « L'arrêt de la Cour internationale de Justice dans l'affaire du temple de Préah Vihéar, (Cambodge c/ Thaïlande- Fond), *AFDI*, 1962, volume 8, p. 217 à 247, spéc. p. 243 où il est écrit que : « *L'attitude thaïlandaise n'emporte pas seulement reconnaissance du titre cambodgien. Elle empêche la Thaïlande de revenir sur sa position par le mécanisme de la forclusion ou « estoppel* ».

[1118] Sur ce principe général du droit v. E. GAILLARD, « L'interdiction de se contredire au détriment d'autrui comme principe général du droit du commerce international », *Revue de l'arbitrage*, 1985, p. 241 et s.

l'exploiter pendant trente ans via une filiale créée pour la circonstance : *PT Amco*. Cette dernière passa ultérieurement sous le contrôle d'une société de Hong-Kong la *Pan American*, avec l'accord du gouvernement indonésien. En 1980, l'hôtel fut occupé par l'armée de ce pays et l'autorisation résiliée par les autorités indonésiennes[1119]. Ces trois sociétés décidèrent de saisir un tribunal CIRDI en vue d'obtenir une indemnisation. La République d'Indonésie estimait que le CIRDI ne devait pas être compétent car ce différend était relatif à un contrat de droit indonésien et a soulevé un argument d'*estoppel* à l'encontre des demanderesses[1120]. Non seulement le tribunal arbitral s'estima compétent pour trancher la question relative à l'indemnisation, mais aussi il profita de l'occasion pour élever l'*estoppel* au rang de principes généraux applicables aux relations économiques internationales impliquant des particuliers[1121]. Cet usage s'est imposé par la nécessité de préserver la bonne foi dans ce type de relation. Par exemple, il permet de rejeter l'argumentation d'une personne morale de droit public qui, après avoir signé une clause d'arbitrage, invoque par la suite une loi matérielle qui lui fait interdiction de compromettre. Aujourd'hui, ce principe fait partie « *des grands mécanismes correcteurs des relations commerciales* »[1122] car il y assure de la transparence et de la prévisibilité. D'ailleurs, il est souvent invoqué par les États devant l'organe de règlement des différends de l'OMC[1123].

[1119] Sur les faits de l'espèce v. P. RAMBAUD, *op.cit.*, p. 392.
[1120] *Ibid.*, p. 243. La République d'Indonésie a argumenté que le tribunal arbitral n'avait pas compétence pour connaître des demandes relatives à la rupture du contrat de bail passé entre la filiale de droit local, *PT Amco*, et le bailleur, *PT Wisma*, au motif que ce dernier n'était pas un État contractant et que les litiges entre particuliers échappent à la compétence du CIRDI. De plus, craignant que les demandeurs ne répliquent que *PT Wisma* n'était en réalité que l'émanation de l'État, ce qui aurait suffit à ruiner ce moyen, la République d'Indonésie a ajouté que les demandeurs étaient irrecevables (*estopped*) en raison de la position contraire que *PT Amco* aurait elle-même prise devant les juridictions indonésiennes dans une instance parallèle l'opposant à *PT Wisma* ainsi que devant le CIRDI lui-même jusqu'à une certaine date.
[1121] *Ibid.*, p. 243.
[1122] V. E. LOQUIN, *op.cit.*, p. 174.
[1123] L'*estoppel* est souvent invoqué par les États devant l'OMC. Nous pouvons prendre les exemples des rapports des États-Unis dans l'affaire sur *la législation fiscale concernant les sociétés américaines de vente à l'étranger* (L/422, para. 79), celui de la CEE sur le différend relatif au *régime des États membres à l'importation de bananes* (DS32/R para. 361et 362), celui du Guatemala sur *les mesures antidumping définitives concernant le ciment Portland gris en provenance du Mexique (*WT/DS156/R para. 8.23 et 8.24). Cependant, dans la majorité des cas ces invocations ne sont pas couronnées de succès v. T. T. THUY DUONG, *Aspects juridiques de la participation des États de l'ASEAN à l'OMC,* Paris, L'Harmattan, 2008, p. 289 et 290.V. aussi J. CAZALA, « L'invocation de l'*estoppel* dans le cadre de la procédure de règlement des différends de l'OMC », *RGDIP*, 2003, 4, p. 887 à 905.

655. C'est ainsi qu'il a été repris dans la jurisprudence arbitrale du Mercosur relative à l'*Interdiction d'importation des pneus remoulés*[1124]. Dans un différend à propos du commerce de pneus ayant subi un rechapage (ou remoulage) qui a opposé le Brésil (défendeur) à l'Uruguay (demandeur), ce dernier pays avait soulevé un argument d'*estoppel*, compte tenu des contradictions dans les agissements des autorités brésiliennes. A travers une règlementation du 25 septembre 2000, le Brésil interdisait l'importation de pneus remoulés alors qu'auparavant seul le commerce de pneus usés était interdit. L'Uruguay a réussi à démontrer que le commerce des pneus remoulés existait déjà au sein du Mercosur et que le Brésil y participait. Le tribunal arbitral dans sa sentence du 9 janvier 2002 a conclu que la législation brésilienne était non seulement incompatible avec la décision 02/00 du CMC mais aussi qu'elle constituait une contradiction avec les principes généraux du droit et plus particulièrement la règle de l'*estoppel*, dont l'application en l'espèce constitue une réaffirmation des fondements et des buts décrits dans le Traité d'Asunción[1125]. Dans des faits similaires mais qui ont opposé cette fois l'Uruguay à l'Argentine, le tribunal arbitral a refusé d'admettre l'*estoppel* soulevé par l'Uruguay car ce dernier n'avait pas été en mesure de démontrer que le flux commercial de ces produits était permanent[1126].

a.3. Le principe de l'effectivité de la clause compromissoire

656. L'effectivité de la clause compromissoire ou l'effet utile de la clause compromissoire a diverses variantes comme l'aptitude de l'État à compromettre, l'indépendance de la clause compromissoire par rapport au contrat principal ou encore la validité de la clause compromissoire indépendamment de toutes restrictions apportées par les droits étatiques. Cet usage trouve sa justification dans les besoins du commerce international : l'arbitrage est le mode usuel de règlement des différends internationaux il est

[1124] Suite à l'adoption par le Brésil de la *Portaria SECEX* n° 8/2000 qui eut pour effet d'interdire explicitement l'importation de « pneumatiques rechapés », l'Uruguay a demandé, le 27 août 2001, l'ouverture d'une procédure d'arbitrage Mercosur. V. aussi. N. SUSANI, *op.cit.*, p. 289 et 290.

[1125] V. le point f) des conclusions sur la sentence du 9 janvier 2002. Texte original : «... *independientemente del hecho de no ser compatible con la decision CMC n°02/00, la Portaria n°8/00 contradice principios generales del derecho, especialmente el principio del estoppel, cuya aplicación en el presente caso reafirma los postulados básicos relativos al objeto y fin del Tratado de Asunción* ».

[1126] V. la sentence tribunal du 25 octobre 2005 rendue par un tribunal *ad hoc* du Mercosur : « *Concluyendo, el Tribunal entiende no ser aplicable el principio de estoppel en el caso presente, no solo porque los antecedentes comerciales no son significativos, sea por su valor económico absoluto, sea por la falta de permanencia continua de ese comercio, como también por la admisión de que hay (y debe haber) principios superiores que, debidamente comprobados, permiten al Estado imponer restricciones no económicas en su comercio internacional* ».

donc nécessaire que l'acte par lequel l'arbitrage est institué puisse bénéficier d'une grande efficacité dans la majorité des cas. Le tribunal CCI a rappelé cela dans la sentence CCI n°2321 à travers ces mots : « *Lorsque les parties insèrent une clause d'arbitrage dans leur contrat, on doit présumer que leur intention a été d'établir un mécanisme efficace pour le règlement des litiges visés par la clause d'arbitrage* »[1127]. Cette règle générale joue aussi lorsqu'une société, membre d'un groupe de société, passe un contrat dans lequel est insérée une clause d'arbitrage. La jurisprudence CCI dans l'affaire *Isover Saint Gobain c/ Dow Chemical* a considéré que la clause d'arbitrage a vocation à s'étendre à l'ensemble des sociétés du groupe si elles ont eu un rôle actif dans la conclusion du contrat[1128]. Comme l'a souligné Yves DERAINS, cela est conforme à la préoccupation de sécurité juridique des transactions et à la morale des affaires et se justifie, car il serait choquant qu'une société mère d'un groupe se cache derrière une de ces filiales pour se soustraire à ses obligations[1129].

a.4. L'exigence de sécurité juridique dégagée par la jurisprudence arbitrale du Mercosur

657. Le principe ou concept « *d'exigence de sécurité juridique* » a déjà été employé dans cinq sentences arbitrales du Mercosur[1130]. Il a été utilisé par le tribunal arbitral dans la sentence *DECEX* du 28 avril 1999. Dans cette sentence, le tribunal arbitral a rappelé que les mesures brésiliennes incriminées constituaient des entraves au commerce et étaient de nature a accroître l'insécurité juridique[1131]. Par conséquent, il a décidé de les sanctionner comme étant contraires aux objectifs poursuivis par le Mercosur. En 2002, dans les affaires sur l'*Interdiction d'importation des pneus remoulés* et sur les *Obstacles à l'entrée de produits phytosanitaires*[1132], les tribunaux arbitraux du Mercosur ont établi le principe du *raisonnable*[1133]

[1127] V. la sentence CCI n°2321 rendue en 1974, *JDI*, 1975, p. 979. Extrait cité aussi par E. LOQUIN, *op.cit.*, p. 171.

[1128] V. la sentence CCI n°4131 rendue en 1982, *JDI*, 1983, p. 899 qui a posé comme règle que :« *Considérant, en particulier, que la clause compromissoire expressément acceptée par certaines des sociétés du groupe, doit lier les autres sociétés qui par le rôle qu'elles ont joué dans la conclusion, l'exécution ou la résiliation des contrats contenant lesdites clauses, apparaissent selon la commune volonté de toutes les parties à la procédure, comme ayant été de véritables parties à ces contrats, ou comme étant concernées au premier chef, par ceux-ci et par les litiges qui peuvent en découler* ».

[1129] V. Y. DERAINS, « Tendances de la jurisprudence arbitrale internationale », *op.cit.,* p. 853.

[1130] Sur ce concept v. N. SUSANI, *op.cit.*, 288 et 289.

[1131] V. les paragraphes 14, 18 et 60 de la sentence *DECEX* du 28 avril 1999.

[1132] V. la sentence du 19 avril 2002,

[1133] Sur ce principe (*principio de razonabilidad*), v. sentence sur les *Obstacles à l'entrée de produits phytosanitaires* du 19 avril 2002, Argentine c/ Brésil dans son paragraphe 8.14 : « *Así lo ha entendido la jurisprudencia de los Tribunales ad hoc al establecer que el principio*

comme faisant partie des principes généraux du droit qui doivent guider toutes les actions des pays membres. Ils ont par la suite rappelé que la sécurité juridique du processus d'intégration est une composante essentielle de ce principe. Dans ces mêmes affaires, les arbitres ont découvert la notion de « *prévisibilité commerciale* »[1134] composée de la certitude juridique, de la clarté et de l'objectivité. Ils ont explicitement établi que cette notion représente une des conditions indispensables ainsi que des règles générales pour des activités commerciales. Ainsi, aux yeux des arbitres du Mercosur, la sécurité juridique apparaît fort logiquement comme un impératif au développement du marché commun du cône du Sud. Les arbitres de l'OHADA devraient fortement s'inspirer de ces sentences arbitrales du Mercosur pour garantir la sécurité juridique au sein de l'espace OHADA. A côté de l'ensemble de ces principes qui favorisent la sécurité juridique, l'arbitrage a aussi permis l'émergence de principes particulièrement utiles pour le déroulement de la relation contractuelle.

b. Les principes favorisant la mutabilité du contrat

658. Les relations commerciales peuvent parfois s'étendre sur de nombreuses années, c'est la principale raison pour laquelle certaines sentences arbitrales semblent avoir érigé en usage général du commerce international *l'intangibilité du contrat*[1135]. Ce principe découlerait de la combinaison du principe pivot *pacta sunt servanda*[1136] et du principe *rebus sic stantibus*[1137]. Il se justifierait par le fait que l'équilibre du contrat est une nécessité des relations économiques et du commerce international. La sentence CCI n°2291 a très explicitement rappelé cela à travers ces mots : « *Toute transaction commerciale est fondée sur l'équilibre des prestations réciproques et nier ce principe reviendrait à faire du contrat commercial un contrat aléatoire, fondé sur la spéculation ou le hasard. C'est une règle de la lex mercatoria que les prestations restent équilibrées sur le plan financier*

---

de razonabilidad debe orientar las acciones de los Estados pues en aquel están incorporados jurídica del proceso de integración... ».

[1134] Sur ce principe (*principio de previsibilidad comercial*) v. la sentence sur l'*Interdiction d'importation des pneus remoulés* du 9 janvier 2002, Uruguay c/ Brésil où les arbitres ont pu dire que: « *El "principio de previsibilidad comercial", también se impone en este caso. La certeza jurídica, claridad y objetividad son condiciones imprescindibles y reglas generales para las actividades comerciales de los Estados Miembros ...* »

[1135] V. E. LOQUIN, *op.cit.,* p. 174 et 175.

[1136] Sur les liens entre le changement de circonstances et le principe *pacta sunt servanda* v. H. VAN HOUTTE, « Changed Circumtances and Pacta Sunt Servanda », *in Transnational Rules in International Commercial Arbitration* (GAILLARD E. éd.), Paris, ICC Publication, 1993, n°480/4, p. 105 et s.

[1137] V. H. VAN HOUTTE, *op.cit.*, p. 111. Ce principe peut se traduire par « *les choses demeurent en l'état* ». Pour des auteurs étant donné que ce principe est présent dans plusieurs systèmes juridiques et dans la Convention de Vienne de 1969 (article 62) il doit être considéré comme un principe général de droit international.

et c'est pourquoi, dans presque tous les contrats internationaux, le prix est donc fixé en fonction des conditions existant au moment de la conclusion du contrat et il variera en fonction de paramètres qui reflètent les variations des valeurs des différents éléments qui composent le produit ou la prestation »[1138] Le principe de l'*intangibilité du contrat* a eu principalement deux implications juridiques dans la pratique arbitrale internationale. La première a été que les arbitres ont privilégié les clauses de stabilisation ou d'intangibilité insérées dans les contrats internationaux comme les contrats d'État[1139]. Plusieurs sentences ont reconnus la valeur et l'efficacité de ce type de clause[1140]. Parmi ces sentences nous pouvons citer les sentences *ad hoc Aramco*, *Texaco-Calasiatic*, *Liamco* et la sentence *Agip* du CIRDI qui par ailleurs ont toutes reconnues que ces clauses n'étaient pas contraires à la souveraineté d'un l'État[1141].

659. La deuxième implication a été le fait que l'intangibilité du contrat a conduit à nier ou limiter l'application de la théorie de l'imprévision[1142]. En effet, les arbitres ont régulièrement montré leur réticence[1143] voire leur hostilité[1144] envers les clauses de changement de circonstances (clauses *rebus sic stantibus*) comme celles dites *hardship*[1145]. Cette réticence est perceptible

[1138] V. la sentence CCI n°2291 rendue en 1975, *JDI*, 1976, p. 989.

[1139] Ces clauses visent principalement à soustraire l'investisseur à des dispositions législatives nouvelles de l'État hôte. Sur ces clauses v. P. WEIL, « Les clauses de stabilisation ou d'intangibilité insérée dans les accords de développement économique », *in Mélanges offerts à Charles Rousseau, La communauté internationale*, Paris, A. Pedone, 1974, p. 301 à 328.

[1140] *Ibid.* A travers cet article, le professeur P. WEIL démontre que la pratique arbitrale a accordé plus d'effectivité aux clauses de stabilisation et d'intangibilité contenues dans des contrats internationalisés. Pour étayer sa démonstration il cite l'affaire de l'*Anglo-Iranian Oil Company c/ Iran*.

[1141] Sur les clauses de stabilisation et d'intangibilité dans ces affaires V. N. DAVID, « Les clauses de stabilité dans les contrats pétroliers. Questions d'un praticien », *JDI*, 1986, p. 83 et 84. V. aussi J.-M. JACQUET, « L'État, opérateur du commerce international », *JDI*, 1989, n°3, p. 645 à 657.

[1142] La théorie de l'imprévision peut se définir comme une notion qui autorise la révision du contrat en cas de survenance postérieurement à la conclusion du contrat. Ces circonstances doivent être non imputables à la partie qui s'en prévaut, bien sûr être imprévisibles dans leur survenance et avoir pour effet le bouleversement de l'économie contractuelle.

[1143] Par exemple dans la sentence CCI n°8486 de 1996, *JDI*, 1998, p. 1047 à 1052. Ce cas opposait une partie néerlandaise (demandeur) à une partie turque (défendeur) à propos d'une vente de produits.

[1144] V. M. TAOK, *La résolution des contrats dans l'arbitrage commercial international*, Bruxelles, Bruylant, 2009, p. 29 à 60. Pour démontrer l'hostilité de l'arbitrage envers la reconnaissance de la théorie de l'imprévision, cette auteure met principalement l'accent sur le fait les arbitres sont indifférents au droit national applicable au contrat et sur le fait que le principe *pacta sunt servanda* prime sur la clause *rebus sic stantibus*.

[1145] La clause hardship est une clause qui permet aux parties d'organiser le réaménagement du contrat si un événement vient modifier les données initiales et l'équilibre de ce contrat au point que son inexécution devienne injuste pour l'une des parties. Sur cette clause v. B. OPPETIT, « L'adaptation des contrats internationaux aux changements de circonstances : la clause de « hardship » », *JDI*, 1974, p. 794 à 814. V. aussi M. FONTAINE « les clauses de

à travers le fait que les arbitres apprécient de façon rigoureuse les caractéristiques d'une hypothèse d'imprévision. Pour montrer cette rigueur nous pouvons prendre l'exemple d'une affaire concernant le Brésil. Cette affaire a été tranchée par la Chambre de Conciliation et d'arbitrage de São Paulo à travers une décision du 9 février 2009[1146]. Ce cas qui concernait un contrat à long terme de vente d'énergie électrique passé entre des traders. Le demandeur estimait qu'entre 2007 et janvier 2008, une forte augmentation imprévisible des prix de l'électricité lui avait occasionné un préjudice. Ainsi, il voulait obtenir la résolution du contrat. Il se fondait sur l'article 478 du Code civil brésilien qui prévoit l'application de la théorie de l'imprévision en cas de modification fondamentale de l'économie contractuelle et d'une charge excessive. Le tribunal arbitral a rejeté cet argument en utilisant comme support la sentence CCI n°8486 et en insistant sur le fait que le risque est une composante de ce type d'opération. Enfin, le tribunal arbitral a rappelé que la fin du contrat pour circonstances imprévues ne devait être appliquée que dans circonstances exceptionnelles. En ce qui concerne l'hostilité, la sentence CCI n°1512, nous donne une parfaite illustration lorsque l'arbitre unique dans ce différend a énoncé que « ... *le moyen ne peut pas prospérer, selon moi, car il est universellement considéré comme étant d'interprétation stricte et étroite, en tant que dangereuse exception au principe du caractère sacro-saint des contrats. Quelle que soit l'opinion ou l'interprétation des juristes des différents pays en ce qui concerne le « concept » de modification des circonstances comme excuse d'une non-exécution, ils s'accorderont sans doute sur la nécessité de limiter l'application de la soi-disant doctrine « Rebus sic stantibus » (quelquefois visée par les expressions « frustration », « force majeure », « imprévision », et autres termes similaires) à des cas où des raisons contraignantes le justifient, en considérant non seulement le caractère fondamental des modifications, mais aussi le caractère particulier des contrats en cause, les exigences de loyauté et d'équité et toutes les circonstances de l'affaire* »[1147].

660. Malgré son caractère ouvertement hostile envers la théorie de l'imprévision, la formule de cet arbitre ne l'exclut pas complètement. D'ailleurs, nous sommes d'avis que cette notion devrait être consacrée comme un principe général du droit commercial international pour permettre à certains États ou personnes morales privées faisant face à de graves difficultés (financières ou dettes) de pouvoir demander ponctuellement une

---

Hardship aménagement conventionnel de l'imprévision dans les contrats internationaux à long terme », *DPCI*, 1976, mars, tome 2, n°1, p. 7 à 49.

[1146] Sur cette affaire v. D. PHILIPE, « La force majeure et le hardship », *in Les Principes UNIDROIT relatifs aux contrats de commerce international (éd. 2010) et l'arbitrage*, Bruxelles, Bruylant, 2011, p. 109 et 110.

[1147] Sur cette sentence CCI n°1512 rendue en 1971, v. *JDI*, 1974, p. 907. Cette solution a été rendue à propos de l'inexécution d'une garantie par une banque pakistanaise en faveur d'une société indienne.

révision contractuelle ou plutôt une renégociation du contrat. Nous nous basons sur le fait qu'à ce jour la jurisprudence semble toujours être divisée sur cette question[1148]. Les juridictions arbitrales des États de l'OHADA et du Mercosur pourraient profiter de cette « *brèche juridique* » pour consacrer la théorie de l'imprévision au moins au niveau régional. Face à ces réticences, la jurisprudence a développé des correctifs au principe de l'intangibilité du contrat comme l'obligation de renégocier de bonne foi le contrat. Cette règle est considérée comme un correctif car il est admis que l'équilibre du contrat peut être bouleversé par des faits qui peuvent échapper au contrôle des parties sans pour autant être constitutifs de cas de force majeure. Dans ce cas de figure, la jurisprudence arbitrale a découvert que l'obligation de renégociation du contrat est un usage général du commerce international même lorsqu'elle n'est pas contractuellement prévue[1149]. Le refus de renégocier est perçue comme une faute qui entraine la responsabilité du cocontractant défaillant. Dans ce même ordre d'idées les arbitres se montrent favorables aux clauses d'adaptation[1150]. Ce type de clauses est destiné à sauvegarder l'équilibre contractuel en cas bouleversement des données initiales[1151] (comme le changement du prix). Il peut s'agir des clauses d'indexation, des clauses d'échelle mobile ou de clauses du client le plus favorisé.

c. Les principes favorisant la coopération entre les parties

661. Parmi les usages ou principes qui favorisent la coopération entre les parties à un contrat nous avons déjà évoqué l'obligation de renseignement et de loyauté. Nous allons donc nous attacher ici à ne traiter que l'obligation de minimiser le dommage subi car il s'agit d'un des principes généraux les mieux établis[1152]. Cet usage arbitral, même s'il est reconnu dans divers droits étatiques, a pour origine le droit anglo-saxon et plus précisément la notion de *duty to mitigate* ou de *mitigation of damages*[1153] qui impose aux parties de

---

[1148] Comme le souligne J. PAULSSON, *op.cit.*, p. 95 et J.- B. RACINE, *op.cit.*, p. 386.

[1149] V. la sentence CCI n°2296 rendue en 1976 citée par E. LOQUIN, *op.cit.*, p. 176.

[1150] V. M. TAOK, *op.cit.*, p. 50.

[1151] Sur ce type de clauses v. G. BLOCK, « Arbitrage et changement du prix de l'énergie : examen des sentences CCI au regard des clauses de force majeure, d'indexation, d'adaptation, de hardship et take-or-pay », *Bulletin de la Cour internationale d'arbitrage de la CCI*, 2009, volume 20/2, p. 59 et s.

[1152] Sur ce principe général du droit v. Y. DERAINS, « L'obligation de minimiser le dommage dans la jurisprudence arbitrale », *RDAI*, n° 4, 1987, p. 375 et s. V. aussi, J. PAULSSON, *op.cit.*, p. 93. Pour une analyse plus approfondie du sujet v. J. ORTSCHEIDT, *La réparation du dommage dans l'arbitrage commercial international*, Paris, Dalloz, 2001, p. 101 à 189.

[1153] Le *duty of mitigate* ou *mitigation of damages* a pour sens précis dans le droit anglo-saxon : « *The use of reasonable care and diligence in an effort to minimize or avoid injury* » c'est-à-dire le recours à la précaution raisonnable et à la diligence dans un effort de minimiser ou éviter un dommage.

faire des efforts raisonnables et de diligence pour limiter ou éviter des pertes additionnelles une fois le dommage survenu. Ce principe connaît une application au sein de l'OHADA à travers l'article 266 de l'Acte Uniforme relatif au Droit Commercial Général qui prévoit que la partie qui invoque un manquement essentiel au contrat doit prendre toutes mesures raisonnables eu égard aux circonstances, pour limiter sa perte, y compris le gain manqué résultant de ce manquement. Dans la pratique arbitrale, cet usage impose, dans une relation commerciale, au créancier d'une obligation de faire tout ce qui est raisonnable pour réduire ou prévenir un dommage qu'il pourrait subir. Les arbitres ont formellement rattaché cette obligation aux principes généraux du droit dans la sentence CCI n°2478 de 1974[1154] et dans la sentence n°2404 de 1975[1155] un tribunal arbitral CCI a ouvertement invité tous les autres tribunaux arbitraux à faire de même en ces termes : « *Considérant que tout tribunal appelé à juger d'un différend doit « prendre en considération toute possibilité de minimiser le préjudice. En effet, il arrive souvent que la partie lésée tâche de mettre toute la responsabilité du préjudice subi sur son cocontractant, alors qu'il lui aurait de toute évidence été possible de le réduire en agissant sans tarder dès qu'elle avait eu connaissance de la défaillance de celui-ci* ». D'ailleurs, cette règle est régulièrement reprise dans la jurisprudence arbitrale à cette même fin mais uniquement pour des questions liées à l'évaluation par l'arbitre du préjudice[1156]. Et pour cause, la constatation du défaut du respect de l'obligation de minimiser le dommage par le créancier est perçue comme une faute[1157]. La charge de la preuve de cette faute pèse sur le créancier. Il doit démontrer devant les arbitres qu'il a pris toutes les mesures nécessaires pour minimiser le dommage[1158]. La sentence CCI n°12193 de 2007[1159] représente une parfaite illustration. Dans ce litige qui opposait un distributeur et à un fournisseur, le tribunal a refusé d'accorder au distributeur le remboursement des marchandises invendables en stock, faute de preuve de ce préjudice. Le tribunal a également constaté qu'en procédant à la destruction des biens en question sans rechercher un autre débouché à ceux-ci et sans laisser au fournisseur un temps raisonnable pour les racheter, le distributeur avait failli à son obligation de minimiser le dommage[1160]. En vue de garantir la sécurité juridique, les arbitres disposent aussi de tous les usages et principes évoqués ci-haut. Ils disposent en plus de conventions internationales qui ont repris et

---

[1154] *Ibid.*, p. 378.
[1155] *Ibid.*
[1156] Par exemple dans la sentence CCI n°4761 de 1987, *JDI*, 1987, p. 1012 et s. V. aussi la sentence CCI n°5514, *JDI*, 1992, p. 1022 et s. V. enfin la sentence CCI n°5865, *JDI*, 1998, p. 1015 et s.
[1157] *Ibid.*, p. 380.
[1158] *Ibid.*
[1159] Sur cette sentence CCI n°12193 de 2007 v. *JDI*, 2007, p. 1286 et s. avec une note de E. SILVA ROMERO.
[1160] *Ibid.*, p. 1290.

codifié la plupart de ces usages généraux, devenant ainsi en quelque sorte « *des usages conventionnels* » qui sont appliqués tant dans le Mercosur que dans l'OHADA.

B. Les principes généraux du droit du commerce international codifiés par des conventions internationales en tant que sources supplémentaires de sécurité juridique

662. Les deux principaux textes internationaux qui ont codifié les usages du commerce international et qui sont régulièrement utilisés dans la pratique arbitrale sont la Convention des Nations Unies sur les Contrats de Vente Internationale de Marchandises (CVIM) dite également Convention de Vienne de 1980 (**1**) et les *Principes d'UNIDROIT* (**2**). Ces textes sont issus du travail de l'Institut international pour l'unification du droit privé (UNIDROIT). UNIDROIT est une organisation intergouvernementale indépendante dont le siège est à Rome. Son objet est d'étudier des moyens et méthodes en vue de moderniser, harmoniser et coordonner le droit privé, en particulier le droit commercial, entre des États ou des groupes d'États et, à cette fin, d'élaborer des instruments de droit uniforme, des principes et des règles. Elle a été créée en 1926 comme organe auxiliaire de la Société des Nations. Après la dissolution de celle-ci, elle a été reconstituée en 1940 en vertu d'un accord multilatéral : le Statut organique d'UNIDROIT. Cette organisation compte parmi ses membres des États des cinq continents représentant divers systèmes juridiques, économiques et politiques différents[1161]. Tous les États du Mercosur ont adhéré à ce statut. Par contre, aucun État de l'OHADA ne l'a fait. Pourtant, ces deux instruments d'uniformisation des pratiques commerciales bénéficient d'un grand rayonnement et jouent un rôle important pour le développement de ces États.

1. Le rôle de la convention sur les Contrats de Vente Internationale de Marchandises dans la sécurisation du commerce international

663. La convention de Vienne sur les Contrats de Vente Internationale de Marchandises (ci-après CVIM) a été adoptée le 11 avril 1980[1162] dans le but de fournir dans le monde entier un régime moderne et uniforme pour les contrats de vente internationale de marchandises. Elle est le couronnement des efforts d'UNIDROIT entrepris depuis 1929. Ce processus

[1161] A ce jour UNIDROIT compte 63 États membres.

[1162] Sur la CVIM v. Ph. KAHN, « La Convention de Vienne du 11 avril 1980 sur les contrats de vente de marchandises », *RIDC*, octobre-décembre 1981, vol. 33, n°4, p. 951 à 986. Pour une étude plus approfondie sur cette convention v. V. HEUZÉ, *La vente internationale de marchandises : droit uniforme*, Paris, GLN Joly, 1992. V. aussi P. SCHLECHTRIEM et C. WITZ, *Convention de Vienne sur les contrats de vente internationale de marchandises : champ d'application, formation du contrat, effets de la vente, droits et obligations des parties, inexécution et moyens*, Paris, Dalloz, 2008.

d'uniformisation est d'abord passé par les deux conventions de la Haye du 1er juillet 1964 qui n'ont eu dans la pratique qu'un succès limité[1163]. L'adoption de la CVIM a offert un vrai mécanisme uniforme et original dans cette matière conformément aux objectifs qui sont consignés dans son Préambule[1164]. Tout d'abord, elle s'applique directement à tous les contrats de vente de marchandises conclus entre des contractants ayant leur siège ou établissement dans des États parties différents[1165]. Ensuite, elle peut s'appliquer lorsque les règles du droit international privé mènent à l'application de la loi d'un État partie[1166]. Ainsi, la CVIM a pour effet d'augmenter considérablement la sécurité et la prévisibilité pour les contrats de vente internationale surtout dans les pays en développement où il faut prendre en compte le fait que les Petites et Moyennes Entreprises (PME) ainsi que la majorité des commerçants n'ont pas généralement la possibilité de consulter un juriste lors de la négociation et la conclusion d'un contrat. Ces derniers sont donc plus vulnérables aux problèmes résultant d'un traitement inapproprié, dans le contrat, des questions liées au droit applicable. Ils risquent également d'être les parties contractantes les plus faibles et de rencontrer des difficultés pour maintenir l'équilibre contractuel. Les PME et les commerçants des pays en voie de développement tirent donc un avantage direct de l'application automatique de la CVIM. A ce jour, elle est entrée en vigueur dans presque soixante-dix-neuf États des cinq continents et de niveaux de développement différents. Ce texte est en vigueur dans trois pays du Mercosur et dans trois seulement de l'OHADA. Ce dernier chiffre est plus que trompeur car ce texte a un véritable effet dans cet espace. Il convient ainsi d'abord d'étudier l'influence de ce texte au sein

---

1163 Sur les liens entre ces deux textes et la CVIM v. I. FADLALLAH, « Le projet de convention de vente de marchandises. Travaux de la CNUDCI », *JDI*, 1979, p. 754 à 769.Les Conventions de La Haye du 1er juillet 1964 portent sur une loi uniforme de la vente internationale des biens mobiliers corporels (LUVI) et sur une loi uniforme de la formation de la vente internationale de biens mobiliers corporels (LUFC).

1164 V. le Préambule CVIM qui proclame que « ... *l'adoption de règles uniformes applicables aux contrats de vente internationale de marchandises et compatibles avec les différents systèmes sociaux, économiques et juridiques contribuera à l'élimination des obstacles juridiques aux échanges internationaux et favorisera le développement du commerce international* ... ».

1165 V. l'article 1 CVIM qui énonce que : « *1) La présente Convention s'applique aux contrats de vente de marchandises entre des parties ayant leur établissement dans des États différents : a) Lorsque ces États sont des États contractants; ou b) Lorsque les règles du droit international privé mènent à l'application de la loi d'un État contractant. 2) Il n'est pas tenu compte du fait que les parties ont leur établissement dans des États différents lorsque ce fait ne ressort ni du contrat, ni de transactions antérieures entre les parties, ni de renseignements donnés par elles à un moment quelconque avant la conclusion ou lors de la conclusion du contrat. 3) Ni la nationalité des parties ni le caractère civil ou commercial des parties ou du contrat ne sont pris en considération pour l'application de la présente Convention.* ».

1166 V. l'article 1 CVIM.

de l'OHADA et du Mercosur (**a**) et ensuite d'analyser certains éléments de son contenu (**b**).

a. L'influence de la CVIM sur le droit du commerce dans l'espace OHADA et dans le Mercosur

664. Avec l'adhésion du Brésil à la CVIM du 19 octobre 2012[1167], nous pouvons dire que désormais ce texte va s'appliquer à l'ensemble de l'espace du Mercosur. En effet, la CVIM était déjà entrée en vigueur dans les autres pays membres depuis un certain nombre d'années[1168]. Cette adhésion était attendue par une partie de la doctrine brésilienne[1169] du fait des nombreux avantages qu'elle présente. Tout d'abord, elle aura comme impact direct pour le Brésil d'apporter une réglementation plus complète sur la vente internationale. En effet, même si au début des années 2000, le Brésil a modifié son droit du commerce en adoptant un nouveau Code du Commerce qui est entré en vigueur le 11 janvier 2003[1170], ce texte renferme toujours certaines lacunes que la CVIM pourra combler[1171]. D'une part, son introduction dans l'ordre juridique brésilien permet d'éviter d'avoir recours aux règles de conflit de lois pour déterminer la loi applicable au contrat de vente internationale de marchandises. Cet aspect est d'autant plus important que l'autonomie de la volonté n'est pas un principe incontestable en droit international privé brésilien des contrats[1172]. D'autre part, compte tenu du fait que ce pays occupe une place devenue incontournable dans le commerce international, il était anormal qu'il n'utilise pas un des instruments internationaux privilégié en cette matière.

[1167] V. le décret-législatif du 19 octobre 2012 du Congrès National du Brésil. Sur ce texte est consultable sur www.droitbresilien.fr avec un commentaire d'I. DE AGUILAR VIEIRA.

[1168] La CVIM est entrée en vigueur en Argentine le 01/01/1988, au Paraguay le 01/02/2007 et en Uruguay le 01/02/2000.

[1169] V. E. GREBLER, « The Convention on International Sale of Goods and Brazilian Law: Are Differences Irreconcilable ? », *Journal of law and Commerce*, 2005, vol. 25, p. 467 à 476, spéc., p. 476 où l'auteur pose de façon très explicite la question de savoir pourquoi le Brésil n'avait toujours pas adhéré à cette convention : « *Why, then, has Brazil not joined the convention yet* ? ». V. aussi I. DE AGUILAR VIEIRA, *L'applicabilité et l'impact de la Convention des Nations Unies sur les contrats de vente internationale de marchandises au Brésil*, *op.cit.*

[1170] *Ibid.*, p. 469 à 473.

[1171] *Ibid.*, p. 473 à 475. Sur ces lacunes où l'auteur fait référence à l'article 25 CVIM qui prévoit une contravention en cas de faute *essentielle*. V. aussi I. DE AGUILAR VIEIRA, *op.cit.,* p. 299 à 377. Cette auteure démontre que depuis l'unification du droit des obligations civiles et commerciales par le nouveau code civil brésilien, des règles spécifiques à la vente commerciale sont absentes. Par exemple, la première partie du Code de commerce de 1850, qui contenait des dispositions relatives à la vente commerciale, a été abrogée. L'apport de la CVIM au droit classique de la vente commerciale est de moderniser les dispositions concernant ce type de contrat, considéré depuis toujours comme le noyau dur des opérations commerciales.

[1172] *Ibid.*, p. 113 à 220.

665. Ensuite, cette adhésion a aussi un impact positif sur le processus d'intégration économique du Mercosur. Une fois qu'elle va entrer en vigueur au Brésil, la CVIM sera applicable dans les quatre pays membres historiques. En plus, des règles sur la libre circulation des biens et des capitaux déjà existantes, la CVIM apporte une règle uniforme sur la vente des marchandises. Les contrats de ventes pourront s'effectuer de façon intracommunautaire sans recourir aux règles de droit privé des États membres. A titre d'illustration, nous pouvons citer le différend *Cervecería y Maltería Paysandú c/ Cervecería Argentina* [1173], tranché par la Chambre nationale d'appel commercial de Buenos Aires (*Cámara Nacional de Apelaciones en lo Comercial de Buenos Aires*) le 21 juillet 2002. Cette affaire opposait deux sociétés spécialisées dans le commerce du malt (un vendeur uruguayen et un acheteur argentin). Au moment du paiement de la transaction, l'acheteur s'est plaint de la qualité du produit. Pour déterminer s'il y avait un défaut de qualité, la Chambre d'appel commercial s'est basée sur l'article 72 CVIM. Par la suite, elle a considéré qu'il n'y avait pas de défaut au moment de la livraison et a confirmé que conformément aux articles 28, 53, 59, 61, 62 et 78 CVIM, l'acheteur était tenu de payer le vendeur. La CVIM au sein du Mercosur est donc un gain de simplicité et de prévisibilité pour les opérateurs économiques.

666. En ce qui concerne les États de l'OHADA, si on devait se fier au faible nombre d'États membres qui ont adhéré à la CVIM pour donner une tendance sur l'influence de ce texte, on pourrait aisément dire que son importance est plutôt faible[1174]. Une telle conclusion serait tout simplement erronée car ce texte a une grande influence dans le droit du commerce unifié de l'ensemble de ces pays. Et pour cause, les rédacteurs de l'Acte Uniforme sur le Droit Commercial Général (AUDCG) se sont directement inspirés de la CVIM[1175]. L'Acte Uniforme sur le Droit Commercial Général est entré en vigueur depuis le 1er janvier 1998. Avant cette date, il faut souligner que la plupart des pays qui forment aujourd'hui l'OHADA avaient des législations obsolètes sur cette matière car elles étaient héritées du code civil français dans sa rédaction de 1960. L'adoption de ce texte a été vécue comme une source d'actualisation et de modernisation des dispositions sur le commerce. Cela est d'autant plus vrai que les législateurs OHADA ont profité de cette occasion pour insérer dans le droit uniforme africain le seul texte matériel

---

[1173] Sur cette affaire v. www.unilex.info.

[1174] La CVIM est entrée en vigueur au Bénin le 01/08/2012, au Gabon le 01/01/2006 et en Guinée le 01/02/1992.

[1175] Sur l'influence de la CVIM dans l'OHADA v. A. FÉNÉON, « L'influence de la CVIM sur le nouveau droit africain de la vente commerciale », *Penant*, n°853, 2005, octobre-décembre, p. 464 à 473. V. aussi L. G. CASTELLANI, « Assurer l'harmonisation du droit des contrats au niveau régional et mondial : la Convention des Nations Unies sur les contrats de vente internationale de marchandises et le rôle de la CNDUCI », *Revue de droit uniforme, UNIDROIT*, 2008, n °1/2, p. 101 à 113, spéc. p. 106.

applicable à la vente internationale de marchandises : la CVIM[1176]. Partant de là, nous sommes totalement de l'avis d'Alain FÉNÉON, lorsqu'il a souligné que l'intérêt d'un tel rapprochement était évident car l'application d'un droit uniforme sur la vente de marchandise rejoint parfaitement les objectifs fixés par l'OHADA, à savoir favoriser les échanges commerciaux intra et extra communautaires[1177].

667. Les similitudes entre ces deux textes sont vérifiables premièrement à propos de la formation du contrat. L'AUDCG (article 210 alinéa 1) et le CVIM (14-1) sont tous les deux marqués par le principe de consensualisme[1178]. Deuxièmement, les obligations qui pèsent sur le vendeur et sur l'acheteur, sont les mêmes dans ces textes, à savoir que le vendeur doit livrer la marchandise et s'assurer de leur conformité avec la commande et l'acheteur quant à lui doit payer le prix convenu et prendre la livraison de la marchandise[1179]. Troisièmement l'AUDCG reprend les sanctions de la CVIM en cas d'inexécution des parties[1180]. L'impact de la CVIM dans le Mercosur comme dans l'OHADA est donc notable. Cela va tout à fait dans le sens de la recherche de la sécurité juridique donc du développement. Cette convention joue un autre rôle bénéfique, à savoir qu'elle a codifié des usages généraux du commerce international appliqués dans la pratique arbitrale.

b. Les principes généraux du droit du commerce international codifiés par la CVIM

668. Une grande partie des règles matérielles de la CVIM sont directement inspirées des usages ou principes généraux du droit[1181]. D'ailleurs, dans certains de ces articles, nous retrouvons plusieurs principes généraux présentés plus haut. A titre d'exemple, l'article 7 (1) CVIM fait mention de la bonne foi dans le commerce international. Les articles 40 et 80, quant à eux consacrent de façon explicite l'interdiction de se contredire au détriment d'autrui dans le domaine de la vente[1182]. L'obligation de

[1176] V. A. FÉNÉON, *op.cit.,* p. 466. V. aussi P. SCHLECHTRIEM et C. WITZ, *op.cit.,* p. 4.
[1177] *Ibid.*
[1178] Ces deux textes précisent que la vente s'effectue par la rencontre de l'offre et de l'acceptation.
[1179] V. l'article 30 CIVM et article 219 AUDCG.
[1180] V. l'article 25 CIVM et article 248 AUDCG.
[1181] V. l'article 7 CVIM 2) qui dispose que « *Les questions concernant les matières régies par la présente Convention et qui ne sont pas expressément tranchées par elle, seront réglées selon les principes généraux dont elle s'inspire ...* ».
[1182] V. l'article 40 CVIM qui dispose que « *Le vendeur ne peut pas se prévaloir des dispositions des articles 38 et 39 lorsque le défaut de conformité porte sur des faits qu'il connaissait ou ne pouvait ignorer et qu'il n'a pas révélés à l'acheteur* » et l'article 80 CVIM qui dispose que « *Une partie ne peut pas se prévaloir d'une inexécution par l'autre partie dans la mesure où cette inexécution est due à un acte ou à une omission de sa part* ».

minimiser le dommage subi est confirmée par l'article 77[1183]. Enfin, si le texte de la CVIM n'utilise pas les termes « force majeure » ou « *hardship* », elle a recours à une « *périphrase* »[1184] dans son article 79 pour désigner la théorie de l'imprévision dans la vente de marchandises. Le recours à l'usage est d'autant plus important dans ce texte qu'il constitue une des normes d'interprétation uniforme pour les contrats selon les articles 8 et 9 CVIM. C'est fort de tout ce qui précède que dans la sentence CCI n°7331 le tribunal arbitral a affirmé que les principes généraux du droit et les usages sont contenus de la « *manière la plus complète* » dans la CVIM[1185].

669. Pourtant, la reconnaissance des usages en tant que source du droit n'était pas acquise car cette question a été l'une des plus débattues lors de l'élaboration de la CVIM[1186]. De plus, des interrogations sont restées ouvertes par ce texte comme nous le signale un auteur[1187]. Des questions comme celle que pose la rédaction de l'article 9 2) CVIM qui dispose que « *les parties sont liées par les usages auxquels elles ont consenti et par les habitudes qui se sont établies entre elles* ». Non seulement cet article ne nous donne pas de définition précise du terme usage mais encore il ne précise pas de quel type d'usage il s'agit[1188]. En effet, certains usages peuvent être internationalement donc largement reconnus et d'autres peuvent ne se limiter qu'à certaines régions du monde comme les règles transnationales régionales évoquées par Emmanuel GAILLARD[1189]. Cet auteur a mis en lumière certaines clauses d'arbitrage qui font référence aux

[1183] V. l'article 77 CVIM qui précise que « *La partie qui invoque la contravention au contrat doit prendre les mesures raisonnables, eu égard aux circonstances, pour limiter la perte, y compris le gain manqué, résultant de la contravention. Si elle néglige de le faire, la partie en défaut peut demander une réduction des dommages-intérêts égale au montant de la perte qui aurait dû être évitée* ».

[1184] Selon le terme utilisé par S. CHATILLON, « Droit et langue », *RIDC*, juillet-septembre 2002, vol. 54 n°3, p. 693. Pour cet auteur l'article 79 CVIM n'est autre qu'une longue périphrase pour désigner la force majeure. Cet article dispose qu'« *Une partie n'est pas responsable de l'inexécution de l'une quelconque de ses obligations si elle prouve que cette inexécution est due à un empêchement indépendant de sa volonté et que l'on ne pouvait raisonnablement attendre d'elle qu'elle le prenne en considération au moment de la conclusion du contrat, qu'elle le prévienne ou le surmonte ou qu'elle en prévienne ou surmonte les conséquences* ».

[1185] Sur cette sentence v. *JDI*, 1995, p. 1002 et s. avec une note de D. HASCHER.

[1186] Sur ces réticences v. A. KACZOROWSKA, « Les usages commerciaux dans les conventions relatives à la vente internationale », *Revue Juridique Thémis*, 1995, vol. 29 n°2, p. 429 à 457, spéc., p. 443 à 447 où cette auteure souligne que la question des usages est une des questions sur lesquels les États des pays en développement se montrent le plus réticents. Elle cite comme exemple le cas du Mexique, des États socialistes comme l'URSS et la Chine qui ont exprimé leurs réticences quant au fait de considérer les usages comme étant supérieurs à la convention.

[1187] *Ibid.*, p. 451 à 456.

[1188] *Ibid.*, p. 452.

[1189] V. E. GAILLARD, « Trente ans de Lex Mercatoria Pour une application sélective de la méthode des principes généraux du droit », *JDI*, 1995, p. 28 à 30.

« *principes généraux régionaux applicables en Europe de l'ouest* » ou encore aux « *principes généraux applicables en Europe du Nord* ». Ainsi, il peut très bien apparaître une divergence entre un usage international et un usage local ou régional ou entre un usage d'un pays en développement et celui d'un pays développé. Quelle est la solution à apporter dans ce genre d'éventualités ? Que risque t-il de se passer dans cette situation dans l'espace OHADA ou dans le Mercosur ? Face à un tel cas de figure, il nous semble que l'usage international devrait généralement l'emporter à moins que ces États n'introduisent des clauses spéciales dans leurs contrats donnant le privilège aux usages locaux ou régionaux (en vertu de la règle *specialia generalibus derogant*).

670. Ces interrogations en suspens n'ont pas terni l'image de ce texte. Nous en voulons pour preuve le fait que les parties l'intègrent souvent dans leurs contrats comme nous le montre la jurisprudence arbitrale[1190]. A titre d'illustration, pour prononcer la sentence n°8501, le tribunal arbitral a décidé d'appliquer au contrat les usages commerciaux et les principes du commerce international généralement admis, tels qu'ils ressortent de la Convention de Vienne de 1980 (l'article 76 1) 2) CVIM)[1191]. En se fondant sur ce texte, le tribunal arbitral a estimé que le défendeur avait manqué à ses obligations et qu'il ne pouvait pas se prévaloir d'aucun événement de force majeure l'ayant empêché de s'exécuter. Il a ainsi décidé d'accorder des dommages-intérêts aux demandeurs. Le tribunal arbitral dans l'affaire CCI n°8817 s'est également fondé sur la CVIM[1192]. Dans ce différend, le demandeur contestait la résiliation avec effet immédiat d'un contrat de distribution exclusive conclu avec le défendeur et portant sur des produits alimentaires. Pour déterminer le droit applicable, le tribunal arbitral s'est référé, en partie, à la CVIM et a conclu que la résiliation était injustifiée. Enfin, nous pouvons à nouveau prendre l'exemple de l'affaire sur la commission de 30% accordée à un courtier évoquée plus haut dans notre étude[1193] car elle a donné l'occasion à un tribunal arbitral CCI de condamner le défendeur au paiement des commissions majorées des intérêts conformément à l'article 78 CVIM[1194]. A ce stade, il faut préciser que dans la grande majorité des cas où les arbitres ont utilisé la CVIM, ils ont aussi eu recours aux *Principes d'UNIDROIT* qui occupent une place tout aussi importante dans la sécurisation des échanges internationaux.

[1190] A ce jour la CVIM a été utilisée dans 915 affaires, v. www.unilex.info.

[1191] A. KACZOROWSKA, *op.cit.*, p. 533.

[1192] V. la sentence CCI n°8817 rendue en 1997, *Gazette du Palais*, 02 décembre 2002, n°337, p. 37 et s.

[1193] V. la sentence CCI n° 9333.

[1194] Cet article prévoit que « *Si une partie ne paie pas le prix ou toute autre somme due, l'autre partie a droit à des intérêts sur cette somme, sans préjudice des dommages intérêts qu'elle serait fondée à demander en vertu de l'article 74* ».

2. Le rôle des Principes d'UNIDROIT dans la sécurisation du commerce international

671. Les *Principes d'UNIDROIT* (ci-après *Principes*) ont été officiellement adoptés en 1994 mais c'est en 1971 qu'UNIDROIT a formé un comité pilote pour réfléchir à un nouveau type d'instrument d'unification sur les contrats du commerce international. Ce comité était composé de trois juristes représentants les systèmes juridiques de droit civil, de *common law* et celui des pays socialistes[1195]. La composition de ce groupe était justifiée par le fait qu'UNIDROIT voulait instaurer des normes capables de refléter des concepts que l'on retrouve dans la plupart des systèmes juridiques à travers le monde. En 1980, après l'adoption de la CVIM, le travail préliminaire du comité pilote a été remis au professeur Michael Joachim BONELL. C'est sous la houlette de ce dernier que les *Principes* vont prendre forme concrètement et être adoptés.

672. Aujourd'hui, nous pouvons affirmer que les efforts d'UNIDROIT ont abouti car les *Principes* sont des normes neutres et représentatives des majeures pratiques et tendances en matière commerciale. Cette organisation a réussi a soigneusement éviter la terminologie propre à un système juridique particulier mettant ainsi en place des règles transnationales très appréciées par les opérateurs du commerce et les arbitres dans le contexte actuel de la mondialisation. Tous ces éléments ont permis aux *Principes* d'être récemment avalisés par la CNUDCI[1196] et d'être appréciés tant dans les pays développés[1197] que dans les pays en développement[1198]. Au-delà des

---

[1195] Le représentant pour les pays de droit civil était le professeur René DAVID. Sur l'historique des *Principes d'UNIDROIT* v. A.-M. TRAHAN, « Les Principes d'UNIDROIT relatifs aux contrats du commerce international », *Revue Juridique Thémis*, 2002, n°36-2, p. 628 à 629.

[1196] Lors de son 45ème Congrès, la CNUDCI qui a eu lieu du 25 au 6 juin 2012, l'Assemblée Générale de cette organisation a décidé que « ... *Dans l'ensemble, la reconnaissance des Principes d'UNIDROIT 2010 comme énonçant un ensemble complet de règles concernant les contrats commerciaux internationaux, complétant plusieurs instruments internationaux relatifs au droit commercial, notamment la Convention des Nations Unies sur les ventes, a recueilli le soutien général.* ».

[1197] Les *Principes d'UNIDROIT* jouissent déjà d'un grand succès dans le monde entier, à ce jour ils ont déjà été utilisés dans 305 litiges, v. www.unilex.info. Ils sont régulièrement employés dans les pays développés comme par exemple aux États-Unis. Sur leur application dans ce pays v. E. A. FARNSWORTH, « Le rôle des *Principes d'UNIDROIT* dans l'arbitrage commercial international (2) : point de vue américain sur leurs finalités et leur application », *Bulletin de la Cour internationale d'arbitrage de la CCI*, supplément spécial 2002, p. 21 et s. Ils bénéficient de ce même succès dans les pays émergents tels que la Chine. Pour une application des *Principes* dans ce pays v. J. JIAO et G. LEFEBVRE, « Les Principes d'UNIDROIT et le droit chinois : convergence et dissonance », *Revue Juridique Thémis*, 2002, n°36-2, p. 523 à 537.

[1198] *Ibid.*, p. 630 notamment lorsque l'auteure affirme que : « ... *les ressortissants des pays les moins bien nantis ne sont pas réfractaires à ce qu'ils s'appliquent à leurs contrats. En effet, ils (et ils ont raison) que les Principes reconnaissent l'équilibre devant exister entre les parties contractantes.* »

caractères de neutralité et de représentativité, le succès des *Principes* peut également s'expliquer par le fait qu'ils constituent des règles juridiques non contraignantes. En effet, dès le départ, les instances d'UNIDROIT, pour leur donner plus de chance de réussite, ont voulu instaurer un instrument original d'unification du droit international qui contourne l'approbation des États à travers la voie classique de la ratification des conventions. UNIDROIT a procédé de la sorte car il aurait été difficile de soumettre le projet final à l'acception de tous les États compte tenu de l'objet et de l'envergure du projet[1199]. Partant de là, ni les États, ni les parties ne se sentent contraints d'utiliser et d'adhérer aux *Principes*, ils le font certes par conviction mais surtout par convenance car il est vrai que leur portée universelle ou transnationale contribue largement à la sécurité juridique (**b**) l'idée qu'ils représentent un rempart contre les tentations hégémoniques d'une partie en matière contractuelle[1200]. C'est le cas dans les États du Mercosur et de l'OHADA où les *Principes* ont une influence grandissante (**a**).

a. L'influence des Principes d'UNIDROIT dans le Mercosur et dans l'OHADA

673. Selon un juriste argentin[1201] qui a contribué à l'élaboration des *Principes* dans leur forme actuelle, l'Amérique Latine et les États du Mercosur constituent un terreau favorable pour leur application. Son argumentation est basée sur le fait qu'il existe peu de différences entre les lois relatives aux contrats dans ces pays et les *Principes* et que la plupart de ces lois nationales comprenaient déjà entre autres des dispositions sur la liberté contractuelle (l'autonomie des parties) ou encore sur la bonne foi commerciale. Par exemple, en Argentine les articles 1, 137 et 1, 197 du code civil reconnaissent respectivement la liberté contractuelle et l'obligation de bonne foi contractuelle. Au Brésil, l'article 2 de la loi brésilienne de 1996 relative à l'arbitrage autorise les parties à choisir la loi au fond mais aussi a utiliser les usages, les pratiques internationales ou les principes généraux du droit comme loi régissant l'arbitrage. Enfin, la loi sur l'arbitrage du Paraguay adoptée en 2002 a été profondément inspirée de la loi type de la CNUDCI et contient aussi une disposition sur la liberté contractuelle. C'est précisément compte tenu de la reconnaissance de l'autonomie des parties dans ces pays que les *Principes* vont trouver à s'appliquer dans l'ensemble du Mercosur. En effet, le droit est reconnu aux ressortissants de cette organisation de choisir les normes qui leur paraissent plus appropriées pour

---

[1199] *Ibid.*, p. 627.

[1200] Sur cette affirmation v. L. MARQUIS, « Les Principes d'UNIDROIT : synthèse et prospective », *Revue Juridique Thémis*, 2002, n°36-2, p. 552.

[1201] Il s'agit d'Alejandro GARRO cité par L. DA GAMA E SOUZA Jr, « The UNIDROIT Principles of International Commercial Contracts and their Applicability in the Mercosur countries », *Revue Juridique Thémis*, 2002, n°36-2, p. 400.

régir leurs relations contractuelles et régler leurs différends. Or les *Principes* ont été très tôt perçus par de nombreux juristes et opérateurs commerciaux, à travers le monde, comme une traduction des meilleurs procédés en matière commerciale internationale. C'est cette solution qu'un tribunal arbitral *ad hoc* a retenu en 1997 dans la première affaire où les *Principes* ont été utilisés et appliqués dans un État du Mercosur[1202]. Ce différend opposait des actionnaires argentins (demandeurs) à des actionnaires chiliens (défendeurs). Entre ces deux parties il y avait eu un accord de vente de 85 % des parts d'une une société argentine à une société chilienne. Après la conclusion de la vente, les acheteurs (les actionnaires chiliens) se sont rendu compte que les vendeurs (les actionnaires argentins) leur avaient dissimulé des dettes, ils décidèrent donc de suspendre les paiements. Suite à cette décision, les vendeurs saisirent un tribunal arbitral *ad hoc* à Buenos Aires car ils voulaient récupérer l'intégralité du prix de vente. Devant ce tribunal arbitral, les acheteurs demandaient la réduction de ce prix. Pour régler ce litige, le tribunal arbitral s'est basé sur le fait que dans le contrat les parties n'avaient pas effectué de choix de loi au fond pour utiliser l'article 28 de la loi type de la CNUDCI[1203] et appliquer les *Principes* au cas d'espèce. Le tribunal arbitral a justifié leur application par le fait que ces derniers constituent des usages du commerce international qui reflètent les solutions de différents systèmes juridiques et de la pratique commerciale internationale[1204]. Il a appliqué l'article 3. 1.4 relatif au dol et à l'illicéité dans le contrat et l'article 4.6 qui dispose qu'en cas d'ambigüité les clauses d'un contrat s'interprètent de préférence contre celui qui les a posées. Il a ainsi considéré que le comportement des actionnaires argentins était dolosif et que les clauses ambigües devaient être interprétées en leur défaveur.

674. Toutefois, il convient de signaler que le principal écueil à application des *Principes* dans le Mercosur réside dans le fait que dans cet espace le droit des contrats est toujours régit par les règles nationales de droit international privé de chaque État membre. C'est-à-dire qu'il n'y a pas d'uniformité sur les dispositions relatives aux règles matérielles qui dirigent le contrat en matière commerciale internationale. De la sorte, l'application et l'effectivité des *Principes d'UNIDROIT* pourra varier d'un pays à l'autre dans le Mercosur. Pour éviter des solutions disparates qui peuvent porter atteinte à la cohérence et à la sécurité juridique au sein de cette organisation

---

[1202] *Ibid.*, p. 405 à 406.

[1203] L'article 28 de la loi type dispose que : « *1) Le tribunal arbitral tranche le différend conformément aux règles de droit choisies par les parties ... 2) À défaut d'une telle désignation par les parties, le tribunal arbitral applique la loi désignée par la règle de conflit de lois qu'il juge applicable en l'espèce ... 4) Dans tous les cas, le tribunal arbitral décide conformément aux stipulations du contrat et tient compte des usages du commerce applicables à la transaction.* ».

[1204] *Ibid.*, p. 406 : « *... the usages of international trade reflecting the solutions of different legal systems and of international commercial practice* ».

à vocation d'intégration nous sommes donc d'avis que tous les États du Mercosur doivent accélérer le processus de ratification de la Convention interaméricaine sur la loi applicable aux contrats internationaux (CIDIP V). Cette difficulté sera certainement évitée par les États de l'OHADA lorsqu'ils vont adopter l'Acte Uniforme sur le droit des contrats car même si pour le moment cet acte est toujours au stade d'avant-projet, il faut préciser qu'il est directement inspiré des *Principes*[1205]. Effectivement, en février 2002 une prise de contact a eu lieu entre l'OHADA et l'UNIDROIT. Cette prise de contact a été initiée par les instances de l'OHADA pour demander la coopération d'UNIDROIT afin de les aider dans la rédaction d'un instrument d'uniformisation du droit des contrats. Ce travail a été confié au professeur Marcel FONTAINE, membre du Groupe d'étude d'UNIDROIT pour la préparation des *Principes*. Deux principes directeurs lui avaient été imposés comme méthode de travail : rester le plus proche possible des règles dégagées par l'UNIDROIT et tenir compte des « *spécificités africaines* »[1206]. Partant de là, les *Principes* ont constitué le modèle de référence pour l'avant-projet d'Acte Uniforme sur le droit des contrats. Sur de nombreuses dispositions ce texte n'est d'ailleurs que leur reflet. L'ensemble de ce travail a été rendu depuis mai 2005 au Secrétariat Permanent de l'OHADA. Ainsi, l'attente de l'adoption définitive de ce texte commence à se faire longue d'autant plus que son contenu est déjà porteur sur certaines questions de modernité et de sécurité juridique pour les transactions commerciales dans l'espace OHADA[1207]. En effet, si cet avant-projet est adopté les États de l'OHADA auront comme base pour leur droit des contrats commerciaux des normes modernes sur le plan de la technique juridique qui vont dépasser l'acquis colonial. Ces normes représentent un véritable argument d'opportunité dans leur processus de développement [1208]. De plus elles seront tant à la disposition des arbitres mais également des juges étatiques qui auront entre leurs mains un outil de qualité. Par conséquent, il y aura un impact positif sur la sécurité judiciaire.

1205 Sur les liens entre les *Principes d'UNIDROIT* et l'avant-projet d'Acte Uniforme sur le droit des contrats v. M. FONTAINE, *op.cit.*, p. 257. V. aussi F. ONANA ETOUNDI, « Les Principes d'UNIDROIT et la sécurité juridique des transactions commerciales dans l'avant-projet d'Acte uniforme OHADA sur le droit des contrats », *op.cit.*, p. 683 à 718. V. aussi E. JOLIVET, « L'harmonisation du droit OHADA des contrats : l'influence des Principes d'UNIDROIT en matière de pratique contractuelle et d'arbitrage », *Revue de droit uniforme, Institut international de droit privé*, 2008, p. 127 à 152.

1206 *Ibid.*, p. 257 à 259. Plusieurs sens étaient admissibles pour l'expression « *spécificités africaines* ». Il pouvait s'agir du droit traditionnel africain, des traditions juridiques héritées de la période coloniale ou enfin des circonstances de fait et les données sociologiques qui peuvent avoir une incidence sur le choix des règles juridiques les plus appropriées (comme l'analphabétisme et manque de « *culture juridique* »). M. FONTAINE a surtout retenu ce troisième sens.

1207 *Ibid.*, p. 686 à 696.

1208 V. G. NGOUMTSA ANOU, *op.cit.*, p. 420 à 427. Cet auteur a mis l'accent sur le besoin d'avoir des règles de conflits uniforme en vue de la sécurité des transactions.

675. Pourtant, il existe des blocages à l'adoption définitive de ce texte. Le principal obstacle à l'adoption de cet avant-projet semble être la question de savoir si ce texte doit s'appliquer exclusivement aux contrats commerciaux ou s'il faut l'étendre à tous les types de contrats. Cette question divise la doctrine car pour Marcel FONTAINE même si l'avant-projet porte sur la matière commerciale, il doit s'appliquer à tous les types de contrats dans l'espace OHADA pour avoir un ensemble cohérent et moderne[1209]. Félix ONANA ETOUNDI ne partage pas cette vision des choses car pour lui, l'Acte Uniforme sur le droit des contrats ne doit avoir vocation qu'à s'appliquer aux relations commerciales[1210]. L'OHADA étant une organisation à vocation d'intégration commerciale, ses dispositions doivent avoir pour limite la sphère commerciale. Nous sommes plus enclins à partager ce dernier avis même si on doit reconnaître que le premier ne manque pas de pertinence. Ce qui fait particulièrement pencher la balance en faveur de cette vision est le fait que si le point de vue de Marcel FONTAINE l'emporte, la conséquence sera le dessaisissement des juridictions étatiques de cassation en matière contractuelle au profit de la CCJA. Ainsi, cette juridiction risque très rapidement de se retrouver complètement engorgée tant le périmètre du champ des contrats est vaste. En attendant que les instances de l'OHADA et du Mercosur tranchent définitivement ces questions, il faut mettre l'accent sur le fait que les *Principes* constituent en quelque sorte une codification des principaux usages commerciaux et que de ce fait leur application contribue à la sécurisation des transactions.

b. Les Principes d'UNIDROIT instruments de sécurité juridique

676. De nombreux auteurs s'accordent pour dire que les *Principes* sont une transcription écrite de la *lex mercatoria* au sens large, partant de là, ils ont une grande importance dans l'arbitrage. Leur rôle dans la sécurisation des transactions est surtout perceptible dans le fait que les arbitres les utilisent soit pour combler les lacunes des lois nationales ou pour interpréter le contrat des parties.

b.1. Les Principes d'UNIDROIT en tant que codification des principaux usages du commerce international

677. La doctrine est quasiment unanime pour dire que les *Principes* sont une codification de la *lex mercatoria* ou du moins de l'une de ces nouvelles formes[1211]. Dans ce sens on peut tout à fait considérer qu'ils ont la même

---

1209 V. M. FONTAINE, *op.cit.*, p. 260 à 261.

1210 V. F. ONANA ETOUNDI, *op.cit.*, p. 699 à 711.

1211 Parmi ces auteurs v. A. PRUJINER, « Comment utiliser les Principes d'Unidroit dans la pratique contractuelle ? », *Revue Juridique Thémis*, 2002, n°36-2, p. 567 où l'auteur affirme que « ... *les Principes d'Unidroit se présentent comme une traduction de la lex mercatoria* ».V. aussi A.-M. TRAHAN, *op.cit.*, p. 631 où elle cite M. J. BONELL et L. DA

valeur que la *lex mercatoria*. D'ailleurs, leur caractère privé n'empêche pas que l'on puisse parler de codification et ce d'autant plus qu'ils remplissent bien le critère formel[1212]. En effet, ils sont une compilation écrite des principales tendances commerciales mais aussi une transcription cohérente et ordonné des principes généraux du droit. Les *Principes* comportent des dispositions sur la liberté contractuelle (article 1.2), sur la bonne foi (article 1.7), sur l'interdiction de se contredire (article 1.8), sur l'interprétation du contrat (articles 4.1 à 4.8), sur la bonne foi le devoir de collaboration (article 5.1.3), sur l'exécution du contrat (articles 6.1.1 à 6.1.14) et même sur le *hardship* (articles 6.2.1 à 6.2.3).

678. La pratique arbitrale est aussi de l'avis que la plupart des *Principes* sont l'expression des principes généraux du droit[1213]. Nous pouvons prendre l'exemple de la sentence CCI n°7710 rendue en 1995[1214] à propos d'un différend opposant un État X (demandeur) à une société britannique Y (défenderesse). Ce litige entre ces parties était né du fait qu'elles avaient passé une série de contrats qui portaient sur la vente, la fourniture, la modification et le fonctionnement de matériels. Aucun de ces contrats ne faisait mention du droit applicable au fond en cas de litige mais ils faisaient référence aux principes généraux du droit. A la suite d'événements politiques survenus dans l'État X, les contrats ont été résiliés et les parties se sont respectivement réclamées des sommes d'argent. Devant le tribunal arbitral, l'État X soutenait que le droit applicable devait être son droit ou à défaut la règle que son droit international privé désignerait comme compétente. De son côté, la société britannique estimait qu'il revenait au tribunal arbitral de choisir le droit applicable. Ce dernier, après une analyse du contenu des contrats a estimé que celui-ci relevait des principes généraux du droit. Il a estimé que les *Principes* devaient être appliqués car ils

---

GAMA E SOUZA Jr., comme étant des partisans de la consécration des *Principes* comme l'expression d'une nouvelle *lex mercatoria. A contrario,* L. MARQUIS, *op.cit*., p. 554 est plus prudent quant à la qualification des *Principes*, il préfère y voir une sorte de conscience du monde des affaires (un *modus vivendi*) plutôt que de la *lex mercatoria*.

1212 V. E. CHARPENTIER, « Les Principes d'Unidroit : une codification de la lex mercatoria ? », *Les Cahiers de droit*, 2005, n° 1- 2, vol. 46, p. 193 à 216, spéc., p. 197 où l'auteure affirme que : « ... *les Principes se présentent d'un point de vue formel comme une codification : ils ont la forme d'un code. L'analyse de la facture formelle des Principes conduit aisément à la conclusion qu'ils peuvent être considérés de ce point de vue comme une codification.* ».

1213 Sur la réception des *Principes* dans la pratique arbitrale internationale v. F. BORTOLOTTI, « The UNIDROIT Principles and their Application in the context of International Arbitration », *in Liber Amicorum en l'honneur de Serge LAZAREFF*, Paris, A. Pedone, 2011, p. 81 à 101.

1214 Sur cette sentence v. J.-J. ARNALDEZ, Y. DERAINS, D. HASCHER, *op.cit*., p. 513 à 529. V. aussi Y. DERAINS, « Le rôle des Principes d'UNIDROIT dans l'arbitrage commercial international (1) : une vue européenne », *Bulletin de la Cour internationale d'arbitrage de la CCI*, supplément spécial 2002, p. 9 à 20.

fournissent à ceux-ci un contenu qui en fait « *le meilleur droit* » [1215], c'est-à-dire le droit qui correspond le mieux aux attentes légitimes des parties[1216]. Il ressort de cette affaire que lorsque les parties n'ont pas déterminé le droit applicable mais que le contrat fait référence aux principes généraux ou aux usages les arbitres s'autorisent à utiliser les *Principes*. Les arbitres ont tiré cette attitude volontariste du Préambule des *Principes*[1217].

679. En revanche, l'attitude de certains arbitres CCI est plus réservée lorsqu'il s'agit des dispositions des *Principes* relatives au *hardship* comme le démontre la sentence CCI n°8873. Dans cette sentence le tribunal arbitral a retenu que le *hardship* est un principe tout à fait exceptionnel qui n'est accepté que dans le cadre de clauses contractuelles : « ... *Il est donc exclu que l'on puisse considérer les dispositions en matière de hardship contenues dans les Principes d'UNIDROIT comme des usages du commerce* » parce qu'il s'agit de règles « *qui ne correspondent pas, du moins à l'état actuel, à la pratique courante des affaires dans le commerce international* » [1218]. Hormis ce rare cas, les sentences arbitrales ont tendances a considérer les *Principes* comme l'expression même des usages du commerce. Les tribunaux CCI ne sont pas les seules juridictions arbitrales à utiliser les *Principes*. Ils ont déjà été utilisés à dix reprises par des tribunaux CIRDI[1219] notamment dans trois affaires touchant des États de l'OHADA et du Mercosur. Dans l'affaire *SAFRICAS* évoquée plus haut, le tribunal arbitral a utilisé les *Principes* (articles 1.2 et 7.1.1) pour rappeler à la République Démocratique du Congo qu'elle avait manqué à ces obligations contractuelles. Dans l'affaire qui opposait la société américaine *El Paso Energy International Company* à la République d'Argentine[1220], le tribunal a expressément fait référence aux *Principes* pour rejeter la demande

---

[1215] *Ibid.*, p. 527.

[1216] V. Y. DERAINS, op.cit., p. 12 à 14.

[1217] Le Préambule des *Principes d'UNIDROIT* dispose qu'« *Ils peuvent s'appliquer lorsque les parties acceptent que leur contrat soit régi par les "Principes généraux du droit", la "lex mercatoria" ou autre formule similaire* ».

[1218] V. la sentence CCI n° 8873 rendue en 1997 v. *JDI*, 1998 p. 1017 et s. Sur cette même solution v. aussi la sentence CCI n° 9029 rendue en 1998, *Bulletin de la Cour internationale d'arbitrage de la CCI*, 1999, volume 10, n° 2, p. 91. Dans ce même sens v. la sentence CCI n°10422 de 2001, *JDI*, 2003, p. 1154.

[1219] Sur l'application des *Principes d'UNIDROIT* par les tribunaux arbitraux du CIRDI v. P. JACOB et F. LATTY, « Arbitrage transnational et droit international général (2011) », *AFDI*, 2011, p. 542 et 543. V. aussi W. BEN HAMIDA, « Les principes d'UNIDROIT et arbitrage transnational : l'expansion des principes d'UNIDROIT aux arbitrages opposant des États ou des organisations internationales à des personnes privées » *JDI*, 2012, octobre-novembre-décembre, p. 1213 à 1242. Ces principes ont été également invoqués dans les différentes étapes procédurales de l'affaire *Lemire c/ Ukraine*. Toutes ces affaires sont consultables sur www.unilex.info.

[1220] Cette sentence n°ARB/03/15 rendue le 27/10/2011 est consultable sur www.unilex.info. Sur la décision de compétence v. E. GAILLARD, *La jurisprudence du CIRDI*, volume II, *op.cit.*, p. 265 à 284.

l'Argentine. Il a précisé que les *Principes* sont les normes qui reflètent les règles et les principes applicables par la majorité des systèmes nationaux[1221]. Ainsi, l'application de ces normes dans l'arbitrage CIRDI est une preuve supplémentaire de l'étroitesse des liens entre l'arbitrage commercial et l'arbitrage transnational. Au-delà de ce point, cela représente surtout la preuve que dans leur grande majorité les juridictions arbitrales ont tendance à les utiliser pour appuyer leur décision et contribuer au renforcement de la prévisibilité et la certitude dans le commerce international.

b.2. Le rôle des Principes d'UNIDROIT dans la sécurité juridique des transactions internationales

680. En vertu du texte du Préambule des *Principes*, dans une relation contractuelle les arbitres peuvent les utiliser pour compléter le droit national ou pour interpréter ou pour compléter d'autres instruments du droit international uniforme. C'est à travers leurs différents modes d'application qu'ils contribuent à la sécurité des transactions commerciales.

b.2.1. L'application des Principes d'UNIDROIT pour compléter un droit national

681. Tout d'abord, l'application des *Principes* pour compléter un droit national applicable dans une instance arbitrale est un moyen d'apporter un statut transnational aux solutions purement nationales[1222]. Cette technique permet à un arbitre de faire échapper à la relation contractuelle le sentiment d'hégémonie d'une partie sur une autre et à toute idée d'arbitraire de la décision finale. L'arbitre démontre ainsi que sa décision est appuyée et motivée par une solution transnationale. Dans la sentence n°9593[1223], les arbitres ont fait application de cette technique dans une affaire qui impliquait deux ressortissants d'un État de l'OHADA. Dans ce litige, deux sociétés ivoiriennes (qui avaient respectivement des participations britanniques et japonaises) avaient décidé de recourir à la loi ivoirienne en cas de différend. Pourtant, lorsqu'il s'est agi de trancher la question de savoir si l'une des parties avait violé son obligation de coopération dans l'exécution du contrat, le tribunal arbitral en plus de l'article 1134 alinéa 3 du code civil ivoirien qui prévoit que les contrats doivent être exécutés de bonne foi a eu recours à l'article 5.3 des *Principes*. Ce dernier article étant une consécration de la bonne foi contractuelle comme un usage du commerce international. En l'espèce, l'application de la loi ivoirienne était plus que suffisante mais pour lui donner plus de poids, le tribunal arbitral a utilisé un fondement

---

[1221] Le tribunal a retenu que les *Principes* sont: « *a sort of international restatement of the law of contracts reflecting rules and principles applied by the majority of national legal systems* ».
[1222] V. Y. DERAINS, *op.cit.*, p. 14 à 18.
[1223] *Ibid.*, p. 16 à 18.

international. Pour que sa décision soit incontestable, le tribunal arbitral, a préféré compléter la solution du droit ivoirien par un usage à valeur et portée générale. L'application des *Principes* pour compléter un droit national peut également servir pour combler les lacunes d'une disposition de droit interne. Par définition, une loi nationale n'a pour sphère de compétence que les situations internes ou locales. Très peu de lois nationales comportent des éléments relatifs aux transactions internationales. Dans le cas l'OHADA et dans le Mercosur, le recours aux *Principes* peut ainsi être un moyen de compléter les lois nationales. En Argentine une partie de la doctrine a ouvertement préconisé leur application à cette fin. C'est par exemple l'opinion de l'ancien juge de la Cour Suprême d'Argentine Antonio BOGGIANO[1224]. Tout de même, il convient de préciser que l'application des *Principes* en vue de compléter une loi nationale doit obéir à certaines conditions[1225]. Dans une première hypothèse, lorsque le contrat des parties ou la clause d'arbitrage prévoient explicitement de recourir aux *Principes*, il n'y a aucune difficulté à ce que l'arbitre les applique dans le prononcé de sa sentence surtout si le droit national est compatible avec eux.

682. Dans une deuxième hypothèse, la difficulté peut naître de la divergence entre la loi interne et les *Principes*. Si le droit national est applicable mais divergent des *Principes*, l'arbitre doit faire une application exclusive du droit interne[1226]. Cette solution s'explique par le caractère non obligatoire des *Principes* qui est finalement leur *talon d'Achille*. En effet, ils n'ont pas la même valeur contraignante que les autres instruments internationaux classiques (conventions, traités) et les parties ne s'y soumettent comme nous l'avons déjà précisé que par convenance c'est-à-dire par la volonté de voir leur relation contractuelle régie par des normes transnationales qui bénéficient d'un fort soutien dans le monde des affaires. C'est ainsi que dans leur clause d'arbitrage les parties peuvent très bien exclure leur application. Cette exclusion peut être explicite ce qui a pour conséquence de considérablement simplifier les choses pour les juges ou les arbitres mais elle peut aussi être implicite. C'est-à-dire des cas ou le contrat ou la clause d'arbitrage sont muets sur leur application. Dans ce cas de figure nous avons déjà établit que les arbitres les appliquent lorsque le contrat fait référence à la *lex mercatoria* ou aux principes généraux du droit. Ils procèdent de la sorte en assimilant ces toutes ces normes. Enfin, dans une

---

[1224] V. L. DA GAMA E SOUZA Jr., *op.cit.*, p. 410, où l'auteur cite A. BOGGIONO qui a déclaré que : « *The Principles of the UNIDROIT can be used to interpret, supplement and apply the national law chosen by the parties or applicable by virtue of the rules of conflicts of laws: the rules of the applicable national law may reveal themselves as very rigid or of little conformity with the international contracts [...]* ».

[1225] Sur ces conditions v. F. DESSEMONTET, « L'utilisation des Principes d'UNIDROIT pour interpréter et compléter le droit national », *Bulletin de la Cour internationale d'arbitrage de la CCI*, supplément spécial 2002, p. 39 à 51.

[1226] *Ibid.*, p. 44

troisième hypothèse, le recours aux *Principes* peut se présenter comme une nécessité de compléter le droit national lorsque ce dernier est lacunaire. Nous pensons à certains pays en développement qui ont parfois toujours des législations et des pratiques commerciales qui ne sont pas nécessairement en accord avec la pratique internationale. Mais, il faut aussi noter que même dans les pays les plus avancés comme la France ce besoin dans certaines situations peut se faire sentir[1227]. Nous pouvons prendre l'exemple d'une affaire dans laquelle un tribunal hollandais (*RB Zwolle*) a utilisé les *Principes* pour élargir le concept de bonne foi contenu dans le droit français[1228]. Ce litige était relatif à un contrat vente de poisson entre une société française (vendeur) et une société hollandaise (acheteur). Ce contrat contenait des dispositions de la CVIM articles 7 et 39 CVIM.L'acheteur se plaignait de la qualité du produit. Compte tenu du fait que les parties ne s'entendaient pas sur la portée exacte des obligations du vendeur comprise dans la CVIM et dans le droit français, le tribunal a eu recours aux *Principes* pour retenir une définition plus large de la bonne foi que celle qui était retenue dans le droit français. Sur ce fondement, il a conclu que l'acheteur aurait dû inspecter les produits plus attentivement, ce qui lui aurait permis découvrir les défauts à temps.

b.2.2. L'application des Principes d'UNIDROIT pour compléter et interpréter les instruments internationaux

683. S'il y a bien un instrument international qui est constamment associé aux *Principes* c'est la CVIM. La raison en est que ces deux textes ont une filiation directe avec l'UNIDROIT et peuvent ainsi considérés comme des collatéraux. Ces textes sont proches et traitent de nombreux sujets quasi similaires. Sauf que les *Principes* ont un champ d'application plus large que la CVIM, puisqu'ils traitent de l'ensemble des contrats commerciaux. C'est en vertu de ce lien que les *Principes* sont régulièrement présentés par la doctrine et la pratique arbitrale comme étant des outils utilisés pour interpréter et compléter la CVIM[1229].

684. Premièrement, ils peuvent servir pour lever certaines ambigüités contenues dans la CVIM[1230]. En ce qui concerne les ambigüités de la CVIM, l'article 7.1.4 des *Principes* qui dispose que la notification de la résolution ne porte pas atteinte au droit à la correction peut permettre d'éclairer l'article

---

[1227] Pour une analyse sur les liens entre les *Principes d'UNIDROIT* et le droit français v. J.-M. JACQUET, « Le droit français des contrats et les Principes d'UNIDROIT », *Revue de droit uniforme, Institut international de droit privé*, 2008, p. 179 à 195.

[1228] Sur cette affaire du 05/03/1997 v. L. DA GAMA E SOUZA Jr., *op.cit.*, p. 411 à 412. Ce cas est aussi consultable sur www.unilex.info.

[1229] V. M. J. BONELL, « Les Principes d'UNIDROIT comme moyen d'interpréter et de compléter le droit international uniforme », *Bulletin de la Cour internationale d'arbitrage de la CCI*, supplément spécial 2002, p. 29 à 38. V. aussi A. PRUJINER, *op.cit.*, p. 572 à 579.

[1230] *Ibid.*, p. 30.

48 CVIM. L'article 7.3.1 des *Principes*, qui précise les circonstances à prendre en considération pour déterminer s'il y a eu ou non inexécution essentielle du contrat permet de préciser l'article 25 CVIM sur la sanction en cas de manquement à une obligation contractuelle[1231].

685. Deuxièmement, les *Principes* peuvent combler des lacunes de la CVIM. Par exemple, les articles 1.7, 2.15 et 2.16 des *Principes* peuvent combler la lacune de la définition sur l'obligation d'agir de bonne foi de la CVIM, comme l'affaire de la vente de poisson citée ci-haut l'a révélé. Aussi, les articles 6.1.7 à 6.19 précisent avec exactitude contrairement à la CVIM, les conditions dans lesquelles le vendeur est éventuellement en droit de régler par chèque ou par tout autre moyen similaire (transfert de fonds). De manière générale, il faut retenir que la CVIM est silencieuse sur la question du prix alors que les *Principes* ont des dispositions prévues à cet effet (article 6.1.9). Comme l'a souligné Michael Joachim BONELL[1232], qui est l'une des références en la matière, les *Principes* peuvent aussi servir d'outil d'interprétation pour des conventions comme la convention relative au contrat de transport international de marchandises par route (CMR) de 1956[1233] ou encore la convention internationale de Bruxelles pour l'unification de certaines règles en matière de connaissement (dite aussi règles de La Haye) de 1924 qui a été ratifiée par certains États de l'OHADA et du Mercosur[1234]. La pratique arbitrale est sur la même ligne de pensée que la doctrine en ce qui concerne l'application des *Principes* comme moyen de compléter ou interpréter la CVIM. A titre d'illustration, dans les sentences CCI n° 8501, 8817 et 9333 citées plus haut, les tribunaux arbitraux ont conjointement utilisés les normes de la CVIM et des *Principes*. Un autre tribunal en a fait de même dans un différend qui touchait un ressortissant d'un État du Mercosur. Dans l'affaire CCI n°7819[1235] dans laquelle la validité d'un contrat de vente internationale était contestée en raison de l'absence de détermination expresse du prix. Ce contrat devait être devait être régit par la loi brésilienne. Le tribunal arbitral a conclu à la réalité du contrat en se fondant uniquement sur l'article 55 CVIM et l'article 5.7 des

---

1231 L'article 25 CVIM précise que : « *Une contravention au contrat commise par l'une des parties est essentielle lorsqu'elle cause à l'autre partie un préjudice tel qu'elle la prive substantiellement de ce que celle-ci était en droit d'attendre du contrat, à moins que la partie en défaut n'ait pas prévu un tel résultat et qu'une personne raisonnable de même qualité placée dans la même situation ne l'aurait pas prévu non plus* ».

1232 V. M. J. BONELL, *op.cit.*, p. 31.

1233 Convention à laquelle aucun État du Mercosur et de l'OHADA n'a adhéré à ce jour. Cependant, l'OHADA s'est dotée d'un Acte Uniforme relatif aux contrats de transport de marchandises par route le 22/03/2003. De ce fait, les *Principes* pourront très bien être utilisés pour compléter ou interpréter cet Acte Uniforme.

1234 Parmi les États du Mercosur seul l'Argentine a adhéré à ce texte le 19/10/1961. Parmi les États de l'OHADA ayant adhéré à ce texte nous retrouvons le Cameroun le 02/06/1931, la Côte d'Ivoire le 15/06/1962, la Guinée-Bissau le 02/08/1952, la République Démocratique du Congo le 17/01/1968 et le Sénégal le 14/08/1978.

1235 Sur cette sentence v. M. J. BONELL, *op.cit.*, p. 37.

Principes. Il a conclu que la vente sans fixation préalable de prix était courante dans le commerce international. Au-delà de l'ensemble des normes adaptées aux relations commerciales que nous venons d'étudier les arbitres disposent de techniques juridiques comme l'octroi de dommages-intérêts ou la possibilité d'engager la responsabilité d'une partie défaillante pour garantir l'effectivité et le respect de la règle de droit.

SECTION II. L'APPLICATION PAR L'ARBITRAGE DE MÉCANISMES JURIDIQUES FAVORABLES À LA SÉCURITÉ JURIDIQUE DES ÉCHANGES COMMERCIAUX INTERNATIONAUX

686. L'arbitre étant dans la position de principal garant de la sécurité juridique des transactions internationales, il est tout à fait logique qu'il détienne entre ses mains des mécanismes capables de fournir toute l'effectivité à ses décisions. Pourtant, comme nous l'avons déjà souligné, l'arbitre est un juge sans for, sans *imperium* et dans l'impossibilité d'assortir ses sentences de sanctions pénales. Le défaut de ces éléments aurait pu lourdement handicaper cette institution si l'arbitre n'avait pas à sa disposition d'autres moyens juridiques lui permettant d'assurer une pleine tangibilité des sentences arbitrales. En effet, au-delà de la possibilité de rendre une décision et de l'assortir de mesures provisoires et compensatoires, l'arbitre peut chercher à réparer le préjudice que des parties peuvent subir à travers l'octroi de dommages-intérêts de diverses natures. Pour ce faire, il doit d'abord engager la responsabilité de la partie défaillante même s'il s'agit d'un État ou de l'un de ses démembrements. Ainsi, le mécanisme de la réparation du dommage dans l'arbitrage représente un élément cardinal de l'arsenal de l'arbitre dans son rôle de sécurisation des échanges commerciaux internationaux (**§ I**). Si la réparation du préjudice est une réalité plus que courante dans la pratique arbitrale, nous nous rendons compte que certains de ses effets sont de plus en plus décriés dans les pays en développement, notamment en Amérique Latine où l'on constate qu'un nouveau vent de contestation est en train de grandir contre l'arbitrage et en particulier contre l'arbitrage CIRDI. Effectivement, la liste des États qui dénoncent la convention de Washington du 18 mars 1965 pour le Règlement des Différends relatifs aux Investissements entre États et ressortissants d'autres États commence progressivement à s'allonger. Ces dénonciations[1236] n'ont été faites à ce jour que des États de ce continent[1237]. Ce phénomène est particulièrement intéressant à étudier car dans cette liste nous retrouvons déjà un État du Mercosur puisque le Venezuela y est devenu membre à part

[1236] La dénonciation est un acte unilatéral par lequel une partie à un accord exprime sa volonté de ne plus être lié par cet accord.

[1237] A ce jour la Bolivie a dénoncé cette convention depuis novembre 2007, l'Equateur l'a dénoncé en janvier 2010 et le Venezuela en juillet 2012.

entière en juin 2012. Présentement, d'autres États membres[1238] de cette organisation sont tentés de faire de même et rien ne nous assure que ce phénomène ne puisse pas aussi atteindre les pays de l'OHADA. Cet état de fait nous permet de mettre l'accent sur certaines des insuffisances de l'arbitrage en tant qu'outil de développement et de chercher à proposer des solutions (**§ II**).

§ I. La réparation du dommage dans l'arbitrage en tant que mécanisme de sécurité juridique

687. Dans certaines circonstances, des préjudices peuvent survenir au cours d'une relation commerciale internationale. Ces dommages peuvent être principalement dus à un retard dans l'exécution, à une mauvaise exécution ou tout simplement à une inexécution. L'arbitre étant le juge naturel du contentieux du commerce international, il se doit d'être capable d'apporter des solutions pour faire face à ces préjudices[1239]. C'est dans ce sens que la jurisprudence arbitrale, a au fil des années, développé un ensemble de règles transnationales relatives à la réparation du dommage[1240]. L'ensemble de ces règles ou principes généraux composent ce que nous pouvons qualifier de mécanisme de réparation des dommages devant l'arbitrage. Ce mécanisme a une grande importance dans le processus de rationalisation du commerce international car son but est de remettre les parties dans l'état où elles étaient avant la survenance d'un préjudice. Ainsi, il contribue à rétablir l'équilibre entre les parties à l'arbitrage. Ce système a pour point de départ l'identification ou la détermination du dommage réparable (**A**). Il se poursuit par l'engagement et la mise en œuvre de la responsabilité de la partie défaillante (**B**). Dans l'étude de cette étape, nous retrouverons de nombreux États de l'OHADA et du Mercosur car leur responsabilité est régulièrement mise en jeu surtout dans l'arbitrage CIRDI. Enfin, la procédure de réparation se termine par l'indemnisation du préjudice (**C**).

[1238] Nous pensons principalement à l'Argentine où un projet de loi en ce sens est à l'étude devant la chambre des députés argentins (*Cámara de diputados de la Nación*) depuis le 21 mars 2012.

[1239] Comme une grande partie de la doctrine nous assimilons le dommage au préjudice. Sur cette assimilation v. D. ALLAND et S. RIALS, *Dictionnaire de culture juridique*, Paris, Quadrige/ PUF, 2003, p. 413 à 414.

[1240] Sur les principes généraux ou les règles transnationales qui gouvernent la réparation du dommage dans l'arbitrage v. B. HANOTIAU, « La Détermination et l'Evaluation du Dommage Réparable : Principes Généraux et Principes en Emergence », *in Transnational Rules in International Commercial Arbitration* (GAILLARD E. éd.), Paris, ICC Publication, 1993, n°480/4, p. 211 et s. Pour une étude plus approfondie v. J. ORTSCHEIDT, *op.cit.,* p. 13 et s.

A. La détermination du dommage réparable dans l'arbitrage

688. Le processus de réparation d'un préjudice dans l'arbitrage commercial international n'est en réalité guère original. D'ailleurs, il a amplement emprunté les principaux codes et la plupart du vocabulaire juridique des obligations aux pays de tradition de droit civil[1241] et de *common law*. Ainsi, de façon très classique, tout ce système repose sur un fait générateur, c'est-à-dire le dommage qui peut être défini comme une atteinte aux intérêts matériels ou moraux d'un sujet de droit[1242]. Dans l'arbitrage, il n'y a pas de réparation et d'indemnisation s'il n'y a pas de dommage. Pour ce faire, les arbitres se sont exclusivement attachés à ne réparer que les dommages qui ont un caractère suffisant de certitude (**1**) et de prévisibilité (**2**).

1. La certitude du dommage réparable dans l'arbitrage

689. La pratique arbitrale n'admet la réparation du préjudice que s'il s'agit d'un fait non douteux parce que déjà existant (accompli ou actuel) ou futur mais inévitable (inéluctable) dans sa survenance[1243]. Le dommage réparable dans l'arbitrage est donc celui qui est soit tangible, soit celui dont la manifestation n'est pas aléatoire. Cette assertion n'appelle pas plus de commentaires car il est bien ancré dans les différents systèmes juridiques et dans la jurisprudence arbitrale que le dommage réparable doit être actuel ou même futur à condition qu'il soit certain. Par conséquent, la réparation du dommage purement hypothétique et éventuel est refusée. Cette règle a été consacrée en droit international depuis l'arrêt de la CPJI *Usine de Chorzów* du 13 septembre 1928[1244]. Depuis lors, elle a été reprise et confirmée dans plusieurs sentences arbitrales dont la célèbre sentence *Libyan American Oil Company* (*Liamco*) du 12 avril 1977[1245]. Dans cette affaire, suite à une nationalisation de gisement pétrolier, la société *Liamco* demandait au

---

[1241] Sur l'emprunt des principes sur la réparation du dommage du droit international au droit civil v. G. RIPERT, « Les règles du droit civil applicables aux rapports internationaux : (contribution à l'étude des principes généraux du droit visés au statut de la Cour permanente de justice internationale) », *Recueil des cours de l'Académie de droit international de La Haye*, Martinus Nijhoff, 1933, Tome 44, p. 622 à 628.

[1242] Sur cette définition v. J. SALMON (dir.), *Dictionnaire de Droit International Public*, *op.cit.*, p. 358.

[1243] Sur cette définition v. G. CORNU, *op.cit.*, p. 141.

[1244] Sur cet arrêt v. *Série A*, n°17, p. 56 et 57 où la Cour a observé que : « ... *qu'elle ne se trouve pas en possession d'éléments permettant de déterminer l'existence et l'étendue du dommage qui résulterait de la concurrence que l'usine de Chorzów aurait faite aux usines de la Bayerische ... Dans ces conditions, la Cour ne peut que constater le fait que le dommage qui aurait résulté de la concurrence est insuffisamment établi. Il rentrerait en outre dans la catégorie des dommages possibles mais éventuels et indéfinis dont, conformément à la jurisprudence arbitrale, il n'y a pas lieu de tenir compte* ».

[1245] V. P. RAMBAUD, « Un arbitrage pétrolier : l'affaire Liamco », *AFDI*, 1980, volume 26, p. 274 à 282.

tribunal arbitral une indemnisation pour le paiement de la valeur de ses installations et équipements. Elle réclamait aussi une somme correspondant à la perte de ses droits d'exploitation, c'est-à-dire le gain manqué ou *lucrum cessans*. Le tribunal arbitral a refusé cette dernière indemnisation, car il a considéré qu'elle se heurte à l'incertitude du droit en la matière[1246]. Dans la jurisprudence CIRDI, les tribunaux arbitraux recherchent aussi la réalité du dommage, comme le démontre l'affaire *CMS c/ La République d'Argentine* du 17 juillet 2003[1247]. Cependant, il convient de préciser que le dommage éventuel peut tout à fait être indemnisé si les parties l'ont expressément prévu dans leur contrat ou dans le TBI ou si le droit qui est choisi pour régler le différend au fond contient des dispositions en ce sens.

690. La réparation du dommage éventuel étant généralement écartée, la difficulté de la question caractère certain du dommage s'est déplacée sur le terrain de la preuve. En effet, les arbitres exigent que le fardeau de la preuve du fait dommageable pèse sur celui qui allègue avoir subi un dommage (demandeur comme défendeur). En d'autres termes, c'est à celui qui entend bénéficier d'une réparation d'apporter la preuve du préjudice. Cette solution a pour origine la règle de droit romain *actori incumbit probatio.* Un certain nombre d'auteurs[1248] et de sentences arbitrales considèrent qu'elle est une règle transnationale de l'arbitrage qui fait partie de la *lex mercatoria.* Effectivement, cette solution est constamment appliquée dans l'arbitrage CCI et dans l'arbitrage CIRDI. Nous pouvons retenir les exemples des sentences CCI n°1434[1249] et n°3344[1250]rendues respectivement en 1975 et en 1981. Dans la première sentence, le tribunal arbitral a consacré cette règle car il a retenu qu'il était possible d'admettre que « *le principe selon lequel le demandeur à l'action contractuelle en dommages-intérêts pour inexécution a la charge d'établir l'existence et le contenu de l'obligation ...* »[1251]. La deuxième sentence a complété la précédente car le tribunal arbitral a

---

[1246] *Ibid.*, p. 290 à 292.

[1247] V. la décision sur la compétence du 17 juillet 2003 rendue dans l'affaire CIRDI n°ARB/01/08 *CMS c/ Argentine*, v. E. GAILLARD, *La jurisprudence du CIRDI*, volume I, *op.cit.*, p. 814 où il est précisé que le tribunal doit apprécier la réalité du dommage subi et que l'investisseur doit aussi démontrer qu'il a réellement subi un dommage.

[1248] Parmi ces auteurs nous retrouvons J. ORTSCHEIDT, *op.cit.*, p. 26 et s.

[1249] Sur cette sentence CCI n°1434 de 1975 v. *JDI*, 1976, p. 978 et s.

[1250] Sur cette sentence CCI n°3344 de 1981 v. *JDI*, 1982, p. 987. Comme exemple d'application de cette règle en droit français nous pouvons citer la sentence CCI n°6653 de 1993 v. *JDI*, 1993, p. 1040 et s., spéc p. 1044 où pour se prononcer sur la question de la charge de la preuve, le tribunal arbitral a énoncé que : « *La question la plus délicate en l'espèce est celle de la preuve de la non conformité alléguée. Cette preuve doit être apportée par la demanderesse. En effet, la Convention de Vienne étant muette sur ce point, c'est l'article 1315 du Code civil français qui doit être appliqué. Ce texte reprend la règle actori incumbit probatio : c'est à la partie qui allègue un fait d'en rapporter la preuve. Cette règle est également, selon le tribunal arbitral, constitutive d'un principe du commerce international* ».

[1251] *Ibid.*, p. 982.

considéré que le principe *actori incumbit probatio* est universel et qu'il fait partie de l'ordre public international[1252]. Certaines sentences arbitrales CIRDI ont fait de même comme la sentence *Asian Agricultural Products Ltd (AAPL) c/ République Sri Lanka* du 27 juin 1990 qui a admis que la preuve du préjudice incombe normalement au demandeur[1253] et a également rappelé que le dommage futur peut être indemnisé à condition qu'il soit certain[1254]. La sentence *Southern Pacific Properties Ltd (SPP) c/ République arabe d'Égypte* connue aussi comme l'affaire du *Plateau des Pyramides* du 20 mai 1992[1255] peut également être citée comme exemple pour illustrer notre propos. Dans ce cas, le litige portait sur l'annulation par les autorités égyptiennes d'un projet de développement d'un complexe touristique qui avait été concédé à la société *SPP*. Cette dernière avait déjà commencé son activité et s'estimait victime d'une expropriation. Le tribunal arbitral a accepté l'indemnisation de *SPP* dans la mesure où elle avait prouvé les dépenses effectives liées à son investissement (*out-of-pocket expenses*). Au regard de tout ce qui précède, il convient de souligner que si l'avant-projet d'Acte Uniforme sur les contrats de l'OHADA est adopté dans sa rédaction actuelle, il risque de soulever un problème de preuve du dommage dans l'arbitrage OHADA. En effet, ce texte ne subordonne la conclusion du contrat à aucune exigence de forme. Il consacre ainsi le principe du consensualisme selon lequel le contrat se forme par le seul échange des consentements des parties. Le rédacteur de ce texte a justifié l'absence d'exigence de formalisme par le taux élevé de l'analphabétisme[1256], de l'illettrisme et du poids considérable de la tradition de l'oralité dans ces pays. Ainsi, il a légitimement cru bien faire en prenant en compte des spécificités africaines[1257] et ce d'autant plus que l'article 1.2 des *Principes d'UNIDROIT* fait de même[1258]. Pourtant, si les instances de l'OHADA retiennent cette formulation, elle risque d'engendrer certaines difficultés au niveau probatoire. Comment les parties vont-elles pouvoir déterminer la certitude d'un dommage issu d'une relation contractuelle si le contrat est uniquement oral ? Cette absence d'exigence de forme peut peser lourd dans

---

[1252] *Ibid.*, p. 987.

[1253] Sur cette sentence CIRDI n°ARB/87/3 *AAPL c/ Sri Lanka* v. aussi P. RAMBAUD, « Des obligations de l'État vis-à-vis de l'investisseur étranger (sentence AAPL C. SRI LANKA) », *AFDI*, 1992, volume 38, p. 501 à 510, spéc. 505.

[1254] V. le commentaire d'E. GAILLARD sur la sentence *AAPL c/ Sri Lanka* du 27 juin 1990, *JDI*, 1992, p. 217 et s.

[1255] Sur cette sentence CIRDI n°ARB/84/3 *SPP c/ Égypte* du 20 mai 1992, v. P. RAMBAUD, « L'affaire des « Pyramides » : suite et fin », *AFDI*, 1993, volume, 39, p. 567 à 576. V. aussi E. GAILLARD, *La jurisprudence du CIRDI,* volume I, *op.cit.,* p. 363 à 386.

[1256] Le taux de la population adulte analphabète en Afrique de l'Ouest est de 40% selon les chiffres de la Banque Mondiale (2010).

[1257] V. M. FONTAINE, *op.cit.*, p. 261 et 262.

[1258] Sur la forme des contrats l'article 1.2 des *Principes* prévoit que : « *Ces Principes n'imposent pas que le contrat, la déclaration ou tout autre acte soit conclu ou constaté sous une forme particulière. Il peut être prouvé par tous moyens, y compris par témoins* ».

la détermination de la preuve et pour l'évaluation du dommage. Tout d'abord, même si cela est évident dans la majorité des cas, il n'est pas nécessairement aisé de prouver le caractère certain d'un dommage actuel lorsqu'il est issu d'un contrat passé oralement. Il est encore moins aisé de réussir à prouver qu'un dommage futur est certain sans apporter les éléments de preuves suffisants et concrets comme un contrat ou des écrits. Ensuite, on peut se poser la question de savoir si le recours aux témoins est vraiment toujours satisfaisant, suffisant ou même pertinent. Il peut s'avérer que les témoins n'aient pas prévu le préjudice ou n'aient pas assisté à sa survenance préjudice. En somme, sur cette question, l'avant-projet d'Acte Uniforme sur les contrats nous paraît laisser une large marge à l'incertitude et ne va pas nécessairement dans le sens de la sécurité juridique tant souhaitée. Cette inquiétude peut être néanmoins relativisée, car dans la majorité des cas, les litiges qui donnent lieu à des arbitrages au sein de l'OHADA sont des litiges dans lesquels il existe un contrat écrit.

691. Félix ONANA ETOUNDI a également mis l'accent sur les inconvénients au niveau probatoire de la rédaction actuelle de ce texte[1259]. Cet auteur en a principalement identifié deux. Le premier est dû au fait que le principe de consensualisme retenu n'a pas suffisamment pris en compte l'existence d'un formalisme propre à la tradition africaine qui veut que la conclusion du contrat soit de plus en plus subordonnée à la présence de témoins qui pourront apporter la preuve du contrat[1260]. Ainsi, la conclusion du contrat dans ces pays peut non seulement être solennelle mais peut aussi être soumise à un certain formalisme à fin de validité. C'est le cas au Sénégal où l'article 20 du Nouveau Code des obligations civiles et commerciales dédié aux actes des illettrés exige pour qu'un contrat soit valablement formé, la présence de deux témoins certifiant par écrit l'identité des parties et la nature du contrat. Le deuxième inconvénient est le problème de coordination de cet Acte avec d'autres textes de l'OHADA qui font de l'écrit une exigence en matière de formation du contrat[1261]. Les instances de cette organisation semblent avoir pris conscience de ces problèmes car elles ont décidé de fusionner les projets d'Actes uniformes sur le contrat et celui sur la preuve qui était en gestation depuis 2001[1262]. Lors de la réunion du 26 et 27 juillet 2007 qui s'est tenue à Niamey au Niger, le Conseil des Ministres de l'OHADA a décidé que le texte relatif au contrat devrait aussi porter sur la preuve. Ainsi, selon l'auteur cité ci-dessus, le futur Acte Uniforme sur le

---

[1259] V. F. ONANA ETOUNDI, « Formalisme et preuve des obligations contractuelles dans l'avant-projet d'Acte uniforme de l'OHADA sur le droit des contrats », *Revue de droit uniforme, Institut international de droit privé*, 2008, p. 359 à 361.

[1260] *Ibid.*, p. 359.

[1261] Certains articles de l'Acte Uniforme portant organisation des sûretés du 17 avril 1997 font de l'écrit une exigence : l'article 4 relatif au cautionnement, l'article 49 sur le gage et les articles 65, 70 et 94 sur le nantissement.

[1262] *Ibid.*, p. 362.

droit des contrats doit combiner le principe du consensualisme et l'exigence d'écrit à des fins probatoires[1263]. Les parties à un arbitrage ayant subi un dommage pourront ainsi se baser sur l'acte écrit pour apporter la preuve d'avoir subi un préjudice certain. Les États du Mercosur souffrent également des fléaux liés à l'analphabétisme[1264] et à l'illettrisme mais en ce qui concerne la question des preuves et notamment des preuves écrites, ils collaborent en ce sens depuis les premières Conventions Interaméricaines de Droit international Privé[1265]. L'importance du caractère certain en vue de la réparation du préjudice étant établie, il faut tout de même préciser que dans certaines circonstances, il peut être mal aisé pour les parties de le prouver. Par exemple, face à des dommages immatériels et extrapatrimoniaux résultant d'une expropriation, d'une rupture de contrat, d'une atteinte à l'image ou d'un préjudice moral, les éléments de preuve peuvent être difficiles à fournir. C'est pour faire face à ces hypothèses que la jurisprudence arbitrale a apporté une forme de souplesse et de flexibilité dans l'appréciation du critère de certitude et qu'elle se contente de retenir *un dommage raisonnablement certain*[1266]. C'est-à-dire que les arbitres ne recherchent pas de façon systématique et absolue le caractère certain du dommage. Cette adaptabilité a été introduite dans le but de prévenir le rejet que pourrait engendrer une application trop rigoureuse de l'exigence de certitude[1267].

692. Une sentence arbitrale CIRDI impliquant un État de l'OHADA a apporté des précisions sur le critère de dommage raisonnablement certain. Il s'agit de l'affaire *Maritime International Nominees Establishment* (*MINE*) *c/ République de Guinée* du 6 janvier 1988[1268]. Ce litige portait sur l'exécution d'un contrat passé en 1971 entre la Guinée et la société *MINE* par lequel cette dernière devait mettre en place une société d'économie mixte de transport maritime destinée à l'affrètement et à la gestion de navires. Le litige est né entre les parties contractantes en 1975 et par la suite *MINE* décida de saisir le CIRDI. Le tribunal arbitral a accepté une indemnisation de la société *MINE* en précisant qu'il existe « *un principe général selon lequel MINE a le droit d'être indemnisée pour les profits qu'elle aurait réalisés si la République de Guinée n'avait pas rompu le Contrat. Les profits perdus ne doivent pas être prouvés entière certitude et la réparation ne devrait pas être refusée simplement parce que le quantum est difficile à déterminer* »[1269].

[1263] *Ibid.*, p. 361 à 365.

[1264] Le taux de l'analphabétisme des États du Mercosur est de prêt de 15% de la population adulte selon les chiffre des la Banque Mondiale (2010).

[1265] La CIDIP I de 1975 et la CIDIP II de 1979 ont traité de la question de la preuve et de sa réception à l'étranger.

[1266] Sur cette notion v. J. ORTSCHEIDT, *op.cit.,* p. 38 à 45.

[1267] *Ibid.*, p. 44.

[1268] Sur la sentence CIRDI n°ARB/84/4 *MINE c/ Guinée* du 6 janvier 1988 v. E. GAILLARD, *La jurisprudence du CIRDI,* volume I, *op.cit*, p. 229.

[1269] *Ibid.*, p. 40.

Même si cette sentence a été annulée par la suite pour défaut de motifs[1270], elle a posé de façon très claire et explicite un principe général d'assouplissement du critère de certitude du dommage. La jurisprudence du CCI a appliqué ce principe à travers la sentence n°5946 de 1990 qui a admis que dans certains cas le dommage n'a pas besoin d'être établi avec une certitude absolue[1271]. Enfin, les *Principes d'UNIDROIT* ont aussi consacré la notion de *dommage raisonnablement certain* dans l'article 7.4.3 qui énonce que « *n'est réparable que le préjudice, même futur, qui est établi avec un degré raisonnable de certitude* ». Compte tenu de l'influence grandissante des *Principes* dans le Mercosur et dans l'OHADA, cette solution pourra régler des problèmes de preuves qui pourront surgir, seulement à condition que le dommage soit contractuellement prévisible. Il ressort de tout ce qui précède que le dommage sera réparé dès lors que son existence apparaîtra raisonnable à l'arbitre. Pour ce faire, ce dernier se livre à une appréciation au cas par cas (*in concreto*) des éléments qui lui paraissent pertinents pour considérer que le dommage est certain. Cette étape fait donc appel aux qualités de compétence, d'expérience et d'expertise de l'arbitre étudiées plus haut.

2. La prévisibilité du dommage réparable dans l'arbitrage

693. Au rang des caractéristiques qui concernent la détermination du dommage, la prévisibilité fait partie des principes les plus fermement établis

---

[1270] Sur la sentence d'annulation CIRDI n°ARB/84/4 *MINE c/ Guinée* du 22 décembre 1989 v. E. GAILLARD, *La jurisprudence du CIRDI,* volume I, *op.cit*, p. 291 à 299.

[1271] Sur cette sentence CCI n°5946 de 1990 v. *Yearbook Commercial Arbitration*, 1991, p. 97 et s., spéc. p. 110 où il est énoncé que « ... *While the burden of proof rests upon Plaintiff in a case of this kind, damages need not be established with absolute certainty. As long as a sufficient basis is asserted from which damages can be approximated, any reasonable method of computation is permissible ...* ». Traduction : « *Bien que le fardeau de la preuve repose sur le demandeur dans une affaire de ce genre, les dommages ne doivent pas être établis avec une certitude absolue. Tant qu'une base suffisante est affirmée pour des dommages qui peuvent être estimés, toute méthode raisonnable de calcul est permise* ». Pour une application plus récente du caractère raisonnablement certain du dommage v. la sentence CCI n°7081, *JDI*, 2003, p. 1141 où il est précisé que : « *La décision des arbitres s'inscrit dans le courant de la jurisprudence arbitrale internationale qui subordonne logiquement la réparation à la certitude du dommage. Les arbitres apprécient toutefois avec souplesse l'existence du dommage en tenant compte de la prévisibilité du dommage, des aléas qui peuvent l'affecter et plus généralement des circonstances particulières à chaque cas (...) v. dans un même sens l'article 7.4.3 (1) des principes relatifs aux contrats du commerce international d Unidroit : v. également l'article 4.501 (2) des principes européens du droit des contrats de la Commission sur le droit européen des contrats). En l'espèce, le refus des arbitres d'accorder la réparation du manque à gagner sollicitée par X était justifié dans la mesure où X n'a pas réussi à démontrer qu'elle aurait vraisemblablement et raisonnablement obtenu les marchés visés, même si elle avait fait les offres les plus intéressantes* ».

dans les législations nationales[1272] à telle enseigne que de nombreux auteurs la classe parmi les principes généraux relatifs au dommage réparable[1273]. L'une des premières fois où elle a été présentée comme telle dans des termes très explicites c'était à travers la sentence CCI n°1526 de 1968. Dans cette décision, le tribunal arbitral a considéré qu'il convient d'évaluer le dommage en considération du cours normal des choses et de ce qui est prévisible[1274]. Les tribunaux arbitraux font régulièrement référence à cette dernière sentence lorsqu'ils sont confrontés à une évaluation de préjudice[1275]. D'autres juridictions arbitrales comme les tribunaux arbitraux CIRDI ont mis en exergue cette règle transnationale. Par exemple, dans la sentence CIRDI *Amco c/ La République d'Indonésie* du 20 novembre 1984[1276], où le tribunal arbitral a énoncé que « *selon les principes et les règles communes aux principaux systèmes juridiques, les dommages-intérêts doivent être limités à la réparation du dommage direct et prévisible. L'exigence du caractère direct n'est qu'une conséquence de la nécessité d'un lien causal entre la faute et le préjudice ... L'exigence de prévisibilité se rencontre pratiquement partout* »[1277]. Ce principe a même été « codifié » dans des instruments internationaux comme la CVIM à travers son article 74 relatif aux dommages-intérêts[1278] et par les *Principes* dans l'article 7.4.4 dédié à la prévisibilité du préjudice[1279]. Avec les influences qu'opèrent ces deux textes dans les espaces du Mercosur et de l'OHADA, nous pouvons affirmer que les arbitres vont avoir tendance à retenir le caractère prévisible dans un processus d'évaluation et de réparation du dommage lié à l'exécution d'un contrat ou d'un TBI . Le critère de la prévisibilité repose principalement sur le fondement du contrat ou du TBI que les parties ont librement consenti donc sur l'autonomie de la volonté[1280]. Il trouve également sa justification dans un raisonnement purement pratique et économique : considérer que tous les dommages sont indemnisables aurait pour conséquence d'alourdir

---

[1272] Par exemple elle est présente dans le droit civil français dans les articles 1150 et 1151 du Code civil dans la plupart des États de l'OHADA comme la Côte d'Ivoire dans l'article 1150 du Code civil ivoirien.

[1273] Parmi ces auteurs v. B. HANOTIAU, *op.cit.*, p. 213 à 216 et J. ORTSCHEIDT, *op.cit.*, p. 46 à 55.

[1274] Sur la sentence CCI n°1526 v. *JDI*, 1974, p. 915.

[1275] Sur cette affirmation v. B. HANOTIAU, *op.cit.*, p. 214.

[1276] V. la sentence CIRDI n°ARB/81/1 du 20 novembre 1984.

[1277] *Ibid.*

[1278] V. l'article 74 CVIM dispose que « *Ces dommages-intérêts ne peuvent être supérieurs à la perte subie et au gain manqué que la partie en défaut avait prévus ou aurait dû prévoir au moment de la conclusion du contrat, ...* ».

[1279] V. l'article 7.4.4 dispose que « *Le débiteur est tenu du seul préjudice qu'il a prévu, ou qu'il aurait pu raisonnablement prévoir, au moment de la conclusion du contrat comme une conséquence probable de l'inexécution* ».

[1280] *Ibid.*, p. 214 où l'auteur cite la sentence CCI n°2404 de 1975 qui a énoncé que « *Le respect de la volonté contractuelle et le désir de multiplier les transactions militent en faveur d'une réparation limitée fondée sur le respect de la volonté individuelle ...* »

considérablement le poids de la responsabilité et pour effet de freiner les transactions commerciales.

694. Contrairement à l'appréciation du caractère certain du dommage, pour déterminer la prévisibilité d'un dommage, l'arbitre doit prendre en compte les éléments purement objectifs. C'est-à-dire, qu'il se livre à une appréciation *in abstracto*. Il utilise un modèle de référence pour savoir ce que le débiteur de l'obligation aurait dû prévoir[1281]. Cette solution est conforme à la recherche de sécurité juridique et à la fonction première de la réparation du préjudice. Une fois que les différents éléments qui permettent d'identifier et de réparer le dommage ont été mis en exergue, il convient de se pencher sur la deuxième phase de ce mécanisme, à savoir l'engagement et la mise en jeu de la responsabilité de la partie qui est à l'origine du préjudice.

B. La responsabilité des parties dans l'arbitrage

695. Dans son sens général, mécanisme de la responsabilité est une charge assumée par un sujet de droit consistant à régler un problème ou gérer une situation[1282]. L'engagement de la responsabilité intervient par un fait générateur[1283] qui est composé de la jonction d'un élément objectif, généralement un fait illicite et plus rarement licite[1284] (le dommage) et d'un élément subjectif, c'est-à-dire l'imputation de ce fait à un sujet de droit. Pour qu'on puisse parler de responsabilité, ce fait générateur doit nécessairement conduire à un dommage. En d'autres termes, il faut un lien de causalité entre le fait générateur et le dommage. Lorsque le dommage tire son origine d'un contrat, nous sommes face à un cas de responsabilité contractuelle. Dans la majorité des cas, c'est cette forme de responsabilité qui est soulevée devant l'arbitre. De ce fait, elle est tellement classique et répandue qu'il est quasi inutile de lui consacrer une étude détaillée ici[1285]. En revanche, il existe des cas plus intéressants pour notre étude comme l'admission de la responsabilité délictuelle dans l'arbitrage car elle permet d'étendre la sécurité juridique au-delà du lien contractuel **(1)** citons aussi la

---

[1281] Sur la méthode d'appréciation de la prévisibilité du dommage v. J. ORTSCHEIDT, *op.cit.,* p. 58 à 60.

[1282] Sur cette définition v. J. SALMON (dir.), *Dictionnaire de Droit International Public*, *op.cit.*, p. 994.

[1283] Sur le fait générateur en droit international v. P.-M. DUPUY, « Le fait générateur de la responsabilité des Etas », *Recueil des cours de l'Académie de droit international de La Haye*, Martinus Nijhoff, 1984, Tome 188, p. 9 à 133, spéc., 21 à 27.

[1284] Par exemple, il existe une responsabilité pour risque c'est-à-dire l'ensemble des conséquences juridiques découlant d'activités qui ne sont pas interdites par le droit international mais qui comportent le risque de causer un dommage comme les installations nucléaires.

[1285] L'étude de cette responsabilité est la même que celle qui est prévue dans le droit civil des obligations. Sur cette forme de responsabilité v. F. TERRÉ, Ph. SIMLER, Y. LEQUETTE, *Les obligations*, Dalloz, 9ème édition, 2012.

responsabilité international des États dans l'arbitrage CIRDI car elle a déjà touché plusieurs États de l'OHADA et du Mercosur (**2**) et enfin la possibilité d'engager la responsabilité d'un de ces États s'il refuse d'appliquer une sentence arbitrale (**3**).

1. L'admission de la responsabilité délictuelle dans l'arbitrage : une extension de la sécurité juridique au-delà du lien contractuel

696. Les actions délictuelles ne sont plus uniquement réservées au domaine des juges étatiques car dans certaines affaires, des tribunaux arbitraux ont accepté des demandes additionnelles ou reconventionnelles des parties sur des fondements délictuels[1286]. L'étude de ces sentences arbitrales a permis d'établir que les parties ont fait ce type de demandes pour diverses raisons comme la survenance d'un comportement délictuel[1287] dans une relation contractuelle ou comme moyen de pression sur la partie adverse. L'arbitrage est devenu ainsi un nouvel instrument de lutte contre les délits commerciaux (**b**). Pour en arriver là, les arbitres ont dû respecter des conditions bien précises (**a**).

a. Les conditions d'admission de la responsabilité délictuelle dans l'arbitrage

697. L'ensemble de ces conditions a été mis en lumière par un auteur à travers l'étude minutieuse de plusieurs sentences arbitrales CCI. Elles peuvent être regroupées en deux ensembles portant sur la compétence de l'arbitre pour connaître des faits délictuels et sur la loi applicable au délit.

a.1. Les conditions relatives à la compétence de l'arbitre

698. Pour qu'un arbitre puisse connaître une demande délictuelle, il faut d'abord une qualification juridique du délit, puis il convient de vérifier que ce dernier est bien arbitrable et que l'interprétation de la clause compromissoire et la rédaction de l'acte de mission l'autorise à procéder de la sorte. Premièrement, l'arbitre doit avant tout s'assurer qu'il est en présence d'un délit. Pour ce faire, il doit procéder à une opération de qualification des faits. Cette opération anodine pour les juges étatiques, n'est pas nécessairement simple pour l'arbitre car il faut se souvenir qu'il n'a pas,

---

1286 La responsabilité délictuelle correspond à l'obligation de réparer le préjudice causé à une personne par la commission d'un délit civil ou pénal. Sur cette responsabilité dans l'arbitrage v. F. GONZALEZ, « La responsabilité délictuelle dans les sentences arbitrales de la Chambre de commerce internationale », *Bulletin Cour internationale d'arbitrage de la CCI*, 2ème semestre 2002, volume 13, n°2, p. 41 à 57.

1287 Parmi ces comportements délictuels nous pouvons citer entre autres la concurrence illicite, l'atteinte à la propriété privée, la déclaration frauduleuse, la violation du secret de fabrication, l'abus de résiliation et les rumeurs de corruption.

par essence, de for. C'est la raison pour laquelle dans la pratique arbitrale, les arbitres ont souvent retenu comme solution de se référer à la loi du contrat[1288].

699. Deuxièmement, l'arbitre doit contrôler que la question sur le délit qui lui est soumise appartient à sa sphère de compétence, c'est-à-dire que le litige est arbitrable. Pour savoir si le litige est arbitrable, l'arbitre doit regarder la loi de la convention d'arbitrage et connaître celle qui est applicable à la responsabilité délictuelle. Cette double précaution est nécessaire car si l'arbitrabilité est en principe déterminée par la loi régissant la convention d'arbitrage, il faut observer que bien souvent le contrat et la clause d'arbitrage ne sont pas régis par la même loi. Le délit peut par exemple dépendre d'une loi impérative (une loi de police) qui dispose que le délit n'est pas arbitrable. A ce sujet, la loi type et l'article II de la Convention de New York prévoient que les conventions d'arbitrage peuvent porter sur des rapports de droit contractuels ou non contractuels[1289]. Donc lorsqu'elles s'appliquent, l'arbitrabilité d'une demande délictuelle ne devrait pas poser de problème. Tout au long de notre étude, nous avons eu l'occasion de souligner à plusieurs reprises les liens étroits qui unissent les États du Mercosur à ces deux textes[1290]. De ce fait, il nous semble que l'arbitrabilité d'un délit peut être aisément admise dans cet espace si les parties se fondent sur l'un de ces textes. En revanche, si elles décident de confier leur litige à la CIAC, elles ne pourront *a priori* pas faire des demandes délictuelles car le Règlement d'arbitrage de cette cour précise qu'elle est compétente pour les relations contractuelles[1291]. La solution semble être la même au sein de l'OHADA où les législateurs ont accordé une place primordiale aux liens contractuels. Le Traité OHADA dans article 21 précise que les différends d'ordre contractuel peuvent être soumis à arbitrage. En plus, le Règlement d'arbitrage de la CCJA dans son article 2 précise que la CCJA est compétente lorsqu'un différend contractuel lui est soumis.

700. Troisièmement, l'arbitre doit regarder la rédaction de la clause d'arbitrage et de l'acte de mission afin de déterminer si la responsabilité délictuelle fait partie de ses attributions. Une tendance se dessine en ce qui concerne la clause d'arbitrage : elle tend à avoir une rédaction plutôt

---

1288 V. F. GONZALEZ, *op.cit.*, p. 42 et 43.

1289 L'article II de la Convention de New York précise que : « *Chacun des États contractants reconnaît la convention écrite par laquelle les parties s'obligent à soumettre à un arbitrage tous les différends ou certains des différends qui se sont élevés ou pourraient s'élever entre elles au sujet d'un rapport de droit déterminé, contractuel ou non contractuel, portant sur une question susceptible d'être réglée par voie d'arbitrage ...* ».

1290 Sur les liens entre le droit des États de l'Amérique Latine et la Convention de New York v. A. J. VAN DEN BERG, *The New York Convention 1958 and Panama Convention: Redundancy or Compatibility ?op.cit.*

1291 V. l'article 1 Règlement d'arbitrage CIAC.

« large »[1292]. En effet, la formule « *tous différends découlant du présent contrat ou en relation avec celui-ci* » revient très souvent dans les règlements d'arbitrage d'institutions comme la CNUDCI, le CIRDI ou encore l'AAA. La conséquence d'une telle rédaction est la possibilité pour l'arbitre d'étendre sa compétence et de traiter les questions relatives aux délits. Pour ce faire, l'acte de mission de l'arbitre doit aussi aller dans ce sens. Partant de là, dans l'OHADA comme dans le Mercosur, pour que les arbitres de la CCJA et de la CIAC puissent connaître des demandes portant sur des délits, les parties vont devoir prévoir une rédaction moins restrictive de leur clause d'arbitrage et de l'acte de mission.

a.2. Les conditions relatives à la loi applicable au délit

701. Pour déterminer la loi applicable au délit, l'arbitre peut utiliser les règles de conflit de lois[1293]. C'est-à-dire qu'à l'aide du droit international privé, il peut arriver à désigner la loi applicable au délit. Mais cette solution est parfois complexe à appliquer dans les contrats internationaux qui peuvent avoir diverses ramifications et peut être insatisfaisante pour les parties. C'est en ce sens que la CCI depuis 1998, à travers son Règlement d'arbitrage optait pour une méthode plus simple. Ce texte prévoyait à son article 17 qu'à défaut du choix des parties, l'arbitre puisse déterminer la règle de droit qui lui paraît appropriée sans passer nécessairement par la règle du conflit de lois. Cette solution a été reprise dans le Règlement d'arbitrage 2012 dans l'article 21. Une telle formulation semble être meilleure pour l'arbitre car elle simplifie son travail et lui permet d'éviter des problèmes de qualification[1294]. Ainsi, l'arbitre a la possibilité d'étendre la loi du contrat au délit au seul motif que celui-ci est né à l'occasion des relations contractuelles. L'arbitre peut aussi tout simplement appliquer une seule loi à toutes les questions soulevées dans la procédure d'arbitrage si la loi du délit et celle du contrat ont un lien étroit comme l'a précisé la sentence partielle CCI n°9415 à travers ces mots : « *S'il existe un lien suffisamment étroit entre le délit allégué et le contrat, la loi du contrat semble s'appliquer en principe* ... »[1295]. Avec la réunion de toutes ces conditions l'arbitre peut se prononcer sur une allégation de délit.

[1292] V. F. GONZALEZ, *op.cit.*, p. 47.
[1293] Les règles de conflits de lois régissent la détermination de la loi applicable à la question juridique litigieuse. Les règles qui interviendront sont déterminées dans l'ordre international, par les règles de droit international privé de la juridiction ou du tribunal arbitral saisi du litige.
[1294] *Ibid.*, p. 50.
[1295] *Ibid.*, p. 52.

b. L'arbitrage en tant qu'instrument de lutte contre les pratiques délictuelles

702. Plusieurs affaires portées devant des tribunaux arbitraux CCI ont donné la possibilité aux arbitres de se prononcer sur des comportements délictuels des parties. La sentence arbitrale CCI n°10988 de 2003[1296] est emblématique à cet effet. Cette affaire portait sur une allégation de concurrence déloyale entre deux sociétés de la communauté européenne (A et B). La défenderesse (la société B) considérait que l'arbitre n'avait pas la compétence pour connaître de ce type de question en vertu de la clause compromissoire[1297]. Le tribunal arbitral a rejeté cet argument en ces termes : « *contrairement à ce que soutient la défenderesse, qu'il est compétent pour connaître d'actes de concurrence déloyale, soit d'actes illicites dans la mesure où de tels actes sont intimement liés à l'inexécution ou à la mauvaise exécution d'un accord contractuel comportant une clause compromissoire, ce qui est manifestement le cas ici* »[1298]. D'autres tribunaux arbitraux CCI ont eu également à connaître d'autres délits comme la violation de secrets de fabrication[1299], l'abus de résiliation[1300] ou le défaut volontaire de paiement[1301]. Nous osons espérer que les arbitres de l'OHADA et du Mercosur vont faire de même pour étendre la sécurité juridique au-delà du lien contractuel. Cette faculté peut être fort utile face à certains cas et compte tenu de la défaillance, des lenteurs des tribunaux nationaux ou encore du manque d'expérience. Pour illustrer nos propos, nous pouvons peut rappeler que le Tribunal de Commerce en Côte d'Ivoire vient à peine de fêter sa première année d'existence et qu'il n'a pas nécessairement toute l'expérience et l'expertise pour faire face à ce type de demandes[1302].

703. Pourtant, il ne suffit pas que les parties en fassent la demande pour que le tribunal arbitral se prononce favorablement sur la responsabilité délictuelle. On peut retenir à titre d'exemple, l'affaire CIRDI qui a opposé les sociétés *Togo électricité* et *GDF Suez* (demandeurs) à la République Togolaise (défendeur). Dans ce litige, les demandeurs ont soulevé la possibilité d'engager la responsabilité extracontractuelle de cet État[1303]. Selon eux le Togo avait commis un excès de pouvoir et gravement manqué à ses obligations, ce qui justifiait la résiliation unilatérale du contrat et l'octroi d'une indemnisation basée sur cette faute et au titre du manque à gagner. Le

[1296] Sur la sentence CCI n°10988 de 2003 v. *JDI*, 2006, p. 1408 et s. avec un commentaire de B. DERAINS.
[1297] *Ibid.*, p. 1409.
[1298] *Ibid.*
[1299] V. la sentence CCI n°7144 citée par F. GONZALEZ, *op.cit.*
[1300] V. la sentence CCI n°9327 citée par F. GONZALEZ, *op.cit.*
[1301] V. la sentence CCI n°5607 citée par F. GONZALEZ, *op.cit.*
[1302] Le Tribunal de Commerce en Côte d'Ivoire a été crée suite à la décision n°01/PR du 12 janvier 2012.
[1303] V. les paragraphes 165, 169 et 178 de la sentence CIRDI n°ARB/06/07 du 10 août 2010 *Togo électricité* et *GDF Suez* c/ *République Togolaise*.

tribunal arbitral n'a pas fait droit à ses demandes car il a considéré qu'en l'espèce les demandeurs n'avaient pas prouvé de préjudice lié au gain manqué et qu'ils devaient se contenter des indemnités prévues dans le contrat (article 57 dudit contrat). Cette solution a été confirmée dans la décision d'annulation sur cette affaire rendue le 6 septembre 2011[1304]. Ainsi, pour le moment, il nous paraît que les tribunaux CIRDI sont réticents à se prononcer sur la responsabilité délictuelle des parties surtout s'il s'agit d'un État. Une décision dans ce sens serait lourde de conséquences[1305]. D'ailleurs, dans le paragraphe 197 de cette décision d'annulation, le comité *ad hoc* a précisé que le tribunal avait « *tracé les limites de son pouvoir d'une manière nette et sans équivoque* »[1306]. Les tribunaux CIRDI semblent donc être limités au traitement des relations contractuelles entre les parties et celles issues des TBI.

2. La responsabilité des États du Mercosur et de l'OHADA devant le CIRDI

704. Il est intéressant à double titre de se pencher sur cette question car il s'agit d'un cas particulier de responsabilité qui concerne des États qui ont pour particularité d'être principalement des pays en voie de développement et des pays d'accueil d'investissements. Parmi ces États nous retrouvons plusieurs pays du Mercosur et de l'OHADA. Ainsi, il nous semble pertinent de savoir quel est le fondement juridique de cette responsabilité (**a**) et ensuite de présenter certains cas de mise en jeu de la responsabilité des États objets de notre étude (**b**).

a. Le fondement juridique de la responsabilité des États devant le CIRDI

705. Quel est le fondement juridique de la responsabilité des États devant le CIRDI ? Il est légitime de se poser cette question car la Convention de Washington du 18 mars 1965 a mis en place un système particulier dans lequel des personnes privées (investisseurs) passent des contrats d'investissement dans des pays étrangers (pays d'accueil de l'investissement) sur la base d'une convention internationale (Traité Bilatéral d'Investissement ou Traité de promotion et de protection des investissements) passée entre deux États. A ce sujet, Emmanuel GAILLARD a pu préciser que le droit contemporain de la protection des investissements internationaux tend à s'articuler autour de la distinction entre deux éléments : le contrat et le traité sur lequel est fondée la demande

1304 V. le paragraphe 197 de la décision du 6 septembre 2011sur l'annulation de l'affaire CIRDI n°ARB/06/07 *Togo électricité* et *GDF Suez* c/ *République Togolaise*.

1305 Le CIRDI est déjà perçu dans de nombreux pays comme un instrument au service des puissances occidentales et des investisseurs.

1306 *Ibid.*

d'arbitrage[1307]. Il rappelle que si dans les années soixante-dix la volonté principale était d'internationaliser le contrat, aujourd'hui tous les efforts des penseurs et des praticiens du droit des investissements sont tournés vers une séparation stricte entre le contentieux du contrat de celui de la responsabilité internationale de l'État[1308].

706. Il découle de ce qui précède que le fondement de la responsabilité des États devant le CIRDI est le non-respect d'un TBI. Ce manquement, qui est constitutif d'un dommage, est considéré comme un acte internationalement illicite de l'État. Par conséquent, la nature même de cette responsabilité est internationale[1309]. Elle est internationale car elle intervient à la suite d'une méconnaissance d'une obligation internationale consignée dans le traité qui lie l'État dont est originaire l'investisseur à l'État d'accueil de l'investissement[1310]. Étant donné que ce type de traités pour but de protéger et promouvoir un investissement, ce manquement équivaut à un acte internationalement illicite qui peut prendre la forme d'une atteinte au droit de la propriété de l'investisseur à travers une expropriation ou une nationalisation. Ces deux notions sont très souvent utilisées indifféremment[1311] car leurs effets préjudiciables sont les mêmes mais elles doivent être distinguées. L'expropriation[1312] ou une mesure équivalente[1313] est un acte qui opère un transfert de propriété et qui est imputable aux organes de l'État (pouvoirs législatif, exécutif ou judiciaire). La nationalisation peut être définit de la même manière mais elle a une ampleur et un objet différent car elle est généralement liée à une réforme à l'échelle nationale structurelle et économique donc de grande envergure tandis qu'une

---

1307 V. E. GAILLARD, « L'arbitrage sur le fondement des traités de protection des investissements », *op.cit.*, p. 863 et s.

1308 *Ibid.*, p. 864. Il s'agit de la distinction entre les *treaty claims* et les *contract claims*.

1309 Les éléments qui composent la responsabilité internationale ont été regroupés pendant près de quarante ans par la Commission de Droit Internationale (CDI). Ces travaux ont abouti à l'adoption d'un texte final en 2001. Ce texte a été pris en compte par l'Assemblée Générale de l'ONU dans sa résolution 56/83. Sur ce texte v. A. PELLET, « Les articles de la C.D.I. sur la responsabilité de l'État pour fait internationalement illicite suite-et fin ? », *AFDI*, 2002, volume 48, p. 1 à 23. V. aussi P.-M. DUPUY, « Quarante ans de codification du droit de la responsabilité internationale des États », *RGDIP*, 2003, p. 305 à 348.

1310 Les arbitres du CIRDI opèrent une stricte séparation entre les litiges contractuels et les litiges relevant des TBI. La sentence CIRDI n°ARB/98/4 *Wena c/ Égypte* a permis de mieux comprendre la réflexion des arbitres à ce sujet. Sur cette sentence v. E. GAILLARD, *La jurisprudence du CIRDI*, volume I, *op.cit.*, p. 699. V. aussi J. FOURET et D. KHAYAT, *op.cit.*, p. 10 et 11.

1311 V. J.-P. LAVIEC, *op.cit.*, p. 159 à 163. V. aussi P. DAILLIER, « Tribunal irano-américain de réclamations : chronique n°4 », *AFDI*, 2002, p. 409 à 433.

1312 *Ibid.*, p. 159.

1313 Sur les mesures équivalentes à une expropriation v. S. MANCIAUX, « "Les mesures équivalentes à expropriation" dans l'arbitrage international relatif aux investissements », *in Où va le droit de l'investissement, Désordre normatif et recherche d'équilibre*, actes du colloque organisé à Tunis les 3 et 4 mars 2006, (sous la direction de F. HORCHANI), Paris, Pedone 2006, p. 73 à 94.

expropriation intervient à la suite d'une décision individuelle d'un organe étatique[1314]. Cette distinction n'entraine pour autant pas une différenciation du régime juridique de ces notions car les règles qui leur sont appliquées sont les mêmes. L'acte illicite peut également se traduire par une atteinte directe à l'investissement comme une détérioration ou une dégradation après des événements ou des troubles sociopolitiques. Enfin, la violation peut parfois prendre une forme moins concrète car elle peut se traduire par une règlementation étatique qui va porter atteinte de façon indirecte à la viabilité de l'investissement[1315]. Dans toutes ces hypothèses il existe un lien de causalité entre le dommage subi par l'investisseur et l'action ou l'inaction de l'État d'accueil.

707. Si on admet que la responsabilité de l'État devant le CIRDI relève de l'ordre juridique international, il faut tout de même convenir qu'on est face à un cas atypique ou pour le moins exceptionnel de responsabilité internationale. Atypique et exceptionnel car les personnes privées (personnes morales ou physiques) n'ont *a priori* pas accès directement à l'ordre juridique international. En règle générale, il est admis par la doctrine majoritaire que les personnes privées ne sont pas sujets de droit international[1316]. Les sujets immédiats de droit international communément admis sont surtout les États et les organisations internationales. Dans la plupart des cas, l'État fait « *écran* » entre les personnes privées et le droit international[1317]. Par exemple, dans le contentieux des droits de l'homme ou dans celui de la protection diplomatique[1318] ou consulaire, la médiation de l'État d'origine de la personne privée est indispensable[1319]. Il est rare que les personnes privées puissent se prévaloir directement au plan international de leurs droits. D'ailleurs, leur personnalité juridique, leur capacité d'action ou même leur responsabilité sont fixées par les ordres juridiques étatiques. Or le système CIRDI donne la faculté aux personnes privées qui ont la qualité d'investisseur d'ester devant des tribunaux arbitraux internationaux en cas de différend avec un pays d'accueil. Comme l'a démontré le professeur Alain PELLET, cette faculté constitue certes une « *entorse* » mais elle n'est pas

---

[1314] *Ibid.*, p. 160.

[1315] Comme dans le cas de l'Argentine.

[1316] V. A. PELLET, « Le droit international à l'aube du XXIe siècle », *in Cursos Euromediterráneoes Bancaja de Derecho Internacional*, Pamplona, Aranzadi, 1998, p. 83 à 90. Pour cet auteur les personnes privées sont des « *objets* » du droit international et non des « *sujets* ».

[1317] V. P. DAILLIER, M. FORTEAU et A. PELLET, *op.cit.*, p. 717.

[1318] *Ibid.*, p. 83. Selon cet auteur la protection diplomatique est la manifestation de la « *répugnance* » du droit international classique pour la reconnaissance d'une quelconque personnalité juridique internationale pour les personnes privées. Il parle ainsi de fiction à son égard.

[1319] Par exemple, la CIJ à travers son arrêt *LaGrand* Allemagne c/ États-Unis du 27 juin 2001a rappelé que l'article 36 paragraphe 1er, de la Convention de Vienne de 1963 sur les relations consulaires crée des droits individuels qui ne peuvent être invoqués devant la Cour que par l'État dont la personne a la nationalité.

isolée dans l'ordre juridique international car depuis 1919, à l'issue des guerres mondiales, les ressortissants des pays vainqueurs ont pu intenter contre les États vaincus des recours en indemnités devant des juridictions *ad hoc* nommées Tribunaux Arbitraux Mixtes (TAM)[1320].

708. Nous sommes donc face à un des rares cas d'admission de la capacité à agir des personnes privées dans l'ordre international. Cette spécificité a poussé des auteurs à voir dans la responsabilité émanant des instances du CIRDI une responsabilité « *hybride* » de droit international et de droit interne et non uniquement de droit international[1321]. Ces mêmes auteurs y voient également un « sous-système de responsabilité » au sein du régime général de la responsabilité internationale des États[1322]. Pour démontrer leur théorie, ces auteurs partent du postulat qu'un traité international peut créer un système spécifique de responsabilité internationale. Un système composé d'une part de règles primaires, c'est-à-dire d'obligations substantielles souscrites par les parties dont la violation entraîne la responsabilité de l'État et d'autre part de règles secondaires relatives à la mise en jeu de la responsabilité de l'État. Selon eux, c'est un tel système qui est mis en place par les TBI mais qui a la particularité de permettre à des individus de saisir des juridictions arbitrales. Pour eux leur hypothèse est étayée par l'article 33 § 2 des Articles de la Commission de Droit International (CDI) sur la responsabilité de l'État[1323] et par la jurisprudence du CIRDI, articles qui utilisent dans leur grande majorité les règles de droit coutumier en matière de responsabilité et le droit international public. Même si cette démonstration est séduisante sous de nombreux aspects, elle n'est pas complètement convaincante car il est difficile d'admettre qu'il puisse exister un sous système de responsabilité instauré par le CIRDI[1324]. Nous sommes plus de l'avis des professeurs Patrick DAILLIER et Alain PELLET lorsqu'ils considèrent que le progrès de la capacité juridique des États devant le CIRDI est à mettre sur le compte de la « *réalité des rapports de force économiques* »[1325].

[1320] *Ibid.*, p. 91. Dans ce même cas de figure, l'auteur cite le Tribunal des différends irano-américains institué par la Déclaration d'Alger de 1981 pour statuer sur les demandes des ressortissants américains contre l'Iran ou iraniens contre les États-Unis et la Commission d'indemnisation instituée par le Conseil de sécurité des Nations Unies à la suite de l'invasion du Koweït.

[1321] Parmi ces auteurs, nous retrouvons Zachary DOUGLAS cité par Ch. LEBEN, « La responsabilité internationale de l'État sur le fondement des traités de promotion et de protection des investissements », *AFDI*, 2004, p. 683 à 714, spéc., p. 691 à 694.

[1322] *Ibid.*, p. 694 à 697.

[1323] Cet article dispose que : « *La présente est sans préjudice de tout droit que la responsabilité internationale de l'État peut faire naître directement au profit d'une personne ou d'une entité autre qu'un État* ».

[1324] *Ibid.*, p. 691 et 696.

[1325] V. P. DAILLIER, M. FORTEAU et A. PELLET, *op.cit.*, p.718.

709. Pour mieux comprendre cette idée, il faut se replacer dans la période de la signature de la Convention de Washington, c'est-à-dire dans la première moitié des années soixante. D'un côté, la plupart des États africains sont en pleine période de Décolonisation. Les pays de l'Amérique Latine sont eux dans une phase d'économie semi-fermée où l'industrialisation joue un rôle important dans la stratégie de développement. De manière générale, tous ces États ont grand besoin d'importer des capitaux sous la forme d'investissements[1326]. D'un autre côté, nous retrouvons dans les pays du Nord dont les économies sont en pleine croissance et expansion[1327] des nationaux (personnes physiques et personnes morales comme les sociétés transnationales) désireux d'exporter des capitaux, d'investir et d'acquérir des matières premières et de nouveaux marchés. Ainsi, dans une même balance se rencontrent besoin vital d'attirer des investissements des pays du Sud et celui d'investir des pays du Nord. Nul n'est besoin de préciser que dans la réalité économique, le poids des besoins des premiers est moins lourd et important que celui des seconds. Par conséquent, la personnalité juridique octroyée aux investisseurs et la possibilité d'engager la responsabilité des États d'accueil devant les juridictions CIRDI, peuvent être perçus comme un régime favorable ou même une sorte de privilège accordé aux pays

[1326] Pour se rendre compte de ce besoin il suffit de regarder les dates d'adhésion de certains États de l'OHADA à la Convention de Washington. Dès 1965 de nombreux États avaient déjà pris des instruments nationaux pour rendre applicable le droit CIRDI. Cela a été le cas en Côte d'Ivoire avec la loi n°65-237 du 26 juin 1965 autorisant le Président de la République à ratifier la Convention passée avec la Banque Internationale pour la Reconstruction et le Développement pour le règlement des différends relatifs aux investissements entre États et ressortissants d'autres États et le décret n° 65-238 du 28 juin 1965 portant ratification de la Convention passée avec la Banque Internationale pour la Reconstruction et le Développement pour le règlement des différends relatifs aux investissements entre États et ressortissants d'autres États. Au Burkina Faso par l'ordonnance n°17/PRES/DEV.T/AET du 31 mars 1966 portant ratification de la Convention pour le règlement des différends relatifs aux investissements entre États et ressortissants d'autres États conclue sous les auspices de la Banque Internationale pour la Reconstruction et le Développement. Au Cameroun à travers la loi n° 66/LF/13 du 30 août 1966 autorisant le Président de la République Fédérale à ratifier la Convention pour le règlement des différends relatifs aux investissements entre États et ressortissants d'autres États et le décret n° 66/DF/454 du 30 août 1966 portant ratification de la Convention pour le règlement des différends relatifs aux investissements entre États et ressortissants d'autres États. En République Démocratique du Congo par la loi n° 69/65 autorisant la ratification de la Convention pour le règlement des différends relatifs aux investissements entre États et ressortissants d'autres États. Au Gabon à travers la loi n°19/65 du 20 décembre 1965 portant ratification de la Convention pour le règlement des différends relatifs aux investissements entre États et ressortissants d'autres États. Et enfin ai Sénégal par la loi n°67-14 du 28 février 1967 autorisant le Président de la République à ratifier la Convention pour le règlement des différends relatifs aux investissements entre états et ressortissants d'autres États et le décret n° 67-517 du 19 mai 1967 ordonnant la publication au J.O. de la Convention pour le règlement des différends relatifs aux investissements entre États et ressortissants d'autres États.

[1327] Par exemple, l'économie française connaissait l'une de ses périodes les plus fastes dans l'histoire contemporaine : les *Trente glorieuses* (période qui va de 1945 à 1975).

développés de pouvoir protéger leurs nationaux en cas de litige face à un pays en développement. C'est une garantie de sécurité juridique supplémentaire pour leurs nationaux. La reconnaissance d'une telle personnalité résulte de la conclusion par un État d'un contrat internationalisé avec une société transnationale[1328]. Elle est dérivée de la volonté étatique et est fonctionnelle car elle se limite à ce qui est nécessaire à la société pour faire respecter ses droits. De ce fait, cette personnalité juridique n'est pas pleine et entière, elle est *mineure* et *dérivée* et créé par la-même des sujets de droit *mineurs* et *dérivés*[1329] qui sont contrôlés par les États.

710. Si la reconnaissance de cette personnalité et la règlementation de l'activité des sociétés transnationales a pu soulever des interrogations[1330] et même l'hostilité notamment d'auteurs originaires des pays en développement[1331], nous préférons y voir une possibilité de les encadrer et d'engager leur responsabilité en cas de survenance de dommages liés à leurs activités sur les populations[1332] ou l'environnement des pays d'accueil des investissements[1333]. Il est en effet logique d'envisager le fait que si la personnalité juridique, même *mineure*, et des droits leur sont reconnus,

---

1328 V. P. DAILLIER, M. FORTEAU et A. PELLET, *op.cit.*, p.715.

1329 *Ibid.*, p. 714

1330 Sur ces interrogations v. F. HATEM, « Quel cadre juridique pour l'activité des firmes multinationales ? Les lacunes d'une législation restée trop nationale », *Economie internationale/International Economics* : la Revue du CEPII, Centre d'Étude Prospectives et d'Informations Internationales (CEPII), 1995, 3ème trimestre, n°63, p. 71 à 98. A travers cet article, l'auteur démontre que les multinationales soulèvent des interrogations quant à l'application du droit social, du droit de l'environnement, du droit de la concurrence et de la propriété intellectuelle. V. aussi M. BÉLANGER, *op.cit.*, p. 173 à 179. A travers cette section de son ouvrage, l'auteur a pu mettre en exergue plusieurs problèmes qui entourent ce type d'entreprise. Premièrement, le fait qu'il est difficile de cerner les caractères des sociétés transnationales parce que ceux-ci sont mouvants et évolutifs. Deuxièmement, la difficulté de leur donner une définition juridique car elles n'existent pas en tant que catégorie juridique. Enfin, l'auteur souligne qu'il existe un double problème de règlementation des activités des sociétés transnationales (les difficultés liées à la notion de code bonne conduite et à leur statut).

1331 Parmi ces auteurs nous retrouvons des auteurs latino américains comme E. JIMENEZ DE ARECHAGA cité par J.-P. LAVIEC, *op.cit.*, p. 271. V. aussi D. CARREAU et P. JUILLARD, *Droit international économique*, *op.cit.*, p.476 à 531.

1332 Sur le lien entre les droits de l'homme les entreprises transnationales v. O. de SHUTTER, « Les affaires Total et Unocal : complicité et extraterritorialité dans l'imposition aux entreprises d'obligations en matière de droits de l'homme », *AFDI*, 2006, volume 52, p. 55 à 101.

1333 Sur l'émergence d'un droit de la responsabilité des sociétés transnationales en cas de dommage v. S. GABRIELE, *Vers une émergence de la responsabilité des multinationales en matière de violations des droits de l'homme ?*, Mémoire de Master dirigé par le professeur B. STERN, Université Paris I, Panthéon-Sorbonne, année universitaire 2005-2006, p. 59 à 116. V. aussi Ph. KAHN, « Investissements internationaux et droits de l'homme », *in Où va le droit de l'investissement, Désordre normatif et recherche d'équilibre,* actes du colloque organisé à Tunis les 3 et 4 mars 2006, (sous la direction de F. HORCHANI), Paris, Pedone, 2006, p. 101 à 104.

qu'elles soient responsables de leurs actes[1334]. Pour appuyer cette idée, nous pouvons reprendre les mots de la CIJ prononcés dans l'arrêt *Barcelona Traction* de 1970 qui précise que : « *La responsabilité est le corollaire nécessaire du droit* »[1335]. Une fois que le fondement de la responsabilité des États devant le CIRDI est précisé, nous pouvons présenter des cas touchant les pays du Mercosur et de l'OHADA.

b. La mise en jeu de la responsabilité des États du Mercosur et de l'OHADA devant les tribunaux du CIRDI

711. Ces dernières années, s'il y a un État du Mercosur qui a vu à plusieurs reprises des parties privées vouloir mettre en jeu sa responsabilité par les instances du CIRDI c'est bien l'Argentine[1336]. A ce jour, il y a au moins une dizaine de procédures arbitrales en cours intentées contre ce pays[1337] et un nombre important de décisions et de sentences ont déjà été rendues (plus d'une trentaine). Ces éléments mettent ce pays à la première place mondiale des États en posture de défendeurs devant tribunaux CIRDI. Il convient donc d'isoler l'étude de cas de ce pays de celui des autres États membres du Mercosur.

b.1. Le cas de la mise en jeu de la responsabilité de l'Argentine devant les tribunaux arbitraux du CIRDI

712. L'origine de cette situation est à placer à partir de 2001 où l'Argentine a été confrontée à une crise politique, financière et sociale. Cette grave crise a conduit les autorités de ce pays à adopter plusieurs mesures d'urgence[1338] comme la loi dite d'*emergencia económica* (loi n° 25.561 adoptée le 6 janvier 2002), la dévaluation de sa monnaie (*peso*) de plus de 70

[1334] Nous pensons bien sûr à une responsabilité dans l'ordre juridique interne car seuls les États et les organisations internationales sont responsables dans l'ordre international.

[1335] V. le paragraphe 36 de l'arrêt de la CIJ rendue dans l'affaire de la *Barcelona Traction* du 5 février 1970. (*C.I.J Recueil*, 1970, p. 33).

[1336] L'Argentine est le pays qui a été le plus souvent défendeur devant les tribunaux du CIRDI (49 sentences ont déjà été rendues). Sur l'accroissement du contentieux du CIRDI concernant l'Argentine v. A. A. ESCOBAR, « Argentina's Multiplication of Investor-State Arbitration Proceedings », *in Le contentieux arbitral transnational relatif à l'investissement Nouveaux développements*, Paris, Anthemis, LGDJ, 2006, p. 219 à 236.

[1337] Plusieurs procédures arbitrales CIRDI sont en cours avec l'Argentine en position de défendeur. A titre d'exemple, nous pouvons citer les affaires : *Enron Creditors Recovery Corporation and Ponderosa Assets, L.P. c/ Argentine* (cas n°ARB/01/3), *AES Corporation c/ Argentine* (cas n°ARB/02/17) ou encore *Camuzzi International S.A. c/ Argentine* (cas n°ARB/03/2). La liste complète de ces affaires est consultable sur www.icsid.worldbank.org.

[1338] Sur ces mesures v. F. ABRIANI, « L'affaire *LG & E vs Argentine Republic* Quelques réflexions sur le rôle du Centre international pour le règlement de différends relatifs aux investissements », *in Droit et économie de la régulation, Responsabilité et régulations économiques*, (sous la direction de M.-A. FRISON-ROCHE), 2007, volume 5, Paris, Presses de Sciences Politiques et Dalloz, p. 171 à 187.

% en 2002, la modification de la loi de *convertibilidad* qui disposait la parité du *peso* argentin au dollar américain (la technique du *currency board*). Par la suite, les autorités argentines ont gelé tous les tarifs des services publics, ont fixé ces tarifs en *pesos* argentins et ont imposé la renégociation de tous les contrats concernant les concessions de services publics. Or de nombreuses entreprises étrangères étaient concessionnaires de services publics argentins[1339]. Ces sociétés étrangères ont perdu d'importants revenus et, pour certaines, leur valeur, du fait que les prix prévus dans les contrats étaient fixés en monnaie argentine à un moment où le *peso* argentin était à parité avec le dollar. Ces investisseurs se sont retrouvés lésés et ont dans la plupart des cas décidé de faire jouer les clauses d'arbitrage prévues dans les TBI qui dans leur grande majorité prévoient, entre autres[1340], la saisine et la compétence du CIRDI. A titre d'illustration, dans le TBI entre la France et l'Argentine du 3 juillet 1991, il est prévu que les parties ont le choix de saisir un tribunal arbitral CIRDI[1341]. C'est sur la base de ce traité que les sociétés *Compagnie Générale des Eaux* (devenue par la suite *Vivendi*) et sa filiale *Compañía de Aguas del Aconquija* (*CAA*) ont saisi un tribunal CIRDI dans un différend qui l'opposait à l'Argentine à propos d'une concession de distribution d'eau[1342]. Selon les demanderesses, les agissements commis par l'Argentine et la Province de Tucumán, avaient conduit à mettre un terme à la concession conclue entre ladite province et la *CAA*, leur causant ainsi un important préjudice[1343]. En première instance, elles ont décidé d'engager la responsabilité internationale de l'Argentine pour fait illicite provenant de la violation du TBI. Devant le tribunal arbitral, l'Argentine a soulevé l'argument selon lequel elle ne pouvait pas être tenue pour responsable des actes d'une de ses Provinces en vertu du droit constitutionnel argentin[1344]. Le tribunal arbitral dans sa sentence du 21 novembre 2000[1345]a rejeté la

[1339] Dans le début des années quatre vingt-dix, sous l'impulsion du FMI, l'Argentine a été témoin d'une importante vague de privatisations d'entreprises publiques (eau, gaz et transport) causée par l'imposante dette du pays. Ces privatisations ont ouvert l'économie argentine à des investisseurs d'origine étrangère.

[1340] Il est courant que dans un TBI, les parties aient le choix entre plusieurs modes de résolution du différend comme le recours à une juridiction nationale, la saisine d'un tribunal arbitral *ad hoc*, d'un tribunal arbitral CNUDCI ou encore CIRDI. Cependant, une fois que le choix est effectué par les parties, elles peuvent avoir l'obligation de s'y tenir par le biais des clauses *fork in the road* aussi appelé *clause electa una via*.

[1341] Sur ce TBI v. Ch. LEBEN, *op.cit.*, p. 698.

[1342] Sur cette décision d'annulation CIRDI n°ARB/97/3 *Compañía de Aguas del Aconquija et Vivendi c/ Argentine* du 3 juillet 2002 v. E. GAILLARD, *La jurisprudence du CIRDI,* volume I, *op.cit.*, p. 421.

[1343] Cette concession avait été conclue le 18 mai 1993 pour une période de trente ans. Les demanderesses alléguaient avoir perdu 300 millions de dollar.

[1344] V. le paragraphe 48 de la sentence de la première instance.

[1345] V. la sentence CIRDI n° ARB/97/3 du 21 novembre 2000 *Compañía de Aguas del Aconquija et Compagnie Générale des Eaux c/ Argentine*. Cette sentence a été par la suite annulée par un comité ad hoc le 3 juillet 2002. Pour ce comité *ad hoc*, le tribunal arbitral avait

demande des demanderesses car il a estimé que l'Argentine n'avait pas manqué à ses obligations internationales contenues dans le TBI France-Argentine. Il a été aussi précisément question de la responsabilité de ce pays dans la très importante affaire *LG&E c/ Argentine* du 3 octobre 2006[1346] qui portait sur un litige relatif au secteur gaz naturel[1347]. Suite à l'adoption des mesures d'urgence, citées ci-dessus, par les autorités argentines, les sociétés *LG&E* ont considéré qu'elles avaient subi un préjudice du fait de la modification des tarifs du service public de distribution et de transport du gaz. Elles ont ainsi décidé de saisir un tribunal arbitral CIRDI sur la base d'une violation des engagements internationaux de l'Argentine[1348]. Pour se prononcer sur ce point, le tribunal arbitral a analysé les faits reprochés à l'Argentine. Il a essayé de déterminer s'il y avait eu une violation au traitement juste et équitable, si les mesures adoptées par l'Argentine avaient un caractère arbitraire et discriminatoire, s'il y avait eu un manquement à la clause de respect des engagements (ou *umbrella clause*), s'il y avait l'existence d'une expropriation indirecte et enfin si, comme argumentait l'Argentine, l'état de nécessité[1349] pouvait justifier le recours à ces mesures. Dans sa décision, le tribunal a considéré que les mesures prises par l'Argentine étaient injustes, inéquitables[1350] et discriminatoires[1351] mais

---

excédé ses pouvoirs en n'examinant pas au fond les demandes concernant les actes des autorités de la Province du Tucumán en vertu du TBI.

[1346] Sur la décision sur le principe de responsabilité du 3 octobre 2006 à propos de l'affaire CIRDI ARB/02/1 *LG&E c/ Argentine* v. F. ABRIANI, *op.cit.* V. aussi E. GAILLARD, *La jurisprudence du CIRDI,* volume II, *op.cit.*, p. 309 à 331.

[1347] En 1992 la société *Gas del Estado SE* a été privatisée (elle était détenue à 100 % par l'État argentin qui avait le monopole dans le marché du transport et de la distribution de gaz). Cette privatisation a donné lieu à l'entrée sur le marché argentin de plusieurs investisseurs étrangers, dont *LG&E Energy Corp., LG&E Capital Corp. et LG&E International Inc.*, des entreprises américaines qui avaient acquis des licences.

[1348] V. l'article II (2) du TBI passé entre les États-Unis et l'Argentine le 14 novembre 1991 qui contient une clause dite *umbrella clause* car elle dispose que chaque partie respectera les engagements qu'elle a pris à l'égard des investissements. Ce type de clauses comporte l'obligation de respecter tous les engagements à l'égard des investisseurs étrangers, y compris ceux avec lesquels le compromis a été pris par voie contractuelle.

[1349] L'état de nécessité était prévu dans l'article XI du TBI. Cet article prévoit qu'il n'interdit pas à l'État de prendre « *les mesures nécessaires au maintien de l'ordre public ... ou des intérêts essentiels de sécurité* ».

[1350] V. le paragraphe 139 de la décision. Le tribunal a considéré, entre autres, que la détermination des tarifs en *pesos* argentins, le gel des tarifs, et l'imposition d'un processus de renégociation obligatoire des contrats entre l'État et les bénéficiaires de la licence, ont été des mesures injustes et inéquitables à l'égard de *LG & E* au regard des engagements pris entre l'Argentine et les États-Unis.

[1351] V. le paragraphe 146 de la décision. En ce qui concerne le caractère discriminatoire, le tribunal retient quatre caractéristiques : 1) un traitement intentionnel, 2) en faveur d'un national, 3) contre un investisseur étranger et 4) que la mesure adoptée ne soit pas prise dans des circonstances similaires contre un autre national. En l'espèce ces mesures étaient discriminatoires car elles n'ont pas visé d'autres secteurs (comme la distribution de l'électricité).

qu'elles n'étaient pas arbitraires[1352]. En ce qui concerne le manquement à la clause de respect des engagements, le tribunal a considéré que le défendeur avait bien manqué à ses obligations internationales[1353] même si ces mesures n'avaient pas conduit à une expropriation[1354]. De ce fait, il était responsable.

713. Toutes ces questions sont très intéressantes mais, le principal apport de la décision *LG&E c/ Argentine* réside dans l'appréciation par le tribunal arbitral de la notion d'état de nécessité qui a permis à l'Argentine de s'exonérer d'une part de sa responsabilité. En effet, l'Argentine estimait que pour faire face à la crise, elle avait dû appliquer toutes ces mesures litigieuses. Devant le tribunal, elle a invoqué l'article XI du TBI (qui contient une clause de sauvegarde) et les règles de droit international relatives à l'état de nécessité[1355]. Les demandeurs estimaient que cet article était seulement invocable en cas de guerre ou d'actions militaires, ce que le tribunal arbitral a rejeté. Pour ce dernier, la situation de l'Argentine en décembre 2001 appelait incontestablement une réponse immédiate pour restaurer l'ordre civil. Il a ainsi fait droit à l'argument de ce pays mais seulement pour la période qui va du 1er décembre 2001 au 26 avril 2003[1356] (la période d'urgence). Selon le tribunal, dans cette période l'existence même du pays était en péril. L'utilisation de ces mesures se justifiait car elles étaient une manière légitime et nécessaire de protéger tout le système économique et social de ce pays. L'état de nécessité a exclu l'illicéité des agissements de l'Argentine envers *LG&E* pour la période concernée. Partant de là, on peut considérer qu'il n'y a pas d'illicéité et de faute de la part l'Argentine donc nous sommes face à un cas d'exonération de la responsabilité internationale. En revanche, ce pays a été tenu d'indemniser

---

1352 V. le paragraphe 162 de la décision. Selon le tribunal, ces mesures ont été prises sur la base d'un jugement raisonnable.

1353 V. les paragraphes 174 et 175 de la décision.

1354 Pour le tribunal, les mesures litigieuses n'ont pas privé les demanderesses d'un droit de jouir de leur investissement de manière permanente.

1355 Cette notion suppose un péril grave et imminent pour un intérêt essentiel d'un État, v. article 25 des Articles de la CDI sur la responsabilité de l'État pour fait internationalement illicite : 1. « *L'État ne peut invoquer l'état de nécessité comme cause d'exclusion de l'illicéité d'un fait non conforme à l'une de ses obligations internationales que si ce fait : a) Constitue pour l'État le seul moyen de protéger un intérêt essentiel contre un péril grave et imminent; et b) Ne porte pas gravement atteinte à un intérêt essentiel de l'État ou des États à l'égard desquels l'obligation existe ou de la communauté internationale dans son ensemble. 2. En tout cas, l'état de nécessité ne peut être invoqué par l'État comme cause d'exclusion de l'illicéité : a) Si l'obligation internationale en question exclut la possibilité d'invoquer l'état de nécessité; ou b) Si l'État a contribué à la survenance de cette situation* ». V. aussi l'arrêt de la CIJ rendu dans l'affaire du *Projet Gabcikovo-Nagymaros* du 25 septembre 1997 (paragraphe 49 et s.). Cette arrêt a été commenté par S. MALJEAN-DUBOIS, « L'arrêt rendu par la Cour international de Justice le 25 septembre 1997 en l'affaire relative au projet Gabcikovo-Nagymaros (Hongrie c./ Slovaquie) », *AFDI*, 1997, volume 43, p. 295 à 312.

1356 V. les paragraphes 205 et 266 de la décision.

les sociétés[1357]. Cette décision est d'autant plus intéressante qu'un tribunal CIRDI dans le litige qui opposait la société *CMS* à l'Argentine avait refusé cette même argumentation. Dans la sentence *CMS c/ Argentine* du 12 mai 2005[1358] pour des faits très similaires[1359], l'Argentine avait invoqué l'état de nécessité[1360] et le tribunal arbitral avait répondu qu'il ne lui appartenait pas de se prononcer sur la politique économique adoptée par ce pays. Le tribunal arbitral avait estimé que la crise n'était pas assez grave pour faire jouer l'état de nécessité[1361]. De plus, il a considéré que l'État argentin avait lui-même contribué à la création de la crise[1362]. Par conséquent, les solutions données dans les cas *CMS* et *LG&E* sont diamétralement opposées[1363]. Pour cette raison, des auteurs considèrent que la décision *LG&E* fait un véritable « *pied de nez* » à la sentence *CMS* en ne la mentionnant à aucun niveau dans son raisonnement[1364].

714. Emmanuel GAILLARD semble avoir identifié l'élément qui fonde la divergence entre ces deux décisions[1365]. Selon lui, les deux décisions sont différentes car les tribunaux arbitraux ont interprété différemment les critères contenus dans l'article 25 des Articles de la CDI sur la responsabilité de l'État pour fait internationalement illicite. Dans l'affaire *CMS* le tribunal a considéré que la situation de l'Argentine de 2001 à 2003 ne remplissait pas les critères et dans le cas *LG&E*, le tribunal a considéré l'inverse. Les éléments de démonstration fournis par Brigitte STERN apportent plus d'éclaircissements sur le raisonnement des arbitres dans le cas *CMS*[1366]. Pour

---

[1357] L'Argentine a été condamnée a verser 57,4 millions de dollars avec des intérêts composés. Sur cette condamnation v. E. GAILLARD, *op.cit.*, p. 326 à 327 et J. FOURET et D. KHAYAT, *op.cit.*, p. 573. Dans ce cas, le tribunal a, semble t-il, utilisé le précédent posé par la CIJ dans l'affaire *Projet Gabcikovo-Nagymaros*. Dans le paragraphe 101 de cet arrêt, la CIJ a rappelé que : « ... *même si l'existence d'un état de nécessité est établie, il ne peut être mis fin à un traité sur cette base. L'état de nécessité ne peut être invoqué que pour exonérer de sa responsabilité un État qui n'a pas exécuté un traité. Même si l'on considère que l'invocation de ce motif est justifiée, le traité ne prend pas fin pour autant; il peut être privé d'effet tant que l'état de nécessité persiste; il peut être inopérant en fait, mais il reste en vigueur, à moins que les parties n'y mettent fin d'un commun accord. Dès que l'état de nécessité disparaît, le devoir de s'acquitter des obligations découlant du traité renaît* ».

[1358] Sur la sentence CIRDI n°ARB/01/08 *CMS c/ Argentine* v. E. GAILLARD, *La jurisprudence du CIRDI,* volume II *op.cit.*, p. 177 à 194 et 413 à 427.

[1359] En l'espèce, il s'agissait aussi d'un différend sur une concession de gaz avec une société américaine donc sur le fondement du même TBI. L'investisseur se plaignait aussi des effets des mesures d'urgence sur son investissement.

[1360] L'Argentine avait invoqué l'état de nécessité dans son droit interne et selon les modalités du droit international coutumier

[1361] *Ibid.*, p. 327. V. aussi le paragraphe 320 de la sentence.

[1362] V. le paragraphe 329 de la sentence.

[1363] *Ibid.*, p. 327 à 331.

[1364] Sur cette affirmation v. J. FOURET et D. KHAYAT, *op.cit.*, p. 461 à 469.

[1365] *Ibid.*, p. 328.

[1366] V. B. STERN, « La nécessité économique et financière », *in La nécessité en droit international : colloque de Grenoble*, SFDI, Paris, Pedone, 2007, p. 349 à 355. Cette auteure

cette auteure, l'Argentine n'avait pas suffisamment prouvé au tribunal CIRDI qu'elle ne disposait d'aucun autre moyen d'action face à la crise[1367]. Toujours selon elle, dans son argumentaire, l'Argentine n'avait pas démontré qu'elle devait faire face à un péril grave et imminent. Il est vrai qu'entre les deux affaires une année civile s'est quasiment écoulée ce qui a peut être laissé le temps aux conseils de l'État argentin d'affiner leur défense. Nous devons tout de même souligner que dans l'affaire *LG&E*, il s'agit bien d'une décision et non d'une sentence, ce qui change la valeur et la portée de sa solution car une sentence est recouverte de l'autorité de la chose jugée[1368]. Cependant, nous considérons qu'elle est plus proche du droit[1369] et de la réalité que la sentence *CMS* de 2005. En prenant en compte la crise que traversait ce pays pour l'exonérer de sa responsabilité sur une période de deux ans, le tribunal arbitral a non seulement fait une bonne application de l'article 25 des Articles de la CDI mais il a également démontré qu'il n'était pas coupé des réalités économiques et sociales des pays membres du CIRDI. C'est le lieu ici de relever les liens qui unissent le CIRDI et la Banque Mondiale. Même si le CIRDI est une institution indépendante dont on ne peut absolument pas remettre en question l'indépendance et la très haute compétence de ses arbitres[1370], elle reste une des cinq organisations qui composent le Groupe de la Banque Mondiale[1371]. Partant de là, il est normal

---

fonde sa démonstration sur l'article 25 a) des Articles de la CDI qui énonce que : « *Constitue pour l'État le seul moyen de protéger un intérêt essentiel contre un péril grave et imminent* ».

1367 *Ibid.*, p. 353.

1368 La procédure au fond est actuellement en cours devant un tribunal arbitral CIRDI.

1369 A la suite la sentence *CMS* du 12 mai 2005, l'Argentine a présenté un recours en annulation pour « excès de pouvoir manifeste du tribunal ». Dans sa décision du 25 septembre 2007, le nouveau comité *ad hoc* saisit a conclu que plusieurs « erreurs de droit » avaient été commises par son prédécesseur en ce qui concerne l'état de nécessité : la confusion entre la clause de sauvegarde de l'article XI du TBI et l'article 25 des Article de la CDI et le fait que l'article 27 des Articles de la CDI n'était pas applicable. Sur les erreurs de droit de la décision *CMS* de 2005 v. T. CHRISTAKIS, « Quel remède à l'éclatement de la jurisprudence CIRDI sur les investissements en Argentine ? La décision du comité ad hoc dans l'affaire CMS C. Argentine », *RGDIP*, 2007, n°4, octobre-décembre, p. 879 à 896.

1370 Généralement, les tribunaux arbitraux CIRDI sont composés de personnes hautement qualifiées dans le domaine du droit international : comme des professeurs d'université ou des avocats spécialisés. Dans la liste des arbitres CIRDI nous retrouvons régulièrement d'importants universitaires français comme les professeurs P. WEIL, B. STERN, E. GAILLARD et aussi G. KAUFMANN-KOHLER. Le professeur A. PELLET est intervenu dans plusieurs cas comme conseil.

1371 V. M. BÉLANGER, *op.cit.*, p. 47 à 54. Le Groupe de la Banque Mondiale est composé de cinq organisations : La Banque Internationale pour la Reconstruction et le Développement (BIRD) qui prête aux pays à revenu intermédiaire et aux pays pauvres solvables. L'Association Internationale de Développement (IDA) qui accorde des prêts ou des crédits sans intérêt et des dons aux pays les plus pauvres de la planète. La Société Financière Internationale (IFC) qui finance des prêts, des fonds propres et des services-conseil pour stimuler l'investissement privé dans les pays en développement. L'Agence Multilatérale de Garantie des Investissements (MIGA) qui offre aux investisseurs des garanties contre les pertes associées aux risques non commerciaux dans les pays en développement. Le Centre

que certaines décisions soient prises en considération de facteurs économiques et financiers. Cela va dans le sens du renforcement de la sécurité juridique. D'ailleurs, la décision *LG&E* n'a pas empêché les tribunaux CIRDI saisis d'autres demandes concernant l'Argentine de se prononcer sur la responsabilité de ce pays comme dans les affaires *Enron* du 22 mai 2007 et *Sempra* du 28 septembre 2007[1372] mais aussi dans des cas plus récents comme l'affaire *SAUR International c/ Argentine* du 6 juin 2012. Dans ce litige, le tribunal arbitral a rappelé que l'État argentin était responsable internationalement pour les actes qui avaient conduit à une expropriation de l'investissement de la société *SAUR International*[1373]. Il semble qu'une tendance se dessine de toutes ces solutions, à savoir que si le préjudice de l'investisseur conduit à une expropriation, la responsabilité de l'Argentine risque d'être retenue. Pour étayer ce raisonnement, on peut souligner que dans le cas *LG&G* il n'y avait justement pas eu d'expropriation parce que l'effet des mesures adoptées ne s'était pas traduit de manière permanente sur la valeur des actions détenues par *LG&E* et que l'investissement n'avait pas cessé d'exister. Au total, dans le Mercosur, l'Argentine représente le pays le plus touché par les demandes des investisseurs devant le CIRDI. Le Venezuela vient en seconde position loin devant les autres pays membres.

<u>b.2. La mise en jeu de la responsabilité des autres pays membres du Mercosur devant les tribunaux arbitraux du CIRDI</u>

715. Lors du sommet de Mendoza (Argentine) du 28 au 29 juin 2012, l'Argentine, le Brésil et l'Uruguay ont approuvé le mécanisme d'adhésion du Venezuela comme membre à part entière du Mercosur. Cette adhésion est devenue effective le 30 juillet 2012 lors de la Réunion Extraordinaire du GMC qui s'est tenue à Brasilia (Brésil)[1374]. A l'instar de l'Argentine, ce pays fait face à de nombreuses demandes des investisseurs devant les tribunaux CIRDI[1375]. A ce jour, le Venezuela a été trente-six fois dans la position du

---

international pour le règlement des différends relatifs aux investissements (CIRDI) qui offre des mécanismes internationaux de conciliation et d'arbitrage des différends liés aux investissements.

[1372] *Ibid.*, p. 884 à 886 où l'auteur démontre que dans ces deux affaires les arbitres ont suivi le même raisonnement que dans la sentence *CMS* de 2005. Selon lui, cet aspect contribue à « *l'éclatement* » de la jurisprudence du CIRDI.

[1373] V. les paragraphes 383 et 384 de la décision.

[1374] Le compte rendu de cette réunion MERCOSUR/GMC/EXT/ATA/ n°02/12 est consultable sur http://www.mercosur.int/.

[1375] Plusieurs affaires sont en cours devant le CIRDI avec le Venezuela en tant que défendeur. Nous pouvons citer les affaires : *Holcim Limited, Holderfin B.V.* et *Caricement B.V. c/ Venezuela* (cas n°ARB/09/3), *Tidewater Inc. c/ Venezuela* (cas n°ARB/10/5), *Universal Compression International Holdings* et *S.L.U. c/ Venezuela* (cas n°ARB/10/9) et enfin *Opic Karimun Corporation c/ Venezuela* (cas n°ARB/10/14).

défendeur devant les instances du CIRDI[1376], ce qui le classe en deuxième position mondiale. Parmi les sentences arbitrales du CIRDI déjà rendues, nous pouvons retenir le litige qui a opposé la société *Autopista Concesionada de Venezuela* (*AUCOVEN*) au Venezuela en 2003[1377]. Ce litige portait sur un contrat relatif à la conception, la construction[1378] et l'exploitation d'infrastructures publiques (autoroutes) au Venezuela. Suite à une offre publique, le contrat avait été confié à la société *AUCOVEN* de nationalité vénézuélienne mais qui était la filiale d'une firme américaine. Dans ce contrat, il était prévu que l'une des principales ressources d'*AUCOVEN* devait être tirée du recouvrement des péages. Cet accord prévoyait également que le tarif des péages devait augmenter progressivement avec l'accord préalable des autorités vénézuéliennes et que si ce taux devait rester à son plus bas niveau, l'État du Venezuela s'engageait à compenser *AUCOVEN* à travers une clause de maintien de l'équilibre financier[1379]. En 1997, suite à une augmentation des péages, de violentes protestations ont éclaté dans le pays. En vain, *AUCOVEN* a sollicité à plusieurs reprises les autorités vénézuéliennes pour obtenir la compensation. La société décida donc de résilier le contrat le 13 juin 2000 et saisit un tribunal arbitral CIRDI pour obtenir une réparation de son préjudice. Selon elle, l'inaction des autorités avait conduit à la perte de son investissement. Le Venezuela a contesté la compétence du CIRDI au motif que la société était de droit local et qu'elle n'était pas partie d'un pays signataire d'un TBI. Il a aussi soulevé les arguments selon lesquels la concession n'était pas valide[1380] et que les événements avaient rendu impossible le recouvrement des sommes liées au péage. Dans sa sentence du 23 septembre 2003, le tribunal arbitral a considéré que le Venezuela devait être tenu en partie pour responsable de l'expropriation subie par *AUCOVEN* et que, de ce fait, il devait l'indemniser. Cette indemnisation découlait d'un manque de bonne foi dans l'exécution du contrat des autorités vénézuéliennes notamment en raison de l'hostilité des parlementaires envers *AUCOVEN*[1381]. Le tribunal a ajouté que l'État du Venezuela devait être tenu pour responsable de la « *conduite* » des membres de son assemblée nationale[1382]. Cette sentence est surprenante à divers égards parce que dans les faits il n'existait pas de TBI entre les États-Unis et le Venezuela. Pour fonder sa compétence, le tribunal arbitral s'est basé sur le principe général

---

1376 Sur ce chiffre v. http://kluwerarbitrationblog.com.

1377 Sur cette sentence CIRDI n°ARB/00/05 *AUCOVEN c/ Venezuela* du 23 septembre 2003 v. E. GAILLARD, *La jurisprudence du CIRDI*, volume I, *op.cit.*, p. 837 et s. V. aussi J. FOURET et D. KHAYAT, *op.cit.*, p. 136 à 147.

1378 Le contrat signé le 23 décembre 1996 disposait que la concession était prévue pour trente ans.

1379 V. les paragraphes 27 à 30 de la sentence.

1380 Argument défendu surtout par les parlementaires du Venezuela.

1381 V. le paragraphe 272 de la sentence.

1382 V. le paragraphe 275 de la sentence.

du droit international du commerce selon lequel un État ne peut pas se fonder sur son propre droit pour remettre en cause une obligation contractuelle de recourir à l'arbitrage. Il nous semble donc, qu'en l'espèce, il s'agit d'un cas de responsabilité contractuelle du Venezuela pour un dommage occasionné à un investisseur. Ce pays a été condamné à verser douze million de dollars à *AUCOVEN*. Cette condamnation est l'un des éléments qui ont motivé ce pays à dénoncer la Convention de Washington en juillet 2012.

716. En ce qui concerne les autres États du Mercosur, il faut souligner qu'à ce jour la seule affaire CIRDI qui concerne l'Uruguay est en cours depuis mars 2010[1383]. Ce litige l'oppose aux sociétés *Phillip Morris* et *ABAL Hermanos* à propos de mesures sanitaires nationales ayant pour but la lutte anti-tabac qui ont conduit à l'interdiction de mettre la marque sur les paquets de cigarettes[1384]. Pour ces sociétés, ces mesures constituent une atteinte à leur investissement en Uruguay en ce sens qu'elles restreignent leur droit de propriété. Pour le moment, étant donné que l'affaire est en cours, nous sommes dans l'incapacité de nous livrer à une étude plus approfondie. Le Paraguay a été traduit à trois reprises devant les tribunaux arbitraux CIRDI[1385]. Comme illustration d'une poursuite relative à la responsabilité de cet État, nous pouvons retenir la décision sur la compétence *SGS Société Générale de Surveillance* (*SGS*) *c/ Paraguay* du 10 février 2012. Dans ce différend qui oppose la société *SGS* de droit suisse à l'État de Paraguay, à propos d'un contrat signé en 1996 relatif à des prestations d'inspection douanière de biens avant leur importation. La *SGS* se plaignait du défaut de paiement de nombreuses factures par le Paraguay. La *SGS* a saisi un tribunal arbitral CIRDI pour ces manquements à ses obligations contractuelles en se référant à une violation du TBI qui lie la Suisse au Paraguay[1386]. Elle considère que ces agissements sont contraires aux obligations internationales de ce pays et veut voir sa responsabilité engagée. Le Paraguay a invoqué à son tour une clause limitative de responsabilité contenue dans ledit contrat (clause 5.3). Pour le moment, le tribunal arbitral s'est estimé compétent pour se prononcer sur la responsabilité du Paraguay. Il convient de rappeler que dans la toute première affaire dans laquelle ce pays avait été en position de défendeur, il avait obtenu gain de cause. Il s'agissait du cas *Eudoro Olguín c/ Paraguay* du 26 juillet 2001[1387]. Le tribunal arbitral a considéré que le

---

[1383] Affaire CIRDI n°ARB/10/7 enregistrée le mars 26 mars 2010.

[1384] A travers ces mesures les autorités uruguayennes ont imposé une présentation unique par marque et la mise en garde sanitaire devant couvrir les 80% de la superficie des paquets de cigarettes.

[1385] V. les affaires CIRDI: n°ARB/07/9 *Bureau Veritas* c/ *Paraguay*, n°ARB/98/5 *Eudoro A. Olguín c/ Paraguay* et n°ARB/07/29 *SGS Société Générale de Surveillance S.A. c/ Paraguay.*

[1386] TBI du 31 janvier 1992.

[1387] Sur cette affaire CIRDI n°ARB/98/5 v. E. GAILLARD, La jurisprudence du CIRDI, volume I, *op.cit.*, p. 456 et s.

Paraguay ne pouvait pas être tenu pour responsable de la perte de valeur des actions d'un investisseur (Eudoro Olguín) car il n'y avait pas de négligence de la part de ses organes.

717. Dans le Mercosur, seul le Brésil n'a pas encore vu sa responsabilité engagée devant les instances de CIRDI pour une simple raison : ce pays refuse toujours de signer la Convention de Washington. Au vu des condamnations de ses voisins il nous semble que cette perspective n'est pas réellement d'actualité. D'ailleurs, aucun projet de loi en ce sens n'est à l'étude en ce moment dans ce pays qui privilégie d'autres arbitrages comme l'arbitrage CNUDCI ou CCI[1388]. Il ressort de cette étude des cas qui ont opposé des investisseurs aux États du Mercosur que les tribunaux CIRDI ont tendance à retenir leur compétence et qu'ils peuvent se prononcer de façon effective sur leur responsabilité internationale pour des manquements à des obligations liées au commerce international. Cette tendance est la même pour les États de l'OHADA.

b.3. La mise en jeu de la responsabilité des États de l'OHADA devant les tribunaux arbitraux CIRDI

718. Même si les toutes premières sentences rendues par le CIRDI ont concerné des États de l'OHADA[1389], cette organisation étant constituée de dix-sept pays membres, il n'est pas aisé de traiter tous les cas et toutes les sentences dans lesquels la responsabilité de ces pays a été mise en cause par des investisseurs. Néanmoins, nous pouvons citer un cas intéressant dans le contexte que vivent actuellement certains États africains. Nous pensons particulièrement au différend *American Manufacturing & Trading* (*AMT*) *c/ Zaïre* du 21 février 1997[1390]. Dans cette affaire, la société *AMT* avait subi un dommage matériel important dû à la destruction de certaines installations sous son contrôle par des éléments armés zaïrois[1391]. Devant un tribunal CIRDI, elle décida d'invoquer la responsabilité de l'État zaïrois pour manquement à son devoir de protection des étrangers et de leurs investissements contre les actes illégaux de ses nationaux[1392]. Plus

[1388] V. C . CONEJERO ROOS et R. S. GRION, « Arbitration in Brazil : the ICC experience », *in L'arbitrage en France et en Amérique Latine à l'aube du XXIe siècle, Aspects de droit comparé* (sous la direction de B. FAUVARQUE-COSSON et A. WALD), Paris, Société de la législation comparée, 2008, p. 329 à 374. V. aussi M. M. de MENEZES, « Panorama de l'arbitrage international au Brésil », *op.cit.,* p. 375 à 390.

[1389] Les premières sentences du CIRDI ont été rendues dans les affaires suivantes : *Adriano Gardella c/ Côte d'Ivoire* (29 août 1977), *AGIP c/ Congo* (30 novembre 1979) et *Benvenuti & Bonfant c/ Congo* (8 août 1980). Sur ces sentences v. P. RAMBAUD, « Premiers enseignements des arbitrages du CIRDI », *AFDI*, 1982, volume 28, p. 471 à 491.

[1390] Sur cette sentence CIRDI n°ARB/93/1 *AMT c/ Zaïre* v. E. GAILLARD, *La jurisprudence du CIRDI,* volume I, *op.cit.*, p. 425 à 454.

[1391] Deux attaques perpétrées les 23 et 24 septembre 1991 et les 28 et 29 janvier 1993 contre la société *SINZA* contrôlée à 94% par *AMT* ont occasionné des pertes considérables.

[1392] *Ibid.*, p. 450.

précisément selon elle, les autorités de ce pays n'avaient pas fait le nécessaire pour protéger leur investissement et avaient de ce fait violé le TBI du 3 août 1984 conclu entre les États-Unis et le Zaïre. Le Zaïre, de son côté, a invoqué l'argument selon lequel il n'avait pas à attribuer un traitement plus favorable à *AMT* par rapport à d'autres sociétés (zaïroises ou étrangères). Toujours selon lui, toutes les entreprises sur son sol ont été confrontées aux mêmes difficultés (émeutes, pillages). En l'espèce, le tribunal arbitral a rappelé que c'est une règle bien établie dans le droit international à travers les sentences et les jugements que l'État a l'obligation de protéger les étrangers et leurs investissements. Un raisonnement analogue ayant déjà été suivi dans d'autres affaires[1393] notamment dans celle de *AAPL c/ Sri Lanka* de 1990[1394].

719. Si l'exigence d'un standard minimum en droit international de protection et de sécurité des étrangers et de leur biens n'est pas contestable[1395], ce qui peut l'être, dans ce cas, c'est le fait qu'en l'espèce les destructions subies par *AMT* en République Démocratique du Congo ne provenaient pas d'action de combat, ni encore moins d'actes imputables aux autorités. Ainsi, cette jurisprudence risque d'être transposée dans le contexte de plusieurs États membres de l'OHADA comme la Côte d'Ivoire, le Niger, le Mali[1396] ou encore la République Centrafricaine[1397]. Ces dernières années, ces pays ont été le théâtre de nombreux événements similaires. En Côte d'Ivoire, les années 2010 et 2011 ont été marquées par des pillages et des destructions de nombreuses sociétés dont des firmes étrangères. Rien n'interdit alors de penser que dans un proche avenir, les investisseurs saisiront des tribunaux CIRDI pour obtenir une réparation de leur préjudice. A cet effet, il faut rappeler que la République Démocratique du Congo est le pays de l'OHADA qui s'est retrouvé le plus souvent devant les tribunaux

---

[1393] Dans la sentence *Sanbiaggio* (rendue par la Commission italo-vénézuélienne des réclamations issue du traité du 21 décembre 1920) et dans l'arrêt de la CIJ *Electtronica Sicula* (*ELSI*) rendu le 20 juillet 1989, les juges et arbitres internationaux ont établi et appliqué le *standard de pleine et entière protection et sécurité* pour les étrangers et leurs biens en cas de troubles d'origine intérieur. Sur ces affaires v. D. CARREAU et P. JUILLARD, *op.cit.*, p. 514 à 518.

[1394] Dans cette affaire la responsabilité du Sri Lanka a été engagée pour manque de diligence. Le tribunal arbitral a considéré que ce pays n'avait pas pris toutes les précautions nécessaires pour éviter ce qui s'était produit (la destruction d'un centre d'élevage de crevettes), v. P. RAMBAUD, « Des obligations de l'État vis-à-vis de l'investisseur étranger (sentence AAPL C. SRI LANKA) », *op.cit.*, p. 506 à 508.

[1395] Sur cette question v. P. DAILLIER, M. FORTEAU et A. PELLET, *op.cit.*, p.743 à 746. V. aussi l'arrêt de la CIJ rendu dans l'affaire de la *Barcelona Traction* du 5 février 1970 qui dans son paragraphe 33 a énoncé que « *Dès lors qu'un État admet sur son territoire des investisseurs étrangers ou des ressortissants étrangers, personnes physiques ou morales, il est tenu (...) de leur accorder la protection de la loi* ».

[1396] Le Nord de ce pays est occupé par des groupes armés depuis avril 2012.

[1397] Une rébellion armée en décembre 2012 menace le pouvoir en place.

arbitraux du CIRDI[1398]. Cette donnée n'est pas anodine car certains de ces litiges sont liés aux nombreux soubresauts que connaît ce pays. Si dans les faits les raisons peuvent être différentes, il faut retenir que la responsabilité des États de l'OHADA et du Mercosur, en tant que pays d'accueil des investissements a été très souvent mise en jeu devant les tribunaux CIRDI. Cette possibilité qui a été accordée aux investisseurs privés par la Convention de Washington devait servir comme élément de sécurité juridique pour eux, face à des actes internationalement illicite des États d'accueil. On peut donc affirmer que le système fonctionne, même si des voies se lèvent contre lui. Il existe un dernier cas de figure dans lequel la responsabilité de ces États peut être engagée par des instances arbitrales.

3. La possibilité d'engager la responsabilité des États de l'OHADA et du Mercosur du fait de l'inexécution d'une sentence arbitrale

720. Les États de l'OHADA et du Mercosur peuvent voir leur responsabilité engagée du fait de l'inexécution d'une sentence arbitrale. En effet, l'inexécution d'une sentence arbitrale peut constituer un acte internationalement illicite. Deux facteurs peuvent être à l'origine de ce cas de responsabilité au sein de ces organisations. Le premier est le fait que l'arbitrage OHADA ne distingue pas les personnes physiques des personnes morales[1399]. Ainsi, on peut très bien concevoir qu'un État membre participant à un arbitrage avec une personne privée se retrouve condamné par une sentence. Si l'État refuse d'appliquer cette sentence, sa responsabilité pourra être soulevée devant les tribunaux nationaux. Si le différend oppose deux États de l'OHADA au sujet d'un contrat international, il est tout à fait possible d'envisager que l'État qui a obtenu gain de cause devant le tribunal arbitral, se fonde sur les Articles de la CDI relatifs à la responsabilité de l'État pour invoquer la responsabilité internationale de l'État défaillant[1400].

721. Le deuxième facteur est l'arbitrage interétatique mis en place par les instances du Mercosur. Cet arbitrage dont les résultats sont assez satisfaisants notamment dans le domaine du commerce *intra-Mercosur* et de l'intégration régionale, peut très bien déboucher sur le refus d'exécution d'une sentence par l'un des pays membres. Si ce cas de figure se produit, il va vraisemblablement s'agir de la mise en jeu de la responsabilité internationale de l'État défaillant sur la base des Articles de la CDI pour

---

[1398] V. les affaires: *International Quantum Resources* c/ *RDC* (cas n°ARB/10/21) de 2010, *Banro American c/ RDC* (cas n°ARB/98/7). *Antoine Abou Lahoud c/ RDC* (cas n°ARB/10/4) de 2010. *Russell Resources International Limited c/ RDC* (cas n°ARB/04/11) de 2005. *Ridgepointe Overseas Developments c/ RDC* (cas n°ARB/00/8) de 2000. *Miminco LLC c/ RDC* (cas n°ARB/03/14) de 2004.

[1399] L'article 2 AUA dispose que « *Toute personne physique ou morale peut recourir à l'arbitrage sur les droits dont elle a la libre disposition* ».

[1400] V. les chapitres I et II des Articles de la CDI sur la responsabilité d'un État pour fait illicite.

violation d'une obligation internationale. Bien évidemment, dans toutes ces hypothèses, les parties devront au préalable s'assurer d'avoir épuisé les mécanismes des mesures provisoires et conservatoires mises à leur disposition dans le droit OHADA et dans le droit du Mercosur.

C. L'indemnisation du dommage dans l'arbitrage

722. L'indemnisation est la troisième et dernière étape du mécanisme de réparation du préjudice dans l'arbitrage. Elle vient parachever ce processus qui a pour fonction de rétablir l'équilibre entre les parties. C'est dans ce sens que la pratique arbitrale admet communément qu'une indemnisation doit pouvoir réparer l'intégralité du préjudice. C'est-à-dire qu'elle doit pouvoir réparer le dommage effectivement éprouvé mais également le gain manqué. Tous ces éléments font que la fonction de réparation du dommage dans l'arbitrage va dans la droite ligne du renforcement de la sécurité juridique dans le commerce international (**1**). Certaines des méthodes d'évaluation du dommage permettent aussi cela (**2**).

1. La fonction de la réparation du dommage dans l'arbitrage conforme à la sécurité juridique

723. La recherche du caractère certain et prévisible du dommage et la mise en jeu de la responsabilité de la partie défaillante poursuivent un seul objectif : la réparation. La réparation du dommage a pour but de rétablir l'équilibre entre les parties qui a été rompu par la survenance d'un dommage. Cette solution est acquise en droit international depuis 1928 avec l'arrêt *Usine de Chorzów*. Dans cette décision, la CPJI a énoncé que « *le principe essentiel, qui découle de la notion même d'acte illicite et qui semble se dégager de la critique internationale, notamment de la jurisprudence des tribunaux arbitraux, est que la réparation doit, autant que possible, effacer toutes les conséquences de l'acte illicite et rétablir l'état qui aurait vraisemblablement existé si ledit acte n'avait été commis* »[1401]. Dans cette affaire la cour a considéré le dommage comme un acte illicite qui doit purement et simplement être effacé, pour remettre les parties dans la situation dans laquelle elles étaient avant. Cette solution a été reprise de façon constante dans la jurisprudence arbitrale[1402]. A titre d'illustration, nous pouvons à nouveau citer *AMT c/ Zaïre* du 21 février 1997. Dans sa décision, le tribunal arbitral a rappelé que, selon les règles du droit international, la compensation doit permettre de remettre les parties dans les conditions qui existaient au préalable, comme si les événements n'étaient jamais

[1401] V. *Série A*, n°17, p. 47.

[1402] Pour un autre exemple d'application v. la sentence rendue le 15 mars 1963 par un tribunal *ad hoc* relative à l'affaire *Sapphire c/ National Iranian Oil Company*, *Annuaire suisse de droit international*, *op.cit.*

survenus[1403]. De ce qui précède, il ressort que la fonction de réparation du dommage va entièrement dans le sens de la recherche de sécurité juridique des transactions commerciales. Elle a pour but de permettre aux parties de réintégrer leur état initial, c'est-à-dire l'égalité et la recherche d'un profit commercial. En effet, on ne conclut pas de contrats ou de TBI pour subir un dommage. La réparation doit permettre de compenser le préjudice subi. Partant de là, il est logique que la fonction de la réparation induise nécessairement une indemnisation intégrale ou pleine et entière du préjudice (*restitutio in integrum*). L'indemnisation doit pourvoir couvrir le *damnum emergens* (**a**), c'est-à-dire la perte effectivement éprouvée et dans certains cas le *lucrum cessans* (le gain manqué) (**b**). Il convient tout de même de relever que le principe de la réparation intégrale du dommage dans l'arbitrage a pu soulever quelques critiques (**c**).

a. La réparation dans l'arbitrage du dommage effectivement éprouvé : le damnum emergens

724. Le dommage, nous l'avons déjà dit, s'entend comme une atteinte aux intérêts matériels ou moraux d'un sujet de droit. Partant de cette définition, la réparation du dommage par l'arbitre doit permettre de compenser entièrement la perte matériellement subie et s'il y a lieu également le préjudice moral. Le principe de réparation intégrale du préjudice a été à l'origine de contestations des pays en développement dans le domaine particulier de l'expropriation. Ces contestations ont été motivées par le fait que plusieurs méthodes d'évaluation du dommage coexistent.

a.1. La réparation du dommage moral dans l'arbitrage

725. L'admission de la réparation intégrale d'un préjudice matériel ou patrimonial est largement admise dans la pratique arbitrale depuis l'arrêt *Usine de Chorzów*. En revanche, celle du préjudice moral[1404] dans la sphère du commerce international est discutée[1405]. Elle est discutée car il s'agit d'un dommage extrapatrimonial, généralement immatériel et dont les effets peuvent être malaisés à déterminer. En d'autres mots, le préjudice moral est difficile à identifier et à évaluer.

726. Dans le domaine du commerce international, le préjudice moral peut principalement prendre la forme d'une atteinte à l'image ou à la réputation commerciale. Sous certaines circonstances une inexécution peut conduire au

---

[1403] V. le paragraphe 6.21 qui dispose que la réparation doit : « *restore to (the investor) the conditions previously existing as if the event had never occurred or taken place* ».

[1404] Sur le préjudice moral dans l'arbitrage v. J. ORTSCHEIDT, *op.cit.*, p. 77 et s.

[1405] L'illustration même est le fait que la CVIM ne prévoit aucune disposition à cet effet alors que les *Principes d'UNIDROIT* dans l'article 7.4.2 prévoient de façon on ne peut plus claire que : « *le préjudice peut être non pécuniaire et résulter, notamment, de la souffrance physique ou morale* ».

discrédit d'une partie et à des incidences pécuniaires ou matérielles[1406]. A titre d'illustration, dans la sentence CCI n°3131 rendue en 1979[1407] à propos du litige qui opposait les sociétés *Palbak* et *Norsolor*, le tribunal arbitral a considéré que la rupture fautive du contrat de la part de *Norsolor* avait causé une atteinte à la réputation commerciale à *Palbak*[1408]. Dans la sentence CCI n°11855 rendue en 2003 le tribunal arbitral a accepté de retenir la demande du préjudice moral car il y avait une atteinte à la réputation mais l'indemnisation a été symbolique[1409]. Mais ce discrédit peut ne pas être facilement indemnisé si des preuves suffisantes ne sont pas apportées. Effectivement, toute la difficulté de l'indemnisation de ce type de préjudice réside dans la preuve comme l'a démontré le différend qui a opposé la société *SOABI* au Sénégal[1410]. Ces parties s'étaient opposées à propos d'un contrat qui portait sur la construction de logements sociaux au Sénégal. *SOABI* faisait grief à ce pays d'avoir mis fin à l'opération de construction et de lui avoir causé un certain nombre de préjudices dont un préjudice moral. Dans sa décision sur la compétence du 1er août 1984, le tribunal arbitral CIRDI a rappelé que le préjudice moral est « *purement hypothétique* » et a refusé de l'indemniser[1411].

727. Pourtant, dans l'affaire *Benvenuti & Bonfant c/ Congo*, un autre tribunal CIRDI avait déjà en partie accepté de le faire[1412]. Dans ce cas, la société *Benvenuti et Bonfant* et le Congo avaient créé une société d'économie mixte (la société *Plasco*). Le litige était né du fait que selon *Benvenuti & Bonfant*, elle avait subi des menaces de la part du Gouvernement congolais et que les autorités congolaises avaient pris le contrôle de *Plasco* (avec l'aide de militaires). Pour ces faits, elle a saisi un

---

1406 Nous pouvons très bien envisager une hypothèse dans laquelle un vendeur qui à cause d'un transporteur, n'honore pas dans le délai prévu, une livraison à l'acheteur. Ce défaut de livraison peut avoir une répercussion négative sur son image commerciale. Cette situation peut aussi se traduire par une perte de la clientèle ou une baisse des actions en bourse. Le préjudice moral peut donc avoir une incidence pécuniaire ou matérielle.

1407 Sur la sentence CCI n°3131 *Pabalk Ticaret Limited Sirketi c/ Ugilor / Norsolor* du 26 octobre 1979 v. *Revue de l'arbitrage*, 1983, p. 525 à 531.

1408 *Ibid.*, p. 82.

1409 Sur la sentence CCI n°11855, *JDI*, 2007, p. 1298 et s. avec une note de E. SILVA ROMERO. Dans cette affaire le tribunal arbitral à allouer la somme de 150 euros au demandeur.

1410 V. la décision sur la compétence dans l'affaire CIRDI n°ARB/82/1 *SOABI c/ Sénégal* rendue le 1er août 1984.

1411 Cette solution a été confirmée dans la sentence arbitrale CIRDI n°ARB/00/2 *Tecmed c/ Mexique* du 29 mai 2003, le tribunal arbitral avait refusé d'allouer à la société *Tecmed* des dommages-intérêts liés à une atteinte à sa réputation pour défaut de preuve. Sur cette sentence v. J. FOURET et D. KHAYAT, *op.cit.*, p. 83 et s.

1412 V. la sentence CIRDI n°ARB/77/2 *Benvenuti & Bonfant c/ Congo* rendue le 8 août 1980. Cette sentence a la particularité d'avoir été rendue *ex aequo et bono* en vertu de l'article 42 de la Convention de Washington et de l'accord des parties. Sur cette sentence v. P. RAMBAUD, « Premiers enseignements des arbitrages CIRDI », *op.cit.* V. aussi *Revue de l'arbitrage*, 1994, p. 189 à 200.

tribunal arbitral CIRDI en réparation de ses pertes. Devant ce tribunal, *Benvenuti & Bonfant* a soulevé qu'elle avait aussi subi un préjudice moral. Le tribunal arbitral a considéré qu'il ne disposait d'aucun élément pour établir la réalité des allégations de la demanderesse mais il accepta quand même de lui allouer une certaine somme car il a estimé que son activité avait été perturbée par ces mesures[1413]. Cette somme peut être perçue comme l'acception de l'indemnisation d'un préjudice moral[1414]. Cela est d'autant plus vrai que le tribunal arbitral lui a aussi alloué d'autres sommes pour réparer les autres pertes.

728. Dans la jurisprudence CIRDI, l'admission de la réparation d'un préjudice moral sur le fondement d'un TBI a été faite expressément dans l'affaire *Desert Line Projects LLP c/ Yémen* du 6 février 2008[1415]. Dans ce différend, concernant la construction d'un réseau routier, l'investisseur omanais (*Desert Line*) reprochait au Yémen d'avoir violé les obligations de traitement juste et équitable prévues dans le TBI de 1998[1416]. *Desert Line* se plaignait également de s'être vu imposer, sous la pression physique, une transaction désavantageuse qui la contraignait à renoncer à plus de la moitié de la somme qui lui avait été octroyée par un tribunal arbitral local. Le tribunal arbitral CIRDI a fait droit à sa demande et a annulé la transaction qui lui avait été imposée[1417]. Étant donné que le défendeur n'avait pas contesté cette éventualité, le tribunal arbitral a aussi reconnu comme fondée la demande de dommages moraux en ces termes : « *Même si les traités de protection des investissements ont pour objet principal de protéger des valeurs économiques, ils n'excluent pas en tant que tels que des dommages moraux puissent être recouvrés indépendamment des dommages purement économiques* »[1418]. Cependant, le tribunal a estimé que la demande de

---

1413 Le tribunal lui a donné 5 millions de Francs CFA (environ 7700 euros). Cette somme peut paraître dérisoire par rapport aux montants généralement en jeu dans ce type de litiges.

1414 Sur cette affirmation v. J. ORTSCHEIDT, *op.cit.,* p. 80.

1415 Sur la sentence CIRDI n°ARB/05/17 *Desert Line Projects c/ Yémen* du 6 février 2008, v. E. GAILLARD, *JDI*, 2009, janvier-février-mars, p. 342 à 355. V. aussi J. R. LAIRD, « Moral Damages and the Punitive Question in ICSID Arbitration », *ICSID Review*, automne 2011, volume 26, n°2, p. 171 et s.

1416 TBI de 1998 entre le Yémen et Oman.

1417 V. les paragraphes 178 à 194 et 290 de la sentence. Le tribunal a considéré que le Yémen avait commis une faute et que le comportement de ces autorités avaient été « *malicieux* ».

1418 *Ibid.*, p. 343. V. surtout le paragraphe 289 de la sentence « *The Respondent has not questioned the possibility for the Claimant to obtain moral damages in the context of the ICSID procedure. Even if investment treaties primarily aim at protecting property and economic values, they do not exclude, as such, that a party may, in exceptional circumstances, ask for compensation for moral damages. It is generally accepted in most legal systems that moral damages may also be recovered besides pure economic damages. There are indeed no reasons to exclude them* ». Traduction : « *Le défendeur n'a pas contesté la possibilité pour le requérant d'obtenir réparation du préjudice moral dans le cadre de la procédure du CIRDI. Même si les traités d'investissement visent principalement à protéger les propriétés et leur valeur économique, ils n'excluent pas, en tant que telle, qu'une partie puisse, dans des circonstances exceptionnelles, demander une indemnisation pour dommages moraux. Il est*

dommages moraux s'élevant à cent millions de dollars était excessive et a décidé de lui allouer au titre du dommage moral et de l'atteinte à la réputation, le montant tout de même considérable d'un million de dollars sans intérêts[1419]. Une tendance se dessine de la lecture combinée des sentences *Benvenuti & Bonfant* et *Desert Line* : les tribunaux arbitraux CIRDI accordent aux parties des dommages-intérêts moraux lorsqu'il y a commission d'actes de violence ou de pression physique ou morale sur l'investisseur[1420]. C'est-à-dire dans de rares hypothèses. Partant de ce même constat, un auteur[1421] a dégagé des critères qui permettent d'octroyer ce type de réparation dans l'arbitrage CIRDI : les actes de l'État doivent causer une détérioration sur la santé physique ou mentale[1422], de même que les causes et leurs effets doivent être importants et substantiels. Nous sommes d'avis que les tribunaux devraient suivre ces critères et réserver cette forme de réparation à des situations exceptionnelles[1423] dans lesquelles les autorités légitimes de l'État sont en cause. Dans le cas contraire, nous pourrions assister à une multiplication des demandes en ce sens contre certains États de l'OHADA dans lesquels des éléments armés parfois incontrôlés agissent à leur guise.

a.2. La contestation des pays en voie de développement de la réparation intégrale des dommages issus d'une expropriation

729. Le point de départ de cette contestation a été l'existence et l'application des principes généraux du droit en matière de traitement[1424] et

---

généralement accepté dans la plupart des systèmes juridiques que le dommage moral puisse également être réparé en plus des dommages purement économiques. Il n'y a en effet aucune raison de les exclure ».

1419 V. le paragraphe 290 de la sentence.

1420 Par exemple dans l'affaire CIRDI n°ARB/98/2 *Pey Casado and President Allende Foundation c/ Chili* du 8 mai 2008, le tribunal arbitral a rejeté la demande de dommages-intérêts liés à un préjudice moral pour défaut de preuve (paragraphes 599 et 704). Ce différend portait sur la confiscation (sans violence) par l'État chilien de biens appartenant à M. Pey Casado. Sur cette sentence v. E. GAILLARD, *La jurisprudence du CIRDI,* volume II, *op.cit.*, p. 467 et s.

1421 Sur ces critères v. J. R. LAIRD, *op.cit.*, p. 180 à 183.

1422 Comme par exemple une arrestation, des brutalités, des menaces, des humiliations, l'anxiété, la perte de crédit et l'atteinte à sa réputation.

1423 Le caractère exceptionnel de l'acceptation du préjudice moral dans l'arbitrage lié au commercial international a été confirmé dans la sentence CIRDI n°ARB/06/18 *Lemire c/ Ukraine* du 28 mars 2011, v. paragraphes 310 et s. Le tribunal arbitral a repris le raisonnement suivi par les arbitres dans la sentence du 1er novembre 1923 rendue à propos de l'affaire des *Veuves du Lusitania* (États-Unis c/ Allemagne).

1424 La notion de traitement des investissements désigne l'ensemble des règles de droit interne et international qui définissent le régime juridique de l'investissement international. Sur cette définition v. D. CARREAU et P. JUILLARD, *op.cit.*

de protection[1425] de l'investissement international. Ces questions ont fait l'objet d'un vif débat entre les pays développés et les pays en voie de développement[1426]. Dans une première phase, les premiers ont affirmé l'existence de principes généraux du droit du commerce international en matière de traitement et de protection de l'investissement international. Selon les pays du Nord, ces principes devaient s'articuler autour d'un *standard international de traitement de l'investissement* c'est-à-dire que l'investissement international devait bénéficier d'un traitement *juste et équitable* dans l'État d'accueil. Ce traitement devait se traduire par trois éléments[1427], à savoir le fait que la règle nationale de traitement doit être corrigée par le standard international, le droit international n'interdit pas que l'on accorde un traitement préférentiel à l'investissement international par rapport à l'investissement national et enfin le droit international interdit certains traitements différentiels à l'encontre de l'investissement international. Ces principes impliquaient l'interdiction de porter atteinte à ce type d'investissements. Ils doivent bénéficier d'un *standard de pleine et entière protection et sécurité*. En somme, le traitement accordé à l'investissement international devait être plus favorable ou équivalent à celui accordé à un investissement national.

730. Dans un second temps, les pays du Sud ont récusé l'application de tels principes. Pour eux, il était difficile d'admettre l'existence de ces principes avantageux pour les pays développés en dehors de tout instrument international. Ils pensaient aussi que ces règles n'existent que par la volonté des pays développés. La manifestation de cette récusation a été exprimée à travers l'article 2-2 (a) de la résolution n°3281 (XXIX) de l'Assemblée Générale des Nations Unies du 12 décembre 1974 intitulée *Charte des droits et devoirs économiques des États*[1428]. Cet article dispose que chaque État a le droit « *de réglementer les investissements étrangers dans les limites de sa juridiction nationale et d'exercer sur eux son autorité en conformité avec les lois et les règlements et conformément à ses priorités et objectifs nationaux. Aucun État ne sera contraint d'accorder un traitement privilégié à des investissements étrangers* ». Malgré la clarté de l'énoncé de ce texte, il n'a pas recueilli le consensus de la généralité des États suffisant et nécessaire pour lui conférer une valeur juridique[1429]. Dans les faits, presque tous les

---

[1425] La notion de protection des investissements est l'ensemble des principes et des règles, de droit international comme le droit interne qui ont pour objet ou pour effet d'empêcher ou de réprimer toute atteinte publique à l'existence ou à la consistance de l'investissement international. Sur cette notion v. J.-P. LAVIEC, *op.cit.*

[1426] Sur l'ensemble de ces divergences de visions v. D. CARREAU et P. JUILLARD, *Droit international économique, op.cit.*, p. 478 à 531.

[1427] *Ibid.*, p. 480.

[1428] Sur cette résolution v. M. VIRALLY, « La Charte des droits et devoirs économiques des États. Note de lecture », *op.cit.*

[1429] Sur cette affirmation v. G. BLANC, *op.cit.*, p. 909 à 911. V. aussi G. COHEN-JONATHAN, « L'arbitrage Texaco-Calasiatic contre le Gouvernement Libyen ; décision au

pays du Nord ont voté contre cette résolution. De ce fait, ce texte et tous ceux relatifs au *nouvel ordre économique international* sont restés au stade de *soft law*, ce qui a conduit au troisième temps qui est celui de la réaffirmation des principes généraux de traitement et de protection des investissements qui s'est traduit par la multiplication des traités bilatéraux sur la promotion et la protection des investissements. Les TBI sont donc le reflet d'une forme de compromis entre les pays de niveaux différents de développement économique. Dans ces traités, il est admis que l'État d'accueil peut souverainement décider de nationaliser un investissement international mais seulement en contrepartie d'une compensation juste et équitable.

731. De façon logique, toutes ces discussions ont eu des prolongements sur la question de l'indemnisation en cas d'expropriation d'un investissement[1430]. Les pays développés ont exigé une application stricte du principe de la restitution intégrale en cas d'expropriation, ce à quoi les pays en voie de développement étaient opposés. Ces derniers voulaient établir une distinction entre les expropriations licites[1431] et celles illicites[1432]. Cette opposition a eu un écho dans la doctrine et dans la jurisprudence arbitrale. Dans la doctrine, des auteurs ont considéré qu'il était juste d'établir une distinction de traitement entre les deux types d'expropriation[1433]. Par exemple, le professeur Ignaz SEIDL-HOHENVELDERN a étudié l'effet de la légalité et de l'illégalité de l'acte dommageable sur l'indemnisation, il a ainsi mis en exergue le fait que le dommage provenant d'un acte illicite peut être plus important que celui provenant d'un acte licite. Toujours selon lui, se servir d'un précédent comme l'arrêt *Usine de Chorzów*, pour justifier l'indemnisation intégrale, est juridiquement douteux car les faits de ce litige étaient « *spéciaux* »[1434]. En d'autres termes, pour cet auteur, il n'existe pas de règles générales en matière d'indemnisation en cas d'expropriation que l'on puisse appliquer à tous les cas d'espèces et ce d'autant plus que chacune des

---

fond 19 janvier 1977 », *op.cit.*, p. 476 à 479. Selon cet auteur ce texte exprime une conception « *maximaliste* » de la notion de *souveraineté permanente* de l'État et il conduit à exclure l'application du droit international. C'est l'une des principales raisons pour lesquelles dans la sentence, l'arbitre a refusé son application en ces termes (paragraphes 85 et 86) : « *L'article 2 de cette Charte doit s'analyser comme une déclaration d'ordre politique plus que juridique, entrant dans la stratégie idéologique du développement, et, comme telle, soutenue par les seuls États non industrialisés* ».

[1430] Sur ces divergences v. J. ORTSCHEIDT, *op.cit.*, p. 83 à 94.

[1431] C'est-à-dire les expropriations qui interviennent lorsque le droit international (traité ou convention) habilite l'État à les faire.

[1432] C'est-à-dire les expropriations qui interviennent alors qu'elles sont expressément interdites par un traité ou une convention internationale. Sur cette définition v. P. DAILLIER, « Tribunal irano-américain des réclamations : chronique n°4 », *op.cit.*, p. 418.

[1433] V. I. SEIDL-HOHENVELDERN, *op.cit.*, p. 12 à 16. V. aussi Ph. FOUCHARD, E. GAILLARD, et B. GOLDMAN, *op.cit.*, p. 845.

[1434] *Ibid.*, p. 15. Selon cet auteur, dans l'affaire *Usine de Chorzów*, la CPJI a déterminé la valeur de ladite usine de la Convention sur la Haute Silésie du 15 mai 1922.

méthodes d'évaluation du dommage appliquées dans l'arbitrage connaît des limites[1435]. D'autres auteurs ont considéré le contraire en se fondant sur une acceptation plus large de l'indemnisation du gain manqué dans les cas d'expropriation licite[1436]. Pour eux, cela est bien la preuve que l'indemnisation est intégrale.

732. La jurisprudence arbitrale s'est montrée tout aussi partagée ou même « *hésitante* » [1437] sur cette question. Dans certaines sentences, les arbitres se sont montrés opposés à une compensation différenciée. Des sentences arbitrales du Tribunal irano-américain[1438] créé à la suite des Accords d'Alger du 19 janvier 1981 pour régler les différends juridiques entre les ressortissants iraniens et américains représentent une parfaite illustration. Nous pouvons retenir les affaires *INA Corporation*, *Sedco Inc* [1439]et *Phillips Petroleum Co. Iran*[1440]. Dans ces affaires qui opposaient des parties iraniennes à des parties américaines, les parties iraniennes ont soulevé l'argument selon lequel il fallait opérer une distinction entre le dommage issu d'une expropriation légale et celui issu d'une expropriation illégale. Les arbitres n'ont pas suivi cette argumentation car dans le deux cas ils ont appliqué le *standard d'indemnisation traditionnel* à savoir une compensation pleine et entière fondée sur le droit international coutumier. Pour ces arbitres il y a donc une indifférence de la qualification de la mesure de dépossession. En revanche, à travers la sentence *Ebrahimi*, du même tribunal, les arbitres ont émis l'idée que la compensation devait être analysée au cas par cas, en faisant preuve de flexibilité et surtout qu'elle devait être « *appropriée* »[1441]. Dans cette sentence, les arbitres ont voulu clairement dérogé au *standard d'indemnisation*. Nous sommes plus enclins à partager cette démarche car la restitution intégrale peut ne pas avoir de sens dans certaines hypothèses[1442]. Surtout, on l'oublie bien souvent, mais le troisième élément qui compose la notion sécurité juridique est l'accessibilité, ce qui veut dire que les relations commerciales ont parfois besoin de flexibilité. Trop de rigidité dans l'application des principes généraux et règles qui gouvernent l'arbitrage peut conduire à un blocage général du système.

[1435] *Ibid.*, p. 16 à 27.

[1436] *Ibid.*, *op.cit.*, p. 84.

[1437] *Ibid.*, p. 84 à 94.

[1438] Sur cette juridiction arbitrale v. B. STERN, « A propos d'une décision du Tribunal irano-américain », *AFDI*, 1982, volume 28, p. 425 à 434.

[1439] Sur ces sentences v. P. DAILLIER et M. BENLOLO-CARABOT, « Tribunal irano-américain des réclamations : chronique n°5 », *AFDI*, 2003, p. 308 à 344, spéc. p. 308 à 313.

[1440] Sur cette sentence v. P. DAILLIER, « Tribunal irano-américain des réclamations : chronique n°4 », *op.cit.*, p. 419.

[1441] *Ibid.*, p. 315.

[1442] En cas par exemple de faute du demandeur.

b. La réparation du gain manqué dans l'arbitrage : le lucrum cessans

733. Dans une relation commerciale, un dommage peut également naître de l'inexécution d'une obligation monétaire, c'est-à-dire de la créance d'une somme d'argent. Ce type de dommage peut surgir d'un retard ou tout simplement de l'absence de remboursement d'une dette monétaire causant ainsi au créancier un préjudice qui est assimilable au gain manqué (*lucrum cessans*). Cette assimilation est possible parce que, le créancier s'attendant légitimement à être payé, cette inexécution conduit à la réduction de son patrimoine. Dans l'arbitrage, le gain manqué est réparable par l'octroi au créancier de divers intérêts sur la somme, uniquement à condition qu'il soit certain[1443]. Ce sujet est particulièrement important dans le domaine du commerce international au vu des sommes en jeu[1444], et aussi parce qu'il existe une diversité de mesures[1445] pour l'arbitre afin de réparer le défaut d'une obligation monétaire. En effet, l'arbitre peut prononcer des intérêts moratoires, des intérêts compensatoires, des dommages-intérêts compensatoires ou encore des intérêts composés. Pour Herbert SCHÖNLE, la coexistence et parfois l'enchevêtrement de tous ces mécanismes fait régner une certaine forme d'insécurité juridique dans l'arbitrage international[1446], il est donc utile de les étudier séparément.

b.1. L'octroi d'intérêts moratoires par l'arbitre

734. Les intérêts moratoires visent à compenser d'une manière forfaitaire[1447], indépendamment du dommage effectivement subi et indépendamment d'une faute du débiteur, la privation du créancier d'une somme d'argent pendant le retard, et cela en fonction d'un pourcentage du

---

[1443] V. la sentence *AUCOVEN* qui précise que l'indemnisation du gain manqué est aussi soumise à la condition de certitude du dommage v. J. FOURET et D. KHAYAT, *op.cit.*, p. 146 et 147.

[1444] La question de la réparation du gain manqué est très importante dans le domaine du commerce international car les intérêts peuvent très souvent dépasser la dette principale. Prenons l'exemple de l'affaire *Aminoil* du 24 mars 1982, pour une dette de 83 millions de dollars, le débiteur a dû verser des intérêts de 96 millions.

[1445] Sur les moyens de réparation du gain manqué dans l'arbitrage v. Y. DERAINS, « Intérêts moratoires, dommages-intérêts compensatoires et dommages punitifs devant l'arbitre international », *Etudes offertes à Pierre Bellet*, *op.cit.*, p. 101 à 121. Sur ce même thème v. H. SCHÖNLE, « Intérêts moratoires, intérêts compensatoires et dommages-intérêts de retard en arbitrage international », *in Études de droit international en l'honneur de Pierre Lalive,* Helbing & Lichtenhahn, 1993, p. 649 et s. V. aussi J. ORTSCHEIDT, *op.cit.,* p. 220 à 277. V. aussi Ph. PINSOLLE, « Les intérêts composés dans l'arbitrage international exemple de sentences récentes rendues en matière d'expropriation », *RDAI*, 2003, n°5, p. 583 à 589. V. enfin F. GRISEL, « L'octroi d'intérêts composés par les tribunaux arbitraux d'investissement », *JDI*, 2011, n°3, p. 545 à 562.

[1446] *Ibid.* p. 649.

[1447] Le mot forfaitaire désigne ce qui est fixé par approximation globale et pour tout paiement (qu'il s'agisse d'un prix, d'une indemnité, etc.), soit par avance (et invariable), soit après coup. Sur cette définition v. G. CORNU, *op.cit.*, p. 423.

montant de la dette et de la durée du retard. Ils courent du début à la fin de la demeure et sont libellés en monnaie du pays ou en monnaie étrangère[1448]. Historiquement, ils ont toujours eu pour fonction de réparer le gain manqué causé par l'inexécution d'une obligation monétaire[1449]. Les intérêts moratoires sont présents dans divers textes nationaux[1450] et internationaux comme l'article 7.4.9 des *Principes* et l'article 78 de la CVIM. Dans le droit de l'OHADA, ils sont aussi présents dans l'article 263 de l'AUDCG[1451]. Cette large reconnaissance conduit à admettre une certaine forme de présomption au bénéfice du créancier, c'est-à-dire que les intérêts moratoires sont presque automatiquement accordés à partir du moment où il y a retard d'exécution et que le gain manqué est certain.

735. Le point qui soulève des interrogations sur l'octroi de ces intérêts est la fixation de leur taux. Et pour cause : il n'existe pas de principe général du commerce international en la matière[1452]. Cela a été confirmé à travers la sentence *Mc Collough* du 22 avril 1986 du Tribunal irano-américain[1453]. Dans cette affaire, le tribunal arbitral a reconnu qu'aucune règle uniforme n'avait émergé de la pratique arbitrale en matière d'intérêts. Pour nous en convaincre prenons l'exemple frappant de l'article 78 de la CVIM qui est complètement « *muet* »[1454] à propos du taux. Il résulte de cette lacune que dans la pratique, la fixation de ce taux est laissée soit au choix des parties, soit à la discrétion de l'arbitre.

736. Le taux des intérêts moratoires peut être fixé par la volonté des parties à la condition qu'il respecte l'ordre public transnational et qu'il soit conforme au droit que l'arbitre estime applicable à la fixation du taux. Pour qu'un taux soit conforme à l'ordre public transnational, il ne doit pas être abusif ou usuraire. Pour les États de l'OHADA qui sont à la fois membres de l'UEMOA, le plafond du taux de l'usure a été déterminé de façon uniforme par le Conseil des Ministres de l'UEMOA le 3 juillet 1997, à 18% pour les

---

[1448] *Ibid.*, p. 649.

[1449] *Ibid.*, p. 226.

[1450] Par exemple dans l'article 508 du Code civil argentin qui dispose que le débiteur d'une obligation est aussi responsable des intérêts liés à son retard : « *El deudor es igualmente responsable por los daños e intereses que su morosidad causare al acreedor en el cumplimiento de la obligación* ».

[1451] V. l'article 263 AUDCG qui précise que « *Si une partie ne paie pas le prix ou toute autre somme due, l'autre partie a droit à des intérêts sur cette somme, calculés au taux d'intérêt légal, applicable en matière commerciale, et ce, sans préjudice des dommages et intérêts qu'elle peut être fondée à demander en compensation de son préjudice. Les intérêts courent de l'envoi de la mise en demeure adressée à l'autre partie par lettre recommandée avec accusé de réception, ou par tout autre moyen écrit* ». Pour une application de cet article v.

[1452] Sur cette affirmation v. P. RAMBAUD, « L'affaire des « Pyramides » : suite et fin », *op.cit.*, p. 575, où l'auteur estime que le droit international est lacunaire sur ce point.

[1453] Affaire citée par Y. DERAINS, *op.cit.*, p. 107.

[1454] Selon l'expression de V. HEUZÉ, *op.cit.*, p. 341.

banques et à 27 % pour tous les autres acteurs de la vie économique[1455]. Ce qui veut dire que si des opérateurs économiques veulent utiliser des lois d'un de ces pays pour fixer le taux des intérêts moratoires, ce taux ne doit pas dépasser les 27% sous peine d'être contraire à l'ordre public régional. Nous devons admettre que ce plafond est élevé par rapport aux taux habituellement pratiqués dans d'autres régions du monde. A titre de comparaison, nous pouvons citer celui prescrit par le droit communautaire européen qui est de 10%[1456]. Le taux des États de l'UEMOA n'est pas réellement incitatif, ce qui pousse des experts à vouloir l'abaisser[1457].

737. Dans l'autre cas de figure, le taux des intérêts moratoires est fixé par l'arbitre. Ce dernier dispose alors d'une grande liberté, comme l'a précisé le tribunal dans la sentence CCI n°6219 de 1990[1458]. Pour fixer ce taux, l'arbitre a plusieurs options comme conserver le taux dans le contrat des parties[1459] ou le déterminer lui-même. A titre d'illustration, nous notons que dans plusieurs sentences, les arbitres internationaux[1460] et notamment ceux de la CCI[1461] ont choisi le *London Interbank Offered Rate* (*LIBOR*) comme

---

[1455] Sur le taux de l'usure dans l'UEMOA v. L. LHÉRIAU, « La nouvelle loi sur l'usure dans l'UEMOA », *Cahiers Juridiques et Fiscaux de l'Exportation* (CJFE), 1998, n°5/98, p. 1161 et s.

[1456] V. M.-P. WAGNER « Pénalités de retard : encore des interrogations », *Dalloz, cahiers du droit des affaires,* 2004, p. 2634 et s. Ce taux a été fixé par la Directive n° 2000/35 du 29 juin 2000 concernant la lutte contre le retard de paiement dans les transactions commerciales. Il s'applique à tous les paiements effectués en rémunération de transactions commerciales. Cette directive a été transposée en France par la loi n° 2001-420 du 15 mai 2001 relative aux nouvelles régulations économiques. Les dispositions de la directive ont été retranscrites en France dans l'article L. 441-6 du Code de commerce. En 2012 le taux des intérêts moratoires en France était de 8% suite au décret n°2012-182 du 7 février 2012.

[1457] Par exemple, la Direction de la Microfinance (DMF) du Sénégal créée en 2003 œuvre dans ce sens.

[1458] V. Y. DERAINS, *op.cit.*, p. 103, où l'auteur cite un extrait de la sentence CCI n°6219 qui précise que « *dans le cadre d'un arbitrage international, cette détermination n'est pas gouvernée par des règles rigoureuses et précises. La tendance générale qui se dégage, en doctrine et dans la pratique arbitrale internationale, est de laisser à l'arbitre une grande liberté dans la fixation de ce taux ...* ».

[1459] Comme dans la sentence CCI n°11855 de 2003, *op.cit.*

[1460] Par exemple, dans la sentence CNUDCI *National Grid c/ Argentine* du 3 novembre 2008. Dans cette affaire le tribunal arbitral, a appliqué le *LIBOR* dans un différend relatif aux investissements.

[1461] Par exemple, dans la sentence CCI n° 6653 de 1993, *JDI*, 1993, p. 1046 où Le tribunal arbitral a considéré « *qu'en matière de commerce international, le taux qui doit être retenu est celui qui correspond à l'utilisation que le créancier aurait pu faire de la somme qui doit lui revenir. En conséquence, il apparaît logique de retenir un taux couramment appliqué entre commerçants et qui soit en relation avec la devise même dans laquelle est libellée la créance et dans laquelle le paiement doit être fait. Cette solution, qui est aux yeux du tribunal arbitral la plus logique d'un point de vue économique, conduit celui-ci à retenir le taux que les opérateurs du commerce international appliquent aux créances libellées en eurodollars, c'est-à-dire le taux dit Libor « un an » (London Inter-Bank Offered Rate), publié chaque jour dans le Wall Street Journal* ». V. aussi la sentence CCI n°7197, *JDI*, 1993, p. 1037 et s. avec une note de D. HASCHER. V. aussi la sentence CCI n°6653, *JDI*, 1993, p. 1047 et s. avec

taux parce qu'il était considéré comme fiable. Le *LIBOR* est un taux interbancaire, c'est-à-dire un taux auquel les banques empruntent de l'argent les unes aux autres. Ce taux est généralement plus bas que le taux d'emprunt d'une entreprise auprès d'une banque. Il a longtemps jouie d'une bonne réputation et s'est imposé comme un taux central dans les domaines de la finance mondiale et du commerce international. Désormais, depuis la crise économique et financière de 2008 et « *le scandale du LIBOR* » [1462] qui a éclaté, il va être intéressant de surveiller le recours à ce taux dans l'arbitrage international. Enfin, l'arbitre peut aussi utiliser le taux du pays du créancier[1463] ou celui de la monnaie de créance[1464]. Tout de même, la liberté de l'arbitre en la matière connaît des limites comme le respect des lois de police et l'aspect raisonnable du taux. Il doit aussi veiller à ce que sa sentence ne se heurte pas à la décision d'un juge étatique chargé de l'exécution. L'obligation de payer des intérêts moratoires prend fin au moment du paiement de la dette d'argent ou au moment où la dette s'éteint pour une autre raison, par exemple par une compensation, une novation ou une renonciation à l'exécution[1465].

b.2. L'octroi d'intérêts compensatoires dans l'arbitrage

738. Les intérêts compensatoires sont aussi destinés à compenser la privation du créancier d'une somme d'argent du début à la fin du retard du débiteur[1466]. Ils se rapportent surtout à la responsabilité contractuelle ou délictuelle de l'auteur d'un dommage. Concrètement, les intérêts compensatoires correspondent au dommage que la partie lésée a subi du fait que les dommages-intérêts ne sont pas payés au moment même de la survenance du dommage. Leur rôle est de remettre la partie lésée dans la situation patrimoniale qui aurait été la sienne si la réparation du dommage

---

une note de J.-J. ARNALDEZ. V. aussi la sentence CCI n°8128 de 1995, *JDI*, 1996, p. 1427 et 1428. V. enfin la sentence CCI n°8908, *Bulletin de la Cour internationale d'arbitrage de la CCI*, 1999, volume 10, n°2, p. 83 et s.

[1462] Sur le « *scandale du LIBOR* » ou les manipulations du *LIBOR*, v. *Bulletin Joly Bourse*, 1er septembre 2012, n°9, p. 340. V. aussi J. LASSERRE CAPDEVILLE, *Bulletin Joly Bourse*, 1er octobre 2012, n°10, p. 396 et s. Le scandale du *LIBOR* a été du aux fausses déclarations faites par des banques de l'estimation de leur taux interbancaire. Ces articles retracent la réaction de la Commission européenne face aux manipulations du *LIBOR*. Cette instance a décidé d'interdire les manipulations d'indices de référence et d'établir des infractions pénales. Aujourd'hui, à travers le monde d'importantes institutions bancaires et financières sont devant les tribunaux à cause de ces manipulations.

[1463] Par exemple, dans la sentence CCI n°7331 (1994) pour pouvoir octroyer des intérêts moratoires les arbitres ont appliqué le taux du pays du créancier ou le préjudice a été subi. Sur cette sentence v. *JDI*, 1995, p. 1008.

[1464] Par exemple, dans la sentence CCI n°6219 de 1990, l'arbitre unique a précisé que le taux d'intérêt peut être celui de la monnaie de la créance ou le taux d'inflation de cette monnaie. Sur cette sentence v. *JDI*, 1990, p. 1047 et s.

[1465] Sur la durée des intérêts moratoires v. J. ORTSCHEIDT, *op.cit.*, p. 262 à 272.

[1466] Sur les intérêts compensatoires v. H. SCHÖNLE, *op.cit.*, p. 650.

avait eu lieu immédiatement. Ils s'expriment en fonction d'un pourcentage du dommage à réparer et du laps de temps qui s'écoule entre sa survenance et la réparation. Compte tenu de l'absence d'uniformité pour le prononcé de ces mesures, l'arbitre dispose aussi d'une certaine liberté comme l'a démontré l'affaire *SPP*[1467]. Dans ce litige, le tribunal arbitral devait appliquer les règles du Code civil égyptien mais il a préféré adapter les dispositions aux circonstances du litige[1468]. Il a également écarté les dispositions du Code civil égyptien pour déterminer la date à laquelle les intérêts devaient commencer à courir car elles étaient relatives aux intérêts moratoires alors qu'il devait statuer sur des intérêts compensatoires.

b.3. L'octroi de dommages-intérêts compensatoires dans l'arbitrage

739. Les dommages-intérêts compensatoires appelés aussi dommages-intérêts moratoires ou dommages-intérêts de retard, sont aussi destinés à compenser la privation du créancier d'une somme d'argent du début à la fin du retard du débiteur[1469]. Comme les intérêts moratoires, les dommages-intérêts de retard sont exprimés en pourcentage du montant de la dette monétaire. Ce pourcentage correspond au préjudice causé au créancier par l'absence des fonds pendant le retard. Cependant, à la différence des intérêts moratoires, cette compensation ne se fait pas d'une manière forfaitaire et exige une faute du débiteur. En effet, ils sont octroyés en cas de retard combiné à une faute ou à la mauvaise foi du débiteur. En la matière l'arbitre dispose aussi d'un pouvoir discrétionnaire comme l'a démontré l'affaire *AGIP c/ Congo* du 30 novembre 1979[1470]. Dans ce cas, le tribunal arbitral a choisi d'écarter le taux légal applicable pour le substituer à un taux de son choix. Dans ce litige, le tribunal arbitral CIRDI a écarté le taux légal applicable en vertu du droit congolais (5 % en matière civile et 6 % en matière commerciale selon l'article 1153 du Code civil français alors applicable) pour lui substituer un taux de 10 % qui était celui que demandait le Gouvernement congolais dans sa demande reconventionnelle contre la société *AGIP*. Les arbitres ont décidé cela car ils ont considéré que le débiteur, c'est-à-dire le Gouvernement congolais, avait fait preuve de mauvaise foi au sens du droit français[1471]. Ils ont aussi précisé que la mauvaise foi n'implique pas nécessairement l'intention de porter préjudice

[1467] V. P. RAMBAUD, « L'affaire des « Pyramides » : suite et fin », *op.cit.*, p. 575.
[1468] *Ibid.*, p. 575 où l'auteur expose que le tribunal arbitral a appliqué la règle prohibant la capitalisation des intérêts (art. 232) et qu'il a décidé de fixer un taux de 5 %, au lieu du taux de 4 % prévu en matière civile (art. 2265), parce qu'il estimait que la règle du Code civil égyptien ne valait que pour les actions en responsabilité contractuelle et non pour les demandes de *fair compensation*.
[1469] *Ibid.*, p. 651. V. aussi Y. DERAINS, *op.cit.*, p. 114 à 117.
[1470] Sur cette affaire v. P. RAMBAUD, « Premiers enseignements des arbitrages CIRDI », *op.cit.*, p. 490 et s.
[1471] *Ibid.*, p. 115.

mais le simple fait que le débiteur soit au moins conscient que son attitude cause un préjudice au créancier.

b.4. L'octroi d'intérêts composés dans l'arbitrage

740. Parmi toutes les mesures qui permettent de compenser un gain manqué dans l'arbitrage, les intérêts composés sont de celles qui soulèvent le plus de questions et de divergences. Tout d'abord, parce que l'intérêt composé est une notion complexe qui fait appel à des connaissances mathématiques et financières[1472]. Ensuite, parce que les instances arbitrales sont partagées sur l'octroi de ce type d'intérêts. D'un côté, nous retrouvons des instances arbitrales hostiles aux intérêts composés comme le Tribunal irano-américain[1473]. De l'autre côté, nous avons des instances favorables comme la CCI[1474] et surtout le CIRDI. A ce propos, la sentence arbitrale CIRDI *Middle East Cement Shipping and Handling c/ Égypte* du 12 avril 2002 a même énoncé que les intérêts composés constituent à présent le standard en droit international en matière d'expropriation[1475]. Cette affirmation semble être le fruit de ce qu'un auteur a présenté comme « *la jurisprudence CIRDI sur les intérêts composés* »[1476]. La sentence de principe dans ce domaine a été rendue dans l'affaire *Compañia del Desarollo de Santa Elena (CDSE) c/ République du Costa Rica* du 17 février 2000[1477]. Ce différend était relatif à l'expropriation d'une propriété au Costa Rica

---

[1472] Les intérêts composés (*compound interest*) consistent à faire produire des intérêts à des intérêts. Pour comprendre leur fonctionnement, il faut d'abord retenir qu'un capital produit des intérêts simples si les intérêts sont uniquement calculés sur ce capital. Ensuite, qu'un capital produit des intérêts composés si à la fin de chaque période, les intérêts générés sont ajoutés au capital pour produire de nouveaux intérêts. On parle alors de capitalisation des intérêts ou d'anatocisme.

[1473] V. Y. DERAINS, *op.cit.*, p. 113 à 114 où l'auteur cite la sentence *Anaconda* du 10 décembre 1986 dans laquelle le tribunal arbitral a rappelé que les intérêts composés sont interdits.

[1474] Nous pouvons citer la sentence CCI n°5514 de 1990 dans laquelle le tribunal arbitral a décidé que : « *... Ainsi que l'affirme l'Entreprise, ce sont les dommages et intérêts eux-mêmes qui sont composés et l'Entreprise a le droit, en application des articles Y et Z du Code civil du pays dont le droit est applicable à l'accord de financement, d'obtenir le profit des intérêts composés de façon à avoir l'équitable " indemnisation pour pertes subies à cause du retard dans le paiement de ses dettes " (article Z du Code civil du pays dont le droit est applicable à l'accord de financement). Les deux parties sont ainsi traitées de la même manière. Il sera accordé à l'État, indépendamment des clauses spécifiées du contrat de financement, des intérêts composés sur les sommes détenues par l'Entreprise (ainsi que l'Entreprise l'a spontanément prévu) et l'Entreprise de son côté, doit obtenir des intérêts composés sur les dommages et intérêts auxquels elle a droit pour les coûts du financement supplémentaire* ». Sur cette sentence v. *JDI*, 1992, p. 1027.

[1475] Sur cette sentence CIRDI n°ARB/99/6 v. Ph. PINSOLLE, *op.cit.*, p. 584 et s. V. aussi J. FOURET et D. KHAYAT, *op.cit.*, p. 23 à 27.

[1476] V. F. GRISEL, *op.cit.* Selon cet auteur, il existe une jurisprudence arbitrale CIRDI en matière d'intérêts composés.

[1477] *Ibid.*, p. 549.

appartenant à la *CDSE*. Le tribunal arbitral a accordé des intérêts composés à cette société en considérant que le droit international ne les prohibait pas et qu'ils pouvaient être octroyés en prenant en compte l'équité et les circonstances de l'affaire[1478]. Toujours selon ce tribunal, cette expropriation avait causé un dommage à la *CDSE* car elle aurait certainement gagné des intérêts composés sur cet investissement si elle avait été en mesure de réinvestir son argent.

741. Dans la suite de cette décision, plusieurs sentences CIRDI se sont référées au précédent de *CDSE c/ Costa Rica* dans leurs solutions[1479]. Parmi ces sentences, nous pouvons citer l'affaire *Continental Casualty c/ Argentine* du 5 septembre 2008 dans laquelle le tribunal arbitral a considéré que l'octroi d'intérêts composés représente une forme « *de jurisprudence constante* »[1480]. Les sentences *CMS*[1481] et *AZURIX* sont la preuve que cette pratique est bien ancrée dans l'arbitrage CIRDI car à travers elles, les tribunaux arbitraux ont condamné l'Argentine à payer ce type d'intérêts aux investisseurs sans citer la sentence *CDSE c/ Costa Rica*. Dans l'affaire *AZURIX*, le tribunal arbitral a même affirmé que les intérêts composés représentent la réalité des transactions financières et qu'ils se rapprochent le plus de la perte subie par l'investisseur[1482]. En effet, la fonction de la capitalisation des intérêts est d'assurer la compensation intégrale du préjudice subi. L'octroi de ces mesures serait ainsi justifié lorsque l'investisseur réussit à prouver que les montants perdus auraient été réinvestis.

742. Pourtant, la capitalisation des intérêts ne fait pas l'unanimité et ce, en raison du fait que malgré l'encadrement ou la prohibition qui est faite dans de nombreux droits nationaux[1483], les tribunaux arbitraux du CIRDI n'hésitent pas à accorder les intérêts composés aux investisseurs. L'exemple le plus frappant est le fait que le droit national du Costa Rica les interdit. L'autre facteur de la désaffection envers ces mesures est le fait qu'elles alourdissent considérablement la condamnation du débiteur. Prenons le cas de l'Égypte dans l'affaire *Middle East Cement Shipping and Handling c/ Égypte*, le montant des intérêts capitalisés s'élevait à onze millions de dollars alors que ce pays devait déjà des intérêts de départ de huit millions de

---

[1478] V. le paragraphe 103 de la sentence.

[1479] *Ibid.*, p. 549.

[1480] *Ibid.*, p. 549 et s.

[1481] V. le paragraphe 430 de la sentence.

[1482] V. le paragraphe 440 où le tribunal arbitral a énoncé que : « *The Tribunal considers that compound interest reflects the reality of financial transactions, and best approximates the value lost by an investor* ». Traduction : « *Le Tribunal considère que l'intérêt composé reflète la réalité des transactions financières, et se rapproche le plus de la valeur perdue* ». Cette formule a été reprise dans l'affaire *LG&E* de 2007.

[1483] Les intérêts composés sont contrôlés ou même interdits dans les pays de culture musulmane mais aussi dans les textes internes de pays comme la Suisse à travers l'article 105 du Code des obligations ou encore la France par les articles 1154 et s. du Code civil.

dollars[1484]. Dans l'affaire *CDSE,* le tribunal arbitral a condamné le Costa Rica à verser en tout seize millions de dollars de dommages. Dans cette somme, approximativement douze millions correspondaient aux intérêts composés[1485]. Pour octroyer ce type d'intérêts, les tribunaux CIRDI ont principalement utilisé comme fondement juridique l'article 42 (1) de la Convention de Washington de 1965[1486] qui dispose que : « *Le Tribunal statue sur le différend conformément aux règles de droit adoptées par les parties. Faute d'accord entre les parties, le Tribunal applique le droit de l'État contractant partie au différend y compris les règles relatives aux conflits de lois ainsi que les principes de droit international en la matière* ». Ainsi, en l'absence de choix des parties, l'arbitre utilise son pouvoir discrétionnaire en matière de réparation du *lucrum cessans*. Forts de ce qui précède, les pays en voie de développement et notamment ceux de l'OHADA et du Mercosur devraient donc prévoir des clauses explicites interdisant les intérêts composés dans les contrats qu'ils passent avec les investisseurs étrangers. Toutefois toutes ces mesures visant à réparer le dommage de façon intégrale ont suscité certaines critiques.

c. Les critiques du principe de la réparation intégrale du préjudice au sein de l'arbitrage

743. Le principe de la réparation intégrale du préjudice a pu diviser la doctrine. Du côté majoritaire de la doctrine, nous avons des auteurs qui insistent sur son importance comme le professeur Filali OSMAN qui la range dans la catégorie des principes généraux du droit du commerce international[1487]. Son affirmation est tout à fait vérifiable car cette règle est admise lorsque le litige est purement d'ordre privé[1488] mais également lorsque des personnes publiques comme les États sont parties au litige comme le démontre les cas jurisprudentiels cités ci-dessus. Patrick DAILLIER est du même avis car il a démontré que la restitution intégrale représente un *standard d'indemnisation traditionnel* qui est utilisé de façon

---

[1484] Sur ces chiffres v. Ph. PINSOLLE, *op.cit.*, p. 586.
[1485] V. les paragraphes 106 à 111 de la sentence.
[1486] *Ibid.*, p. 586 et 587.
[1487] V. F. OSMAN, *op.cit.*, p. 180.
[1488] Dans la sentence CCI n°5946, le litige opposait un vendeur français (demandeur) à un vendeur américain (défendeur). Ces parties avaient conclu en 1983 un contrat d'exclusivité de distribution de bouteilles de vin. Le dommage avait été causé à la société française par l'arrêt dudit contrat. Le tribunal arbitral a accordé à cette dernière une compensation et a précisé qu'une compensation doit couvrir tout le préjudice : « *An aggrieved party may recover all damages suffered from a breach of contract, including losses sustained as well as gains prevented ... The object is to put a party in the posture he would have enjoyed had the contract not been breached ...* ». Traduction : « *Un créancier peut recouvrer tous les dommages subis à partir d'une rupture de contrat, y compris les pertes subies ainsi que les gains manqués ... Le but est de mettre une partie dans la posture dont elle aurait bénéficiée si le contrat n'avait pas été violée ...* ».

récurrente dans l'arbitrage[1489]. Enfin, elle a été consacrée par les *Principes* d'UNIDROIT à travers l'article 7.4.2 dédié à la réparation intégrale.

744. Du côté minoritaire de la doctrine, nous retrouvons des auteurs qui se sont penchés sur les conséquences de la réparation intégrale. Parmi ces auteurs, nous pouvons citer le président de l'*University of Bristish Columbia* (Canada) : le professeur Stephen TOOPE a émis des critiques dont certaines sont très pertinentes et méritent d'être reproduites dans notre étude[1490]. Cet auteur adresse trois séries de critiques à la fonction de réparation dans les litiges relatifs aux contrats d'État. Pour lui, la conception de la réparation du dommage dans l'arbitrage n'est pas adaptée à ce type de contrat. La première critique qu'il fait est d'ordre théorique, en ce sens qu'il considère qu'il est difficile, voire impossible, pour l'arbitre d'évaluer les attentes légitimes des parties au moment de la conclusion du contrat. Cette idée est juste mais comme l'a judicieusement fait remarquer Jérôme ORTSCHEIDT, ce que l'arbitre cherche à donner à la partie lésée est ce qu'elle aurait pu obtenir si le contrat avait été correctement exécuté et non la réparation d'une attente légitime[1491].

745. La deuxième objection faite par TOOPE à ce mécanisme est d'ordre idéologique car il considère que la fonction de réparation est une émanation de la philosophie des pays développés et que lorsqu'un pays en voie de développement procède à une expropriation, le condamner à de lourds dommages-intérêts conduit à lui faire supporter un poids excessif. Dans une certaine mesure, nous partageons cette vision et estimons que l'octroi d'importants dommages-intérêts par certaines sentences arbitrales est l'une des principales raisons de la méfiance et d'une forme de désaffection vis-à-vis de l'arbitrage dans les pays du Sud. Une lourde condamnation peut avoir pour effet d'amputer un État en voie de développement de ressources qui peuvent, pour lui, être vitales en vue de son redressement. On peut ainsi ouvertement se poser la question de savoir si les arbitres ne devraient pas prendre en compte la situation économique des pays pour les questions relatives à l'indemnisation[1492].

746. La troisième objection que cet auteur soulève est pratique. Il considère que la réparation du préjudice dans un arbitrage opposant un État à une personne privée ne devrait pas avoir pour fonction de remettre la partie privée dans la situation dans laquelle elle était avant la survenance du dommage. Cette idée est guidée par le fait qu'il estime que, dans les relations commerciales internationales, la part d'incertitude est très élevée. En d'autres termes, dans le commerce international, les profits sont soumis à

[1489] V. P. DAILLIER et M. BENLOLO-CARABOT, « Tribunal irano-américain des réclamations : chronique n°5 », *op.cit.,* p. 308 à 313.
[1490] Les critiques émises par cet auteur ont été citées par J. ORTSCHEIDT, *op.cit.,* p. 65 à 71.
[1491] *Ibid.*, p. 66.
[1492] Par exemple, un mécanisme d'échelonnement du paiement des dommages-intérêts peut être mis en place en fonction des capacités financières de l'État condamné.

trop d'éventualités pour qu'une réparation entière du préjudice soit exigée. A cette dernière critique, on peut aisément opposer l'accroissement constant des TBI à travers le monde qui est la preuve incontestable que les profits dans la sphère du commerce international ne sont pas hypothétiques et que quasiment tous les pays ont accepté la règle du jeu libérale pour le flux international des investissements[1493]. La conclusion d'un TBI est en effet la marque d'un « *sain climat* » [1494] pour les investissements. Concrètement, les sociétés transnationales originaires des pays développés et les pays en développement tirent profit de ce type de relations. Pour les pays en développement[1495], les investissements sont très importants dans une perspective de développement car ils permettent de créer des emplois et d'apporter des infrastructures, de la technologie et un savoir-faire. Pour les sociétés transnationales, dont la finalité est purement lucrative, les investissements permettent d'étendre leurs activités et d'accroître leurs gains. En définitive, même si la réparation des préjudices de façon intégrale peut quelquefois porter atteinte aux intérêts des pays en développement, elle constitue « *un mal nécessaire* » en ce sens qu'elle permet de réguler certains aspects des relations commerciales. Sans la réparation du dommage, tout le système risque de s'effondrer. C'est pour faire face à ce besoin que des méthodes d'évaluation du dommage ont été mises à la disposition des arbitres.

2. Les méthodes d'évaluation du dommage dans l'arbitrage

747. Grâce aux instruments internationaux tels que la CVIM ou encore les *Principes d'Unidroit*, les arbitres disposent d'outils simples d'évaluation d'un préjudice en matière de vente commerciale (**a**). En revanche, dans le domaine du droit des investissements, donc de l'expropriation, l'évaluation du préjudice est rendue plus difficile car plusieurs méthodes sont applicables (**b**).

a. L'évaluation du dommage en matière de vente commerciale

748. En matière de vente commerciale, la méthode principalement retenue pour évaluer un préjudice est le recours au *prix courant*. La notion de prix courant désigne généralement le prix pratiqué pour une prestation effectuée dans des circonstances comparables (biens et services)[1496]. Ce prix

---

[1493] V. Ch. LEBEN, *op.cit.*, p. 683 et 684. Selon le professeur Charles LEBEN, le mouvement d'intensification des TBI a été facilité et accompagné par la faillite du *nouvel ordre économique international* entre 1975 et 1985. V. aussi D. CARREAU et P. JUILLARD, *op.cit.*, p. 486 et s.

[1494] Selon l'expression d'I. SEIDL-HOHENVELDERN, « L'évaluation des dommages dans les arbitrages transnationaux », *AFDI*, 1987, volume 33, p. 10.

[1495] V. P. SCHAUFELBERGER, *op.cit.*, p. 30 à 40.

[1496] Sur cette définition v. le texte des *Principes* d'UNIDROIT 2010.

doit être raisonnable et doit servir de référence. Les articles 76 de la CVIM et 7.4.6 des *Principes* font expressément référence à cette notion. Partant de là, lorsque des arbitres sont face à des demandes de dommages-intérêts ou d'octroi d'intérêts en matière de vente commerciale, ils peuvent simplement établir le montant de la compensation en se fondant sur le prix ou le taux habituellement pratiqué pour une prestation ou un bien analogue[1497]. Pour connaître ce montant ou en avoir une preuve, ils peuvent se référer au prix fixé par le marché ou par des organisations professionnelles. Dans le droit de l'OHADA, cette règle semble être applicable car les articles 264 et 265 de l'AUDGC reprennent en partie l'article 76 CVIM[1498]. Ainsi, lorsque les arbitres de cet espace vont devoir accorder des dommages-intérêts ou des intérêts, pour non exécution d'un contrat de vente, ils auront à prendre en compte le prix couramment appliqué. Compte tenu de l'influence grandissante de ce texte dans le Mercosur, une solution analogue est envisageable. La simplicité de cette méthode d'évaluation de l'indemnisation contraste avec celles appliquées en matière d'expropriation.

b. Les méthodes d'évaluation du dommage en matière d'expropriation

749. En matière d'expropriation, la détermination du *quantum* d'un préjudice est rendue plus difficile à cause de deux facteurs. Le premier facteur est le fait qu'aucune des méthodes d'évaluation ne prédomine sur les autres. Les arbitres utilisent de façon alternative les différents moyens mis à leur disposition. Cet aspect rend peu lisible la jurisprudence arbitrale en matière de réparation du dommage lié à une expropriation. Le deuxième facteur est le fait que tous ces mécanismes connaissent des limites. D'ailleurs, les auteurs[1499] qui ont étudié cette question reconnaissent que chaque méthode d'évaluation a des insuffisances.

b.1. Le défaut de prédominance d'une méthode d'évaluation en matière d'expropriation dans la pratique arbitrale

750. Il existe plusieurs méthodes d'évaluation du dommage en matière d'expropriation. Tout d'abord, nous pouvons citer *l'évaluation selon le prix du marché*. Dans cette technique, le prix du marché du bien exproprié est

---

[1497] Par exemple, dans la sentence CCI n°8501 de 1996 les arbitres ont utilisé les articles 76 CVIM et 7.4.6 des *Principes* pour déterminer le montant d'une indemnisation. Sur cette sentence v. *Bulletin de la Cour internationale d'arbitrage de la CCI*, 1999, volume n°2, p. 72 et s.

[1498] L'article 76 CVIM dispose que : « *(...) Néanmoins, si la partie qui demande des dommages-intérêts a déclaré le contrat résolu après avoir pris possession des marchandises, c'est le prix courant au moment de la prise de possession qui est applicable et non pas le prix courant au moment de la résolution.* »

[1499] Sur ces auteurs et les différentes méthodes v. G. BLANC, *op.cit.*, p. 922 à 923. V. aussi I. SEIDL-HOHENVELDERN, *op.cit.* et J. ORTSCHEIDT, *op.cit.*, p. 197 et s.

celui qui existe au moment de la survenance de l'acte dommageable[1500]. Dans ce cas de figure, il est considéré que l'indemnisation doit être effective, c'est-à-dire que l'indemnité doit être transférable vers l'État de l'investisseur si l'État d'accueil ne peut pas lui offrir une possibilité de réinvestissement. La deuxième méthode est celle de *l'évaluation basée sur la valeur fiscale du bien*[1501]. Cette méthode retient que la valeur du bien exproprié correspond à la valeur qui a été déclarée aux autorités fiscales. La troisième méthode est la *valeur assurée* : celle-ci est basée sur la valeur à laquelle le bien a été assuré[1502]. Ensuite, nous avons la méthode de la *valeur comptable* qui prend en compte la valeur réelle de remplacement du bien exproprié en fonction de son flux de trésorerie[1503] (*cash flow* ou *actual losses*). Cette valeur ne prend pas en compte les profits futurs mais une indemnisation basée sur cette méthode doit permettre à l'investisseur de construire une installation de remplacement. Par contre, la méthode de la *valeur du rendement* (méthode du *going concern* ou du *discount cash flow* DCF) prend en compte les profits futurs. Cette technique est fondée sur le côté dynamique d'une société, elle tient compte du fait que la valeur d'une société repose essentiellement sur sa croissance et sa profitabilité future[1504].

751. La question de méthode d'évaluation a été aussi le terrain d'oppositions entre les pays en développement et les pays développés[1505]. Par exemple, dans l'une des affaires irano-américaines, l'Iran soutenait que l'indemnisation devait être partielle et calculée sur la *valeur comptable* des sociétés alors que les parties américaines demandaient une indemnisation calculée sur la base de la valeur d'une entreprise en fonctionnement génératrice de profits (*valeur du rendement*). Le tribunal arbitral a suivi l'avis des parties américaines car il a pris en compte la valeur nette comptable des biens expropriés et les bénéfices futurs. Dans la pratique arbitrale, aucune de ces techniques n'a réellement recueilli le consensus pour constituer la technique d'évaluation prédominante. Ignaz SEIDL-HOHENVELDERN, a très bien exprimé cette situation lorsqu'il a affirmé qu'en la matière il y a un « *défaut de précédents irrécusables* »[1506]. Les sentences arbitrales sont le reflet de ce défaut de consensus car au fil des années et des affaires, toutes ces méthodes ont été indifféremment utilisées. Par exemple, dans les sentences CIRDI *Amco* du 5 juin 1990, *CMS*, *Enron* et

---

[1500] *Ibid.*, p.16 à 19.
[1501] *Ibid.*, p. 19.
[1502] *Ibid.*
[1503] Le flux de trésorerie (*cash flow* au sens original anglo-saxon) est la différence des encaissements (les recettes) et des décaissements (les dépenses) engendrés par l'activité d'une entreprise.
[1504] *Ibid.*, p. 211 et s.
[1505] *Ibid.*, p. 922 et 923.
[1506] *Ibid.*, p. 16.

Sempra[1507] (toutes les trois ont été relatives à l'Argentine), les arbitres ont appliqué la méthode de la *valeur du rendement* pour indemniser l'investisseur. En revanche, dans l'affaire *SPP*, le tribunal a refusé d'appliquer cette méthode car il a considéré qu'en l'espèce le projet était au stade embryonnaire[1508]. Il a préféré appliquer la méthode de la *valeur comptable* pour indemniser l'investisseur[1509].

752. La sentence sur l'évaluation des dommages-intérêts rendue à la suite de l'admission de la responsabilité partielle de l'Argentine dans l'affaire *LG&E*[1510] fournit une indication précieuse sur la raison pour laquelle aucune de ces méthodes ne s'est imposée : dans la majorité des TBI, il y a une absence de disposition indiquant un standard de réparation. De ce fait, c'est au tribunal arbitral, en prenant en compte les éléments du cas qui lui sont soumis de déterminer la technique appropriée pour indemniser le dommage. Dans cette espèce, le tribunal a pris en compte les dividendes qui auraient dû être générés s'il n'y avait pas eu de changement de circonstances. A cette somme, il fallait soustraire les sommes déjà perçues par la société *LG&E*. Ensuite, il fallait ôter le montant de tous les dommages survenus pendant la période d'état de nécessité de l'Argentine[1511]. Au final, le tribunal a appliqué la méthode d'évaluation du dommage réel dans ce cas[1512]. Cette sentence est très instructive car elle a apporté un véritable éclaircissement sur le mode de calcul du dommage par des arbitres. En effet, certaines sentences, comme la sentence *AMT*[1513] ou encore *Patrick Mitchell c/ RDC* du 9 février 2004[1514], ont été critiquées pour leur manque d'explication et de pédagogie. La deuxième raison qui fait qu'aucune méthode ne domine est le fait qu'elles ont toutes des lacunes.

[1507] V. L. ACHTOUK-SPIVAK, « Arbitrage en matière d'investissement et crise argentine : un bilan d'étape », *Gazette du Palais*, 15 décembre 2007, n°349, p. 55 et s.

[1508] V. le paragraphe 188 de la sentence où le tribunal arbitral a estimé que : «... *was in its infancy and there is very little history on which to base projected revenues* ».

[1509] V. le paragraphe 211 de la sentence où le tribunal arbitral a estimé que : « *In light of these considerations, the Tribunal concludes that the total costs to be reimbursed to the Claimants for legal and accounting work which has been relevant or useful to the present ICSID proceedings amounts to US$ 5,092,000* ».

[1510] Sur cette sentence CIRDI ARB/02/1 *LG&E c/ Argentine* rendue en 2007 v. J. FOURET et D. KHAYAT, *op.cit.*, p. 570 à 574.

[1511] Sur cette méthode pour déterminer le *quantum* de la compensation dans l'affaire *LG&E* v. J. FOURET et D. KHAYAT, *op.cit.*, p. 572.

[1512] *Ibid.*

[1513] Sur ces critiques adressées au manque d'explication dans la sentence *AMT c/ Zaïre* v. E. GAILLARD, *La jurisprudence du CIRDI*, volume I, *op.cit.*, 451 et s.

[1514] Sur la sentence CIRDI n°ARB/99/7 v. E. GAILLARD, *La jurisprudence du CIRDI*, volume II, *op.cit.*, p. 352 à 354. La RDC reprochait à cette sentence de manquer de motivation quant à l'évaluation de l'indemnisation.

b.2. Les limites des méthodes d'évaluation en matière d'expropriation dans la pratique arbitrale

753. Chacune des méthodes présentées ci-dessus connaît une limite[1515]. A titre d'illustration, la méthode *du prix du marché* ne prend pas en compte l'activité et la comptabilité de la société. La méthode de la *valeur fiscale* ne prend pas en compte les dégrèvements fiscaux. De même, la méthode de la *valeur assurée* est contestable par le fait qu'un bien peut être assuré en dessus de sa valeur réelle. Enfin, la méthode de la *valeur de rendement*, qui a pourtant les faveurs de Jérôme ORTSCHEIDT[1516], a le principal défaut d'accorder une place importante à la projection dans le futur, donc à un part d'incertitude (dommage hypothétique). Or, dans la pratique arbitrale, il est bien établi que le dommage réparable est celui qui est certain et cela même lorsqu'il s'agit d'un gain manqué[1517]. C'est dans ce sens que la méthode qui nous paraît être la plus équitable dans le commerce international et à la fois plus adaptée aux pays en développement, est celle de la *valeur comptable*. Cette technique présente l'avantage de ne pas être spéculative et de réparer le dommage dans sa partie correspondant à la perte réellement éprouvée (le *damnum emergens*). Il ressort de tout ce qui précède que le mécanisme de réparation du dommage dans l'arbitrage permet de rétablir l'équilibre entre les parties dans une relation commerciale. Pour autant, il convient de souligner que dans les faits, ce mécanisme a aussi conduit à diverses condamnations de nombreux pays en développement, notamment les États de l'OHADA et du Mercosur. Ce qui a conduit à un renouveau du sentiment de méfiance vis-vis de l'arbitrage. A ce jour, ce sentiment est vraiment perceptible en Amérique Latine. Cet état de fait nous permet de mettre en exergue certaines des insuffisances de l'arbitrage en tant qu'instrument de développement.

§ II. Les insuffisances de l'arbitrage en tant qu'instrument de développement

754. Tout le long de notre étude, nous avons essayé de montrer les liens qui unissent l'arbitrage au développement des États de l'OHADA et du Mercosur. A ce stade, il ne s'agit bien évidemment pas de dire le contraire, mais de mettre en lumière certaines lacunes. C'est également l'occasion de mettre l'accent sur les raisons qui ont conduit à la résurgence d'une certaine forme d'hostilité des pays en voie de développement vis-à-vis de l'arbitrage

---

[1515] Sur l'ensemble des limites v. I. SEIDL-HOHENVELDERN, *op.cit.*

[1516] V. J. ORTSCHEIDT, *op.cit.*, p. 211 et s.

[1517] Comme l'a rappelé la sentence *AUCOVEN*, l'indemnisation du gain manqué est aussi soumise à la condition de certitude du dommage v. J. FOURET et D. KHAYAT, *op.cit.*, p. 146 et 147

(**A**) et de faire des propositions en vue de permettre de sortir de cette situation (**B**).

A. La résurgence de l'hostilité des pays en développement envers l'arbitrage

755. Dans le contexte actuel où certaines autorités des États de l'Amérique Latine émettent publiquement des critiques envers l'arbitrage, nous pouvons affirmer que nous sommes face à une résurgence de l'hostilité envers ce mécanisme de règlement des différends dans cette partie du globe[1518]. L'institution d'arbitrage qui cristallise l'ensemble de ce rejet ainsi que les critiques est le CIRDI. La manifestation de cette nouvelle opposition est la dénonciation de la Convention de Washington par certains États comme le Venezuela qui est désormais membre du Mercosur (**2**). Il est donc particulièrement intéressant de se pencher sur les conséquences juridiques de cette dénonciation mais aussi d'identifier les raisons qui ont conduit à cette nouvelle donne (**1**).

1. Les raisons de la résurgence de l'hostilité envers l'arbitrage dans les pays en développement

756. L'une des principales raisons qui entoure ce regain de méfiance est le « *chaos* » [1519] ou la grande incertitude et instabilité de la notion d'investissement dans les sentences et les décisions du CIRDI (**a**). Cette raison a pour corollaire le sentiment qu'il existe une constante extension de la compétence du CIRDI au détriment des intérêts des États hôtes des investissements, qui pour la plupart se trouvent être des pays en voie de développement (**b**). Partant de là, nous pouvons ouvertement nous demander si le système du CIRDI est déséquilibré au profit des investisseurs (**c**).

a. L'insécurité juridique autour de la notion d'investissement devant le CIRDI

757. Le point de départ de l'incertitude sur la définition de la notion d'investissement dans les affaires soumises aux tribunaux arbitraux CIRDI est certainement le fait que, comme l'ont si bien fait remarquer Jean-Pierre

---

[1518] Nous pensons aux propos du ministre des affaires étrangères de l'Équateur prononcés lors d'une récente réunion de la Communauté d'États d'Amérique Latine et des Caraïbes (CELAC). En effet, lors de la réunion du 12 octobre 2012, M. Ricardo PATIÑO a annoncé qu'il ferait appel à la solidarité régionale dans son combat contre le CIRDI. La CELAC est une organisation à vocation intégratrice qui a été créée le 3 décembre 2011 suite à la *Déclaration de Caracas*. Elle regroupe 33 États de l'Amérique Latine. Sur cette déclaration v. les écrits consultables sur internet du professeur costaricien N. BOEGLIN.

[1519] Sur cette expression v. W. BEN HAMIDA, « La notion d'investissement : le chaos s'amplifie devant le CIRDI », *Gazette du Palais*, *Cahiers de l'arbitrage*, 15 décembre 2009, n°4, p. 40 à 47.

LAVIEC et Philippe KAHN, le droit international ne connaît pas de notion uniforme sur l'investissement[1520]. Ce droit s'est surtout intéressé aux notions de protection et de traitement des investissements en laissant à la doctrine et aux économistes le soin d'établir une définition. C'est ainsi que l'investissement s'est inscrit dans un contexte historique, politique et économique[1521] et qu'il a été progressivement assimilé aux biens, aux intérêts, aux avoirs économiques et aux droits patrimoniaux détenus par des étrangers (*property rights and interests*)[1522] : un concept délibérément et suffisamment large pour faire face à l'évolution, à la diversité des formes d'investissements et au besoin de traiter les situations au cas par cas. Cette définition objective élaborée par les économistes poursuivait principalement le but d'encourager les mouvements des capitaux et leur assurer une protection contre les interventions étatiques[1523]. Cette approche a conduit à une extension et une multiplication[1524] des sources et des définitions de l'investissement. Par exemple, dans certains TBI qui renvoient au droit de l'État d'accueil pour définir l'investissement[1525] est apparu un aspect finaliste et subjectif de cette notion. Cette technique du renvoi au droit interne du pays d'accueil et son critère finaliste et subjectif a été particulièrement importante pour les pays en développement car elle a servi à insérer dans certains TBI des clauses établissant un lien entre les investissements et le développement économique et social[1526]. Elle leur a aussi permis de définir de façon souveraine ce qu'est un investissement.

1520 Sur cette affirmation v. J.-P. LAVIEC, *op.cit.*, p. 11 et s. V. aussi B. POULAIN, « L'investissement international : définition ou définitions ? » *in Aspects nouveaux du droit des investissements internationaux*, Centre d'Étude et de recherche de l'Académie de Droit International de La Haye, Martinus Nijhoff, 2007, p. 123 à 150. V. enfin Ph. KAHN, « Les définitions de l'investissement international », *in Le droit international économique à l'aube du XXIème, En Hommage aux Professeurs Dominique Carreau et Patrick Juillard*, Paris, Pedone, 2009, p. 11 à 16. Ces auteurs ont mis en exergue le fait qu'il y a une pluralité de définitions à donner à la notion d'investissement.

1521 *Ibid.*, p. 12.

1522 *Ibid.*, p. 14 et s.

1523 *Ibid.*, p. 12.

1524 Par exemple, le code de l'OCDE de 1961 de la libération des mouvements de capitaux désigne l'investissement comme un apport en capital qui permet d'établir un lien durable entre l'entreprise et l'investisseur et permet à ce dernier d'exercer une influence sur la gestion de cette entreprise. Par contre, dans les TBI, la notion est plus large car elle correspond à tous les avoirs et biens. D'autres textes internationaux retiennent une définition large de l'investissement : les directives de la Banque Mondiale, la Charte de l'énergie de 1994 et même le Protocole du Mercosur de Colonia du 17 janvier 1994 sur la promotion des investissements entre les États membres du Mercosur.

1525 *Ibid.*, p. 16 à 23.

1526 *Ibid.*, p. 19. Par exemple, l'article 3 du TBI entre France et le Maroc prévoit que « *Sont éligibles à l'agrément préalable accordé par une Partie contractante, dans le cadre de sa législation les investissements productifs effectués sur son territoire par les ressortissants, personnes physiques et morales, de l'autre Partie, dès lors qu'ils concourent à son développement économique et social* ».

758. En dépit du fait qu'il n'y ait pas eu de consécration d'une définition unique, tout le long de l'évolution de la notion d'investissement, trois critères cumulatifs[1527] permettant de l'identifier se sont détachés. Il s'agit de l'apport en capital ou en nature[1528], de la durée de cet apport[1529] et de la participation aux risques de l'entreprise[1530]. La réunion de ces critères a permis de découvrir l'investissement direct étranger (IDE ou *greenfield investment*) et l'investissement indirect[1531]. A partir des années soixante est apparue une extension de la notion d'investissement[1532] car parallèlement aux IDE de nombreux contrats portant sur des relations économiques internationales ont vu le jour en reprenant les trois caractéristiques décrites ci-dessus : les contrats clé en main. Pour Philipe KAHN, ces contrats se sont multipliés, rapprochés et même assimilés aux IDE car ils ont pallié l'impossibilité de procéder à des investissements directs dans les pays socialistes nouvellement indépendants. Cette catégorie de pays refusait les IDE, du fait qu'ils conduisaient nécessairement à un transfert de propriété mais ils voulaient disposer de contrats leur permettant de bénéficier de résultats économiques analogues. Toujours selon cet auteur, cette évolution a considérablement modifié l'équilibre instauré par les premiers éléments composant l'investissement car nous sommes passés d'un cadre juridique plus certain à une notion beaucoup plus large. Depuis le début des années quatre-vingt-dix, l'avènement de la mondialisation est venu rendre cette notion encore plus fongible avec auteurs opérations à caractère commercial et économique[1533].

1527 Sur ces trois critères v. D. CARREAU et P. JUILLARD, *op.cit.*, p. 419 et s.

1528 L'investisseur fait un apport en capital (des fonds, sommes d'argent, apport financier) ou en nature (construction d'installations) dans un but lucratif.

1529 En comparaison d'autres activités économiques, un investissement se caractérise par une immobilisation de l'apport pendant une certaine durée (à moyen ou long terme).

1530 Dans l'investissement international, il existe une grande part d'aléa car la rémunération de l'investisseur est différée et se fait en fonction des pertes et des bénéfices de l'investissement. Ainsi, en investissant à l'étranger, l'opérateur commercial accepte de prendre ces risques.

1531 L'investissement direct étranger (IDE), par opposition à l'investissement indirect (investissement effectué par la voie d'apport financier comme les emprunts obligatoires), est une forme d'investissement qui ne se limite pas à un placement financier, mais qui entraîne aussi le contrôle par l'investisseur des activités d'une entreprise, ou un pouvoir de décision dans les organes d'une société. Il se manifeste par la création ou le rachat de sociétés dans le pays d'accueil.

1532 Sur cette extension v. Ph. KAHN, *op.cit.*, p. 13 à 15.

1533 *Ibid.* Pour s'en rendre compte, l'auteur cite l'article 1 paragraphe 6 de la Charte de l'énergie du 17 décembre 1994 qui définit l'investissement comme : « *tout type d'avoir détenu ou contrôlé directement ou indirectement par un investisseur et comprenant : a) les biens matériels et immatériels, mobiliers et immobiliers, et tous droits de propriété tels que location, hypothèques, créances privilégiées et gages; b)une société ou entreprise commerciale ou les actions, capitaux ou toute autre forme de participation au capital dans une société ou entreprise commerciale, ainsi que les obligations, titres ou autres dettes d'une société ou d'une entreprise commerciale; c)les créances liquides ou les droits à prestations au titre d'un contrat à valeur économique et associé à un investissement; d) la propriété*

759. L'évolution et l'éparpillement des sources de la notion d'investissement ont eu fatalement des répercussions sur l'arbitrage international lié aux opérations économiques et commerciales[1534], notamment sur l'arbitrage CIRDI qui du fait de la multiplication des TBI s'est imposé au fil des années comme l'instance de référence en cette matière. Nous utilisons le terme fatalement car à ce jour la notion d'investissement n'a pas été encore identifiée avec certitude par les tribunaux CIRDI. Et ce d'autant plus que la Convention de Washington qui fonde cet arbitrage ne propose pas de définition de cette notion[1535]. Ainsi, il suffit de faire une analyse de la jurisprudence du CIRDI sur ce thème pour se rendre compte de l'évolution pour le moins hésitante de cette notion[1536]. En effet, pour les arbitres du CIRDI, la définition de l'investissement devait d'abord être tirée des TBI (la *conception subjective de l'investissement*). Puis, la sentence *Fedax*[1537] et surtout la décision *Salini*[1538] sont venues apporter des éléments ou critères de définition (*la conception objective de l'investissement*) qui par la suite ont évolué et dont certains ont été remis en cause dans des sentences ultérieures.

<u>a.1. La conception subjective de la notion d'investissement dégagée par les tribunaux arbitraux CIRDI</u>

760. La conception subjective de l'investissement[1539] repose sur l'accord des parties pour définir l'objet du différend porté devant le tribunal arbitral. Cette méthode de définition accorde la primauté à la volonté des parties, ce

---

intellectuelle; e) les rendements; f) tout droit conféré par la loi ou par contrat ou découlant de licences ou d'autorisations délivrées conformément à la loi pour l'exercice d'une activité économique dans le secteur de l'énergie ».

1534 V. Ch. LEBEN, « L'évolution du droit des investissements : un rapide survol », *in Le contentieux arbitral transnational relatif à l'investissement Nouveaux développements*, Paris, Anthemis, LGDJ, 2006, p. 9 à 21.

1535 En effet, il n'y a pas d'indications précises sur la définition de la notion d'investissement dans ce texte. V. en ce sens l'article 25 de la Convention de Washington qui précise que « *La compétence du Centre s'étend aux différends d'ordre juridique entre un État contractant (ou telle collectivité publique ou tel organisme dépendant de lui qu'il désigne au Centre) et le ressortissant d'un autre État contractant qui sont en relation directe avec un investissement et que les parties ont consenti par écrit à soumettre au Centre* ».

1536 Sur l'évolution de la notion d'investissement au sein de la jurisprudence du CIRDI v. E. GAILLARD, « Reconnaître ou définir ? Réflexions sur l'évolution de la notion d'investissement dans la jurisprudence du CIRDI », *in Le droit international économique à l'aube du XXIème, En Hommage aux Professeurs Dominique Carreau et Patrick Juillard*, Paris, Pedone, 2009, p. 17 à 32. V. aussi W. BEN HAMIDA, « La notion d'investissement : le chaos s'amplifie devant le CIRDI », *op.cit.*, p. 40 à 47. V. enfin D. KHAYAT, « La notion d'investissement devant le CIRDI », *in Le CIRDI, 45 ans après, Bilan d'un système*, Paris, A. Pedone, 2010, p. 41 à 54.

1537 V. la sentence CIRDI n°ARB/96/3 *Fedax c/ Venezuela* du 11 juillet 1997 (sur la décision de compétence).

1538 V. la décision CIRDI n°ARB/00/4 *Salini c/ Maroc* du 23 juillet 2001.

1539 *Ibid.*, p. 40 et s. et D. KHAYAT, *op.cit.*, p. 46 à 48.

qui est tout à fait conforme aux pratiques arbitrales. Elle accorde aussi une importance particulière aux TBI puisque, dans la majorité des cas, c'est dans ces documents que cet accord est consigné[1540]. Comme exemple d'application de la conception subjective dans la jurisprudence CIRDI, nous pouvons citer la sentence *Antoine Goetz et consorts c/ République du Burundi* du 10 février 1999[1541]. Ce différend portait sur la licéité d'une décision mettant fin au bénéfice du régime de zone franche au Burundi et sur l'octroi éventuel d'une réparation. Le tribunal arbitral se devait au préalable de vérifier s'il s'agissait d'un investissement conformément à l'article 25 de la Convention de Washington. Pour ce faire, il s'est fondé sur la Convention belgo-burundaise et précisément sur son article 8[1542]. Il a donc conclu qu'au regard de ce texte ce différend portait effectivement sur un investissement.

761. La conception subjective de la notion d'investissement peut aussi se fonder sur un contrat ou sur une loi nationale relative à l'investissement. Par exemple, dans certains États de l'OHADA des textes internes donnent des définitions de cette notion. Au Cameroun, la définition de l'investissement est autonome et distincte de celle contenue dans les TBI et se trouve dans l'article 4 de la loi n°2002/004 du 19 avril 2004 portant Charte des investissements[1543]. Il nous semble que l'article 11 de ce texte, de façon tout à fait curieuse, entrouvre implicitement la porte à un arbitrage OHADA relatif aux investissements car après avoir cité l'adhésion du Cameroun au CIRDI, il précise que ce pays fait partie de l'OHADA et que de ce fait il bénéficie d'un arbitrage institutionnel et *ad hoc*[1544]. Une telle hypothèse

---

[1540] L'accord des parties peut tout aussi être consigné dans un contrat ou dans une loi relative à l'investissement.

[1541] Sentence CIRDI n°ARB/95/3 du 10 février 1999.

[1542] V. le paragraphe 83 de la sentence qui précise que : « *le différend satisfait également à l'exigence d'un "rapport direct avec un investissement" : il suffit en effet de se référer à l'article 8, paragraphe 1, de la Convention belgo-burundaise d'investissement pour constater que le différend soumis au Tribunal est de ceux que cette disposition définit comme des différends relatifs à un investissement, à savoir les différends qui concernent "l'interprétation ou l'application de toute autorisation d'investissement accordée par les autorités de l'État hôte régissant les investissements étrangers" ainsi que "l'allégation de la violation de tout droit conféré ou établi par la présente Convention en matière d'investissement"* ».

[1543] Ce texte définit l'investissement comme : « *un actif détenu par un investisseur en particulier : une entreprise les actions, parts de capital ou autres formes de participation au capital d'une entreprise; les obligations et autres titres de créance; les créances monétaires; les droits de propriété intellectuelle ; les droits au titre des contrats de gestion, de production, de commercialisation; les droits conférés par la loi et les règlements notamment les concessions, licences, autorisations ou permis ; tout autre bien corporel ou incorporel, meuble ou immeuble, tous les droits connexes de propriété* ».

[1544] V. l'article 11 de la loi n°2002/004 qui précise que : « *1) L'État est partie à des accords tant bilatéraux que multilatéraux en matière de garantie des investissements. Il adhère notamment : (...) à la convention de Washington instituant le centre international pour le règlement des différends relatifs aux investissements (CIRDI). (...) 2) L'État est partie : au traité OHADA en application duquel des règles juridiques modernes simples et inspirées de la pratique internationale ont été élaborées en droit des affaires. 3) L'État dispose, grâce à son*

serait encore un signe du rapprochement entre l'arbitrage transnational et l'arbitrage commercial international. Au Sénégal, le Code des investissements issu de la loi du n°2004-06 du 6 février 2004, donne aussi de façon exhaustive une définition de l'investissement[1545]. Mais, il précise également que les dispositions du Code ne font pas obstacle aux avantages et garanties plus étendus qui seraient prévus par les traités ou accords conclus ou pouvant être conclus entre la République du Sénégal et d'autres États[1546]. En d'autres termes, ce texte accepte d'autres définitions plus larges comprises dans les TBI.

762. Si ce mode de définition a de façon indiscutable l'avantage de la simplicité[1547] et devrait selon nous être privilégié comme première référence par les arbitres CIRDI, il connaît tout de même quelques limites. La première limite tient au fait que son application ne permettra pas aisément l'éclosion harmonieuse d'une notion uniforme de l'investissement car il y a autant de définitions possibles qu'il y a de TBI, de contrats ou de lois relatives à l'investissement. Ensuite, l'application de la conception subjective n'est possible que si les parties ont, dans l'acte de consentement, clairement désigné et exprimé ce qu'elles considèrent comme étant un investissement. Enfin, il n'est nullement exclu que les parties aient une conception trop large de l'investissement[1548], ce qui aurait pour conséquence de faire perdre à cette notion sa spécificité. C'est compte tenu de ces limites que les tribunaux arbitraux CIRDI ont préféré appliquer la conception objective.

a.2. La conception objective de l'investissement dégagée par les tribunaux arbitraux CIRDI

763. Face à l'incertitude juridique liée à la notion d'investissement, certains arbitres du CIRDI vont considérer qu'il existe une définition objective de l'investissement de laquelle l'opération économique qui leur est soumise doit pouvoir se rapprocher tout en respectant la Convention de Washington. Pour ce faire, ils vont tenter de poser et « *juridiciser* »[1549] des

---

appartenance à l'espace OHADA, d'un mécanisme d'arbitrage, tant ad hoc qu'institutionnel, s'inspirant des instruments internationaux les plus performants tels la loi-type de la commission des Nations Unies pour le droit commercial international de 1985 et le règlement d'arbitrage de la chambre de commerce internationale de 1998 ».

[1545] V. l'article 1 de loi n°2004-06 du 6 février 2004. Cet article précise que les investissements sont les entreprises (unité de production ou de transformation), les capitaux et le besoins de fond de roulement.

[1546] V. l'article 3 de la loi n°2004-06 du 6 février 2004.

[1547] Sur cette opinion v. D. KHAYAT, *op.cit.*, p. 47.

[1548] *Ibid.*, p. 47 et 48.

[1549] Selon l'expression de F. HORCHANI, « Le développement au cœur de la définition de la notion d'investissement ? », *in Le droit international économique à l'aube du XXIème, En Hommage aux Professeurs Dominique Carreau et Patrick Juillard*, Paris, Pedone, 2009, p. 62.

critères d'identification. La première tentative est apparue dans l'affaire *Fedax c/ Venezuela* du 11 juillet 1997[1550]. Dans ce cas, il s'agissait d'un différend financier et commercial entre les parties[1551]. La société *Fedax* estimait que les agissements du Venezuela lui avaient fait perdre un investissement de nature financière. Pour le Venezuela, la définition du terme « investissement » au sens de l'article 25 de la Convention de Washington ne pouvait pas s'étendre aux questions financières. Partant de là, il rejetait la compétence du CIRDI. Le tribunal arbitral a réfuté l'argument de cet État car il a considéré qu'un différend de nature purement financière rentrait dans sa sphère de compétence sous certaines conditions. Pour arriver à cette conclusion, le tribunal arbitral a pris en compte le contenu du TBI[1552] et a également dégagé cinq critères d'identification de l'investissement, à savoir une certaine durée, une régularité en matière de profit et revenus, une certaine prise de risque, un engagement substantiel et un intérêt pour le développement pour le pays d'accueil[1553]. A notre sens, le grand mérite de cette solution a été de consacrer de façon formelle des éléments de définition en y incluant la notion de développement pour le pays d'accueil. Pourtant, certains auteurs ont critiqué cette solution en considérant qu'elle n'était pas suffisamment claire étant donné que certains de ses éléments sont interchangeables (la durée et la régularité)[1554].

764. C'est ainsi que dans l'affaire *Salini Costruttori SpA et Italstrade SpA* (*Salini*) *c/ Maroc* du 23 juillet 2001[1555], les arbitres vont revenir sur les

---

[1550] Sur cette sentence CIRDI v. E. GAILLARD, *La jurisprudence du CIRDI*, volume I, *op.cit.*, p. 463 et s.

[1551] La société *Fedax* était immatriculée dans les Pays-Bas, elle avait prêté une somme d'argent au Venezuela. Ce dernier avait reconnu sa dette par l'émission d'un billet à ordre. Par ce document, utilisé fréquemment dans le commerce, l'emprunteur reconnaît sa dette et il s'engage au remboursement. *Fedax* demandait au tribunal arbitral de qualifier ce document d'investissement. Ce qu'il a fait. Le tribunal arbitral a eu un raisonnement analogue à propos d'actions dans l'affaire *Eudoro A. Olguín c/ Paraguay*.

[1552] Le tribunal arbitral s'est surtout basé sur les termes « *titles to money* » contenus dans le TBI Pays-Bas- Venezuela du 22 octobre 1991 article I. Cela a pour conséquence que des auteurs intègrent cette jurisprudence dans la conception subjective de l'investissement. Parmi ces auteurs v. D. E. ONGUENE ONANA, *La qualification d'investissement étranger, Contribution à la notion juridique d'investissement et à la définition de l'extranéité*, Thèse de Doctorat, Université de Laval (Canada), mai 2011, p. 178 à 179.

[1553] V. le paragraphe 43 de la sentence qui dispose que : « *Les caractéristiques essentielles d'un investissement ont été décrites comme faisant intervenir une certaine durée, une certaine régularité des bénéfices et des rendements, la prise en charge de risques, un engagement substantiel et un intérêt pour le développement des États d'accueil* ».V. aussi *JDI*, 2010, avril-mai-juin, n°2, p. 547.

[1554] *Ibid.*, p. 62.

[1555] Cette affaire est née suite au non-paiement et à l'exécution tardive (retard de quatre mois par rapport au délai stipulé au contrat) des obligations consignées dans un contrat de construction passé entre l'État défendeur (le Maroc) et les demandeurs deux : sociétés de construction italiennes (*Salini* et *Italstrade*). La question de la définition de l'investissement a été au cœur du raisonnement des arbitres. Sur l'affaire *Salini* v. D. KHAYAT, *op.cit.*, p. 48 et s. V. aussi E. GAILLARD, *La jurisprudence du CIRDI*, volume I, *op.cit.*, p. 621 et s. V. enfin

critères énoncés ci-dessus pour n'en conserver que quatre. Dans ce très important cas, la question était posée au tribunal arbitral de savoir si un marché de travaux publics pouvait être considéré comme un investissement et à ce titre relever de la compétence du CIRDI. Le tribunal arbitral a répondu par l'affirmative. Pour arriver à cette conclusion, le tribunal arbitral est d'abord parti du fait que la Convention de Washington ne donne aucune indication sur la définition de l'investissement[1556] et s'est par la suite fondé sur des critères[1557] à appliquer à la définition de l'investissement : l'apport, la durée, la participation aux risques et la contribution de l'investissement au développement économique de l'État d'accueil[1558]. Pour Emmanuel GAILLARD, cette définition est le résultat de la combinaison entre la conception classique et économique de l'investissement (apport, durée et risque) et d'un concept plus récent qui est celui de la contribution au développement de l'État d'accueil[1559].

765. Malencontreusement, ce tribunal arbitral a aussi ajouté cette disposition qui est à la base de toute la confusion jurisprudentielle qui a suivi cette affaire[1560] : « *En réalité, ces différents éléments peuvent être interdépendants. Ainsi les risques associés à la transaction peuvent-ils dépendre des contributions et de la durée d'exécution du contrat. Il s'ensuit que ces divers critères devraient être évalués ensemble même si, pour les besoins du raisonnement, le tribunal les examine ici individuellement* »[1561]. Cette disposition a donné lieu à diverses interprétations dans la doctrine[1562] et dans des sentences arbitrales qui ont conduit à au moins deux courants ou variantes de la jurisprudence *Salini*[1563].

766. Pour le premier courant jurisprudentiel qui a suivi l'affaire *Salini*, il existe une véritable définition de l'investissement dans la Convention de Washington. Cette définition peut aussi reposer sur des critères fixes de reconnaissance ou des caractéristiques habituelles. Partant de là, le tribunal arbitral a la charge de déterminer de manière très générale et abstraite les

---

du même auteur, « Reconnaître ou définir ? Réflexions sur l'évolution de la notion d'investissement dans la jurisprudence du CIRDI », *op.cit.*, p. 18 et s.

1556 V. le paragraphe 51 de la sentence.

1557 Dans la doctrine ces critères sont désignés comme « *les critères Salini* » ou encore le « *Salini Test* ».

1558 V. le paragraphe 52 de la sentence : « *La doctrine considère généralement qu'un investissement implique des contributions, une certaine durée pour l'exécution du contrat et une participation aux risques associés à la transaction. (...) La lecture du préambule de la Convention peut conduire à ajouter aux critères celui de la contribution de l'investissement au développement économique de l'État d'accueil* ».

1559 *Ibid.*, p. 20 et 21.

1560 *Ibid.*, p. 21.

1561 V. le paragraphe 52 de la sentence.

1562 *Ibid.*, p. 21. Pour cet auteur à partir de la sentence *Salini*, il fallait considérer qu'il existe trois critères qui doivent être observés cumulativement (apport, durée, risque) et que celui lié au développement n'est que supplémentaire donc qu'il doit être analysé de façon plus souple.

1563 *Ibid.*, p. 21 à 32.

éléments qui composent l'essence d'un investissement et de procéder au cas par cas à la qualification. Pour ce faire, les arbitres peuvent utiliser au besoin ces critères (*la méthode déductive*). Ainsi, « *les critères Salini* » sont importants mais pas nécessaires.

767. Plusieurs arbitres se sont fait l'écho de cette méthode dans des sentences et des décisions qu'ils ont rendues[1564]. Parmi ces sentences nous pouvons retenir l'affaire *Pey Casado and President Allende Foundation c/ Chili* du 8 mai 2008[1565] car elle est réellement représentative de ce courant. En effet, dans sa sentence, le tribunal arbitral a énoncé que : « *Le présent Tribunal estime pour sa part qu'il existe bien une définition de l'investissement au sens de la Convention CIRDI et qu'il ne suffit pas de relever la présence de certaines des « caractéristiques » habituelles d'un investissement pour que cette condition objective de la compétence du Centre soit satisfaite. Une telle interprétation reviendrait à priver de toute signification certains des termes de l'article 25 de la Convention CIRDI, ce qui ne serait pas compatible avec l'exigence d'interpréter les termes de la Convention en leur donnant un effet utile ...* »[1566].

768. *A contrario*, le second courant jurisprudentiel considère que dans une opération de qualification d'un investissement, il faut reconnaître des traits déjà observés dans d'autres affaires dans lesquelles la qualification d'investissement a été acceptée par un tribunal arbitral ou par la doctrine (*la méthode intuitive*)[1567]. Donc pour les tenants de cette méthode les « *critères Salini* » représentent uniquement des guides ou des repères. C'est ainsi que dans certaines sentences arbitrales, les arbitres ont considéré que ces *critères* ne sont que des éléments de référence dans l'appréciation et la qualification d'un investissement et de que de ce fait leur application cumulative n'est pas impérative. A ce propos, nous pouvons citer la sentence *Biwater Gauff*

[1564] Sur l'application de la méthode déductive donc de la reconnaissance de l'investissement dans les décisions et les sentences arbitrales CIRDI v. D. KHAYAT, *op.cit.*, p. 49. Il s'agit des affaires *LESI-Dipenta c/ Algérie* du 10 janvier 2005(sentence n°ARB/05/3), *Bayindir c/ Pakistan* du 14 novembre 2005 (décision n°ARB/03/29), *Jan de Nul c/ Égypte* du 16 juin 2006 (décision ARB/04/13), *Saipem SpA c/ Bangladesh* du 21 mars 2007 (sentence n°ARB/05/7), *Ioannis Kardassopoulos c/ Géorgie* du 6 juillet 2007(décision n°ARB/05/18). Les affaires *Bayindir*, *Jan de Nul* et *Saipem* ont pour point commun d'avoir été rendues par des tribunaux arbitraux où Mme G. KAUFMANN-KOHLER siégeait en tant que Président. Nous pouvons donc en déduire qu'elle est une des principales tenantes de cette méthode.

[1565] V. la sentence CIRDI n°ARB/98/2.

[1566] V. le paragraphe 232 de la sentence.

[1567] Pour l'application jurisprudentielle de la méthode intuitive v. E. GAILLARD, « Reconnaître ou définir ? Réflexions sur l'évolution de la notion d'investissement dans la jurisprudence du CIRDI », *op.cit.* p. 22 à 25. Parmi ces affaires nous pouvons retenir la décision *CSOB c/ République Slovaque* du 24 mai 1999 (n°ARB/97/4), la sentence *MCI c/ Équateur* du 31 juillet 2007 (paragraphe 165), la décision *CMS c/ Argentine* du 25 septembre 2007 (paragraphe 71).

Tanzania c/ République Unie de Tanzanie du 24 juillet 2008[1568] qui a énoncé de façon très explicite que les critères dégagés par la jurisprudence *Salini* ne sont pas obligatoires et ne doivent pas être appliqués de façon stricte puisqu'ils n'apparaissent pas dans la Convention de Washington[1569]. Pour nous, l'ensemble de toutes ces sentences et décisions n'a pas réellement réussi à dissiper toutes les interrogations relatives à la définition de l'investissement. La lisibilité de leur contenu est loin d'être parfaite[1570]. Au delà du fait que cette situation donne des arguments tangibles aux tenants de la thèse de l'inexistence d'une jurisprudence arbitrale en matière de relations économiques ou commerciales, elle a également eu une répercussion directe sur le critère de la contribution au développement du pays d'accueil.

a.3. Les hésitations jurisprudentielles autour du critère de la contribution au développement de l'État d'accueil

769. Parmi les critères dégagés dans la sentence *Salini*, celui qui a été le plus controversé et souvent remis en cause est celui de la contribution au développement de l'État d'accueil. Autant dire qu'il est loin de faire l'unanimité. Nous en voulons pour preuve le fait que, tandis que certains auteurs affirment qu'il s'agit d'un « *pseudo critère* »[1571], d'autres[1572] se demandent s'il s'agit vraiment d'un critère. Ces interrogations sont motivées par le fait que des sentences arbitrales sont venues remettre en cause son utilité et son importance. Deux sentences sont emblématiques de cette démarche : les sentences *LESI-Dipenta* c/ *Algérie*[1573] et *Pey Casado and President Allende Foundation c/ Chili*. Dans la sentence *LESI-Dipenta* du 10 janvier 2005, le tribunal arbitral après avoir vérifié la présence des critères de l'apport, de la durée et de la participation au risque, a estimé qu' : « *Il ne paraît en revanche pas nécessaire qu'il réponde en plus spécialement à la promotion économique du pays, une condition de toute façon difficile à*

[1568] Sur cette sentence CIRDI n°ARB/05/22 v. E. GAILLARD, *La jurisprudence du CIRDI*, volume II, *op.cit.*, p. 501 à 515.

[1569] V. le paragraphe 312 de la sentence où les arbitres ont pu dire que : « *In the Tribunal's view, there is no basis for a rote, or overly strict, application of the five Salini criteria in every case. These criteria are not fixed or mandatory as a matter of law. They do not appear in the ICSID Convention* ».

[1570] Dans certaines sentences les arbitres ont retenu 5 critères comme dans les affaires *Fedax* et *Biwater Gauff Tanzania*, alors que d'autres arbitres n'ont retenu que 3 critères comme dans les affaires *LESI-Dipenta* et *Pey Casado*. Enfin, dans d'autres affaires, les arbitres ont contrôlé la présence des 4 critères comme dans les cas *Bayindir*, *Jan de Nul*, *Saipem* et *Ioannis Kardassopoulos*.

[1571] Sur cette affirmation v. D. E. O. ONANA, *op.cit.*, p. 262 à 263.

[1572] *Ibid.*, p. 28 à 32.

[1573] Sur cette affaire CIRDI n°ARB/05/3 du 10 janvier 2005, v. E. GAILLARD, *La jurisprudence du CIRDI*, volume II, *op.cit.*, p. 109 à 121. Ce différend opposait une société italienne (*LESI-Dipenta*) et l'État algérien à propos de la construction d'un barrage.

établir et implicitement couverte par les trois éléments retenus »[1574]. Les arbitres qui ont rendu la sentence *Pey Casado* ont suivi exactement le même raisonnement[1575].

770. Pourtant, ce critère découle directement du préambule de la Convention de Washington[1576]. Effectivement, dès la première phrase de ce texte, il est fait mention de la notion de développement économique. Et comme l'a remarqué le professeur Ferhat HORCHANI, dans le contexte de son adoption (les années soixante), l'utilisation de ces expressions n'était pas neutre[1577]. La création du CIRDI a été aussi liée aux revendications du *Nouvel Ordre Économique International.* De ce fait, toujours selon cet auteur, cette institution a été également conçue comme un instrument de développement[1578].

771. Pour étayer cette affirmation, il convient d'admettre que la majorité des différends relatifs à l'investissement porte sur des secteurs économiques sensibles qui ont un rapport étroit avec le développement des pays qui reçoivent l'investissement[1579] et que de ce fait le critère de la contribution au développement est toujours implicitement présent[1580]. C'est pour ces raisons que nous nous réjouissons que dans un cas qui concernait un État de l'OHADA, le critère de la contribution au développement ait été réaffirmé par les arbitres : la décision *Patrick Mitchell c/ RDC* du 1er novembre

---

1574 V. le paragraphe 13 point iv de la sentence.

1575 V. le paragraphe 232 de la sentence qui énonce que : « *Selon le Tribunal, cette définition ne comprend en revanche que trois éléments. L'exigence d'une contribution au développement de l'État d'accueil, difficile à établir, lui paraît en effet relever davantage du fond du litige que de la compétence du Centre. Un investissement peut s'avérer utile ou non pour l'État d'accueil sans perdre cette qualité. Il est exact que le préambule de la Convention CIRDI évoque la contribution au développement économique de l'État d'accueil. Cette référence est cependant présentée comme une conséquence, non comme une condition de l'investissement : en protégeant les investissements, la Convention favorise le développement de l'État d'accueil. Cela ne signifie pas que le développement de l'État d'accueil soit un élément constitutif de la notion d'investissement. C'est la raison pour laquelle, comme l'ont relevé certains tribunaux arbitraux, cette quatrième condition est en réalité englobée dans les trois premières* ».

1576 Le préambule de la Convention de Washington précise que : « *Les États contractants, Considérant la nécessité de la coopération internationale pour le développement économique, et le rôle joué dans ce domaine par les investissements privés internationaux* ... ».

1577 *Ibid.*, p. 59.

1578 *Ibid.*

1579 Souvent ces États ont besoin de ce type d'apports pour s'équiper d'infrastructures utiles à leur développement. La retombée sur le développement est une conséquence de l'investissement. V. à cet effet, E. GAILLARD, « Reconnaître ou définir ? Réflexions sur l'évolution de la notion d'investissement dans la jurisprudence du CIRDI », *op.cit.*, p. 29 où il a pu affirmer que « *le développement économique est davantage présenté comme une conséquence des investissements que comme un élément essentiel de la notion* ».

1580 Des activités comme l'exploitation et la production d'hydrocarbures, l'énergie, le transport et la distribution de gaz, la construction de barrages, la construction d'industries, la construction d'autoroutes et les travaux publics.

2006[1581]. Dans ce litige, il s'agissait de déterminer si l'activité d'un cabinet d'avocats (*Cabinet Mitchell*) en RDC pouvait avoir la qualification d'investissement au sens de la Convention de Washington[1582]. Le comité *ad hoc* a répondu par la négative en considérant que selon son point de vue, pour avoir cette qualification, une opération devait contribuer d'une manière ou d'une autre au développement économique de l'État d'accueil[1583], ce qui n'était pas le cas en l'espèce[1584]. Contrairement à Emmanuel GAILLARD[1585], nous acquiesçons la solution de cette décision compte tenu de la constante extension de la notion d'investissement qui est de nature à entretenir et créer de la confusion[1586]. Il est vrai que dans certaines circonstances qu'une entreprise de service puisse contribuer au développement d'un État, mais pour nous, il est plus que nécessaire de conserver un marqueur pour identifier la notion d'investissement et ne pas la confondre avec d'autres types d'opérations. Le professeur Antonio CRIVELLARO semble partager notre vision lorsqu'il a écrit qu'il est

---

[1581] Sur la décision du 1er novembre 2006 relative à l'annulation de la sentence du 9 février 2004 (CIRDI n°ARB/99/7) v. E. GAILLARD, *La Jurisprudence du CIRDI*, volume II, *op.cit.*, p. 333 à 365.

[1582] Dans les faits, la Cour d'ordre militaire de la RDC avait mis sous scellés le *Cabinet Mitchell* et saisi des documents et biens.

[1583] V. le paragraphe 33 de la decision qui précise que : « *The ad hoc Committee wishes... to specify that, in its view, the existence of a contribution to the economic development of the host State as an essential — although not sufficient - characteristic or unquestionable criterion of the investment, does not mean that this contribution must always be sizable or successful; and, of course, ICSID tribunals do not have to evaluate the real contribution of the operation in question. It suffices for the operation to contribute in one way or another to the economic development of the host State, and this concept of economic development is, in any event, extremely broad and also variable depending on the case* ». Traduction : « *Le Comité ad hoc souhaite ... préciser qu'à son avis, l'existence d'une contribution au développement économique de l'État hôte est essentiel - mais pas suffisant – cet élément ne représente pas une caractéristique incontestable de l'investissement et, bien sûr, les tribunaux du CIRDI n'ont pas à évaluer la contribution réelle de l'opération en question. Il suffit pour le fonctionnement de contribuer d'une manière ou d'une autre au développement économique de l'État hôte, et ce concept de développement économique est, en tout état de cause, extrêmement vaste et aussi variable selon les cas* ».

[1584] *Ibid.*, p. 361 où il est précisé que le comité *ad hoc* a annulé la sentence sur le fondement du défaut de motif car le tribunal arbitral n'avait donné aucune explication sur la relation entre le *Cabinet Mitchell* et la RDC.

[1585] *Ibid.*, p. 364 où l'auteur énonce que : « *Il n'y aurait aucun sens, d'un point de vue économique, à exiger que le « développement du pays » s'entende des services rendus exclusivement et directement à l'État. (...). Si elle devait être suivie, la solution retenue par le Comité ad hoc dans l'affaire Patrick Mitchell aurait pour conséquence évidente d'empêcher que l'établissement d'une entreprise de services dans l'État d'accueil puisse être considéré comme un investissement ...* ».

[1586] Rappelons que cette confusion est causée en partie par la multiplication des échanges et par le rapprochement de la notion d'investissement avec les transactions commerciales.

anormal d'accorder la qualification d'investissement à une simple activité professionnelle[1587].

772. Pour donner une illustration de cette confusion prenons le cas de la sentence *Malaysion Historial Salvors* (*MHS*) *c/ Malaisie* du 17 mai 2007[1588]. Dans ce litige qui portait sur l'exécution d'un contrat de « *sauvetage maritime* »[1589], la société *MHS* voulait que son opération soit considérée comme un investissement. L'arbitre unique a tranché ce litige en sa défaveur car il a estimé que l'opération réalisée par *MHS* n'avait pas contribué de façon suffisante ou significative au développement économique de la Malaisie[1590]. Si cette sentence a pu soulever quelques interrogations[1591] et critiques[1592], à notre avis l'arbitre avait pris une bonne décision qui avait le mérite d'éviter une nouvelle extension de la notion d'investissement vers une opération de nature purement commerciale. C'est pour cette raison que nous sommes dubitatifs face à la décision du comité *ad hoc* du 16 avril 2009 qui a accepté d'annuler la sentence *MHS*[1593]. La décision de ce comité s'est

---

[1587] Sur cette idée v. A. CRIVELLARO, « Annulment of ICSID Awards Back to the "First Generation" », *in Liber Amicorum en l'honneur de Serge LAZAREFF*, Paris, A. Pedone, 2011, p. 149 où il est écrit que : « *Personally, I always felt it difficult to share the criticisms against the annulment here in question. (...). One must objectively admit that the equation of a modest professional activity to an investment is a quite abnormal finding, unquestionably requiring much more than a lapidarian or careless motivation ...* ». Traduction : « *Personnellement, j'ai toujours senti qu'il est difficile de partager les critiques contre l'annulation en question ici. (...). Il faut objectivement admettre que l'équation qui consiste à qualifier une activité professionnelle comme un investissement est un résultat tout à fait anormal, ce qui nécessite incontestablement beaucoup plus qu'une motivation lapidaire...* ».

[1588] Sur cette affaire CIRDI n°ARB/05/10 v. E. GAILLARD, *La jurisprudence du CIRDI*, volume II, *op.cit.*, p. 368 et s.

[1589] Dans ce contrat (manifestement un contrat de service), la société de droit britannique *MHS* s'engageait à localiser et remonter à la surface l'épave d'un bâtiment anglais du début du XIXe siècle coulé au large de la Malaisie avec sa cargaison. Ce contrat précisait qu'en cas de défaut de récupération, il n'y aurait de rémunération (selon un usage maritime). *MHS* s'est basé sur une violation du TBI Malaisie-Royaume Uni de 1988.

[1590] V. le paragraphe 143 de la sentence où l'arbitre a précisé que: « *the Tribunal concludes that there was no substantial contribution because the nature of the benefits that the Contract offered to Malaysia did not provide substantial benefits in the sense envisaged in previous ICSID jurisprudence such as CSOB, Jan de Nul and Bayindir* ».

[1591] V. E. GAILLARD, « Reconnaître ou définir ? Réflexions sur l'évolution de la notion d'investissement dans la jurisprudence du CIRDI », *op.cit.*, p. 31 où l'auteur se pose la question de savoir si l'enrichissement du patrimoine archéologique d'un pays ne participe pas à son développement.

[1592] V. F. HORCHANI, *op.cit.*, p. 64 où l'auteur demande : « *De quel droit peut-on exclure les répercussions économiques des aspects culturels, historiques et sociaux (création d'emplois), d'un investissement, au motif qu'il ne contribue pas suffisamment ou pas, ou peu significativement au développement économique de l'État d'accueil ?* ». En plus, pour cet auteur, en l'espèce, il y avait effectivement un investissement car le contrat entre les parties était basé sur un apport (les moyens techniques déployés par *MHS*), de la durée (43 mois) et une participation au risque (rémunération conditionnée exclusivement au résultat).

[1593] Sur cette décision d'annulation v. D. KHAYAT, *op.cit.*, p. 53. V. aussi le paragraphe 80 de la décision qui dispose que: « *its analysis of these criteria elevated them to jurisdictional*

fondée sur le fait que l'arbitre avait examiné le critère de la contribution au développement de manière trop restrictive[1594]. Toujours selon ce comité *ad hoc*, la sentence *MHS* ne prenait pas en compte les « *petites contributions au développement de nature culturelle et historique* »[1595]. Cette solution est source d'interrogations. En effet, on peut légitimement se demander que veulent dire ces mots : « *petites contributions au développement de nature culturelle et historique* ». Voici encore de quoi continuer à alimenter l'incertitude juridique autour de la notion d'investissement[1596]. Surtout, avec une telle définition de l'investissement qui ouvre le for du CIRDI aux investisseurs de toute taille et de tous les secteurs économiques, l'arbitrage CIRDI risque d'empiéter sur le contentieux d'autres instances d'arbitrage comme la CCJA pour l'OHADA et la CIAC pour le Mercosur.

773. La sentence *Phoenix* du 15 avril 2009[1597] est venue aggraver ce lot d'interrogations car elle a pris, selon l'expression de Walid BEN HAMIDA, le « *contrepied* »[1598] de la sentence *MHS*. Effectivement, dans cette sentence, le tribunal arbitral a remplacé le critère de la contribution au développement de l'État d'accueil par celui de « *la contribution à l'économie de l'État hôte* »[1599]. Pour justifier l'apport de ce nouvel élément, le tribunal arbitral

---

conditions, and exigently interpreted the alleged condition of a contribution to the economic development of the host State so as to exclude small contributions, and contributions of a cultural and historical nature ». Traduction : « *son analyse de ces critères a interprété la condition d'une contribution au développement économique de l'État d'accueil de façon à exclure les petites contributions et les contributions à caractère culturel et historique* ».

1594 *Ibid.*

1595 *Ibid.*

1596 Cette décision ouvre le for du CIRDI aux investisseurs de toute taille.

1597 Sur cette sentence v. W. BEN HAMIDA, *op.cit.*, p. 45 et s. V. aussi E. SILVA ROMERO, « Observations sur la notion d'investissement après la sentence Phoenix », *op.cit.*, p. 987 et s.

1598 *Ibid.*, p. 45.

1599 *Ibid.* V. aussi le paragraphe 85 de la sentence qui précise que : « *It is the Tribunal's view that the contribution of an international investment to the development of the host State is impossible to ascertain – the more so as there are highly diverging views on what constitutes "development". A less ambitious approach should therefore be adopted, centered on the contribution of an international investment to the economy of the host State, which is indeed normally inherent in the mere concept of investment as shaped by the elements of contribution/duration/risk, and should therefore in principle be presumed. This analysis can also be found in the arbitral award in Sedelmayer v. Russian Federation, where the tribunal stated: "It must be presupposed, however, that investments are made within the frame of a commercial activity and that investments are, in principle, aiming at creating a further economic value."* ». Traduction : « *Le tribunal est d'avis que la contribution de l'investissement international au développement de l'État hôte est impossible à déterminer - d'autant plus que il y a des points de vues très divergentes sur ce qui constitue le « développement ». Une approche moins ambitieuse devrait donc être adoptée, centrée sur la contribution de l'investissement international à l'économie de l'État hôte, qui est en effet normalement inhérente à la simple notion d'investissement en tant que formée par les éléments de contribution / durée / risque, et devrait donc en principe être présumée. Cette analyse peut également être trouvée dans la sentence arbitrale dans Sedelmayer v Fédération de Russie, où le tribunal a déclaré : « Il doit être supposé que les investissements sont*

présidé par le professeur Brigitte STERN a affirmé que la contribution au développement était très difficile à établir. Ainsi, plutôt que de reprendre un précédent CIRDI, ce tribunal arbitral a préféré se référer à la sentence *Franz Sedelmayer c/ Fédération de Russie* du 7 juillet 1998 rendue par l'Institut d'Arbitrage de la Chambre de Commerce de Stockholm (IACCS)[1600]. Il a repris cette sentence car elle a affirmé qu'il doit être présumé que les investissements sont réalisés dans le cadre d'activités commerciales et que leur but est d'apporter davantage de valeur économique. Ainsi, selon la sentence *Phoenix*, la contribution au développement doit être présumée lorsque la qualification d'investissement est accordée.

774. Au delà de ces éléments, la sentence *Phoenix* est venue également étendre la liste de critères d'identification à six[1601] : elle a ajouté aux trois critères classiques (apport, durée et risque) celui de la contribution de l'investissement à l'économie de l'État hôte, un critère relatif à la conformité de l'investissement au droit local et enfin le fait que l'apport doit être effectué de bonne foi. Le nouveau critère de la contribution à l'économie de l'État hôte ne va pas nécessairement dans le sens de la clarification[1602] car il est à notre sens bien plus large que celui de la contribution au développement. Effectivement, l'économie d'un pays est composée de toutes les activités relatives à la production et à la circulation de la richesse dans un État. Avec ce critère la frontière entre l'investissement et l'opération commerciale devient encore moins nette[1603]. Pour autant, il a tout de même l'avantage de faciliter la tâche des arbitres du CIRDI. Désormais, lorsqu'un différend leur sera soumis, ils vont présumer que l'activité du demandeur contribue au développement économique de l'État défendeur à condition que le droit de cet État mentionne cette activité comme faisant partie de la liste des investissements. La solution de la sentence *Phoenix* a opéré ainsi un « *savant mélange* » entre la conception subjective de l'investissement (conformité de l'investissement au droit local) et la conception objective (reconnaissance des différents critères). Pourtant, la sentence *Phoenix* n'a pas été le dernier « *épisode de ce feuilleton* » car la sentence *RSM Production Corporation c/ Grenade* du 13 mars 2009[1604], est revenue exactement sur les critères posés dans l'affaire *Fedax*, c'est-à-dire que le critère de la régularité du revenu a fait son retour.

---

effectués dans le cadre d'une activité commerciale et que les investissements sont, en principe, effectués dans le but à créer une nouvelle valeur économique. ».

1600 Sur cette sentence v. W. BEN HAMIDA, *Gazette du Palais*, 15 décembre 2005, n°2005/3, p. 3990 et 3991.

1601 V. le paragraphe 114 de la sentence.

1602 V. W. BEN HAMIDA, « La notion d'investissement : le chaos s'amplifie devant le CIRDI », *op.cit.*, p. 45. Cet auteur critique aussi le manque de précision de ce critère.

1603 V. E. SILVA ROMERO, « Observations sur la notion d'investissement après la sentence Phoenix », *op.cit.*

1604 *Ibid.*, p. 46 où l'auteur cite la sentence CIRDI n°ARB/05/14.

775. En somme, la notion de l'investissement n'est toujours pas définie de façon uniforme et harmonieuse au sein du CIRDI. Cet état de fait donne en quelque sorte raison à Walid BEN HAMIDA lorsqu'il a qualifié l'investissement de « *notion maudite du CIRDI* »[1605]. En revanche, une autre instance arbitrale connaissant des questions sur l'investissement a réussi ce pari en utilisant uniquement la conception subjective : la CNUDCI[1606]. Depuis la sentence *Mytilineos Holding SA c/ l'Union de Serbie et de Monténégro et la République de la Serbie* rendue en 1976, cette instance se base sur le contenu du TBI pour donner la qualification d'investissement à une opération. Partant de ce modèle et de la confusion engendrée par l'ensemble de ces sentences et décisions CIRDI, nous partageons entièrement la vision des auteurs qui suggèrent un retour à la conception subjective[1607]. D'ailleurs, à travers la sentence *Biwater Gauff Tanzania c/ Tanzanie* de 2008, les arbitres s'étaient fait l'écho de ce courant[1608] en considérant qu'ils doutaient du fait que les critères soient pertinents et applicables à toutes les espèces[1609].

776. Pour toutes les raisons évoquées ci-dessus, la première critique des pays en développement formulée contre le CIRDI est la grande instabilité juridique autour de la notion d'investissement. Cela est d'autant plus vérifiable que la lecture de l'ensemble de ces affaires, laisse clairement entrevoir une extension constante de cette notion. Dans la pratique, très peu de sentences arbitrales soumises aux tribunaux CIRDI ont refusé cette qualification[1610]. Cet état de fait a contribué à alimenter le climat *anti-CIRDI* car ses décisions ont parfois été interprétées comme si tout était fait pour que l'investisseur soit protégé et indemnisé. La deuxième raison de l'hostilité

[1605] Sur cette expression v. W. BEN HAMIDA, « La notion d'investissement : une notion maudite du CIRDI », *Gazette du Palais, Cahiers de l'arbitrage*, 2007, n°4, p. 31 à 39.

[1606] V. E. SILVA ROMERO, « Observations sur la notion d'investissement après la sentence Phoenix », *op.cit.*, p. 991 et s.

[1607] Parmi ces auteurs v. D. KHAYAT, *op.cit.*, p. 47.

[1608] Sur cette affirmation v. E. GAILLARD, *JDI*, 2010, p. 530.

[1609] V. le paragraphe 313 de la sentence qui dispose que : « *Given that the Convention was not drafted with a strict, objective, definition of "investment", it is doubtful that arbitral tribunals sitting in individual cases should impose one such definition which would be applicable in all cases and for all purposes* ». Traduction : « Étant donné que la Convention n'a pas donné de manière stricte et objective, la définition du terme « investissement », il nous paraît douteux que les tribunaux arbitraux siégeant dans des cas individuels soient habilités à imposer une telle définition qui serait applicable dans tous les autres cas ».

[1610] Comme exemple de refus, nous pouvons citer la sentence rendue en 1985 dans l'affaire *Asian Express c/ Greater Colombo Economic Commission*. Dans cette espèce, le tribunal a décliné sa compétence car il s'agissait d'un contrat de vente. L'autre particularité de cette affaire est le fait qu'elle a opposé deux personnes privées. Comme deuxième exemple de refus, nous pouvons aussi citer l'affaire *Mihaly c/ Sri Lanka* rendue le 15 mars 2002 (n°ARB/00/2). Dans cette espèce, la qualification d'investissement a été refusée car il s'agissait de dépenses engagées avant l'investissement.

envers cette instance est le sentiment que cette extension va exclusivement dans le sens des intérêts des investisseurs.

b. Le sentiment d'extension de la compétence du CIRDI au détriment des intérêts des États d'accueil des investissements

777. Du point de vue de certains pays d'accueil des investissements, notamment des pays du Mercosur, la compétence du CIRDI s'est considérablement étendue ces dernières années au détriment de leurs intérêts nationaux. Plusieurs éléments semblent être à la source de ce sentiment. Nous pouvons principalement retenir deux facteurs juridiques. Premièrement, « *l'explosion* » du contentieux CIRDI qui a suivi la sentence *AAPL c/ Sri Lanka* de 1990. Deuxièmement, le fait que dans certains des cas les clauses de choix définitif (clause attributive de compétence) en faveur d'autres juridictions ont été jugées inopérantes devant les tribunaux arbitraux CIRDI. Une fois que ces points seront abordés, nous pourrons nous poser la question de savoir si le système CIRDI est réellement déséquilibré au profit des investisseurs.

b.1. L'extension du contentieux du CIRDI à partir de la jurisprudence AAPL c/ Sri Lanka

778. L'extension du contentieux du CIRDI à partir de la sentence *AAPL c/ Sri Lanka* n'est pas qu'un simple sentiment ou une simple impression, c'est une réalité[1611]. En effet, cette affaire qui a véritablement initié la technique de l'*arbitrage sans lien direct* (*arbitration without privity*)[1612] au sein du CIRDI, a ouvert grandement le for de cette instance arbitrale. Pour mieux comprendre cette technique, il faut partir du fait qu'à la base, en vertu de l'article 25 de la Convention de Washington les procédures arbitrales CIRDI étaient uniquement déclenchées à partir du moment où les parties (États et investisseurs) avaient consenti à l'arbitrage par une clause

---

1611 De nombreux auteurs s'accordent à reconnaître ce fait. Parmi ces auteurs v. G. BURDEAU, « Les nouvelles perspectives pour l'arbitrage dans le contentieux économique intéressant les États », *op.cit.*, p. 10 et s. V. aussi B. STERN, « Le consentement à l'arbitrage CIRDI en matière d'investissement international : que disent les travaux préparatoires ? » *op.cit*, p. 224. V. aussi W. BEN HAMIDA, « L'arbitrage État-investisseur face à un désordre procédural : la concurrence des procédures et les conflits de juridictions », *AFDI*, 2005, volume 51, p. 565 à 567. V. aussi F. LATTY, « Arbitrage transnational et droit international général (2008) », *AFDI*, 2008, p. 471. V. aussi Ch. LEBEN, « La responsabilité internationale de l'État sur le fondement des traités de promotion et de protection des investissements », *op.cit.*, p. 684 et s. V. enfin du même auteur, « L'évolution du droit des investissements : un rapide survol », *op.cit.*, p. 16 à 21.

1612 Sur cette technique v. J. PAULSSON, « Arbitration Without Privity », *ICSID Review*, automne 1995, volume 10, n°2, p. 232 à 257. V. aussi Y. DERAINS, « L'impact des accords de protection des investissements sur l'arbitrage », *Gazette du Palais*, Recueil mai-juin 2001, p. 631 à 635. V. enfin C. SANTULLI, *op.cit.*, p. 114 à 117.

d'arbitrage (une clause compromissoire ou un compromis) insérée dans un contrat (généralement un contrat d'État). Cette clause d'arbitrage formalisait et représentait le consentement des deux parties à soumettre le différend au CIRDI. Par le biais de cette méthode, il existait un lien direct entre l'accord des parties et l'arbitrage. Cette technique accordait une place importante au consentement écrit des parties pour des raisons de sécurité juridique[1613].

779. A part de la fin des années quatre-vingt-dix la jurisprudence du CIRDI va changer cette donne et faire émerger une forme nouvelle de consentement fondée sur le rapport des administrateurs élaboré au moment de l'adoption de la Convention de Washington. Effectivement, ce texte n'exigeait pas que le consentement des deux parties soit exprimé dans le même acte juridique[1614]. Ainsi, tout d'abord, des arbitres vont considérer que le consentement à l'arbitrage CIRDI peut également résulter d'une loi nationale relative à l'investissement à travers la décision sur la compétence du 14 avril 1988 rendue à propos de l'affaire *SPP c/ Égypte*[1615]. Pour les arbitres qui ont rendu cette décision, ce type de loi nationale représente la manifestation du consentement ou du moins d'une offre unilatérale de l'État à soumettre le litige à un tribunal arbitral CIRDI[1616]. Si on devait appliquer cette jurisprudence au cas d'un État de l'OHADA, on pourrait prendre l'exemple du Cameroun avec la loi n°2002/004 du 19 avril 2004 portant Charte des investissements et son article 11 qui prévoit expressément le recours à l'arbitrage CIRDI Cet article constitue pour les tenants de cette solution une offre unilatérale d'arbitrage CIRDI de la part de l'État Camerounais.

780. Ensuite, à travers la sentence *AAPL c/ Sri Lanka* du 27 juin 1990, les arbitres vont considérer que le TBI peut servir comme support de l'offre de

[1613] *Ibid.*, p. 226.

[1614] *Ibid.*, p. 227 où l'auteure précise que les défendeurs de l'arbitrage *without privity* citent fréquemment cet extrait du rapport des administrateurs : « ... *ce consentement « peut être donné, par exemple, dans une disposition d'un accord d'investissement prévoyant la soumission au Centre des différends auxquels il pourrait ultérieurement donner lieu, ou dans un compromis concernant un litige déjà né. La convention n'exige pas que le consentement des deux parties soit exprimé dans le même acte juridique. C'est ainsi qu'un État pourrait offrir, dans le cadre d'une législation destinée à promouvoir les investissements, de soumettre à la compétence du Centre les différends résultant de certaines catégories d'investissements, tandis que l'investisseur pourrait donner son consentement en acceptant l'offre par écrit* ».

[1615] Sur cette décision rendue dans l'affaire CIRDI n°ARB/84/3 v. J. PAULSSON, *op.cit.*, p. 234 et 235. V. aussi E. GAILLARD, *La jurisprudence du CIRDI*, volume I, *op.cit.*, p. 347 et s.

[1616] V. C. SANTULLI, *op.cit.*, p. 115 où l'auteur cite les paragraphes 69 à 108 de la sentence qui admettent la possibilité qu'une loi constitue une offre d'arbitrage acceptée ultérieurement. Dans la pratique, cette jurisprudence n'a pas connu le même succès que la sentence *AAPL c/ Sri Lanka*.

l'État à l'arbitrage CIRDI[1617]. En d'autres termes, il est possible de déduire d'un TBI contenant une clause d'arbitrage CIRDI, le consentement étatique. Dans ces deux cas de figure, il n'y avait pas de lien direct entre les volontés des parties de recourir à l'arbitrage CIRDI, il s'agissait clairement de consentements dissociés donc d'*arbitrage sans lien direct* ou d'un *arbitrage sans lien contractuel*. Selon le professeur Charles LEBEN, la sentence *AAPL c/ Sri Lanka* va représenter une « *révolution* »[1618] et va bouleverser les conditions de saisine du CIRDI[1619] car on va passer d'une situation où cet arbitrage était limité à un nombre réduit de litiges portant sur des contrats d'État, à une situation où tout investisseur ressortissant d'un État ayant conclu un TBI avec un autre État (État d'accueil) pourra saisir un tribunal arbitral CIRDI. La solution *AAPL c/ Sri Lanka* va faire sortir l'arbitrage du CIRDI d'une forme de marginalité[1620]. Effectivement, cette jurisprudence a été appliquée dans diverses affaires[1621] notamment dans certaines impliquant des États de l'OHADA et du Mercosur comme dans les sentences *AMT c/ Zaïre* de 1997[1622], *Fedax c/ Venezuela* de 1997, *Lanco c/ Argentine* de 1998[1623], *Compañía de Aguas del Aconquija c/ Argentine* de 2000 et *Eudoro Olguín c/ Paraguay* du 8 août 2000[1624].

1617 En l'espèce, pour fonder leur compétence, les arbitres ont utilisé l'article 8 du TBI entre le Royaume-Uni et Sri Lanka du 18 décembre 1980. Cet article précise que les parties consentent à soumettre le litige à l'arbitrage CIRDI.

1618 Sur cet expression v. Ch. LEBEN, « L'évolution du droit des investissements : un rapide survol », *op.cit.*, p. 16. Pour cet auteur, la multiplication des TBI et cette jurisprudence représentent les deux temps fort de l'arbitrage CIRDI. V. aussi G. BURDEAU, « Les nouvelles perspectives pour l'arbitrage dans le contentieux économique intéressant les États », *op.cit.*, p. 14 où l'auteure écrit que « *Compte tenu du réseau de plus en plus dense des conventions bilatérales de protection des investissements conclues par les États, dont la rédaction dans la période récente retient le plus souvent la clause d'arbitrage CIRDI dans la dernière version évoquée ci-dessus, l'effet de cette jurisprudence est détendre considérablement le champ potentiel de l'arbitrage CIRDI* ».

1619 *Ibid.*, p. 18.

1620 V. M. BÉLANGER, *op.cit.*, p. 53 où l'auteur a écrit que « *Le « système CIRDI » reste en fait marginal. Le CIRDI n'a eu à connaître, depuis sa création qu'une quarantaine d'arbitrage (principalement) ou de conciliation.* ».

1621 *Cela est* en grande partie dû au phénomène de la prolifération des TBI.

1622 Sur l'application de cette technique dans cette affaire v. Y. DERAINS, *op.cit.*, p. 633 où il est mentionné que « *Les arbitres ont retenu leur compétence sur le fondement de l'A.P.I entre les États-Unis et le Zaïre en indiquant que : « Dans ce même ordre d'idées, il convient de se reporter à l'article VII, paragraphe 2 du traité…* ».

1623 V. le paragraphe 8 de la sentence CIRDI n°ARB/97/6 du 8 décembre 1998. Ce paragraphe dispose que: « *In effect, the Tribunal finds itself before a case in which ICSID has received a request for arbitration under its auspices pursuant to a provision in a bilateral investment treaty. This is increasingly common, as more and more States sign bilateral treaties on the reciprocal encouragement and protection of their investments that include a clause for the submission of disputes to ICSID arbitration. This has led to a number of ICSID arbitration proceedings, including the first case to be settled on such as basis, Asian Agricultural Products, Ltd. v. Republic of Sri Lanka (MP v. Sri Lanka) and also including the case of American Manufacturing & Trading Inc. v. Republic of Zaire (AMT v. Zaire)* ». Traduction :

781. Aujourd'hui, l'application de la technique de l'*arbitrage sans lien direct* par les tribunaux arbitraux CIRDI est devenue quasiment banale[1625]. Pourtant, la perception que l'on peut avoir d'elle peut varier en fonction du côté où l'on se place. Du côté des investisseurs, elle est très bien perçue car elle a été parfaitement assimilée par eux[1626]. En revanche, du côté de certains États d'accueil, elle est moins appréciée et ce du fait que comme l'a très justement relevé Charles LEBEN, les conséquences de cette technique ont pu être sous-estimées par certains États[1627]. Prenons le cas de l'Argentine : ces dernières années, ce pays a vu de façon exponentielle croître le contentieux à son encontre. Certes, cette situation est principalement due à ses propres difficultés financières mais aussi en grande partie à la jurisprudence *AAPL c/ Sri Lanka*. Face à ce cas, certaines des critiques adressées contre l'*arbitrage sans lien direct*, trouvent une résonance particulière dans notre étude. Nous pensons principalement aux critiques formulées par Yves DERAINS[1628]. Selon cet auteur, cette technique s'apparente fortement à un « *arbitrage automatique* » en faveur de l'investisseur[1629]. Pire encore, elle ferait courir le risque de faire émerger une forme « d'*arbitrage forcé* »[1630] qui est une pratique entièrement contraire à l'essence même de l'arbitrage. A ce propos Thomas CLAY a pu écrire que « *Tout arbitrage forcé est un ersatz qui ne doit d'ailleurs pas en porter le nom* »[1631]. C'est la perception qui a cours dans certains États du Mercosur en ce moment. Cette perception négative est accentuée par le fait que, dans certaines affaires, les clauses attribuant la compétence à d'autres juridictions ont été jugées inopérantes par les tribunaux arbitraux CIRDI.

« *En effet, le Tribunal se trouve devant un cas où le CIRDI a reçu une demande d'arbitrage, sous ses auspices, en vertu d'une disposition d'un traité bilatéral d'investissement. C'est de plus en plus commun, car de plus en plus d'États signent les traités bilatéraux sur l'encouragement et la protection réciproque de leurs investissements qui incluent une clause de soumission des différends à l'arbitrage du CIRDI. Cela a conduit à un certain nombre de procédures d'arbitrage du CIRDI, comme les affaires Asian Agricultural Products, Ltd v République de Sri Lanka (MP c Sri Lanka) et le cas de l'industrie américaine & Trading Inc. v République du Zaïre (AMT v Zaïre)* ».

[1624] Décision sur la compétence dans l'affaire CIRDI n°ARB/98/5.

[1625] *Ibid.*, p. 18.

[1626] V. Ch. LEBEN, « La responsabilité internationale de l'État sur le fondement des traités de promotion et de protection des investissements », *op.cit.*, p. 706 où l'auteur affirme que : « *Il n'a fallu que quelques années pour que les entreprises (ou leurs conseils) comprennent quel parti elles pouvaient tirer de cette jurisprudence ...* »

[1627] *Ibid.*, p. 20.

[1628] V. Y. DERAINS, *op.cit.*, p. 631 à 635.

[1629] *Ibid.*, p. 631 à 633. Selon lui avec cette technique, l'arbitrage qui est purement consensuel devient automatique.

[1630] *Ibid.*, p. 633 à 635.

[1631] Auteur cité par L. CADIET, « L'arbitrage et l'évolution contemporaine des modes de règlement des conflits », *in L'arbitrage Questions contemporaines* (responsables scientifiques : Y. STRICKLER et J.-B. RACINE), Paris, l'Harmattan, 2012, p. 33.

b.2. L'inefficacité des clauses attributives de compétence devant les tribunaux arbitraux CIRDI

782. Une clause attributive de compétence (clause *electa una via ou fork in the road*) est une clause qui impose un choix définitif entre le recours aux juridictions nationales ou à la procédure internationale[1632]. Ce type de clause impose aux parties, lorsqu'elles ont fait le choix d'une procédure, de continuer exclusivement sur cette voie. C'est dans ce sens qu'elles sont aussi désignées comme des clauses d'option irrévocable. Le problème des clauses attributives de compétence devant le CIRDI est survenu lorsqu'après avoir saisi des juridictions nationales, des investisseurs ont décidé également de saisir des tribunaux arbitraux[1633].

783. La plupart des TBI comportent ce type de clause. Nous pouvons prendre l'exemple du TBI passé entre la France et l'Argentine du 3 juillet 1991 qui prévoit à son article 8 § 2 qu' « *une fois qu'un investisseur a soumis le différend soit aux juridictions de la Partie contractante concernée, soit à l'arbitrage international, le choix de l'une ou l'autre de ces procédures reste définitif* »[1634]. Cet article est clair et prévoit explicitement que le choix d'une procédure par les parties est définitif. Pourtant, lorsque dans un litige, l'Argentine l'a invoqué devant des arbitres CIRDI, ces derniers lui ont nié toute efficacité. Cela s'est produit au sujet du litige *Compañía de Aguas del Aconquija et Vivendi c/ Argentine*[1635]. Dans la sentence rendue sur ce différend en 2000, le tribunal arbitral avait considéré

1632 Sur la réaction du CIRDI face aux clauses attributives de compétence v. E. GAILLARD, « L'arbitrage sur le fondement des traités de protection des investissements », *op.cit.*, p. 864 à 874. V. aussi Ch. LEBEN, « La responsabilité internationale de l'État sur le fondement des traités de promotion et de protection des investissements », *op.cit.*, p. 698 à 708. V. enfin C. SANTULLI, *op.cit.*, p. 87 à 89.

1633 *Ibid.*, p. 704. Ce problème s'est posé dans diverses affaires comme : *Salini c/ Maroc* du 23 juillet 2001, *SGS c/ Pakistan* du 6 août 2003 (cas n°ARB/01/13), *SGS c/ Philippines* du 29 janvier 2004 (cas n°ARB/02/6), *Generation Ukraine c/ Ukraine* du 16 septembre 2003 (cas n°ARB/00/9), *RFCC c/ Maroc* du 22 décembre 2003 (cas n°ARB/00/6), *Salini c/ Jordanie* du 15 novembre 2004 (cas n°ARB/02/13) et *Impregilo c/ Pakistan* du 22 avril 2005 (cas n°ARB/03/3). Ces affaires ont été citées par Ch. LEBEN, *op.cit.*, p. 704.

1634 *Ibid.*, p. 699. Le TBI entre les États-Unis et l'Argentine dans son article VII(2) dispose d'une clause similaire.

1635 *Ibid.*, p. 704. V. aussi E. GAILLARD, « L'arbitrage sur le fondement des traités de protection des investissements », *op.cit.*, p. 866 où l'auteur cite un extrait de la décision qui expose que « *selon le Comité, il n'appartient pas à un tribunal CIRDI compétent en vertu d'un BIT* (TBI) *pour connaître d'une demande fondée sur une disposition matérielle de ce BIT, de rejeter la demande au motif qu'elle pouvait ou aurait dû être examinée par une juridiction nationale. Dans une telle hypothèse, l'examen que le tribunal CIRDI doit conduire est soumis à la Convention CIRDI, au BIT et aux règles de droit international applicables. Un tel examen n'est par principe ni commandé, ni exclu, par une question quelconque de droit interne, y compris par l'accord de droit interne conclu entre les parties » (42). Il relève également qu'« un État ne peut s'abriter derrière une clause attributive de compétence exclusive d'un contrat pour éviter la qualification de son comportement en acte internationalement illicite en application d'un traité* ».

qu'il était impossible de séparer les allégations. Selon lui, la question de la violation du TBI n'était pas séparable de la question de la violation faite au contrat de concession. De ce fait, seules les juridictions administratives de la Province de Tucumán pouvaient statuer sur ce point.

784. La société *Vivendi* (repreneur de la *Compagnie Générale des Eaux*) a introduit un recours en annulation contre cette sentence. A travers la décision du 3 juillet 2002, un comité *ad hoc* a pour la première fois posé et marqué la différence entre les litiges contractuels et les litiges fondés sur la violation du traité[1636]. Ce comité a ainsi dégagé la distinction entre les *treaty claims* et les *contract claims*. Distinction fondée sur le fait qu'il existe des demandes basées sur les TBI et d'autres qui ont pour fondement des contrats. Ces demandes étant distinctes, il convient de séparer une clause attributive de compétence insérée dans un contrat, d'une clause de ce même type insérée dans un TBI. Cette décision a aussi précisé que le droit applicable à l'instance arbitrale fondée sur le TBI serait le droit international, alors que dans la procédure fondée sur le contrat, le droit local devrait être appliqué. Partant de là, le tribunal arbitral a estimé que la clause attributive de compétence du contrat n'empêchait pas l'investisseur de saisir un tribunal arbitral. Cette solution a été appliquée dans d'autres affaires relatives à l'Argentine comme les cas *Lanco* du 8 décembre 1998[1637], *CMS* du 17 juillet 2003 et du 20 avril 2005, *Azurix* du 8 décembre 2003, *Enron* du 14 janvier 2004[1638] et *Siemens* du 3 août 2004[1639].

785. La distinction *treaty claims* et *contract claims* a été diversement accueillie par la doctrine. Un auteur comme Emmanuel GAILLARD semble y être favorable ou du moins lui trouve une justification et une utilité[1640] alors que les professeurs Ibrahim FADLALLAH et Pierre MAYER[1641] y sont farouchement opposés. Pour ces auteurs, dont nous partageons en partie l'avis, cette distinction est artificielle et n'avantage que l'investisseur. En effet, ce dernier se retrouve avec la possibilité d'avoir à sa disposition deux

---

[1636] V. le paragraphe 96 de la décision qui précise que : « *la détermination de l'existence d'une violation du TBI et celle d'un manquement au contrat sont des questions distinctes* ».

[1637] Sur l'application de la distinction *treaty claims* et *contract claims* dans cette affaire v. E. GAILLARD, « L'arbitrage sur le fondement des traités de protection des investissements », *op.cit.*, p. 864 et s.

[1638] Décision sur la compétence rendue dans l'affaire CIRDI n°ARB/01/3. Sur l'application de la distinction *treaty claims* et *contract claims* dans cette affaire v. A. A. ESCOBAR, *op.cit.*, p. 226 à 230.

[1639] Décision sur la compétence rendue dans l'affaire CIRDI n°ARB/02/8.

[1640] *Ibid.*, p. 872 lorsque l'auteur écrit que : « *C'est parce que le « juge du contrat » ne se confond pas avec le « juge du traité » que la désignation par les parties de celui-ci n'affecte pas la compétence, fixée par le traité, de celui-là. Qu'il s'agisse de juridictions civiles, de juridictions arbitrales ou de juridictions administratives, qu'il s'agisse de juridictions de l'État d'accueil ou de juridictions étrangères, leur désignation en tant que « juge du contrat » ne fait pas d'elles les juges de la responsabilité internationale de l'État sur le fondement des dispositions du traité* ».

[1641] Auteurs cités par Ch. LEBEN, *op.cit.*, p. 705 et 706.

procédures ou plusieurs procédures pour faire entendre sa réclamation. Avec les *treaty claim* et les *contract claim*, il apparaît que le système CIRDI a encore une fois mis à la disposition des investisseurs dans leurs relations économiques et parfois commerciales avec des États un outil leur permettant de saisir un tribunal arbitral. Partant de tout ce qui précède, on peut se demander si le système CIRDI est réellement déséquilibré au profit des investisseurs et contre les intérêts des États d'accueil.

c. L'arbitrage CIRDI : un système d'arbitrage présumé déséquilibré au profit des investisseurs

786. Le système actuel du CIRDI est-il déséquilibré en faveur de l'investisseur privé étranger et au détriment de l'État d'accueil ? A en croire certains éminents spécialistes du sujet qui ont eu à répondre à cette interrogation[1642], la réponse tendrait vers l'affirmative. Par exemple, pour le professeur Patrick JUILLARD, il existe un vrai déséquilibre dans ce système d'arbitrage qui s'explique par le fait qu'il est basé sur des TBI qui eux-mêmes manquent d'équilibre[1643]. En effet, comme le souligne avec pertinence cet auteur, ce type de traité a pour but exclusif de promouvoir et protéger un investissement. Partant de là, dans le contenu d'un TBI, la majorité voire l'essentiel des obligations sont mises à la charge de l'État d'accueil, produisant ainsi ce qui peut s'apparenter à un système « *inégalitaire* »[1644]. Toujours selon cet auteur, à cela s'ajoute le fait que la plupart des TBI suivent un modèle unique qui a été théorisé par les pays développés et accepté tel quel par les pays en développement[1645]. L'autre principale critique adressée aux TBI est qu'ils contiennent une définition imprécise et extensive de la notion d'investissement. Cet état de fait a deux conséquences déterminantes sur l'arbitrage CIRDI. Premièrement, et sur ces

---

1642 Cette même question a été posée lors d'une table ronde qui a été reproduite dans l'ouvrage *Le contentieux arbitral transnational relatif à l'investissement Nouveaux développements*, Paris, Anthemis, LGDJ, 2006, p. 185 à 202. Cette table ronde a regroupé les opinions des professeurs B. AUDIT, G. BURDEAU, P. JUILLARD, Ph. KAHN, P. MAYER et de M. W. BEN HAMIDA.

1643 V. P. JUILLARD, intervention dans la table ronde, *in Le contentieux arbitral transnational relatif à l'investissement Nouveaux développements*, *op.cit.*, p. 190 à 193.

1644 V. P. JUILLARD, *op.cit.*, p. 191.

1645 *Ibid.* où l'auteur écrit que : « *C'est encore une manière, la modélisation conventionnelle, de créer une inégalité, mais cette fois-ci entre les parties contractantes : tout le monde le sait ce que cela veut dire, « modélisation conventionnelle ». Qui jusqu'à une période très récente, était possesseur de grands modèles conventionnels ? Eh bien, les pays développés. Comment se nouait la négociation internationale ? Eh bien, les pays développés envoyaient leur modèle conventionnel aux pays en développement et quelques jours après, les pays en développement renvoyaient le tout au quai d'Orsay, après les* (les TBI) *avoir signés* ».

points nous partageons entièrement la vision de Philippe KAHN[1646], l'extension de la définition de l'investissement conduit à ouvrir l'arbitrage CIRDI à des opérations de commerce international, deuxièmement une interprétation large des TBI est un facteur d'instabilité juridique.

787. Pour d'autres auteurs au contraire, ce système n'est pas déséquilibré. Parmi ces auteurs nous comptons les professeurs Bernard AUDIT[1647] et Geneviève BURDEAU[1648], qui considèrent, avec juste raison, que sur un plan structurel et procédural, il n'y a pas de déséquilibre. Effectivement, le système CIRDI, tel qu'il a été conçu au départ, offre les mêmes possibilités et garanties procédurales aux États comme aux investisseurs. Le professeur Karl-Heinz BÖCKSTIEGEL qui a étudié la question en l'étendant à d'autres institutions d'arbitrage international telles que la CCI ou la CNUDCI, est arrivé à la même conclusion : les règles du jeu en matière procédurale sont équitables dans le contentieux des investissements entre un État et un investisseur[1649].

788. En revanche, lorsque Bernard AUDIT estime que l'arbitrage CIRDI n'a pas de conséquences nuisibles pour les pays en développement[1650], nous sommes moins convaincus au regard de l'importance des sommes en jeu dans le contentieux relatif à la réparation des dommages liés aux investissements. A titre d'illustration, nous pouvons prendre le cas de l'Équateur qui récemment a été condamné à verser à un investisseur étranger (*Occidental Petroleum*) plus d'un milliard de dollars sans compter les intérêts[1651]. Cette affaire se singularise par divers éléments[1652]. Ses points les plus singuliers sont non seulement le montant de la condamnation qui constitue un record[1653], mais aussi l'opinion dissidente émise le 20 septembre

---

1646 Ibid., p. 191 V. aussi l'opinion de Ph. KAHN exprimée lors de la table ronde, *in Le contentieux arbitral transnational relatif à l'investissement Nouveaux développements*, Paris, Anthemis, LGDJ, 2006, p. 193 à 195.

1647 V. l'opinion de B. AUDIT exprimée lors de la table ronde, *in Le contentieux arbitral transnational relatif à l'investissement Nouveaux développements*, Paris, Anthemis, LGDJ, 2006, p. 185 à 187.

1648 V. l'opinion de G. BURDEAU exprimée lors de la table ronde, *in Le contentieux arbitral transnational relatif à l'investissement Nouveaux développements*, Paris, Anthemis, LGDJ, 2006, p. 187 à 190.

1649 V. K.-H. BÖCKSTIEGEL, « Entreprise v. State: the New David and Goliath? », *The Journal of the London Court of Arbitration*, 2007, n°1, volume 23, p. 93 à 104.

1650 *Ibid.*, p.186.

1651 Dans la sentence du 5 octobre 2012 *Occidental Petroleum c/ Équateur* (cas n°ARB/06/11) la somme de 1 769 625 000 de dollars a été allouée à l'investisseur au titre de réparation de son préjudice. V. les paragraphes 876 points v et iv de la sentence.

1652 Parmi ces éléments nous pouvons retenir le fait que l'Équateur a refusé de désigner un arbitre et que Brigitte STERN et Yves FORTIER ont été désignés par le Conseil d'Administration du CIRDI respectivement comme arbitre et comme Président du tribunal arbitral.

1653 Cette somme représente le montant le plus élevé octroyé à des investisseurs par tribunal arbitral CIRDI.

2012 par le professeur Brigitte STERN[1654]. A travers son opinion dissidente, elle a exprimé son total désaccord avec la méthode de calcul adoptée dans ce cas car pour elle cette indemnisation a été accordée sur des bases juridiques erronées[1655]. Toujours selon elle, les éléments juridiques pris en compte pour indemniser ont abouti à un enrichissement sans cause, ce qui est contraire aux principes de droit international général[1656]. Étant donné que l'Équateur a demandé une annulation de cette sentence le 8 octobre 2012, nous sommes dans l'attente de la décision du comité *ad doc* qui va se prononcer sur cette question. D'ores et déjà, nous pouvons affirmer que ce cas va relancer et animer le débat autour de la méthode d'évaluation du préjudice dans l'arbitrage international. Deux États du Mercosur (l'Argentine et le Venezuela) sont aussi régulièrement condamnés à indemniser les investisseurs.

789. Un troisième courant adopte une position médiane. Pour les tenants de cette thèse, dont nous nous sentons plus proche, il faut admettre qu'il existe un déséquilibre mais sans pour autant rejeter l'ensemble du système CIRDI. Parmi ces auteurs, nous retrouvons Pierre MAYER[1657] et Walid BEN HAMIDA[1658].

790. Pour le premier auteur, le déséquilibre existe tantôt au profit de l'État, tantôt au profit de l'investisseur du fait de la mauvaise rédaction des TBI. Pour donner une illustration de ce dernier cas de figure, il cite l'hypothèse où le TBI ne comporte pas de clause *fork in the road*. Selon lui, dans ce cas, l'investisseur est avantagé car il peut tenter d'obtenir une réparation devant différentes juridictions (le CIRDI et les juridictions

---

1654 Cette opinion dissidente est consultable sur http://italaw.com/cases/767.

1655 V. l'opinion dissidente p. 1 où dès le départ l'auteur souligne que: « ... *I am in complete disagreement with the way damages have been calculated, which I consider to be resting on grossly incorrect legal bases. To be accurate, I don't have a problem with figures, I have a problem with principles that were applied (or not) to reach these figures* ». Traduction : « *Je suis en complet désaccord avec la façon dont les dommages ont été calculés, je considère que ce calcul repose sur des bases juridiques grossièrement erronées. Pour être précise, je n'ai pas de problème avec les chiffres, j'ai un problème avec les principes qui ont été appliqués (ou pas) pour atteindre ces chiffres* ».

1656 V. l'opinion dissidente p. 37 où l'auteur précise que : « *I will note that, in my view, the fact of compensating OEPC for 100% of the rights of the Participation Agreement – as the majority has decided – goes, in any event, against the general international principle against unjust enrichment (iv)* ». Traduction : « *Je ferai remarquer qu'à mon avis, le fait de compensée à 100% l'OEPC, comme la majorité a décidé - va, en tout cas, à l'encontre du principe international général contre l'enrichissement sans cause* (iv) ».

1657 V. l'opinion de P. MAYER exprimée lors de la table ronde, *in Le contentieux arbitral transnational relatif à l'investissement Nouveaux développements*, Paris, Anthemis, LGDJ, 2006, p. 195 à 200.

1658 V. l'opinion de W. BEN HAMIDA exprimée lors de la table ronde, *in Le contentieux arbitral transnational relatif à l'investissement Nouveaux développements*, Paris, Anthemis, LGDJ, 2006, p. 200 à 202.

nationales) alors que le comportement reproché à l'État reste le même[1659]. Il convient tout de même de tempérer cette position en précisant que si plusieurs procédures peuvent s'offrir à l'investisseur, cela n'équivaut pas à une autorisation d'indemniser plusieurs fois le même préjudice[1660]. Chaque tribunal est dans l'obligation de prendre en compte ce qui a déjà été indemnisé. Ainsi, l'avantage de l'investisseur est principalement procédural et non pécuniaire. Toujours selon cet auteur, dans le cas où le TBI comporte une clause *fork in the road*, l'État est plus avantagé car l'investisseur est obligé de renoncer à l'une de ses protections[1661]. S'il saisit le CIRDI, il ne peut pas invoquer des clauses du contrat et le droit local et s'il saisit une juridiction nationale, il ne peut pas bénéficier du système de protection offert par le CIRDI.

791. Pour le second auteur, il convient également de nuancer les critiques adressées au système CIRDI car ce n'est pas l'arbitrage en tant que tel qui pose problème mais le consentement des États aux TBI[1662]. Sur ce point, nous sommes entièrement de son avis car les États sont libres de signer les TBI contenant des clauses d'arbitrage CIRDI. De plus, nous tenons à souligner le fait que l'arbitrage a grandement contribué à réguler et encadrer le secteur des investissements internationaux[1663].

792. Enfin, soutenir que le système CIRDI est exclusivement orienté vers les intérêts des pays développés et de leurs entreprises transnationales ou multinationales est une affirmation plutôt rapide. Pour nous rendre compte que dans certaines hypothèses les tribunaux arbitraux ne vont pas systématiquement protéger les intérêts de l'investisseur, nous pouvons

---

[1659] *Ibid.*, p. 197 où il est écrit que : « *La racine du mal est dans l'acceptation, presque joyeuse, de soumettre à la compétence de deux tribunaux différents un litige en fait unique, puisqu'il a sa source dans les mêmes faits, et que l'investisseur y émet la même prétention : l'octroi de dommages-intérêts. Seul le droit applicable diffère.* ».

[1660] Sur cette affirmation et la jurisprudence y afférente v. C. SANTULLI, *op.cit.*, p. 94 à 95.

[1661] *Ibid.*, p. 200 à 202.

[1662] *Ibid.*, p. 201.

[1663] Sur la fonction régulatrice de l'arbitrage dans le secteur des investissements internationaux v. L. LANKARANI, « Les investissements internationaux : arbitrage et régulation », *Petites affiches*, 16 juin 2011, n°119, p. 11 et 12 où l'auteure énonce que : « *C'est la langue arbitrale qui dégage les règles concrètes de conduite à la charge des États hôtes de l'investissement, le contenu et, surtout, l'existence de tels ou tels des engagements. Le véritable régulateur de ce secteur est donc l'arbitre. C'est, en effet, la régulation arbitrale qui nous renseigne, tantôt au nom du « traitement juste et équitable », tantôt en partant de la clause du « climat favorable », sur le principe et la mesure des attentes légitimes de l'investisseur contre les risques face aux modifications législatives quotidiennes ou aux mesures prises par l'État hôte pour la protection de l'environnement ou d'autre intérêt général. C'est aussi cette régulation arbitrale qui nous renseigne, au nom du standard de la protection qu'entre autres, l'arbitrage et la protection des investissements étrangers sont consubstantiels, pour ne pas dire synonymes ...* ».

retenir l'affaire *LOEWEN c/ États-Unis*[1664]. Ce litige opposait une société de nationalité canadienne (*LOEWEN*) à une société américaine (*O'Keefe*). En vertu de l'accord passé entre les parties le différend avait été soumis à une juridiction nationale des États-Unis (un tribunal du Mississipi composé d'un juge et de douze jurés). Cette juridiction, après avoir entendu les avocats de la société *O'Keefe* insister longuement sur la nationalité étrangère[1665] et l'importance de la taille de *LOEWEN*[1666], a condamné cette dernière à l'imposante somme de cinq cents millions de dollars de dommage-intérêts (dont soixante-quinze millions au titre du préjudice moral et quatre cents millions au titre de dommages-intérêts punitifs). La société *LOEWEN* a décidé de faire appel de cette décision mais selon les lois du Mississipi pour interjeter appel, il faut s'acquitter d'une caution de 125% du montant total de sa condamnation ou en être dispensé pour « *juste cause* ». Cette dispense a été refusée à *LOEWEN*. De ce fait, elle devait verser six cent vingt-cinq millions de dollars sous sept jours, ce qui est tout de même avouons-le compliqué à réaliser. *LOEWEN* décida alors d'engager la responsabilité des États-Unis du fait de sa juridiction nationale[1667] devant un tribunal arbitral CIRDI. Le tribunal arbitral dans sa sentence du 26 juin 2003 a considéré que malgré le fait que la société *LOEWEN* ait été traitée de façon « *injuste* » par la juridiction américaine[1668], une telle responsabilité ne pouvait pas être retenue car cette solution reviendrait à transformer les juridictions internationales en juridictions d'appel des juridictions internes de l'État d'accueil des investissements. Cet exemple démontre bien que même si

---

[1664] Sur cette sentence CIRDI n°ARB(AF)/98/3 rendue le 26 juin 2003 v. E. GAILLARD, *La jurisprudence du CIRDI*, volume I, *op.cit.*, p. 775 à 792. Au départ, ce différend portait sur l'exécution de trois contrats d'entreprises funéraires et la somme de 980 000 dollars.

[1665] V. le paragraphe 4 de la sentence où il est précisé que le juge n'a pas donné d'instruction aux membres du jury de ne pas tenir compte des propos sur la nationalité, la race ou l'origine et la classe sociale (interdiction).

[1666] Contrairement à la société *O'Keefe* qui a été présentée comme une entreprise familiale originaire du Mississipi.

[1667] Sur ce type de responsabilité v. la sentence CIRDI n°ARB(AF)/97/2 *Robert Azinian, Kenneth Davitian c/ Mexique* du 1er novembre 1999.

[1668] V. les paragraphes 241 et 242 de la sentence dans lesquels les arbitres ont, chose qui est rare, tenu à ajouter ces quelques mots : « ... *There was unfairness here towards the foreign investor. Why not use the weapons at hand to put it right? What clearer case than the present could there be for the ideals of NAFTA to be given some teeth? (...) This human reaction has been present in our minds throughout but we must be on guard against allowing it to control our decision. Far from fulfilling the purposes of NAFTA, an intervention on our part would compromise them by obscuring the crucial separation between the international obligations of the State under NAFTA, of which the fair treatment of foreign investors in the judicial sphere is but one aspect, and the much broader domestic responsibilities of every nation towards litigants of whatever origin who appear before its national courts* ». Traduction : « *Il y avait manifestement une injustice envers l'investisseur étranger. Pourquoi ne pas utiliser les armes entre nos mains pour y remédier ? Une telle réaction humaine aurait mis sur ces gardes l'ALENA ...* ».

l'investisseur est traité de façon « *scandaleuse* »[1669], le tribunal arbitral est tenu d'appliquer le droit, en l'espèce l'*Accord de Libre Échange Nord-Américain* (ALENA) qui liait les parties et qui prévoyait le recours à une juridiction nationale. Pour résumer, si le CIRDI paraît bancal, cela provient de la rédaction déséquilibrée des TBI. En effet, en partant du fait que l'essence de l'arbitrage est exclusivement orientée vers le règlement d'un différend entre des parties sur la base du droit, si le droit est lui même déséquilibré, cela aura inévitablement une répercussion sur le fond des sentences arbitrales. Face à ce manque d'équilibre, certains États de l'Amérique Latine, dont au moins un du Mercosur, ont décidé de réagir et préféré dénoncer la Convention de Washington.

2. La dénonciation de la Convention de Washington au sein du Mercosur

793. Le récent phénomène de dénonciation de la Convention de Washington est le résultat des condamnations de certains États de l'Amérique Latine devant les tribunaux CIRDI[1670]et de revendications politiques de certains des autorités compétentes pour lier un État[1671] (Président ou encore ministre des affaires étrangères). Aujourd'hui, ce phénomène est présent de façon effective au sein du Mercosur. Partant de là, il convient d'étudier les fondements qui ont conduit à cette situation (**a**) et surtout ses effets juridiques qui sont reconnaissons le particulièrement incertains voire limités (**b**).

a. Les éléments favorisant la dénonciation de la Convention de Washington au sein du Mercosur

794. Avant d'arriver au sein du Mercosur, la dénonciation de la Convention de Washington a été initiée dans d'autres pays de l'Amérique Latine : l'Équateur et la Bolivie. Ainsi, dans cette région du globe, le contexte sociopolitique qui prévaut semble être favorable à la dénonciation de ce texte. Au-delà des aspects sociopolitiques, il existe un fondement

---

1669 Selon l'expression de Ch. LEBEN, *op.cit.*, p. 695.

1670 Sur la dénonciation de la Convention de Washington v. W. BEN HAMIDA, « La dénonciation de la Convention de Washington : un adieu ou un simple au revoir », *in Le CIRDI, 45 ans après, Bilan d'un système*, Paris, A. Pedone, 2010, p. 109 à 138. V. aussi N. BLACKABY, « ICSID Withdrawal: a Storm in a Teacup? », *Cahiers de l'arbitrage The Paris Journal of International Arbitration*, 2010, n°1, p. 45 à 61. V. aussi M. MALIK, *La Dénonciation de la Convention de Washington du 18 Mars 1965 par l'Équateur et la Bolivie*, Mémoire de Master dirigé par le professeur F. LATTY, Université Paris XI, Versailles Saint Quentin, année universitaire 2010-2011. V. aussi S. MANCIAUX, « Chronique des sentences arbitrales », *JDI*, 2011, avril-mai-juin, p. 570 à 573. V. enfin du même auteur « Le Venezuela se retire du CIRDI », *Revue de l'arbitrage*, 2012, n°1, p. 215 et s.

1671 Sur la compétence du Président et du ministre des affaires étrangères à lier un État v. le paragraphe 46 de l'arrêt de la CIJ du 3 février 2006 *Activités armées sur le territoire du Congo* (République démocratique du Congo c. Rwanda).

juridique dans ce texte qui autorise les États parties à renoncer à leur engagement : l'article 71 de la Convention de Washington. Le Venezuela a utilisé cet article pour « *sortir* » du système CIRDI. En Argentine, un projet de loi allant dans le même sens est en ce moment à l'étude devant le pouvoir législatif argentin.

a.1. Un contexte sociopolitique régional favorable à la dénonciation de la Convention de Washington au sein du Mercosur

795. Tenter d'analyser convenablement et d'expliquer la dénonciation de la Convention de Washington au sein du Mercosur sans prendre en compte le contexte sociopolitique régional qui prévaut, serait se livrer à une étude quelque peu tronquée de la question. Les premières manifestations de l'hostilité régionale envers l'arbitrage CIRDI sont apparues ouvertement à la suite du sommet de l'organisation internationale *Alternativa Bolivariana para las Américas* (ALBA)[1672] du 29 avril 2007. Lors de ce sommet, des propos très virulents ont été tenus contre le CIRDI par des chefs d'État des pays membres[1673]. Des propos similaires ont été récemment entendus le 12 octobre 2012 lors de la réunion de la Communauté d'États d'Amérique Latine et des Caraïbes (CELAC)[1674]. Toutes ces autorités ont adressé une série de critiques qui ont une portée politique envers le CIRDI[1675]. Selon elles, le CIRDI est un tribunal arbitral supranational, au-dessus des Gouvernements, un mécanisme en défaveur des intérêts des pays pauvres qui manque de transparence et qui est complètement partial en faveur des multinationales.

796. Toute cette hostilité et ces critiques se sont matérialisées par la toute première dénonciation de la Convention de Washington effectuée par la Bolivie[1676]. Selon Sébastien MANCIAUX, l'un des éléments déclencheurs

---

[1672] L'*Alternativa Bolivariana para las Américas* (ALBA) est une organisation internationale à vocation politique et économique (lutte contre la pauvreté) qui est créée le 14 janvier 2004. Elle est constituée de la Bolivie, de Cuba, du Nicaragua, de l'Équateur et du Venezuela. Cette organisation a changé de nom, désormais elle s'appelle *Alianza Bolivariana para los Pueblos de Nuestra América - Tratado de Comercio de los Pueblos* (ALBA-TCP).

[1673] Sur ces propos v. W. BEN HAMIDA, « La dénonciation de la Convention de Washington : un adieu ou un simple au revoir », *op.cit.*, p. 109 où il est écrit que le Président de la Bolivie (Evo Morales) a affirmé qu' « *aucun gouvernement en Amérique Latine n'a gagné un arbitrage devant le CIRDI et que le système favorise exclusivement les entreprises multinationales* ». Le précédent Président du Venezuela (Hugo Chávez) avait demandé aux États de créer leur propre système de règlement des différends entre État et investisseur.

[1674] Lors de cette réunion M. Ricardo PATIÑO, ministre des affaires étrangères de l'Équateur, a annoncé qu'il ferait appel à la solidarité régionale dans son combat contre le CIRDI.

[1675] *Ibid.*, p. 112 à 114.

[1676] Sur la dénonciation par ce pays v. S. MANCIAUX, « La Bolivie se retire du CIRDI », *Revue de l'arbitrage*, 2007, n°2, p. 351 à 358. V. aussi C. TIETJE, K. NOWROT et C. WAKERNAGEL, « Once and Forever The Legal Effects of a Denunciation of ICSID », *Transnational Economic Law Research Center* (TELC), mars 2008, n°74, p. 5 à 33.

de cette dénonciation[1677] a été l'affaire *Aguas del Tunari c/ Bolivie*[1678]. Ce différend portait sur un contrat de concession d'eau (distribution et assainissement). Le concessionnaire, la compagnie *Aguas del Tunari* (contrôlée par le groupe américain *Bechtel*) avait rapidement augmenté les tarifs, provoquant dans le courant de l'année 2000 des manifestations et des émeutes qui avaient fait des victimes[1679]. A la suite de ces troubles, le Gouvernement bolivien décida de résilier ce contrat. La compagnie *Aguas del Tunari* décida alors de porter l'affaire devant le CIRDI. Mais avant que le tribunal arbitral ne puisse se prononcer sur le fond, les deux parties se sont désistées et ont préféré régler le différend à l'amiable. Par la suite, pour montrer leur désapprobation envers ce mécanisme, les autorités boliviennes nouvellement élues ont décidé de se retirer du système CIRDI. Elles se sont basées sur l'article 71 de la Convention de Washington qui prévoit en des termes clairs une procédure de dénonciation : « *Tout État contractant peut dénoncer la présente Convention par notification adressée au dépositaire de la présente Convention. La dénonciation prend effet six mois après réception de ladite notification* ». Ainsi, le 2 mai 2007 la Bolivie a officiellement notifié au CIRDI son intention de dénoncer le dit texte. Cette dénonciation est devenue effective en novembre 2007 (en vertu du délai de six mois imposé dans l'article 71).

797. La deuxième dénonciation de ce texte a été faite par l'Équateur. Cette dénonciation est intervenue à la suite de l'enregistrement de quatre requêtes d'arbitrage à son encontre en 2008[1680]. Le 6 juillet 2009[1681], ce pays a officialisé sa sortie du CIRDI. Elle a pris effet le 7 janvier 2010. Parallèlement à cet acte, ce pays a décidé de procéder progressivement à la dénonciation de plus d'une dizaine de TBI[1682]. Parmi ces traités déjà

[1677] *Ibid.*, p. 356.

[1678] V. la décision sur la compétence rendue le 21 octobre 2005 dans l'affaire CIRDI n°ARB/02/3.

[1679] Un mort et plus d'une centaine de blessés.

[1680] Il s'agit des affaires relatives à des concessions d'hydrocarbures et d'exploitation de pétrole : *Murphy Exploration and Production Company International* c/ *Équateur* (Case n° ARB/08/4) enregistrée le 15 avril 2008. *Burlington Resources, Inc* c/ *Équateur* (cas n°ARB/08/5) enregistrée le 02 juin 2008. *Perenco Ecuador Limited* c/ *Équateur* (cas n°ARB/08/6) enregistrée le 04 juin 2008. *Repsol YPF Ecuador, S.A. and others c/ Équateur and Empresa Estatal Petróleos del Ecuador* (*PetroEcuador*) (cas n°ARB/08/10) enregistrée le 8 août 2008.

[1681] Sur la dénonciation par ce pays v. S. MANCIAUX, « Chronique des sentences arbitrales », *op.cit.*, p. 570 à 573.

[1682] En 2009, les pouvoirs exécutif et législatif équatoriens ont demandé à la Cour Constitutionnelle de l'Équateur (*Corte Constitucional del Ecuador*) de se prononcer sur la constitutionnalité de l'ensemble des TBI. Le 24 juin 2010, cette juridiction a déclaré inconstitutionnels le TBI passé avec l'Allemagne et celui conclu avec le Royaume-Uni. Le pouvoir législatif a été saisi et a officiellement dénoncé ces traités. Présentement, d'autres TBI comme celui passé avec la France ou encore les États-Unis sont soumis à un contrôle de constitutionnalité. Ces décisions sont consultables sur http://relatoria.corteconstitucional.gob.ec.

dénoncés, on en retrouve certains conclus avec des États habituellement exportateurs de capitaux comme l'Allemagne (TBI du 21 mars 1996) et le Royaume-Uni (TBI du 10 mai 1994). Cet aspect est particulièrement important car la dénonciation des TBI a un effet juridique différent de celui de la Convention de Washington comme nous allons le préciser ci-dessous. Baignant dans une atmosphère régionale ouvertement hostile au CIRDI, un État du Mercosur a décidé de se retirer de ce système, tandis qu'un autre envisage de le faire.

a.2. La dénonciation effective de la convention de Washington au sein du Mercosur : le cas du Venezuela

798. Suivant les exemples de la Bolivie et de l'Équateur, le Venezuela a finalement déposé une notification de désengagement du CIRDI le 24 janvier 2012 qui est devenue effective le 25 juillet 2012[1683]. Dans sa notification, cet État n'a apporté aucune motivation à sa volonté de se retirer du CIRDI[1684]. Ce point ne change rien à la portée de cet acte unilatéral car conformément à l'article 54 de la Convention de Vienne de 1969 : « *L'extinction d'un traité ou le retrait d'une partie peuvent avoir lieu a) Conformément aux dispositions du traité* ... ». Or l'article 71 de la Convention de Washington prévoit, comme nous l'avons déjà énoncé, une procédure à cet effet. A travers cette notification, la dénonciation est donc devenue effective au sein du Mercosur.

799. Sébastien MANCIAUX semble être assez critique envers cette décision qu'il dit être « *avant tout de nature politique* »[1685]. Selon lui, il n'est pas démontré que les décisions du CIRDI soient systématiquement favorables à l'investisseur[1686]. Pour étayer sa thèse, il précise que le système CIRDI est surtout utile aux investisseurs, car les États ont à leur disposition d'autres mécanismes comme les juridictions étatiques. Il continue en apportant des chiffres et en précisant que le Venezuela est bien placé pour savoir que les décisions du CIRDI ne sont pas systématiquement favorables à l'investisseur en prenant l'exemple de l'affaire *Brandes Investment Partners LP c/ Venezuela*[1687]. Il est vrai que dans ce différend, le tribunal arbitral a refusé sa compétence alors qu'il aurait pu appliquer la jurisprudence *SPP c/ Égypte* de 1988, c'est-à-dire la compétence d'un

[1683] Sur la dénonciation par ce pays v. S. MANCIAUX, *op.cit.*, p. 215.
[1684] *Ibid.*, p. 217.
[1685] *Ibid.*
[1686] *Ibid.*, p. 216 selon lui les données brutes peuvent laisser penser que les investisseurs sont toujours vainqueurs devant le CIRDI mais qu'il faut effectuer une étude plus détaillée sur ce point en prenant en compte d'autres données comme le ratio « indemnisation allouée/ indemnisation demandée ».
[1687] Affaire CIRDI n°ARB/08/3 du 2 août 2011.

tribunal arbitral basée sur une loi nationale relative aux investissements[1688]. Son argumentation est tout à fait pertinente et juste mais elle semble oublier le fait que cet État est à la deuxième place mondiale en matière de contentieux devant le CIRDI. Peut-être qu'à travers cette décision, les autorités de ce pays espèrent surtout pouvoir se prémunir contre un grand nombre de condamnations en réparation à venir. En effet, il convient de souligner qu'à partir de janvier 2007, les autorités vénézuéliennes se sont lancées dans un vaste programme de nationalisation de secteurs d'activités stratégiques qui sont généralement exploités par des investisseurs étrangers tels que celui de l'énergie, de la communication, des hydrocarbures[1689], du ciment[1690], ou encore de la sidérurgie[1691]. Cette démarche a eu pour conséquence d'accroître le contentieux arbitral CIRDI contre cet État.

800. Par ailleurs, le Venezuela s'est également engagé dans la voie de la dénonciation de certains TBI. Nous rappellerons que le 1er novembre 2008, ce pays a dénoncé le TBI qu'elle avait conclu avec les Pays-Bas le 22 octobre 1991. La principale raison de cette décision est à rechercher dans le fait que ce TBI a été utilisé comme base juridique par des investisseurs étrangers dans plusieurs affaires contre cet État[1692]. Tout comme au Venezuela, l'accroissement du contentieux à son encontre est certainement l'un des arguments qui a poussé le pouvoir législatif argentin dans sa volonté de faire retirer l'Argentine du système CIRDI.

1688 L'investisseur prétendait que l'article 22 de la loi vénézuélienne sur la protection et la promotion des investissements exprimait le consentement du Venezuela à l'arbitrage.

1689 Par exemple, le 1er mai 2007, la société vénézuélienne *Petróleos de Venezuela SA* (*PDVSA*) a pris le contrôle des exploitations de pétrole situées dans le bassin de l'Orénoque (Nord du Venezuela). Cette zone était déjà exploitée par les sociétés américaines *ExxonMobil* et *ConocoPhillips* qui ont subi un préjudice. La société *ConocoPhillips* a porté l'affaire devant le CIRDI (cas n°ARB/07/30 enregistré le 13 décembre 2007). Sur le contentieux lié à la nationalisation du secteur pétrolier dans ce pays v. K. STEIN, « Exxon-Venezuela arbitration dispute : next steps and impact on future investor-state disputes under ICSID », *Journal of World Energy Law and Business*, 2011, volume 4, n°4, p. 380 à 389.

1690 Les 18 et 19 août 2008, le Venezuela a décidé de nationaliser le secteur du ciment. Il a racheté la société suisse *Holcim.* Cette dernière a porté le litige devant le CIRDI (cas n°ARB/09/3 *Holcim Limited, Holderfin B.V. and Caricement B.V. c/ Venezuela* enregistré le 10 avril 2009. La société mexicaine *CEMEX* (production de ciment) a également décidé de saisir le CIRDI pour un litige qui l'oppose à l'État vénézuélien (cas n°ARB/08/15 enregistré le 6 juillet 2009).

1691 Le 9 avril 2008, la nationalisation de la société sidérurgique *Sidor* est ordonnée. Cette société était contrôlée par le groupe italien *Ternium Techint* qui a décidé de porter l'affaire devant le CIRDI (cas n°ARB/12/19 *Ternium and Consorcio Siderurgia Amazonia* enregistrée le 1er août 2012).

1692 Parmi ces litiges nous pouvons citer le cas *Fedax*, *CEMEX* et enfin l'affaire CIRDI n° ARB/07/27 *Mobil Corporation, Venezuela Holdings, B.V et autres c/ Venezuela* (décision sur la compétence du 10 juin 2010).

a.3. L'éventuelle dénonciation de la Convention de Washington par l'Argentine

801. Nous préférons utiliser le terme « *éventuel* » car la volonté de dénonciation du CIRDI par l'Argentine est encore au stade de projet de loi[1693]. Le projet de loi n°1311-D-2012 a été déposé par des députés de la Commission des affaires étrangères devant la chambre des députés argentins (*Cámara de diputados de la Nación*) le 21 mars 2012. Ce texte composé de seulement trois articles[1694] porte très précisément et exclusivement sur la dénonciation du CIRDI (article 2) à travers la dénonciation de la loi 24.353 par laquelle ce pays avait ratifié cette convention.

802. *A priori*, l'analyse du texte peut sembler assez peu enrichissante car, à dire vrai, il est laconique : à peine trois articles rédigés dans un style très simple et direct. Mais son contenu et les motivations qui le sous tendent, sont riches d'enseignements. Le premier enseignement que nous pouvons tirer de ce projet de loi est le fait qu'il s'agit d'un texte d'initiative parlementaire (article 2). En effet, il est clairement précisé que le but de cette loi est de saisir, au nom de la nation argentine, le pouvoir exécutif en vue de dénoncer la Convention de Washington. Les autres enseignements sont tirés de la lecture des motivations (*fundamentos*) exposées par les députés devant le Parlement. Tout d'abord, dans l'exposé des motivations, les députés ont invoqué l'argument de vouloir quitter le CIRDI pour que l'Argentine récupère sa souveraineté[1695]. Cet argument, à notre sens n'est pas réellement pertinent car c'est bien évidemment souverainement que ce même État a consentie et ratifié la Convention de Washington le 22 août 1994 (loi 24.353). En revanche, lorsque ces mêmes députés évoquent le défaut de *réserve* lors de la signature de ce traité[1696], nous sommes tout à fait de leur

---

[1693] Pour consulter ce projet de loi n°1311-D-2012 (en espagnol) v. http://www1.hcdn.gov.ar/.

[1694] Les trois articles de ce texte sont : « *Artículo 1º Se deroga la Ley 24.353 que aprobara la adhesión de la República Argentina al Convenio sobre Arreglos de Diferencias Relativas a Inversiones entre Estados y Nacionales de Otros Estados adoptado en Washington (Estados Unidos de América) el 18 de marzo de 1965. Artículo 2º. Requerir del Poder Ejecutivo de la Nación que, por donde corresponda y en representación de la Nación Argentina, denuncie el mencionado Convenio sobre Arreglos de Diferencias Relativas a Inversiones entre Estados y Nacionales de Otros Estados arriba individualizado, en la forma de estilo. Artículo 3º. De forma* ». Traduction : « *Article 1 Abrogation de la loi 24.353 sur la ratification de la Convention de Washington de 1965. Article 2 : Demander au pouvoir exécutif de dénoncer ladite convention ...* »

[1695] V. le texte des motivations joint au projet de loi n°1311-D-2012: « *En orden a esos objetivos, propiciamos que la República recupere su soberanía plena en sus relaciones con inversores externos y ante los Organismos Internacionales...* ». Traduction : « *Pour ces raisons, nous préconisons que la République retrouve sa pleine souveraineté dans ses relations avec les investisseurs étrangers et aux organisations internationales ...* ».

[1696] *Ibid.* : « *... no se hizo reserva de ninguna especie para retener bajo nuestra jurisdicción exclusiva ni siquiera lo relacionado con materias estratégicas)...* ». Traduction : « *Aucune réserve n'a été faite dans le sens de conserver sous la compétence national les questions stratégiques* ».

avis car cette technique juridique aurait permis d'encadrer dans certaines affaires le périmètre d'action des tribunaux arbitraux mais également le contour de la notion d'investissement. En effet, l'article 25(4) de la Convention de Washington prévoit que : « *Tout État contractant peut, lors de sa ratification, de son acceptation ou de son approbation de la Convention ou à toute date ultérieure, faire connaître au Centre la ou les catégories de différends qu'il considèrerait comme pouvant être soumis ou non à la compétence du Centre. Le Secrétaire général transmet immédiatement la notification à tous les États contractants. Ladite notification ne constitue pas le consentement requis aux termes de l'alinéa et puis le rapport des administrateurs* ». Partant de là, l'Argentine, mais aussi bien d'autres États, au moment de la signature de ce texte avaient la possibilité d'émettre une *réserve*[1697] ou une *déclaration interprétative*[1698] en vue de préciser le type de différends qu'ils accepteraient de soumettre aux tribunaux arbitraux. Il faut bien préciser que ce type de déclaration doit se faire au moment de la signature et ne doit pas être utilisé comme un moyen ultérieur de se soustraire à son accord d'arbitrage comme la Jamaïque a été tentée de le faire dans plusieurs affaires l'opposant à des groupes d'exploitation de bauxite[1699]. Les députés argentins dans leur argumentation ont également mis l'accent sur le fait que le contentieux contre l'Argentine était nécessairement lié aux difficultés économiques connues par ce pays en 2001 et que les mesures nationales adoptées à cette période étaient légitimes et légales. Surtout ils ont insisté sur une somme totale que l'Argentine aurait déjà versée aux investisseurs à ce jour soit neuf cents millions de dollars. Ainsi, ils ont tenu à établir un lien entre le développement de ce pays et la nécessité de dénoncer la Convention de Washington[1700]. Enfin, ils ont tenu à

1697 Sur la possibilité pour un État d'émettre des réserves à un traité v. l'avis consultatif rendu le 28 mai 1951 par la CIJ sur l'affaire des *Réserves à la Convention sur le Génocide*. Cet avis admet que l'État dispose implicitement de la faculté d'émettre des réserves à un traité à moins qu'elle ne soit incompatible avec l'objet et le but du traité.

1698 Sur la déclaration interprétative v. P. DAILLIER, M. FORTEAU et A. PELLET, *op.cit.*, p. 197. Ce type d'acte unilatéral s'entend d'une déclaration unilatérale, quel que soit son libellé ou sa désignation, faite par un État (ou par une organisation internationale), par laquelle cet État vise à préciser ou à clarifier le sens ou la portée que le déclarant attribue à un traité ou à certaines de ses dispositions.

1699 V. les affaires *Alcoa Minerals of Jamaica* (cas n°ARB/74/2), *Kaiser Bauxite* (cas n°ARB/74/3), *Reynolds* (cas n°ARB/74/4). Dans ces trois cas, après avoir conclu avec les investisseurs des accords d'arbitrage, la Jamaïque a émis un texte visant à augmenter les taxes sur les mines de bauxite (20 millions de dollars). Par la suite, ce pays a envoyé (le 8 mai 1974) un acte unilatéral au CIRDI qui précisait que le Jamaïque retirait sa compétence au CIRDI pour connaître des différends liés aux minéraux et aux ressources naturelles. Ces affaires ont été enregistrées séparément mais un seul tribunal arbitral des décisions sur ces affaires. Il a rappelé que ce type d'acte n'a pas d'effet sur les consentements d'arbitrage donné avant le dépôt de cet acte. Sur ces affaires v. E. GAILLARD, *La jurisprudence du CIRDI*, volume I, *op.cit.*, p. 1022.

1700 V. le texte des motivations joint au projet de loi n°1311-D-2012: «*A este conteo de desgracias hay que adicionarle el dato cierto de que ya hubo siete laudos del CIADI, todos*

rappeler que l'Argentine était la patrie d'origine des doctrines *Calvo* et *Drago* et que ces doctrines commandent de prendre en compte la souveraineté et la solvabilité de l'État débiteur[1701]. Face à de tels propos, nous sommes en quelque sorte dans l'obligation d'admettre qu'il existe une forme de résurgence de ces doctrines comme l'a suggéré Bernardo CREMADES[1702]. Ce projet de loi étant toujours à l'étude devant les instances législatives de ce pays, nous sommes dans l'impossibilité de poursuivre notre analyse. Toujours est-il qu'il représente une nouvelle manifestation de l'hostilité envers l'arbitrage international au sein du Mercosur.

803. Nous devons aussi souligner qu'en avril 2012, soit un mois après le dépôt de cette loi devant les instances parlementaires, les autorités argentines ont décidé de nationaliser la société pétrolière *YPF* qui appartient au groupe espagnole *Repsol*. Faut-il voir dans ce geste un signe supplémentaire de la volonté de l'Argentine de dénoncer la convention du CIRDI ? Entre temps, le groupe *Repsol* a vivement réagit et a décidé de porter le litige devant le

---

contrarios a la República y respetuosos de "las expectativas legítimas de los acreedores". Estos fallos suman más de NOVECIENTOS MILLONES DE DÓLARES (u$s 900.000.000,00) de capital de condena, astronómica cifra que - sin embargo - representan MIL QUINIENTOS MILLONES DE DÓLARES (u$s 1.500.000.000,00) menos de lo reclamado por los acreedores en estos arbitrajes, en los que se ventilan reclamos por negocios e inversiones que no siempre tienen la transparencia y corrección necesaria. ». Traduction : « A ces malheurs, il faut ajouter qu'il y a déjà eu sept sentences, toutes rendues contre l'Argentine. Tous ces échecs représente une somme de 900 000 000 millions de dollars … ».

1701 *Ibid.*: « *Estos temperamentos arbitrales, menester es señalarlo, contradicen explícitamente las doctrinas de derecho internacional aportadas por la ciencia jurídica argentina al mundo, conocidos por los nombres de los juristas que las concibieron, DRAGO y CALVO. Drago sostenía, ya en 1902, que "el prestamista tiene siempre en cuenta los recursos y la solvencia del país con el cual negocia, y que las condiciones del empréstito van a depender del crédito de que éste goza ya que sabe que contrata con una entidad soberana y es condición inherente a toda soberanía que no pueden seguirse procedimientos ejecutivos contra ella", en tanto que Calvo había afirmado años antes, con base en el principio de igualdad de los Estados, que los nacionales y extranjeros tenían los mismos derechos y obligaciones... las controversias que pudieren suscitarse relativas a reclamos de esos extranjeros contra el Estado receptor o sus nacionales, quedaban sujetas a las leyes y jurisdicción de éste último. Los estados extranjeros debían abstenerse de intervenir en las controversias de sus nacionales en terceros países"*». Traduction : « *Il convient de signaler que ces sentences arbitrales contredisent les doctrines Drago et Calva. Drago soutenait déjà en 1902 que le prêteur doit prendre en compte la solvabilité du débiteur. Calvo avait affirmé, dans années avant, compte tenu de l'égalité entre les États que les réclamations relatives aux étrangers devaient être réglées par des tribunaux nationaux* ».

17021702 Sur la résurgence de ces doctrines en Amérique Latine v. B. CREMADES, « Resurgence of Calvo doctrine in Latin America », *Business Review,* 2006, volume 7, janvier, p. 53 à 72. V. aussi du même auteur, « State Participation In International Arbitration », *op.cit*, p. 139 à 141 où l'auteur pose ouvertement la question de savoir si la doctrine *Calvo* n'est pas en train de resurgir : « *Is The Calvo Doctrine Returning ?* ». Dans cet article, l'auteur a également évoqué les raisons pour lesquelles nous assistons à nouveau en Amérique Latine à une hostilité vis-à-vis de l'arbitre.

CIRDI[1703]. Cette affaire qui n'a pas été encore tranchée au fond va très certainement rallonger la liste du contentieux argentin devant CIRDI car la question de la dénonciation de la Convention de Washington est certes intéressante mais elle soulève de nombreuses interrogations au niveau de ses effets.

b. Les effets juridiques de la dénonciation de la Convention de Washington au sein du Mercosur

804. La dénonciation de la Convention de Washington est un phénomène récent que l'on peut qualifier d'encore « *marginal* » vu le nombre restreint d'États qui l'ont effectivement opérée. Ce phénomène a été diversement apprécié dans la doctrine. Tout d'abord, il a soulevé des incertitudes quant à ses effets juridiques[1704]. Ensuite, il semble que la dénonciation de la Convention de Washington ait un effet limité si elle n'est pas accompagnée de la dénonciation des clauses d'arbitrage CIRDI dans les TBI. Étant donné que la dénonciation du système CIRDI est encore assez récente au sein du Mercosur, pour aborder les problématiques liées à ses effets juridiques, il faut se tourner à nouveau vers les cas de la Bolivie et de l'Équateur.

b.1. Les incertitudes liées aux effets juridiques de la dénonciation de la Convention de Washington

805. Si la dénonciation de la Convention du CIRDI soulève autant d'interrogations, cela est essentiellement dû à la rédaction des articles 71 et 72. Le premier article est incertain quant à son interprétation et le second quant à l'effet de la dénonciation sur le consentement des parties à soumettre le différend à un arbitrage.

b.1.1. Les incertitudes liées à l'interprétation de l'article 71 de la Convention de Washington

806. La première incertitude que suscite la procédure de dénonciation provient des différentes interprétations de l'article 71 de la Convention de Washington. La principale difficulté d'interprétation de cet article émane du fait que l'article 72 de ce même texte prévoit qu'« *Aucune notification par un État contractant en vertu des articles 70 et 71 ne peut porter atteinte aux droits et obligations dudit État, d'une collectivité publique ou d'un organisme dépendant de lui ou d'un de ses ressortissants, aux termes de la présente Convention qui découlent d'un consentement à la compétence du Centre donné par l'un d'eux antérieurement à la réception de ladite*

[1703] Ce litige a été enregistré le 18 décembre 2012 par le CIRDI comme le cas n°ARB/12/38 *Repsol c/ Argentine*.

[1704] V. S. MANCIAUX, *op.cit.*, p. 217 et s.

notification par le dépositaire. ». Cet article a lui-même été interprété de trois manières distinctes au sein de la doctrine[1705].

807. Un premier courant a considéré que la dénonciation de la Convention de Washington n'a pas d'effet juridique et que les investisseurs peuvent continuer à attraire les États dénonciateurs devant le CIRDI sur le fondement d'un TBI liant cet État et contenant une clause d'arbitrage CIRDI[1706]. Un deuxième courant a estimé que l'effet de la dénonciation est immédiat et que seuls les investisseurs ayant consenti à un arbitrage CIRDI avant la dénonciation peuvent désormais attraire l'État dénonciateur devant le CIRDI. Enfin, pour le troisième courant, l'effet de la dénonciation peut être différé car les investisseurs disposent du délai de six mois prévu à l'article 71 pour consentir à une offre d'arbitrage émise par l'État dénonciateur. Cette dernière conception soulève une interrogation fondamentale qui est celle de l'effet de ce délai sur le consentement de l'État dénonciateur. Des auteurs se sont demandé s'il faut prendre cette période de six mois comme une période de « *grâce* » [1707] pour l'investisseur. Concrètement, est-ce que l'État qui dénonce la convention demeure membre du CIRDI pendant les six mois après la réception de la notification ? Si la réponse est affirmative l'investisseur dispose alors et en vertu d'un TBI de ce délai pour continuer à saisir les tribunaux CIRDI. Partant de là, l'article 71 contient donc une « *clause de survie* » [1708] en ce sens qu'il admet une persistance des droits et obligations de l'État dénonciateur. Ainsi, les effets de la dénonciation seraient donc gelés pendant cette période. La seconde principale source d'incertitude quant aux effets de la dénonciation est posée par l'article 72 et ses conséquences sur le consentement.

b.1.2. Les incertitudes liées à l'effet de la dénonciation sur le consentement des parties

808. L'article 72 de la Convention de Washington soulève lui aussi des interrogations et des problèmes juridiques. Ceux-ci sont directement liés aux conséquences sur le consentement de l'État dénonciateur. Pour les auteurs, si ce texte pose ces problématiques, cela est étroitement lié à sa rédaction qui laisse transparaître des équivoques[1709]. La principale équivoque résulte du

---

[1705] Sur ces courants doctrinaux v. S. MANCIAUX, « Chroniques des sentences arbitrales », *op.cit.*, p. 570 à 573.

[1706] Parmi ces auteurs nous pouvons citer N. BLACKABY, *op.cit.*, p. 50 et s. où il démontre que le consentement à l'arbitrage CIRDI n'est pas affecté par la dénonciation : « *Consent to ICSID in BITs is Unaffected by Denunciation* ».

[1707] Parmi ces auteurs nous pouvons citer W. BEN HAMIDA, *op.cit.*, p. 125.

[1708] V. M. MALIK, *op.cit.*, p. 18.

[1709] Parmi ces auteurs nous pouvons citer S. MANCIAUX, « Chroniques des sentences arbitrales », *op.cit.*, p. 571 où l'auteur considère que : « *Les débats autour de l'interprétation de l'article 72 résultent alors-pour part au moins-de sa rédaction ambiguë voire maladroite.* ».

fait que le terme « *consentement* » prévu dans l'article 72 peut avoir plusieurs sens[1710]. Tout d'abord, le consentement peut s'entendre dans un sens traditionnel, c'est-à-dire l'accord des parties qui symbolise la rencontre effective et réciproque des deux volontés de recourir à l'arbitrage. Ensuite, comme nous l'avons vu ci-dessus, l'arbitrage CIRDI a régulièrement utilisé la technique du consentement dissocié ainsi le terme consentement peut également être interprété comme une offre unilatérale d'arbitrage contenue dans une loi nationale (solution de la décision *SPP*) ou dans un TBI (solution *AAPL c/ Sri Lanka*).

809. Le sens traditionnel du terme « consentement » a pour conséquence que les parties ont l'obligation d'honorer leurs engagements antérieurs à la dénonciation. Cette solution est conforme à la sécurité juridique[1711], car l'État ne peut pas se dégager de ses obligations consenties avant une dénonciation. Ainsi, les trois pays dénonciateurs sont tenus de respecter les procédures arbitrales qu'ils ont acceptées de façon expresse avant les dates respectives de leur dénonciation de la Convention de Washington. Il s'ensuit que les sentences arbitrales devront aussi être exécutées de bonne foi.

810. La solution sera plus difficile à déterminer lorsque le terme consentement va être interprété au sens du consentement dissocié parce que deux interprétations sont possibles[1712]. Soit on considère que par « consentement » l'article 72 vise l'accord et la rencontre des volontés et dans ce cas, les offres d'arbitrage non acceptées par les investisseurs avant la dénonciation ne peuvent pas être maintenues (théorie du *consentement-accord*). Soit on considère que le terme consentement désigne un consentement unilatéral (comme dans les affaires *SPP* et *AAPL c/ Sri Lanka*) et, dans ce cas de figure, tant que les offres unilatérales d'arbitrage (loi nationale ou TBI) ne sont pas retirées (à travers une abrogation de loi ou une dénonciation de TBI), un investisseur peut initier un arbitrage contre un État dénonciateur. Les auteurs qui soutiennent cette dernière conception se basent sur les termes de l'article 72 « *donné par l'un deux* ». Pour eux ces mots sont une confirmation de la nature unilatérale du consentement[1713]. Sauf que la Convention de Washington a été rédigée en 1965 donc bien avant que les arbitres ne rendent la sentence *AAPL* et la décision *SPP*[1714]. De plus comme

---

[1710] Sur les différents sens du terme « *consentement* » prévu dans l'article 72 v. W. BEN HAMIDA, « La dénonciation de la Convention de Washington : un adieu ou un simple au revoir », *op.cit.*, p. 116 à 124. Cet auteur parle de « *consentement protégé* ».

[1711] *Ibid.*, p. 19 et 20.

[1712] *Ibid.*, p. 118 à 124.

[1713] *Ibid.*, p. 118.

[1714] V. B. STERN, *op.cit.*, p. 227 où l'auteur s'exprime à propos de l'extrait du rapport des administrateurs qui a fondé l'arbitrage *without privity* : « *ce seul extrait peut aussi signifier que l'investisseur devrait donner expressément son consentement avant la soumission d'une affaire au Cirdi et pas implicitement par la seule soumission de l'affaire au Centre ; ne doit en particulier pas être ignorée la prise de position particulièrement explicite des administrateurs en ce sens dans ce même rapport sur le fait que « le consentement des parties*

l'a démontré Brigitte STERN, l'étude des travaux préparatoires du CIRDI prouve que plusieurs interprétations ont été données au terme « consentement » des parties et que ces arbitres ont choisi une interprétation parmi d'autres. Partant de là, pour nous, il est difficilement concevable que le terme « consentement » s'entende au sens du consentement unilatéral et ce d'autant plus que les investisseurs peuvent continuer à saisir le CIRDI contre un État qui a notifié sa dénonciation. Cette situation peut d'ailleurs se prolonger pendant de longues années tout en générant de nombreux problèmes juridiques. Sébastien MANCIAUX a très bien décrit cette situation lorsqu'il a énoncé que le consentement unilatéral « *aboutit à conférer à l'offre d'arbitrage CIRDI une immuabilité fantastique* »[1715].

811. A dire vrai, les effets de la dénonciation de la Convention de Washington sont toujours « *incertains* »[1716] . Deux raisons peuvent expliquer cette incertitude. Tout d'abord, nous pouvons avancer le fait qu'aucune des doctrines d'interprétation de l'article 71 ne s'est imposée dans la pratique arbitrale. Ensuite, certaines récentes affaires relatives aux États ayant dénoncé ce texte n'ont pas pu révéler de solution claire et satisfaisante. Prenons le cas de la sentence *Euro Telecom International* (*E.T.I*) *c/ Bolivie*[1717]. Dans ce cas, la société *E.T.I* avait fait une demande d'arbitrage CIRDI le 12 octobre 2007 en dépit de la dénonciation de la Bolivie notifiée le 2 mai 2007. Il faut préciser que cette demande d'arbitrage avait été faite dans le délai de six mois suivant la notification et qu'elle a été enregistrée par le CIRDI (affaire n°ARB/07/28) le 31 octobre 2007, soit quelques jours avant l'expiration de ce délai. Ce litige soulevait la question de savoir si le consentement des parties pouvait être accepté pendant la période de six mois. La société *E.T.I* a présenté une lettre datée du 30 avril 2007 comme base de son consentement, ce que la Bolivie a réfuté. Le tribunal arbitral CIRDI n'a pas eu la possibilité de trancher le litige car les parties se sont accordées pour saisir un tribunal arbitral *ad hoc* CNUDCI. L'autre affaire touchant la Bolivie, intervenue depuis sa dénonciation, est toujours pendante car les parties ne s'entendent pas sur la composition du tribunal arbitral[1718]. Les affaires relatives à l'Équateur n'apportent pas plus d'éclaircissements. Par exemple le différend *Corporación Quiport c/ Équateur* (affaire n°ARB/09/23) qui a été enregistré le 30 décembre 2009 a fait l'objet d'un désistement des parties. Quant à la sentence *Occidental Petroleum c/ Équateur* rendue le 5 octobre 2012 à travers laquelle ce pays a été très

---

doit avoir été donné avant que le Centre ne soit saisi », ce qui n'est pas l'interprétation donnée par la jurisprudence récente ; ... ».

[1715] V. S. MANCIAUX, « Chroniques des sentences arbitrales », *op.cit.*, p. 573.

[1716] V. S. MANCIAUX, « Le Venezuela se retire du CIRDI », *op.cit.*, p. 217 à 221.

[1717] *Ibid.*, p. 217 et W. BEN HAMIDA, « La dénonciation de la Convention de Washington : un adieu ou un simple au revoir », *op.cit.*, p. 125 à 126.

[1718] V. l'affaire *Pan American Energy c/ Bolivie* (cas CIRDI n° ARB/10/8) enregistrée le 12 avril 2010.

lourdement condamné, elle ne rentre pas dans ce cas de figure car la demande d'arbitrage a été faite le 17 mai 2006 donc bien avant la dénonciation faite par ce pays. A ce stade, il convient de mettre en exergue ce qui semble être une nouvelle tendance pour ces deux pays : le recours à l'arbitrage devant la Cour Permanente d'Arbitrage (CPA) pour les questions relatives aux investissements. En ce moment quatre affaires sont pendantes devant les tribunaux arbitraux de la CPA. Trois d'entre elles concernent l'Équateur[1719] et une touche la Bolivie[1720]. Dans ces quatre cas les parties ont décidé d'utiliser le Règlement d'arbitrage de la CNUDCI combiné aux TBI. Nous ne connaissons pas encore l'issue de ces cas mais on peut déjà s'interroger si dans leur politique d'évitement du CIRDI, ces pays ne vont pas désormais recourir à cette juridiction arbitrale pour les questions relatives aux investissements. Enfin, la jurisprudence concernant le Venezuela n'a pas encore livré d'enseignements. Ainsi nous pouvons donc affirmer que les effets de la dénonciation de la Convention de Washington au sein du Mercosur sont dans leur ensemble pour le moment assez limités. L'élément qui pourra permettre à cette dénonciation d'avoir plus d'effectivité est la dénonciation de certains TBI.

<u>b.1.3. Le nécessité de dénoncer les TBI pour renforcer la dénonciation de la Convention de Washington</u>

812. Nous venons de le voir, l'effet juridique de la dénonciation de la Convention de Washington est non seulement incertain mais il peut aussi être limité s'il n'est pas accompagné de la dénonciation des TBI contenant une clause d'arbitrage CIRDI[1721]. En effet, pour les tenants de la thèse du consentement unilatéral[1722], l'État qui conserve une loi ou un TBI contenant ce type de clause continue de consentir à un arbitrage CIRDI. C'est la raison pour laquelle des États dénonciateurs comme l'Équateur et le Venezuela se sont lancés dans une politique de dénonciation des TBI contenant des clauses d'arbitrage CIRDI.

813. L'Équateur est l'État qui a pris cette question le plus au sérieux car les autorités ont affiché leur volonté de dénoncer tous les TBI qui lient ce pays. Il a déjà dénoncé des TBI conclus avec des pays européens exportateurs de capitaux comme l'Allemagne et le Royaume-Uni mais également d'autres passés avec des États de l'Amérique Latine comme Cuba, El Salvador, le Honduras, le Guatemala, la République

---

[1719] La CPA a enregistré l'affaire *Chevron et Texaco c/ Équateur* (affaire CPA n°2009-23), *Merck Sharpe & Dohme c/ Équateur* et le cas *Murphy Exploration & Production Company c/ Équateur*. Pour consulter la composition des tribunaux arbitraux v. http://www.pca-cpa.org/

[1720] La CPA a enregistré le 24 novembre 2010 le litige entre *Guaracachi America et Rurelec c/ Bolivie*. Pour consulter les étapes procédurales de ce cas v. http://www.pca-cpa.org/

[1721] Sur cette affirmation v. W. BEN HAMIDA, « La dénonciation de la Convention de Washington : un adieu ou un simple au revoir », *op.cit.*, p. 132 à 136.

[1722] V. N. BLACKABY, *op.cit.*, p. 50 et s.

Dominicaine[1723]. Enfin ce même pays a dénoncé des TBI conclus avec deux États du Mercosur, à savoir le Paraguay et l'Uruguay.

814. Le Venezuela, de son côté, a dénoncé le TBI qu'il avait conclu avec les Pays-Bas. La Bolivie a annoncé son intention de dénoncer aussi ce type de traité. Partant de ces exemples, il faut souligner que si l'Argentine souhaite rendre effective sa sortie du CIRDI, elle doit non seulement dénoncer la Convention de Washington mais aussi penser à détricoter le vaste réseau de TBI qu'elle a tissé ces dernières années[1724]. Tout de même, il convient de souligner que la dénonciation des TBI peut avoir une légère incidence négative pour les États du Mercosur car elle peut conduire à remettre en cause le principe d'intégration qui lie ces États dans la matière des investissements. Les États du Mercosur qui vont dénoncer les TBI contenant une clause CIRDI vont devoir peut-être aussi dénoncer les TBI conclus avec les autres États du Mercosur. Cette question est particulièrement intéressante au moment où ces États viennent de décidé de renforcer leur coopération en ce domaine en établissant un nouvel accord sur les investissements intracommunautaires. Les directives pour ce nouvel accord ont été déterminées par la décision du CMC n°30/10 du 17 décembre 2010[1725]. Finalement, sortir du système CIRDI n'est pas une démarche simple et évidente. Ainsi, nous sommes de l'avis de Walid BEN HAMIDA lorsqu'il a considéré que la dénonciation du CIRDI est pour le moment un simple au revoir et non un adieu[1726].

815. Fort de tout ce qui précède, nous nous rendons compte que l'arbitrage que nous avons tenté de présenter comme un véritable instrument de développement en prenant les exemples des États de l'OHADA et du Mercosur, peut encore être objet de contestations et présenter des lacunes. Nous pensons que l'arbitrage, pour pallier ces lacunes, doit pouvoir adopter certaines normes accessibles et adaptées aux besoins des pays en développement. Il est aussi nécessaire que certaines réformes soient opérées autour de certaines instances arbitrales.

[1723] *Ibid.*, p. 133.

[1724] Ce pays a passé au moins 56 TBI avec des pays du monde entier. De ce fait, il figure parmi les pays latino américains ayant conclu le plus grand nombre de TBI.

[1725] Sur l'interaction entre la décision du CMC n°30/10 et les TBI préexistants v. J. D. FRY et J. I. STAMPALIJA, « Towards an Agreement on Investment in Mercosur: Conflict and Complementary of International Investment Law and International Law and International Trade-in-Services Law », *The Journal of World Investment & Trade*, Martinus Nijhoff Publishers, 2012, n°13, p. 588 à 592.

[1726] *Ibid.,* p. 138. V. aussi C. TIETJE, K. NOWROT et C. WAKERNAGEL, « Once and Forever, The Legal Effects of a Denunciation of ICSID », *op.cit.* A travers cet article les auteurs expriment la difficulté de la Bolivie de sortir du CIRDI.

B. La nécessité d'intégrer dans l'arbitrage des normes accessibles et adaptées aux besoins des pays en développement

816. Paradoxalement, l'arbitrage même s'il contribue de façon effective au développement notamment dans les États du Mercosur et de l'OHADA, contient très peu de normes propres aux spécificités et aux problématiques des pays en développement[1727]. La raison de cette situation est à rechercher dans le fait que comme nous avons pu le démontrer dans notre étude, la pratique arbitrale traite de façon égale et quasi indistincte les différents opérateurs du commerce international. Les États et leurs démembrements sont soumis aux mêmes obligations et règles juridiques que les personnes privées. Les arbitres sont guidés par la recherche de la sécurité juridique, l'égalité et l'équilibre entre les parties. Henri MOTULSKY et Robert PLAISANT ont parfaitement exprimé cette dernière idée à travers ces mots : « *l'arbitrage suppose un équilibre des forces; partout où cet équilibre est rompu, l'arbitrage s'asphyxie* »[1728]. Partant de ce postulat, il nous paraît plus que judicieux que les pays en développement consacrent, lorsque cela est nécessaire, la théorie de l'imprévision dans l'arbitrage car elle permet de rétablir une forme d'équilibre entre les parties (**2**). Toujours dans cette optique de recherche d'équilibre entre les parties, les pays en développement et notamment ceux de l'OHADA et du Mercosur doivent être capables d'apporter certaines réformes autour de l'arbitrage (**1**).

1. La nécessité pour les États de l'OHADA et du Mercosur d'opérer des réformes autour de l'arbitrage

817. Dans cette partie, il ne s'agira pas de réclamer un droit spécial ou même dérogatoire en faveur des pays en développement mais seulement d'émettre quelques pistes de réflexion en vue de combler certaines des lacunes de l'arbitrage en tant qu'instrument de développement pour les États de l'OHADA et du Mercosur. De même, il ne s'agira pas de chercher à réformer l'arbitrage tel qu'il existe mais plutôt de chercher à modifier et d'adapter certaines normes et pratiques arbitrales aux réalités et aux problématiques de cette catégorie de pays.

[1727] Par exemple, l'arbitre qui a rendu la sentence *Texaco* a refusé de faire du droit de nationaliser pour des besoins de développement un élément de *jus cogens* et a dénié toute valeur juridique à la Charte des droits et des devoirs économiques. Dans ce même ordre d'idées dans le cas *Klöckner c/ Cameroun* du 21 octobre 1983 où l'État camerounais invoquait des principes issus du droit du développement, le tribunal arbitral a rejeté ce fondement juridique en ces termes : « *Nous n'avons pas établi qu'il y a un droit qui s'applique à de tels contrats. Nous n'avons pas l'intention d'appliquer des principes juridiques nouveaux ou exceptionnels à des opérations clés en mains uniquement parce qu'ils concernent des projets qui affectent le développement économique et social d'un pays déterminé* ».

[1728] Sur cette affirmation v. H. MOTULSKY et R. PLAISANT, « L'arbitrage et les conflits du travail », *Revue de l'arbitrage*, 1956, p.78.

818. Pour nous, la réforme la plus urgente et la plus simple que les États de l'OHADA et du Mercosur doivent opérer est de déterminer au niveau régional et communautaire une méthode fixe d'évaluation du dommage. Effectivement, que ce soit dans les différents Actes Uniformes de l'OHADA, dans le Règlement d'arbitrage de la CCJA ou encore dans les Protocoles, accords et Traités du Mercosur relatifs à l'arbitrage aucun de ces textes n'a accordé la moindre ligne à cette question pourtant essentielle. L'émergence d'une règle communautaire en la matière permettra aux parties mais aussi aux arbitres de compter sur un cadre mieux défini dans le contentieux de la réparation du dommage. Elle aura aussi l'avantage de rendre plus acceptables et compréhensibles les sentences arbitrales car les États auront déterminé à l'avance la méthode de calcul de réparation du dommage. Les condamnations seront certainement ainsi moins contestées. Par ailleurs, elle permettra d'interdire au niveau communautaire des pratiques controversées comme celles des intérêts composés qui sont souvent calculés à partir de taux qui sont eux-mêmes parfois contestés comme le *LIBOR*.

819. Pour rendre effective l'application d'une méthode d'évaluation du dommage communautaire, tant les États de l'OHADA que ceux du Mercosur vont devoir l'intégrer dans leurs droits nationaux et communautaires mais aussi et surtout dans l'ordre public communautaire. En effet, si la méthode de calcul du dommage fait partie de l'ordre public de ces organisations, les arbitres et les parties ne pourront pas y déroger.

820. La deuxième proposition concerne l'arbitrage lié aux investissements et plus précisément l'arbitrage CIRDI. Tandis que des auteurs ont pu suggérer de continuer de réformer le CIRDI[1729], nous, nous plaidons plutôt pour un recadrage de son champ d'action. Il est plus que vital pour cette instance arbitrale de réussir à harmoniser ses décisions sur la notion d'investissement. Pour y parvenir, comme l'a très judicieusement proposé Walid BEN HAMIDA[1730], il faudrait saisir la CIJ en vertu de sa fonction consultative[1731] et de l'article 64 de la Convention de Washington.

[1729] Sur les réformes déjà effectuées par le CIRDI v. B. LEGUM, « La réforme du CIRDI vers une juridictionnalisation de l'arbitrage transnational ? », *in Où va le droit de l'investissement, Désordre normatif et recherche d'équilibre*, actes du colloque organisé à Tunis les 3 et 4 mars 2006, (sous la direction de F. HORCHANI), Paris, Pedone, 2006, p. 283 à 287. V. aussi I. MARZOUKI et M. ABIDA « Les réformes du CIRDI », *in Le CIRDI, 45 ans après, Bilan d'un système*, Paris, A. Pedone, 2010, p. 395 à 419. Selon ces auteurs les réformes sur la transparence (la déclaration de l'arbitre et l'admission d'*amicus curiae*) et l'accélération de la procédure) sont pour le moment satisfaisantes mais incomplètes.

[1730] V. W. BEN HAMIDA, « La notion d'investissement : le chaos s'amplifie devant le CIRDI », *op.cit.*, p. 47.

[1731] Le Chapitre IV du Statut de la CIJ (article 65 à 68) ainsi que l'article 96 alinéa 2 de la Charte des Nations Unies (26 juin 1945) prévoient que : « *la CIJ peut donner un avis consultatif sur toute question juridique à la demande de tout organe ou institution qui aurait été autorisée par la Charte-des Nations-Unies ou conformément à ses dispositions à demander un avis.* ».

Cet article prévoit expressément que : « *Tout différend qui pourrait surgir entre les États contractants quant à l'interprétation ou l'application de la présente Convention et qui ne serait pas résolu à l'amiable est porté devant la Cour internationale de Justice à la demande de toute partie au différend, à moins que les États intéressés ne conviennent d'une autre méthode de règlement* ». Ainsi, si lors d'un différend, un État conteste l'interprétation de la notion d'investissement faite par un tribunal arbitral, il peut saisir la CIJ pour lui demander son interprétation. Certes dans ce cas de figure, l'interprétation de la CIJ n'aura *a priori* que la force d'un avis consultatif mais tout de même, un tel acte bénéficiera nécessairement de l'aura de cette juridiction. En effet, même s'il n'existe pas dans l'ordre international une hiérarchie entres les juridictions de nombreux auteurs, comme Alain PELLET, s'accordent pour attribuer à la CIJ une place prépondérante, voire le rôle de « *législateur international* »[1732]. Partant de là, une interprétation de la notion d'investissement faite par la CIJ aura potentiellement un rayonnement et un impact important. Ainsi, nous ne pouvons que souhaiter qu'un État de l'OHADA ou du Mercosur soit le premier à utiliser cette procédure.

2. Le nécessaire assouplissement du recours à l'imprévision dans l'arbitrage

821. Pour des raisons tenant à la sécurité juridique, les arbitres sont particulièrement attachés à l'*intangibilité du contrat*. Cette notion a d'ailleurs été érigée en usage du commerce international. Pourtant, plusieurs faits assez récents démontrent toute la pertinence et la nécessité de prévoir des mécanismes favorisant la mutabilité face à certaines événements : la crise économique que traverse le monde depuis 2008, la crise économique et ses effets qui continuent de frapper l'Argentine depuis 2001 et enfin l'instabilité politique et ses répercussions sur les économies de certains États de l'OHADA. Tous ces événements rappellent que, lors de la conclusion de

---

[1732] Sur cette idée v. A. PELLET, « Le renforcement du rôle de la CIJ », *in Yves Sandoz éd., Quel droit international pour le 21ème siècle ?*, actes du colloque de Neuchâtel, Bruylant, Bruxelles, 2007, p. 140 où l'auteur énonce qu' : « *En l'absence d'un législateur international, d'un parlement mondial, et face aux inconvénients que présentent les processus conventionnels et coutumiers, la Cour peut adapter les règles juridiques aux évolutions de la société internationale. Mais cela à une seule, mais importante, condition, c'est qu'elle n'ait pas l'air de le faire. Il faut absolument qu'elle le fasse adroitement et discrètement. Que l'on songe par exemple à l'avis consultatif de 1951 sur les Réserves à la Convention pour la prévention et la répression du crime de génocide, par lequel la Cour a profondément modifié le système traditionnel d'appréciation des réserves aux traités, très important dans la « fabrication » du droit international et qui, à l'évidence, n'était plus adapté aux nécessités nouvelles de la vie internationale dans un monde divisé » ...* ». V. aussi du même auteur « L'adaptation du droit international aux besoins changeants de la société internationale », *Recueil des cours de l'Académie de droit international de La Haye*, 2007, tome 329, Nijhoff, Leiden/Boston, 2008, p. 21.

contrats internationaux qui sont souvent à long terme, ou encore d'un TBI, les parties ne peuvent pas tout prévoir et qu'elles peuvent avoir besoin de s'asseoir à nouveau à la table des négociations afin de définir un nouvel équilibre.

822. Pourtant, malgré ce besoin parfois vital d'introduire une dose de flexibilité dans le commerce international, la pratique arbitrale continue de se montrer réticente à consacrer pleinement la théorie de l'imprévision. Cela est perceptible à travers le refus des arbitres de reconnaître l'effectivité des clauses de *hardship* (clause *rebus sic stantibus*) dans le commerce international. Cette position est motivée par le fait que ce commerce est sujet à une constante évolution des contrats internationaux et à la survenance d'éléments nouveaux. Par leur hostilité à donner toute l'effectivité à ce type de clause, les arbitres veulent limiter les effets de ces aléas sur les relations commerciales et économiques et garantir la sécurité juridique. Or, on a trop souvent tendance à l'oublier, la notion de sécurité juridique est aussi composée d'un troisième élément qui est celui de l'accessibilité de la règle de droit. Selon nous, en privant d'effet une clause *hardship* incluse dans un contrat, l'arbitre ne rend pas complètement accessible la règle de droit. C'est fort de cela que nous proposons que la pratique arbitrale dans les États de l'OHADA et du Mercosur consacre de façon plus aisée le *hardship*, bien entendu lorsque cela est nécessaire et seulement dans le but de renégocier[1733]. Cette proposition est motivée par le fait que de nombreux éléments semblent être favorables à cette consécration. Parmi ces éléments, certains sont externes (**a**) aux États de l'OHADA et du Mercosur et d'autres sont internes (**b**).

a. Les facteurs externes favorables à la reconnaissance de l'imprévision dans l'arbitrage

823. Le premier facteur externe aux États de l'OHADA et du Mercosur qui est favorable à l'introduction d'une certaine forme de souplesse dans l'arbitrage est le fait que les *Principes* d'UNIDROIT consacrent ouvertement la théorie de l'imprévision[1734]. En effet, la section II des *Principes* est dédiée au *hardship*. Cette section est composée de trois articles (6.2.1, 6.2.2 et 6.2.3) qui définissent[1735] et encadrent[1736] la pratique du *hardship* dans le

---

[1733] Sur cette idée v. E. DARANKOUM, « L'application des Principes d'UNIDROIT par les arbitres internationaux et par les juges étatiques », *Revue Juridique Thémis*, 2002, n°36-2, p. 473 où l'auteur considère que le *hardship* est indissociable de l'obligation de négocier.

[1734] *Ibid.*, p. 466 et s.

[1735] L'article 6.2.2 des *Principes* définit le *hardship* comme des événements qui peuvent altérer le contrat après sa conclusion ou rendre son exécution désavantageuse pour l'une des parties sans que cette dernière ait pu les prévoir. Selon le commentaire de cet article, ces événements peuvent être une augmentation du coût de l'exécution des obligations, une diminution de la valeur de la contre-prestation.

commerce international. Sur la base de ces articles, les parties ayant inclu dans leur contrat une clause de *hardship* pourront *a priori*, en cas de survenance d'événements dommageables pour une des parties, demander la renégociation du contrat. Afin de renforcer le recours au *hardship*, il est important que les pays en développement utilisent les *Principes* dans les contrats d'État comme l'ont suggéré des auteurs[1737]. Ils sont d'autant plus invités à le faire qu'il s'agit de normes de droit international et comme l'a très justement souligné le professeur Berthold GOLDMAN « *dans la pratique, la référence au droit international ne signifie jamais que les parties choisissent le droit international public, mais qu'elles entendent soumettre leurs relations à des principes généraux qui forment un droit transnational, ce qui est tout à fait différent* »[1738].

824. Pour démontrer la nécessité de l'utilisation des *Principes* et de la règle du *hardship* dans les contrats d'États, nous pouvons prendre l'exemple de l'affaire CIRDI *Suez c/ Argentine*[1739]. Dans ce cas qui a opposé pendant quatre ans cette société française à l'État argentin, la question de la renégociation d'un contrat était au cœur des discussions[1740]. L'État argentin considérait qu'il avait droit à une renégociation à cause des événements survenus après 2001 et de son côté *Suez* estimait le contraire. Le tribunal arbitral a tranché en faveur de la société *Suez* par une sentence du 30 juillet 2010. A la suite de cette sentence, un des arbitres (Pedro NIKKEN) a exprimé une opinion dissidente[1741] dans laquelle il a tenu à montrer son opposition avec la majorité sur le point de la renégociation. Selon lui, les arbitres auraient dû se baser entre autre sur les articles 6.2.1 et 6.2.3 des *Principes* pour donner raison à l'Argentine[1742]. A notre avis, si dès le départ

---

[1736] L'article 6.2.3 des *Principes* prévoit que le *hardship* doit s'entendre comme une ouverture à des négociations et non comme une possibilité d'interrompre l'exécution du contrat.

[1737] Sur cette suggestion v. J. CRAWFORD er A. SINCLAIR, « Application aux contrats d'États des principes d'UNIDROIT relatifs aux contrats du commerce international », *Bulletin de la Cour internationale d'arbitrage de la CCI*, supplément spécial 2002, p. 59 à 75. Ces auteurs se fondent sur le fait que les contrats d'État sont des contrats internationalisés donc il est tout à fait possible d'introduire les *Principes* qui reflètent des standards internationaux.

[1738] Extrait cité par W. BEN HAMIDA, « Les principes d'UNIDROIT et arbitrage transnational : l'expansion des principes d'UNIDROIT aux arbitrages opposant des États ou des organisations internationales à des personnes privées », *op.cit.*, p. 1229.

[1739] Sentence CIRDI n°ARB/03/17 rendue le 30 juillet 2010 sur le cas *Sociedad General de Aguas de Barcelona S.A. et Interagua Servicios Integrales de Agua S.A. c/ Argentine*. Sur les étapes précédentes de ce litige v. E. GAILLARD, *La jurisprudence du CIRDI*, volume II, *op.cit*, p. 293.

[1740] La société *Suez* estimait qu'il y avait eu violation du traitement juste et équitable. L'Argentine opposait à cet argument le fait que son droit interne (la législation sur l'urgence) prévoyait plusieurs phases de renégociation.

[1741] L'opinion dissidente sur l'affaire *Suez c/ Argentine* du 30 juillet 2010 est consultable sur http://italaw.com/cases/1048.

[1742] V. le paragraphe 48 de l'opinion dissidente qui précise que « *I do not agree with the assumption expressed in the Decision (para. 223) that APSF was coerced into acceding to the renegotiation because, had it refused, it could have been accused of violating Article 4.1 of*

lors que la rédaction du contrat, l'Argentine avait eu recours aux *Principes*, elle aurait pu s'appuyer sur leur contenu pour obtenir une renégociation pour cause d'imprévision.

825. Le deuxième facteur externe à ces États, favorable à la théorie de l'imprévision dans l'arbitrage est le fait qu'en 2003, la CCI a elle-même émis une clause type dédiée au *hardship*[1743]. La *clause hardship CCI 2003* prévoit que la partie qui est affectée par des événements non prévus lors de la conclusion du contrat doit poursuivre son exécution. Si ces événements rendent l'exécution trop onéreuse, ils ouvrent un droit à une renégociation si la clause est invoquée dans un délai raisonnable. Dès lors, il nous semble que si dans leurs contrats, les parties se réfèrent expressément à cette clause, les tribunaux arbitraux de la CCI ne pourront pas se montrer réticents à l'appliquer.

---

the Concession Agreement, which obligated both sides to "use all means available to establish and maintain a fluid relationship which would facilitate the discharge of this Concession Agreement." Rather, I believe that this clause is evidence that the obligation to renegotiate did not have as its sole source the Emergency Law, but the Concession Contract itself and that APSF could not lawfully refuse to renegotiate (as in fact it did not refuse). Moreover, the international standard for such contracts in the event of "hardship" aims to impose an obligation on the parties to negotiate an adaptation of the contract to the changed circumstances or the termination of the contract, which is moreover, in my opinion, a corollary of the good faith that should prevail in the execution of any contract. ». Traduction : « *Je ne suis pas d'accord avec l'hypothèse exprimée dans la décision (par. 223) qui précise que APSF a été contraint d'adhérer à la renégociation parce que, s'il avait refusé, il aurait été accusé d'avoir violé l'article 4.1 de l'Accord de Concession, qui obligé les deux parties à "utiliser tous les moyens disponibles pour établir et maintenir une relation fluide qui faciliterait l'exercice de ce contrat de concession. Je crois, au contraire, que cette clause est la preuve que l'obligation de renégocier n'a pas eu comme seule source la loi d'urgence, mais le contrat de concession lui-même et que APSF ne pouvait légalement refuser de renégocier (comme en fait, il n'a pas refusé). En outre, la norme internationale pour les contrats en cas de « difficultés » vise à imposer une obligation aux parties de négocier une adaptation du contrat à l'évolution des circonstances ou de la résiliation du contrat, qui est d'ailleurs, à mon avis, un corollaire de la bonne foi qui doit prévaloir dans l'exécution de tout contrat* »

[1743] Sur cette clause v. ICC Publication, février 2003, n°650. La *clause hardship CCI 2003* a été élaborée par le professeur Ch. DEBATTISTA. Elle est composée de trois articles : « *1 A party to a contract is bound to perform its contractual duties even if events have rendered performance more onerous than could reasonably have been anticipated at the time of the conclusion of the contract. 2 Notwithstanding paragraph 1 of this Clause, where a party to a contract proves that: [a] the continued performance of its contractual duties has become excessively onerous due to an event beyond its reasonable control which it could not reasonably have been expected to have taken into account at the time of the conclusion of the contract; and that [b] it could not reasonably have avoided or overcome the event or its consequences, the parties are bound, within a reasonable time of the invocation of this Clause, to negotiate alternative contractual terms which reasonably allow for the consequences of the event. 3 Where paragraph 2 of this Clause applies, but where alternative contractual terms which reasonably allow for the consequences of the event are not agreed by the other party to the contract as provided in that paragraph, the party invoking this Clause is entitled to termination of the contract* ».

826. Au-delà de cet aspect, les tribunaux arbitraux CCI semblent être plus enclins à appliquer une clause de *hardship* lorsque les événements entraînant le changement de circonstances ne sont pas de nature économique. Cela ressort de la sentence CCI n°7365 de 1997[1744]. En l'espèce, à la suite de la révolution iranienne intervenue en 1979, les autorités iraniennes avaient demandé la résiliation d'un contrat de vente d'équipements militaires qui les liait à une société américaine (*CUBIC*). Le tribunal arbitral a estimé qu'il y avait une situation de *hardship* car les événements liés à la révolution avaient produit des bouleversements sociaux qui ont affecté l'exécution du contrat. Partant de là et en se fondant sur l'article 6.2.3 des *Principes*, le tribunal arbitral a décidé d'autoriser les parties à résilier le contrat. Une solution similaire a été retenue par un autre tribunal arbitral CCI dans une sentence rendue en 2000[1745]. Ce différend opposait une entité de l'ex Allemagne de l'Est (importateur) à une autre entité d'un pays communiste (exportateur) à propos d'un contrat de fourniture de machines. Après la réunification de l'Allemagne (octobre 1990), l'importateur a refusé de continuer à honorer ce contrat, considérant que les machines n'avaient plus de valeur. Selon lui, il y avait un changement de circonstances car, après la réunification, les marchés occidentaux étaient désormais ouverts aux entreprises est-allemandes, ce qui faisait perdre toute la valeur aux machines importées. Le tribunal arbitral lui a donné raison et s'est référé aux articles des *Principes*.

827. Pour réussir à intégrer la théorie de l'imprévision dans les États du Mercosur et de l'OHADA, ils peuvent également s'inspirer de l'évolution du droit libyen en matière d'investissement[1746]. Ces dernières années, la Libye a opéré une réforme de son droit des contrats en matière de concession et d'exploitation pétrolière. Désormais ce type de contrats s'appelle *EPSA*. Ils ont été conclus en 2005 et ils font une place très importante à l'aléa et à la théorie de l'imprévision (article 22)[1747]. En effet, le droit des contrats libyen fait partie des systèmes juridiques qui accordent une place importante à cette théorie. A cet effet, l'article 147 du code civil libyen prévoit que le contrat fait la loi des parties et qu'elles peuvent s'y soustraire lorsque, en raison d'un événement exceptionnel de caractère général, et qui n'est pouvant pas être prévu, l'exécution d'une obligation contractuelle devient excessive, le

[1744] Sur l'application du *hardship* dans la sentence CCI n°7365 *République Islamique d'Iran c/ CUBIC Defense Systems* rendue le 5 mai 1997 v. E. DARANKOUM, « L'application des Principes d'UNIDROIT par les arbitres internationaux et par les juges étatiques », *op.cit.*, p. 471 et s. V. aussi M. TAOK, *op.cit.*, p. 53.

[1745] Sentence citée par W. BEN HAMIDA, « Les principes d'UNIDROIT et arbitrage transnational : l'expansion des principes d'UNIDROIT aux arbitrages opposant des États ou des organisations internationales à des personnes privées », *op.cit.*, p. 1242.

[1746] V. P. de VAREILLES-SOMMIÈRE et A. FEKINI, « Les nouveaux contrats internationaux d'exploration et de partage de production pétrolière en Libye », *JDI*, 2009, p. 97 à 136.

[1747] *Ibid.*, p. 125.

juge peut, compte tenu des circonstances et après avoir pris en considération les intérêts des deux parties, réduire l'obligation à des proportions raisonnables. Dans ce pays, le pouvoir de révision est d'ordre public. A côté de ces éléments que nous avons qualifiés d'externes aux États de l'OHADA et du Mercosur, il existe des facteurs internes favorables à la reconnaissance de la théorie de l'imprévision dans l'arbitrage.

b. Les facteurs internes favorables à la reconnaissance de l'imprévision dans l'arbitrage

828. Le facteur interne aux États de l'OHADA favorable à la reconnaissance de la théorie de l'imprévision dans l'arbitrage est l'avant-projet d'Acte Uniforme sur le droit des contrats[1748]. En effet, ce texte prévoit des dispositions sur le bouleversement des circonstances (le *hardship*) calquées sur les *Principes*. Il faut souligner que si ce texte est adopté, il va constituer une réelle réforme dans cette zone du globe parce que la majorité des systèmes juridiques de ces pays rejettent historiquement l'imprévision du fait de l'héritage du droit français[1749]. De plus, puisque le *hardship* sera consacré par un Acte Uniforme à valeur communautaire, les arbitres de cet espace vont donc devoir impérativement faire droit aux demandes des parties allant dans ce sens.

829. Marcel FONTAINE qui a rédigé cet avant-projet a souligné les raisons pour lesquelles il est plus qu'utile pour ces États de reconnaître la théorie de l'imprévision dans le droit des contrats[1750]. Il a ainsi mis en relief la dévaluation du franc CFA intervenue dans le début des années quatre-vingt-dix qui a eu des effets négatifs dans le monde des affaires[1751] et le contexte d'instabilité que vivent ces pays. Pour le professeur Emmanuel DARANKOUM, dont nous partageons entièrement la vision, l'introduction du *hardship* dans le droit de l'OHADA est tout aussi nécessaire car elle permet de faire face à la défaillance de l'État et aux besoins de

[1748] Sur l'imprévision dans l'avant-projet v. M. FONTAINE, *op.cit.*, p. 263 et 264. V. aussi F. ONANA ETOUNDI, *op.cit.*, p. 697. V. enfin E. DARANKOUM, « La protection du contrat dans l'avant-projet d'Acte uniforme OHADA sur le droit des contrats : conclusion, exécution et remèdes en cas d'inexécution », *Revue de droit uniforme*, UNIDROIT, 2008, p. 229 à 252.

[1749] Sur le rejet en droit français de l'imprévision v. M. TAOK, *op.cit.*, p. 35 à 38. La théorie de l'imprévision est rejetée en droit français sur la base de l'article 1134 du Code civil qui est l'expression de la règle *pacta sunt servanda*. Cet article a inspiré de façon constante la jurisprudence judiciaire notamment dans les arrêts *Canal de Craponne* du 6 mars 1876 et *EDF c/ Shell* de 1976.

[1750] *Ibid.*, p. 263 et 264.

[1751] La dévaluation du franc CFA intervenue en janvier 1994 a consisté à déprécier la valeur du taux de change de cette monnaie. De nombreux opérateurs économiques qui utilisaient cette monnaie et qui avaient conclu des contrats se sont fort logiquement trouvés affectés surtout dans les opérations d'importations.

développement[1752]. Voici donc une raison supplémentaire d'espérer l'adoption de cet Acte Uniforme.

830. Dans les États du Mercosur, aussi il existe des facteurs internes en faveur de l'introduction de la théorie de l'imprévision dans l'arbitrage. Certains de ces États ont déjà des dispositions en la matière. Prenons le cas de l'Argentine qui depuis la réforme de son droit en 1968 a introduit des dispositions en ce sens[1753]. Le droit brésilien reconnaît aussi la théorie de l'imprévision[1754]. Ce pays s'est inspiré du modèle allemand[1755] pour dégager en 2002 une clause générale relative à l'onérosité excessive du contrat[1756] (article 478 du Code civil brésilien). Tout de même, il faut noter que malgré la présence de cet article en droit interne brésilien et la présence des articles des *Principes* relatifs au *hardship*, l'imprévision est toujours appréciée de façon stricte par les juridictions arbitrales brésiliennes. Prenons le cas du différend lié à la vente d'électricité cité ci-dessus. Dans ce litige, le tribunal arbitral avait refusé l'application de l'article 478. Il s'est également référé à l'article 6.2.1 des *Principes* pour rappeler que cet article prévoit expressément que le fait que l'exécution soit plus onéreuse ne suffit pas à constituer une forme de *hardship*[1757]. Nous sommes en partie d'accord avec cette solution car le demandeur souhaitait une résolution du contrat. Même s'il est important que les arbitres fassent preuve d'une forme de flexibilité, le

---

[1752] *Ibid.*, p. 246. où l'auteur explique que : « *Ainsi, les nécessités de développement et de précarité propres aux pays pauvres couplées d'une insuffisance du rôle de l'État conduit à l'extension nécessaire de la théorie du changement de circonstances dans les relations privées. Seul, l'État ne parvient pas à assurer la continuité du service public et, partant, du développement. Il s'agit d'un constat communément admis. La complémentarité du privé s'est vite révélée indispensable. Il s'agit d'un deuxième constat non contesté. Dès lors, apparaît parfaitement justifiée la thèse d'une transposition de la mise en œuvre de la théorie du changement des circonstances à tous les contrats, y compris ceux entre partenaires privés. La continuité du service public dont le relais est pris par le secteur privé se trouve renforcée, l'ensemble faisant l'objet d'un encadrement législatif trouvant sa cohérence par une formule d'extension* ».

[1753] V. *RIDC*, 1968, avril-juin, volume 20, n°2, p. 358.

[1754] V. Ph. BOUTAUD SANZ, « Bref aperçu du droit international privé au Brésil », *in Introduction au droit brésilien* (sous la direction de D. PAIVA DE ALMEIDA), Paris, L'Harmattan, 2006, p. 449 et s., spéc. 454.

[1755] V. I. de AGUILAR VIEIRA et G. VIEIRA DA COSTA CERQUEIRA, *op.cit.*, p. 62 où les auteurs énoncent que le droit brésilien s'est directement inspiré du droit allemand en matière d'imprévision (le *wegfall der geschäftsgrundlage* ou la disparition du fondement du contrat).

[1756] L'article 478 du Code civil brésilien prévoit que : « *Nos contratos de execução continuada ou diferida, se a prestação de uma das partes se tornar excessivamente onerosa, com extrema vantagem para a outra, em virtude de acontecimentos extraordinários e imprevisíveis, poderá o devedor pedir a resolução do contrato. Os efeitos da sentença que a decretar retroagirão à data da citação* ». Traduction : « Dans les contrats où la charge de l'une des parties devient excessivement onéreuse, avec un grand avantage pour l'autre, en raison des extraordinaires et imprévisibles, le débiteur peut demander la résiliation du contrat ».

[1757] V. D. PHILIPE, *op.cit.*, p. 109.

hardship doit être appliqué de façon exceptionnelle et être réservé aux situations véritablement imprévisibles. Mais surtout dans une volonté de pousser les parties à renégocier le contrat. Partant de là, il nous semble que la reconnaissance en droit interne de l'imprévision doit être nécessairement accompagnée de directives ou de règlements au niveau communautaire pour mieux encadrer et faire appliquer cette notion.

CONCLUSION DU CHAPITRE II

831. Entré par la petite porte en matière de contrôle de l'éthique dans le commerce international[1758], aujourd'hui, l'arbitre est devenu quasi incontournable sur cette question. Cette donne n'a pas empêché un regain de suspicion envers ce mécanisme de règlement des différends notamment par plusieurs États de l'OHADA et du Mercosur. Ces récentes critiques que subi précisément l'arbitrage lié aux investissements occultent la volonté d'aller vers plus de transparence[1759]. Cette volonté de transparence s'est manifestée par l'ouverture de la procédure arbitrale, par la publication des documents et par la publication des sentences arbitrales. Ces dernières années, un nouveau pallier semble avoir été franchit avec l'admission de manière plus fréquente d'*amicus curiae*[1760] dans les procédures arbitrales CIRDI. Par exemple, dans l'affaire *Suez c/ Argentine*[1761], le tribunal arbitral a accepté les mémoires d'*amicus curiae* à la seule condition que l'identité de l'auteur, son organisation, son financement et son intérêt dans l'affaire soient précisés. Selon Séverine MENÉTREY, le but recherché à travers cette ouverture de la procédure arbitrale CIRDI, est la légitimation du processus arbitral[1762]. Pour nous cette politique a également pour but d'apaiser les soupçons qui pèsent sur cette instance d'arbitrage.

832. Aujourd'hui, peut-être que l'arbitrage est à nouveau à la croisée des chemins en Amérique Latine mais pour autant cela ne veut pas dire que les pays latino-américains vont renoncer à recourir à l'arbitrage. En effet, nous avons pu observer chez les États qui ont déjà dénoncé la Convention de Washington une forme de *forum shopping*. Cette « politique d'évitement » du CIRDI les a conduits à recourir à des instances arbitrales aussi prestigieuses que la CPA. Cela montre bien que l'arbitrage est devenu inévitable dans les relations commerciales des pays en développement. C'est

---

[1758] Nous pensons à la solution dans la sentence *Lagergren*.

[1759] V. S. MENÉTREY, « La transparence dans l'arbitrage d'investissement », *Revue de l'arbitrage*, 2012, n°1, p. 33 à 64. A travers son article, l'auteure démontre que l'arbitrage en matière d'investissement est l'un des arbitrages les plus transparents.

[1760] V. C. SANTULLI, *op.cit.*, p. 304 à 306 où l'auteur définit l'*amicus curiae* comme un concept utilisé dans une série de procédures permettant à des tiers de faire valoir leur point de vue dans une procédure sans y être partie, et sans intervenir.

[1761] *Ibid.*, p. 306.

[1762] *Ibid.*, p. 51.

fort de cela que nous pouvons dès à présent considérer que le phénomène de la dénonciation du CIRDI n'aura pas véritablement de conséquences négatives pour l'arbitrage commercial international.

CONCLUSION DE LA PARTIE II

833. Par l'emploi de règles juridiques qui composent la *lex mercatoria* et des principes généraux du droit du commerce international, des *Principes* d'UNIDROIT et de la CVIM, nous avons pu établir que l'arbitrage contribue pleinement au renforcement de la sécurité juridique des transactions commerciales internationales dans les États de l'OHADA et du Mercosur. Le recours à ces normes et leur application par ces organisations a l'avantage supplémentaire de faire participer chaque État membre au concert des nations et de le mettre sur le chemin du développement.

834. Pour autant, les instances arbitrales de ces organisations devraient se saisir de ces normes pour aller plus loin dans leurs efforts de développement en faisant émerger des normes juridiques plus adaptées à leur situation économique. Il est donc fondamental que les arbitres de l'OHADA et ceux du Mercosur, qui ont par ailleurs déjà fait preuve de leur sens de l'innovation dans le contentieux commercial *intra-Mercosur*, soient dans une réelle dynamique de création de principes généraux du droit du commerce à l'échelle régionale. L'invention de tels principes permettrait non seulement de compléter les droits nationaux mais aussi d'apporter de nouvelles composantes au droit international et à la pratique arbitrale. Enfin, la création de certains principes généraux émanant des pays de l'OHADA et du Mercosur permettrait de dissiper l'*a priori* négatif envers l'arbitrage qui est en train de connaître un regain.

835. Tout de même, il faut préciser que sur ce point certaines voix se sont élevées pour préciser que le rôle de l'arbitrage est avant tout de régler un différend et non de légiférer. Par exemple, pour Ferhat HORCHANI, la question du développement est bien trop importante pour être confiée aux seuls arbitres[1763]. La pertinence de ces remarques doit justement permettre aux arbitres de découvrir des normes visant essentiellement à accompagner les efforts des autorités législatives étatiques en matière de développement. Ainsi, l'arbitre ne doit pas se substituer au législateur mais seulement le seconder et éventuellement chercher à l'inspirer.

[1763] V. F. HORCHANI, *op.cit.*, p. 66.

CONCLUSION GÉNÉRALE

836. Les lacunes des systèmes judiciaires et juridiques ont été les principales motivations qui ont poussé les États de l'OHADA et du Mercosur à recourir à l'arbitrage et à opérer le vaste chantier de la transformation de leur droit commercial. L'OHADA comme le Mercosur avait été créés pour apporter de la stabilité et du progrès aux pays membres. Pour atteindre ces objectifs, ces organisations ont utilisé l'arbitrage comme levier de développement pour faire progresser le climat du commerce et des investissements internationaux. Aujourd'hui, pratiquement vingt ans après la création de ces deux entités, il a été intéressant d'essayer de tirer un bilan de ces projets. Ainsi, si nous étions appelé à noter l'ensemble de ce processus, nous conviendrions qu'il faut lui donner une note bien au dessus de la moyenne. Une note bien au dessus de la moyenne car nous devons admettre que la sécurité judiciaire s'est considérablement améliorée dans le milieu du commerce international.

837. Ce résultat n'est pas uniquement dû à la présence des arbitres et de leurs qualités, mais il est aussi à mettre à l'actif du juge étatique de l'OHADA et du Mercosur qui par sa participation et de sa présence a apporté un sceau de confiance supplémentaire aux opérateurs du commerce international. Effectivement, au niveau interne, les juridictions étatiques ont été bousculées dans leurs habitudes et ont été obligées de rentrer de gré ou de force dans l'ère de la globalisation économique. Aussi, la sécurité juridique dans ces pays a été profondément bouleversée du fait de l'application de normes qui s'appliquent désormais partout dans le monde. Grâce à la technique arbitrale, l'opérateur commercial africain et latino-américain a entre ses mains les mêmes outils juridiques qui sont appliquées en France, aux États-Unis[1764] et partout ailleurs dans le monde. En somme, l'arbitrage a aidé les États africains et latino-américains à faire un saut dans la mondialisation.

838. Pour autant, cette note bien au dessus de la moyenne, n'est pas synonyme de satisfecit car à notre sens, les États de l'OHADA et du

---

[1764] V. *Revue de l'arbitrage*, 1996, n°3, p. 553 à 558 avec une note de J.-B. LEE. Dans l'affaire *Productos Mercantiles e industriales S.A.* (Prome) *c. Fabergé*, du 18 avril 1994 une juridiction américaine a fait application de la Convention de Panama relative à l'arbitrage.

Mercosur doivent encore faire leur preuve. Faire leur preuve signifie qu'ils doivent être capables d'apporter des idées et des techniques nouvelles à l'arbitrage commercial international. L'arbitrage s'est enrichie au fil des siècles de l'apport de cultures juridiques diverses et variées. Il est temps que les droits africains et latino-américains apportent autre chose que de l'opposition ou de la méfiance à l'arbitrage. L'arbitrage ne sera un instrument de développement à part entière que s'ils s'en donnent les moyens. Cela n'est possible qu'en réussissant à s'approprier les techniques de l'arbitrage : les lois de police, l'ordre public et les principes généraux du droit du commerce international sont autant de règles qui peuvent être au service des pays en développement. La situation de crise économique mondiale que nous traversons en ce moment et qui affecte tant les pays européens, ceux de l'Amérique du Nord, ceux de l'Amérique Latine, ceux de l'Asie et de l'Afrique, est à notre avis une période propice pour faire émerger de nouvelles règles adaptées aux préoccupations des pays en difficulté.

839. Au terme de notre étude, nous pouvons conclure qu'en ce qui concerne les pays de l'OHADA et du Mercosur, les chemins de la notion d'arbitrage commercial international et du développement se sont régulièrement rencontrés voire croisés. De ces rencontres sont nées des satisfactions mais aussi quelques frustrations.

840. Au rang des satisfactions, nous pouvons tout d'abord saluer le formidable élan d'uniformisation en matière arbitrale. D'ailleurs, sur ce point, l'OHADA et le Mercosur représentent des modèles uniques qui devraient inspirer d'autres organisations régionales à travers le monde. Ensuite, nous devons mettre en lumière la volonté de ces pays de l'Amérique Latine et de l'Afrique de mettre fin définitivement à plusieurs décennies d'auto marginalisation en adoptant des législations en matière d'arbitrage. Cette attitude a permis à ces pays de participer à ce que Bruno OPPETIT a appelé le mouvement « *d'universalité de l'arbitrage* »[1765]. Pour cet auteur, l'arbitrage commercial international, par son ouverture et par la généralisation de sa pratique sur la base de principes largement acceptés dans le monde tend de plus en plus vers l'*universalité*[1766]. Philippe FOUCHARD a partagé cette idée lorsqu'il a parlé d'universalisation et de mondialisation de l'arbitrage[1767]. Selon lui, ce mouvement s'est réalisée progressivement grâce à la participation de plus en plus de pays aux des textes multilatéraux comme la Convention de New York de 1958 ou encore la Convention de Washington de 1965. Aujourd'hui, ces idées semblent prendre une forme encore plus concrète avec l'application de normes telles que les *Principes* d'UNIDROIT.

[1765] V. B. OPPETIT, « Philosophie de l'arbitrage commercial international », *JDI,* 1993, n°4, p. 812 à 817.

[1766] *Ibid.*, p. 817.

[1767] V. Ph. FOUCHARD, « L'arbitrage et la mondialisation de l'économie », *op.cit.*, p. 382 à 388.

841. L'autre grande satisfaction de la pratique arbitrale, est la place de régulateur qu'occupe l'arbitre. Face à la défaillance de l'État ou à l'absence de règlementation des instances étatiques dans certains domaines du fait du libéralisme, ce juge privé a graduellement essayé grâce à l'éthique[1768] d'encadrer le commerce international[1769]. Mais qu'en est-il de l'éthique de l'arbitre lui-même ? La réponse à cette interrogation nous conduit à évoquer les frustrations que soulève l'arbitrage. Face à une nouvelle vague latino-américaine de contestation de l'arbitrage et plus précisément contre l'arbitrage CIRDI, il nous semble que le corps des arbitres du commerce international doit pouvoir régler certaines défaillances. Il ne s'agit pas nécessairement de chercher à aller vers plus de transparence[1770] mais surtout de régler le problème crucial des conflits d'intérêt qui est de nature à décrédibiliser leur action.

842. Au rang de ces frustrations, nous devons bien évidemment également citer l'ensemble des condamnations auxquelles ces pays en développement et notamment l'Argentine sont confrontés. A notre avis, les condamnations des pays en développement dans l'arbitrage font partie des « règles du jeu ». La seule façon pour ces pays de les réduire est de se familiariser encore plus avec la technique de l'arbitrage. Une émergence d'arbitres et de juristes en provenance des ces pays est donc une chose souhaitable. De même, l'émergence de règles communes en matière d'évaluation du dommage et des types d'intérêts permettra à ces pays d'éviter des déconvenues.

[1768] V. Ph. LEBOULANGER, « L'arbitrage international et l'éthique », *op.cit.*, p. 209 où l'auteur a écrit que : « *Les opérateurs économiques sont bien conscients que leurs activités ne peuvent se développer efficacement sans un minimum de « règles du jeu » qu'ils élaborent parfois eux-mêmes. En ce sens, on a pu dire que l'éthique servait les objectifs su système économique et qu'elle avait donc pour fonction de réguler le commerce international* ».

[1769] *Ibid.*, p. 395 où l'auteur écrit que l'arbitre est « *le juge international privé, de la mondialisation, qui prend en charge non seulement les valeurs du libre échange, mais également celles de la morale universelle ou des intérêts généraux défendus par les États et la communauté internationale* ».

[1770] V. S. MENÉTREY, *op.cit.*

BIBLIOGRAPHIE GÉNÉRALE

I. Ouvrages généraux

ANCEL (B.) et LEQUETTE (Y.), *Les grands arrêts de la jurisprudence française de droit international privé*, Paris, Dalloz, 4ème édition, 2001.

ARNALDEZ (J.-J.), DERAINS (Y.), HASCHER (D.), *Recueil des sentences arbitrales de la CCI 2001-2007*, Grande Bretagne, Wolters Kluwer, 2009.

AUDIT (M.) (sous la direction) : *Contrats publics et arbitrage international,* éditions Bruylant, 2011.

BASDEVANT (J.), *Dictionnaire de terminologie du droit international*, Paris, Sirey, 1960.

CLAY (Th.), *L'arbitre*, Paris, Dalloz, 2001.

CORNU (G.), *Vocabulaire juridique*, Paris, QUADRIGE/PUF, 8ème édition, 2007.

CORNU (G.), *Vocabulaire juridique*, Paris, QUADRIGE/PUF, 9ème édition, 2011.

DAVID (R.), *L'arbitrage commercial dans le commerce international*, Paris, Economica, 1981.

DAVID (R.), *Le droit du commerce international Réflexions d'un comparatiste sur le droit international privé*, Paris, Economica, 1987.

FAUVARQUE-COSSON (B.) et WALD (A.) (sous la direction), *L'arbitrage en France et en Amérique Latine à l'aube du XXIe siècle, Aspects de droit comparé,* Paris, Société de la législation comparée, 2008.

FOUCHARD (Ph.), GAILLARD (E.) et GOLDMAN (B.), *Traité de l'arbitrage commercial international*, Paris, Litec, 1996.

FOUCHARD (Ph.), *Ecrits, Droit de l'arbitrage -Droit du commerce international*, Paris, Comité français de l'arbitrage, 2007.

FRUTOS-PETERSON (C.), *L'émergence de l'arbitrage commercial international en Amérique Latine : l'efficacité de son droit*, Paris, L'Harmattan, 2003.

GRECH (G.), *Les chambres arbitrales et l'arbitrage commercial : la loi du 31 décembre 1925*, Paris, Librairie générale de droit et de jurisprudence, 1952.

IMHOOS (C.), E. SHAFER (E.) et VERBIST (H.), *L'arbitrage de la CCI en pratique*, Bruxelles, Bruylant, 2002.

JACQUET (J.-M.) et JOLIVET (E.), *Les mesures provisoires dans l'arbitrage commercial : évolution et innovations,* Paris, Litec, 2007, p. 30 à 32.

KASSIS (A.), *Théorie générale des usages du commerce : droit comparé, contrats et arbitrage internationaux, lex mercatoria*, Paris, LGDJ, 1984.

KEUTGEN (G.) (sous la direction) : *L'éthique dans l'arbitrage* actes du colloque de Francarbi du 9 décembre 2011, Bruxelles, Bruylant, 2012.

LALIVE (P.), *L'apport de la jurisprudence arbitrale : l'arbitrage commercial international : séminaire des 7 et 8 avril 1986*, Paris, Chambre de Commerce Internationale, 1986.

NAJJAR (N.), *L'arbitrage dans les pays arabes face aux exigences du commerce international*, Paris, LGDJ, 2004.

OPPETIT (B.), *Théorie de l'arbitrage*, Paris, PUF, 1998.

ORTSCHEIDT (J.), *La réparation du dommage dans l'arbitrage commercial international*, Paris, Dalloz, 2001.

OSMAN (F.), *Les principes généraux de la lex mercatoria, Contribution à l'étude d'un ordre juridique anational,* Paris, LGDJ, 1992.

POUDRET (J.-F.) et BESSON (S.), *Droit Comparé de l'arbitrage international*, Bruxelles, Bruylant, LGDJ, 2002.

RACINE (J.-B.), *L'arbitrage commercial international et l'ordre public*, Paris, LGDJ, 1999.

REDFERN (A.) et HUNTER (M.), *Droit et pratique de l'arbitrage commercial international*, Paris, LGDJ, 2ème édition, 1994.

ROSSEL (J.) (sous la direction) : *Les arbitres internationaux Colloque du 4 février 2005*, Paris, Société de Législation Comparée, 2005.

SALMON (J.) (dir.), *Dictionnaire de Droit International Public*, Bruxelles, Bruylant/AUF, 2001.

SAYED (A.), *Corruption in International Trade and Commercial Arbitration*, Netherlands, Kluwer law International, 2004.

SOREL (J. M.), *Le droit international économique à l'aube du XXIème, En Hommage aux Professeurs Dominique Carreau et Patrick Juillard*, Paris, Pedone, 2009.

TAOK (M.), *La résolution des contrats dans l'arbitrage commercial international*, Bruxelles, Bruylant, 2009.

TWEEDDALE (A.) et TWEEDDALE (K.), *Arbitration of commercial disputes, International and English Law and Practice*, édition OXFORD, 2005.

CNUDCI La Commission des Nations Unies pour le Droit Commercial International, Publications des Nations Unies, New York, 1987.

Justice et Développement, le rôle de l'arbitrage commercial international, Actes du séminaire de perfectionnement le Caire, 14-21 décembre 1996, Paris, Agence de la Francophonie, 1997.

La justice dans les pays francophones (Organisation et Gestion), Paris, 1995.

II. ACTES DE COLLOQUES-OUVRAGES COLLECTIFS-OUVRAGES SPÉCIAUX

Mercosur et l'arbitrage

BAPTISTA (L. O.), *Le Mercosul, ses institutions et son ordonnancement juridique*, Paris, Montchrestien, 2001.

BARROS CHARLIN (R.), *Chile y el Mercosur en América Latina, VI Encuentro Internacional de Derecho de América del Sur,* Tome I, Santiago de Chile, Editorial Jurídica de Chile, 1999.

STERSI DOS SANTOS (R. J.), *Mercosul e arbitragem internacional comercial*, Belo Horizonte, Del Rey, 1988.

SUSANI (N.), *Le règlement des différends dans le Mercosur*, Paris, L'Harmattan, 2008.

VENTURA (D.), *Les asymétries entre le Mercosur et l'Union Européenne, les enjeux d'une association interrégionale,* Paris, L'Harmattan, 2003.

OHADA et l'arbitrage

FOUCHARD (Ph.), (Sous la direction) : *OHADA et les perspectives de l'arbitrage en Afrique*, Bruxelles, Bruylant, 2000.

GATSI (J.), (sous la direction) : *L'effectivité du droit de l'OHADA*, Yaoundé, PUA, 2006.

MEYER (P.), *OHADA droit de l'arbitrage*, Bruxelles, Bruylant, Collection droit uniforme africain, Juriscope, 2002.

MEYER (P.), *OHADA Traités et Actes Uniformes commentés et annotés*, Bruxelles, Bruylant, Juriscope, 2ème édition, 2002.

MOORE DICKERSON (C.) (éd.), *Unified business law for Africa: Common Law perspectives on OHADA*, Londres, GMB, 2009.

MOULIN (H.-A.), *La Doctrine de Drago*, Paris, A. Pedone, 1908.

POUGOUÉ (P.-G.) et KUATE TAMEGHE (S. S.), *Les grandes décisions de la Cour Commune de Justice et d'arbitrage de l'OHADA*, Paris, L'Harmattan, 2010.

TCHANTCHOU (H.), *La supranationalité judiciaire dans le cadre de l'OHADA, Étude à la lumière du système des Communautés européennes*, Paris, L'Harmattan, 2009.

Acte Uniforme portant sur le droit commercial général, Dakar, EDJA, 1998.

La notion d'effectivité et l'arbitrage

BRANT (L. N. C.), *L'autorité de la chose jugée en Droit international public*, Paris, LGDJ, 2003.

DISTEFANO (G.), *L'ordre international entre légalité et effectivité, le titre juridique dans le contentieux territorial*, Paris, Pedone, 2002.

SCANDAMIS (N.), *Le jugement déclaratoire entre États. La séparabilité du contentieux international,* Paris, A. Pedone, 1975.

SICILIANOS (L.-A.), J.-M. SOREL (J.-M.) et RUIZ FABRI (H.), *L'effectivité des organisations internationales : mécanismes de suivis et de contrôle : actes des journées Franco-helléniques, 7-8 mai 1999*, Paris, Pedone, 2000.

TOUSCOZ (J.), *Le principe de l'effectivité dans l'ordre international,* Paris, LGDJ, 1964.

SFDI, *colloque de Lille sur la Juridictionnalisation du droit international*, Paris, Pedone, 2003.

L'institution judiciaire et l'arbitrage

ALLARD (J.) et GARAPON (A.), *Les juges et la mondialisation, la nouvelle révolution du droit*, Paris, Seuil, 2005.

ANCEL (P.) et RIVIER (M.-C.) (sous la direction) : *Divergences de jurisprudence*, (sous la direction), Saint-Etienne, Publication de l'Université de Saint-Etienne, 2003.

BAGAYOKO-PENONE (N.), *La réforme des systèmes de sécurité et de justice en Afrique Francophone*, Paris, Organisation internationale de la Francophonie, 2010.

BAHMAE (M.-A. I.), *L'intervention du juge étatique, Des mesures provisoires et conservatoires en présence d'une convention d'arbitrage. Droits français, anglais et suisse*, Paris, LGDJ, 2002.

BAGAYOKO-PENONE (N.), *La réforme des systèmes de sécurité et de justice en Afrique Francophone*, Paris, Organisation internationale de la Francophonie, 2010.

COURT de FONTMICHEL (A.), *L'arbitrage, le juge et les pratiques illicites du commerce international*, Paris, éd. Panthéon-Assas, 2004.

JACQUET (J.-M.) et JOLIVET (E.), *Les mesures provisoires dans l'arbitrage commercial : évolution et innovations,* Paris, Litec, 2007, p. 30 à 32.

JEOL (M.), *La réforme de la justice en Afrique noire*, Paris, Editions A. Pedone, 1963.

LE ROY (E.), *Les Africains et l'Institution de la Justice : Entre mimétismes et métissages*, Paris, Dalloz, 2004.

LUSSAN (C.), *Législation des sociétés dans les territoires d'outre-mer et dans les territoires associés (A.O.F – A.E.F-Madagascar- Togo-Cameroun)*, Paris, A.I.D.E, 1953.

OJEDA (W.), *Cuánto vale un juez*, Caracas, Vadel Hermanos editores, 4ème édition, 1995.

WITENBERG (V. J. C.), *L'organisation judiciaire, la procédure et la sentence internationale*, Paris, Pedone, 1937.

L'investissement et l'arbitrage

CHASSIN (J.), *Pour comprendre la crise argentine : actes d'un débat public organisé en mai 2002 sur le thème de la crise en Argentine*, Paris, L'Harmattan, 2003.

GAILLARD (E.), *La Jurisprudence du CIRDI*, volume I, Paris, édition A. Pedone, 2004.

GAILLARD (E.), *La Jurisprudence du CIRDI*, volume II, Paris, édition A. Pedone, 2010.

HORCHANI (F.) (sous la direction) : *Où va le droit de l'investissement, Désordre normatif et recherche d'équilibre*, actes du colloque organisé à Tunis les 3 et 4 mars 2006, Paris, Pedone, 2006.

LAVIEC (J.-P.), *Protection et promotion des investissements Étude de droit international économique,* Paris, PUF, 1985, p. 269 et s.

LALIVE (P.), *L'apport de la jurisprudence arbitrale : l'arbitrage commercial international : séminaire des 7 et 8 avril 1986*, Paris, Chambre de Commerce Internationale, 1986.

LANKARANI (L.), *Les contrats d'état à l'épreuve du droit international*, Bruxelles, Bruylant, 2001.

LEBEN (Ch.) (Dir.) *Le contentieux arbitral transnational relatif à l'investissement Nouveaux développements*, Paris, Anthemis, LGDJ, 2006.
MANCIAUX (S.), *Investissements étrangers et arbitrage entre États et ressortissants d'autres États : trente années d'activité du CIRDI*, Paris, Litec, 2004.
SCHAUFELBERGER (P.), *La protection juridique des investissements internationaux dans les pays en développement, Etude de la garantie contre les risques de l'investissement et en particulier de l'Agence multilatérale de garantie des investissements (AMGI),* Zurich, Schulthess Polygraphischer Verlag, 1993.

La vente internationale et l'arbitrage

DE AGUILAR VIEIRA (I.), *L'applicabilité et l'impact de la Convention des Nations Unies sur les contrats de vente internationale de marchandises au Brésil*, Strasbourg, Presses Universitaires de Strasbourg, 2010.
HEUZÉ (V.), *La vente internationale de marchandises : droit uniforme*, Paris, GLN Joly, 1992.
JOLIVET (E.), *Les Incoterms, Etudes d'une norme du commerce international*, Paris, Litec, 2003.
SCHLECHTRIEM (P.) et WITZ (C.), *Convention de Vienne sur les contrats de vente internationale de marchandises : champ d'application, formation du contrat, effets de la vente, droits et obligations des parties, inexécution et moyens*, Paris, Dalloz, 2008.

Le commerce international et l'arbitrage

BÉLANGER (M.), *Institutions Économiques Internationales La mondialisation économiques et ses limites,* Paris, Economica, 1997.
CARREAU (D.) et JUILLARD (P.), *Droit international économique,* 4ème éd., Paris, Dalloz, 2010.
DAILLIER (P.), FORTEAU (M.) et PELLET (A.), *Droit International Public*, Paris, LGDJ, 8ème édition, 2009.
DEZALEY (Y.), *Marchands de droit : la restructuration de l'ordre juridique international par les multinationales du droit*, Paris, Fayard, 1992.
DUPUY (P.-M.), *Droit international public*, Paris, Dalloz, 7ème édition, 2004.
DUPUY (P.-M.), *Les grands textes de droit international public*, Paris, Dalloz, 5ème édition, 2006.
FEUER (G.) et CASSAN (H.), *Droit international du développement*, Paris, Dalloz, 1991.
JACQUÉ (J. P.), *Droit institutionnel de l'Union Européenne*, Paris, Dalloz 2006.
KENFACK (H.), *Droit du commerce international*, Paris, Dalloz, 4ème éd., 2012.
RAYNARD (J.), *Droit du commerce international Droit de l'entreprise international de l'entreprise*, Paris, LexisNexis, 4ème éd., 2012.
SANTULLI (C.), *Droit du contentieux international*, Paris, Montchrestien, 2005.

III. ARTICLES-CHRONIQUES-MÉLANGES

Droit du développement et arbitrage

BASTID (S.), « Le Droit international public dans la sentence Aramco », *AFDI*, 1961, volume 7, p. 300 à 311.

BLANC (G.), « Peut-on encore parler d'un droit du développement », *JDI*, 1991, p. 906.

BURDEAU (G.) :

- « Droit international des contrats d'États-la sentence Aminoil contre Koweït du 24 mars 1982 », *AFDI*, 1982, volume, 28, p. 466.
- « Les nouvelles perspectives pour l'arbitrage dans le contentieux économique intéressant les États », *Revue de l'arbitrage*, 1995, n°1, p. 3 à 38.

CARRERE D'ENCAUSSE (H.), « Le conflit Anglo-Iranian 1951-1954 », *Revue française des sciences sociales*, 1965, vol. 15, p. 731 à 743.

COHEN-JONATHAN (G.), « L'arbitrage Texaco-Calasiatic contre Gouvernement Libyen ; décision au fond 19 janvier 1977 », *AFDI*, 1977, volume 23, p. 452 à 479.

COLSON (J.-P.), « Le « groupe de 77 » et le problème de l'unité des pays du Tiers Monde », *Revue Tiers-Monde*, 1972, octobre-décembre, Tome XIII, n°52, Le capitalisme périphérique, p. 813 à 830.

DUTHEIL de la ROCHÈRE (J.), « Étude de la composition de certains organes subsidiaires créés par l'Assemblée générale des Nations Unies dans le domaine économique », *AFDI*, 1967, volume 13, p. 307 à 325.

EL-HAKIM (J.), « Arbitre et Tiers monde », *in Aspects du droit privé en fin du 20e siècle, Étude réunies en l'honneur de Michel Juglart,* Paris, Montchrestien, 1991, p. 141 à 153.

GUYOMAR (G.), « L'arbitrage concernant les rapports entre États et particuliers », *AFDI*, 1959, volume 5, p. 333 à 354.

JACQUET (J.-M.), « L'État, opérateur du commerce international », *JDI*, 1989, n°3, p. 645 à 657.

LALIVE (J. F.), « Un grand arbitrage pétrolier entre un Gouvernement et deux sociétés privées (Arbitrage Texaco-Calasiatic contre Gouvernement Libyen) », *JDI*, 1977, p. 319 et s.

LEBOULANGER (Ph.), « L'arbitrage international Nord-Sud », *in Etudes offertes à Pierre Bellet*, Paris, Litec, 1991, p. 324.

MAYER (P.) et SUBRENAT (J.-J.), « Vers un nouvel ordre économique international », *Politique étrangère*, 1977, n°1, p. 63 à 77.

MAYER (P.), « La neutralisation du pouvoir normatif de l'État en matière de contrats d'État », *JDI*, 1986, p. 53.

MEZGHANI (A.), « L'arbitrage commercial et les impératifs du développement », *in Les entreprises tunisiennes et l'arbitrage commercial international*, actes du colloque du 3 et 4 novembre 1981, CERP, Bibliothèque de droit de sciences politiques et économiques, Tunis, Tome VIII, 1983, p. 59 à 81.

PAULSSON (J.):

- « Le Tiers Monde dans l'arbitrage commercial international », *Revue de l'arbitrage*, 1983, p. 28 et 32.

- « Sentences arbitrales et pratique des contrats Nord-Sud », *in La formation des normes en droit international du développement,* Table ronde franco-maghrébine Aix-en-Provence, 7 et 8 octobre 1982, Paris, CNRS, 1984, p. 333 à 349.

PLANTEY (A.) :

- « L'arbitrage dans le commerce international », *AFDI*, 1990, p. 307à 321.
- « De la négociation diplomatique à l'arbitrage commercial international », *in La création du droit jurisprudentiel, Mélanges en l'honneur de Jacques Boré*, Paris, Dalloz, 2007, p. 373 à 381.

RAMBAUD (P.) :

- « Un arbitrage pétrolier : l'affaire Liamco », *AFDI*, 1980, volume 26, p. 274 à 282.
- « Arbitrage, concession de nationalisation – quelques observations sur la sentence BP », *AFDI*, 1981, volume 27, p. 222 à 230.

SAHOVIC (M.), « L'influence des États nouveaux sur la conception du Droit-inventaire des positions et des problèmes », *AFDI*, 1966, volume 12, p. 30 à 49.

SINGER (H. W.), « La création de la CNUCED et l'évolution de la pensée contemporaine sur le développement », *Revue du Tiers-Monde*, 1994, juillet-septembre, Tome XXXV, n°139, p. 489 à 498.

STERN (B.):

- « Trois arbitrages, un même problème, trois solutions : les nationalisations pétrolières libyenne devant l'arbitrage international », *Revue de l'arbitrage*, 1980, n° 1, p. 3 à 44.
- « A propos d'une décision du Tribunal irano-américain », *AFDI*, 1982, volume 28, p. 425 à 434.

VIRALLY (M.) :

- « Vers un droit international du développement », *AFDI*, 1965, volume 11, p. 3 à 12.
- « La Charte des droits et devoirs économiques des États. Note de lecture », *AFDI*, 1974, volume 20, p. 57 à 77.

Arbitrage commercial international

AFFAKI (G.), « Nouvelles réflexions sur la banque et l'arbitrage » *in Liber Amicorum en l'honneur de Serge LAZAREFF*, Paris, A. Pedone, 2011, p. 32.

BABOU (C. A.), « Mécanismes de lutte contre la corruption en Mauritanie », *Penant,* n° 868, 2009, p. 371.

BARDONNET (D.), « L'état de ratification des Conventions de La Haye de 1899 et de 1907 sur le règlement des conflits internationaux », *AFDI*, 1961, volume 7, p. 726 à 741.

BÉGNIN (J.), « Le développement de la lex mercatoria menace t-il l'ordre juridique international ? », *Revue de droit de McGill*, 1985, volume 30, p. 498 à 504.

BELLET (P.) et MEZGER (E.), « L'arbitrage international dans le nouveau Code de procédure civile », *Revue Critique de DIP*, 1981, p. 611.

BEN HAMIDA (W.) :

- « L'arbitrage État-investisseur face à un désordre procédural : la concurrence des procédures et les conflits de juridictions », *AFDI*, 2005, volume 51, p. 565 à 567.

- « La notion d'investissement : une notion maudite du CIRDI », *Gazette du Palais, Cahiers de l'arbitrage*, 2007, n°4, p. 31 à 39.
- « La notion d'investissement : le chaos s'amplifie devant le CIRDI », *Gazette du Palais, Cahiers de l'arbitrage*, 15 décembre 2009, n°4, p. 40 à 47.
- « La dénonciation de la Convention de Washington : un adieu ou un simple au revoir », *in Le CIRDI, 45 ans après, Bilan d'un système*, Paris, A. Pedone, 2010, p. 109 à 138.
- « Les principes d'UNIDROIT et arbitrage transnational : l'expansion des principes d'UNIDROIT aux arbitrages opposant des États ou des organisations internationales à des personnes privées » *JDI*, 2012, octobre-novembre-décembre, p. 1213 à 1242.

BENOIT-ROHMER (F.), « La violation du droit communautaire, moyen d'ordre public ? » *Petites affiches,* 25 octobre 1996, n° 129, p. 23 et s.

BLACKABY (N.), « ICSID Withdrawal: a Storm in a Teacup? », *Cahiers de l'arbitrage The Paris Journal of International Arbitration*, 2010, n°1, p. 45 à 61.

BLOCK (G.), « Arbitrage et changement du prix de l'énergie : examen des sentences CCI au regard des clauses de force majeure, d'indexation, d'adaptation, de hardship et take-or-pay », *Bulletin de la Cour internationale d'arbitrage de la CCI*, 2009, volume 20/2, p. 59 et s.

BÖCKSTIEGEL (K.-H.), « Entreprise v. State: the New David and Goliath? », *The Journal of the London Court of Arbitration*, 2007, n°1, volume 23, p. 93 à 104.

de BOISSÉSON (M.), « L'arbitrage et la fraude (à propos de l'arrêt Fougerolle rendu par la Cour de Cassation de 5 mai 1992) », *Revue de l'arbitrage*, 1993, n°1, p. 3 à 11.

BONASSIES (P.), « Arbitrage et droit communautaire », *in L'Europe et le droit, Mélanges en hommage à Jean Boulouis*, Paris, Dalloz, 1991, p. 22.

BONELL (M. J.), « Les Principes d'UNIDROIT comme moyen d'interpréter et de compléter le droit international uniforme », *Bulletin de la Cour internationale d'arbitrage de la CCI*, supplément spécial 2002, p. 29 à 38.

BORTOLOTTI (F.), « The UNIDROIT Principles and their Application in the context of International Arbitration », *in Liber Amicorum en l'honneur de Serge LAZAREFF*, Paris, A. Pedone, 2011, p. 81 à 101.

BOULOUIS (J.), « Quelques observations à propos de la sécurité juridique », *in Du droit international au droit de l'intégration : Liber Amicorum Pierre Pescatore*, Baden-Baden, Nomos Verlagsgesellshaft, 1987, p. 53 à 58.

BÜHLER (M. W.), « The arbitrator's remuneration too much, too little ? », *in Liber Amicorum en l'honneur de Serge LAZAREFF*, Paris, A. Pedone, 2011, p. 103 à 108.

BREDIN (J. D.), « Convention de New York de 1958 sur la reconnaissance et l'exécution des sentences arbitrales étrangères », *JDI*, 1960, p. 1002.

CADIET (L.), « L'arbitrage et l'évolution contemporaine des modes de règlement des conflits », *in L'arbitrage Questions contemporaines* (responsables scientifiques : Y. STRICKLER et J.-B. RACINE), Paris, l'Harmattan, 2012, p. 33.

CALLÉ (P.), « Fraude et rétractation d'une sentence arbitrale », *La Gazette du Palais, Cahiers de l'arbitrage*, 01 janvier 2011, n°1, p. 129 et s.

CARRERE D'ENCAUSSE (H.), « Le conflit Anglo-Iranian 1951-1954 », *Revue française des sciences sociales*, 1965, vol. 15, p. 731 à 743.

CAZALA (J.), « L'invocation de l'*estoppel* dans le cadre de la procédure de règlement des différends de l'OMC », *RGDIP*, 2003, 4, p. 887 à 905.
CHARPENTIER (E.), « Les Principes d'Unidroit : une codification de la lex mercatoria ? », *Les Cahiers de droit*, 2005, n° 1- 2, vol. 46, p. 193 à 216, spéc., p. 197.
CHATILLON (S.), « Droit et langue », *RIDC*, juillet-septembre 2002, vol. 54 n°3, p. 693.
CHRISTAKIS (T.), « Quel remède à l'éclatement de la jurisprudence CIRDI sur les investissements en Argentine ? La décision du comité ad hoc dans l'affaire CMS C. Argentine », *RGDIP*, 2007, n°4, octobre-décembre, p. 879 à 896.
CLAY (Th.) :
- « L'indépendance et l'impartialité de l'arbitre et les règles du procès équitable », *in L'impartialité du juge et l'arbitre, Etude de droit comparé*, Bruxelles, Bruylant, 2006, p. 216.
- « Les mesures provisoires demandées à l'arbitre », *in Les mesures provisoires dans l'arbitrage commercial : évolution et innovations,* Paris, Litec, 2007, p. 12.
CLÈRE (J.-J.), « L'arbitrage révolutionnaire : apogée et déclin d'une institution », *Revue de l'arbitrage,* 1981, p. 3 à 38.
COT (J.-P.), « L'arrêt de la Cour internationale de Justice dans l'affaire du temple de Préah Vihéar, (Cambodge c/ Thaïlande- Fond), *AFDI*, 1962, volume 8, p. 217 à 247.
COULIBALY (A. S.) :
- « La concurrence dans le cadre de l'UEMOA », *Actes du colloque de Ouagadougou des 16 et 17 décembre 1999 sur le thème : La libéralisation de l'économie dans le cadre de l'intégration régionale : le cas de l'UEMOA*, Publication du CEEI, n° 3, Ouagadougou, 2001, p. 97.
COUSIN (B.), « L'OHADA, un correctif au fonctionnement de la justice ? », *Penant*, n° 865, 2008, p. 513.
COUTURIER (G.), « L'ordre public de protection, heurs et malheurs d'une vieille notion neuve », in *Etudes offertes Jacques FLOUR*, Paris Répertoire de notariat Defrénois, 1979, p. 95.
CRAWFORD (J.) et SINCLAIR (A.), « Application aux contrats d'États des principes d'UNIDROIT relatifs aux contrats du commerce international », *Bulletin de la Cour internationale d'arbitrage de la CCI,* supplément spécial 2002, p. 59 à 75.
CRIVELLARO (A.), « Annulment of ICSID Awards Back to the "First Generation" », *in Liber Amicorum en l'honneur de Serge LAZAREFF*, Paris, A. Pedone, 2011, p. 149.
CUPERLIER (O.), « Arbitrage OHADA et personnes publiques », *in Contrats publics et arbitrage international* (sous la direction de M. AUDIT), éditions Bruylant, 2011.
DAILLIER (P.) et M. BENLOLO-CARABOT (M.), « Tribunal irano-américain des réclamations : chronique n°5 », *AFDI*, 2003, p. 308 à 344.
DAILLIER (P.) :
- « Tribunal irano-américain de réclamations : chronique n°4 », *AFDI*, 2002, p. 409 à 433.

DARANKOUM (E.) :
- « L'application des Principes d'UNIDROIT par les arbitres internationaux et par les juges étatiques », *Revue Juridique Thémis*, 2002, n°36-2, p. 473.
- « La protection du contrat dans l'avant-projet d'Acte uniforme OHADA sur le droit des contrats : conclusion, exécution et remèdes en cas d'inexécution », *Revue de droit uniforme*, UNIDROIT, 2008, p. 229 à 252.
DAVID (R.), « Arbitrage et droit comparé », *RIDC*, 1959, janvier-mars, n°1, volume 11, p. 5 à 18.
DAVID (N.), « Les clauses de stabilité dans les contrats pétroliers. Questions d'un praticien », *JDI*, 1986, p. 83 et 84.
DERAINS (Y.):
- « L'obligation de minimiser le dommage dans la jurisprudence arbitrale », *RDAI*, n° 4, 1987, p. 375 et s.
- « Intérêts moratoires, dommages-intérêts compensatoires et dommages punitifs devant l'arbitre international », *Etudes offertes à Pierre Bellet*, Paris, Litec, 1991, p. 101 à 121.
- « La tendance de la jurisprudence arbitrale internationale », *JDI*, 1993, n° 4, p. 847 à 855.
- « L'impact des accords de protection des investissements sur l'arbitrage », *Gazette du Palais*, Recueil mai-juin 2001, p. 631 à 635.
- « Le rôle des Principes d'UNIDROIT dans l'arbitrage commercial international (1) : une vue européenne », *Bulletin de la Cour internationale d'arbitrage de la CCI*, supplément spécial 2002, p. 9 à 20.
DESSEMONTET (F.), « L'utilisation des Principes d'UNIDROIT pour interpréter et compléter le droit national », *Bulletin de la Cour internationale d'arbitrage de la CCI*, supplément spécial 2002, p. 39 à 51.
DEUMIER (P.), « L'ordre public international réinventé pour lutter contre l'asservissement », *Revue des contrats*, 01 octobre 2006, n° 4, p. 1260 et s.
DIMOLITSA (A.), « Autonomie et kompetenz-kompetenz », *Revue de l'arbitrage*, 1998, n° 2, p. 305 à 358.
DU BOIS de GAUDUSSON (J.), « Le Statut de la justice dans les États d'Afrique Francophone », *Afrique Contemporaine*, n° 156, 4/90, p. 10.
DUMAS (M.), « Qu'est-ce que le nouvel ordre économique international ? », *Revue Tiers-Monde*, 1976, avril-juin, Tome XVII, n°66, p. 265 à 288.
DUPUY (P.-M.):
- « Le fait générateur de la responsabilité des Etas », *Recueil des cours de l'Académie de droit international de La Haye*, Martinus Nijhoff, 1984, Tome 188, p. 9 à 133, spéc., 21 à 27.
- « L'individu et le droit international », *Archives de Philosophie du Droit*, Tome 32, 1987, p. 119.
- « Sur le maintien ou la disparition de l'unité de l'ordre juridique international », *in Harmonies et contradictions en droit international*, Paris, Pedone, 1996, p. 22.
- « Quarante ans de codification du droit de la responsabilité internationale des États », *RGDIP*, 2003, p. 305 à 348.
EISEMANN (F.), « La déontologie de l'arbitre commercial international », *Revue de l'arbitrage*, 1969, n° 4, p. 217 à 233.
EL KOSHERI (A. S.) et LEBOULANGER (Ph.), « L'arbitre face à la corruption et aux trafics d'influence », *Revue de l'arbitrage*, 1984, n°1, p. 3 à 18.

EL OUALI (A.), « La sentence internationale directement applicable », *in Mélanges offerts à Paul Reuter, Le Droit international : unité et diversité*, Paris, Pedone, 1981, p. 277 et s.

ERDEM (H. E.), « The role of trade usages in ICC arbitration », *in Liber Amicorum en l'honneur de Serge LAZAREFF*, Paris, A. Pedone, 2011, p. 247 à 265, spéc. p. 250.

FADLALLAH (I.) :

- « Le projet de convention de vente de marchandises. Travaux de la CNUDCI », *JDI*, 1979, p. 754 à 769.
- « Retour sur investissement », *in Liber Amicorum en l'honneur de Serge LAZAREFF*, Paris, A. Pedone, 2011, p. 272 à 274.

FARJAT (G.) :

- « Réflexions sur les codes de conduite privés », *in Le droit des relations économiques internationales, Etudes offertes à Berthold GOLDMAN*, Paris, Litec, 1987, p. 51.
- « Observations sur la sécurité, le lien social et le droit économique », *in Sécurité juridique et droit économique* : actes du colloque organisé les 26 et 27 octobre 2006 à la faculté de droit de Sophia Antipolis, Nice, Bruxelles, Larcier, 2008, p. 60 à 66.

FARNSWORTH (E. A.), « Le rôle des *Principes d'UNIDROIT* dans l'arbitrage commercial international (2) : point de vue américain sur leurs finalités et leur application », *Bulletin de la Cour internationale d'arbitrage de la CCI*, supplément spécial 2002, p. 21 et s.

FÉNÉON (A.), « L'influence de la CVIM sur le nouveau droit africain de la vente commerciale », *Penant*, n°853, 2005, octobre-décembre, p. 464 à 473.

FERNÁNDEZ ROZAS (J. C.) :

- « Le rôle des juridictions étatiques devant l'arbitrage commercial international », *Recueil des cours de l'Académie de droit international de La Haye*, Martinus Nijhoff, 2001, Tome 290, p. 9 à 224.
- « Arbitrage interne et international : la réglementation soi-disant unitaire en Espagne », *in Arbitrage interne et international*, actes du colloque de Lausanne du 2 octobre 2009, (éd. A. BONOMI et D. BOCHATAY), Genève, Librairie Droz, 2010, p. 190.

FILLE-LAMBIE (O.) et LONCLE (J.-M.), « L'arbitrage dans les grands projets en concessions de service public, Aspects de droit français et de droit OHADA », *RDAI*, 2003, n° 1, p. 3.

FONTAINE (M.) :

- « les clauses de Hardship aménagement conventionnel de l'imprévision dans les contrats internationaux à long terme », *DPCI*, 1976, mars, tome 2, n°1, p. 7 à 49.
- « Le projet d'Acte uniforme OHADA sur les contrats et les *Principes d'UNIDROIT* relatifs aux contrats du commerce international », *Revue de droit uniforme*, 2004, n° 2, p. 253 à 266.

FOUCHARD (Ph.) :

- « La Convention interaméricaine sur l'arbitrage international », *Revue de l'arbitrage*, 1977, p. 203 à 207.
- « La réforme de l'arbitrage international en France – Introduction : spécificité de l'arbitrage international », *Revue de l'arbitrage*, 1981, p. 449.

- « La loi type de la CNUDCI sur l'arbitrage commercial international », *JDI*, 1987, n°4, p. 870 à 872.
- « Les usages, l'arbitre et le juge. A propos de quelques récents arrêts français », *in Le droit des relations économiques internationales, Etudes offertes à Berthold GOLDMAN*, Paris, Litec, 1987, p. 67 à 89.
- « Où va l'arbitrage international », *Revue de droit de McGill*, 1989, volume 34, p. 447 à 453.
- « Suggestions pour accroître l'efficacité des sentences arbitrales », *Revue de l'arbitrage*, 1998, n° 4, p. 653.
- « L'arbitrage et la mondialisation de l'économie », *in Philosophie du droit et droit économique Quel dialogue, Mélanges en l'honneur de Gérard Farjat*, Paris, éd. FRISON-ROCHE, 1999, p. 391.
- « Quand un arbitrage est-il international ? », *in Ecrits, Droit de l'arbitrage - Droit du commerce international*, Paris, Comité français de l'arbitrage, 2007, p. 254 et s.
- « Les rapports entre l'arbitre et les parties et l'institution arbitrale », *in Ecrits* : *droit de l'arbitrage droit du commerce international*, Paris, Comité français de l'arbitrage, 2007, p. 427 à 440.

GAILLARD (E.) :
- « L'interdiction de se contredire au détriment d'autrui comme principe général du droit du commerce international », *Revue de l'arbitrage*, 1985, p. 241 et s.
- « La distinction des Principes généraux du droit et des usages du commerce international », *in Etudes offertes à Pierre Bellet,* Paris, Litec, 1991, p. 203 à 217.
- « Arbitrage commercial international, sentence arbitrale, droit applicable au fond du litige », *Jurisclasseur, Droit international*, 1991, p. 25 et s.
- « Trente ans de Lex Mercatoria Pour une application sélective de la méthode des principes généraux du droit », *JDI,* 1995, p. 28 à 30.
- « L'arbitrage sur le fondement des traités de protection des investissements », *Revue de l'arbitrage*, 2003, n°3, p. 853 à 875, spéc. 854.
- « Reconnaître ou définir ? Réflexions sur l'évolution de la notion d'investissement dans la jurisprudence du CIRDI », *in Le droit international économique à l'aube du XXIème, En Hommage aux Professeurs Dominique Carreau et Patrick Juillard*, Paris, Pedone, 2009, p. 17 à 32.

GAUDEMET (Y.), « L'arbitrage : aspects de droit public- État de la question », *Revue de l'arbitrage*, 1992, p. 241 et s.

GOLDMAN (B.), « La lex mercatoria dans les contrats et l'arbitrage international : réalité et perspectives », *JDI*, 1979, p. 475 et s.

GOLDSMITH (M. E.), « The Arbitration Act 1979 », *DPCI*, mars 1980, tome 6, n°1 p. 63 à 70.

GONZALEZ (F.), « La responsabilité délictuelle dans les sentences arbitrales de la Chambre de commerce internationale », *Bulletin Cour internationale d'arbitrage de la CCI*, 2ème semestre 2002, volume 13, n°2, p. 41 à 57.

GRISEL (F.), « L'octroi d'intérêts composés par les tribunaux arbitraux d'investissement », *JDI*, 2011, n°3, p. 545 à 562.

GRYNBAUM (L.), « La lex mercatoria », *Méditerranées, Revue du Centre d'Etudes Internationales sur la Romanité*, n°30/31, 2002, p. 182 à 183.

GUILLAUME (G.), « Le précédent dans la justice et l'arbitrage international », *JDI*, 2010, juillet-août-septembre, p. 686, spéc. p. 694 à 698.
HANOTIAU (B.), « La Détermination et l'Evaluation du Dommage Réparable : Principes Généraux et Principes en Emergence », *in Transnational Rules in International Commercial Arbitration* (GAILLARD E. éd.), Paris, ICC Publication, 1993, n°480/4, p. 211 et s.
HATEM (F.), « Quel cadre juridique pour l'activité des firmes multinationales ? Les lacunes d'une législation restée trop nationale », *Economie internationale/International Economics* : la Revue du CEPII, Centre d'Étude Prospectives et d'Informations Internationales (CEPII), 1995, 3ème trimestre, n°63, p. 71 à 98.
HENRY (M.), « les obligations d'indépendance et d'information de l'arbitre à la lumière de la jurisprudence récente », *Revue de l'arbitrage*, 1999, n°2, p. 193 à 224.
HERTEL (C.), « Systèmes juridiques dans le monde », *Notarius International*, édition U.I.N.L, 2009, 1/2, p. 142 à 156.
HEUZÉ (V.), « La morale, l'arbitre et le juge », *Revue de l'arbitrage*, 1993, n° 2, p. 188 et 189.
HOGUIE (C.), « Justice et investissement », *in Le droit des affaires en Afrique, Etudes offertes au Professeur Joseph-ISSA SAYEGH*, AIDD, 2006, p. 19 à 21.
HORCHANI (F.), « Le développement au cœur de la définition de la notion d'investissement ? », *in Le droit international économique à l'aube du XXIème, En Hommage aux Professeurs Dominique Carreau et Patrick Juillard*, Paris, Pedone, 2006, p. 50.
JACOB (P.) et LATTY (F.), « Arbitrage transnational et droit international général (2011) », *AFDI*, 2011, p. 542 et 543.
JACQUET (J.-M.),
- « Droit applicable au fond du litige », *in l'OHADA et les perspectives de l'arbitrage en Afrique*, Bruxelles, Bruylant, 2000, p. 101.
- « Le droit français des contrats et les Principes d'UNIDROIT », *Revue de droit uniforme, Institut international de droit privé*, 2008, p. 179 à 195.
JARROSSON (Ch.) :
- « Réflexion sur l'imperium », *in Etudes offertes à Pierre Bellet*, Paris, Litec, 1991, p. 247.
- « La bonne foi, instrument de moralisation des relations économiques internationales », *in L'Éthique dans les Relations Économiques Internationales en hommage à Philippe Fouchard* (Alexandrie 28 avril 2005), Paris, Pedone, 2006, p. 185 à 206.
JARVIN (S.), « La Loi-type de la C.N.U.D.C.I sur l'arbitrage commercial international », *Revue de l'arbitrage*, 1986, volume 4, p. 509 à 527.
JEAMMAUD (A.), « Unification, uniformisation, harmonisation : de quoi s'agit-il », *in Vers un code européen de la consommation*, Bruxelles, Bruylant, 1998, p. 48.
JEANTET (F.-Ch.), « La réforme de l'arbitrage international en France – L'accueil des sentences étrangères ou internationales dans l'ordre juridique français », *Revue de l'arbitrage*, 1981, p. 503.
JESTAZ (Ph.), « La jurisprudence, ombre portée du contentieux », *Dalloz-Sirey*, Chroniques XXIII, 1989, p. 149 à 153.

JIAO (J.) et LEFEBVRE (G.), « Les Principes d'UNIDROIT et le droit chinois : convergence et dissonance », *Revue Juridique Thémis*, 2002, n°36-2, p. 523 à 537.

JOLIVET (E.) :

- « L'expérience de la Chambre de commerce internationale dans le cadre du Règlement d'arbitrage », *in Les mesures provisoires dans l'arbitrage commercial : évolution et innovations,* Paris, Litec, 2007, p. 33.

JOLY (F.), « le Règlement d'arbitrage international de l'Association Américaine d'Arbitrage », *Revue de l'arbitrage*, 1993, n° 3, p. 401.

KACZOROWSKA (A.), « Les usages commerciaux dans les conventions relatives à la vente internationale », *Revue Juridique Thémis*, 1995, vol. 29 n°2, p. 429 à 457.

KAHN (Ph.) :

- « La Convention de Vienne du 11 avril 1980 sur les contrats de vente de marchandises », *RIDC*, octobre-décembre 1981, vol. 33, n°4, p. 951 à 986.
- « Droit international économique, droit du développement, lex mercatoria : concept unique ou pluralisme des ordres juridiques ? », *in Le droit des relations économiques internationales, Etudes offertes à Berthold GOLDMAN*, Paris, Litec, 1987, p. 97 et s.
- « les Principes généraux du droit devant les arbitres du commerce international », *JDI*, 1989, n° 2, p. 320.
- « Investissements internationaux et droits de l'homme », *in Où va le droit de l'investissement, Désordre normatif et recherche d'équilibre,* actes du colloque organisé à Tunis les 3 et 4 mars 2006, (sous la direction de F. HORCHANI), Paris, Pedone, 2006, p. 101 à 104.
- « Les définitions de l'investissement international », *in Le droit international économique à l'aube du XXIème, En Hommage aux Professeurs Dominique Carreau et Patrick Juillard*, Paris, Pedone, 2009, p. 11 à 16.

KARAGIANNIS (S.), « La multiplication des juridictions internationales un système anarchique ? », *in colloque de Lille sur la Juridictionnalisation du droit international*, SFDI, Paris, Pedone, 2003, p.72.

KAUFMANN-KOHLER (G.), « Le lieu de l'arbitrage à l'aune de la mondialisation, réflexions à propos de deux formes récentes d'arbitrage », *Revue d'arbitrage*, 1998, n° 3, p. 517 à 536.

KHAYAT (D.), « La notion d'investissement devant le CIRDI », *in Le CIRDI, 45 ans après, Bilan d'un système*, Paris, A. Pedone, 2010, p. 41 à 54.

KOPELMANAS (L.) :

- « La place de la Convention européenne sur l'arbitrage international du 21 avril 1961 dans l'évolution du Droit international de l'arbitrage », *AFDI*, 1961, volume 7, p. 331 à 354.
- « Coopération entre organismes d'arbitrage de pays ayant des systèmes économiques ou un degré de développement différents », *Revue de l'arbitrage*, 1969, octobre-décembre spécial, n°4, p. 183 et s.

KOVAR (R.), « Droit communautaire de la concurrence et arbitrage », *in Le droit des relations économiques internationales. Etudes offertes à Berthold Goldman*, Litec, Paris, 1987, p.109 à 124.

KREINDLER (R.), « Legal consequences of corruption in international investment: an old challenge with new answers », *in Liber Amicorum en l'honneur de Serge LAZAREFF*, Paris, A. Pedone, 2011, p. 386 à 388.

KUN (F.), « L'arbitrage en Chine : pratique, obstacles juridiques et réformes », *Bulletin de la Cour internationale d'arbitrage de la CCI*, 2008, volume 18, n°2, p. 24 à 41.

LAGARDE (P.), « Approche critique de la *lex mercatoria* », *in Le droit des relations économiques internationales, Etudes offertes à Berthold GOLDMAN*, Paris, Litec, 1987, p. 125 et s.

LAIRD (J. R.), « Moral Damages and the Punitive Question in ICSID Arbitration », *ICSID Review*, automne 2011, volume 26, n°2, p. 171 et s.

LALIVE (P.) :

- « Problèmes relatifs à l'arbitrage international commercial », *Recueil des cours de l'Académie de droit international de La Haye*, Martinus Nijhoff, 1967, Tome 120, p. 569 à 714.
- « Problèmes spécifiques de l'arbitrage international », *Revue de l'arbitrage*, 1980, p. 356.
- « Ordre public transnational (ou réellement international) et arbitrage international », *Revue de l'arbitrage*, 1986, p. 331.
- « Sur une « commercialisation » de l'arbitrage international », *in Liber Amicorum Claude Reymond : autour de l'arbitrage : Mélanges offerts à Claude Reymond*, Paris, Litec, 2004, p. 167 à 172.

LAMÈTHE (D.), « Portraits de groupe d'arbitres internationaux », *in Les arbitres internationaux (sous la direction de J. ROSSEL), Colloque du 4 février 2005*, Paris, Société de Législation Comparée, 2005, p. 38 à 41.

LANKARANI (L.), « Les investissements internationaux : arbitrage et régulation », *Petites affiches*, 16 juin 2011, n°119, p. 11 et 12.

LASSERRE CAPDEVILLE (J.), *Bulletin Joly Bourse*, 1er octobre 2012, n°10, p. 396 et s.

LATTY (F.) :

- « Le Droit transnational économique », *in Droit de l'économie internationale* (sous la direction de P. DAILLIER, G. de la PRADELLE et H. GHÉRABI), Paris, A. Pedone, 2004, p. 109 et s.
- « Arbitrage transnational et droit international général (2008) », *AFDI*, 2008, p. 471 à 474.

LAURIOL (T.M.), « l'OHADA : l'intensification du processus d'harmonisation », *RDAI*, 2001, p.752 à 756.

(S.) LAZAREFF :

- « La langue de l'arbitrage international », *Bulletin de la Cour Internationale d'Arbitrage de la CCI*, 1997, volume 8, n° 1, p. 24.
- « L'arbitre est-il un juge ? », *in Liber Amicorum Claude Reymond : autour de l'arbitrage : Mélanges offerts à Claude Reymond*, Paris, Litec, 2004, p. 177.

LEBEN (Ch.) :

- « La responsabilité internationale de l'État sur le fondement des traités de promotion et de protection des investissements », *AFDI*, 2004, p. 683 à 714.
- « L'évolution du droit des investissements : un rapide survol », *in Le contentieux arbitral transnational relatif à l'investissement Nouveaux développements*, Paris, Anthemis, LGDJ, 2006, p. 9 à 21.

LEBOULANGER (Ph.):

- « Immunités et arbitrage », *in Le droit international des immunités contestation ou consolidation*, Paris, LGDJ, 2004, p. 253.
- « L'arbitrage international et l'éthique », *in L'Éthique dans les Relations Économiques Internationales en hommage à Philippe Fouchard* (Alexandrie 28 avril 2005), Paris, Pedone, 2006, p. 213.
- « L'immunité d'exécution des personnes morales de droit public », *Revue camerounaise de l'arbitrage*, février 2010, p. 129.

LEGUM (B.), « La réforme du CIRDI vers une juridictionnalisation de l'arbitrage transnational ? », *in Où va le droit de l'investissement, Désordre normatif et recherche d'équilibre*, actes du colloque organisé à Tunis les 3 et 4 mars 2006, (sous la direction de F. HORCHANI), Paris, Pedone, 2006, p. 283 à 287.

LHÉRIAU (L.), « La nouvelle loi sur l'usure dans l'UEMOA », *Cahiers Juridiques et Fiscaux de l'Exportation* (CJFE), 1998, n°5/98, p. 1161 et s.

LOQUIN (E.):

- « La réalité des usages du commerce international », *RIDE*, 1989, n°2, p. 169 à 174.
- « A la recherche de la jurisprudence arbitrale » *in La Cour de Cassation, l'Université et le droit, Etudes en l'honneur de A. PONSARD*, Paris, Litec, 2003, p. 217.
- « Réflexion sur « la jurisprudence arbitrale » sa cohérence et ses divergences », *in Divergences de jurisprudence*, (sous la direction de P. ANCEL et M.-C. RIVIER), Saint-Etienne, Publication de l'Université de Saint-Etienne, 2003, p. 133.
- « Sécurité juridique et relations commerciales internationales », *in Sécurité juridique et droit économique :* actes du colloque organisé les 26 et 27 octobre 2006 à la faculté de droit de Sophia Antipolis, Nice, Bruxelles, Larcier, 2008, p. 477 à 479.

MALAURIE (P.) et AYNES (L.), « Le taux d'intérêt conventionnel », *Defrénois*, 30 avril 1991, n° 8, p. 466 et s.

MALJEAN-DUBOIS (S.), « L'arrêt rendu par la Cour international de Justice le 25 septembre 1997 en l'affaire relative au projet Gabcikovo-Nagymaros (Hongrie c./ Slovaquie) », *AFDI*, 1997, volume 43, p. 295 à 312.

MANCIAUX (S.) :

- « "Les mesures équivalentes à expropriation" dans l'arbitrage international relatif aux investissements », *in Où va le droit de l'investissement, Désordre normatif et recherche d'équilibre*, actes du colloque organisé à Tunis les 3 et 4 mars 2006, (sous la direction de F. HORCHANI), Paris, Pedone 2006, p. 73 à 94.
- « La Bolivie se retire du CIRDI », *Revue de l'arbitrage*, 2007, n°2, p. 351 à 358.
- Chronique des sentences arbitrales, *JDI*, 2011, avril-mai-juin, p. 575 à 578.
- « Le Venezuela se retire du CIRDI », *Revue de l'arbitrage*, 2012, n°1, p. 215 et s.

MARQUIS (L.), « Les Principes d'UNIDROIT : synthèse et prospective », *Revue Juridique Thémis*, 2002, n°36-2, p. 552.

MARZOUKI (I.) et ABIDA (M.) « Les réformes du CIRDI », *in Le CIRDI, 45 ans après, Bilan d'un système*, Paris, A. Pedone, 2010, p. 395 à 419.

MAYER (P.) :
- « La règle morale dans l'arbitrage international », *in Etudes offertes à Pierre Bellet,* Paris, Litec, 1991, p. 396 à 397.
- « Le principe de bonne foi devant les arbitres du commerce international », *in Etudes de droit international en l'honneur de Pierre LALIVE*, Helbing und Lichtenhan, 1993, p. 543.
- « L'application par l'arbitre des conventions internationales de droit privé », *in L'internalisation du droit, Mélanges offerts à Yvon Loussouarn*, Paris, Dalloz, 1999, p. 285.

MENÉTREY (S.), « La transparence dans l'arbitrage d'investissement », *Revue de l'arbitrage*, 2012, n°1, p. 33 à 64.

MERIGNAC (A.), « De l'autorité de la chose jugée en matière de sentence arbitrale », *RGDIP*, Tome V, 1898, p. 606.

MOATTI-NEUR (L.), « Justice en ligne, justice de demain ? », *Petites affiches*, 5 décembre 2001, n°242, p. 7 à 12.

MORERA (R.), « Être arbitre à l'époque de la globalisation », *in Liber Amicorum en l'honneur de Serge LAZAREFF*, Paris, A. Pedone, 2011, p. 462 à 463.

MORIN (G.), « Le devoir de coopération dans les contrats internationaux. Droit et pratique », *DPCI*, mars 1980, tome 6, n°1, p. 9 à 28.

MOTULSKY (H.) et PLAISANT (R.), « L'arbitrage et les conflits du travail », *Revue de l'arbitrage*, 1956, p.78.

MOTULSKY (H.), « L'arbitrage commercial et les personnes de droit public », *Revue de l'arbitrage*, 1956, p. 38.

MUSTILL (M.), « The New Lex Mercatoria: The First Twenty-five Years », *Arbitration International*, 1988, p. 110 à 114.

NEMEDEU (R.), « La recherche du critère d'arbitrabilité des litiges concernant les personnes morales de droit public en droit OHADA », *Revue de la Recherche Juridique Droit Prospectif*, Aix-Marseille, PUAM, 2010-1 p. 434 à 440.

OKILASSALI (M.), « La participation des États africains à l'arbitrage CIRDI », *Penant*, n°839, 2002, p. 180 à 220.

ONANA ETOUNDI (F.):
- « Les Principes d'UNIDROIT et la sécurité juridique des transactions commerciales dans l'avant-projet d'Acte uniforme OHADA sur le droit des contrats », *Revue de droit uniforme*, UNIDROIT, 2005, n°4, p. 683 à 718.

OPPETIT (B.) :
- « L'adaptation des contrats internationaux aux changements de circonstances : la clause de « hardship » », *JDI*, 1974, p. 794 à 814.
- « Arbitrage et contrats d'État, l'arbitrage Framatome et autres c. Atomic Energy Organisation of Iran », *JDI*, 1984, p. 37.
- « Le paradoxe de la corruption à l'épreuve du droit du commerce international », *JDI*, 1987, n°1, p. 5 à 23.
- « La clause arbitrale par référence », *Revue de l'arbitrage*, 1990, p. 551 à 570.
- « Philosophie de l'arbitrage commercial international », *JDI,* 1993, n°4, p. 812 à 817.
- « Droit du commerce international et les valeurs non marchandes », *in Etudes de droit international à l'honneur de Pierre Lalive*, Helbing & Lichtenhahn, 1993, p. 309.

ORTSCHEIDT (J.), « Les dommages et intérêts punitifs en droit de l'arbitrage international », *Petites affiches*, 20 novembre 2002, n°232, p. 17 et s.

PAULSSON (J.):

- « La Lex Mercatoria dans l'arbitrage de la CCI », *Revue de l'arbitrage*, 1990, p. 55 à 100.
- « Arbitration Without Privity », *ICSID Review*, automne 1995, volume 10, n°2, p. 232 à 257.

PELLET (A.) :

- « Le droit international à l'aube du XXIe siècle », *in Cursos Euromediterráneoes Bancaja de Derecho Internacional*, Pamplona, Aranzadi, 1998, p. 83 à 90.
- « La lex mercatoria « tiers ordre juridique » ? Remarques ingénues d'un internationaliste de droit public », *in Souveraineté étatique et marchés internationaux à la fin du 20ème siècle A propos de 30 ans de recherche du CREDIMI, Mélanges en l'honneur de Philippe Kahn*, Paris, Litec, 2000, p. 53 à 74.
- « Les articles de la C.D.I. sur la responsabilité de l'État pour fait internationalement illicite suite-et fin ? », *AFDI*, 2002, volume 48, p. 1 à 23.
- « Le renforcement du rôle de la CIJ », *in Yves Sandoz éd., Quel droit international pour le 21ème siècle ?*, actes du colloque de Neuchâtel, Bruylant, Bruxelles, 2007, p. 134 à 143.
- « L'adaptation du droit international aux besoins changeants de la société internationale », *Recueil des cours de l'Académie de droit international de La Haye*, 2007, Tome 329, Nijhoff, Leiden/Boston, 2008, p. 9 à 47.

PERROT (R.), « Les voies de recours en matière d'arbitrage », *Revue de l'arbitrage*, 1980, p. 268.

PETSHE (M.), « L'autonomie de l'arbitrage commercial international et le contrôle de conformité des sentences arbitrales à l'ordre public », *Gazette du Palais*, 14 décembre 2006, n° 348, p. 11 et s.

PHILIPE (D.), « La force majeure et le hardship », *in Les Principes UNIDROIT relatifs aux contrats de commerce international (éd. 2010) et l'arbitrage*, Bruxelles, Bruylant, 2011, p. 109 et 110.

PINSOLLE (Ph.), « Les intérêts composés dans l'arbitrage international exemple de sentences récentes rendues en matière d'expropriation », *RDAI*, 2003, n°5, p. 583 à 589.

POILLOT PERUZZETO (S.):

- « Ordre public et droit communautaire », *Recueil Dalloz-Sirey*, 1993, p.177 à 182.
- « Ordre public et loi de police dans l'ordre communautaire », *in Travaux du Comité français de droit international privé*, 2003/2004, Paris, édition A. Pedone, p. 65 et s.

POUDRET (J.-F.), « L'originalité du français de l'arbitrage au regard du droit comparé », *RIDC*, 2004, n°1, p. 133 à 149.

POULAIN (B.), « L'investissement international : définition ou définitions ? » *in Aspects nouveaux du droit des investissements internationaux*, Centre d'Étude et de recherche de l'Académie de Droit International de La Haye, Martinus Nijhoff, 2007, p. 123 à 150.

PRUJINER (A.), « Comment utiliser les Principes d'Unidroit dans la pratique contractuelle ? », *Revue Juridique Thémis*, 2002, n°36-2, p. 567.

RACINE (J.-B.) et SIIRIAINEN (F.), « Sécurité juridique et droit économique. Propos introductifs », *in Sécurité juridique et droit économique* : actes du colloque organisé les 26 et 27 octobre 2006 à la faculté de droit de Sophia Antipolis, Nice, Bruxelles, Larcier, 2008, p. 6.

RAMBAUD (P.) :

- « Premiers enseignements des arbitrages du CIRDI », *AFDI*, 1982, volume 28, p. 471 à 491.
- « Note sur l'extension du système CIRDI », *AFDI*, 1983, volume 29, p. 290 à 299.
- « Deux arbitrages C.I.R.D.I », *AFDI*, 1984, volume 30, p. 391 à 408.
- « Des obligations de l'État vis-à-vis de l'investisseur étranger (sentence AAPL C. SRI LANKA) », *AFDI*, 1992, volume 38, p. 501 à 510, spéc. 505.
- « L'affaire des « Pyramides » : suite et fin », *AFDI*, 1993, volume, 39, p. 567 à 576.

RAOUF (M. A.), « How Should International Arbitrators Tackle Corruption Issues », *ICSID Review*, été 2009, volume 24, n°1, p. 131 à 134.

RECCHIA (G.), « La nouvelle loi italienne sur l'arbitrage », *Revue de l'arbitrage*, 1984, p. 65.

RICCI (R.), « Les sources normatives de sécurité juridique en droit international économique », *RIDE*, 2000, n°2, p. 209 à 330.

RIPERT (G.), « Les règles du droit civil applicables aux rapports internationaux : (contribution à l'étude des principes généraux du droit visés au statut de la Cour permanente de justice internationale) », *Recueil des cours de l'Académie de droit international de La Haye*, Martinus Nijhoff, 1933, Tome 44, p. 622 à 628.

ROBERT (J.), « Le juge et l'arbitrage », *Revue de l'arbitrage,* 1980, p. 233.

ROBIN (G.), « Le principe de bonne foi dans les contrats internationaux », *RDAI*, 2005, n°6, p. 695 à 727.

ROBINE (E.), « Le choix des arbitres », *Revue de l'arbitrage*, 1990, n°2, p. 315 à 336.

ROLIN (H.), « Force obligatoire des ordonnances de la de la Cour Permanente de Justice Internationale en matière de mesures conservatoires » *in Mélanges offerts à Ernest Mahaim*, 1953, Tome 2, p. 280 à 298.

RUBINO-SAMMARTANO (M.), « Le tronc commun des lois en présence (Réflexions sur le droit applicable par l'arbitre international) », *Revue de l'arbitrage*, 1987, p. 133 et s.

SANDERS (P.), « L'intervention du juge dans la procédure arbitrale (de la clause compromissoire à la sentence) », *Revue de l'arbitrage*, 1980, p. 246.

SCHÖNLE (H.), « Intérêts moratoires, intérêts compensatoires et dommages-intérêts de retard en arbitrage international », *in Études de droit international en l'honneur de Pierre Lalive,* Helbing & Lichtenhahn, 1993, p. 649 et s.

SEIDL-HOHENVELDERN (I.), « L'évaluation des dommages dans les arbitrages transnationaux », *AFDI*, 1987, volume 33, p. 7 à 31.

SERAGLINI (Ch.) :

- « L'affaire Thalès et le non-usage immodéré de l'exception d'ordre public (ou les dérèglements de la déréglementation) », *Gazette du Palais*, 22 octobre 2005, n° 294 à 295, p. 5 et s.

- « Le contrôle de la sentence au regard de l'ordre public international par le juge étatique : mythes et réalités », *Gazette du Palais*, 21 mars 2009, n° 2009/1, p. 5 et s.

SIIRIAINEN (F.), « L'harmonisation du droit de la propriété littéraire et artistique au sein de l'OAPI : regard extérieur d'un juriste français », *Revue de l'ERSUMA*, n°1, juin 2012, p. 252 à 267.

SILVA ROMERO (E.) :

- « Brèves observations sur l'opinion dissidente », *in Les arbitres internationaux (sous la direction de J. ROSSEL), Colloque du 4 février 2005*, Paris, Société de Législation Comparée, 2005, p. 179 à 186.

- « Quelques brèves observations du point de vue de la Cour internationale d'arbitrage de la Chambre de commerce internationale », *in Le contentieux arbitral transnational relatif à l'investissement Nouveaux développements*, Paris, Anthemis, LGDJ, 2006, p. 331 à 343.

- « A propos de l'inexorable collision de philosophies dans la constitutionnalisation de l'arbitrage en Amérique Latine », *in L'arbitrage en France et en Amérique Latine à l'aube du XXIe siècle, Aspects de droit comparé*, Paris, Société de Législation Comparée, 2008, p. 269.

- « Observations sur la notion d'investissement après la sentence Phoenix », *Les cahiers de l'arbitrage, The Paris Journal of International Arbitration*, 2010, n°4, p. 987 à 1006.

SORIEUL (R.), « L'œuvre normative de la CNUDCI dans le domaine du règlement des différends », *in L'arbitrage en France et en Amérique Latine à l'aube du XXIe siècle, Aspects de droit comparé* (sous la direction de B. FAUVARQUE-COSSON et A. WALD), Paris, Société de la législation comparée, 2008, p. 61 et s.

SOULAS de RUSSEL (D. J. M.) et RAIMBAULT (Ph.), « Nature et racines du principe de sécurité juridique : une mise au point », *RIDC*, 2003, p. 87 à 103.

SMIT (H.), « Les opinions dissidentes en matière d'arbitrage », *Bulletin de la Cour Internationale d'arbitrage de la CCI*, 2004, 1er semestre, volume 15/n°1, p. 37 à 42.

STERN (B.):

- « Le consentement à l'arbitrage CIRDI en matière d'investissement international : que disent les travaux préparatoires ? », *in Souveraineté étatique et marchés internationaux à la fin du 20ème siècle A propos de 30 ans de recherche du CREDIMI, Mélanges en l'honneur de Philippe Kahn*, Paris, Litec, 2000, p. 244.

- « La nécessité économique et financière », *in La nécessité en droit international : colloque de Grenoble*, SFDI, Paris, Pedone, 2007, p. 349 à 355.

de SHUTTER (O.), « Les affaires Total et Unocal : complicité et extraterritorialité dans l'imposition aux entreprises d'obligations en matière de droits de l'homme », *AFDI*, 2006, volume 52, p. 55 à 101.

SUEUR (J.-J.), « La sécurité juridique et le droit public économique » *in Sécurité juridique et droit économique :* actes du colloque organisé les 26 et 27 octobre 2006 à la faculté de droit de Sophia Antipolis, Nice, Bruxelles, Larcier, 2008, p. 451.

TIETJE (C.), NOWROT (K.) et WAKERNAGEL (C.), « Once and Forever The Legal Effects of a Denunciation of ICSID », *Transnational Economic Law Research Center* (TELC), mars 2008, n°74, p. 5 à 33.

TIGROUDJA (H.), « La force obligatoire des mesures provisoires indiquées par la Cour Européenne des Droits de l'Homme. Observations sous l'arrêt du 6 février 2003, Mamatkulov c/ Turquie », *RGDIP*, 2003-3, p. 601 à 633.

TRAHAN (A.-M.), « Les Principes d'UNIDROIT relatifs aux contrats du commerce international », *Revue Juridique Thémis*, 2002, n°36-2, p. 628 à 629.

VAN HOUTTE (H.), « Changed Circumtances and Pacta Sunt Servanda », *in Transnational Rules in International Commercial Arbitration* (GAILLARD E. éd.), Paris, ICC Publication, 1993, n°480/4, p. 105 et s.

de VAREILLES-SOMMIÈRE (P.) et FEKINI (A.), « Les nouveaux contrats internationaux d'exploration et de partage de production pétrolière en Libye », *JDI*, 2009, p. 97 à 136.

VASSOGNE (J.), « L'arbitre, le juge et l'ordre public économique », *Revue de l'arbitrage*, 1987, p. 87 à 92.

VEEDER (V.), « Is There any need for a code of ethics for international commercial arbitrators ? », *in Les arbitres internationaux (sous la direction de J. ROSSEL), Colloque du 4 février 2005*, Paris, Société de Législation Comparée, 2005, p. 187 à 193.

VELISSAROPOULOS-KARAKOSTAS (J.), « L'arbitrage dans la Grèce antique. Époque archaïque et classique », *Revue de l'arbitrage*, 2000, p. 9 à 26.

VITANYI (B.), « Les positions doctrinales concernant le sens de la notion de "principes généraux de droit reconnus par les nations civilisées" », *RGDIP*, 1982, janvier-février-mars, p. 48 à 116.

WAGNER (M.-P.), « Pénalités de retard : encore des interrogations », *Dalloz, cahiers du droit des affaires*, 2004, p. 2634 et s.

WEIL (P.) :

- « Les clauses de stabilisation ou d'intangibilité insérée dans les accords de développement économique », *in Mélanges offerts à Charles Rousseau, La communauté internationale*, Paris, A. Pedone, 1974, p. 301 à 328.
- « Principes généraux du droit et contrats d'État », *in Le droit des relations économiques internationales, Études offertes à Berthold GOLDMAN*, Paris, Litec, 1987, p. 387.

WENGLER (V. W.), « Les Principes généraux du droit en tant que la loi du contrat », *Revue critique de droit international privé*, 1982, p. 467 à 501.

WETTER (J. G.), « Issues of corruption before International Tribunals : The authentic text and true meaning of Gunnar Lagergren's award 1963 Award in ICC case n°1110 », *Arbitration International*, 1994, p. 277 et s.

ZATARRA-GROS (A.-F.), « Arbitrage et procès équitable dans la zone sud-ouest de l'océan indien », *RIDC*, 2007, n°3, p. 595 à 616.

ZIADÉ (N. G.), « L'éthique et l'arbitrage en matière d'investissement : grandeur et misère de la fonction d'arbitre », *Revue de l'arbitrage*, 2012, n°2, p. 308 à 332.

Mercosur et l'arbitrage

ABRIANI (F.), « L'affaire *LG & E vs Argentine Republic* Quelques réflexions sur le rôle du Centre international pour le règlement de différends relatifs aux investissements », *in Droit et économie de la régulation*, *Responsabilité et régulations économiques*, (sous la direction de FRISON-ROCHE (M.-A.), 2007, volume 5, Paris, Presses de Sciences Politiques et Dalloz, p. 171 à 187.

ACHTOUK-SPIVAK (L.), « Arbitrage en matière d'investissement et crise argentine : un bilan d'étape », *Gazette du Palais*, 15 décembre 2007, n°349, p. 55 et s.

BAPTISTA (L. O.) :

- « l'homologation des sentences arbitrales étrangères au Brésil », *Cahiers juridiques et fiscaux de l'exportation*, 1987, p. 699.
- « Le Traité d'Asunción établissant le Marché commun du Sud (Mercosul) », *RDAI*, 1992, p. 567 à 588.

BAPTISTA (L. O.) et GOMES (M. J.), « Mercosur : Décision du premier tribunal arbitral », *RDAI*, 2000, n° 3, p. 353.

BARRA (R. C.) et IRIGOIN BARENNE (J.), « Fuentes del ordenamiento de la integración » *in Chile y el Mercosur en América Latina, VI Encuentro Internacional de Derecho de América del Sur,* Tome I, Santiago de Chile, Editorial Jurídica, 1999, p. 75.

BOUTAUD SANZ (Ph.), « Bref aperçu du droit international privé au Brésil », *in Introduction au droit brésilien* (sous la direction de D. PAIVA DE ALMEIDA), Paris, L'Harmattan, 2006, p. 449 et s., spéc. 454.

CAMINOS (H.), « The Inter-American Convention on International Commercial Arbitration », *ICSID Review,* 1988, n°3, p. 107.

CHALOULT (Y.) et HILLCOAT (G.), « Intégration et compétitivité dans le Mercosur. Vers une introversion des échanges agro-alimentaires », *Revue Tiers-Monde*, 1996, avril-juin, Tome XXXVII, n°146, p. 408 à 410.

CHRISTAKIS (T.), « Quel remède à l'éclatement de la jurisprudence CIRDI sur les investissements en Argentine ? La décision du comité ad hoc dans l'affaire CMS C. Argentine », *RGDIP*, 2007, n°4, octobre-décembre, p. 879 à 896.

CONEJERO ROOS (C.) et GRION (R. S.) :

- « L'arbitrage au Brésil : droit et pratique dans une optique CCI », *Bulletin de la Cour internationale d'arbitrage de la CCI*, 2006, volume 17, n ° 2, p. 11.
- « Arbitration in Brazil : the ICC experience », *in L'arbitrage en France et en Amérique Latine à l'aube du XXIe siècle, Aspects de droit comparé* (sous la direction de B. FAUVARQUE-COSSON et A. WALD), Paris, Société de la législation comparée, 2008, p. 329 à 374.

CREMADES (A. M.) :

- « Arbitraje internacional : del arbitraje comercial al arbitraje de protección de inversiones » *in L'arbitrage en France et en Amérique Latine à l'aube du XXIe siècle, Aspects de droit comparé* (sous la direction de B. FAUVARQUE-COSSON et A. WALD), Paris, Société de la législation comparée, 2008, p. 94.
- « State Participation In International Arbitration », *in Liber Amicorum en l'honneur de Serge LAZAREFF*, Paris, A. Pedone, 2011, p. 131.

DA GAMA E SOUZA Jr (L.):

- « A Convençao Interamericana sobre Arbitragem Comercial International », *Integraçao juridica interamericana*, Sao Paolo, édition LTR, 1998, p. 386
- « The UNIDROIT Principles of International Commercial Contracts and their Applicability in the Mercosur countries », *Revue Juridique Thémis*, 2002, n°36-2, p. 400.

DE AGUILAR VIEIRA (I.) et VIEIRA DA COSTA CERQUEIRA (G.), « L'influence du code de commerce français au Brésil, (Quelques remarques sur

la commémoration du bicentenaire du Code français de 1807) », *RIDC*, 2007, p. 27 à 77.
DAILLIER (P.), « La jurisprudence des tribunaux des organisations d'intégration latino-américaines », *AFDI*, 2006, volume 52, p. 532 et s.
ESCOBAR (A. A.), « Argentina's Multiplication of Investor-State Arbitration Proceedings », *in Le contentieux arbitral transnational relatif à l'investissement Nouveaux développements*, Paris, Anthemis, LGDJ, 2006, p. 219 à 236.
FRY (J. D.) et (J. I.) STAMPALIJA (J. I.), « Towards an Agreement on Investment in Mercosur: Conflict and Complementary of International Investment Law and International Law and International Trade-in-Services Law », *The Journal of World Investment & Trade*, Martinus Nijhoff Publishers, 2012, n°13, p. 588 à 592.
GREBLER (E.), « The Convention on International Sale of Goods and Brazilian Law: Are Differences Irreconcilable ? », *Journal of law and Commerce*, 2005, vol. 25, p. 467 à 476.
JEDLIKI (C.), « Le Mercosur dans la politique extérieure brésilienne de ces dernières décennies », *Revue Tiers-Monde*, 2001, octobre-décembre, Tome XLII, n°168, p. 821 à 826.
KLEINHEISTERKAMP (J.), « Le Brésil et la doctrine Calvo », *in Gouverner l'intégration : les politiques nationale et internationale du Brésil de Lula*, S. MONCLAIRE et J.-F. DELUCHEY (dir.), Paris, éditions Pepper, 2006, chapitre 7.
KOS-RABCEWICZ-ZUBKOWSKI (L.), « Les Conventions interaméricaines sur l'arbitrage commercial et la Commission interaméricaine de l'arbitrage commercial », *Revue de l'arbitrage*, 1983, p. 411 et s.
LEE (J.-B.) :
- « Le nouveau régime de l'arbitrage au Brésil », *Revue de l'arbitrage*, 1997, p. 199.
- « L'arbitrage commercial international dans le Mercosur : l'Accord de Buenos Aires de 1998 », *Revue de l'arbitrage,* 2004 n° 3, p. 565 à 584.
- « A aplicabilidade a Convençao do Panama sobre arbitragem comercial international de 1975 no sistema interamericano de arbitrage comercial international », *Derecho del comercio international. Temas y actualidades – Arbitraje* (*DeCITA*), Edition Zavalia, 2004, 02, p. 202.
MANTILLA SERRANO (F.) :
- « Nouvelles de l'arbitrage en Amérique Latine », *Revue de l'arbitrage* 1995, p. 552.
- « Le traitement législatif de l'arbitrage en Amérique Latine (quelques réformes récentes) », *Revue d'arbitrage,* 2005 n° 3, p. 561 à 602.
MENEZES (M. M.), « Panorama de l'arbitrage international au Brésil » *in L'arbitrage en France et en Amérique Latine à l'aube du XXIe siècle, Aspects de droit comparé* (sous la direction de B. FAUVARQUE-COSSON et A. WALD), Paris, Société de la législation comparée, 2008, p. 388 à 390.
MORENO RODRIGUEZ (J. A.), « Orden público y arbitraje: Algunos llamativos pronunciamentes recientes en Europa y el MERCOSUR », *Lima Arbitration*, n°2, 2007, p. 63 à 105.

PERRET (L.), « La Convention interaméricaine sur la loi applicable aux contrats internationaux adoptée par la C.I.D.I.P.V avec des notes explicatives » *Revue Générale de Droit*, 1994, n°25, p. 625 à 635.

RUIZ DIAZ LABRANO (R.), « El arbitraje comercial internacional y su recepción por el ordenamiento jurídico paraguayo y mercosureño », *Derecho del comercio international. Temas y actualidades –Arbitraje* (*DeCITA*), 2004, n° 2, p. 395.

RUIZ MIGUEL (C.), « L'amparo constitutionnel en Espagne : droit et politique », *Cahiers du Conseil constitutionnel*, n°10, 2001.

SALERNO (M. U.), « L'actualité de l'arbitrage en Argentine », *in L'arbitrage en France et en Amérique Latine à l'aube du XXIe siècle, Aspects de droit comparé* (sous la direction de B. FAUVARQUE-COSSON et A. WALD), Paris, Société de Législation Comparée, 2008, p. 233 à 241.

SANTANDER (S.), « Entre globalisation et régionalisme : la stratégie de coopération inter-régionale Union Européenne-Mercosur », *in Annuaire français des relations internationales*, 2001, Bruxelles, Bruylant, p. 524 à 535.

STEIN (K.), « Exxon-Venezuela arbitration dispute: next steps and impact on future investor-state disputes under ICSID », *Journal of World Energy Law and Business*, 2011, volume 4, n°4, p. 380 à 389.

TIBURCIO (C.), « Panorama sur l'arbitrage au Brésil », *in L'arbitrage en France et en Amérique Latine à l'aube du XXIe siècle, Aspects de droit comparé* (sous la direction de B. FAUVARQUE-COSSON et A. WALD), Paris, Société de Législation Comparée, 2008, p. 305 à 312.

VAN DEN BERG (V. A. J.), « l'arbitrage commercial en Amérique Latine », *Revue de l'arbitrage*, 1979, p. 123 à 203.

WALD (A.) et SHELLENBERG (P.), « L'efficacité de la clause compromissoire au Brésil », *Revue d'arbitrage,* 2000, p. 429 à 446.

WALD (A.), « La résolution, par l'arbitrage, des conflits entre l'administration publique et les entreprises privées en droit brésilien », *Gazette du Palais, Les cahiers de l'arbitrage*, 13 au 17 juillet 2007, n°194 à 198, p. 10 et s.

YOUGONÉ (F.), « L'OHADAC une opportunité à saisir pour l'arbitrage en Amérique Latine ? », *Revue de la Recherche Juridique Droit Prospectif*, Aix-Marseille, PUAM, 2010-2, p. 1011 à 1021.

OHADA et l'arbitrage

AKA (N.), « L'arbitrage commercial en Côte d'Ivoire », *in Justice et Développement, le rôle de l'arbitrage commercial international*, actes du séminaire de perfectionnement le Caire, 14-21 décembre 1996, Agence de la Francophonie, p. 144.

AMOUSSO-GUENOU (R.) :

- « La réforme de l'arbitrage en République fédérale du Nigéria », *Revue de l'arbitrage*, 1989, p. 445 à 465.
- « Droit de l'arbitrage en Afrique avant l'OHADA », *in OHADA et les perspectives de l'arbitrage en Afrique*, Bruxelles, Bruylant, 2000.

ANCEL (J.-P.), « L'arbitrage et la coopération du juge judiciaire », *Penant*, n°833, mai-août 2000, p. 174.

AQUEREBURU (A. C.), « L'État justiciable de droit commun dans le Traité de l'OHADA », *Penant*, n° 865, 2008, p. 503.

AREGBA (P.), « L'OHADA : histoire, objectifs, structures », *in L'OHADA et les perspectives de l'arbitrage en Afrique*, Bruxelles, Bruylant, 2000. p. 9.

ASSEPO ASSI (E.), « L'ordre public international dans l'Acte Uniforme de l'OHADA relatif à l'arbitrage », *Revue de l'arbitrage*, 2007, n° 4, p.753 à 768.

BEBOHI EBONGO (S. I.), « L'ordre public international des États parties à l'OHADA », *Revue Camerounaise de l'Arbitrage*, n° 34, juillet-août-septembre, 2006, p. 3 et s.

BOUGOUMA (J.), « Les sources de l'arbitrage commercial international au Burkina Faso », *in Justice et Développement, le rôle de l'arbitrage commercial international*, Actes du séminaire de perfectionnement le Caire, 14-21 décembre 1996, Agence de la Francophonie, p. 133.

BOURDIN (R.), « Le règlement d'arbitrage de la CCJA », *Revue Camerounaise de l'arbitrage*, 1999, n°5 avril juin, p. 10.

CAMARA (F.), « Le nouveau droit de l'arbitrage au Sénégal : du libéral et de l'éphémère », *Revue de l'arbitrage*, 1999, n° 1, p. 45 à 56.

CAMARA (F. K.) et CISSÉ (A.), « Arbitrage et médiation dans les cultures négro-africaines entre la prédisposition à dénouer et la mission de trancher », *Revue de l'arbitrage*, 2009, n° 2, p. 285 à 316.

COULIBALY (A. S.) :

- « La concurrence dans le cadre de l'UEMOA », *Actes du colloque de Ouagadougou des 16 et 17 décembre 1999 sur le thème : La libéralisation de l'économie dans le cadre de l'intégration régionale : le cas de l'UEMOA*, Publication du CEEI, n° 3, Ouagadougou, 2001, p. 97.

COUSIN (B.), « L'OHADA, un correctif au fonctionnement de la justice ? », *Penant*, n° 865, 2008, p. 513.

DIMA EHONGO (P.) :

- « L'intégration juridique des économies africaines à l'échelle régionale et mondiale », *in M. DELMAS-MARTY (sous la direction), Critique de l'intégration normative*, Paris, PUF, 2004, p. 179 à 225.
- « De l'intégration normative à géométrie et à géométrie variables », *in M. DELMAS-MARTY (sous la direction)*, *Critique de l'intégration normative*, Paris, PUF, 2004, p. 28 et 29.
- « Les pièges d'un droit uniforme hégémonique dans le traité OHADA », *Cahiers d'Anthropologie juridique*, Paris, 2005, p. 137 à 144.

FOUCHARD (Ph.), « Le système d'arbitrage de l'OHADA : le démarrage », *Petites affiches*, 13 octobre 2004, n° 205, p. 52.

ISSA-SAYEGH (J.) :

- « L'intégration juridique des États africains de la zone Franc », *Penant*, n° 823, janvier-avril 1997, p. 5 et s.
- « Quelques aspects techniques de l'intégration juridique : l'exemple des actes uniformes OHADA », *Revue de droit uniforme, Institut international de droit privé,* janvier 1999, p. 5 à 32.
- « l'OHADA, instrument d'intégration juridique des pays africains de la zone Franc », *Revue de jurisprudence commerciale*, juin 1999, p. 237.
- « Réflexions dubitatives sur le droit de l'arbitrage de l'OHADA », *Revue Camerounaise de l'arbitrage*, numéro spécial, octobre 2001, p. 22.

JOLIVET (E.), « L'harmonisation du droit OHADA des contrats : l'influence des Principes d'UNIDROIT en matière de pratique contractuelle et d'arbitrage », *Revue de droit uniforme, Institut international de droit privé*, 2008, p. 127 à 152.

KAMTO (M.):

- « Une justice entre tradition et modernité », *Afrique Contemporaine*, n° 156, 4/90, p. 58.
- « La participation des personnes morales africaines de droit public à l'arbitrage OHADA », *in OHADA et les perspectives de l'arbitrage en Afrique*, Bruxelles, Bruylant, 2000, p. 89 et s.

KANTÉ (A.), « Réflexions sur le droit de la concurrence et la protection des consommateurs dans l'UEMOA : l'exemple du Sénégal », *Revue internationale de droit africain EDJA*, n° 67, 2005, p. 53 et s.

KENFACK DOUAJNI (G.) :

- « L'abandon de souveraineté dans le traité OHADA », *Penant*, n° 832, 2000, p. 125 et s.
- « La notion d'ordre public international des États parties à l'OHADA », *Revue Camerounaise de l'Arbitrage*, n° 29, avril-mai-juin, 2005, p. 3 et s.

KIRSCH (M.), « Historique de l'Organisation pour l'Harmonisation en Afrique du Droit des Affaires (OHADA) », *Penant*, n° 827, 1998, p. 129 à 135.

LE ROY (E.), « Le justiciable africain et la redécouverte d'une voie de règlement des conflits », *Afrique Contemporaine*, n°156, 4/90, p. 111 à 120.

LOHOUES-OBLE (J.), « L'application d'un droit international des affaires en Afrique », *RIDC*, 1999, n°3, p. 543 et s.

MALLE (A.), « La loi malienne sur l'arbitrage international », *in Justice et Développement, le rôle de l'arbitrage commercial international*, actes du séminaire de perfectionnement le Caire, 14-21 décembre 1996, Agence de la Francophonie, p.159.

MASAMBA (R.), « L'OHADA et le climat des investissements en Afrique », *Penant*, n°855, avril-juin 2006, p. 137 à 150.

M'BOSSO (J.)

- « Le fonctionnement du centre d'arbitrage CCJA et le déroulement de la procédure arbitrale », *Revue Camerounaise de l'arbitrage*, numéro spécial, octobre 2001, p. 42.
- « L'arbitrage institutionnel de la CCJA de l'OHADA Premier bilan de l'application des instruments OHADA relatifs à l'arbitrage : le cas de l'arbitrage CCJA », *Revue Camerounaise de l'arbitrage*, numéro spécial, février 2010, p. 161 et s.

MEYER (P.) :

- « La sécurité juridique et judiciaire dans l'espace OHADA », *Penant*, n°855, janvier-mars 2006, p. 151 à 175.
- « Le droit de l'arbitrage dans l'espace OHADA Dix ans après l'Acte Uniforme », *Revue de l'arbitrage*, 2010, n°3, p. 1 à 28.

MONKAREE (A.), « The necessity to embrace the OHADA system by Anglophone African countries », *in L'effectivité du droit de l'OHADA*, Yaoundé, PUA, 2006, p. 15 et s.

MOORE DICKERSON (C.), « Le droit de l'OHADA dans les États anglophones et ses problématiques linguistiques », *RIDC*, 2008-1, p. 7 et s.

MOTTE-SURANITI (D.), « L'exécution en France des sentences arbitrales CCJA », *Penant*, n° 866, 2009, p. 63.

NEMEDEU (R.), « La recherche du critère d'arbitrabilité des litiges concernant les personnes morales de droit public en droit OHADA », *Revue de la Recherche Juridique Droit Prospectif*, Aix-Marseille, PUAM, 2010-1 p. 434 à 440.

OKILASSALI (M.), « La participation des États africains à l'arbitrage CIRDI », *Penant*, n°839, 2002, p. 180 à 220.

ONANA ETOUNDI (F.):

- « Formalisme et preuve des obligations contractuelles dans l'avant-projet d'Acte uniforme de l'OHADA sur le droit des contrats », *Revue de droit uniforme, Institut international de droit privé*, 2008, p. 359 à 361.
- « Les expériences d'harmonisation en Afrique », *Revue de l'ERSUMA*, n°1, juin 2012, p. 14.

PLOUVIER (E.), « Un conflit en Afrique », *Problèmes politiques et sociaux*, n°697, 5 février 1993, p. 30 à 36.

POUGOUÉ (P.-G.), « Le système d'arbitrage de la CCJA », *in l'OHADA et les perspectives de l'arbitrage en Afrique*, Bruxelles, Bruylant, 2000, p. 146.

PRISO-ESSAWE (S. J.), « L'émergence d'une droit de la concurrence en Afrique », *RIDC*, 2004, 2, p. 329 à 354.

REIS (P.), « Le droit du travail dans l'OHADA », *Revue de l'ERSUMA*, n°1, juin 2012, p. 244 à 251.

SARASSORO (H. C.), « Justice, morale et droits de l'homme, la corruption et l'enrichissement sans cause en Afrique aujourd'hui », *Afrique Contemporaine*, n° 156, 4/90, p. 195 à 206.

SAVADOGO (L.), « Le traité relatif à l'harmonisation du droit des affaires en Afrique », *AFDI*, 1994, volume 40, p. 823 à 847.

SECK (T. A.), « L'effectivité de la pratique arbitrale de la Cour Commune de Justice et d'Arbitrage (CCJA) et les réformes nécessaires à la mise en place d'un cadre juridique et judiciaire favorable aux investissements privés internationaux », *Penant*, n°833, 1999-2000, p. 188 à 199.

SIMO TUMNDE (M.) :

- « Cameroon offers a contextual approach to understanding the OHADA Treaty and Uniform Acts », *in Unified business law for Africa: Common Law perspectives on OHADA*, Londres, GMB, 2009, p. 45 à 67.
- « OHADA as experienced in Cameroon: addressing areas of particular concern to common Law jurists », *in Unified business law for Africa: Common Law perspectives on OHADA*, Londres, GMB, 2009, p. 69 à 82.

TALL (S. N.), « L'arbitrage des différends avec les investisseurs privés étrangers : les États d'Afrique subsaharienne devant le tribunal du CIRDI », *Revue EDJA*, n°56 janvier-février-mars 2003, p. 53 et s.

TCHAKOUA (J.-M.):

- « Une pièce importante dans l'œuvre d'harmonisation en Afrique du droit des affaires : Cour Commune de Justice et d'Arbitrage, arrêt n°3 du 31 janvier 2011 « Planor SA c/ ATLANTIQUE TELECOM SA », *Penant*, numéro 881, octobre-décembre 2012, p. 531à 548.
- « L'arbitrabilité des différends dans l'espace OHADA », *Penant*, n° 835, janvier-avril 2001, p. 5.

- « L'espace dans le système d'arbitrage de la Cour de Justice et d'Arbitrage de l'OHADA », *Penant*, n° 842, avril-juin 2003, p. 79.

TCHANTCHOU (H.) et NDZUENKEU (A.), « L'exécution provisoire à l'ère de l'OHADA », *Penant*, n° 850, 2005, p. 46.

Intégration et arbitrage

AUDIT (B.), « L'arbitre, le juge et la Convention de Bruxelles », *in L'internationalisation du droit, Mélanges en l'honneur de Yvon Loussouarn*, Paris, Dalloz, 1994, p. 15.

BRINER (R.), « L'arbitrage international et l'Europe », *in L'arbitrage et le Droit européen*, actes du Colloque International du CEPANI du 25 avril 1997, Bruxelles, Bruylant, 1997, p. 25.

BURGORGUE-LARSEN (L.), « Le fait régional dans la juridictionnalisation du droit international », *in Colloque de Lille sur la Juridictionnalisation du droit international*, SFDI, Paris, Pedone, 2003, p. 203.

CASTELLANI (L. G.), « Assurer l'harmonisation du droit des contrats au niveau régional et mondial : la Convention des Nations Unies sur les contrats de vente internationale de marchandises et le rôle de la CNDUCI », *Revue de droit uniforme, UNIDROIT*, 2008, n °1/2, p. 101 à 113.

CEREXHE (E.), « l'intégration juridique comme facteur d'intégration régionale », *in Mélanges offerts à Silvio Marcus Helmons*, Bruxelles, Bruylant, 2003, p. 33.

CHALOULT (Y.) et HILLCOAT (G.), « Intégration et compétitivité dans le Mercosur. Vers une introversion des échanges agro-alimentaires », *Revue Tiers-Monde*, 1996, avril-juin, Tome XXXVII, n°146, p. 408 à 410.

DEFFAINS (B.), « Nécessité économique d'une harmonisation du droit des contrats en Europe », *in Le contrat en Europe aujourd'hui et demain* (sous la direction de R. CABRILLAC, D. MAZEAUD et A. PRÜM), Colloque du 22 juin 2007, Paris, Société de Législation Comparée, 2007, p. 94.

DELMAS-MARTY (M.), « Harmonisation- l'expérience contemporaine », *in Pensée juridique française et harmonisation européenne du droit*, Paris, Société de législation comparée, 2003, p. 47.

IV. THÈSES ET MÉMOIRES

AMOUSSOU-GUENOU (R.), *Le droit et la pratique de l'arbitrage commercial international en Afrique francophone*, Thèse de Doctorat, Paris II, 1995, p. 33 et s.

ARCHER (D.), *L'impérativité et ordre public en droit communautaire et droit international privé des contrats (étude de conflits de lois)*, Thèse de Doctorat, Université de Cergy Pontoise, soutenue le 10 octobre 2006, p. 262 à 280.

GABRIELE (S.), *Vers une émergence de la responsabilité des multinationales en matière de violations des droits de l'homme ?*, Mémoire de Master dirigé par le professeur B. STERN, Université Paris I, Panthéon-Sorbonne, année universitaire 2005-2006, p. 59 à 116.

LEE (J.-B.), *L'arbitrage commercial international dans les pays du MERCOSUD*, Thèse Paris II, 2000, p. 292 et s.

NGOUMTSA ANOU (G.), *Droit OHADA et conflit de loi*, Thèse de Doctorat, Université Lyon III, soutenue en 2009, p. 203 à 249.
MALIK (M.), *La Dénonciation de la Convention de Washington du 18 Mars 1965 par l'Équateur et la Bolivie*, Mémoire de Master dirigé par le professeur F. LATTY, Université Paris XI, Versailles Saint Quentin, année universitaire 2010-2011.
ONGUENE ONANA (D. E.), *La qualification d'investissement étranger, Contribution à la notion juridique d'investissement et à la définition de l'extranéité*, Thèse de Doctorat, Université de Laval (Canada), mai 2011, p. 178 à 179.

V. Documents internationaux

Textes multilatéraux relatifs à l'arbitrage

Convention européenne sur l'arbitrage commercial international du 21 avril 1961.
Convention de Washington pour le Règlement des Différends relatifs aux Investissements entre États et ressortissants d'autres États du 18 mars 1965.
Convention des Nations Unies sur la Vente Internationale de Marchandises du 11 avril 1980.
Loi type de la Commission des Nations Unies pour le Droit Commercial International (CNUDCI) du 21 juin 1985.

Textes internationaux relatifs à l'arbitrage dans le Mercosur

Convention de Panama du 30 janvier 1975.
Traité d'Asunción du 26 mars 1991.
Protocole de Brasilia du 17 décembre 1991.
Protocole d'Ouro Preto du 17 décembre 1994.

Textes internationaux relatifs à l'arbitrage dans l'OHADA

Traité relatif à l'harmonisation du droit des affaires en Afrique du 17 octobre 1993.
Acte Uniforme sur l'Arbitrage du 11 mars 1999.

VI. Jurisprudence arbitrale (principales sentences citées)

Mercosur

Sentence rendue dans l'affaire *DECEX* du 28 avril 1999
Sentence rendue dans l'affaire de *la viande porcine* (ou *PROEX*) en date du 27 septembre 1999
Sentence rendue dans l'affaire de *l'Application des mesures de sauvegarde sur les produits textiles* le 10 mars 2000
Sentence rendue dans l'affaire *Des bicyclettes* du 29 septembre 2001
Sentence rendue dans l'affaire de l'*Interdiction d'importation de pneus remoulés* du 8 juin 2007
Sentence arbitrale du TPR n°01/2012 du 21 juillet 2012

Sentences CCI

Sentence CCI n°1526 de 1968, v. *JDI*, 1974, p. 915.
Sentence CCI n° 1675 rendue en 1969, v. *JDI*, 1974, p. 895 et s. avec des observations d'Y. DERAINS.
Sentence n°1512 de 1971, *JDI*, 1974, p. 905 à 913.
Sentence n°2321 de 1974, *JDI*, 1975, p. 938 avec des observations d'Y. DERAINS.
Sentence CCI n°1434 de 1975 v. *JDI*, 1976, p. 978 et s.
Sentence CCI n° 2291 de 1975, *JDI*, 1976, p. 990.
Sentence CCI n° 2520 de 1975 v. *JDI*, 1976, p. 992.
Sentence CCI n°2119 de 1978, *JDI*, 1979, p. 997 et s., avec des observations d'Y. DERAINS.
Sentence CCI n°3131 *Pabalk Ticaret Limited Sirketi c/ Ugilor / Norsolor* du 26 octobre 1979 v. *Revue de l'arbitrage*, 1983, p. 525 à 531.
Sentence CCI n° 3130 de 1980 v. S. JARVIN et Y. DERAINS, *Recueil des sentences de la CCI 1974-1985*, Kluwer Law and ICC Publishing, p. 413.
Sentence CCI n°3344 de 1981 v. *JDI*, 1982, p. 987.
Sentence CCI n°3894 de 1981, *JDI*, 1982, p. 987 avec une note d'Y. DERAINS.
Sentence CCI n°3913 de 1981 citée dans *JDI*, 2000, p. 1076.
Sentence CCI n°4131 de 1982, *JDI*, 1983, p. 899.
Sentence CCI n°3916 de 1982 v. S. JARVIN et Y. DERAINS, *Recueil des sentences arbitrales de la CCI, 1974-1985*, Paris, Kluwer, ICC Publishing S. A., Paris, 1990, p. 507 et s. V. aussi *JDI*, 1984, p. 930.
Sentence CCI n° 3896 *Framatome c/ A.E.O.I* rendue le 30 avril 1982, *JDI*, 1984, p. 37.
Sentence CCI n°2730 de 1982, v. *JDI*, 1984, p. 914.
Sentence CCI n°4145 de 1984, *JDI*, 1985, p. 990 avec une note d'Y. DERAINS.
Sentence CCI n°4381 de 1986, *JDI*, 1986, p. 1102.
Sentence CCI n°4761 de 1987, *JDI*, 1987, p. 1012 et s.
Sentence CCI n°5103 de 1988, *JDI*, 1988, p. 1206.
Sentence CCI n°5865 de 1989, *JDI*, 1998, p. 1008 et s.
Sentence CCI n°5953 de1989, *JDI*, 1990, p. 1056.
Sentence CCI n°5514 de 1990 v. *JDI*, 1992, p. 1027.
Sentence CCI n°5946 de 1990 v. *Yearbook Commercial Arbitration*, 1991, p. 97 et s.
Sentence CCI n°6219 de 1990, *JDI*, 1990, p. 1047 et s.
Sentence CCI n° 6697 de 1990. Sur cette sentence, *Revue de l'arbitrage*, 1992, p. 135.
368.
Sentence CCI n°6320 de 1992, *JDI*, 1995, p. 986 à 993 avec une note de D. HASCHER
Sentence n° 5030 de 1992, v. *JDI*, 1993, p. 1004.
Sentence CCI n°6653 de 1993 v. *JDI*, 1993, p. 1040 et s. avec une note de J.-J. ARNALDEZ.
Sentence CCI n°7197 de 1993, *JDI*, 1993, p. 1037 et s. avec une note de D. HASCHER.
Sentence CCI n°7081 de 1994, *JDI*, 2003, p. 1141.
Sentence CCI n°7331 de 1994 v. *JDI*, 1995, p. 1002 et s. avec une note de D. HASCHER.
Sentence CCI n°8128 de 1995, *JDI*, 1996, p. 1427 et 1428.

Sentence CCI n°8385 de 1995, *JDI*, 1997, n° 4, p. 1061 à 1073 avec une note d'Y. DERAINS.
Sentence CCI n°8486 de 1996, *JDI*, 1998, p. 1047 à 1052.
Sentence CCI n°8501 de 1996 v. *Bulletin de la Cour internationale d'arbitrage de la CCI*, 1999, volume n°2, p. 72 et s.
Sentence CCI n°8817 de 1997, *Gazette du Palais*, 02 décembre 2002, n°337, p. 37 et s.
Sentence CCI n°8873 de 1997 v. *JDI*, 1998 p. 1017 et s.
Sentence CCI n°8891 de 1998, *JDI*, 2000, p. 1076.
Sentence CCI n°9029 de 1998, *Bulletin de la Cour internationale d'arbitrage de la CCI*, 1999, volume 10, n° 2, p. 91.
Sentence CCI n° 9333 de 1998, v. J.-J. ARNALDEZ, Y. DERAINS, D. HASCHER, *Recueil des sentences arbitrales de la CCI 2001-2007*, Grande Bretagne, Wolters Kluwer, 2009, p. 575 à 587.
Sentence CCI n°8908, *Bulletin de la Cour internationale d'arbitrage de la CCI*, 1999, volume 10, n°2, p. 83 et s.
Sentence CCI n°10671 de 2000, *JDI*, 2006, p. 1423 et s. avec une note d'E. SILVA ROMERO.
Sentence CCI n°10422 de 2001, *JDI*, 2003, p. 1154 avec une note d'E. JOLIVET.
Sentence CCI n°10988 de 2003 v. *JDI*, 2006, p. 1408 et s. avec un commentaire de B. DERAINS.
Sentence CCI n°12290 de 2005, *JDI*, 2010, p. 1406, spéc. p. 1408 à 1409.
Sentence CCI n°12193 de 2007 v. *JDI*, 2007, p. 1286 et s. avec une note de E. SILVA ROMERO.

Sentences CIRDI

Sentences consultables sur www.italaw.com:
African Holding c/ RDC Sentence rendue sur les déclinatoires de compétence et la recevabilité sur l'affaire du 29 juillet 2008 *c/ RDC* (CIRDI n°ARB/05/21)
Aguas del Tunari c/ Bolivie décision sur la compétence rendue le 21 octobre 2005 (CIRDI n°ARB/02/3)
Alcoa Minerals of Jamaica de 1974 (cas n°ARB/74/2)
Amco c/ La République d'Indonésie du 25 septembre 1983 (CIRDI n° ARB/81/1)
American Manufacturing & Trading (AMT) c/ Zaïre du 21 février 1997 (CIRDI n°ARB/93/1)
Antoine Goetz et consorts c/ République du Burundi du 10 février 1999 (CIRDI n°ARB/95/3)
Asian Agricultural Products Ltd (AAPL) c/ République Sri Lanka du 27 juin 1990 (CIRDI n°ARB/87/3) v. *JDI*, 1992, p. 217 et s. avec une note d'E. GAILLARD.
Atlantic Triton c/ Guinée du 21 avril 1986 (CIRDI n°ARB/84/1)
AUCOVEN c/ Venezuela du 23 septembre 2003 (CIRDI n°ARB/00/05)
Azurix c/ Argentine du 14 juillet 2006 (CIRDI n°ARB/01/12)
Benvenuti & Bonfant c/ Congo le 8 août 1980 (CIRDI n°ARB/77/2) v. *Revue de l'arbitrage*, 1994, p. 189 à 200.
Biwater Gauff Tanzania c/ République Unie de Tanzanie du 24 juillet 2008 (CIRDI n°ARB/05/22)

CMS c/ Argentine la décision sur la compétence du 17 juillet 2003 (CIRDI n°ARB/01/08)
Compañía de Aguas del Aconquija et Compagnie Générale des Eaux c/ Argentine du 21 novembre 2000 (CIRDI n° ARB/97/3)
Compañía de Aguas del Aconquija et Vivendi c/ Argentine sur la décision d'annulation du 3 juillet 2002 (CIRDI n°ARB/97/3)
Compañia del Desarollo de Santa Elena (CDSE) c/ République du Costa Rica du 17 février 2000 (CIRDI/ n°ARB/99/6)
Desert Line Projects c/ Yémen du 6 février 2008 (CIRDI n°ARB/05/17) v. E. GAILLARD, *JDI*, 2009, janvier-février-mars, p. 342 à 355.
El Paso Energy International Company du 27/10/2011 (CIRDI n°ARB/03/15) est consultable sur www.unilex.info.
Eudoro A. Olguín c/ Paraguay (n°ARB/98/5) du 26 juillet 2001
Fedax c/ Venezuela du 11 juillet 1997 (CIRDI n°ARB/96/3) (sur la décision de compétence) v. *JDI*, 2010, avril-mai-juin, n°2, p. 547.
GETMA et autres c/ Guinée du 28 juin 2012 (CIRDI n°ARB/11/29).
Inceysa c/ El Salvador du 2 août 2006 (CIRDI ARB/03/26), v. E. GAILLARD, « Chroniques de sentences arbitrales », *JDI*, 2009, janvier-février-mars, p. 339.
Ioannis Kardassopoulos c/ Géorgie du 6 juillet 2007 (CIRDI cas n°ARB/05/18)
Kaiser Bauxite de 1974 (cas n°ARB/74/3)
Klöckner c/ Cameroun du 21 octobre 1983 (CIRDI n°ARB/81/2), v. *Revue de l'arbitrage*, 1984, p. 19 à 63. V. aussi *JDI*, 1984, p. 409.
Lanco c/ Argentine de 1998 du 8 décembre 1998 (CIRDI n°ARB/97/6).
LESI-Dipenta c/ Algérie du 10 janvier 2005 (sentence CIRDI n°ARB/05/3)
LG&E c/ Argentine du 3 octobre 2006 la décision sur le principe de responsabilité (CIRDI ARB/02/1). Sentence sur l'indemnité du 25 juillet 2007 (CIRDI ARB/02/1)
Lemire c/ Ukraine (CIRDI n°ARB/06/18) consultable sur www.unilex.info.
LOEWEN c/ États-Unis rendue le 26 juin 2003 (CIRDI n°ARB(AF)/98/3)
Malaysion Historial Salvors (MHS) c/ Malaisie du 17 mai 2007 (CIRDI n°ARB/05/10)
MCI Power Group (MCI) c/ Équateur du 31 juillet 2007 (CIRDI n° ARB/03/6)
Middle East Cement Shipping and Handling c/ Egypte du 12 avril 2002 (CIRDI n°ARB/99/6)
MINE c/ Guinée du 6 janvier 1988 (CIRDI n°ARB/84/4)
Occidental Petroleum c/ Équateur du 5 octobre 2012 (cas n°ARB/06/11) et l'opinion dissidente sont consultables sur http://italaw.com/cases/767.
Participaciones Inversiones Portuarias (PIP) c/ Gabon du 12 novembre 2009 (CIRDI n°ARB/08/17).
Patrick Mitchell c/ RDC du 1er novembre 2006 relative à l'annulation de la sentence du 9 février 2004 (CIRDI n°ARB/99/7)
Pey Casado and President Allende Foundation c/ Chili du 8 mai 2008 (CIRDI n°ARB/98/2)
Phoenix du 15 avril 2009 (CIRDI n° ARB/05/14) v. E. GAILLARD, *JDI*, 2010, n°2, avril, mai, juin, p. 508.
Reynolds c/ Jamaïque de 1974 (CIRDI n°ARB/74/4)
Salini c/ Maroc du 23 juillet 2001 (CIRDI n°ARB/00/4)
SAUR c/ Argentine décision sur la compétence et la responsabilité rendue le 6 juin 2012 (CIRDI n°ARB/04/4) consultable sur www.italaw.com.

SGS Société Générale de Surveillance S.A. c/ Paraguay (n°ARB/07/29)
SIREXM c/ Burkina Faso du 19 janvier 2000 (CIRDI n°ARB/97/1)
SOABI c/ Sénégal 28 février 1988 (n°ARB/82/1) v. *JDI*, 1990, p. 141, avec une note d'E. GAILLARD.
Southern Pacific Properties Ltd (SPP) c/ République arabe d'Égypte du 20 mai 1992 (CIRDI n°ARB/84/3)
Sociedad General de Aguas de Barcelona S.A. et Interagua Servicios Integrales de Agua S.A. c/ Argentine rendue le 30 juillet 2010 (CIRDI n°ARB/03/17)
Tecmed c/ Mexique du 29 mai 2003 (CIRDI n°ARB/00/2)
Togo électricité c/ Togo du 10 août 2010 CIRDI (n°ARB/06/07) consultable sur http://icsid.worldbank.org/. Sentence sur l'annulation du 6 septembre 2011 (CIRDI n°ARB/06/07).
Wena c/ Égypte (CIRDI n°ARB/98/4) *Wena c/ Égypte* v. E. GAILLARD
World Duty Free company Ltd c/ République du Kénya le 4 octobre 2006 (CIRDI n°ARB/00/07)

Sentences rendues sous les auspices d'autres institutions d'arbitrage

Sentence CPA sur l'affaire *du droit de préférence réclamé par les puissances bloquantes au Venezuela* du 22 février 1904 consultable sur http://www.pca-cpa.org.
Sentence *ad hoc* rendue le 11 mars 1941 *Fonderie de Trail* États-Unis c/ Canada, v. *Recueil des Sentences Arbitrales*, Nations Unies, 1949, volume III, p. 1950.
Sentence ad hoc *Aramco* du 23 août 1958, *Revue de l'arbitrage*, 1956, p. 67.
Sentence ad hoc *Sapphire c/ National Iranian Oil Company*, *Annuaire suisse de droit international*, 1962, p. 273 et s.
Sentence ad hoc *Texaco-Calasiatic* v. *JDI*, 1977, p. 350 à 389 avec une note de J. F. LALIVE.
Sentence ad hoc *Prome c/ Fabergé*, *Revue de l'arbitrage*, 1996, p. 553 et s. avec une note de J.-B. LEE.
Sentence IACCS *Franz Sedelmayer c/ Fédération de Russie* du 7 juillet 1998 v. W. BEN HAMIDA, *Gazette du Palais*, 15 décembre 2005, n°2005/3, p. 3990 et 3991.
Sentence ad hoc *Hilmarton c/ OTV*, v. *Revue de l'arbitrage*, 1993, n° 2, p. 179 à 198.
Sentence CNUDCI *Mytilineos Holding SA c/ l'Union de Serbie et de Monténégro et la République de la Serbie* rendue en 1976 consultable sur http://www.uncitral.org/
Sentence CNUDCI *National Grid c/ Argentine* du 3 novembre 2008 consultable sur http://www.uncitral.org/
Sentence ad hoc *African Petroleum Consultants* (vendeur) *c/ Société Nationale de Raffinage* v. *Revue Camerounaise de l'arbitrage*, 2002, n° 18, juillet-août-septembre, p. 15.

VII. Jurisprudence communautaire et internationale

CCJA

Arrêt *CTM c/ Cie d'assurances Colina SA* du 10 janvier 2002, v. *Revue de l'arbitrage*, 2002, n° 2, p. 484.

Arrêt n° 010/2003 rendue dans l'affaire *Sotaci c/ Delpech* du 19 juin 2003, v. *Penant*, n° 847, 2004 avec une note de A. FÉNÉON.
Arrêt n° 23 du 17 juin 2004 de la CCJA rendu dans l'affaire *PDCI c/ société J & A International Cie SARL*. Cette affaire est consultable sur www.ohada.com.
Arrêt CCJA (n°043/2003) du 7 juillet 2005 *Togo Telecom* P.-G. POUGOUÉ et S. S. KUATE TAMEGHE, *Les grandes décisions de la Cour Commune de Justice et d'arbitrage de l'OHADA*, Paris, L'Harmattan, 2010, p. 611 à 617.
Affaire *Société Ponty c/ Société Ponty immobilière* du 30 mars 2006, la CCJA v. www.juriscope.org.

CJCE

Arrêt CJCE dans l'arrêt *Nordsee* du 23 mars 1982 v. *Recueil de jurisprudence,* 1982, p. 1095.
Arrêt *Eco Swiss* jugé par la CJCE le 1er novembre 1999 v. *Recueil de jurisprudence*, 1999, p. I-03055.
Arrêt *Arblade* du 23 novembre 1999 de la CJCE et son commentaire v. *RCDIP*, 2000, p. 710.
Arrêt *Dieter Krombach* du 28 mars 2000 de la CJCE et son commentaire v. *RCDIP*, 2000, p. 481.
Arrêt l'arrêt *Ingmar* v. *RCDIP*, 2001, p. 107.

Cour Permanente de Justice Internationale

Arrêt *Affaire des concessions Mavrommatis en Palestine* du 30 août 1924 rendue par la CPJI, *Série A*, n°2, p. 11. *Série A*, n°2, p. 11 et s.
Arrêt *Usine de Chorzów* du 13 septembre 1928, v. *Série A*, n°17, p. 56 et 57.
Arrêt *Chemin de fer Panevezyś-Saldutiskis* (Estonie c/ Lituanie), du 28 février 1939, *Série A/B*, n° 76, p. 16.
Arrêt *Société commerciale de Belgique* du 15 juin 1939, v. *Série A/B*, n° 78, p. 175.

Cour Internationale de Justice

Arrêt *Affaire de l'Interhandel* (Suisse c/ États-Unis) du 21 mars 1959, *Recueil des arrêts, avis consultatifs et ordonnances*, 1959, p. 27.
Arrêt *Affaire du Temple de Préah Vihéar* (Cambodge c/ Thaïlande) du 15 juin 1962.
Arrêt *Barcelona Traction* (Belgique c/ Espagne) du 5 février 1970. (*C.I.J Recueil*, 1970, p. 33).
Arrêt *Electtronica Sicula* (*ELSI*) rendu le 20 juillet 1989.
Arrêt rendu dans l'affaire du *Projet Gabcikovo-Nagymaros* (Hongrie c/ Slovaquie) du 25 septembre 1997.
Arrêt *LaGrand* (Allemagne c/ États-Unis) du 27 juin 2001.
Arrêt *Activités armées sur le territoire du Congo* (République démocratique du Congo c. Rwanda) du 3 février 2006.
Avis consultatif rendu le 28 mai 1951 sur l'affaire des *Réserves à la Convention sur le Génocide*.

Ordonnance du 5 juillet 1951 rendue dans l'affaire de l'*Anglo-Iranian Oil Co., Royaume-Uni c/ Iran Recueil des arrêts, avis et ordonnances de la C.I.J.*, 1951, p. 93.
Ordonnance du 24 octobre 1957 rendue dans l'affaire *Interhandel Suisse c/ États-Unis*, v. *Recueil des arrêts, avis et ordonnances de la C.I.J.*, 1957, p. 112.
Ordonnance du 3 Mars 1999 rendue dans l'*Affaire de terrestre et maritime entre le Cameroun et le Nigéria.*

VIII. JURISPRUDENCE ÉTATIQUE

Juridictions de l'Argentine

Arrêt *Cervecería y Maltería Paysandú c/ Cervecería Argentina* de la Chambre nationale d'appel commercial de Buenos Aires (*Cámara Nacional de Apelaciones en lo Comercial de Buenos Aires*) le 21 juillet 2002 consultable sur www.unilex.info.
Arrêt *République Argentine c/ Propyme Argentina UTE, Euroinvest SA et autres* du Tribunal Administrativo de Apelación, Sala 2, 18 juillet 2006, *Gazette du Palais, Les cahiers de l'arbitrage*, n° 2007/2, p. 50.
Arrêt *Gasnor c/ Mobil Argentina* de la Chambre nationale d'appel commercial de Buenos Aires (*Cámara nacional de Apelaciones en lo Comercial de Buenos Aires*) du 8 août 2007, v. F. MANTILLA SERRANO et E. SILVA ROMERO, *Gazette du Palais*, 29 mars 2008, n° 89, p. 42.

Juridictions du Brésil

Arrêt *MBV commercial and Export Management Establishement* Cour Suprême du Brésil du 12 décembre 2001 v. *Revue de l'arbitrage*, 2003, n° 2, p. 529 et s. avec une note de J.-B. LEE et C. VALENÇA FILHO.
Arrêt *L'Aiglon S/A c/ Têxtil União S/A* du Tribunal Supérieur de Justice du 18 mai 2005, cas n° 856-EX v. *Gazette officielle du Superior Tribunal de Justiça*, 27 juin 2005, p. 203.

Juridictions de la Côte d'Ivoire

Arrêt *Talal Massi c / Omais* de 1989 de la C.A. d'Abidjan.
Arrêt *SCI Les Tisserins c/ Dame Coste* (n° 1032) du 30 juillet 2002 de la C.A. d'Abidjan
Arrêt *Sté Ivoire COMODITIES c/ Sté NAMACO* (n° 1157) du 19 novembre 2002 de la C. A. d'Abidjan.
Arrêt *VUACHEX c/ Scierie Nouvelle de Gadouan* (n° 1060) du 25 juillet 2003 C.A. Côte d'Ivoire consultable sur www.ohada.com.

Juridictions de la France

Cour de Cassation

Arrêt *Gosset* du 7 mai 1963 v. C. Cass. 1ère civ. 7 mai 1963, *JCP*, 1963. II., p. 13405 avec une note de B. GOLDMAN.

Arrêt de la C. Cass., 4 juillet 1972, *Hecht*, *JDI*, 1972, p. 843 avec une note de B. OPPETIT.

Arrêt de la C. Cass., 20 décembre 1993, *Dalico*, *JDI*, 1994, p. 432 avec une note d'E. LOQUIN.

Arrêt de la C. Cass. du 1er octobre 1985, *Sonatrach*, *JCP*, 1986, II., p. 20566 avec les conclusions de GULPHE.

Arrêt C. Cass. 1ère Ch. Civ., du 22 octobre 1991, *Compania Valenciana de Cementos Portland SA c/ Sté Primary Coal, Inc.*, *JDI*, 1992, p. 184. Cette définition a été aussi citée par E. JOLIVET, *Les Incoterms, Etudes d'une norme du commerce international*, Paris, Litec, 2003, p. 363.

Cour d'appel

Arrêt *Myrtoon Steamship* C.A. Paris le 10 avril 1957, *JDI*, 1958, p. 1002 avec une note de B. GOLDMAN.

Arrêt *Fougerolle* C. A. de Paris arrêt du 25 mai 1990, v. *Revue de l'arbitrage*, 1990, p. 892.

Arrêt C. A. Paris 1ère Chambre, *Société Cubic Defense Systems Inc. c/ CCI* du 15 septembre 1998, *Revue de l'arbitrage*, 1999 n° 1. p. 103 à 120, avec une note de P. LALIVE.

Arrêt *Norbert Beyrard c/ République de Côte d'Ivoire* C. A. de Paris, 12 janvier 1993, *Revue de l'arbitrage*, 1994, p. 685.

Arrêt C. A de Paris le 10 sept. 2009, *Schneider Schaltgeratebau c/ CPL Industries Ltd*, sur cette affaire v. *Petites affiches*, 23 février 2011, n° 38 p. 6 et s.

Arrêt C. A. de Paris, 9 avril 2009, *Me MS Van Meensel et associés* et Cour d'Appel de Paris, 1er juillet 2010, *Thalès*. Ces affaires ont été citées par S. CLAVEL, *Petites affiches*, 23 février 2011, n° 38, p. 6 et s.

Arrêt C. A. de Paris, du 17 juin 2010, *SARL African Petroleum Consultants,* affaire cité par S. CLAVEL, *Petites affiches*, 23 février 2011, n° 38, p. 6 et s.

Arrêt *Avax c/ Tecnimont* C. A. de Paris le 2 novembre 201, *Gazette du Palais*, 24 janvier 2012 n° 24, p. 11 et s. avec une note de D. BENSAUDE. Pour consulter cette décision v. www.arbitrage-maritime.org.

INDEX ALPHABÉTHIQUE

(Les chiffres renvoient aux numéros des paragraphes)

-A-

Acte de mission 260, 358, 700.
Arbitre 6 et s., 92 et s., 354 et s.

-B-

Bonne foi 132, 392, 516 et s.

-C-

CCI 113, 255, 259 et s.
CEMAC 322, 564 et s.
CIRDI 581 et s., 704 et s.
CCJA 150 et s., 241 et s.
CJCE 542 et s.
Concurrence 245, 541 et s.
Corruption 371, 508 et s., 514 et s.
CVIM 622, 662 et s.

-D-

Développement 49 et s.
Dommage 176, 290, 660, 686 et s.
Dommage-intérêt 494, 687 et s.

-E-

Effectivité 261 et s.
Éthique 370 et s.
Exequatur 98, 108, 114, 175
Exequatur communautaire 286, 300 et s.

-F-

Fraude 417, 465, 588 et s.

-G-

Gain manqué 662, 733 et s.

-H-

Harmonisation 62 et s.

-I-

Impartialité 246, 383 et s.
Imprévision 658 et s., 817 et s.
Indemnisation 722 et s.
Indépendance 93, 217, 249, 383 et s.
Intégration normative 60 et s.
Intégration régionale 238 et s.
Intérêt composé 733 et s.
Intérêt moratoire 487, 734 et s.
Investissement 756 et s.

-J-

Juge étatique 292, 354 et s.

-L-

Langue 212, 227 et s.
Lex mercatoria 615 et s.
Loi de police 492 et s.
Loi type 85 et s., 111 et s.

-M-

Mesure conservatoire 444 et s.
Mesure provisoire 444 et s.

-O-

Opinion dissidente 401 et s.
Ordre public communautaire 501 et s., 523 et s.
Ordre public étatique 481 et s.
Ordre public international 205, 222, 312, 504.

-P-

Principes généraux du droit commercial international 218, 313, 615 et s.
Principes d'UNIDROIT 614, 671, 680 et s.

-R-

Récusation 217, 392 et s.
Responsabilité de l'arbitre 407 et s.
Responsabilité des parties 695 et s.

-S-

Sécurité judiciaire 343 et s.
Sécurité juridique 460 et s.

-T-

TPR 133, 177 et s.

-U-

UEMOA 322, 561 et s.
Uniformisation 63, 73, 97, 125 et s.
Usages du commerce international 574, 614 et s.

TABLE DES MATIÈRES

SOMMAIRE 7
REMERCIEMENTS 9
RÉSUMÉ 11
PRÉFACE 13
LISTE DES ACRONYMES 15

INTRODUCTION GÉNÉRALE 17
§ I. L'arbitrage mode traditionnel de règlement des différends dans les relations commerciales internationales 18
§ II. La longue période d'hostilité envers l'arbitrage dans les États de l'Amérique Latine et de l'Afrique francophone 28
§ III. Vers l'acceptation de l'arbitrage en Amérique Latine et en Afrique francophone 40

PARTIE I
L'ARBITRAGE UN INSTRUMENT DE DÉVELOPPEMENT DE L'INTÉGRATION AU SEIN DE L'OHADA ET DU MERCOSUR 55

TITRE I
L'ARBITRAGE FACTEUR DE DÉVELOPPEMENT DE L'INTÉGRATION NORMATIVE AU SEIN DE L'OHADA ET DU MERCOSUR 57

CHAPITRE I
L'échec de la volonté initiale d'harmoniser le droit de l'arbitrage 59
Section I. Les efforts d'harmonisation du droit de l'arbitrage avant la création du Mercosur et de l'OHADA 60
§ I. Les premières tentatives d'harmonisation du droit de l'arbitrage 61
A. L'harmonisation volontaire du droit de l'arbitrage en Amérique Latine 61
1. Vers la création du système interaméricain d'arbitrage 61
2. La Convention de Panama et l'harmonisation des règles sur l'arbitrage 63
B. L'harmonisation involontaire du droit de l'arbitrage en Afrique francophone pendant la période coloniale 65
§ II. Le résultat des premières tentatives d'harmonisation 67
A. Un résultat encourageant en Amérique Latine : le système interaméricain d'arbitrage 67
1. Le champ d'application de la convention de Panama favorable à l'harmonisation : un champ d'application très étendu 68
a. Le large champ d'application territorial de la Convention de Panama 68
b. Les éléments favorisant l'harmonisation dans le champ d'application matériel de la Convention de Panama 70
c. Le champ d'application rationae personae ouvert de la Convention de Panama 70
d. Le consensus trouvé en matière d'engagement arbitral 71

2. L'ouverture en matière de règles procédurales 72
a. L'ouverture en matière de désignation des arbitres 73
b. L'importance de la CIAC dans la procédure arbitrale 74
3. La reconnaissance et l'exécution des sentences étrangères facilitées par la Convention de Panama 76
B. Le résultat mitigé de l'harmonisation du droit de l'arbitrage en Afrique francophone après la période coloniale 78
1. La continuité passive du droit de l'arbitrage en Afrique francophone 79
2. La continuité active du droit de l'arbitrage en Afrique francophone 80
a. La réforme du droit de l'arbitrage français de 1980-1981 80
b. La réforme française du droit de l'arbitrage de 1980-1981 : un véritable modèle pour les législations africaines 81
Section II. L'échec des efforts d'harmonisation du droit de l'arbitrage précédant la création du Mercosur et de l'OHADA 84
§ I. L'absence de coordination dans les efforts d'harmonisation du droit de l'arbitrage 84
A. L'échec du système interaméricain en matière d'harmonisation du droit de l'arbitrage 85
B. L'absence de coordination dans les efforts d'harmonisation du droit en Afrique francophone avant l'avènement de l'OHADA 88
§ II. La persistance de pratiques défavorables à l'arbitrage 89
A. Le maintien de législations et pratiques défavorables à l'arbitrage en Amérique Latine 89
B. La persistance du vide législatif en matière d'arbitrage commercial international 92
Conclusion du chapitre I 93

CHAPITRE II
Le succès de l'intégration du droit de l'arbitrage au sein de l'OHADA et du Mercosur 95
Section I. L'uniformisation : la technique d'intégration du droit de l'arbitrage choisie au sein de l'OHADA et du Mercosur 95
§ I. Les techniques différentes d'uniformisation du droit de l'arbitrage choisies au sein de l'OHADA et du Mercosur 96
A. La technique conventionnelle d'unification du droit de l'arbitrage au sein du Mercosur 96
B. La technique d'uniformisation du droit de l'arbitrage au sein de l'espace OHADA : l'Acte Uniforme d'arbitrage 97
§ II. Les effets juridiques des techniques d'uniformisation choisies au sein de l'OHADA et du Mercosur 99
A. La primauté du droit uniforme de l'arbitrage au sein de l'OHADA et du Mercosur 99
B. La portée abrogatoire du droit uniforme de l'arbitrage dans l'OHADA 100
1. Les incertitudes liées à la portée abrogatoire de l'AUA 101
2. L'importance de la demande d'avis n° 002 / 2000/ EP 102
a. Les interrogations relatives à l'article 10 Traité OHADA 103
b. Les interrogations relatives à l'interprétation de l'article 35 AUA 103
c. Les réponses apportées par l'avis n ° 001/2001/EP de la CCJA 104
c.1. Les réponses de la CCJA aux interrogations relatives à l'article 10 Traité OHADA 104
c.2. La réponse de la CCJA relative à l'interprétation de l'article 35 AUA 106
Section II. L'aboutissement au droit commun de l'arbitrage commercial international du Mercosur et de l'OHADA 107
§ I. Les droits communs de l'arbitrage du Mercosur et de l'OHADA accessibles aux personnes morales de droit public 107
A. Le droit commun de l'arbitrage du Mercosur pour les différends interétatiques de nature commerciale 107

1. Un droit de l'arbitrage accessible aux États-parties à un différend de nature commerciale 107
a. L'important rôle du secrétariat administratif du Mercosur dans l'engagement arbitral 108
a.1. Le rôle du secrétariat administratif du Mercosur dans la demande d'arbitrage ..108
a.2. Le rôle du secrétariat administratif du Mercosur dans la constitution du tribunal arbitral 109
b. Le déroulement de l'instance arbitrale pour les différends interétatiques de nature commerciale 109
c. Le droit applicable au fond des différends interétatiques de nature commerciale .110
d. La sentence arbitrale interétatique au sein du Mercosur 112
e. La procédure de révision pour les sentences interétatiques devant le TPR 114
2. Le difficile accès des particuliers à l'arbitrage État-particulier 115
a. Les conditions restrictives de recevabilité pour le particulier 115
b. Les procédures offertes au particulier 116
b.1. La procédure devant la Section nationale du GMC 116
b.2. La procédure directe devant le GMC 117
B. Le droit commun de l'arbitrage accessible aux personnes morales de droit public dans l'OHADA 118
1. Les principes sur l'aptitude des personnes morales de droit public à compromettre en droit interne 118
a. Le principe dégagé par la jurisprudence française 119
b. Le principe consacré par le droit international 120
2. Les innovations sur l'aptitude des personnes morales de droit public à compromettre dans l'espace OHADA 120
§ II. Les règles communes accessibles aux personnes morales de droit privé 122
A. Le large champ d'application du droit commun de l'arbitrage de l'OHADA et du Mercosur 122
1. Le large champ d'application du droit de l'arbitrage au sein du Mercosur 123
a. Le large champ d'application matériel de l'Accord de Buenos Aires 124
b. Le champ d'application territorial de l'Accord de Buenos Aires 124
2. Le large champ d'application territorial de l'AUA 125
B. L'ouverture en matière d'engagement et de procédure arbitrale dans l'OHADA et dans le Mercosur 126
1. L'ouverture en matière d'engagement arbitral au sein de l'OHADA et du Mercosur 126
a. Les règles sur l'engagement arbitral prévues dans l'Accord de Buenos Aires 126
b. Les règles libérales sur l'engagement arbitral prévues par l'AUA 127
b.1. La position libérale de l'AUA sur l'autonomie de la convention d'arbitrage 127
b.2. La position libérale de l'AUA sur la forme de la convention d'arbitrage 129
2. L'ouverture en matière de procédure arbitrale au sein de l'OHADA et du Mercosur 129
a. Les règles procédurales favorables aux particuliers du Mercosur 129
a.1. Les règles sur la constitution du tribunal arbitral 129
a.2. Les règles sur la procédure arbitrale 130
b. L'ouverture de l'AUA en matière de procédure arbitrale 131
b.1. La constitution du tribunal arbitral 131
b.2. Le droit applicable à la procédure et au fond du litige 132
b.3. Le respect du principe du contradictoire dans la procédure arbitrale ad hoc OHADA 133
C. Le régime unifié de la sentence arbitrale au sein de l'OHADA et du Mercosur 134
1. L'unification du régime des sentences arbitrales au sein du Mercosur 134
2. Les règles de l'AUA sur la sentence arbitrale 135
a. Les conditions de fond et forme de la sentence arbitrale 135

b. La reconnaissance et l'exequatur de la sentence arbitrale ad hoc OHADA 136
b.1. La reconnaissance de la sentence arbitrale ad hoc dans l'espace OHADA 136
b.2. L'exequatur des sentences arbitrales ad hoc dans l'espace OHADA 139
c. Les voies de recours contre les sentences arbitrales ad hoc dans l'espace OHADA 139
Conclusion du chapitre II 140

CONCLUSION DU TITRE I 143

TITRE II
L'ARBITRAGE FACTEUR DE DÉVELOPPEMENT DE L'INTÉGRATION RÉGIONALE AU SEIN DE L'OHADA ET DU MERCOSUR 145

CHAPITRE I
L'émergence de juridictions arbitrales favorables à l'intégration régionale au sein de l'OHADA et du Mercosur 147
Section I. l'émergence des juridictions arbitrales au sein du Mercosur et de l'espace OHADA 148
§ I. L'émergence des juridictions arbitrales du Mercosur : les tribunaux arbitraux ad hoc et le TPR 149
A. L'institutionnalisation progressive de l'arbitrage ad hoc du Mercosur 149
B. L'emprunt de caractéristiques propres aux juridictions permanentes par le TPR 151
§ II. L'arbitrage institutionnel au sein de l'espace OHADA : l'arbitrage CCJA 152
A. La CCJA un organe à double fonctions : une fonction judiciaire et une fonction arbitrale 153
B. L'engagement arbitral devant la CCJA 154
C. L'instance arbitrale devant la CCJA 157
1. Le rôle essentiel des organes de la CCJA dans le déroulement de l'instance arbitrale 157
2. Le déroulement de l'instance arbitrale CCJA inspiré par l'arbitrage CCI 159
Section II. La contribution des juridictions arbitrales à l'effectivité des systèmes juridiques du Mercosur et de l'OHADA 160
§ I. La nécessité d'assurer l'effectivité de l'exercice des compétences des instances du Mercosur et de l'OHADA 160
§ II. L'autorité de la chose jugée des sentences arbitrales : une garantie pour l'effectivité des compétences des instances du Mercosur et de l'OHADA 163
A. L'autorité de la chose jugée des sentences arbitrales du Mercosur et de l'OHADA ... 163
B. Les limites dans l'exécution des sentences arbitrales au sein du Mercosur et de l'OHADA 166
1. La limite dans l'exécution des sentences interétatiques en matière commerciale du Mercosur 167
2. La possibilité limitée d'obtenir l'exécution forcée d'une sentence arbitrale contre une personne morale de droit public au sein de l'OHADA 169
Conclusion du chapitre I 172

CHAPITRE II
La contribution effective des juridictions arbitrales à la consolidation de l'intégration régionale au sein de l'OHADA et du Mercosur 175
Section I. Les mécanismes juridictionnels de mise en œuvre des sentences arbitrales dans le Mercosur et dans l'OHADA 176
§ I. Les mécanismes de mise en œuvre des sentences arbitrales dans l'OHADA et dans le Mercosur 176
A. Le recours aux mesures provisoires et conservatoires au sein de l'OHADA et du Mercosur 176

1. L'adoption de mesures provisoires ou conservatoires par les tribunaux arbitraux ad hoc du Mercosur 176
2. L'adoption des mesures provisoires ou conservatoires par les arbitres de l'OHADA 179
B. Le recours aux mesures compensatoires dans le Mercosur et dans l'OHADA 180
1. L'adoption de mesures compensatoires par les tribunaux arbitraux du Mercosur 180
a. Les mesures compensatoires : un mécanisme contraignant en vue de l'exécution des sentences arbitrales interétatiques 180
b. L'indispensable intervention des arbitres du Mercosur dans l'adoption des mesures compensatoires 182
2. L'exécution provisoire de la sentence arbitrale au sein de l'OHADA 184
§ II. L'exequatur communautaire des sentences arbitrales de la CCJA : un mécanisme original et unique de mise en œuvre des sentences arbitrales 184
1. L'exequatur communautaire : un pas supplémentaire vers l'intégration juridique et régionale dans l'espace OHADA 185
2. L'exequatur communautaire comme modèle pour l'efficacité des sentences arbitrales du Mercosur 187
Section II. L'adoption par les juridictions arbitrales du Mercosur et de l'OHADA d'une jurisprudence œuvrant pour la consolidation de l'intégration régionale 188
§ I. L'émergence de la jurisprudence arbitrale au sein du Mercosur et de l'OHADA 189
A. Les conditions d'existence de la jurisprudence arbitrale internationale dégagées par la doctrine 189
1. La condition de l'autonomie des sentences arbitrales 190
2. La condition de la cohérence des sentences arbitrales 191
3. La condition de la divulgation des sentences arbitrales 192
B. Des conditions remplies par les sentences arbitrales dans l'OHADA et le Mercosur 193
1. Les conditions d'existence de la jurisprudence arbitrales remplies par les sentences interétatiques du Mercosur 193
2. Les conditions d'existence de la jurisprudence arbitrale remplies dans l'OHADA 194
§ II. Une jurisprudence arbitrale œuvrant pour la consolidation du processus d'intégration régionale 195
A. La méthode d'interprétation dégagée par les arbitres du Mercosur favorable à l'intégration régionale 196
B. L'objectif d'intégration régionale : la pierre angulaire du raisonnement des arbitres du Mercosur 198
1. Une jurisprudence œuvrant pour l'intégration régionale 198
2. Une jurisprudence arbitrale favorable au développement du commerce interrégional 200
a. La clause de stand still dégagée par la jurisprudence arbitrale du Mercosur 201
b. L'interdiction des mesures unilatérales de sauvegarde dans la jurisprudence du Mercosur 201
Conclusion du chapitre II 202

CONCLUSION DU TITRE II 203

CONCLUSION DE LA PARTIE I 205

PARTIE II
L'ARBITRAGE UN INSTRUMENT DE DÉVELOPPEMENT DE LA SECURITÉ JUDICIAIRE ET JURIDIQUE AU SEIN L'OHADA ET DU MERCOSUR 207

TITRE I
L'ARBITRAGE UNE SOURCE DE DÉVELOPPEMENT DE LA SÉCURITÉ JUDICIAIRE AU SEIN L'OHADA ET DU MERCOSUR 211

CHAPITRE I
Le recours à l'arbitre un palliatif au manque de confiance dans le juge étatique au sein de l'OHADA et du Mercosur 215
Section I. L'arbitre : un juge choisi par les parties 215
§ I. L'arbitre : un juge choisi pour ses qualités professionnelles 216
A. Le contrat d'arbitrage comme fondement juridique du choix des parties 216
B. Un choix guidé par les compétences professionnelles de l'arbitre 218
§ II. Un choix guidé par les qualités personnelles de l'arbitre 221
1. L'importance de la morale de l'arbitre 221
a. La problématique liée à l'instauration d'un code d'éthique dans l'arbitrage international 221
b. La problématique liée au coût de l'arbitrage dans les États de l'OHADA et du Mercosur 223
2. Les qualités attachées à la personne de l'arbitre 225
a. La religion et le sexe de l'arbitre dans le contexte de l'OHADA et du Mercosur .226
b. La nationalité de l'arbitre dans le contexte de l'OHADA et du Mercosur 226
Section II. La mission juridictionnelle de l'arbitre : un gage de sécurité judiciaire pour les parties 227
§ I. Le devoir d'impartialité de l'arbitre : une garantie de sécurité judicaire pour les parties 228
§ II. Le contrôle du devoir d'indépendance de l'arbitre : une garantie pour les parties 230
A. Le moyen d'assurer l'indépendance de l'arbitre à titre préventif : l'obligation de révélation 231
C. L'opinion dissidente comme une preuve de l'indépendance de l'arbitre 238
§ III. Le moyen de garantir les obligations de l'arbitre à titre curatif : la récusation de l'arbitre 239
§ IV. La possibilité d'engager la responsabilité de l'arbitre 241
A. La responsabilité contractuelle de l'arbitre 242
B. La responsabilité délictuelle de l'arbitre 243
C. Les immunités reconnues à l'arbitre 244
Conclusion du chapitre I 247

CHAPITRE II
L'arbitrage un facteur de développement de la sécurité judiciaire au sein de l'OHADA et du Mercosur 249
Section I. L'amélioration de la sécurité judiciaire à travers l'assistance du juge étatique à l'instance arbitrale 250
§ I. La nécessaire assistance du juge étatique avant le début de l'instance arbitrale 251
A. L'assistance du juge étatique à la composition du tribunal arbitral 251
1. L'intervention du juge étatique dans la constitution du tribunal arbitral 251
2. L'intervention du juge étatique dans la récusation de l'arbitre 253
B. L'assistance du juge étatique au contrôle de la convention d'arbitrage 254
1. Le contrôle par le juge de la validité formelle de la convention d'arbitrage 254
a. Le contrôle par le juge du caractère écrit de la convention d'arbitrage 254
b. Le contrôle par le juge de la signature de la convention d'arbitrage 256
2. Le contrôle par le juge de la validité au fond de la convention d'arbitrage 256

a. Le contrôle par le juge de l'arbitrabilité du litige 257
b. le contrôle par le juge de la nullité de la convention d'arbitrage 257
§ II. La nécessaire assistance du juge étatique pendant l'instance arbitrale 258
A. L'assistance du juge dans le prononcé de mesures provisoires ou conservatoires 258
B. L'importante assistance du juge pendant l'instance arbitrale 259
1. L'assistance du juge à l'administration et à l'obtention de preuves 260
2. L'assistance du juge à la prolongation de la durée de la mission de l'arbitre 260
3. L'assistance du juge à la notification des décisions du tribunal arbitral 261
Section II. L'amélioration de la sécurité judiciaire à travers le contrôle du juge étatique sur la sentence arbitrale 262
§ I. L'intervention du juge étatique en faveur de la circulation et de l'exécution de la sentence arbitrale 262
A. L'intervention du juge dans la reconnaissance de la sentence arbitrale 262
B. L'intervention du juge dans la recherche de l'exécution de la sentence arbitrale : le juge de l'exequatur 264
§ II. L'intervention du juge étatique dans les voies de recours contre la sentence arbitrale 265
A. L'intervention de la CCJA dans l'annulation de la sentence arbitrale 266
B. L'annulation de la sentence pour cause de composition irrégulière du tribunal arbitral 266
C. L'annulation de la sentence pour non-respect de l'accord arbitral par les arbitres 267
Conclusion du chapitre II 269

CONCLUSION DU TITRE I 271

TITRE II
L'ARBITRAGE UNE SOURCE DE DÉVELOPPEMENT DE LA SÉCURITÉ JURIDIQUE AU SEIN DE L'OHADA ET DU MERCOSUR 273

CHAPITRE I
L'arbitrage un mécanisme de lutte contre l'insécurité juridique au sein de l'OHADA et du Mercosur 275
Section I. L'arbitrage un mécanisme de lutte contre l'insécurité juridique dans l'OHADA et dans le Mercosur à travers la notion d'ordre public 275
§ I. Le respect de l'ordre public dans l'arbitrage : un facteur de sécurité juridique 277
A. L'ordre public facteur de sécurité juridique à l'échelle étatique 277
1. L'ordre public étatique face à la convention d'arbitrage 278
a. Le respect de l'ordre public étatique du droit applicable au fond du litige 279
b. Le respect de l'ordre public étranger au droit applicable au fond du litige 280
b.1. La prise en considération par l'arbitre d'une loi de police étrangère 281
b.2. Les critiques sur la prise en considération par l'arbitre d'une loi de police étrangère 282
2. L'ordre public étatique face à la sentence arbitrale 285
B. L'ordre public facteur de sécurité juridique à l'échelle internationale 287
1. Les incertitudes liées à l'existence de la notion d'ordre public transnational 287
2. Le contenu de la notion d'ordre public transnational : les éléments de sécurisation des échanges commerciaux 290
a. La prohibition de la corruption et des pratiques illicites dans un contrat 291
b. Le principe de l'exécution de bonne foi du contrat 292
c. La prohibition de l'esclavage et de l'asservissement dans un contrat 294
§ II. L'émergence d'un ordre public communautaire contribuant au renforcement de la sécurité juridique dans l'OHADA et dans le Mercosur 296
A. La timide émergence d'un ordre public communautaire au sein de l'OHADA et du Mercosur 296

1. L'absence de consécration expresse d'un ordre public communautaire dans l'OHADA et le Mercosur....297
2. La coexistence de divers ordres publics au sein de l'OHADA et du Mercosur....299
B. La nécessité de s'inspirer des modèles existants....303
1. La possibilité de s'inspirer de l'ordre public communautaire européen....303
a. L'ordre public communautaire européen émanant du droit de la concurrence....304
b. La possibilité de transposer le modèle européen dans l'OHADA et dans le Mercosur....308
c. Le droit de la concurrence comme rampe de lancement d'un ordre public communautaire dans l'OHADA et le Mercosur....312
2. La possibilité de recourir à la méthode de création de l'ordre public transnational..317
Section II. L'arbitrage un mécanisme de lutte contre les pratiques contraires à l'éthique commerciale....317
§ I. L'arbitrage comme mécanisme de lutte contre la corruption....318
A. L'arbitrage : mécanisme de lutte contre la corruption dans un contrat international ..318
1. La recherche par l'arbitre de la preuve de la corruption....320
2. L'annulation du contrat pour cause de corruption....323
B. L'arbitrage un mécanisme de lutte contre la corruption dans le domaine des investissements au sein de l'OHADA et du Mercosur....325
§ II. L'arbitrage : un mécanisme de lutte contre les pratiques illicites et contraires à l'éthique commerciale....330
A. L'arbitrage instrument de lutte contre la fraude....330
1. Les différents rapports entre la fraude et l'arbitrage....330
2. La sanction de la fraude devant l'arbitrage....334
a. L'annulation de la sentence pour cause de fraude....334
b. La révision de la sentence pour cause de fraude....335
c. La rétraction de la sentence arbitrale pour cause fraude....336
d. Le refus d'exequatur de la sentence pour cause de fraude....337
B. L'arbitrage instrument de lutte contre les manquements à l'obligation d'exécution de bonne foi du contrat....337
1. La sanction du manquement à l'obligation d'exécution de bonne foi du contrat....338
2. La sanction aux manquements et obligations spécifiques pour les opérateurs du commerce international....341
a. La sanction au manquement à l'obligation d'information....341
b. La sanction de l'obligation de coopération....343
Conclusion du chapitre I....344

CHAPITRE II
L'arbitrage une source de développement de la sécurité juridique au sein de l'OHADA et du Mercosur....347
Section I. L'application par l'arbitrage de règles juridiques favorables à la sécurité juridique des échanges commerciaux internationaux au sein de l'OHADA et du Mercosur....348
§ I. La lex mercatoria en tant que facteur de sécurité juridique pour les opérateurs du commerce international....349
A. Les usages du commerce international en tant que source première de la lex mercatoria....349
1. Définition et origine des usages du commerce international....349
a. La définition des usages du commerce international....350
b. Les origines des usages du commerce international....351
2. Les critiques du recours aux usages du commerce international dans l'arbitrage....352
B. La reconnaissance et l'application par l'arbitrage des usages du commerce international....355
1. La reconnaissance des usages du commerce international dans l'arbitrage....356
2. Les usages du commerce international codifiés par la CCI : les Incoterms....359

3. L'application des usages du commerce international dans l'arbitrage 362
§ II. Les principes généraux du droit du droit du commerce international
en tant que facteur de sécurité juridique pour les transactions à l'échelle internationale....365
A. Les principes généraux du droit du droit du commerce international
en tant que source de sécurité juridique...366
1. Les principes généraux du droit du commerce international :
des valeurs communes aux différents systèmes juridiques..366
2. Les principes généraux du droit du droit du commerce international
en tant qu'instruments de sécurisation des transactions commerciales.........................369
a. Les principes généraux favorisant la sécurité juridique des transactions
commerciales 369
a.1. Le principe de bonne foi...370
a.2. L'interdiction de se contredire au détriment d'autrui : l'estoppel.........................370
a.3. Le principe de l'effectivité de la clause compromissoire...372
a.4. L'exigence de sécurité juridique dégagée par la jurisprudence arbitrale
du Mercosur 373
b. Les principes favorisant la mutabilité du contrat...374
c. Les principes favorisant la coopération entre les parties..377
B. Les principes généraux du droit du commerce international codifiés
par des conventions internationales en tant que sources supplémentaires
de sécurité juridique 379
1. Le rôle de la convention sur les Contrats de Vente Internationale
de Marchandises dans la sécurisation du commerce international...............................379
a. L'influence de la CVIM sur le droit du commerce dans l'espace OHADA
et dans le Mercosur 381
b. Les principes généraux du droit du commerce international codifiés
par la CVIM 383
2. Le rôle des Principes d'UNIDROIT dans la sécurisation du commerce
international 386
a. L'influence des Principes d'UNIDROIT dans le Mercosur et dans l'OHADA 387
b. Les Principes d'UNIDROIT instruments de sécurité juridique..............................390
b.1. Les Principes d'UNIDROIT en tant que codification des principaux usages
du commerce international...390
b.2. Le rôle des Principes d'UNIDROIT dans la sécurité juridique
des transactions internationales..393
b.2.1. L'application des Principes d'UNIDROIT pour compléter un droit national..393
b.2.2. L'application des Principes d'UNIDROIT pour compléter et interpréter
les instruments internationaux...395
Section II. L'application par l'arbitrage de mécanismes juridiques favorables à la sécurité
juridique des échanges commerciaux internationaux 397
§ I. La réparation du dommage dans l'arbitrage en tant que mécanisme de sécurité
juridique 398
A. La détermination du dommage réparable dans l'arbitrage..399
1. La certitude du dommage réparable dans l'arbitrage..399
2. La prévisibilité du dommage réparable dans l'arbitrage...404
B. La responsabilité des parties dans l'arbitrage 406
1. L'admission de la responsabilité délictuelle dans l'arbitrage :
une extension de la sécurité juridique au-delà du lien contractuel.................................407
a. Les conditions d'admission de la responsabilité délictuelle dans l'arbitrage.........407
a.1. Les conditions relatives à la compétence de l'arbitre 407
a.2. Les conditions relatives à la loi applicable au délit...409
b. L'arbitrage en tant qu'instrument de lutte contre les pratiques délictuelles...........410
2. La responsabilité des États du Mercosur et de l'OHADA devant le CIRDI 411
a. Le fondement juridique de la responsabilité des États devant le CIRDI 411

b. La mise en jeu de la responsabilité des États du Mercosur et de l'OHADA devant les tribunaux du CIRDI 417
b.1. Le cas de la mise en jeu de la responsabilité de l'Argentine devant les tribunaux arbitraux du CIRDI 417
b.2. La mise en jeu de la responsabilité des autres pays membres du Mercosur devant les tribunaux arbitraux du CIRDI 423
b.3. La mise en jeu de la responsabilité des États de l'OHADA devant les tribunaux arbitraux CIRDI 426
3. La possibilité d'engager la responsabilité des États de l'OHADA et du Mercosur du fait de l'inexécution d'une sentence arbitrale 428
C. L'indemnisation du dommage dans l'arbitrage 429
1. La fonction de la réparation du dommage dans l'arbitrage conforme à la sécurité juridique 429
a. La réparation dans l'arbitrage du dommage effectivement éprouvé : le damnum emergens 430
a.1. La réparation du dommage moral dans l'arbitrage 430
a.2. La contestation des pays en voie de développement de la réparation intégrale des dommages issus d'une expropriation 433
b. La réparation du gain manqué dans l'arbitrage : le lucrum cessans 437
b.1. L'octroi d'intérêts moratoires par l'arbitre 437
b.2. L'octroi d'intérêts compensatoires dans l'arbitrage 440
b.3. L'octroi de dommages-intérêts compensatoires dans l'arbitrage 441
b.4. L'octroi d'intérêts composés dans l'arbitrage 442
c. Les critiques du principe de la réparation intégrale du préjudice au sein de l'arbitrage 444
2. Les méthodes d'évaluation du dommage dans l'arbitrage 446
a. L'évaluation du dommage en matière de vente commerciale 446
b. Les méthodes d'évaluation du dommage en matière d'expropriation 447
b.1. Le défaut de prédominance d'une méthode d'évaluation en matière d'expropriation dans la pratique arbitrale 447
b.2. Les limites des méthodes d'évaluation en matière d'expropriation dans la pratique arbitrale 450
§ II. Les insuffisances de l'arbitrage en tant qu'instrument de développement 450
A. La résurgence de l'hostilité des pays en développement envers l'arbitrage 451
1. Les raisons de la résurgence de l'hostilité envers l'arbitrage dans les pays en développement 451
a. L'insécurité juridique autour de la notion d'investissement devant le CIRDI 451
a.1. La conception subjective de la notion d'investissement dégagée par les tribunaux arbitraux CIRDI 454
a.2. La conception objective de l'investissement dégagée par les tribunaux arbitraux CIRDI 456
a.3. Les hésitations jurisprudentielles autour du critère de la contribution au développement de l'État d'accueil 460
b. Le sentiment d'extension de la compétence du CIRDI au détriment des intérêts des États d'accueil des investissements 467
b.1. L'extension du contentieux du CIRDI à partir de la jurisprudence AAPL c/ Sri Lanka 467
b.2. L'inefficacité des clauses attributives de compétence devant les tribunaux arbitraux CIRDI 471
c. L'arbitrage CIRDI : un système d'arbitrage présumé déséquilibré au profit des investisseurs 473
2. La dénonciation de la Convention de Washington au sein du Mercosur 478
a. Les éléments favorisant la dénonciation de la Convention de Washington au sein du Mercosur 478

a.1. Un contexte sociopolitique régional favorable à la dénonciation de la Convention de Washington au sein du Mercosur 479
a.2. La dénonciation effective de la convention de Washington au sein du Mercosur : le cas du Venezuela 481
a.3. L'éventuelle dénonciation de la Convention de Washington par l'Argentine 483
b. Les effets juridiques de la dénonciation de la Convention de Washington au sein du Mercosur 486
b.1. Les incertitudes liées aux effets juridiques de la dénonciation de la Convention de Washington 486
b.1.1. Les incertitudes liées à l'interprétation de l'article 71 de la Convention de Washington 486
b.1.2. Les incertitudes liées à l'effet de la dénonciation sur le consentement des parties 487
b.1.3. Le nécessité de dénoncer les TBI pour renforcer la dénonciation de la Convention de Washington 490
B. La nécessité d'intégrer dans l'arbitrage des normes accessibles et adaptées aux besoins des pays en développement 492
1. La nécessité pour les États de l'OHADA et du Mercosur d'opérer des réformes autour de l'arbitrage 492
2. Le nécessaire assouplissement du recours à l'imprévision dans l'arbitrage 494
a. Les facteurs externes favorables à la reconnaissance de l'imprévision dans l'arbitrage 495
b. Les facteurs internes favorables à la reconnaissance de l'imprévision dans l'arbitrage 499
Conclusion du chapitre II 501

CONCLUSION DE LA PARTIE II 503

CONCLUSION GÉNÉRALE 505

BIBLIOGRAPHIE GÉNÉRALE 509
I. Ouvrages généraux 509
II. Actes de colloques-ouvrages collectifs-ouvrages spéciaux 510
III. Articles-chroniques-mélanges 514
IV. Thèses et mémoires 536
V. Documents internationaux 537
VI. Jurisprudence arbitrale (principales sentences citées) 537
VII. Jurisprudence communautaire et internationale 541
VIII. Jurisprudence étatique 543

INDEX ALPHABÉTHIQUE 545

Questions juridiques aux éditions L'Harmattan

Dernières parutions

CONCILIATION ET MÉDIATION DEVANT LA JURIDICTION ADMINISTRATIVE
Actes du colloque du Conseil d'État du 17 juin 2015
Sous la direction de Jacques Biancarelli et Béatrice Blohorn-Brenneur
Voici près de 25 ans que le Conseil d'État, confronté à une judiciarisation croissante de la société, réfléchit aux modes alternatifs de règlement des différends afin de les pacifier et de rendre les justiciables davantage confiants en la justice administrative. Après avoir rappelé le contexte juridique et les enjeux d'une telle impulsion, un bilan comparatif des pratiques du juge administratif et du juge judiciaire a permis de mesurer combien il est nécessaire et urgent de compléter la boîte à outils dont dispose le premier. Voici une réflexion, les références et les outils nécessaires à la juridiction administrative.
(Coédition GEMME, 24.00 euros, 246 p.)
ISBN : 978-2-343-07270-8, ISBN EBOOK : 978-2-336-39774-0

L'ERREUR JUDICIAIRE
Apprendre à douter pour lutter contre les erreurs judiciaires
Sous la direction de Xavier Pin
L'erreur judiciaire hante autant qu'elle jalonne l'histoire de notre justice pénale. Nous avons tous en mémoire de retentissants procès ayant vu des individus accusés ou condamnés, avant d'être disculpés, graciés ou réhabilités. Le législateur y est sensible au point de réformer régulièrement la procédure pénale pour tenter d'éviter, de corriger ou de réparer, autant que possible, de telles erreurs. Une loi du 20 juin 2014 réforme les procédures de révision et de réexamen des condamnations pénales définitives : elle est l'occasion d'essayer de comprendre ces fiascos judiciaires.
(Coll. Droit privé et sciences criminelles, 15.00 euros, 126 p.)
ISBN : 978-2-343-07284-5, ISBN EBOOK : 978-2-336-39807-5

LE DROIT CONSTITUTIONNEL DE LA Ve RÉPUBLIQUE
(Treizième édition)
Lascombe Michel, Toulemonde Gilles
Cet ouvrage s'adresse aux étudiants en droit, aux élèves des instituts d'études politiques et aux candidats aux concours administratifs. Il couvre l'essentiel du programme de droit constitutionnel, c'est-à-dire aussi bien les constitutions françaises depuis 1789 que l'actuel texte constitutionnel. Cette nouvelle édition tient compte des derniers développements induits par les changements politiques, des dernières réformes des règlements des assemblées et de la jurisprudence la plus récente.
(Coll. Logiques Juridiques, 42.00 euros, 506 p.)
ISBN : 978-2-343-07916-5, ISBN EBOOK : 978-2-336-39877-8

LA PROXIMITÉ EN DROIT INTERNATIONAL PRIVÉ DE LA FAMILLE
Bouyahia Sabrine Maya - Préface de Lotfi Chedly et Marie Goré
Parmi les méthodes proposées pour trancher les litiges présentant un élément d'extranéité, figure celle reposant sur le principe de proximité. L'étude porte sur deux systèmes de droit international privé de la famille différents (droit français et droit tunisien) pour mettre en exergue d'une

part l'adaptation de cette méthode aux spécificités de chaque ordre étatique et d'autre part son adéquation avec tous les différents systèmes de droit.
(Coll. Logiques Juridiques, 54.00 euros, 618 p.)
ISBN : 978-2-343-05464-3, ISBN EBOOK : 978-2-336-39866-2

QUARTIER-FEMMES ÉCROU 10970
Boh-Petit Dominique
Cellule 24 : une femme dit toute sa souffrance d'être enfermée. Elle a tué. Son histoire est à la rubrique des faits divers. La Cour d'assises la jugera. Bien des années plus tard, elle est libérée. La vie doit reprendre. Ce récit est parfaitement conforme à la réalité. Tout a existé et existe encore.
(Coll. La justice au quotidien, 15.00 euros, 130 p.)
ISBN : 978-2-343-07436-8, ISBN EBOOK : 978-2-336-39812-9

GABELOUS ET CONTREBANDIERS
Histoire des fermiers généraux de Dijon (1760-1780)
Evrard Sébastien - Préface de Marc Fradet
En exhumant un registre du personnel de la direction des fermes de Dijon, l'auteur retrace, entre 1760 et 1780, la vie méconnue de centaines d'agents au service du doit et de l'impôt. Ces derniers servaient un système protecteur (la retraite fait son apparition dès 1768), parfois très rémunérateur, mais qui s'avère aussi, sous certains aspects, une machine à broyer les hommes : le régime des sanctions que met en place la Ferme est d'une efficacité redoutable. En définitive, la Ferme présente un aspect mitigé.
(Coll. Mémoires des Douanes, 28.50 euros, 278 p.)
ISBN : 978-2-343-06683-7, ISBN EBOOK : 978-2-336-39845-7

DICTIONNAIRE OHADA
(3e édition)
Bitsamana Hilarion Alain
Ce dictionnaire spécial du droit des affaires OHADA propose une définition claire et précise, avec tous les compléments nécessaires, des principaux termes utilisés tous les jours se rapportant à l'OHADA. Un ouvrage de référence permettant de décoder l'OHADA, accessible à toute personne s'intéressant au monde des affaires en Afrique comme à l'étranger.
(39.00 euros, 398 p.)
ISBN : 978-2-343-07656-0, ISBN EBOOK : 978-2-336-39786-3

LA DÉJUDICIARISATION ET LES PROCÉDURES NON CONTENTIEUSES EN AFRIQUE
Amboulou Hygin Didace
La déjudiciarisation comprend l'ensemble des mécanismes de gestion des différends en rationalisant les moyens matériels et humains de la justice, afin de pallier les déficiences du système judiciaire et de limiter les surcharges des juridictions. Les institutions de nombreux pays sont analysées et les déjudiciarisations en droit public et en droit privé sont abordées.
(Coll. Études africaines, 17.50 euros, 156 p.)
ISBN : 978-2-343-06928-9, ISBN EBOOK : 978-2-336-39805-1

COMMENT RENFORCER L'INDÉPENDANCE DE LA MAGISTRATURE AU SÉNÉGAL ?
Ngom Babacar
Préface de Amadou Mahtar Mbow
L'ouvrage présente dans une première partie les garanties légales d'indépendance de la justice, notamment la règle de la séparation des pouvoirs, le principe de la soumission des juges à l'autorité de la loi et celui de l'inamovibilité du magistrat du siège. Après une analyse critique de ces dispositions, l'auteur formule des propositions de renforcement de l'indépendance de la magistrature.
(13.50 euros, 124 p.)
ISBN : 978-2-343-05158-1, ISBN EBOOK : 978-2-336-39837-2

LE DROIT PÉNAL DES AFFAIRES AU CAMEROUN
Djila Kouayi Kemajou Rose
Préface de Victor-Emmanuel Bokalli
Dans le domaine des affaires, la liberté d'entreprendre et d'investir comporte de nombreux risques, au rang desquels le risque pénal. La délinquance en col blanc n'étant plus réservée aux grandes sociétés commerciales, les moyens de lutte et de sécurisation des investisseurs nécessitent un droit pénal des affaires dont l'objectif est la recherche d'une éthique dans ce domaine.
(Coll. Études africaines, 35.50 euros, 350 p.)
ISBN : 978-2-343-07840-3, ISBN EBOOK : 978-2-336-39777-1

50 ANS DE MARIAGE
Réflexions d'un notaire sur l'évolution du couple ces cinquante dernières années
Dauptain Pierre
De la pilule contraceptive jusqu'au mariage pour tous, l'auteur nous propose une réflexion sur les lois qui ont accompagné l'évolution du couple au cours des cinquante dernières années. Il analyse cette évolution pour aborder les problématiques juridiques et morales qui font tant débat de nos jours. Il s'appuie sur des travaux de juristes ou de sociologues, des articles de presse, mais aussi sur les chansons et les films qui ont marqué ces années et qui témoignent de façon si éclairante des changements de mentalités.
(Éditions Pepper, 16.50 euros, 148 p.)
ISBN : 978-2-343-07677-5, ISBN EBOOK : 978-2-336-39690-3

MÉTHODOLOGIE ET ASPECTS FORMELS DE LA RECHERCHE
Petit manuel à l'usage des juristes
Marain Gaëtan
L'ouvrage propose un véritable apprentissage du formalisme qui doit permettre aux étudiants et aux professionnels confrontés à la rédaction d'une thèse ou d'un mémoire juridique d'aborder ce travail avec sérénité. L'auteur donne une méthode de recherche pour définir le sujet, trouver et compulser les références utiles, échafauder un plan. Il aborde également les thèmes des citations d'auteur, notes de bas de page, mise en page. Il traite enfin du travail de relecture et de l'épreuve de soutenance.
(19.00 euros, 178 p.)
ISBN : 978-2-343-07638-6, ISBN EBOOK : 978-2-336-39556-2

RISQUES, ACCIDENTS ET CATASTROPHES
Liber amicorum
En l'honneur de Madame le professeur Marie-France Steinlé-Feuerbach
Sous la direction Hervé Arbousset, Caroline Lacroix et Benoît Steinmetz
L'étude et l'analyse des risques sont au cœur des réflexions du Professeur Steinlé-Feuerbach. Ses nombreux écrits de doctrine sur la thématique des accidents et des catastrophes ont amené à ce que ses collègues et amis lui dédient cet ouvrage. Ces mélanges donnent une vue d'ensemble d'une matière devenue une véritable discipline transcendant le clivage droit public-droit privé.
(Coll. Sciences criminelles, 34.00 euros, 334 p.)
ISBN : 978-2-343-07169-5, ISBN EBOOK : 978-2-336-39677-4

ÉTAT, COLLECTIVITÉS TERRITORIALES ET DROITS SOCIAUX
Étude du droit comparé
Sous la direction d'Olivier Lecucq
Comment, selon leur organisation territoriale respective, La France, l'Espagne et l'Italie œuvrent à la satisfaction des droits sociaux. Quels sont les rôles de l'État en ce domaine ? Quelles sont les actions qui en découlent et comment se coordonnent-elles ? Quelles en sont les implications en termes d'égalité des citoyens et des territoires ? L'ouvrage tente de répondre à ces questions en interpellant la réalisation de l'État social dans un contexte de crise, de réduction des déficits et de maîtrise des dépenses.
(Coll. Bibliothèques de droit, 22.50 euros, 221 p.)
ISBN : 978-2-343-07585-3, ISBN EBOOK : 978-2-336-39683-5

LE PRINCIPE DE PRÉCAUTION
Au carrefour de la philosophie, du droit et des sciences
Calderaro Norbert
La notion de principe de précaution, qui donne lieu à beaucoup de controverses, nécessite de la part d'un juriste une analyse objective pour écarter ce qu'elle n'est pas et définir son contenu véritable. Après un aperçu des sources philosophiques, l'auteur réalise une synthèse du principe de précaution en droit international, européen, en droit comparé et en droit interne. Il intègre notamment les tout derniers développements de la jurisprudence du Conseil d'État.
(18.50 euros, 180 p.)
ISBN : 978-2-343-05457-5, ISBN EBOOK : 978-2-336-39452-7

LES COLLECTIVITÉS TERRITORIALES ET LA SPÉCULATION
Goasdoué Mélissa - Avant-propos de Michel Verpeaux
Préface de Julien Martin
L'ancien dispositif empêchant la conclusion d'opérations financières spéculatives par les collectivités locales ayant échoué, un nouveau dispositif fonctionnant au cas par cas a été mis en place. Après une étude des imperfections de la notion de spéculation puis des liens unissant ces imperfections à l'échec du précédent dispositif dans la protection des collectivités contre les risques spéculatifs, le présent ouvrage s'attache à démontrer comment et dans quelle mesure cette protection est désormais rendue possible.
(Coll. Droit des collectivités territoriales, série Travaux, 15.00 euros, 140 p.)
ISBN : 978-2-343-07619-5, ISBN EBOOK : 978-2-336-39520-3

LE DROIT DE LA GUERRE
Traité sur l'emploi de la force armée en droit international (3 volumes)
Cumin David
Aussi ancien que la guerre et que le droit international dont il constitue le cœur historique, le droit de la guerre existe. Croisant droit et polémologie, portant sur les conflits armés internationaux et internes, ce traité expose, explique et reconstruit l'ensemble du droit international contemporain relatif à l'emploi de la force armée - auteurs et acteurs de la belligérance, ses buts, moyens, théâtres, régimes - et propose une analyse critique de la responsabilité réparatrice et punitive.
Volume 1 (Coll. Droit comparé, 46.00 euros, 458 p.)
ISBN : 978-2-343-06498-7, ISBN EBOOK : 978-2-336-39588-3
Volume 2 (Coll. Droit comparé, 60.00 euros, 760 p.)
ISBN : 978-2-343-07707-9, ISBN EBOOK : 978-2-336-39589-0
Volume 3 (Coll. Droit comparé, 48.00 euros, 468 p.)
ISBN : 978-2-343-07708-6, ISBN EBOOK : 978-2-336-39590-6

LA RESPONSABILITÉ DE PROTÉGER
Nouvelle approche du droit international
Gandou D'Isseret Crépin Gyscard
Le droit d'ingérence humanitaire se comprend comme une éthique de détresse, une obligation de protéger les personnes en danger de mort. La responsabilité de protéger traduit en acte la nécessité impérative de prendre soin de l'homme, ou de la collectivité humaine en général, quand les conditions de son existence connaissent une détérioration significative ou quand elles sont sur le point de le devenir.
(Coll. Harmattan Congo, 16.50 euros, 152 p.)
ISBN : 978-2-343-06724-7, ISBN EBOOK : 978-2-336-39575-3

L'HARMATTAN ITALIA
Via Degli Artisti 15; 10124 Torino
harmattan.italia@gmail.com

L'HARMATTAN HONGRIE
Könyvesbolt ; Kossuth L. u. 14-16
1053 Budapest

L'HARMATTAN KINSHASA
185, avenue Nyangwe
Commune de Lingwala
Kinshasa, R.D. Congo
(00243) 998697603 ou (00243) 999229662

L'HARMATTAN CONGO
67, av. E. P. Lumumba
Bât. – Congo Pharmacie (Bib. Nat.)
BP2874 Brazzaville
harmattan.congo@yahoo.fr

L'HARMATTAN GUINÉE
Almamya Rue KA 028, en face
du restaurant Le Cèdre
OKB agency BP 3470 Conakry
(00224) 657 20 85 08 / 664 28 91 96
harmattanguinee@yahoo.fr

L'HARMATTAN MALI
Rue 73, Porte 536, Niamakoro,
Cité Unicef, Bamako
Tél. 00 (223) 20205724 / +(223) 76378082
poudiougopaul@yahoo.fr
pp.harmattan@gmail.com

L'HARMATTAN CAMEROUN
BP 11486
Face à la SNI, immeuble Don Bosco
Yaoundé
(00237) 99 76 61 66
harmattancam@yahoo.fr

L'HARMATTAN CÔTE D'IVOIRE
Résidence Karl / cité des arts
Abidjan-Cocody 03 BP 1588 Abidjan 03
(00225) 05 77 87 31
etien_nda@yahoo.fr

L'HARMATTAN BURKINA
Penou Achille Some
Ouagadougou
(+226) 70 26 88 27

L'HARMATTAN SÉNÉGAL
10 VDN en face Mermoz, après le pont de Fann
BP 45034 Dakar Fann
33 825 98 58 / 33 860 9858
senharmattan@gmail.com / senlibraire@gmail.com
www.harmattansenegal.com

L'HARMATTAN BÉNIN
ISOR-BENIN
01 BP 359 COTONOU-RP
Quartier Gbèdjromèdé,
Rue Agbélenco, Lot 1247 I
Tél : 00 229 21 32 53 79
christian_dablaka123@yahoo.fr

Achevé d'imprimer par Corlet Numérique - 14110 Condé-sur-Noireau
N° d'Imprimeur : 131945 - Dépôt légal : septembre 2016 - *Imprimé en France*

www.ingramcontent.com/pod-product-compliance
Lightning Source LLC
LaVergne TN
LVHW011223061026
849535LV00001BA/150
* 9 7 8 2 3 4 3 0 7 2 9 3 7 *